Statistik
mit Datenanalyse und ökonometrischen Grundlagen

von
Univ.-Prof. Dr. Peter M. Schulze
Universität Mainz

Prof. Dr. Daniel Porath
Fachhochschule Mainz

7., überarbeitete und erweiterte Auflage

Oldenbourg Verlag München

Bibliografische Information der Deutschen Nationalbibliothek

Die Deutsche Nationalbibliothek verzeichnet diese Publikation in der Deutschen Nationalbibliografie; detaillierte bibliografische Daten sind im Internet über http://dnb.d-nb.de abrufbar.

© 2012 Oldenbourg Wissenschaftsverlag GmbH
Rosenheimer Straße 145, D-81671 München
Telefon: (089) 45051-0
www.oldenbourg-verlag.de

Das Werk einschließlich aller Abbildungen ist urheberrechtlich geschützt. Jede Verwertung außerhalb der Grenzen des Urheberrechtsgesetzes ist ohne Zustimmung des Verlages unzulässig und strafbar. Das gilt insbesondere für Vervielfältigungen, Übersetzungen, Mikroverfilmungen und die Einspeicherung und Bearbeitung in elektronischen Systemen.

Lektorat: Dr. Stefan Giesen
Herstellung: Constanze Müller
Titelbild: thinkstockphotos.de
Einbandgestaltung: hauser lacour
Gesamtherstellung: freiburger graphische betriebe GmbH & Co. KG, Freiburg

Dieses Papier ist alterungsbeständig nach DIN/ISO 9706.

ISBN 978-3-486-71781-5
eISBN 978-3-486-71847-8

Vorwort zur 7. Auflage

Die vorliegende Publikation ist aus dem Wunsch heraus entstanden, ein Lehr- und Arbeitsbuch für die Statistik in den Wirtschafts- und Sozialwissenschaften zu verfassen.

Grundlage dafür war zunächst die „Beschreibende Statistik" von P. M. Schulze (6. Auflage, Oldenbourg Verlag 2007). Dieser Teil wurde aktualisiert und in Teilen gekürzt, insbesondere wurde aus Platzgründen die „Bevölkerungsstatistik" – trotz ihrer zunehmenden Bedeutung in schrumpfenden Bevölkerungen – herausgenommen.

Den Bereich der „Schließenden Statistik" hat ganz wesentlich D. Porath konzipiert und angefertigt. Hier wird auch – über die typischerweise in solchen Texten erwarteten Kapitel hinaus – sowohl eine Einführung in ökonometrische Eingleichungsmodelle als auch in nichtparametrische Tests gegeben.

Da sich die Struktur und Darstellungsweise in der „Beschreibenden Statistik" bewährt haben, wurde sie auch für die Gesamtkonzeption dieser Auflage beibehalten: Einerseits soll die formale Darstellung, z. B. die Ableitung der für die Anwendungen benutzten Formeln, nicht zu kurz kommen, andererseits sollen viele Beispiele aus dem wirtschafts- und sozialwissenschaftlichen Bereich die unmittelbaren Anwendungsmöglichkeiten zeigen und es – gerade im Zeitalter des PC – dem Nutzer ermöglichen, sich selbständig die einzelnen Schritte einer statistischen Analyse zu erarbeiten bzw. diese nachzuvollziehen.

Für redaktionelle Arbeiten am Typoskript danken wir Frau cand. rer. Melissa Pala. Ebenso gilt unser Dank Herrn Dr. Stefan Giesen vom Oldenbourg Verlag für die angenehme Zusammenarbeit.

Mainz, im Juni 2012

Peter M. Schulze
Daniel Porath

Inhaltsverzeichnis

VORWORT ZUR 7. AUFLAGE V

1 EINFÜHRUNG 1
   1.1 GEGENSTAND DER STATISTIK 1
   1.2 GRUNDBEGRIFFE 7
   1.3 DATENGEWINNUNG 11

2 EINDIMENSIONALE HÄUFIGKEITSVERTEILUNGEN 17
   2.1 HÄUFIGKEITSVERTEILUNG UND GRAPHISCHE DARSTELLUNG 17
      2.1.1 Nominalskalierte Merkmale 18
      2.1.2 Ordinalskalierte Merkmale 21
      2.1.3 Metrisch skalierte Merkmale 22
      2.1.4 Typisierung von Häufigkeitsverteilungen 29
      2.1.5 Zusammenfassung 30
   2.2 MASSZAHLEN VON HÄUFIGKEITSVERTEILUNGEN 31
      2.2.1 Mittelwerte 32
         2.2.1.1 Modus M 33
         2.2.1.2 Zentralwert Z und Quantile 39
         2.2.1.3 Arithmetisches Mittel $\overline{X}$ 46
         2.2.1.4 Geometrisches Mittel $\overline{G}$ 52
         2.2.1.5 Harmonisches Mittel $\overline{H}$ 56
         2.2.1.6 Zusammenfassung 59
      2.2.2 Streuungsmaße 59
         2.2.2.1 Spannweite R 60
         2.2.2.2 Quartilsabstand QA 62
         2.2.2.3 Mittlere absolute Abweichung D 63
         2.2.2.4 Empirische Standardabweichung S 65
         2.2.2.5 Variationskoeffizient V 74
         2.2.2.6 Zusammenfassung 75
      2.2.3 Formparameter 76
         2.2.3.1 Schiefemaße 76
         2.2.3.2 Wölbungsmaße 82
         2.2.3.3 Zusammenfassung 85
      2.2.4 Konzentrationsmaße 86
         2.2.4.1 Absolute Konzentration 88
         2.2.4.2 Relative Konzentration 94
         2.2.4.3 Zusammenfassung 103

Inhaltsverzeichnis

3 ZWEIDIMENSIONALE HÄUFIGKEITSVERTEILUNGEN 105

  3.1 DARSTELLUNGSWEISE UND GRUNDBEGRIFFE 105

  3.2 KORRELATIONSANALYSE 113

      3.2.1 Koeffizienten für nominalskalierte Merkmale 114
           3.2.1.1 Quadratische Kontingenz χ^2 114
           3.2.1.2 Phi-Koeffizient ϕ 115
           3.2.1.3 Kontingenzkoeffizient C 116
      3.2.2 Koeffizienten für ordinalskalierte Merkmale 118
           3.2.2.1 Rangkorrelationskoeffizient ρ_R nach Spearman 119
           3.2.2.2 Rangkorrelationskoeffizient τ nach Kendall 120
           3.2.2.3 Rangkorrelationskoeffizient γ nach Goodman-Kruskal 122
      3.2.3 Koeffizienten für metrisch skalierte Merkmale 123
           3.2.3.1 Empirische Kovarianz S_{xy} 125
           3.2.3.2 Empirischer Korrelationskoeffizient ρ nach Bravais-Pearson 126
      3.2.4 Zusammenfassung 131

  3.3 REGRESSIONSANALYSE 132

      3.3.1 Lineare Einfachregression bei ungruppiertem Datenmaterial 133
           3.3.1.1 Berechnung der Regressionsgeraden 134
           3.3.1.2 Determinationskoeffizient R^2 140
      3.3.2 Lineare Einfachregression bei gruppiertem Datenmaterial 145
      3.3.3 Nichtlineare Regression 149
      3.3.4 Zusammenfassung 151

4 MULTIVARIATE ANALYSE 153

  4.1 DARSTELLUNGSWEISE UND GRUNDBEGRIFFE 154

      4.1.1 Datenmatrix 154
      4.1.2 Standardisierte Datenmatrix 157
      4.1.3 Varianz-Kovarianz-Matrix und Korrelationsmatrix 158
      4.1.4 Distanzmessung 160
      4.1.5 Linearkombinationen 163

  4.2 DISKRIMINANZANALYSE 165

      4.2.1 Fragestellung 165
      4.2.2 Lineare Diskriminanzanalyse im Zwei-Gruppen-Zwei-Merkmalsfall 167
           4.2.2.1 Bestimmung der Diskriminanzfunktion 167
           4.2.2.2 Zuordnungen mit Hilfe der Diskriminanzwerte 172
      4.2.3 Zusammenfassung 177

  4.3 HAUPTKOMPONENTEN- UND FAKTORENANALYSE 178

      4.3.1 Hauptkomponentenanalyse 179
           4.3.1.1 Datengrundlagen 179
           4.3.1.2 Bestimmung der Hauptkomponenten 180
      4.3.2 Faktorenanalyse 188
           4.3.2.1 Fragestellung 188
           4.3.2.2 Vollständige Faktorenlösung 189
           4.3.2.3 Reduzierte Faktorenlösung 194
      4.3.3 Zusammenfassung 200

4.4	CLUSTERANALYSE	201
	4.4.1 Fragestellung	201
	4.4.2 Ähnlichkeits- und Distanzmaße	202
	4.4.3 Fusionsalgorithmen	206
	4.4.4 Zahl und Beschreibung der Klassen	214
	4.4.5 Zusammenfassung	215

5 ZEITREIHENANALYSE 217

5.1 GRUNDLAGEN 217
    5.1.1 Gegenstand 217
    5.1.2 Graphische Darstellung 218
    5.1.3 Komponenten von Zeitreihen und ihre Verknüpfung 221

5.2 KOMPONENTENMODELLE 226
    5.2.1 Bestimmung der glatten Komponente bzw. des Trends 226
        5.2.1.1 Gleitende Durchschnitte 226
        5.2.1.2 Trendfunktionen 230
        5.2.1.3 Linearer Trend und Exponentialtrend 234
        5.2.1.4 Zusammenfassung 242
    5.2.2 Bestimmung der Saisonkomponenten 244
        5.2.2.1 Saisonbereinigung bei konstanter Saisonfigur 245
        5.2.2.2 Saisonbereinigung bei variabler Saisonfigur 250
        5.2.2.3 Zusammenfassung 251
    5.2.3 Trend- und Saisonschätzung im Globalmodell 252
    5.2.4 Hinweise auf weitere Verfahren 260

6 INDEXZAHLEN 263

6.1 GRUNDLAGEN 263

6.2 GEWOGENE PREIS-, MENGEN- UND WERTINDIZES 266
    6.2.1 Preisindizes P 267
        6.2.1.1 Grundgedanke 267
        6.2.1.2 Preisindex nach Laspeyres $P^{(L)}$ 268
        6.2.1.3 Preisindex nach Paasche $P^{(P)}$ 270
        6.2.1.4 Vergleich zwischen den Preisindizes nach Laspeyres und Paasche 271
        6.2.1.5 Weitere Preisindizes 272
    6.2.2 Mengenindizes Q 273
    6.2.3 Wertindizes U 275

6.3 INDEXZAHLPROBLEME 276
    6.3.1 Probleme der Indexkonstruktion 276
        6.3.1.1 Wahl des Indextyps 276
        6.3.1.2 Wahl der Basisperiode 277
        6.3.1.3 Wahl der Art und Zahl der Güter im Warenkorb 277
        6.3.1.4 Wahl des Wägungsschemas und des Durchschnittswertes 278
        6.3.1.5 Indexkriterien 279

6.3.2 Indexumrechnungen ... 283
    6.3.2.1 Umbasierung ... 283
    6.3.2.2 Verknüpfung ... 284
    6.3.2.3 Verkettung ... 286
    6.3.2.4 Preisbereinigung ... 288

6.4 BEISPIELE FÜR INDEXZAHLEN ... 289
  6.4.1 Indizes aus dem Bereich der Produktion ... 289
    6.4.1.1 Produktionsindex für das Produzierende Gewerbe ... 289
    6.4.1.2 Produktivitätsindizes ... 292
  6.4.2 Indizes aus dem Bereich des Verbrauchs ... 294
    6.4.2.1 Verbraucherpreisindex ... 294
    6.4.2.2 Harmonisierter Verbraucherpreisindex (HVPI) ... 298
    6.4.2.3 Indizes zum Kaufkraftvergleich ... 299
  6.4.3 Indizes aus dem Bereich der Außenwirtschaft ... 303
    6.4.3.1 Mengenindizes, Durchschnittswertindizes und Indizes der tatsächlichen Werte ... 304
    6.4.3.2 Terms of Trade ... 305
  6.4.4 Aktienindizes ... 307

6.5 ZUSAMMENFASSUNG ... 310

7 WAHRSCHEINLICHKEITSRECHNUNG ... 311

7.1 ZUFALLSVORGANG UND ZUFALLSVARIABLE ... 312

7.2 WAHRSCHEINLICHKEITEN ... 314

7.3 WAHRSCHEINLICHKEITSVERTEILUNGEN DISKRETER ZUFALLSVARIABLEN ... 317
  7.3.1 Wahrscheinlichkeitsfunktion ... 317
  7.3.2 Verteilungsfunktion ... 321
  7.3.3 Parameter diskreter Zufallsvariablen ... 324
    7.3.3.1 Erwartungswert ... 324
    7.3.3.2 Varianz und Standardabweichung ... 327

7.4 WAHRSCHEINLICHKEITSVERTEILUNGEN STETIGER ZUFALLSVARIABLEN ... 331
  7.4.1 Verteilungsfunktion ... 331
  7.4.2 Dichtefunktion ... 335
  7.4.3 Parameter stetiger Zufallsvariablen ... 340
    7.4.3.1 Erwartungswert und Varianz ... 340
    7.4.3.2 Quantile ... 341

7.5 ZWEIDIMENSIONALE DISKRETE ZUFALLSVARIABLEN ... 342
  7.5.1 Gemeinsame und marginale Wahrscheinlichkeit ... 343
  7.5.2 Stochastische Unabhängigkeit ... 346
  7.5.3 Bedingte Wahrscheinlichkeit ... 348
  7.5.4 Bayestheorem und totale Wahrscheinlichkeit ... 351
  7.5.5 Erwartungswert, Varianz und Kovarianz ... 354
  7.5.6 Bedingte Erwartungswerte und Varianzen ... 360

7.6 ZWEIDIMENSIONALE STETIGE ZUFALLSVARIABLEN ... 362

7.7 ZUSAMMENFASSUNG ... 363

8 SPEZIELLE WAHRSCHEINLICHKEITSVERTEILUNGEN 365

8.1 Spezielle diskrete Verteilungen 366
  8.1.1 Die Gleichverteilung 366
  8.1.2 Die Bernoulliverteilung 368
  8.1.3 Die Binomialverteilung 370
  8.1.4 Die hypergeometrische Verteilung 377
  8.1.5 Die Poissonverteilung 379

8.2 Spezielle stetige Verteilungen 383
  8.2.1 Die Rechteckverteilung 383
  8.2.2 Die Exponentialverteilung 386
  8.2.3 Die Normalverteilung 390
  8.2.4 Die Chi-Quadrat-Verteilung 400
  8.2.5 Die t-Verteilung 403
  8.2.6 Die F-Verteilung 405

8.3 Zusammenfassung 407

9 STICHPROBENTHEORIE 409

9.1 Der Stichprobenfehler 409

9.2 Gründe für Stichproben 409

9.3 Zufallsauswahl als Voraussetzung 411

9.4 Stichprobenelemente als Zufallsvariablen 414

9.5 Zusammenfassung 415

10 SCHÄTZMETHODIK 417

10.1 Gegenstand der Schätzung 417

10.2 Punktschätzung 418
  10.2.1 Schätzmethoden 420
  10.2.2 Wünschenswerte Eigenschaften von Schätzern 424
  10.2.3 Punktschätzung des Mittelwerts μ 426
  10.2.4 Punktschätzung des Anteilswerts π 428
  10.2.5 Punktschätzung der Varianz σ^2 429
  10.2.6 Zusammenfassung und Notation 432

10.3 Intervallschätzung 433
  10.3.1 Prinzip der Intervallschätzung 433
  10.3.2 Das Konfidenzintervall für den Mittelwert μ 436
    10.3.2.1 Die Verteilung des Stichprobenmittels 436
    10.3.2.2 Quantile des normalverteilten Stichprobenmittels 438
    10.3.2.3 Das Konfidenzintervall bei unbekannter Standardabweichung der Grundgesamtheit 440
  10.3.3 Konfidenzintervall für den Anteilswert π 445

10.4 Zusammenfassung 447

11 HYPOTHESENTESTS ... 449

    11.1 Das Grundprinzip und der Ablauf ... 449

    11.2 Test auf Mittelwert μ ... 457

    11.3 Test auf Anteilswert π ... 461

    11.4 Der P-Wert ... 463

    11.5 Fehlerarten ... 467

    11.6 Testmacht ... 470

    11.7 Zusammenfassung ... 473

12 REGRESSIONSANALYSE ... 475

    12.1 Das Regressionsmodell ... 476

    12.2 Das klassische Regressionsmodell ... 479

    12.3 Einfachregression in Stichproben ... 482

        12.3.1 Punktschätzer für die Regressionskoeffizienten ... 483
        12.3.2 Hypothesentest und Konfidenzintervall ... 487

    12.4 Multiple Regression in Stichproben ... 492

        12.4.1 Regressionskoeffizienten: Schätzung und Interpretation ... 493
        12.4.2 Gesamtbeurteilung: R^2 und F-Test ... 501
        12.4.3 Beispiel zur Interpretation einer Regressionsschätzung ... 505

    12.5 Annahmen im klassischen Regressionsmodell ... 508

        12.5.1 Exogenität der Regressoren (Annahme 1) ... 508
        12.5.2 Linearität (Annahme 2) ... 511
        12.5.3 Homoskedastie der Residuen (Annahme 3) ... 513
        12.5.4 Unkorreliertheit der Residuen (Annahme 4) ... 515
        12.5.5 Normalverteilung der Restwerte (Annahme 5) ... 516
        12.5.6 Keine Multikollinearität (Annahme 6) ... 517

    12.6 Zusammenfassung ... 520

13 QUALITATIVE EINFLUSSFAKTOREN ... 521

    13.1 Test auf Anteilswertvergleich ... 522

    13.2 Chi-Quadrat-Unabhängigkeitstest ... 525

    13.3 Zweistichprobentest auf Mittelwertvergleich ... 530

        13.3.1 Unabhängige Stichproben und keine weiteren Annahmen ... 532
        13.3.2 Unabhängige Stichproben und Varianzhomogenität ... 534
        13.3.3 Abhängige Stichproben ... 536

13.4 Einfache Varianzanalyse 539

13.5 Regressionsanalyse mit Dummy-Variablen 552

13.6 Zusammenfassung 559

14 WAHRSCHEINLICHKEITSTABELLEN 560

LITERATURVERZEICHNIS 569

SACHWORTREGISTER 571

1 Einführung

1.1 Gegenstand der Statistik

Die Beschäftigung mit methodischen und praktischen Problemen der Statistik setzt zunächst voraus, dass wir uns kurz mit dem Gegenstand der Statistik beschäftigen. Das Wort „Statistik" selbst wird in der Umgangssprache in zweierlei Bedeutung verwendet: Zum einen versteht man unter „einer Statistik" die **Zusammenstellung von Daten zur Beschreibung realer Erscheinungen bestimmter Umweltausschnitte.** In diesem Sinn spricht man z. B. von einer „Arbeitslosenstatistik", die die zahlenmäßige Entwicklung der Arbeitslosen im Zeitablauf zeigt. Zum anderen fasst man unter dem Begriff „Statistik" die **Gesamtheit des methodischen Instrumentariums** zusammen, mit dessen Hilfe man zu quantitativen Ergebnissen gelangt.

Innerhalb der statistischen Methoden lassen sich grundsätzlich die **beschreibende (deskriptive)** und die **schließende (induktive, analytische) Statistik**, die auf der Wahrscheinlichkeitstheorie aufbaut, unterscheiden. In der **deskriptiven** Statistik werden für die interessierende Fragestellung alle nötigen Daten in ihrer **Gesamtheit** ermittelt. Die daraus resultierenden Ergebnisse der Datenanalyse beziehen sich ausschließlich auf die betrachtete Grundgesamtheit. Unterlaufen hierbei keine Erhebungs- oder Rechenfehler, so erhält man ein Ergebnis, das nicht mit Unsicherheiten behaftet ist. Wird z. B. in einer kleineren Unternehmung im Rahmen der Inventur der Wert der vorhandenen Lagerbestände zu einem bestimmten Stichtag ermittelt, nimmt man i. d. R. eine körperliche Bestandsaufnahme aller am Lager befindlichen Teile vor (Vollinventur). In der **induktiven** Statistik dagegen wird die Analyse nicht aufgrund aller Daten aus der Gesamtheit durchgeführt, sondern anhand von **Stichprobendaten.** Von den in der Stichprobe gefundenen Verhältnissen schließt man dann zurück auf die Gesamtheit. Dieser Rückschluss ist allerdings nicht mit Sicherheit, sondern nur mit einer bestimmten Wahrscheinlichkeit möglich. Im Beispiel der Inventur gestattet der Gesetzgeber bei großen Lägern eine Stichprobeninventur mit Hilfe anerkannter mathematisch-statistischer Verfahren: Auf Basis eines Teils der im Lagerbestand befindlichen Stücke wird durch „Hochrechnung" der gesamte Lagerwert bestimmt. Die Gliederung dieses Buches orientiert sich an dieser Abgrenzung: Kapitel 2 bis 6 befassen sich mit deskriptiver Statistik, Kapitel 7 bis 12 sind der induktiven Statistik gewidmet.

Neben dem unterschiedlichen Inhalt des Wortes „Statistik" im heutigen Sprachgebrauch hat dieser Begriff im methodischen Sinn im Laufe seiner Geschichte einen Bedeutungswandel erfahren. Die ursprüngliche Wortbedeutung von „Statistik" lässt sich auf das lateinische

„status" ≙ Zustand oder Staat zurückführen und soll damit auf die besondere Bedeutung der Erfassung von Zuständen, insbesondere der Bevölkerung und der Wirtschaft eines Staates, hinweisen. Eine ähnliche Namensdeutung knüpft an der italienischen Bezeichnung „statista" ≙ Staatsmann an. So handelte es sich im 17. bis 18. Jahrhundert um die deskriptive Sammlung und Darstellung von Daten über Bevölkerung, Verwaltung, Militär, Wirtschaft und Geographie eines Landes. Im 18. und 19. Jahrhundert trat dann eine mehr analytische Orientierung in den Vordergrund, man suchte nach Gesetzmäßigkeiten in den gesellschaftlichen und politischen Erscheinungen. Bereits im 17. Jahrhundert wurde man sich der Bedeutung von Zufallserscheinungen, die zu Unsicherheiten in den Aussagen führen, bewusst, was später der Wahrscheinlichkeitstheorie Eingang in die Statistik verschaffte. Die Weiterentwicklung und Zusammenführung dieser drei Wurzeln führte im 20. Jahrhundert dazu, dass der Statistik auch die Aufgabe der Entscheidungsfindung zukam. Nach wie vor besteht die Grundfunktion der Statistik heute wie gestern darin, quantitative Informationen über interessierende Ausschnitte der Realität zu gewinnen. Sie dient dabei der beschreibenden Bestandsaufnahme, der Klärung von Wirkungszusammenhängen und der Prognose – insgesamt also als Entscheidungsgrundlage.

Die unterschiedlichen Wurzeln und Richtungen der Statistik spiegeln sich in den verschiedenen Stufen einer statistischen Untersuchung wider, wobei wir fünf aufeinanderfolgende Phasen, deren Umfang von Fall zu Fall stark variieren kann, unterscheiden wollen, nämlich **Planung, Datengewinnung, Datenaufbereitung, Datenanalyse** und **Interpretation**.

1. In der Phase der **Planung** geht es zunächst um die Präzisierung der Fragestellung. Dies scheint selbstverständlich, aber nur wenn eine genaue Problembeschreibung vorliegt, kann der mit der statistischen Analyse Beauftragte eine sachliche, räumliche und zeitliche Abgrenzung und die Art der zu beschaffenden Informationen festlegen. Wenn dies nicht geschieht, kann es zur Erhebung von für das Ziel der Untersuchung irrelevanten Daten kommen. Man muss beachten, dass die Qualität der Analyse und die daraus zu ziehenden Schlussfolgerungen davon abhängen, wie geeignet die Daten für das gestellte Problem sind. Statistische Verfahren, mögen sie noch so verfeinert sein, können zu unbrauchbaren Resultaten führen, wenn sie auf nicht-adäquate Daten angewendet werden.

2. Gerade im Bereich der Wirtschafts- und Sozialwissenschaften gibt es eine Vielzahl von theoretischen Begriffen, die wegen ihres hohen Abstraktionsgrades in der Realität nicht direkt gemessen werden können. Nehmen wir an, es soll die Wohlfahrt einer Volkswirtschaft gemessen werden. Nähme man als Maß für dieses theoretische Konstrukt das Bruttosozialprodukt, so wäre es für einen Wirtschaftsstatistiker ein

1.1 Gegenstand der Statistik

aussichtsloses Unterfangen, wenn man ihn losschickte, um diese Größe in der ökonomischen Realität zu messen. Es besteht also oft eine Diskrepanz zwischen den theoretischen Begriffen und den empirisch erfassbaren Größen. Man bezeichnet dies als **Adäquationsproblem**. Die inhaltliche Diskrepanz zwischen den theoretischen und den statistischen Begriffen sollte möglichst gering sein (vgl. zum ersten Schritt der statistischen Analyse auch Kapitel 1.2).

3. Ist das Problem präzise formuliert, so muss der Statistiker im zweiten Schritt der Frage der **Datengewinnung** nachgehen. Es ist hier zu entscheiden, ob auf bereits existierendes Datenmaterial zurückgegriffen werden kann, oder ob die Daten erst erhoben werden müssen. Bei der eigenen Datenerhebung lässt sich entweder die Gesamtheit als Ganzes oder nur ein Teil von ihr untersuchen. Ersteres bezeichnet man als Totalerhebung, letzteres als Teilerhebung. Die Erhebungsplanung hat sich auch mit der Frage zu befassen, ob die Daten durch Beobachtung oder durch Befragung beschafft werden können (vgl. Kapitel 1.3).

4. Liegt das Datenmaterial erhoben vor, so muss es in der Phase der **Datenaufbereitung** geordnet und in geeigneter Form verdichtet werden, da es in seiner ursprünglichen Form oft zu unübersichtlich ist. Es erfolgt hier in aller Regel eine Zusammenfassung in Tabellen und die Darstellung in Schaubildern (vgl. im einzelnen Kapitel 2.1).

5. Bei der **Datenanalyse**, dem Schwerpunkt der statistischen Betätigung, wird das (unter 3) aufbereitete Material mit Hilfe geeigneter statistischer Verfahren untersucht. Hierher gehört die Berechnung statistischer Kennzahlen, wie z. B. Mittelwerte, oder die Weiterverarbeitung von Daten zu größeren Aggregaten, wie etwa Preisindizes. Reale Datensätze werden in aller Regel mittels eines Computers analysiert. Zur Durchführung der Berechnungen – und auch zur Erstellung von Graphiken – stehen statistische Programmpakete zur Verfügung (z. B. Stata oder SPSS).

6. Den Abschluss einer jeden statistischen Untersuchung bildet die **Interpretation** der gefundenen Ergebnisse vor dem Hintergrund der in der ersten Phase festgelegten Fragestellung. In der deskriptiven Statistik ist mit der Interpretation der Ergebnisse die Analyse abgeschlossen, da bei der Datenerhebung die Grundgesamtheit erfasst wurde. In der schließenden Statistik – hier werden nur Teilgesamtheiten erhoben – beziehen sich die unter 4 gefundenen Resultate zunächst nur auf die Stichprobe. Es hat deshalb im Zusammenhang mit der Interpretation noch ein Rückschluss von der Stichprobe auf die Grundgesamtheit zu erfolgen. Da hierbei Zufallseinflüsse auf das

Ergebnis einwirken, die sich allerdings mit Hilfe der Wahrscheinlichkeitsrechnung quantifizieren lassen, können Aussagen nur mit einer gewissen Unsicherheit getroffen werden. Das Ergebnis ist deshalb in der schließenden Statistik immer nur eine Wahrscheinlichkeitsaussage.

Nach dem bisher Gesagten sehen wir, dass Statistik eine Methode ist, die eine Verbindung zwischen Theorie und Empirie herzustellen vermag. Sie soll helfen, aus der Vielzahl empirischer Tatsachen die für eine bestimmte Fragestellung relevanten Informationen herauszufiltern. Insofern handelt es sich um ein Problem der Datenverarbeitung. Obwohl – oder gerade weil – solche Arbeiten immer mehr von der Informations- und Kommunikationstechnik übernommen werden, ist es für jeden Anwender unerlässlich, sich mit den Grundlagen statistischer Methoden, ihren Möglichkeiten und Grenzen vertraut zu machen.

Fassen wir zusammen und halten fest: **Statistik befasst sich mit der Sammlung, Darstellung und Analyse von Sachverhalten, die numerisch messbar sind und in größerer Zahl („Kollektivphänomene", „Massenerscheinungen") vorliegen.** Sie bedient sich dabei formaler Modellvorstellungen, die in der induktiven Statistik die Analyse von zufallsbeeinflussten Erscheinungen ermöglichen und es erlauben, Entscheidungen in Fällen von Ungewissheit zu treffen.

Wie jede Formalwissenschaft besitzt die Statistik „theoretische" und „empirische" Bestandteile. Hier sollen diejenigen statistischen Methoden dargestellt werden, die für Anwendungen im wirtschafts- und sozialwissenschaftlichen Bereich bedeutsam sind. Dabei soll die Statistik Informationen über die Struktur bestimmter wirtschaftlicher Erscheinungen sammeln, aufbereiten, analysieren und so als Grundlage für soziale und wirtschaftliche Analysen und Entscheidungen dienen – und zwar für Unternehmer, Politiker, Staatsorgane sowie Wirtschafts- und Sozialwissenschaftler. In hochentwickelten und damit arbeitsteiligen Volkswirtschaften ist der Bedarf an laufenden Informationen über den Stand von Bevölkerung und Wirtschaft und ihre Entwicklungen besonders groß. Ganz gleich welcher Art die gesellschaftliche Ordnung der Wirtschaft ist, in jedem Fall beruht die genaue Kenntnis wirtschaftlicher und sozialer Phänomene weitgehend auf statistischen Erhebungen und Analysen.

Das breite Anwendungsgebiet in den Wirtschafts- und Sozialwissenschaften mögen folgende **Beispiele** verdeutlichen:

1. Für Zwecke des Betriebsvergleichs benötigt die Leitung einer Unternehmung gewisse charakteristische Zahlen über ihre Belegschaft bzgl. des Einkommens, Alters, sozialen Umfelds etc.

1.1 Gegenstand der Statistik

2. Wirtschaftspolitiker möchten wissen, wie hoch die „Inflationsrate" in der Bundesrepublik Deutschland ist. Hierzu muss der Statistiker ein Maß zur Verfügung stellen, das die Vielzahl von Preisen und deren Entwicklung auf eine einzige Zahl reduziert.

3. Ein Unternehmer interessiert sich für mögliche Wirkungszusammenhänge zwischen den Umsätzen und den Verkaufsflächen seiner Filialen, und wie sie sich ggfs. Quantifizieren lassen.

4. Für Fragen der Sozialversicherung ist es von Bedeutung, Informationen über Größe und Zusammensetzung der deutschen Bevölkerung in 20 Jahren zu erhalten.

5. Ein wirtschaftswissenschaftliches Forschungsinstitut will die Investitionsbereitschaft der deutschen Unternehmer für die nächsten sechs Monate abschätzen. Werden aktuelle Informationen gefordert, dann ist es unmöglich, alle Unternehmer zu befragen. Vielmehr wird man eine (repräsentative) Auswahl unter den Unternehmern vornehmen, in der Hoffnung, dass das so gewonnene Ergebnis eine brauchbare Schätzung der Erwartungsgrößen aller Unternehmer sein wird.

6. Ein Betrieb steht bei der Lieferung von elektronischen Bauteilen vor dem Problem, die Sendung einer Prüfung zu unterziehen, d. h. zu untersuchen, ob die Bauteile, z. B. bzgl. ihrer Lebensdauer, innerhalb der im Abnahmevertrag vereinbarten Marge liegen oder nicht. Sinnvollerweise kann man nicht alle Bauteile prüfen. Vielmehr wird man einige auswählen, diese prüfen und dann von diesem Stichprobenergebnis auf Annahme oder Ablehnung der Gesamtsendung schließen.

7. Das Stadtplanungsamt einer Großstadt möchte Ausstattung und Zustand bestimmter Wohneinheiten in einem möglichen Sanierungsgebiet ermitteln. Da es zu kostspielig wäre, alle Wohneinheiten zu inspizieren, begnügt man sich mit der Bestandsaufnahme in einigen, um daraus auf den Zustand aller zu schließen.

8. Die wirtschaftstheoretische Formulierung der Konsumfunktion nach Keynes besagt, dass der private Konsum C eine lineare Funktion des verfügbaren Einkommens Y ist:

$$C = \beta_0 + \beta_1 Y$$

Anhand empirischer Daten für C und Y lassen sich mit Hilfe statistischer Verfahren die Größen β_0 und β_1 (marginale Konsumquote) quantifizieren, und man kann überprüfen, ob die wirtschaftstheoretische Hypothese mit der ökonomischen Realität – in Form der Daten – vereinbar ist oder nicht.

Die Probleme, die in den ersten vier Beispielen angesprochen wurden, lassen sich mit Methoden der deskriptiven Statistik lösen, die letzten vier Fragestellungen machen Verfahren der induktiven Statistik erforderlich.

Die Beispiele sollten auch zeigen, dass die Statistik in den Wirtschafts- und Sozialwissenschaften als **Hilfswissenschaft** anzusehen ist. Dies bedeutet, dass zuerst das fachwissenschaftliche Problem besteht und präzisiert sein muss, dann erst folgt die eigentliche Aufgabe des Statistikers. Statistik wird hier also nicht um ihrer selbst willen, sondern als anwendungsorientierte Wissenschaft betrieben.

Es sei abschließend darauf hingewiesen, dass statistische Verfahren zwar sozioökonomische Analysen wirksam unterstützen können, dass sie aber auch mit Sorgfalt angewendet werden müssen. Die weitverbreitete Skepsis gegenüber statistischen Verfahren und ihren Ergebnissen mag sowohl aus der Eigenart des Faches herrühren als auch aus dem (unbewussten oder bewussten) Missbrauch durch Anwender.

In jeder der fünf Phasen einer statistischen Analyse können **Fehler** entstehen. Durch eine ungenaue Problemformulierung kann im ersten Schritt das Adäquationsproblem unzureichend gelöst sein und es darüber hinaus zur Erhebung nicht „genau passender" Daten kommen. Diese Fehler entspringen also der Unvollkommenheit der Planung und Organisation des Vorhabens. Im Bereich der Datenerhebung gibt es zahlreiche Fehlerquellen, so etwa durch Wahl einer unzweckmäßigen Erhebungsmethode, falsche Messungen oder missverständliche Formulierungen von Fragen in Fragebögen. Bei der Datenaufbereitung großer Datenmengen sind manuelle Arbeitsgänge besonders fehleranfällig. Eine Verringerung solcher Fehler lässt sich durch Übertragung dieser Arbeiten auf die Informations- und Kommunikationstechnik erreichen. Ein weiterer Fehler in der Aufbereitungsphase ergibt sich aus der Notwendigkeit, zwecks besserer Übersichtlichkeit das Datenmaterial in „Klassen" (vgl. Kapitel 2.1) einzuteilen. Fehler können bei der Klassenbildung und bei der Datenzuordnung entstehen. Die Datenanalyse selbst birgt Fehlermöglichkeiten durch falsches Rechnen oder durch die Wahl einer falschen statistischen Methode. Rechenfehler lassen sich heutzutage durch Benutzung von Rechnern verringern. Dagegen schützen Rechner und Statistiksoftwarepakete nicht vor der unsinnigen Benutzung statistischer Instrumente. Im Gegenteil, mangelhafte statistische Sachkenntnis kann durch Benutzung solcher technischer Hilfsmittel die Fehleranfälligkeit erhöhen. Fehlinterpretationen der Ergebnisse und unzulässige Schlüsse können schließlich in der letzten Phase einer statistischen Analyse zu

Fehlern führen. So ist die Interpretation des zahlenmäßigen Ergebnisses vor dem Hintergrund der materiellen Fragestellung (Phase 1) fehleranfällig. Dies mag z. B. an der scheinbaren Gleichheit der formalen und sachlichen Begriffe oder an unzulässigen Verallgemeinerungen liegen. Fehler treten bei statistischen Analysen also offensichtlich häufig auf. Statistik-Kenntnisse können jedoch solche Fehler vermeiden bzw. erkennen helfen.

1.2 Grundbegriffe

Im ersten Schritt einer statistischen Analyse müssen Untersuchungsgegenstand und -inhalt abgegrenzt werden. Hierzu bedarf es einiger Begriffe, die im Folgenden erläutert werden.

Statistische Einheiten sind Personen, Objekte oder Ereignisse, deren Eigenschaften man feststellen will. Die Eigenschaften dieser statistischen Einheiten bezeichnet man als Merkmale (s. unten), weshalb die Einheiten auch **Merkmalsträger** genannt werden. Die statistischen Einheiten sind also Gegenstand der Erhebung, über die mit Hilfe der Merkmale etwas ausgesagt werden soll. Beispiele sind: Personen, private Haushalte, Unternehmen, Geburten.

Statistische Masse ist die Gesamtheit aller statistischen Einheiten, die durch bestimmte Identifikationsmerkmale – auch Definitionsmerkmale oder kollektivbestimmende Merkmale genannt – in sachlicher, räumlicher und zeitlicher Hinsicht abgegrenzt werden können. Man bezeichnet sie auch als **Grundgesamtheit** oder **Kollektiv**. Die statistische Masse ist m. a. W. die Gesamtheit von Einheiten, für die die Ausprägungen jeweils gleicher Merkmale erhoben werden sollen, z. B. die Zahl der privaten Haushalte (sachliche Abgrenzung) in der Bundesrepublik Deutschland (räumliche Abgrenzung) zum Stichtag einer Volkszählung (zeitliche Abgrenzung). Hinsichtlich der zeitlichen Abgrenzung lassen sich Bestands- und Bewegungsmassen unterscheiden. **Bestandsmassen**, auch als **Zeitpunktmassen** bezeichnet, beziehen sich auf einen Zeitpunkt. Beispiele: Wohnbevölkerung eines Landes zum Stichtag einer Volkszählung, Bilanzierungsgrößen einer Unternehmung zum 31.12. eines Jahres. **Bewegungsmassen** – auch **Ereignismassen** genannt – beziehen sich dagegen auf einen Zeitraum. Beispiele: Sterbefälle in der Bundesrepublik Deutschland in einem bestimmten Jahr, Höhe der privaten Investitionen in einem Land innerhalb eines halben Jahres.

Durch Kombination von Bestands- und Bewegungsmassen gelangt man zu sog. Korrespondierenden Massen: Die Bestandsmasse für einen Zeitpunkt t, B(t), lässt sich durch Verknüpfung der Bewegungsmassen „Zugänge" im Intervall [t, t − 1] und der „Abgänge" im Intervall [t, t − 1] mit der Bestandsmasse im Zeitpunkt t − 1, B(t − 1), bestimmen

$$B(t) = B(t-1) + Z(t, t-1) - A(t, t-1).$$

Dies wird auch als **Fortschreibungsformel** bezeichnet und z. B. bei der Berechnung von Bevölkerungen und Lagerbeständen zu bestimmten Zeitpunkten benutzt.

Liegt die statistische Masse fest, so können in den statistischen Einheiten die für die konkrete Untersuchung interessierenden **Merkmale** abgegrenzt werden. Hierdurch werden messbare Eigenschaften der Merkmalsträger festgestellt, wobei ihnen Zeichen oder Zahlen zugeordnet werden, die **Merkmalsausprägungen** heißen. Die Festlegung der Untersuchungsmerkmale richtet sich nach dem konkreten Sachproblem.

Beispiele:	Statistische Einheit	Mögliche Merkmale
	Haushalt	Zahl der Personen
		Einkommen
		Religionszugehörigkeiten der Mitglieder
	Unternehmung	Wirtschaftszweig
		Zahl der Beschäftigten
		Umsatz
	Gemeinde	Einwohnerzahl
		Gewerbestruktur
		Steueraufkommen

Sind die Merkmalsausprägungen einer statistischen Einheit mit reellen Zahlen messbar, so spricht man von **quantitativen** Merkmalen, z. B. Zahl der Personen pro Haushalt, Alter von Personen, Haushaltseinkommen. Sie können in **diskrete** und **stetige (kontinuierliche)** Merkmale untergliedert werden. Bei diskreten Merkmalen lassen sich die Merkmalsausprägungen nur für ganz bestimmte Zahlenwerte angeben, so z. B. die nichtnegativen ganzen Zahlen bei der Zahl der Personen pro Haushalt oder der Zahl der Maschinen in einer Unternehmung. Bei stetigen Merkmalen dagegen können die Merkmalsausprägungen – zumindest in einem bestimmten Intervall – alle reellen Zahlen annehmen, z. B. Alter von Personen oder Produktionszeit für ein Werkstück. Die in Geldgrößen ausgedrückten ökonomischen Größen sind eigentlich diskret. Wir wollen sie aber als stetige Merkmale behandeln – man bezeichnet sie als **quasi-stetig** –, da die kleinste Währungseinheit, z. B. 1 Cent, im Vergleich zu den beobachteten Größen des Merkmals, z. B. Haushaltseinkommen oder Investitionssumme in einer Unternehmung, verschwindend klein ist.

1.2 Grundbegriffe

Qualitative Merkmale sind dagegen nicht mit reellen Zahlen messbar, sondern es müssen Merkmalsausprägungen in Form von Kategorien angegeben werden. Während bei quantitativen Merkmalen die Abstände zwischen ihren Ausprägungen ebenfalls durch reelle Zahlen messbar sind, müssen die Ausprägungen bei qualitativen Merkmalen durch charakteristische Eigenschaften bestimmt werden. Zuordnungen können zwar durch die Natur der Sache, z. B. beim Geschlecht, gegeben sein, in manchen Fällen ist aber eine eindeutige Zuordnung schwierig. Wenn als Berufskategorien bspw. „Landwirt" und „Arbeiter" gegeben sind, so kann im Einzelfall ein Arbeiter durchaus Landwirtschaft im Nebenerwerb betreiben. In einem solchen Fall spricht man von **häufbaren** Merkmalen. Zur Datenaufbereitung qualitativer Merkmale werden die Ausprägungen qualitativer Merkmale oft durch Zahlen ersetzt. Diese Zahlen sind **Codes** und stellen keine Messwerte dar.

Gerade im Bereich der Wirtschaftsstatistik macht die eindeutige Zuordnung Schwierigkeiten, nämlich dann, wenn Kombinationen von Merkmalen auftreten, z. B. bei Mehrproduktunternehmen oder Gütern mit unterschiedlichem Verwendungszweck. In solchen Fällen erfolgt dann oft eine Zuordnung nach dem **Schwerpunktprinzip**. Dadurch werden häufbare Merkmale auf nicht häufbare Merkmale reduziert. So wird z. B. in der Industriestatistik die Produktion eines Mehrproduktunternehmens insgesamt dem Wirtschaftszweig zugeordnet, in dem der Schwerpunkt der wirtschaftlichen Tätigkeit liegt. Dies wird in der Regel über die jeweilige Zahl der Beschäftigten bestimmt.

Je nach Art des betrachteten Merkmals können seine Ausprägungen nach bestimmten Regeln in Zahlen ausgedrückt werden. Diese Messung geschieht anhand verschiedener **Skalen**. Die Unterscheidung solcher Skalen ist deshalb von Bedeutung, weil davon die Art der anzuwendenden statistischen Verfahren abhängt.

Wir wollen – für unsere Zwecke ausreichend – drei Skalentypen unterscheiden:

1. Nominalskala

Diese Skala wird bei **klassifikatorischen Merkmalen** verwendet. Bei diesen drücken die einander ausschließenden Merkmalsausprägungen lediglich eine Verschiedenartigkeit aus, z. B. Geschlecht, Religionszugehörigkeit, Farbe. Es besteht zwischen den Ausprägungen also keinerlei Rangordnung, sie stehen vielmehr gleichberechtigt nebeneinander. Den Ausprägungen, die durch Zeichen (Symbole) charakterisierbar sind, können zu Zwecken der Verschlüsselung, d. h. zur reinen Identifizierbarkeit, Zahlen zugeordnet werden, z. B. weiblich $\hat{=}$ 0, männlich $\hat{=}$ 1. Gibt es zwei Ausprägungen, wie in diesem Beispiel, so spricht man von **binären** oder **dichotomen Merkmalen**.

2. Ordinalskala

Neben der Verschiedenartigkeit kommt bei **komparativen Merkmalen** eine natürliche Rangordnung zum Ausdruck. Es lassen sich zwischen den einander ausschließenden Merkmalsausprägungen „größer als" – oder „besser als" – Beziehungen aufstellen. Dabei sind allerdings die Abstände zwischen den Merkmalsausprägungen nicht quantifizierbar, d. h. die den Rängen zugeordneten Zahlen sagen nichts über die Abstände zwischen den Ausprägungen aus. Beispiele sind Prüfungsnoten, Handelsklassen bei Lebensmitteln oder die ordinale Nutzenmessung in der Theorie des Haushalts. Eine Ordinalskala mit ausschließlich ganzzahligen, ununterbrochenen Ordnungsziffern (1, 2, 3, ...) nennt man **Rangskala**. Bei Ordinal- und Nominalskalen sind statistische Verfahren, die Grundrechnungsarten innerhalb der Skala benutzen, nicht anwendbar. In der Wirtschaftsstatistik treten ordinalskalierte Merkmale weniger häufig auf.

3. Kardinalskala

Hierunter fällt zunächst die **Intervallskala**, bei der außer der Angabe einer Rangordnung auch noch die Möglichkeit besteht, die Abstände zwischen den Merkmalsausprägungen zu messen. Dazu bedarf es einer elementaren Maßeinheit und der Festlegung eines willkürlichen (relativen) Nullpunkts, z. B. Temperaturmessung. Während bei dieser Skala eine Quantifizierung der Differenzen zwischen Merkmalsausprägungen durch Addition bzw. Subtraktion erfolgen kann, ist die Bildung von Quotienten nicht sinnvoll. Dies ist jedoch bei der **Verhältnis- (Ratio-) Skala** möglich, die neben den Eigenschaften der Intervallskala einen absoluten Nullpunkt besitzt. Beispiele sind Alter, Einkommen, Anzahl von Verkäufen, Haushaltsgröße, Umsatz. Beiden Skalen liegt ein Maßsystem zugrunde, weshalb man auch von **metrischen Merkmalen** spricht. Wir werden im Folgenden meist den letztgenannten Ausdruck benutzen, da bei sozioökonomischen Analysen eine Unterscheidung in Intervall- und Verhältnisskalen nur selten benötigt wird.

Die drei Skalen sind in der angegebenen Reihenfolge hierarchisch, m. a. W. ein ordinalskaliertes Merkmal ist auch nominalskaliert – aber nicht umgekehrt. Man kann also ein höher skaliertes Merkmal in ein niedriger skaliertes Merkmal überführen, was allerdings mit einem Informationsverlust verbunden ist. Wie man sieht, entsprechen nominalskalierte Merkmale den qualitativen und metrisch skalierte den quantitativen Merkmalen. Die Zuordnung ordinalskalierter Merkmale ist hier schwierig, ihre Aufbereitung folgt i. A. analog den qualitativen Merkmalen.

1.3 Datengewinnung

Bei der Datengewinnung – der zweiten Phase einer statistischen Analyse – ist grundsätzlich zu unterscheiden, ob die benötigten Daten bereits erhoben vorliegen und aus bestimmten Quellen für die anstehende Analyse übernommen werden können, oder ob die Daten nicht verfügbar sind und es damit einer eigenen Datenerhebung bedarf. In beiden Fällen wird das Problem der Datenbeschaffung oft unterschätzt, so etwa wenn eine hinreichende Adäquation bzw. eine gewünschte Eigenschaft des Datenmaterials unterstellt wird. Gerade bei Anwendungen statistischer Methoden im wirtschafts- und sozialwissenschaftlichen Bereich liegt der Engpass häufig in der Qualität der zugrundeliegenden Daten, und dann können noch so methodisch anspruchsvolle statistische Verfahren solche Mängel nicht beseitigen.

Es erweist sich als zweckmäßig, bei einer konkreten Datenanforderung zunächst zu prüfen, ob verwertbare Daten aus amtlichen oder sonstigen statistischen Quellen beschaffbar sind. Möglicherweise lassen sich auch Unterlagen heranziehen, die primär nichtstatistischen Zwecken dienen.

Institutionen, die statistische Daten zur Verfügung stellen, bezeichnet man als **Träger der Statistik**, wobei sich zwei große Gruppen, die **amtliche** und die **nichtamtliche** Statistik, unterscheiden lassen.

Für die Bundesrepublik Deutschland sind im Bereich der amtlichen Statistik vor allem das **Statistische Bundesamt** in Wiesbaden, die **Statistischen Landesämter** sowie die **Statistischen Ämter der Städte** zu nennen. Publikationen des Statistischen Bundesamtes sind das Statistische Jahrbuch für die Bundesrepublik Deutschland, die monatlich erscheinende Zeitschrift Wirtschaft und Statistik und die verschiedenen Fachserien. Daneben sollen als Träger der amtlichen Statistik **Bundes-** und **Landesministerien**, die **Deutsche Bundesbank** mit den Statistischen Beiheften zu den Monatsberichten der Deutschen Bundesbank (monatlich) sowie die **Bundesanstalt für Arbei**t mit Statistiken aus dem Bereich des Arbeitsmarktes, z. B. Amtliche Nachrichten der Bundesanstalt für Arbeit (monatlich), genannt werden.

Auf europäischer Ebene sind das Statistische Amt der Europäischen Gemeinschaften (**EUROSTAT**), Luxemburg, mit z. B. dem Eurostat Jahrbuch und die **Europäische Zentralbank** (EZB), Frankfurt, mit dem Monatsbericht (monatlich) zu nennen.

Zu den Trägern der nichtamtlichen Statistik zählen z. B. **Arbeitgeber-** und **Arbeitnehmerorganisationen**, **Markt-** und **Meinungsforschungsinstitute**, **Industrie-** und **Handelskam-**

mern sowie **wirtschafts-** und **sozialwissenschaftliche Forschungsinstitute**. Statistisches Material dieser Institutionen ist den Interessenten in unterschiedlichem Maße zugänglich.

Zu erwähnen sind außerdem noch internationale Statistiken, die von **supranationalen Organisationen**, z. B. den Vereinten Nationen oder der OECD, veröffentlicht werden.

Die Internet-Adressen einiger Institutionen, die Daten zur Verfügung stellen, sind:

Eurostat: http://europa.eu.int/comm/eurostat/

Statistisches Bundesamt: http://www.destatis.de

EZB: http://www.ecb.int

Deutsche Bundesbank: http://www.deutsche-bundesbank.de/

Die Träger der Statistik stellen die unterschiedlichsten **Arten statistischer Daten** zur Verfügung. Wenn die erhobenen Daten ausschließlich statistischen Zwecken dienen, wie bspw. solche aus der Volkszählung oder der Einkommens- und Verbrauchsstichprobe, so spricht man von **Primärstatistiken**. Bei **Sekundärstatistiken** lässt sich auf Daten zurückgreifen, die eigentlich für andere Zwecke erhoben wurden, z. B. wenn die in erster Linie für Zwecke der Finanzverwaltung anfallenden Einkommensdaten zu steuerstatistischen Zwecken verwendet werden.

Daneben ist zwischen **Querschnitts-** und **Längsschnitts- (Verlaufs-, Zeitreihen-) daten** zu unterscheiden. **Querschnittsdaten** beziehen sich auf einen Zeitpunkt und auf die Merkmalsausprägungen für eine Gesamtheit. Solche Daten fallen nicht kontinuierlich, sondern meist nur in größeren zeitlichen Abständen an. Typisches Beispiel ist die Volkszählung, bei der für einen Stichtag sozioökonomische Strukturen erfasst werden. Eine einzige Querschnittsstatistik kann kaum Entwicklungsänderungen eines Phänomens einfangen. Erst aus zwei oder mehreren Querschnittsstatistiken lässt sich auf Bewegungsvorgänge schließen, was komparativ-statische Analysen ermöglicht. **Längsschnittsdaten** dagegen beruhen auf der Erfassung eines oder mehrerer interessierender Phänomene im Zeitablauf. Solche Statistiken, die die an ein und derselben statistischen Einheit im Zeitablauf beobachteten Merkmalsänderungen darstellen, erlauben dynamische Analysen.

1.3 Datengewinnung

Eine weitere Differenzierung, die von der speziellen Fragestellung abhängt, zielt auf die Aggregation der Daten, die in die Analyse eingehen sollen. Wir wollen drei Möglichkeiten der Datenaggregation nennen:

- Zeitliche Aggregation
  (z. B. arbeitstäglich, wöchentlich, monatlich, viertel-, halbjährlich, jährlich)

- Räumliche Aggregation
  (z. B. lokal, regional, nationalstaatlich, supranational)

- Sektorale Aggregation
  (z. B. Einzelwirtschaft, Wirtschaftszweige, Gesamtwirtschaft)

Die zunehmende Differenzierung von Fragestellungen erfordert oft statistische Daten, die nicht von den Trägern der Statistik bereitgestellt werden können. Wenn für das konkrete Problem weder amtliche noch nichtamtliche Statistiken zur Verfügung stehen, so müssen die Daten selbst erhoben werden. Wie bereits erwähnt, gibt es zwei mögliche Erhebungsarten, nämlich die **Total- oder Vollerhebung** und die **Teil- (Repräsentativ-) Erhebung** oder **Stichprobe**. (Die Daten, die die Träger der Statistik bereitstellen, kommen natürlich auch über Total- oder Teilerhebungen zustande.)

Bei einer **Totalerhebung** – wichtigstes Beispiel ist die Volkszählung – werden alle statistischen Einheiten der Grundgesamtheit erfasst. Man benötigt sie dann, wenn nach sachlichen und regionalen Gesichtspunkten Informationen über tiefgegliederte Bestands- und Bewegungsmassen erforderlich sind. Sie liefert zugleich Erhebungs- und Hochrechnungsraster für Teilerhebungen. Theoretisch erhält man hierdurch sehr zuverlässige Informationen, da jede statistische Einheit in die Erhebung kommt. Allerdings entstehen **systematische Fehler**, die folgende Ursachen haben können:

- Unpräzise Problemformulierung, die zu einer fehlerhaften Abgrenzung der statistischen Masse führen, z. B. Doppelzählung von Personen mit Zweitwohnsitz

- Bewusst oder unbewusst falsche Beantwortung bzw. Antwortverweigerung.

Diese Fehler nehmen – absolut gesehen – meist mit dem Umfang der Gesamtheit und dem Schwierigkeitsgrad der zu erfassenden Merkmale zu. Totalerhebungen sind oft sehr kostspielig und zeitraubend; man kann sie auch nicht überall sinnvoll durchführen (z. B. bei der Qualitätskontrolle).

Deshalb greift man zu **Teilerhebungen**. Hierbei will man durch Informationen über einige statistische Einheiten zu Aussagen über die gesamte statistische Masse kommen. Dazu ist es erforderlich, dass die Stichprobe „repräsentativ" bezüglich der Grundgesamtheit ist, d. h. ein möglichst getreues – wenn auch verkleinertes – Abbild der Grundgesamtheit darstellt. Die Teilerhebungen lassen sich grundsätzlich in zwei Gruppen gliedern:

- **Zufällige Auswahl** der statistischen Einheiten
- **Bewusste Auswahl** der statistischen Einheiten.

Bewusste Auswahlverfahren sind stets an irgendeiner Stelle des Auswahlprozesses mit subjektiven Entscheidungen verknüpft, wohingegen bei den Zufallsstichproben – wie der Name schon sagt – die Auswahl dem Zufall überlassen bleibt und somit in objektiver Weise gesteuert wird. Von den Stichprobenverfahren nach dem Zufallsprinzip werden die grundlegenden Auswahltechniken der **reinen Zufallsauswahl**, der **Schichten-** und der **Klumpenauswahl** genannt. Eine Kurzcharakterisierung dieser Auswahlverfahren erfolgt unten in Kapitel 9.3.

Nach der Art der Ermittlung der Merkmalsausprägungen der Einheiten lassen sich **Beobachtung, Befragung** und **Experiment** unterscheiden. Die Beobachtung kann z. B. durch Messung des Produktionsausstoßes in einer Arbeitsschicht oder Registrierung der Wartezeiten von Kunden an einer Servicestation erfolgen. Die Befragung lässt sich mündlich durch Interviewer oder schriftlich durch Fragebogen durchführen. Neuerdings gewinnen Telefoninterviews immer mehr an Bedeutung. Das Experiment spielt im Bereich der Wirtschafts- und Sozialwissenschaften nur eine untergeordnete Rolle, z. B. bei der Wirkungsmessung verschiedener Verpackungen auf Testpersonen.

Gleichgültig wie die Daten gewonnen wurden, man benutzt oft nicht die beobachteten metrisch skalierten Originalgrößen Y sondern **transformierte Werte**. Auf einige Umrechnungsprozeduren soll hier beispielhaft hingewiesen werden:

- Bei Zeitreihen wird oft mit **Änderungsraten** gearbeitet.
  Neben der **absoluten** Änderung (Differenz)

$$\Delta y_t = y_t - y_{t-1} \tag{1.1}$$

  findet sich die **relative** Änderung (Wachstumsrate)

1.3 Datengewinnung

$$\frac{\Delta y_t}{y_{t-1}} = \frac{y_t - y_{t-1}}{y_{t-1}} = \frac{y_t}{y_{t-1}} - 1 = r \qquad (1.2)$$

Die absolute Änderung besagt, um wie viele Einheiten die Größe Y sich ändert, die relative Änderung bringt zum Ausdruck, wie schnell sich Y ändert.

- Wenn ein Wert für eine bestimmte Periode fehlt, so lässt er sich im einfachsten Fall durch **lineare Interpolation** erhalten.
Sind y_t und y_{t+2} bekannt, dann kann man den dazwischen liegenden Wert y_{t+1} mit

$$y_{t+1} = \frac{y_t + y_{t+1}}{2} \qquad (1.3)$$

als arithmetisches Mittel (vgl. Kapitel 2.2.1.3) berechnen. Möglich ist auch eine **exponentielle Interpolation** mit Hilfe des geometrischen Mittels (vgl. Kapitel 2.2.1.4)

$$y_{t+1} = \sqrt{y_t \cdot y_{t+2}} \qquad (1.4)$$

bei entsprechendem Verlauf der Zeitreihenwerte.

- Die **Extrapolation** eines Zeitreihenwertes kann dann nötig sein, wenn Datenwerte bei bestimmten Merkmalen für mehr Perioden vorhanden sind als bei anderen Merkmalen. Ist die Datenreihe für den komplett benötigten Datensatz der Merkmale für bestimmte Berechnungen zu kurz, so wird man einzelne Merkmalswerte durch Extrapolation ergänzen.

Die **lineare** Extrapolation y_{t+2} für den nicht vorhandenen Wert beruht z. B. auf der Relation

$$y_{t+2} - y_{t+1} = y_{t+1} - y_t$$

bzw.

$$y_{t+2} = 2y_{t+1} - y_t \qquad (1.5)$$

- Statt **Nominal**größen verwendet man **Real**größen, um etwa den störenden Einfluss der Preisentwicklung durch eine Preisbereinigung (vgl. Kapitel 6.3.2.4) auszuschalten.

- Solche Datenbearbeitungen sind in jedem Fall zu dokumentieren. Sie enthalten oft Schwierigkeiten bzw. Probleme, die im Einzelfall zu fragwürdigen Ergebnissen führen können.

2 Eindimensionale Häufigkeitsverteilungen

Die im zweiten Schritt der statistischen Analyse gewonnenen Daten lassen sich in der Aufbereitungsphase (3. Schritt) in Tabellenform und graphisch darstellen sowie in der eigentlichen Datenanalyse weiter durch charakteristische Maßzahlen auswerten (4. Schritt). Wir betrachten im Folgenden eine **Grundgesamtheit mit N statistischen Einheiten** und jeweils nur **ein einziges Merkmal** mit seinen unterschiedlichen Ausprägungen – daher die Bezeichnung **eindimensional** oder **univariat**, wobei es sich überwiegend um Querschnittsdaten handelt. (Die Analyse von Zeitreihen erfolgt in den Kapiteln 5 und 6)

Das Instrumentarium eindimensionaler Häufigkeitsverteilungen soll im Wesentlichen anhand folgender beispielhafter Fragestellung behandelt werden: In der **Statistik KG** sind N = 200 Mitarbeiter beschäftigt. Die Geschäftsleitung möchte etwa für Betriebsvergleiche oder die Öffentlichkeitsarbeit u. a. Informationen in einem bestimmten Zeitpunkt über folgende Sachverhalte haben:

1. Wie sieht die Aufteilung der Belegschaft auf leitende Angestellte, Angestellte und Arbeiter aus?
2. Wie schätzen die Arbeitnehmer die Güte der Sozialleistungen im Unternehmen ein?
3. Welche Größe haben die Haushalte, in der die Arbeitnehmer leben?
4. Wie lässt sich das Jahreseinkommen der Belegschaft näher charakterisieren?
5. Wie groß sind die Anfahrtswege der Arbeitnehmer zu ihrer Arbeitsstelle?

2.1 Häufigkeitsverteilung und graphische Darstellung

Nachdem das Datenmaterial in Form einer Urliste vorliegt, besteht die nächste Aufgabe darin, eine Tabellierung der für bestimmte Merkmalsausprägungen vorkommenden Zahl von statistischen Einheiten vorzunehmen, da das Urmaterial meist so viele Daten umfasst, dass keine Übersichtlichkeit mehr gegeben ist. Die Zuordnung von statistischen Einheiten zu Merkmalsausprägungen stellt die Struktur einer statistischen Masse dar und führt zu Häufigkeitstabellen. Je nach Art des betrachteten Merkmals ist die Tabellierung unterschiedlich.

Graphische Darstellungen sollen die in Tabellenform vorliegenden Daten visuell veranschaulichen. Hierzu bedient man sich häufig statistischer Softwareprogramme. Für die verschiedenen Fragestellungen gibt es die unterschiedlichsten Darstellungsformen, wobei darauf zu achten ist, dass der zugrundeliegende Sachverhalt korrekt wiedergegeben wird.

2.1.1 Nominalskalierte Merkmale

Die Klassifikation ist bei kategorialen Merkmalen durch die erhobenen Merkmalsausprägungen selbst vorgegeben. Die Ausprägungen des Merkmals A werden mit a_i (i = 1, ..., k) bezeichnet. a_i heißt Kategorie, Klasse oder Gruppe. Die Anzahl der Elemente in der Klasse i heißt **absolute Häufigkeit** f_i. Dividiert man die absoluten Häufigkeiten durch die Gesamtzahl der Einheiten, so erhält man die **relativen Häufigkeiten (Anteilswerte)** p_i

$$p_i = \frac{f_i}{N} \quad \text{für } i = 1, \ldots, k \tag{2.1}$$

Oft bildet man auch Prozentzahlen, indem man p_i mit 100 multipliziert. Für nicht häufbare Merkmale gilt:

$$0 \leq f_i \leq N \text{ mit } \sum_{i=1}^{k} f_i = N \tag{2.2}$$

bzw.

$$0 \leq p_i \leq 1 \text{ mit } \sum_{i=1}^{k} p_i = 1 \tag{2.3}$$

Die Zuordnung der absoluten bzw. relativen Häufigkeiten zu den Merkmalsausprägungen in einer tabellarischen Darstellung heißt **Häufigkeitstabelle**. Durch diese Häufigkeitstabelle erhält man einen Überblick, wie sich die Häufigkeiten auf die Merkmalskategorien a_i verteilen. Die Gesamtheit der (absoluten oder relativen) Häufigkeiten nennt man deshalb **Häufigkeitsverteilung**.

2.1 Häufigkeitsverteilung und graphische Darstellung

Beispiel 2.1 Personalabteilung der Statistik KG hat für das Merkmal A (Art der Tätigkeit) folgende Zahlen genannt, die wir in einer Häufigkeitstabelle darstellen (vgl. Tabelle 2.1).

Tabelle 2.1 Häufigkeitstabelle zum Merkmal „Art der Tätigkeit"

Art der Tätigkeit A	Strichliste	Absolute Häufigkeiten f_i	Relative Häufigkeiten p_i
Leitende Angestellte [a_1]	𝍶 ... II	12	0,06
Angestellte [a_2]	𝍶 ... III	168	0,84
Arbeiter [a_3]	𝍶 ... 𝍶	20	0,10
		200	1,00

Bspw. sind also 10% der Arbeitnehmer Arbeiter.

Die **graphische Darstellung** nominalskalierter Merkmale kann z. B. in Form eines **Kreis-**, **Stab-** oder **Säulendiagramms (Balkendiagramm)** (vgl. Abb. 2.1 bis Abb. 2.3) erfolgen.

Abb. 2.1 Häufigkeitsverteilung des Merkmals „Art der Tätigkeit" als Kreisdiagramm (mit relativen Häufigkeiten)

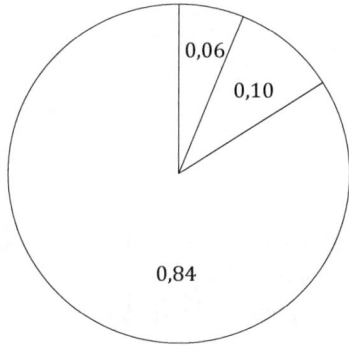

Abb. 2.2 Häufigkeitsverteilung des Merkmals „Art der Tätigkeit" als Stabdiagramm (mit absoluten Häufigkeiten)

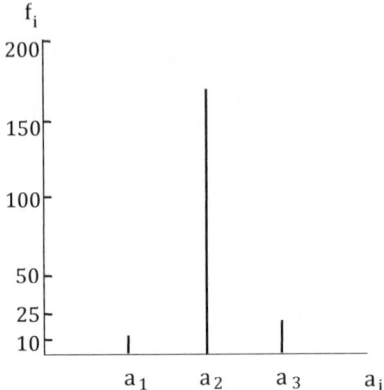

Hierbei soll durch die Anordnung auf der Abszisse nicht der Eindruck erweckt werden, zwischen den a_i gäbe es – unter statistischen Gesichtspunkten – eine Rangordnung.

Abb. 2.3 Häufigkeitsverteilung des Merkmals „Art der Tätigkeit" als Säulen-(Balken-)diagramm (mit Prozentzahlen)

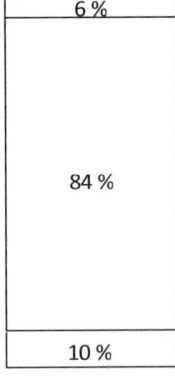

Sollen Zahleninformationen in der Graphik selbst enthalten sein bzw. zeitliche, räumliche oder sektorale Vergleiche vorgenommen werden, so bietet sich bei einer nicht zu großen Zahl von Kategorien diese letzte Darstellungsweise an.

2.1.2 Ordinalskalierte Merkmale

Hier sind die Merkmalsausprägungen in eine Rangfolge gebracht, sie lassen sich also auf einer Skala mit den Kategorien $a_1 < a_2 < ... < a_k$ abbilden. Abstände zwischen den a_i sind nicht quantifizierbar, weshalb z. B. die Addition solcher Merkmalsausprägungen nicht möglich ist. Deshalb wird man bei nicht zu vielen Merkmalsausprägungen zum Zwecke der Aufbereitung im Wesentlichen wie bei nominalskalierten Merkmalen verfahren. Es gelten also die unter Kapitel 2.1.1 angeführten Begriffe, Eigenschaften und Darstellungsformen.

Hat man die Merkmalsausprägungen der Größe nach geordnet, so lassen sich bei ordinalskalierten Merkmalen darüber hinaus die (absoluten oder relativen) Häufigkeiten kumulieren (Summenhäufigkeiten). Man summiert hierzu die Anzahl der Elemente, die einen Merkmalswert a_i kleiner oder höchstens gleich a_i besitzen, wobei a_i meistens durch die konkrete Fragestellung vorgegeben wird. Für die kumulierten absoluten Häufigkeiten gilt

$$f_1 + f_2 + \cdots + f_i = \sum_{j=1}^{i} f_j.$$

Beispiel 2.2 Güte der Sozialleistungen in der Statistik KG

Die Befragung der Belegschaft ergab nach den Beurteilungskriterien „sehr gut – gut – befriedigend – ausreichend – schlecht" die in Tabelle 2.2 dargestellten Werte.

Tabelle 2.2 Häufigkeitstabelle des Merkmals A „Güte der Sozialleistungen"

A	f_i	p_i	$\sum_{j=1}^{i} f_j$
sehr gut [a_1]	30	0,15	30
gut [a_2]	90	0,45	120
befriedigend [a_3]	60	0,30	180
ausreichend [a_4]	20	0,10	200
schlecht [a_5]	0	0,00	200
	200	1,00	

Zum Beispiel beurteilen 90 der 200 Arbeitnehmer die Güte der Sozialleistungen mit „gut", und 120 Arbeitnehmer beurteilen sie mit „gut" oder besser.

2.1.3 Metrisch skalierte Merkmale

Die Auswertung quantitativer Merkmalsdaten ist vielfältiger als bei nominal- und ordinalskalierten Merkmalen. Ein quantitatives Merkmal wird mit X, seine verschiedenen Ausprägungen in einer Grundgesamtheit vom Umfang N mit x_i (i = 1, ..., k) bezeichnet. Die absoluten Häufigkeiten werden wiederum durch f_i, die relativen Häufigkeiten durch p_i gekennzeichnet (vgl. Kapitel 2.1.1). Wie wir wissen, müssen wir hier zwischen diskreten und stetigen Merkmalen unterscheiden.

Quantitativ-diskrete Merkmale

Wenn die Zahl der Merkmalsausprägungen klein ist, so lässt sich bei quantitativ-diskreten Merkmalen eine Häufigkeitstabelle wie bei nominal- und ordinalskalierten Merkmalen aufstellen. Hiervon gehen wir in diesem Kapitel aus. Bei einer großen Zahl von Merkmalsausprägungen bedarf es einer Klassenbildung wie bei stetigen bzw. quasi-stetigen Merkmalen (vgl. in diesem Kapitel weiter unten).

Es lässt sich auch hier wiederum eine Häufigkeitstabelle mit absoluten und/oder relativen Häufigkeiten darstellen. Die Häufigkeitsverteilung zeigt, wie sich die absoluten bzw. relativen Häufigkeiten auf die k verschiedenen Merkmalsausprägungen verteilen. Darüber hinaus interessiert in diesem Zusammenhang oft die Frage nach dem prozentualen Anteil derjenigen statistischen Einheiten, die kleiner oder höchstens gleich einem festgelegten Wert x_i des Merkmals X sind. Dazu lassen sich die relativen Häufigkeiten bis zum Wert x_i kumulieren. Diese **relativen Summenhäufigkeiten** bezeichnen wir mit F_i, womit gilt

$$F_i = p_1 + p_2 + \cdots + p_i = \sum_{j=1}^{i} p_j \qquad (2.4)$$

Die Gesamtheit dieser Anteile bezeichnet man als **empirische Verteilungsfunktion** F(x), da die Anteilswerte eine Funktion von x sind. Unter Zuhilfenahme von (2.4) gilt

$$F(x) = \begin{cases} 0 & \text{für } x < x_1 \\ F_i & \text{für } x_i \leq x < x_{i+1} \ (i = 1, \ldots, k-1) \\ 1 & \text{für } x \geq x_k \end{cases} \qquad (2.5)$$

Dies ist also die Summe aller relativen Häufigkeiten der Merkmalsausprägungen x_i, die höchstens gleich x sind. F(x) ist demnach in jedem Intervall $[x_i; x_{i+1}[$ konstant und erhöht sich an der Sprungstelle x_{i+1} um p_{i+1}.

2.1 Häufigkeitsverteilung und graphische Darstellung

Die **graphische Darstellung** der Werte quantitativ-diskreter Merkmale aus der Häufigkeitstabelle kann mit Hilfe der absoluten oder relativen Häufigkeiten als **Stabdiagramm** (vgl. Abb. 2.4) erfolgen. Hierdurch wird deutlich, dass Zwischenwerte bei diskreten Merkmalen nicht definiert sind (vgl. Abb. 2.4). Die empirische Verteilungsfunktion lässt sich als **Treppenfunktion** (vgl. Abb. 2.5) darstellen. Diese Abbildung zeigt, dass die empirische Verteilungsfunktion für die nicht vorhandenen Zwischenwerte identisch ist mit dem Wert der empirischen Verteilungsfunktion bei dem nächst kleineren vorkommenden Merkmalswert. Diese Werte sind in Abb. 2.5 mit * bezeichnet.

Beispiel 2.3 Die Befragung der Belegschaftsmitglieder der Statistik KG nach der Zahl der Personen pro Haushalt ergab die in der Tabelle 2.3 dargestellte Häufigkeitsverteilung

Tabelle 2.3 Häufigkeitstabelle des Merkmals „Zahl der Personen pro Haushalt"

x_i	f_i	p_i	F_i
1	24	0,12	0,12
2	44	0,22	0,34
3	60	0,30	0,64
4	42	0,21	0,85
5	22	0,11	0,96
6	8	0,04	1,00
	200	1,00	

Der Anteil der Arbeitnehmer der Statistik KG, die z. B. in Haushalten mit bis zu drei Personen leben, beträgt 0,64 oder 64%. Die graphische Darstellung der absoluten bzw. relativen Häufigkeiten aus Tabelle 2.3 führt zum Stabdiagramm (Abb. 2.4).

Abb. 2.4 Häufigkeitsverteilung des Merkmals „Zahl der Personen pro Haushalt" als Stabdiagramm mit relativen Häufigkeiten

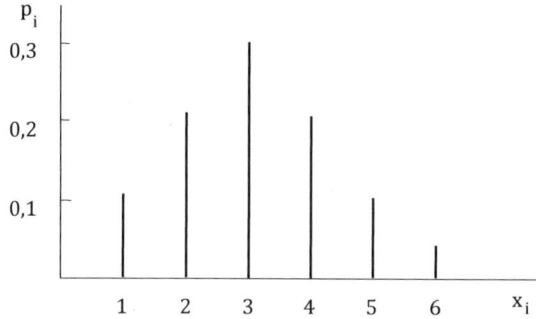

Manchmal findet man Stabdiagramme, in denen die Enden der Stäbe miteinander verbunden sind. Dies sollte man bei diskreten Merkmalen vermeiden, da sonst der Eindruck entstehen kann, es handele sich um stetige Merkmale und Zwischenwerte seien ablesbar.

Noch Beispiel 2.3 Durch Übertragung der F_i Werte aus Tabelle 2.3 in eine graphische Darstellung gelangt man zur Treppenfunktion (Abb. 2.5).

Abb. 2.5 Empirische Verteilungsfunktion des Merkmals „Zahl der Personen pro Haushalt" als Treppenfunktion

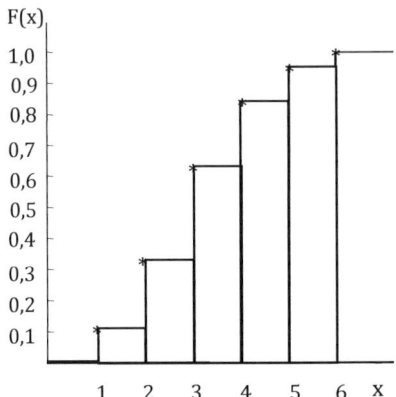

Man erkennt, dass F(x) links von der kleinsten Ausprägung (hier eine Person pro Haushalt) den Wert null und rechts von der größten Ausprägung (hier sechs Personen pro Haushalt) den Wert eins hat. Dies ist auch unmittelbar aus (2.5) ersichtlich.

Quantitativ-stetige Merkmale

Liegt ein stetiges (bzw. quasi-stetiges Merkmal oder ein diskretes Merkmal mit sehr vielen unterschiedlichen Merkmalsausprägungen vor, so bringt eine Aufstellung von Häufigkeitstabellen, wie bisher beschrieben, keinen Gewinn an Übersichtlichkeit. Vielmehr wird man die Merkmalsausprägungen in disjunkten **Klassen (Gruppen)** zusammenfassen und die Anzahl der statistischen Einheiten feststellen, deren Merkmalswerte in die einzelnen Klassen fallen. Diese können als absolute Klassenhäufigkeit (Besetzungszahl) f_i oder als relative Klassenhäufigkeit p_i angegeben werden. Dabei sollten statistische Einheiten mit ähnlichen Merkmalsausprägungen in einer Klasse zusammengefasst werden, und nur die konkrete Fragestellung kann zeigen, was unter „ähnlich" zu verstehen ist.

Ist jede **Klasse geschlossen**, so besitzt sie eine **Klassenuntergrenze** $x_i^{(l)}$ und eine **Klassenobergrenze** $x_i^{(u)}$ („l" steht für „lower", „u" für „upper"). Manchmal werden auch **offene**

Randklassen, die am unteren oder oberen Ende der Häufigkeitsverteilung liegen und die Klassenunter- bzw. -obergrenze offenlassen, angegeben. Man sollte sie aber nach Möglichkeit vermeiden, da Schwierigkeiten bei der Darstellung und der Berechnung von Maßzahlen entstehen können. Im Einzelfall sind geeignete Schätzungen über die Breite offener Klassen einzuführen. Bei der Klasseneinteilung ist darauf zu achten, dass keine Merkmalsausprägung in mehr als einer Klasse auftritt. Dies lässt sich so bewerkstelligen, dass man z. B. bei €-Angaben folgende Klassengrenzen festlegt: 10,00–19,99; 20,00–29,99 ... oder 10 bis unter 20, 20 bis unter 30 ... Die **Klassenmitte**

$$x_i^* = \frac{x_i^{(l)} + x_i^{(u)}}{2} \quad (i = 1, \ldots, k).$$

wird als der Wert angesehen, der die Klasse repräsentiert. Die **Klassenbreite** c_i wird durch

$$c_i = x_i^{(u)} - x_i^{(l)}$$

gegeben.

Man wählt möglichst **konstante Klassenbreiten**. Allerdings kann es sinnvoll sein, **unterschiedliche Klassenbreiten** zu verwenden, wenn das Datenmaterial sehr stark variiert.

Für die Festlegung der **Zahl der Klassen** kann im Grundsatz nur Folgendes gesagt werden: Bei zu vielen Klassen bleibt die resultierende Häufigkeitsverteilung zu unübersichtlich, bei zu wenig Klassen kann der Informationsverlust gegenüber dem Ursprungsmaterial zu groß werden. Da die Häufigkeitsverteilung von der Klassenbildung abhängt, sind an dieser Stelle der Datenaufbereitung Manipulationsmöglichkeiten gegeben, die später meist nicht mehr aufgedeckt werden können, da das Urmaterial in der Regel nicht mehr zur Verfügung steht. Erfahrungsgemäß bildet man **zwischen 5 und 20 Klassen**. Im konkreten Fall kann man für die Zahl der Klassen (k) einen gewissen Anhaltspunkt nach der **Formel von Sturges**, die mit $2^{(k-1)} = N$ zu

$$k = 1 + 3{,}3219 \lg N \tag{2.6}$$

führt, erhalten.

Die **Häufigkeitsverteilung** quantitativ-stetiger Merkmale ordnet jeder Klasse von Merkmalswerten $x_i^{(l)} \leq x \leq x_i^{(u)}$ die Anzahl (f_i) bzw. den Anteil (p_i) der Einheiten zu, deren Ausprägungen in diese Klasse fallen.

Ebenso wie bei nicht-klassierten Daten können auch bei klassierten Daten durch Kumulierung der relativen Häufigkeiten die **Summenhäufigkeiten** F_i bzw. die **empirische Verteilungsfunktion** $F(x)$ gebildet werden, wobei wegen der Annahme der Gleichverteilung der Merkmalswerte innerhalb einer Klasse die Summenhäufigkeiten F_i jeweils in den Klassenobergrenzen $x_i^{(u)}$ erreicht werden. $F(x)$ gibt wiederum den Anteil der statistischen Einheiten an, die einen Merkmalswert x nicht überschreiten.

Die graphische Darstellung der Häufigkeitsverteilung quantitativ-stetiger Merkmale erfolgt in Form eines **Histogramms (Blockdiagramm)** (vgl. Abb. 2.6). Die Flächen der dabei über den einzelnen Klassen gebildeten Rechtecke müssen proportional zu den jeweiligen absoluten bzw. relativen Häufigkeiten sein. Nur bei gleichen Klassenbreiten entspricht die Höhe der Säulen den Klassenhäufigkeiten.

Bei verschieden breiten Klassenintervallen ist eine Normierung auf gleiche Klassenbreiten erforderlich. Mit relativen Häufigkeiten ergeben sich bei **ungleichen Klassenbreiten** diese normierten relativen Häufigkeiten p_i^*, indem man die relativen Häufigkeiten durch die jeweilige Klassenbreite c_i dividiert

$$p_i^* = \frac{p_i}{c_i} \tag{2.7}$$

Vergleicht man mehrere Häufigkeitsverteilungen anhand von Histogrammen, so sind stets gleiche normierte relative Häufigkeiten zu verwenden.

Verbindet man die Klassenmitten der waagerechten oberen Säulenbegrenzungen im Histogramm, so erhält man ein **Häufigkeitspolygon** (vgl. Abb. 2.6). Damit die Fläche unter dem Histogramm der Fläche unter dem Häufigkeitspolygon entspricht, verbindet man links von der ersten und rechts von der letzten Klasse jeweils mit den nächsten „imaginären" Klassenmitten, die eine Häufigkeit von null haben. Die graphische Darstellung der empirischen Verteilungsfunktion quantitativ-stetiger Merkmale lässt sich als **Summenpolygon** oder **Summenkurve** (vgl. Abb. 2.7) angeben. Die in den Klassenobergrenzen erreichten Funktionswerte werden dabei durch Geraden miteinander verbunden.

Beispiel 2.4   (Gleiche Klassenbreiten) Die Personalabteilung der Statistik KG liefert für jeden der 200 Mitarbeiter Angaben über das Einkommen eines bestimmten Jahres. Zunächst ist zu überlegen, wie viele Klassen zu bilden sind. Gleichung (2.6) liefert einen Hinweis

$$k = 1 + 3{,}3219 \lg N = 1 + 3{,}3219 \lg 200 = 8{,}64.$$

2.1 Häufigkeitsverteilung und graphische Darstellung

Wir bilden k = 9 Klassen, die – nach Prüfung des Urmaterials – alle die gleiche Breite von 10 000 € haben sollen. Diese Überlegungen führen zur Häufigkeitstabelle, wie sie in Tabelle 2.4 angegeben ist.

Tabelle 2.4 Häufigkeitstabelle des Merkmals „Jahreseinkommen"

Jahreseinkommensklassen	Klassenmitten x_i^*	f_i	p_i	F_i
10 bis unter 20	15	5	0,025	0,025
20 " " 30	25	15	0,075	0,100
30 " " 40	35	54	0,270	0,370
40 " " 50	45	46	0,230	0,600
50 " " 60	55	38	0,190	0,790
60 " " 70	65	18	0,090	0,880
70 " " 80	75	12	0,060	0,940
80 " " 90	85	8	0,040	0,980
90 " " 100	95	4	0,020	1,000
		200	1,000	

Mit diesen Angaben lässt sich das Histogramm bzw. das Häufigkeitspolygon konstruieren, wobei hier die Darstellung mit den absoluten Häufigkeiten erfolgt (vgl. Abb. 2.6).

Abb. 2.6 Histogramm und Häufigkeitspolygon der Häufigkeitsverteilung „Jahreseinkommen"

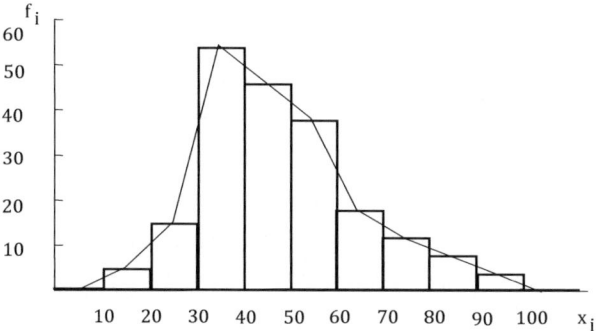

Der Anteil der Arbeitnehmer mit einem Jahreseinkommen von höchstens x · 1 000 € lässt sich in Abb. 2.7 ablesen, wobei die F_i-Werte aus Tabelle 2.4 übernommen wurden. Dies ist der Graph der Verteilungsfunktion als Summenpolygon.

Abb. 2.7   Summenpolygon der „Jahreseinkommen"

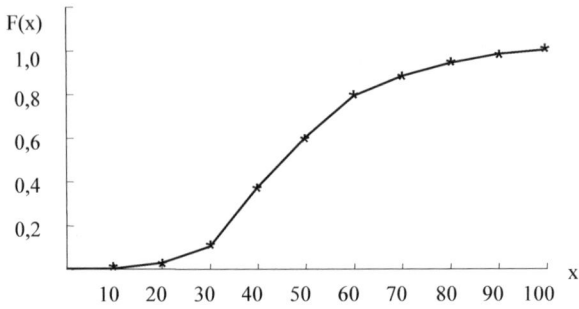

Beispiel 2.5   (Ungleiche Klassenbreiten) Die Belegschaft der Statistik KG wird nach der täglich zurückzulegenden Entfernung zwischen Wohnung und Arbeitsplatz befragt. Da das Datenmaterial eine sehr große Variationsbreite zwischen einigen hundert Metern und 50 km aufweist, muss eine Häufigkeitsverteilung mit ungleichen Klassenbreiten aufgestellt werden (vgl. Tabelle 2.5).

Tabelle 2.5   Häufigkeitsverteilung der täglichen Anfahrtswege zum Arbeitsplatz in km

Entfernung in km	c_i	f_i	p_i	p_i^*	F_i
0 bis unter 1	1	14	0,07	0,070	0,07
1 " " 5	4	48	0,24	0,060	0,31
5 " " 15	10	70	0,35	0,035	0,66
15 " " 30	15	36	0,18	0,012	0,84
30 " " 50	20	32	0,16	0,008	1,00
		200			

Hier lässt sich nicht unmittelbar das Histogramm zeichnen, da bei unterschiedlichen Klassenbreiten zunächst nach (2.7) die normierten relativen Häufigkeiten p_i^* gebildet werden müssen, wie sie in der vorletzten Spalte von Tabelle 2.5 ausgewiesen sind. Es wird zweckmäßigerweise eine Normierung auf $c_i = 1$ vorgenommen. Mit den p_i^*-Werten aus Tabelle 2.5 lässt sich dann die Häufigkeitsverteilung als Histogramm graphisch darstellen (vgl. Abb. 2.8).

Abb. 2.8   Histogramm zur Häufigkeitsverteilung „Länge der Anfahrtswege in km"

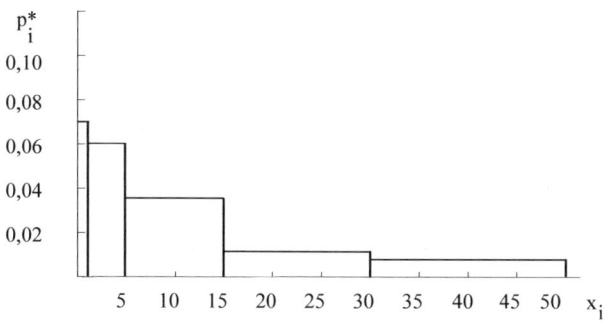

Zur graphischen Darstellung der Verteilungsfunktion als Summenpolygon lassen sich die F_i-Werte aus Tabelle 2.5 benutzen (vgl. Abb. 2.9).

Abb. 2.9   Summenpolygon zur Häufigkeitsverteilung „Länge der Anfahrtswege in km"

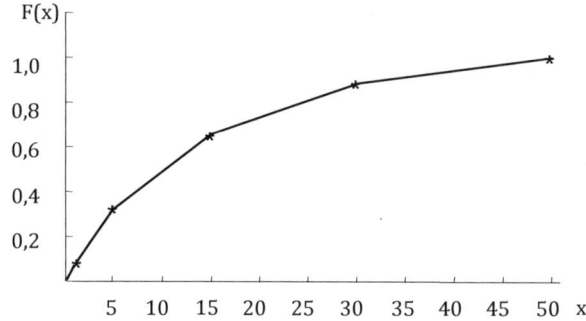

2.1.4 Typisierung von Häufigkeitsverteilungen

Das Häufigkeitspolygon quantitativer Merkmale geht mit zunehmender Klassenzahl und abnehmender Klassenbreite in einen kontinuierlichen Kurvenzug über, da die Rechtecke des Histogramms immer schmaler werden. Es gibt verschiedene Typen solcher geglätteter Häufigkeitspolygone (vgl. Abb. 2.10). Die Form der Verteilung gibt einen ersten Überblick über die Struktur der betrachteten Grundgesamtheit.

Abb. 2.10 Verschiedene Typen von Häufigkeitsverteilungen

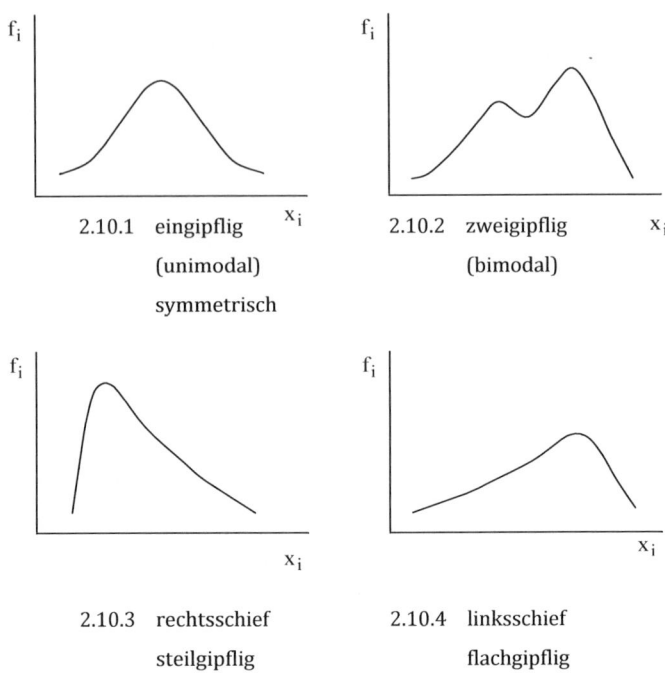

Mit Hilfe der im folgenden Kapitel behandelten Maßzahlen ist eine weitergehende Analyse solcher Häufigkeitsverteilungen möglich, wobei wir uns auf eingipflige Verteilungen beschränken.

2.1.5 Zusammenfassung

- Das statistische Datenmaterial wird in Form von Häufigkeitsverteilungen bzw. deren graphischen Gegenstücken komprimiert dargestellt. Eine **Häufigkeitsverteilung** stellt die Gesamtheit der Merkmalsausprägungen eines Merkmals mit ihren absoluten bzw. relativen Häufigkeiten dar.

- Die Form der Darstellung hängt dabei vom **Skalenniveau** des betrachteten Merkmals ab. So ist z. B. für metrisch-stetige Merkmale – bei großen Datenmengen – die Klassenbildung charakteristisch. Die Verteilung nominalskalierter Merkmale lässt sich durch ein Kreisdiagramm graphisch darstellen, für metrisch-diskrete Merkmale benutzt man Stabdiagramme, für metrisch-stetige Merkmale Histogramme. Hierbei gibt es oft mehrere Möglichkeiten für ein und denselben Sachverhalt.

- Neben den behandelten **Schaubildern** gibt es z. B. Piktogramme, die figürliche Darstellungen zeigen und Kartogramme („statistische Landkarten"), etwa bei regional unterschiedlichen Arbeitslosenquoten eines Landes in einer Karte. Bei allen diesen Darstellungen ist zu fordern, dass die Größenrelationen der zugrunde liegenden Daten nicht verzerrt werden und die Maßstäbe und ihre Art (z. B. arithmetisch, logarithmisch) deutlich erkennbar sind.

2.2 Maßzahlen von Häufigkeitsverteilungen

Die im vorigen Kapitel vorgenommene Darstellung statistischen Materials als Häufigkeitsverteilung in tabellarischer und graphischer Form ist eine erste Möglichkeit, sich einen Überblick über die Daten zu verschaffen. Für die kurze Charakterisierung einer Verteilung oder den Vergleich mehrerer Häufigkeitsverteilungen reicht dies aber oft nicht aus. Vielmehr bedarf es hierzu bestimmter **Maßzahlen (Parameter)**, die als charakteristische Zahlen zur Beschreibung der Gesamtheit der Beobachtungswerte einer statistischen Masse dienen und deren spezifische Eigenschaften hervortreten lassen sollen. Wenn das gesamte Datenmaterial durch nur zwei bis drei Maßzahlen gekennzeichnet wird, so bedeutet dies zwar einen großen Informationsverlust gegenüber dem Urmaterial, der beabsichtigte Gewinn liegt jedoch in der Möglichkeit einer prägnanten Kurzbeschreibung und einer besseren und schnelleren Vergleichbarkeit mehrerer Häufigkeitsverteilungen, die in einer sachlichen Beziehung zueinander stehen. Damit sind wir am vierten Schritt der statistischen Analyse – der eigentlichen Datenanalyse – angelangt, wobei sich im Folgenden bei den Beispielen der letzte Schritt – die Interpretation – direkt anschließen soll.

Man benutzt zur Charakterisierung von empirischen Häufigkeitsverteilungen grundsätzlich vier Gruppen von Parametern:

Mittelwerte sollen darüber Auskunft geben, wo auf der Merkmalsachse das Datenmaterial im Mittel „lokalisiert" oder „zentriert" ist. Da sich dies auf verschiedene Weise messen lässt, existieren auch verschiedene Mittelwerte.
Streuungsmaße zeigen, ob die Merkmalswerte dicht beim Mittelwert liegen bzw. mehr oder weniger stark davon abweichen.
Formmaße kennzeichnen die Asymmetrie und die Steilheit einer Verteilung.

Konzentrationsmaße treffen eine Aussage darüber, wie sich die Gesamtsumme von Merkmalsausprägungen auf die Merkmalsträger verteilt, ob sie sich also auf wenige Merkmalsträger konzentriert oder gleichmäßig auf sie verteilt ist.

Im Folgenden werden verschiedene Parameter aus den genannten Maßzahlkategorien diskutiert. Dies soll auch verdeutlichen, dass es jeweils nicht nur eine „richtige" Maßzahl gibt. Vielmehr muss die betreffende Maßzahl auf ihre Angemessenheit bzgl. der Fragestellung und des Skalenniveaus sowie auf ihre Informationsvermittlung hin geprüft werden.

Die Verteilungsmaßzahlen sind grundsätzlich unter zwei Aspekten darstellbar. Zum einen lässt sich der Parameter als Funktion von N reellen Zahlen (ungruppierte Daten) x_i ($i = 1, ..., N$) formulieren. Eine solche Zahlenreihe ist als Urliste einer Häufigkeitsverteilung aufzufassen. Daneben kann die Maßzahl für gruppierte Daten aus der Häufigkeitsverteilung als Funktion von zwei reellen Zahlenreihen f_i und x_i bzw. x_i^* ($i = 1, ..., k$) angegeben werden. Dabei sind die x_i bei diskreten Merkmalen die Merkmalsausprägungen oder x_i^* bei stetigen Merkmalen die Klassenmitten bei gruppierten Daten.

2.2.1 Mittelwerte

Mittelwerte können als Maße der zentralen Tendenz bezeichnet werden, da sie repräsentative Werte in dem Sinn angeben, als sie den „typischen", „zentralen" oder „durchschnittlichen" Wert einer Verteilung beschreiben. Ein einziger Parameterwert soll also die Häufigkeitsverteilung möglichst gut repräsentieren, ohne dass er nun im Einzelfall als Merkmalsausprägung unbedingt auftreten muss. Eine Berechnung der Mittelwerte ist meist nur für eingipflige Verteilungen sinnvoll (vgl. Kapitel 2.1.4). Die Mittelwerte lassen sich in zwei Gruppen unterteilen, nämlich in **Lage-** und **Durchschnittsparameter**. Die Lageparameter sind Positionswerte, die nicht von allen Beobachtungswerten beeinflusst werden, hierher gehören der **Modus** und der **Zentralwert**. In die Durchschnittsparameter gehen bei der Berechnung alle Beobachtungswerte ein, außerdem erfordern sie – im Gegensatz zu den Lageparametern – ein metrisches Skalenniveau. Zu dieser Gruppe zählen das **arithmetische**, **geometrische** und **harmonische** Mittel.

2.2.1.1 Modus M

Der Modus – auch **Modalwert** oder **häufigster** bzw. **dichtester Wert** – ist der einfachste Lageparameter. Es ist der einzige Mittelwert, der sinnvoll bereits für **nominalskalierte** Merkmale bestimmt werden kann. Als Modus bezeichnet man denjenigen Merkmalswert einer Verteilung, der am häufigsten auftritt. Er dient der Kennzeichnung einer „typischen", „normalen" oder „üblichen" Größe.

Beispiel 2.6 In unserem Beispiel 2.1 wurde nach der Art der Tätigkeit (nominalskaliert) in der Statistik KG gefragt. Nach der Häufigkeitstabelle tritt dabei die Kategorie „Angestellter" mit $f_i = 168$ am häufigsten auf. Die Tätigkeitskategorie „Angestellter" stellt also den Modus dar.

Beispiel 2.7 Bei der Befragung der Statistik KG nach der Güte der Sozialleistungen (ordinalskaliert) in Beispiel 2.2 wurde am häufigsten die Kategorie „gut" angegeben ($f_i = 90$). Dies ist damit der häufigste Wert M.

Beispiel 2.8 In der Statistik KG zeigt sich bei der Verteilung des quantitativ-diskreten Merkmals „Zahl der Personen pro Haushalt" (Beispiel 2.3), dass der Haushaltstyp mit drei Personen ($f_i = 60$) die größte Häufigkeit aufweist, und damit ist M = 3.

Eindeutig ist der Modus nur in unimodalen Häufigkeitsverteilungen festzulegen. Zeigt die Verteilung relative Häufigkeitsmaxima, z.B. zwei lokale Maxima, so spricht man von bimodalen (zweigipfligen) Verteilungen (zur graphischen Darstellung vgl. oben Abb. 2.10).

Bei gruppierten Daten liegt der Modus in der Klasse mit der größten Häufigkeit („Einfallsklasse"). Als Näherungswert für M lässt sich die Mitte dieser Klasse benutzen. Man kann für stetige Merkmale aber auch eine Feinberechnung durchführen.

Diese beruht auf folgender Überlegung: Im Histogramm betrachtet man die Einfallsklasse für den häufigsten Wert und die beiden benachbarten Klassen. Da die Häufigkeit in der Einfallsklasse ihr Maximum erreicht, approximiert man das Häufigkeitspolygon in diesem Bereich durch eine Parabel $y = \alpha x^2 + \beta x + \gamma$. Der Modus liegt dort, wo die Parabel ihr Maximum annimmt (vgl. Abb. 2.11).

Abb. 2.11   Zur Feinberechnung des Modalwertes

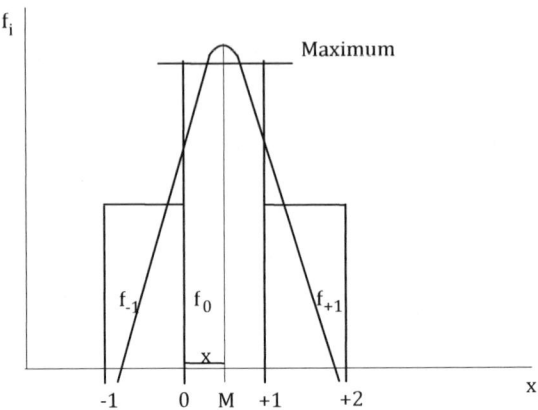

Zur Bestimmung des Maximums bilden wir die erste Ableitung der Parabel mit

$$\frac{dy}{dx} = 2\alpha x + \beta.$$

Diese Ableitung wird null gesetzt und nach x aufgelöst:

$$x = -\frac{\beta}{2\alpha}.$$

Die Größen α und β sind aus den Flächeninhalten der drei Rechtecke in Abb. 2.11 durch Integration zu bestimmen. Hierzu benutzt man die drei Häufigkeiten f_{-1}, f_0, f_{+1}, die durch die über den Klassenintervallen stehenden Rechtecke dargestellt sind. Wir setzen zunächst für $f_{-1} = y_{-1}$, $f_0 = y_0$ sowie $f_{+1} = y_{+1}$ und integrieren dann $\int y\,dx$ von -1 bis 0, von 0 bis 1 und von 1 bis 2, so dass

$$\int_{-1}^{0} y\,dx = y_{-1}; \quad \int_{0}^{+1} y\,dx = y_0 \text{ und } \int_{+1}^{+2} y\,dx = y_{+1}.$$

Damit ergibt sich

$$y_{-1} = \int_{-1}^{0} [\alpha x^2 + \beta x + \gamma]dx = \left[\frac{\alpha x^3}{3} + \frac{\beta x^2}{2} + \gamma x\right]_{-1}^{0}$$

$$y_0 = \int_{0}^{+1} [\alpha x^2 + \beta x + \gamma]dx = \left[\frac{\alpha x^3}{3} + \frac{\beta x^2}{2} + \gamma x\right]_{0}^{+1}$$

$$y_{+1} = \int_{+1}^{+2} [\alpha x^2 + \beta x + \gamma]dx = \left[\frac{\alpha x^3}{3} + \frac{\beta x^2}{2} + \gamma x\right]_{+1}^{+2}.$$

Dies führt zu

2.2 Maßzahlen von Häufigkeitsverteilungen

$$y_{-1} = 0 - \left[\frac{\alpha(-1)}{3} + \frac{\beta}{2} - \gamma\right] = \frac{\alpha}{3} - \frac{\beta}{2} + \gamma$$

$$y_0 = \frac{\alpha}{3} + \frac{\beta}{2} + \gamma - 0 = \frac{\alpha}{3} + \frac{\beta}{2} + \gamma$$

$$y_{+1} = \left[\frac{\alpha \cdot 8}{3} + \frac{\beta \cdot 4}{2} + \gamma 2\right] - \left[\frac{\alpha}{3} + \frac{\beta}{2} + \gamma\right] = \frac{7\alpha}{3} + \frac{3\beta}{2} + \gamma.$$

Bilden wir die Differenzen, so ist

$$y_0 - y_{-1} = \frac{\alpha}{3} + \frac{\beta}{2} + \gamma - \frac{\alpha}{3} + \frac{\beta}{2} - \gamma = \beta$$

und

$$y_{+1} - y_0 = \frac{7\alpha}{3} + \frac{3\beta}{2} + \gamma - \frac{\alpha}{3} - \frac{\beta}{2} - \gamma = 2\alpha + \beta.$$

Ersetzen wir in diesem letzten Ausdruck β durch $y_0 - y_{-1}$, so erhalten wir

$$y_{+1} - y_0 = 2\alpha + (y_0 - y_{-1})$$

bzw.

$$2\alpha = y_{+1} - 2y_0 + y_{-1}$$

und β war

$$\beta = y_0 - y_{-1}.$$

Damit haben wir das Maximum der Parabel in einer Klasseneinheit der größten Häufigkeit mit

$$x = -\frac{\beta}{2\alpha} = -\frac{y_0 - y_{-1}}{y_{+1} - 2y_0 + y_{-1}} \quad \text{bestimmt.}$$

Ersetzen wir die Ordinatenwerte y wieder durch die Häufigkeiten f und berücksichtigen, dass wir in obigen Überlegungen von der Klassenbreite eins und der Untergrenze der Einfallsklasse von null ausgegangen sind (vgl. Abb. 2.11), so lässt sich der Modus allgemein angeben mit

$$M = x_M^{(l)} - c_M \frac{f_0 - f_{-1}}{f_{+1} - 2f_0 + f_{-1}}.$$

Aufgrund dieser Feinberechnung ist der Modalwert gegeben durch

$$\boxed{\boxed{M = x_M^{(l)} + c_M \frac{\Delta 1}{\Delta 1 + \Delta 2}}} \qquad (2.8)$$

Hierbei ist

$x_M^{(l)}$: Untergrenze der Modalklasse

c_M: Breite der Modalklasse. Es wird vorausgesetzt, dass die Modalklasse und die beiden angrenzenden Klassen die gleiche Breite haben.

$\Delta 1$: Differenz zwischen der Häufigkeit in der Modalklasse und der nächstunteren Klasse ($f_0 - f_{-1}$).

$\Delta 2$: Differenz zwischen der Häufigkeit in der Modalklasse und der nächsthöheren Klasse ($f_0 - f_{+1}$).

$\Delta 1$ und $\Delta 2$ lassen sich entweder aus den absoluten oder den relativen Häufigkeiten berechnen. Der Modalwert ist auch anhand einer graphischen Darstellung bestimmbar (vgl. Abb. 2.12).

Abb. 2.12 Graphische Bestimmung des Modus

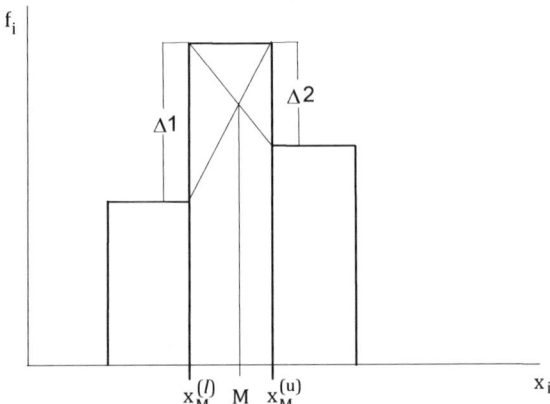

Der Modus kann graphisch bestimmt werden, indem man ein Lot im Kreuzpunkt der beiden Diagonallinien in Abb. 2.12 fällt.

2.2 Maßzahlen von Häufigkeitsverteilungen

Dies lässt sich wie folgt nachweisen:

$$\frac{M - x_M^{(l)}}{x_M^{(u)} - M} = \frac{\Delta 1}{\Delta 2}.$$

Dies führt zu

$$\Delta 1 M + \Delta 2 M = \Delta 1 x_M^{(u)} + \Delta 2 x_M^{(l)}$$

bzw.

$$M(\Delta 1 + \Delta 2) = \Delta 1 x_M^{(u)} + \Delta 2 x_M^{(l)}.$$

Da aber $x_M^{(u)} = x_M^{(l)} + c_M$, ergibt sich

$$M = \frac{\Delta 1 x_M^{(l)} + \Delta 1 c_M + \Delta 2 x_M^{(l)}}{\Delta 1 + \Delta 2} = \frac{\Delta 1 x_M^{(l)} + \Delta 2 x_M^{(l)}}{\Delta 1 + \Delta 2} + \frac{\Delta 1 c_M}{\Delta 1 + \Delta 2} = x_M^{(l)} + c_M \frac{\Delta 1}{\Delta 1 + \Delta 2}.$$

Gleichung (2.8) entspricht damit der in Abb. 2.12 erkennbaren Relation.

Beispiel 2.9   Es soll im Beispiel 2.4 für die Häufigkeitsverteilung der Jahreseinkommen in der Statistik KG der Modus bestimmt werden (vgl. Tabelle 2.4). Die wichtigsten Daten hieraus sind nochmals in Tabelle 2.6 aufgeführt.

Tabelle 2.6   Häufigkeitsverteilung der Jahreseinkommen

Einkommensklassen (in 1000 €)	x_i^*	f_i
10 bis unter 20	15	5
20 " " 30	25	15
30 " " 40	35	54
40 " " 50	45	46
50 " " 60	55	38
60 " " 70	65	18
70 " " 80	75	12
80 " " 90	85	8
90 " " 100	95	4

Die Einfallsklasse, d. h. diejenige mit der größten Häufigkeit, ist 30 bis unter 40. Nach (2.8) ergibt sich dann

$$M = x_M^{(l)} + c_M \frac{\Delta 1}{\Delta 1 + \Delta 2} = 30 + 10 \frac{54 - 15}{(54 - 15) + (54 - 46)} = 38{,}298.$$

Das „typische" Jahreseinkommen in der Statistik KG beträgt also 38 298 €. Dieser Wert ist näherungsweise entsprechend Abb. 2.12 auch graphisch zu bestimmen. Man mache sich klar, dass es sich um einen rein rechnerischen Wert handelt; es ist nämlich möglich, dass keiner der 200 Mitarbeiter der Statistik KG exakt dieses Jahreseinkommen erhält.

Im Beispiel 2.9 konnte (2.8) für die Feinberechnung des Modus ohne Schwierigkeiten benutzt werden, da die zugrunde liegende Häufigkeitsverteilung gleiche Klassenbreiten aufweist. Bei **unterschiedlichen Klassenbreiten** könnte der Modus je nach der vorgenommenen Klassenbildung in unterschiedliche Klassen fallen. Um dies auszuschließen, ist in einem solchen Fall von normierten relativen Häufigkeiten nach (2.7) auszugehen.

Beispiel 2.10 In Beispiel 2.5 lag ein Fall ungleicher Klassenbreiten vor. Es interessierte hier die täglich von den Arbeitnehmern der Statistik KG zurückgelegte Entfernung zwischen Wohnung und Arbeitsplatz. Die wichtigsten Daten hierzu sind nochmals in Tabelle 2.7 aufgeführt.

Tabelle 2.7 Häufigkeitsverteilung der Anfahrtswege

Entfernung (in km)			c_i	f_i	p_i	p_i^*
0	bis unter	1	1	14	0,07	0,070
1	" "	5	4	48	0,24	0,060
5	" "	15	10	70	0,35	0,035
15	" "	30	15	36	0,18	0,012
30	" "	50	20	32	0,16	0,008

Nähme man die Berechnung nach den f_i-Werten vor, so würde die 3. Klasse als Einfallsklasse gewählt. Dies wäre aber wegen der unterschiedlichen Klassenbreiten falsch. Die normierten relativen Häufigkeiten p_i^* zeigen, dass vielmehr die 1. Klasse die Einfallsklasse für den Modus ist (vgl. auch Abb. 2.8). Damit lässt sich nach (2.8) der Modus wie folgt berechnen

$$M = 0 + 1 \frac{0{,}07}{0{,}07 + 0{,}01} = 0{,}875.$$

Der für die Mitarbeiter der Statistik KG übliche bzw. typische Anfahrtsweg ist 0,875 km lang. Ob dieser Wert bei der stark asymmetrischen Verteilung aussagekräftig ist, erscheint fraglich.

2.2 Maßzahlen von Häufigkeitsverteilungen

Der Modus besitzt folgende **Eigenschaften**:

1. Er ist anschaulich und meist einfach zu ermitteln.
2. Er wird durch Extremwerte nicht beeinflusst.
3. Er enthält relativ wenig Information und ist bei extrem schiefen Verteilungen als Mittelwert wenig geeignet.

2.2.1.2 Zentralwert Z und Quantile

Der **Zentralwert** oder **Median** Z ist derjenige Merkmalswert, der in einer der Größe nach geordneten Reihe von Beobachtungswerten in der Mitte steht, d. h. oberhalb und unterhalb des Zentralwertes liegen gleich viele Beobachtungswerte. Der Zentralwert vermittelt eine Vorstellung vom „Zentrum" der Merkmalsausprägungen im Sinne von z. B. „mittelteuer", „mittelgut" oder „mittelhoch".

Damit die Beobachtungswerte der Größe nach geordnet werden können, müssen sie **mindestens ordinalskaliert** sein. Ist bei **ungruppiertem Datenmaterial** die Zahl der Beobachtungswerte **ungerade**, dann wird die Ordnungsnummer, d. h. der Positionswert des Zentralwertes Z', gegeben durch $Z' = (N + 1)/2$. Der Zentralwert selbst ist dann der zugehörige Merkmalswert mit dieser Position, also

$$Z = x_{\left(\frac{N+1}{2}\right)}.$$

Beispiel 2.11 Die von N = 5 Angestellten einer Arbeitsgruppe der Statistik KG täglich zurückzulegenden Entfernungen zwischen Wohnung und Arbeitsplatz (in km) lauten – in aufsteigender Reihenfolge geordnet – wie folgt:

$$2\ 3\ 5\ 6\ 14 \quad \Rightarrow \quad Z' = \frac{N+1}{2} = \frac{6}{2} = 3.$$

Die dritte in der geordneten Reihe befindliche Merkmalsausprägung gibt den Zentralwert an, also

$$Z = x_{\left(\frac{N+1}{2}\right)} = 5.$$

Bei einer **geraden** Zahl von metrisch skalierten Beobachtungswerten lässt sich der Median hilfsweise als Mittel der Merkmalswerte bilden. Die Positionswerte Z'_1 und Z'_2 sind hierbei

$$Z_1' = \frac{N}{2} \text{ und } Z_2' = \frac{N+2}{2}.$$

Der Zentralwert selbst ist dann

$$Z = \frac{1}{2}\left(x_{\frac{N}{2}} + x_{\frac{N+2}{2}}\right).$$

Liegt das Datenmaterial in Form einer **Häufigkeitsverteilung** vor, so bestimmt man den Zentralwert mit Hilfe der Verteilungsfunktion F(x). Da 50 Prozent der Merkmalswerte einen kleineren Wert als der Zentralwert haben, liegt Z dort, wo die Verteilungsfunktion den Wert 0,5 erstmalig **überschreitet**.

Beispiel 2.12   Im Beispiel 2.2 wurde nach der Beurteilung der Güte der Sozialleistungen (ordinalskaliertes Merkmal) in der Statistik KG gefragt. Aus Tabelle 2.2 lässt sich ablesen, dass der Wert 0,5 in der Kategorie „gut" überschritten wird. Diese Kategorie stellt damit den Zentralwert dar, d. h. etwa 50 Prozent der Belegschaftsmitglieder beurteilen die Güte der Sozialleistungen mit „sehr gut" oder „gut".

Beispiel 2.13   Im Beispiel 2.3 des quantitativ-diskreten Merkmals „Haushaltsgröße" lässt sich Z in Tabelle 2.3 anhand der Summenhäufigkeitsfunktion ablesen. Es ergibt sich Z = 3, da F(x) hier den Wert 0,5 überschreitet. 50 Prozent der Haushalte der Arbeitnehmer sind also Haushalte mit ein, zwei oder drei Personen

Bei **quantitativ-stetigen Merkmalen** oder quantitativ-diskreten Merkmalen mit einer großen Zahl von Merkmalsausprägungen, deren Häufigkeitsverteilung gruppierte Daten aufweist, liegt der Median in der Klasse, in der F(x) den Wert 0,5 überschreitet. Graphisch bedeutet dies, dass der Median die Fläche unter dem Histogramm genau halbiert. Auch über die Verteilungsfunktion ist eine graphische Näherungslösung möglich (vgl. Abb. 2.14).

Da es sich um stetige Merkmale handelt, kann darüber hinaus mittels linearer Interpolation eine Feinberechnung des Zentralwertes durchgeführt werden, wobei unterstellt wird, dass die Merkmalsausprägungen in der Medianklasse gleichmäßig über das Intervall verteilt sind. Zur Veranschaulichung greifen wir auf den maßgeblichen Ausschnitt der Summenhäufigkeitsfunktion zurück (vgl. Abb. 2.13).

2.2 Maßzahlen von Häufigkeitsverteilungen

Abb. 2.13 Summenhäufigkeitsfunktion über dem Intervall $[x_Z^{(l)}, x_Z^{(u)}]$ zur Feinberechnung des Zentralwertes

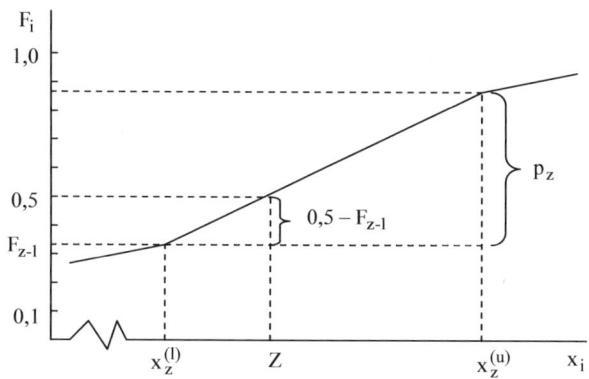

Nach dem Strahlensatz gilt

$$\frac{Z - x_Z^{(l)}}{x_Z^{(u)} - x_Z^{(l)}} = \frac{0{,}5 - F_{Z-1}}{p_Z}.$$

Löst man diesen Ausdruck nach Z auf und setzt dabei $x_Z^{(u)} - x_Z^{(l)} = c_Z$, so folgt

$$Z = x_Z^{(l)} + c_Z \frac{0{,}5 - F_{(Z-1)}}{p_Z} \tag{2.9}$$

Hierbei bedeutet

$x_Z^{(l)}$: Untergrenze in der Medianklasse
c_Z: Breite der Medianklasse
F_{Z-1}: Summe der relativen Häufigkeiten bis unter die Medianklasse
p_Z: Relative Häufigkeit in der Medianklasse.

Statt der relativen Häufigkeiten lassen sich zur Berechnung des Zentralwertes auch die absoluten Häufigkeiten benutzen, was zu folgender Formel führt:

$$Z = x_Z^{(l)} + c_Z \frac{\frac{N}{2} - NF_{(Z-1)}}{f_Z} \tag{2.10}$$

Beispiel 2.14 Es soll der Zentralwert für die Häufigkeitsverteilung der Jahreseinkommen der Statistik KG bestimmt werden. Zu diesem Zweck sind in Abb. 2.8 die wichtigsten Angaben aus Tabelle 2.4 nochmals aufgeführt.

Tabelle 2.8 Häufigkeitstabelle der Jahreseinkommen

Jahreseinkommens-klassen [in 1000 €]	p_i	F_i
10 bis unter 20	0,025	0,250
20 " " 30	0,075	0,100
30 " " 40	0,270	0,370
40 " " 50	0,230	0,600
50 " " 60	0,190	0,790
60 " " 70	0,090	0,880
70 " " 80	0,060	0,940
80 " " 90	0,040	0,980
90 " " 100	0,020	1,000

Da der Wert 0,5 in der Einkommensklasse 40–50 Tsd. € überschritten wird, kann in dieser Klasse eine Feinberechnung vorgenommen werden. Es sind in Tabelle 2.8 alle Werte für die Anwendung von (2.9) gegeben. Damit ist

$$Z = x_Z^{(l)} + c_Z \frac{0{,}5 - F_{(Z-1)}}{p_Z} = 40 + 10 \frac{0{,}5 - 0{,}370}{0{,}230} = 45{,}652.$$

Dies bedeutet, dass 50% der Arbeitnehmer der Statistik KG höchstens 45 652 € pro Jahr verdienen und die andere Hälfte mindestens diesen Betrag erhält. Die graphische Bestimmung von Z zeigt Abb. 2.14.

Da der Zentralwert die Verteilung genau halbiert, lässt sich das eben gewonnene Ergebnis kontrollieren, indem man vom oberen Ende der Verteilung die Berechnung analog zu (2.9) vornimmt. Es ist dann

$$Z = 50 - 10 \frac{0{,}5 - 0{,}4}{0{,}230} = 45{,}652.$$

2.2 Maßzahlen von Häufigkeitsverteilungen 43

Abb. 2.14 Graphische Bestimmung des Zentralwertes und der Quartile

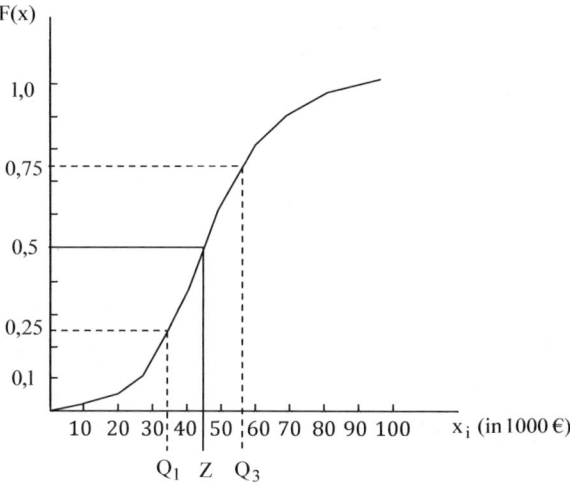

Da **ungleiche Klassenbreiten** keinen Einfluss auf den Wert haben, der die Häufigkeitsverteilung halbiert, lässt sich (2.9) bzw. (2.10) unmittelbar in einem solchen Fall anwenden.

Beispiel 2.15 Die Belegschaft der Statistik KG hat unterschiedliche Anfahrtswege zum Arbeitsplatz zurückzulegen (vgl. Beispiel 2.5). Die wichtigsten Daten aus Tabelle 2.5 sind nochmals in Tabelle 2.9 angegeben, wobei bei der Berechnung (2.10) benutzt werden soll.

Tabelle 2.9 Häufigkeitsverteilung der Anfahrtswege

Entfernung (in km)	c_i	f_i
0 bis unter 1	1	14
1 " " 5	4	48
5 " " 15	10	70
15 " " 30	15	36
30 " " 50	20	32
		200

$Z' = N/2 = 100$, d. h. die Einfallsklasse für den Zentralwert ist die Klasse 5–15 km. Damit ist nach (2.10)

$$Z = x_Z^{(l)} + c_Z \frac{\frac{N}{2} - NF_{(Z-1)}}{f_Z} = 5 + 10\frac{100 - 62}{70} = 10{,}43.$$

Es haben also 50% der Mitarbeiter einen Anfahrtsweg von bis zu 10,43 km.

Für den Zentralwert sind folgende wichtige **Eigenschaften** zu nennen:

1. Der Median ist unempfindlich gegenüber Extremwerten („Ausreißer").

2. Es gilt, dass die Summe der absoluten Abweichungen der (metrisch-skalierten) x_i-Werte vom Median ein Minimum bildet:

$$\sum_{i=1}^{N} |x_i - Z| \Rightarrow \text{Min} \qquad (2.11)$$

Dies bedeutet, dass die Summe der absoluten Abweichungen der Beobachtungswerte vom Zentralwert kleiner ist als von irgendeiner anderen Zahl (vgl. zum Beweis von (2.11) Stange (1970), S. 63ff.). Diese Eigenschaft kann bei Lager- und Transportkostenmodellen eine Rolle spielen, wenn es um die Minimierung der Entfernungen, z. B. zwischen Auslieferungslager und Filialen, geht.

3. Der Zentralwert kann bei Verteilungen mit offenen Randklassen berechnet werden (nur dann nicht, wenn Z in die offene Klasse fällt).

Der Median teilt die Fläche unter dem Histogramm in zwei gleiche Hälften. Für bestimmte Fragestellungen mag nun nicht die Halbierung, sondern z. B. die Zerlegung in vier, zehn oder hundert gleiche Teile interessieren – etwa bei Fragen zur Einkommensverteilung. Erweitert man die im Zusammenhang mit dem Median vorgenommenen Überlegungen, so führt dies zum Begriff der **Quantile**. Sie können als Verallgemeinerung des Medians aufgefasst werden und stellen jene Zahl dar, die einen bestimmten Bruchteil einer Verteilung von unten abtrennt. Man gelangt so z. B. zu **Quartilen** (Einteilung der Häufigkeitsverteilung in vier gleiche Teile), **Dezilen** (Einteilung der Häufigkeitsverteilung in zehn gleiche Teile) oder **Perzentilen** (Einteilung in hundert gleiche Teile). Genau wie beim Zentralwert müssen die Merkmalswerte bei der Bestimmung der Quartile der Größe nach geordnet und mindestens ordinalskaliert sein. Wir wollen uns hier etwas ausführlicher nur mit den **Quartilen** für den Fall quantitativ-stetiger Merkmale beschäftigen. Die Berechnung von Dezilen und Perzentilen erfolgt in analoger Weise.

Wie erwähnt, teilen die Quartile die Fläche unter dem Histogramm in vier gleiche Teile: Den Wert, der links von sich 25 Prozent und rechts 75 Prozent der Gesamtheit der Merkmalswerte hat, bezeichnet man als **erstes Quartil** Q_1, das **zweite Quartil** Q_2 entspricht dem Zentralwert Z, da links und rechts von ihm je 50 Prozent der Gesamtzahl der Merkmalswerte liegen, und der Wert, der die Häufigkeitsverteilung in 75 Prozent linksliegende und 25 Prozent rechtsliegende Merkmalswerte aufteilt, heißt **drittes Quartil** Q_3. Da die Bestim-

2.2 Maßzahlen von Häufigkeitsverteilungen

mung des Zentralwertes $Z = Q_2$ bereits ausführlich behandelt wurde, können wir uns auf die Berechnung von Q_1 und Q_3 konzentrieren. In Analogie zu (2.9) gilt

$$Q_1 = x_{Q_1}^{(l)} + c_{Q_1} \frac{0{,}25 - F_{Q_1-1}}{p_{Q_1}} \qquad (2.12)$$

und

$$Q_3 = x_{Q_3}^{(l)} + c_{Q_3} \frac{0{,}75 - F_{Q_3-1}}{p_{Q_3}} \qquad (2.13)$$

Eine Berechnung mit absoluten Häufigkeiten nach (2.10) ist ebenso möglich. Graphisch können Q_1 und Q_3 wie der Zentralwert mittels der empirischen Verteilungsfunktion bestimmt werden.

Beispiel 2.16 (Gleiche Klassenbreiten) Es interessiert bei der Häufigkeitsverteilung der Jahreseinkommen der Statistik KG das 1. und 3. Quartil. Tabelle 2.8 zeigt, dass die Position von Q_1 in der dritten Klasse liegt, da hier $F(Q_1) = 0{,}25$ erreicht wird; Q_3 liegt in der fünften Klasse, da hier $F(Q_3) = 0{,}75$ überschritten ist. Es gilt nach (2.12)

$$Q_1 = x_{Q_1}^{(l)} + c_{Q_1} \frac{0{,}25 - F_{Q_1-1}}{p_{Q_1}} = 30 + 10 \frac{0{,}25 - 0{,}100}{0{,}2700} = 35{,}556.$$

25 % der Arbeitnehmer der Statistik KG verdienen bis zu 35 556 €, 75 % verdienen mehr als diesen Betrag. Nach (2.13) ergibt sich für das 3. Quartil

$$Q_3 = x_{Q_3}^{(l)} + c_{Q_3} \frac{0{,}75 - F_{Q_3-1}}{p_{Q_3}} = 50 + 10 \frac{0{,}75 - 0{,}600}{0{,}190} = 57{,}895.$$

75 % der Statistik KG-Belegschaft verdienen pro Jahr bis zu 57 895 €, 25 % verdienen mehr als diesen Betrag. Zur graphischen Bestimmung von Q_1 und Q_3 über die empirische Verteilungsfunktion vgl. Abb. 2.14.

Beispiel 2.17 (Ungleiche Klassenbreiten) Es soll für das Beispiel 2.5 der Anfahrtswege der Mitarbeiter der Statistik KG sowohl Q_1 als auch Q_3 mit Hilfe der absoluten Häufigkeiten in Analogie zu (2.10) berechnet werden. Die Positionswerte sind zunächst (vgl. Tabelle 2.9)

$$Q_1' = \frac{N}{4} = \frac{200}{4} = 50 \text{ und } Q_3' = \frac{3}{4}N = 150.$$

Damit ist

$$Q_1 = x_{Q_1}^{(l)} + c_{Q_1} \frac{\frac{N}{4} - NF_{Q_1-1}}{f_{Q_1}} = 1 + 4\frac{50-14}{48} = 4{,}00.$$

25 % der Arbeitnehmer haben einen täglichen Anfahrtsweg von bis zu 4 km, 75 % mehr als 4 km.

$$Q_3 = x_{Q_3}^{(l)} + c_{Q_3} \frac{\frac{3}{4}N - NF_{Q_3-1}}{f_{Q_3}} = 15 + 15\frac{150-132}{36} = 22{,}50.$$

75 % der Arbeitnehmer der Statistik KG müssen täglich höchstens 22,5 km bis zu ihrer Arbeitsstelle fahren, 25 % mindestens 22,5 km.

2.2.1.3 Arithmetisches Mittel $\overline{X}$

Das **arithmetische Mittel** – oft auch einfach **Mittelwert** oder **durchschnittlicher Wert** genannt – ist der geläufigste Mittelwert. Spricht man im Alltag von „Durchschnitt", so ist i. d. R. das arithmetische Mittel gemeint. Im Gegensatz zu Modus und Zentralwert ist das arithmetische Mittel ein Durchschnittswert, der bei der Berechnung die Größe jedes Merkmalswertes berücksichtigt. Durch das arithmetische Mittel wird angegeben, welchen Merkmalswert jeder Merkmalsträger hätte, wenn die Summe der Merkmalswerte gleichmäßig auf alle Merkmalsträger verteilt wäre. Die Summierung von Merkmalswerten setzt voraus, dass eine sinnvolle Berechnung des arithmetischen Mittels nur bei **metrisch** skalierten Merkmalen möglich ist. Liegen verhältnismäßig wenig Merkmalsausprägungen eines bestimmten Merkmals vor, so wird man die Berechnung aufgrund des **ungruppierten** statistischen Urmaterials vornehmen. In diesem Fall berechnet man das **einfache (gewöhnliche, ungewogene) arithmetische Mittel**, indem man die Summe der Merkmalsausprägungen durch die Anzahl der statistischen Einheiten dividiert. Es wird mit $\overline{X}$ bzw. mit μ bezeichnet:

$$\boxed{\overline{X} = \mu = \frac{x_1 + x_2 + \cdots + x_N}{N} = \frac{1}{N}\sum_{i=1}^{N} x_i} \qquad (2.14)$$

Beispiel 2.18 Der Gewinn der Statistik KG in fünf aufeinanderfolgenden Jahren (in Mio. €) sei wie folgt gegeben: 3; 4; 6; 5; 6,5. Wie groß war der durchschnittliche Gewinn im betrachteten Zeitraum?

2.2 Maßzahlen von Häufigkeitsverteilungen

Nach (2.14) ist

$$\bar{X} = \frac{3 + 4 + 6 + 5 + 6{,}5}{5} = 4{,}9,$$

d. h. der durchschnittliche Gewinn pro Jahr in den betrachteten fünf Jahren betrug 4,9 Mio. €.

Wie Beispiel 2.18 zeigt, muss das arithmetische Mittel nicht notwendig mit einem realisierten Merkmalswert zusammenfallen. Ein solcher Wert ist ein rein rechnerischer, pseudotypischer Wert, der nur nach Abwägung des Einzelfalls als Repräsentant für die statistische Masse angesehen werden darf.

Liegen die Merkmalsausprägungen eines **quantitativ-diskreten Merkmals** in Form einer **Häufigkeitsverteilung** vor – und ist die Urliste nicht verfügbar bzw. die Berechnung hierüber wegen des Umfangs zu aufwendig –, so berechnet man das **gewogene arithmetische Mittel**. Hier gehen nämlich die Merkmalswerte nicht alle mit dem gleichen Gewicht wie bei (2.14) in die Berechnung ein, sondern es wird jede Merkmalsausprägung zunächst mit ihrer absoluten oder relativen Häufigkeit als Gewichtungsfaktor multipliziert:

$$\boxed{\bar{X} = \mu = \frac{x_1 f_1 + x_2 f_2 + \cdots + x_k f_k}{f_1 + f_2 + \cdots + f_k} = \frac{1}{\sum_{i=1}^{k} f_i} \sum_{i=1}^{k} x_i f_i = \sum_{i=1}^{k} x_i p_i}$$ (2.15)

Beispiel 2.19   Es interessiert die durchschnittliche Haushaltsgröße, in der die Arbeitnehmer der Statistik KG leben (quantitativ-diskretes Merkmal mit kleiner Zahl von Merkmalsausprägungen, vgl. Beispiel 2.3). In der Tabelle 2.10 sind die für (2.14) benötigten Werte berechnet.

Mit absoluten Häufigkeiten ergibt sich

$$\bar{X} = \frac{1}{\sum f_i} \sum f_i x_i = \frac{1}{200} \cdot 618 = 3{,}09$$

bzw. mit Hilfe relativer Häufigkeiten

$$\bar{X} = \sum p_i x_i = 3{,}09.$$

Tabelle 2.10 Arbeitstabelle zur Berechnung der durchschnittlichen Haushaltsgröße

Zahl der Personen pro Haushalt x_i	f_i	p_i	$f_i x_i$	$p_i x_i$
1	24	0,12	24	0,12
2	44	0,22	88	0,44
3	60	0,30	180	0,90
4	42	0,21	168	0,84
5	22	0,11	110	0,55
6	8	0,04	48	0,24
	200	1,00	618	3,09

Die durchschnittliche Haushaltsgröße beträgt also 3,09 Personen. Ebenso wie in Beispiel 2.18 nimmt hier $\overline{X}$ einen Wert an, den das Merkmal „Haushaltsgröße" nicht annehmen kann. Es handelt sich wiederum um einen rein rechnerischen Wert.

Bei **quantitativ-stetigen** Merkmalen liegt die Häufigkeitsverteilung in klassifizierter Form vor, wobei die Lage der Merkmalswerte in den einzelnen Klassen in aller Regel nicht bekannt ist. Um in einem solchen Fall das arithmetische Mittel näherungsweise bestimmen zu können, geht man davon aus, dass sich die Merkmalswerte gleichmäßig in ihren jeweiligen Klassen verteilen, d. h. dass der ungewogene Durchschnitt der Merkmalswerte innerhalb einer Klasse mit der Klassenmitte übereinstimmt. Dann lässt sich das gewogene arithmetische Mittel bestimmen, indem man die absoluten oder relativen Klassenhäufigkeiten mit den Klassenmitten x_i^* multipliziert, also

$$\overline{X} = \mu = \frac{x_1^* f_1 + x_2^* f_2 + \cdots + x_k^* f_k}{f_1 + f_2 + \cdots + f_k} = \frac{1}{\sum_{i=1}^{k} f_i} \sum_{i=1}^{k} x_i^* f_i = \sum_{i=1}^{k} x_i^* p_i \quad (2.16)$$

Könnte man aufgrund der Urliste, die nach der Gruppierung meist nicht mehr vorhanden ist, das ungewogene arithmetische Mittel nach (2.14) berechnen und mit dem gewogenen arithmetischen Mittel nach (2.16) vergleichen, so werden die beiden Werte i. d. R. voneinander abweichen, was auf den Informationsverlust aufgrund der Klassenbildung zurückzuführen ist. Sie stimmen nur dann überein, wenn die Klassenmitten x_i^* tatsächlich die arithmetischen Mittel in den einzelnen Klassen darstellen.

Beispiel 2.20 Es soll das durchschnittliche Jahreseinkommen der Belegschaft der Statistik KG bestimmt werden (vgl. Beispiel 2.4). Tabelle 2.11 zeigt die für die Berechnung benötigten Werte.

2.2 Maßzahlen von Häufigkeitsverteilungen

Tabelle 2.11 Arbeitstabelle zur Bestimmung des durchschnittlichen Jahreseinkommens

Jahreseinkommen in 1000 €	x_i^*	f_i	p_i	$x_i^* f_i$	$x_i^* p_i$
10 bis unter 20	15	5	0,025	75	0,375
20 " " 30	25	15	0,075	375	1,875
30 " " 40	35	54	0,270	1890	9,450
40 " " 50	45	46	0,230	2070	10,350
50 " " 60	55	38	0,190	2090	10,450
60 " " 70	65	18	0,090	1170	5,850
70 " " 80	75	12	0,060	900	4,500
80 " " 90	85	8	0,040	680	3,400
90 " " 100	95	4	0,020	380	1,900
		200	1,000	9630	48,150

$$\overline{X} = \frac{1}{\sum f_i} \sum x_i^* f_i = \frac{1}{200} \cdot 9630 = 48{,}15$$

bzw.

$$\overline{X} = \sum x_i^* p_i = 48{,}15 \,.$$

Das durchschnittliche Jahreseinkommen beträgt 48 150 €, d. h., wenn man das Jahres-Gesamteinkommen aller Mitarbeiter von 9 630 000 € gleichmäßig auf alle 200 Mitarbeiter verteilen würde, erhielte jeder den durch $\overline{X}$ ausgewiesenen Betrag.

Formel (2.16) ist auch näherungsweise für Fälle **ungleicher Klassenbreiten** in der Häufigkeitsverteilung anwendbar, wenn man wiederum davon ausgeht, dass die Klassenmitten x_i^* die arithmetischen Mittel der jeweiligen Klassen repräsentieren.

Beispiel 2.21 Es soll der durchschnittliche alltägliche Anfahrtsweg der Mitarbeiter der Statistik KG ermittelt werden (vgl. Beispiel 2.5). Die entsprechenden Werte sind in Tabelle 2.12 zusammengestellt.

$$\overline{X} = \frac{1}{\sum f_i} \sum x_i^* f_i = \frac{2941}{200} = 14{,}705.$$

Der durchschnittliche Anfahrtsweg beträgt also 14,705 km.

Tabelle 2.12 Arbeitstabelle zur Berechnung des durchschnittlichen Anfahrtsweges

Anfahrtsweg (in km)	x_i^*	f_i	$x_i^* f_i$
0 bis unter 1	0,5	14	7
1 " " 5	3,0	48	144
5 " " 15	10,0	70	700
15 " " 30	22,5	36	810
30 " " 50	40,0	32	1280
		200	2941

Das arithmetische Mittel besitzt einige wichtige **Eigenschaften**, die im Folgenden diskutiert werden sollen. Dabei beziehen wir uns für Ableitungen auf das ungewogene arithmetische Mittel, die Aussagen gelten aber auch für das gewogene arithmetische Mittel.

1. Das arithmetische Mittel reagiert – im Gegensatz zum Modus und Zentralwert – empfindlich gegenüber „Ausreißern", d. h. extreme Merkmalswerte können die Aussagekraft des arithmetischen Mittels stark einschränken.

   Beispiel 2.22 Nehmen wir an, in einem idyllisch, aber peripher gelegenen Ort wohnen 49 Familien mit einem Monatseinkommen von je 1 500 € und ein Großunternehmer mit einem Monatseinkommen von 100 000 €. Das monatliche Durchschnittseinkommen aller Dorfbewohner beträgt (49 · 1500 + 1 · 100000) / 50 = 3470 €. Dieser Wert ist weder typisch noch repräsentativ und damit zur Charakterisierung der monatlichen Durchschnittseinkommen der Dorfbewohner wenig geeignet.

   Das arithmetische Mittel ist umso aussagekräftiger, je ausgeprägter die Eingipfligkeit und je symmetrischer die betrachtete Verteilung ist.

2. Manchmal steht man vor der Aufgabe, ein arithmetisches **Gesamtmittel** aus mehreren Einzelmitteln zu bestimmen. Unterstellt, wir haben $\overline{X}_j$ (j = 1, ..., h) Einzelmittelwerte, die aus den jeweiligen Gesamtheiten vom Umfang N_j berechnet wurden. Dann berechnet sich der Gesamtmittelwert $\overline{\overline{X}}$ nach

$$\overline{\overline{X}} = \frac{N_1 \overline{X}_1 + N_2 \overline{X}_2 + \cdots + N_h \overline{X}_h}{N_1 + N_2 + \cdots + N_h} = \frac{1}{\sum_{j=1}^{h} N_j} \sum_{j=1}^{h} N_j \overline{X}_j \qquad (2.17)$$

3. Durch Multiplikation des arithmetischen Mittels $\overline{X}$ mit dem Umfang der betreffenden Grundgesamtheit erhält man den **Gesamt-** oder **Totalwert** X:

2.2 Maßzahlen von Häufigkeitsverteilungen

$$\overline{X} \cdot N = \sum_{i=1}^{N} x_i = X \qquad (2.18)$$

Beispiel 2.23   Aus Beispiel 2.20 wissen wir, dass das Jahresdurchschnittseinkommen in der Statistik KG 48150 € beträgt. Nach (2.18) ist

$$X = 48150 \cdot 200 = 9630000.$$

Dies bedeutet, dass in dem betrachteten Jahr die gesamte Lohn- und Gehaltssumme 9 630 000 € beträgt.

4. Die Summe der Abweichungen der Merkmalswerte von ihrem arithmetischen Mittel ist gleich null, d. h.

$$\sum_{i=1}^{N} (x_i - \overline{X}) = 0 \qquad (2.19)$$

Beweis: $\sum (x_i - \overline{X}) = \sum x_i - N\overline{X} = \sum x_i - N \frac{1}{N} \sum X_i = 0.$

5. Die Summe der quadratischen Abweichungen der Merkmalswerte von ihrem arithmetischen Mittel ist kleiner als von jedem anderen Wert, d. h. sie bildet ein Minimum

$$\sum_{i=1}^{N} (x_i - \overline{X})^2 \Rightarrow \text{Minimum} \qquad (2.20)$$

Beweis: Bilden wir die quadrierten Abweichungen von einer beliebigen Konstanten a, so gilt

$$\sum_{i=1}^{N} (x_i - a)^2 = \sum_{i=1}^{N} [(x_i - \overline{X}) + (\overline{X} - a)]^2 = \sum (x_i - \overline{X})^2 + 2(\overline{X} - a) \cdot \sum (x_i - \overline{X}) + N(\overline{X} - a)^2.$$

Da im mittleren Term nach (2.19) $\sum (x_i - \overline{X}) = 0$, ergibt sich

$$\sum (x_i - a)^2 = \sum (x_i - \overline{X})^2 + N(\overline{X} - a)^2.$$

Da $(\overline{X} - a)^2$ für $a \neq \overline{X}$ stets positiv ist, gilt

$$\sum (x_i - a)^2 > \sum (x_i - \overline{X})^2,$$

d. h. die Summe der quadrierten Abweichungen von einer beliebigen Konstanten a ist immer größer als die Abweichungen von ihrem arithmetischen Mittel.

6. Das arithmetische Mittel $\overline{X}$ unterliegt der gleichen Transformation wie die Merkmalswerte x_i. Unterwirft man die Beobachtungswerte x_i einer **linearen Transformation,** so erhält man die transformierten Werte x_i':

$$x_i' = a + bx_i \quad (i = 1, \ldots, N) \tag{2.21}$$

Dann gilt für das transformierte arithmetische Mittel $\overline{X}'$

$$\overline{X}' = \frac{1}{N}\sum x_i' = \frac{1}{N}\sum(a + bx_i) = \frac{1}{N}Na + \frac{1}{N}b\sum x_i = a + b\overline{X} \tag{2.22}$$

was der Form (2.21) entspricht.

Wegen der drei zuletzt genannten formalen Eigenschaften besitzt das arithmetische Mittel traditionell gegenüber den anderen Mittelwerten eine Sonderstellung.

2.2.1.4 Geometrisches Mittel $\overline{G}$

Ein nicht so häufig verwendeter Durchschnittswert, der **metrisch skalierte** – genauer: verhältnisskalierte – Merkmale erfordert, ist das geometrische Mittel $\overline{G}$. Eine Anwendung des geometrischen Mittels ist bei der **Mittelung relativer Änderungen** (Wachstumsraten) sinnvoll, also dort, wo die Gesamtänderung der Merkmalsausprägungen nicht durch eine Summe, sondern durch ein Produkt beschrieben wird. Betrachtet man z. B. die jährlichen Änderungen des Bruttosozialprodukts gegenüber den Vorperioden in Prozent oder die Lohnerhöhungen gegenüber den Vorjahren in Prozent, so beziehen sich diese Prozentzahlen jeweils auf eine andere Basis, d. h. eine variable Bezugsperiode. In solchen Fällen gibt nicht das arithmetische, sondern das geometrische Mittel die richtige Antwort. Die Beispiele zeigen auch, dass das geometrische Mittel typischerweise für die Beschreibung von Zeitreihendaten und nicht von Querschnittsdaten dient. Es gehen zwar alle Beobachtungswerte in die Berechnung ein, jedoch dämpft das geometrische Mittel – im Gegensatz zum arithmetischen Mittel – den Einfluss von Extremwerten.

Für Einzelwerte x_i aus dem Urmaterial ist das **ungewogene geometrische Mittel** definiert als die N-te Wurzel aus dem Produkt der nichtnegativen Merkmalswerte

$$\boxed{\overline{G} = \sqrt[N]{x_1 \cdot x_2 \cdot \ldots \cdot x_N} = \sqrt[N]{\prod_{i=1}^{N} x_i}} \tag{2.23}$$

2.2 Maßzahlen von Häufigkeitsverteilungen

Logarithmiert man (2.23) wobei man positive Merkmalswerte voraussetzt, so ergibt sich

$$\lg \overline{G} = \frac{1}{N}(\lg x_1 + \lg x_2 + \cdots + \lg x_N) = \frac{1}{N}\sum_{i=1}^{N} \lg x_i \qquad (2.24)$$

Man sieht, dass der Logarithmus des geometrischen Mittels dem arithmetischen Mittel der Logarithmen der Merkmalswerte entspricht; weshalb man $\overline{G}$ auch als **logarithmisches Mittel** bezeichnet.

Wenn wir uns auf Zeitreihenwerte y_T (t = 1,...,T) beziehen, können wir zum geometrischen Mittel für Anwendungen wie folgt gelangen: Es sei der **Wachstumsfaktor**

$$x_t = \frac{y_t}{y_{t-1}} \qquad (2.25)$$

Und p_t die relative Änderung in Prozent von y_{t-1} auf y_t, dann gilt

$$y_t = y_{t-1} + y_{t-1}\frac{p_t}{100} = y_{t-1}\left(1 + \frac{p_t}{100}\right)$$

oder mit (2.25)

$$x_t = 1 + \frac{p_t}{100}.$$

Der **durchschnittliche Wachstumsfaktor** x_D von der Periode 0 zur Periode T ist dann gegeben durch

$$x_T = x_0\left(1 + \frac{p_t}{100}\right)^T = x_0 \cdot x_1 \cdot x_2 \cdot \ldots \cdot x_T = x_0 x_D^T \qquad (2.26)$$

Wie man sieht, ist

$$x_D^T = x_1 \cdot x_2 \cdot \ldots \cdot x_T$$

und

$$x_D = \sqrt[T]{x_1 \cdot x_2 \cdot \ldots \cdot x_T} \qquad (2.27)$$

Damit entspricht der durchschnittliche Wachstumsfaktor x_D in (2.26) dem geometrischen Mittel (2.21) der Wachstumsfaktoren in den einzelnen Perioden. Die durchschnittliche Wachstumsrate p ist dann gegeben durch $p = (x_D - 1)100$.

Beispiel 2.24 Nehmen wir an, der Gewinn der Statistik KG in fünf Jahren sei nicht – wie in Beispiel 2.18 – in Absolutgrößen, sondern in relativen Änderungen gegenüber dem Vorjahr (variable Bezugsperiode!) gegeben (vgl. Tabelle 2.13), und es sei nach der durchschnittlichen Wachstumsrate gefragt.

Tabelle 2.13 Arbeitstabelle zur Bestimmung der durchschnittlichen Wachstumsrate (Ausgangsdaten vgl. Beispiel 2.18)

Periode	Relative Änderungen in %	Wachstumsfaktor $x_t = 1 + \frac{p_t}{100}$	$\lg x_t$
0	–	–	–
1	33,33	1,333	0,1249
2	50,00	1,500	0,1761
3	–16,67	0,833	–0,0792
4	30,00	1,300	0,1139
			0,3357

Nach (2.23) berechnen wir

$$\overline{G} = \sqrt[4]{1{,}333 \cdot 1{,}500 \cdot 0{,}833 \cdot 1{,}300} = \sqrt[4]{2{,}165} = 1{,}213.$$

Nach (2.24) ergibt sich

$$\lg \overline{G} = \frac{1}{4} 0{,}3357 = 0.0839$$

bzw.

$$\overline{G} = 1{,}213.$$

Die durchschnittliche Wachstumsrate des Gewinns in dem betrachteten Zeitraum ist damit $(1{,}213 - 1) \cdot 100 = 21{,}3\%$.

Hätten wir hier – fälschlicherweise – das arithmetische Mittel über die Werte der Spalte 2 in Tabelle 2.13 berechnet, so ergäbe sich

$$\overline{X} = \frac{96{,}66}{4} = 24{,}165,$$

d. h. eine durchschnittliche prozentuale Wachstumsrate von 24,165%. Mit diesem Ergebnis errechnete sich dann, ausgehend vom Gewinn von 3 Mio. € in Beispiel 2.18 im ersten Jahr, ein Gewinn von 7,1 Mio. € im fünften Jahr, was offensichtlich weit

2.2 Maßzahlen von Häufigkeitsverteilungen

überhöht ist. Nur die über das geometrische Mittel berechnete, durchschnittliche Wachstumsrate von 21,3% führt zu 6,5 Mio. € im fünften Jahr.

Treten die x_i-Werte mit unterschiedlichen Gewichten, z. B. den absoluten Häufigkeiten f_i auf, so gilt das **gewogene geometrische Mittel**

$$\overline{G} = \sqrt[N]{x_1^{f_1} \cdot x_2^{f_2} \cdot \ldots \cdot x_k^{f_k}} \text{ mit } \sum_{i=1}^{k} f_i = N \qquad (2.28)$$

das zur praktischen Berechnung logarithmiert wird:

$$\boxed{\lg \overline{G} = \frac{1}{\sum_{i=1}^{k} f_i} \sum_{i=1}^{k} f_i \cdot \lg x_i} \qquad (2.29)$$

Beispiel 2.25 Die Kurse der in einem Aktienportfolio gehaltenen Wertpapiere weisen in einem bestimmten Zeitraum die in Tabelle 2.14 angegebenen relativen Änderungen auf. Wie groß war in dieser Zeit die durchschnittliche Wachstumsrate der Portfolio-Kurse?

Tabelle 2.14 Arbeitstabelle zur Bestimmung der durchschnittlichen Wachstumsrate

Wertpapier	Relative Änderungen in %	Stückzahl der Wertpapiere im Portfolio	Wachstumsfaktor		
		f_i	x_t	$\lg x_t$	$f_i \lg x_t$
1	15	20	1,15	0,060698	1,21396
2	8	40	1,08	0,033424	1,33696
3	−5	30	0,95	−0,022276	−0,66828
4	−10	10	0,90	−0,045757	−0,45757
5	−30	10	0,70	−0,154902	−1,54902
6	12	50	1,12	0,049218	2,46090
		160			2,33692

Nach (2.29) erhalten wir aus der letzten Spalte der Arbeitstabelle

$$\lg \overline{G} = \frac{1}{160} \cdot 2{,}33692 = 0{,}01461$$

bzw.

$$\overline{G} = 1{,}0342.$$

Im betrachteten Zeitraum sind die Kurse des Portfolios im Durchschnitt um 3,42 % gestiegen.

2.2.1.5 Harmonisches Mittel $\overline{H}$

Das harmonische Mittel $\overline{H}$ findet nur gelegentlich Verwendung. Die Fragestellung, bei der das harmonische Mittel anzuwenden ist, wollen wir uns anhand des folgenden Illustrationsbeispiels verdeutlichen: Das Auslieferungslager einer Firma bedient per LKW einen Kunden, der 200 km entfernt seinen Standort hat. Die ersten 100 km kann der LKW auf einer Landstraße mit 40 km/h fahren, die zweite Teilstrecke von 100 km auf der Autobahn mit 80 km/h. Wie groß ist die Durchschnittsgeschwindigkeit? Das arithmetische Mittel mit (N = 2 Teilstrecken) $\overline{X}$ = (40 + 80)/2 = 60 km/h gibt nicht die richtige Antwort, da für die 200 km dann ein Zeitaufwand von 200/60 = 3,33 Std. angesetzt würde. In Wahrheit werden aber für die ersten 100 km mit 40 km/h 2,5 Std. und für die zweiten 100 km mit 80 km/h 1,25 Std., also insgesamt 3,75 Std., benötigt.

Hier kann das harmonische Mittel weiterhelfen. Wenn bei einer Durchschnittsbildung nämlich nach einer Beziehung gefragt wird, die als Quotient zwei Maßgrößen, z. B. Menge/Zeit, Weg/Zeit, Preis/Menge besitzt, und wenn der Zähler dieses Quotienten eine fest vorgegebene Größe darstellt, dann ist das harmonische Mittel anzuwenden. Ist der Nenner des Quotienten fest gegeben, so ist das arithmetische Mittel zu benutzen. Für unser Illustrationsbeispiel lautet der Quotient aus zwei Maßgrößen „km/h", wobei die Entfernung (Zähler) fest vorgegeben, die Zeit (Nenner) für die beiden Teilstrecken jedoch variabel ist.

Das ungewogene harmonische Mittel ist definiert als der reziproke Wert des arithmetischen Mittels der reziproken Beobachtungswerte mit $x_i \neq 0$:

$$\overline{H} = \frac{1}{\frac{1}{N}\left(\frac{1}{x_1} + \frac{1}{x_2} + \cdots + \frac{1}{x_N}\right)} = \frac{1}{\frac{1}{N}\sum_{i=1}^{N}\frac{1}{x_i}} = \frac{N}{\sum_{i=1}^{N}\frac{1}{x_i}} \qquad (2.30)$$

2.2 Maßzahlen von Häufigkeitsverteilungen

Wie das geometrische Mittel dämpft auch das harmonische Mittel den Einfluss von Extremwerten; es benötigt – wie alle Durchschnittsparameter – **metrisch skalierte** – genauer: intervallskalierte – **Merkmale**.

Für unser Illustrationsbeispiel der Durchschnittsgeschwindigkeit des LKW gilt

$$\overline{H} = \frac{2}{\frac{1}{40} + \frac{1}{80}} = 53{,}33 \frac{\text{km}}{\text{h}}.$$

Die Durchschnittsgeschwindigkeit beträgt also 53,33 km/h, was dem oben bereits abgeleiteten Ergebnis entspricht, denn 200 km : 53,33 km/h = 3,75 Std. ergibt die benötigte Fahrzeit. Man hätte allerdings auch mit Hilfe des arithmetischen Mittels zum richtigen Ergebnis gelangen können: Die ersten 100 km benötigt man pro km 1/40 Std., bei den zweiten 100 km 1/80 Std. pro km; im Durchschnitt also

$$\overline{X} = \frac{1}{2}\left(\frac{1}{40} + \frac{1}{80}\right) = 0{,}01875 \frac{\text{Std.}}{\text{km}}.$$

Für die 200 km-Strecke benötigt der LKW damit 0,01875 · 200 = 3,75 Stunden. Durch Umformulierung der Fragestellung kann man also unter Verwendung des arithmetischen Mittels die Berechnung des harmonischen Mittels vermeiden.

Beispiel 2.26.1 Im Beispiel 2.18 war nach dem durchschnittlichen Gewinn der Statistik KG in einer Fünfjahresperiode gefragt. Der Quotient aus zwei Maßgrößen ist hier Mio. €/Jahr (Zähler variabel, Nenner fest). Das harmonische Mittel beantwortet die Frage, wie lange benötigt man in der Statistik KG während der fünf Jahre im Durchschnitt, um 1 Mio. € Gewinn zu erwirtschaften (Zähler fest, Nenner variabel). Man benötigt im ersten Jahr für eine Million 1/3 Jahr, im zweiten Jahr für eine Million 1/4 Jahr usw. Es ergibt sich also nach (2.27)

$$\overline{H} = \frac{N}{\sum \frac{1}{x_i}} = \frac{5}{\frac{1}{\frac{1}{3}} + \frac{1}{\frac{1}{4}} + \frac{1}{\frac{1}{6}} + \frac{1}{\frac{1}{5}} + \frac{1}{\frac{1}{6{,}5}}} = \frac{5}{24{,}5} = 0{,}2040.$$

Es dauert also im Schnitt 0,204 Jahre oder ca. 2,4 Monate, um 1 Mio. € Gewinn zu erzielen. Dies macht pro Jahr durchschnittlich 4,9 Mill. €, was wiederum dem arithmetischen Mittel entspricht.

Beispiel 2.25.2 Eine praktische Anwendung mit Vergleich zwischen $\bar{X}$ und $\bar{H}$ zeigt sich in folgendem Sachverhalt. Es ist z. B. für einen Wertpapierkäufer vorteilhaft, regelmäßig gleichbleibende Geldbeträge (etwa in Investmentanteilen) anzulegen, statt immer eine feste Zahl von Anteilen zu kaufen.

Nehmen wir an, der Anleger kauft pro Monat für 100 € Investmentanteile zu unterschiedlichen Kursen, die in einer Drei-Monatsperiode 30, 40 und 35 € pro Anteil betragen mögen. Wie hoch ist der durchschnittliche Einstandspreis?

In dem Quotienten aus den Maßgrößen €/Anteile ist der Zähler fest, während wegen der schwankenden Kurse die Zahl der gekauften Anteile von Monat zu Monat unterschiedlich ist. Es ist also $\bar{H}$ zur Ermittlung der Durchschnittsgröße zu verwenden

$$\bar{H} = \frac{3}{\left(\frac{1}{30} + \frac{1}{40} + \frac{1}{35}\right)} = 34{,}52.$$

Zum gleichen Ergebnis kommt man mit $\bar{X}$, denn für jeweils 100 € könnte man 3,33, 2,50 und 2,86 Anteile kaufen, d. h. 8,69 Anteile in drei Monaten, was ebenfalls zum durchschnittlichen Einstandspreis von 34,52 € führt.

Kauft man dagegen pro Monat eine feste Zahl von Anteilen, dann ist in dem Quotienten €/Anteile der Nenner fest, so dass $\bar{X}$ für die Durchschnittsbildung zu verwenden ist, also

$$\bar{X} = \frac{1}{3}(30 + 40 + 35) = 35.$$

Wenn man also pro Monat einen Anteil kauft, so ist dies ungünstiger, als wenn man pro Monat regelmäßig für einen festen Betrag eine Anlage tätigt (Vorteil des sog. „Cost-averaging"). In unserem Beispiel konnten wir dadurch die Anteile durchschnittlich um 0,48 € billiger erwerben.

Das **gewogene harmonische Mittel** sei – ohne Anwendungsbeispiel – der Vollständigkeit halber mit absoluten Häufigkeiten als Gewichten angegeben

$$\bar{H} = \frac{\sum_{i=1}^{k} f_i}{\sum_{i=1}^{k} \frac{1}{x_i} f_i} \qquad (2.31)$$

2.2.1.6 Zusammenfassung

Wir haben in den vorangegangenen Abschnitten 2.2.1.1–2.2.1.5 die für die Wirtschafts- und Sozialwissenschaften wichtigsten Mittelwerte behandelt.

- Die drei **Durchschnitte** $\bar{X}$, $\bar{G}$ und $\bar{H}$, die von allen Beobachtungswerten beeinflusst werden, erfordern metrisch skalierte Merkmale. Ohne Zweifel hat hiervon das arithmetische Mittel – nicht zuletzt wegen seiner formalen Eigenschaften – die größte Bedeutung. Für eindeutig eingipflige und symmetrische Verteilungen besitzt es seine größte Aussagekraft. Für spezielle Fragestellungen sind allerdings das geometrische Mittel (bei Mittelung von Wachstumsraten) oder das harmonische Mittel (Mittelung von Verhältniszahlen bei fest vorgegebener Zählergröße) zu verwenden. Auf die gleichen Daten angewendet zeigt sich, dass $\bar{X} \geq \bar{G} \geq \bar{H}$, wobei das Gleichheitszeichen nur gilt, wenn alle Merkmalswerte gleich sind. Im Einzelfall ist aber immer nur die Berechnung eines Durchschnittsparameters sinnvoll.

- In die Berechnung der beiden **Lageparameter** Z und M gehen nicht alle Beobachtungswerte ein, sie bleiben von Extremwerten unbeeinflusst. Der Zentralwert erfordert mindestens ordinalskalierte, der Modus nur nominalskalierte Merkmale.

- Welche der Mittelwerte im konkreten Fall zu berechnen sind, hängt vom Sachzusammenhang, der Fragestellung und nicht zuletzt vom **Skalenniveau** der betrachteten Merkmale ab. Im Gegensatz zu den drei Durchschnitten kann es durchaus sinnvoll sein, bei metrisch skalierten Merkmalen sowohl das arithmetische Mittel als auch den Zentralwert und den Modus zu berechnen, da diese Mittelwerte unterschiedlichen Fragestellungen zugänglich sind. Im Übrigen kommen wir auf einen Vergleich von $\bar{X}$, Z und M im Zusammenhang mit den Formmaßzahlen in Kapitel 2.2.3 zurück.

2.2.2 Streuungsmaße

Die Mittelwerte vermögen zwar Informationen über das „Zentrum" einer Verteilung zu geben, aber sie kennzeichnen eine Grundgesamtheit doch nur sehr unvollständig. Deshalb kann die zusätzliche Angabe von **Streuungsmaßen (Streuungsparameter, Variationsmaße, Dispersionsmaße)** die Information über eine Verteilung erheblich erhöhen. So können zwei symmetrische Verteilungen zwar das gleiche arithmetische Mittel, jedoch sehr unterschiedliche Streuungen aufweisen (vgl. Abb. 2.15).

Der Begriff „Streuung" bezieht sich darauf, ob die Merkmalswerte eng beieinander liegen oder weit über den Bereich der Merkmalsskala verteilt sind. Die im Folgenden behandelten Streuungsmaße beruhen entweder auf der **Abstandsmessung geeigneter Ranggrößen (Spannweite, Quartilsabstand)** oder auf der **Abstandsmessung der Merkmalsausprägungen von einem Mittelwert (Mittlere absolute Abweichung, Varianz, Standardabweichung)**. Die eben genannten Maße bezeichnet man auch als **absolute Streuungsmaße**, da sie in der Dimension des betrachteten Merkmals ausgedrückt werden. **Relative Streuungsmaße (Variationskoeffizient)**, die wir zum Schluss behandeln, sind dagegen dimensionslos.

Abb. 2.15 Geglättetes Häufigkeitspolygon zweier empirischer Häufigkeitsverteilungen mit gleichem $\bar{X}$ und unterschiedlichen Streuungen

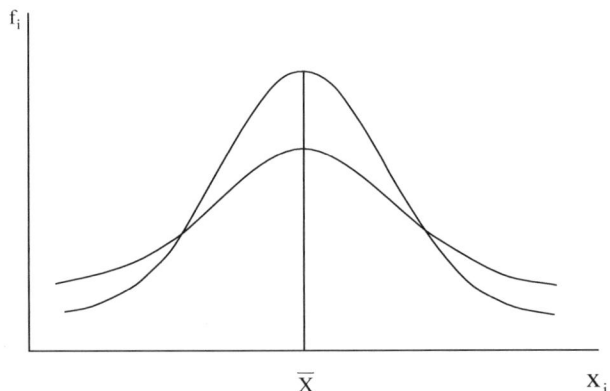

2.2.2.1 Spannweite R

Die **Spannweite** R (Range) – auch **Variationsbreite** – ist der einfachste Streuungsparameter für **mindestens ordinalskalierte** Merkmale. Sie ist definiert als die Differenz zwischen dem größten und kleinsten vorkommenden Merkmalswert einer statistischen Gesamtheit. Bei Vorliegen von N **einzelnen Beobachtungswerten** ist

$$R = x_{i(max)} - x_{i(min)} \qquad (2.32)$$

2.2 Maßzahlen von Häufigkeitsverteilungen

Beispiel 2.27 In Beispiel 2.11 wurde nach der täglich zurückzulegenden Entfernung von fünf Mitarbeitern in einer Arbeitsgruppe der Statistik KG gefragt. Die km-Angaben lauteten 2, 3, 5, 6, 14. Hier ist R = 14 − 2 = 12. Die Spannweite der in dieser Arbeitsgruppe täglich zurückzulegenden Arbeitswege beträgt also 12 km.

Aus einer **Häufigkeitsverteilung** mit k Merkmalsausprägungen erhält man analog zu (2.32) die Spannweite als Differenz zwischen größter Merkmalsausprägung x_k und kleinster Merkmalsausprägung x_1.

Eine Zahlenangabe ist bei ordinalem Skalenniveau (vgl. Beispiel 2.28) wenig sinnvoll, da an sich keine Subtraktion der Beobachtungswerte erlaubt ist. Hier bietet sich eine verbale Umschreibung an.

Beispiel 2.28 In Beispiel 2.2 zur Beurteilung der Güte der Sozialleistungen (ordinalskaliertes Merkmal) reicht die Spannweite von sehr gut bis ausreichend.

Im Falle einer **Häufigkeitsverteilung mit gruppierten Daten** legt man die Spannweite als die Differenz zwischen der oberen Klassengrenze der obersten Klasse $x_k^{(u)}$ und der unteren Klassengrenze der untersten Klasse $x_k^{(l)}$ fest:

$$\boxed{R = x_k^{(u)} - x_1^{(l)}} \qquad (2.33)$$

Beispiel 2.29 Die Spannweite der Jahreseinkommen der Statistik KG (Beispiel 2.4) ist R = 100 − 10 = 90, also 90 000 €.

Die Spannweite hat folgende **Charakteristika**:

1. Ihre Aussagekraft wird dadurch eingeschränkt, dass sie aus nur zwei Werten der Grundgesamtheit berechnet wird (hoher Informationsverlust). Handelt es sich bei den zwei Werten um Ausreißer, so kann R untypisch und wenig aussagekräftig für das zu analysierende Datenmaterial sein.

2. Spannweiten verschiedener Gesamtheiten können vernünftigerweise nur dann verglichen werden, wenn sie jeweils eine gleiche Zahl von Merkmalswerten besitzen.

3. R ist sehr einfach zu berechnen, findet aber nur eingeschränkt Verwendung, etwa dort, wo gerade an der Angabe von Extremwerten gelegen ist, z. B. bei Börsenkursen, und darüber hinaus in der statistischen Qualitätskontrolle.

2.2.2.2 Quartilsabstand QA

Ein Streuungsmaß, das nicht so abhängig von Extremwerten ist wie die Spannweite und für **mindestens ordinalskalierte** Merkmale berechnet werden kann, ist der **Quartilsabstand** QA – auch **Hälftespielraum** genannt. Der Quartilsabstand gibt das Intervall auf der Merkmalsachse zwischen dem ersten Quartil Q_1 und dem dritten Quartil Q_3 an:

$$\boxed{QA = Q_3 - Q_1} \quad (2.34)$$

Zur Bestimmung der Quartile vgl. oben Kapitel 2.2.1.2 und speziell (2.12) und (2.13). Da zwischen Q_3 und Q_1 etwa die mittleren 50 Prozent aller Merkmalswerte liegen, gibt der Quartilsabstand die Größe des Bereichs an, in dem sich ungefähr die Hälfte aller Merkmalswerte befindet. Wie bei der Spannweite sollte man beim Quartilsabstand daran denken, dass die Differenzbildung eigentlich metrisch skalierte Merkmale voraussetzt.

Beispiel 2.30 Da wir im Beispiel 2.16 „Jahreseinkommen in der Statistik KG" (gleiche Klassenbreiten) das untere und das obere Quartil bereits bestimmt haben, wollen wir hierfür den Quartilsabstand berechnen. Es war $Q_1 = 35\,556$ € und $Q_3 = 57\,895$ €. Damit ist der Quartilsabstand nach (2.34)

$$QA = 57895 - 35556 = 22339.$$

Das bedeutet, dass bei der empirischen Häufigkeitsverteilung der Jahreseinkommen in der Statistik KG etwa die mittleren 50% der Jahreseinkommen in einem Intervall von 22 339 € liegen.

Der Quartilsabstand hat die **Eigenschaft**, dass er nicht – wie die Spannweite – von Extremwerten beeinflusst wird. Allerdings fließt nicht die Größe der Merkmalsausprägungen als Information in die Berechnung ein. Der Quartilsabstand findet dort Verwendung, wo bei einer Häufigkeitsverteilung nur der mittlere Bereich von Interesse ist, die 25 Prozent jeweils links von Q_1 und rechts von Q_3 aber für die Analyse wenig Bedeutung haben. Als Beispiel ist – ebenso wie bei der Spannweite – die Qualitätskontrolle zu nennen.

2.2.2.3 Mittlere absolute Abweichung D

Wie bereits erwähnt, lassen sich die Abweichungen der **metrisch skalierten** Merkmalsausprägungen von einem Mittelwert als Grundlage für die Konstruktion von Streuungsmaßen benutzen. Zunächst könnte man daran denken, hierfür den Ausdruck $\sum_{i=1}^{N}(x_i - \overline{X})$ zu verwenden. Dies entspricht aber immer gleich null (vgl. oben (2.16)). Verwendet man Absolutbeträge der Abweichungen, so vermeidet man, dass sich positive und negative Abweichungen aufheben. Deshalb benutzt man die **mittlere absolute Abweichung der Merkmalswerte in Bezug auf das arithmetische Mittel** $D_{\overline{X}}$ für eine Beobachtungsreihe mit

$$D_{\overline{X}} = \frac{1}{N} \sum_{i=1}^{N} |x_i - \overline{X}| \qquad (2.35)$$

Die Division durch N bewirkt, dass ein solcher Parameter sinnvoll für unterschiedlich große statistische Massen berechnet und verglichen werden kann. Obwohl dieses Streuungsmaß durchaus üblich ist, bietet es sich an, unter Ausnutzung der Minimumseigenschaft des Zentralwertes (vgl. oben (2.11)) für eine **Beobachtungsreihe** die **mittlere absolute Abweichung in Bezug auf den Zentralwert** D_Z zu bestimmen:

$$\boxed{D_Z = \frac{1}{N} \sum_{i=1}^{N} |x_i - Z|} \qquad (2.36)$$

Beispiel 2.31 In Beispiel 2.11 wurde nach der täglich zurückzulegenden Entfernung von fünf Mitarbeitern in einer Arbeitsgruppe der Statistik KG gefragt (vgl. auch Beispiel 2.27), wobei die Entfernungen 2, 3, 5, 6 und 14 km betrugen. Es soll die mittlere absolute Abweichung bezüglich des Zentralwerts bestimmt werden. Mit Z = 5 erhalten wir nach (2.36)

$$D_Z = \frac{1}{N} \sum |x_i - Z| = \frac{1}{5}(|2 - 5| + |3 - 5| + |5 - 5| + |6 - 5| + |14 - 5|) = 3.$$

Vom Median von 5 km beträgt die durchschnittliche absolute Abweichung 3 km.

Auch wenn eine **Häufigkeitsverteilung** vorliegt, lässt sich die **mittlere absolute Abweichung vom Zentralwert** als Streuungsmaß berechnen. Mit absoluten Häufigkeiten f_i in k verschiedenen Merkmalsausprägungen erhalten wir

$$D_Z = \frac{1}{\sum_{i=1}^{k} f_i} \sum_{i=1}^{k} f_i |x_i - Z| \qquad (2.37)$$

Liegt eine Häufigkeitsverteilung gruppierter Daten vor, so müssen die x_i-Werte in (2.37) durch die jeweiligen Klassenmitten x_i^* in den k Klassen ersetzt werden

$$D_Z = \frac{1}{\sum_{i=1}^{k} f_i} \sum_{i=1}^{k} f_i |x_i^* - Z| \qquad (2.38)$$

Beispiel 2.32 In Beispiel 2.4 sollten die Jahreseinkommen der Mitarbeiter der Statistik KG charakterisiert werden. Den zugehörigen Zentralwert hatten wir mit 45 652 € bestimmt (vgl. Beispiel 2.14). Wie groß ist die zugehörige durchschnittliche absolute Abweichung? Die wichtigsten Werte zur Berechnung sind in Tabelle 2.15 zusammengestellt.

Tabelle 2.15 Arbeitstabelle zur Berechnung von D_Z

x_i	f_i	$|x_i^* - Z|$	$f_i |x_i^* - Z|$
15000	5	30652	153260
25000	15	20652	309780
35000	54	10652	575208
45000	46	652	29992
55000	38	9348	355224
65000	18	19348	348264
75000	12	29348	352176
85000	8	39348	314784
95000	4	49348	197392
	200		2636080

$$D_Z = \frac{1}{\sum_{i=1}^{k} f_i} \sum_{i=1}^{k} f_i |x_i^* - Z| = \frac{1}{200} 2636080 = 13180{,}4$$

Die durchschnittliche absolute Abweichung der Jahreseinkommen vom Median von 45 652 € beträgt etwa 13 180 € nach oben und unten.

Die mittlere absolute Abweichung hat folgende **Eigenschaften**: Sie ist einfach zu berechnen und zu interpretieren. Außerdem besitzt sie die Minimumeigenschaft bei Verwendung des Zentralwertes. Trotzdem wird die im nächsten Abschnitt zu behandelnde Varianz bzw. Standardabweichung meist bevorzugt.

2.2.2.4 Empirische Standardabweichung S

Der gebräuchlichste Mittelwert für metrisch skalierte Merkmale bei nicht zu asymmetrischen Verteilungen ist das arithmetische Mittel. Das wichtigste Streuungsmaß für **metrisch skalierte** Merkmale bezieht sich darauf. Nach Eigenschaft (2.19) wird aber der Ausdruck $\sum(x_i - \overline{X})$ immer gleich null. Benutzt man die absoluten Abweichungen, so sollten sie – wie wir im vorigen Abschnitt gesehen haben – vom Zentralwert berechnet werden. Da aber die quadrierten Abstände stets positiv sind, benutzt man diese Abweichungen und definiert das arithmetische Mittel der Abweichungsquadrate als **empirische Varianz** S^2 bzw. σ^2 oder **mittlere quadratische Abweichung** für N **Einzelwerte**

$$S^2 = \sigma^2 = \frac{1}{N} \sum_{i=1}^{N} (x_i - \overline{X})^2 \qquad (2.39)$$

Die empirische Varianz besitzt als Dimension das Quadrat der Dimension des betrachteten Merkmals. Da dies im sozioökonomischen Zusammenhang meist nicht sinnvoll zu interpretieren ist, zieht man aus (2.39) die positive Quadratwurzel und erhält für Einzelwerte die **empirische Standardabweichung** S bzw. σ, die jetzt die gleiche Dimension wie das Untersuchungsmerkmal besitzt und damit zur Interpretation besser geeignet ist:

$$S = \sigma = \sqrt{\frac{1}{N} \sum_{i=1}^{N} (x_i - \overline{X})^2} \qquad (2.40)$$

Aus (2.39) lässt sich eine andere Berechnungsform herleiten. Es ist

$$S^2 = \frac{1}{N} \sum (x_i^2 - 2x_i\overline{X} + \overline{X}^2) = \frac{1}{N} \left(\sum x_i^2 - 2\overline{X} \sum x_i + N\overline{X}^2 \right)$$
$$= \frac{\sum x_i^2}{N} - 2 \frac{\sum x_i}{N} \frac{\sum x_i}{N} + \frac{N}{N} \left(\frac{\sum x_i}{N} \right)^2$$

oder

$$S^2 = \sigma^2 = \frac{\sum_{i=1}^{N} x_i^2}{N} - \overline{X}^2 \qquad (2.41)$$

Beispiel 2.33 Es soll die empirische Standardabweichung im Beispiel 2.11 der Anfahrtswege von fünf Mitarbeitern der Statistik KG berechnet werden. Tabelle 2.16 zeigt die benötigten Werte – ausgehend von den Anfahrtswegen x_i in km.

Tabelle 2.16 Arbeitstabelle zur Berechnung der empirischen Standardabweichung aus Einzelwerten

x_i	$x_i - \bar{X}$	$(x_i - \bar{X})^2$	x_i^2
2	−4	16	4
3	−3	9	9
5	−1	1	25
6	0	0	36
14	8	64	196
30	0	90	270

Zunächst ist

$$\bar{X} = \frac{1}{N} \sum_{i=1}^{N} x_i = \frac{30}{5} = 6.$$

Nach Beispiel 2.33 ergibt sich

$$S = \sqrt{\frac{1}{N} \sum_{i=1}^{N} (x_i - \bar{X})^2} = \sqrt{\frac{90}{5}} = 4{,}24.$$

und nach (2.41)

$$S = \sqrt{\frac{\sum_{i=1}^{N} x_i^2}{N} - \bar{X}^2} = \sqrt{\frac{270}{5} - 6^2} = \sqrt{54 - 36} = 4{,}24.$$

Die empirische Standardabweichung vom durchschnittlichen Anfahrtsweg von 6 km beträgt also 4,24 km.

Liegt eine **Häufigkeitsverteilung** mit k verschiedenen Merkmalswerten und absoluten Häufigkeiten f_i bzw. relativen Häufigkeiten p_i (i = 1, ..., k) vor, so ist die empirische Standardabweichung gegeben durch

$$\boxed{S = \sigma = \sqrt{\frac{1}{\sum_{i=1}^{k} f_i} \sum_{i=1}^{k} f_i (x_i - \bar{X})^2}} \qquad (2.42)$$

2.2 Maßzahlen von Häufigkeitsverteilungen

bzw.

$$S = \sigma = \sqrt{\sum_{i=1}^{k} p_i(x_i - \overline{X})^2} \qquad (2.43)$$

wobei $\overline{X}$ hier das gewogene arithmetische Mittel darstellt (vgl. Formel (2.15)). Eine zweite Berechnungsform in Analogie zu (2.41) ergibt sich mit

$$S = \sigma = \sqrt{\frac{1}{\sum_{i=1}^{k} f_i} \sum_{i=1}^{k} f_i x_i^2 - \overline{X}^2} = \sqrt{\sum_{i=1}^{k} p_i x_i^2 - \overline{X}^2} \qquad (2.44)$$

Beispiel 2.34 In Beispiel 2.19 wurde als durchschnittliche Haushaltsgröße 3,09 Personen ermittelt. Es soll jetzt die zugehörige empirische Standardabweichung berechnet werden. Zur Illustration sollen dabei (2.42) und (2.44) mit relativen Häufigkeiten benutzt werden.

Tabelle 2.17 Arbeitstabelle zur Berechnung der empirischen Standardabweichung aus Daten einer Häufigkeitsverteilung

x_i	f_i	p_i	$x_i - \overline{X}$	$(x_i - \overline{X})^2$	$f_i(x_i - \overline{X})^2$	x_i^2	$p_i x_i^2$
1	24	0,12	−2,09	4,3681	104,8344	1	0,12
2	44	0,22	−1,09	1,1881	52,2764	4	0,88
3	60	0,30	−0,09	0,0081	0,4860	9	2,70
4	42	0,21	0,91	0,8281	34,7802	16	3,36
5	22	0,11	1,91	3,6481	80,2582	25	2,75
6	8	0,04	2,91	8,4681	67,7448	36	1,44
	200	1,00			340,3800		11,25

$$S = \sqrt{\frac{1}{\sum_{i=1}^{k} f_i} \sum_{i=1}^{k} f_i(x_i - \overline{X})^2} = \sqrt{\frac{1}{200} 340,38} = 1,30$$

oder

$$S = \sqrt{\sum_{i=1}^{k} p_i x_i^2 - \overline{X}^2} = \sqrt{11,25 - 9,5481} = 1,30.$$

Die empirische Standardabweichung von der durchschnittlichen Haushaltsgröße von 3,09 Personen beträgt 1,30 Personen.

Soll die empirische Standardabweichung bei einer **Häufigkeitsverteilung gruppierter Daten** errechnet werden, so lässt sich diese nur näherungsweise bestimmen, indem man in den Formeln (2.42)–(2.44) die Merkmalswerte x_i durch die Klassenmitten x_i^* (i = 1, ..., k) ersetzt:

$$S = \sigma = \sqrt{\frac{1}{\sum_{i=1}^{k} f_i} \sum_{i=1}^{k} f_i (x_i^* - \overline{X})^2} = \sqrt{\sum_{i=1}^{k} p_i (x_i^* - \overline{X})^2} \qquad (2.45)$$

bzw.

$$S = \sigma = \sqrt{\frac{1}{\sum_{i=1}^{k} f_i} \sum_{i=1}^{k} f_i x_i^{*2} - \overline{X}^2} = \sqrt{\sum_{i=1}^{k} p_i x_i^{*2} - \overline{X}^2} \qquad (2.46)$$

wobei wiederum $\overline{X}$ das gewogene arithmetische Mittel darstellt (vgl. Formel (2.16)).

Beispiel 2.35 (Konstante Klassenbreite) Zu Beispiel 2.4 „Jahreseinkommen in der Statistik KG" soll zusätzlich zum arithmetischen Mittel von 48 150 € (vgl. Beispiel 2.2) die empirische Standardabweichung bestimmt werden, wobei die Berechnung mit Hilfe der absoluten Häufigkeiten gezeigt werden soll. Tabelle 2.18 enthält die notwendigen Berechnungsgrößen.

Nach (2.45) ergibt sich

$$S = \sqrt{\frac{1}{\sum_{i=1}^{k} f_i} \sum_{i=1}^{k} f_i (x_i^* - \overline{X})^2} = \sqrt{\frac{1}{200} 58515{,}47} = \sqrt{292{,}5774} = 17{,}10$$

und nach (2.46)

$$S = \sqrt{\frac{1}{\sum_{i=1}^{k} f_i} \sum_{i=1}^{k} f_i x_i^{*2} - \overline{X}^2} = \sqrt{\frac{1}{200} 522200 - 48{,}15^2} = 17{,}10.$$

Die empirische Standardabweichung beträgt somit 17 100 €.

2.2 Maßzahlen von Häufigkeitsverteilungen

Tabelle 2.18 Arbeitstabelle zur Berechnung der empirischen Standardabweichung aus gruppierten Daten

x_i^*	f_i	$x_i^* - \bar{X}$	$(x_i^* - \bar{X})^2$	$f_i(x_i^* - \bar{X})^2$	x_i^{*2}	$f_i x_i^{*2}$
15	5	−33,15	1098,92	5494,61	225	1125
25	15	−23,15	535,92	8038,84	625	9375
35	54	−13,15	172,92	9337,82	1225	66150
45	46	−3,15	9,92	456,44	2025	93150
55	38	6,85	46,92	1783,06	3025	114950
65	18	16,85	283,92	5110,56	4225	76050
75	12	26,85	720,92	8651,07	5625	67500
85	8	36,85	1357,92	10863,38	7225	57800
95	4	46,85	2194,92	8779,69	9025	36100
	200			58515,47		522200

Die Berechnung über die Klassenmitten bei gruppierten Daten bedeutet immer eine Näherungsrechnung, die beim arithmetischen Mittel meist nur einen geringen Fehler verursacht, bei der Varianz aber dazu führt, dass die über die Klassenmitten berechnete Varianz i. A. größer ausfällt als diejenige aus den Ursprungswerten (vgl. unten bei der 3. Eigenschaft der Varianz unter (2.48), (2.49) und (2.50)). Ist die betrachtete Häufigkeitsverteilung stetiger Merkmale eingipflig, annähernd symmetrisch, und nähert sie sich an beiden Enden der Abszisse, so lässt sich bei konstanter Klassenbreite c der Fehler durch die **Sheppard-Korrektur** in etwa ausgleichen. Die korrigierte Varianz S^2_{korr} erhält man mit

$$S^2_{korr} = S^2 - \frac{c^2}{12} \qquad (2.47)$$

(Zum Nachweis von (2.47) vgl. Stange (1970), S. 78 ff.).

Beispiel 2.36 Für Beispiel 2.35 ergibt sich die korrigierte Varianz mit c = 10 nach (2.47) als

$$S^2_{korr} = 292,5774 - \frac{10^2}{12} = 284,2441$$

bzw.

$$s = 16,860,$$

d. h. die empirische Standardabweichung hat sich jetzt auf 16 860 € verringert.

Die Formeln (2.45) und (2.46) lassen sich auch bei gruppierten Daten mit **ungleicher Klassenbreite** verwenden, wenn man davon ausgehen kann, dass die Klassenmitten die arithmetischen Mittel der jeweiligen Klassen repräsentieren.

Beispiel 2.37 (Ungleiche Klassenbreiten) Zu Beispiel 2.5 „Tägliche Anfahrtswege der Mitarbeiter der Statistik KG" wurde in Beispiel 2.21 der durchschnittliche Anfahrtsweg mit 14,705 km ermittelt. Hierzu soll die zugehörige empirische Standardabweichung nach (2.45) über die absoluten Häufigkeiten berechnet werden. Die notwendigen Berechnungsgrößen finden sich in Tabelle 2.19.

Tabelle 2.19 Arbeitstabelle zur Berechnung der empirischen Standardabweichung

x_i^*	f_i	$(x_i^* - \overline{X})$	$(x_i^* - \overline{X})^2$	$f_i(x_i^* - \overline{X})^2$
0,5	14	−14,205	201,782	2824,948
3,0	48	−11,705	137,007	6576,336
10,0	70	−4,705	22,137	1549,590
22,5	36	7,795	60,762	2187,432
40,0	32	25,295	639,837	20474,784
	200			33613,090

$$S = \sqrt{\frac{1}{\sum_{i=1}^k f_i} \sum_{i=1}^k f_i(x_i^* - \overline{X})^2} = \sqrt{\frac{1}{200} 33613{,}09} = 12{,}96$$

Die empirische Standardabweichung vom durchschnittlichen Anfahrtsweg von 14,705 km beträgt 12,96 km.

Die empirische Varianz – und damit auch die empirische Standardabweichung – besitzt einige **Eigenschaften**, die z. T. ihre besondere Bedeutung rechtfertigen:

1. Die Standardabweichung hat – als absolutes Streuungsmaß – die Dimension des betrachteten Merkmals. Sie ist eine rein rechnerische Größe, mit deren Hilfe man durchschnittliche Abweichungen der Merkmalswerte um das arithmetische Mittel abgrenzen kann.

2. In Kapitel 2.2.1.3 hatten wir in (2.20) die Minimumeigenschaft des arithmetischen Mittels kennengelernt. Bilden wir von allen Maßzahlen des Typs $1/N\sqrt{\sum(x_i - a)^2}$ die Wurzel aus den mittleren quadratischen Abweichungen vom arithmetischen Mittel, d. h. $a = \overline{X}$, so ist nach dieser **Minimumeigenschaft** die Standardabweichung die kleinste.

2.2 Maßzahlen von Häufigkeitsverteilungen

3. Bei gruppierten Daten setzt sich strenggenommen die Gesamtvarianz aus den Varianzen **innerhalb** der Klassen und einer Varianz **zwischen** den einzelnen Klassen zusammen. Es stellt sich die Frage: Wie groß ist die aus den Teilvarianzen gebildete Gesamtvarianz? Diese Überlegung führt zum **Streuungszerlegungssatz**: Bei gruppiertem Datenmaterial lässt sich jeder Merkmalswert durch einen doppelten Index kennzeichnen (x_{ij}), wobei i (i = 1, ..., k) die Klasse und j (j = 1, ..., N_i) die jeweilige Zahl der Merkmalsträger in der Klasse i darstellt. Die Gesamtvarianz aller Beobachtungswerte lässt sich damit schreiben als

$$S^2 = \frac{1}{N} \sum_{i=1}^{k} \sum_{j=1}^{N_i} (x_{ij} - \overline{X})^2 \qquad (2.48)$$

Fügt man in diesen Ausdruck das Klassenmittel $\overline{X}$ wie folgt ein, was (2.48) unverändert lässt, so erhält man

$$S^2 = \frac{1}{N} \sum_{i=1}^{k} \sum_{j=1}^{N_i} [(x_{ij} - \overline{X}_i) + (\overline{X}_i - \overline{X})]^2$$

$$= \frac{1}{N} \sum_{i=1}^{k} \sum_{j=1}^{N_i} [(x_{ij} - \overline{X}_i)^2 + 2(x_{ij} - \overline{X}_i)(\overline{X}_i - \overline{X}) + (\overline{X}_i - \overline{X})^2]$$

$$= \frac{1}{N} \sum_{i=1}^{k} \sum_{j=1}^{N_i} (x_{ij} - \overline{X}_i)^2 + \frac{2}{N} \sum_{i=1}^{k} (\overline{X}_i - \overline{X}) \sum_{i=1}^{N_i} (x_{ij} - \overline{X}_i) + \frac{1}{N} \sum_{i=1}^{k} \sum_{j=1}^{N_i} (\overline{X}_i - \overline{X})^2 .$$

Der zweite Term auf der rechten Seite ist wegen $\sum_{j=1}^{N_i}(x_{ij} - \overline{X}_i)$ gleich null, so dass

$$S^2 = \frac{1}{N} \sum_{i=1}^{k} N_i \frac{1}{N_i} \sum_{i=1}^{N_i} (x_{ij} - \overline{X})^2 + \frac{1}{N} \sum_{j=1}^{k} N_i (\overline{X}_i - \overline{X})^2 \qquad (2.49)$$

folgt.

Da $N_i/N = p_i$, ergibt sich mit $S_i^2 = 1/N_i \sum_{j=1}^{N_i}(x_{ij} - \overline{X}_i)^2$

$$S^2 = \sum_{i=1}^{k} p_i S_i^2 + \sum_{i=1}^{k} p_i (\overline{X}_i - \overline{X})^2 \qquad (2.50)$$

Die Gesamtvarianz setzt sich also aus zwei Teilvarianzen zusammen: Der erste Summand in (2.49) bzw. (2.50) gibt die Varianz innerhalb der Klassen S_w^2 (w $\cong$ within) der zweite Summand die Varianz zwischen den Klassen S_b^2 (b $\cong$ between) an, also

$$S^2 = S_w^2 + S_b^2.$$

Kennen wir nicht die Varianz innerhalb der Klassen, sondern setzen wegen des Informationsverlustes aufgrund der Klassenbildung $\overline{X}_i = x_i^*$, so resultiert die Varianz bzw. Standardabweichung für gruppiertes Datenmaterial (vgl. oben Formel (2.44)). Nur wenn S_i^2 gleich null ist (in jeder Klasse liegt nur ein Beobachtungswert vor, und dieser x_i-Wert ist mit der Klassenmitte identisch), stimmt (2.44) mit der Quadratwurzel aus (2.50) überein.

Sonst ist S^2 aus (2.45) größer als S^2 in (2.48) bzw. (2.50). Im Allgemeinen weichen sowohl die Klassenmitten von dem arithmetischen Mittel in den Klassen, als auch das arithmetische Mittel aus den Ursprungsdaten von dem arithmetischen Mittel, das aus gruppierten Daten errechnet wurde, ab. Diese Abweichungen führen dazu, dass die aus gruppierten Daten berechneten Standardabweichungen die Minimumeigenschaft bezogen auf die Ursprungsdaten nicht mehr besitzen, was zur Sheppard-Korrektur (siehe oben (2.47)) führt.

4. Mit (2.49) bzw. (2.50) können wir auch eine **Gesamtvarianz** aus mehreren Teilvarianzen berechnen (Analogie zur Berechnung eines Gesamtmittelwertes aus mehreren Teilmittelwerten, vgl. oben 2. Eigenschaft des arithmetischen Mittels, (2.17)). Die Gesamtvarianz ergibt sich aus h Teilvarianzen S_i (i = 1, ..., h), die aus den jeweiligen h Teilgesamtheiten N_i (i = 1, ..., h) berechnet wurden, mit

$$S^2 = \frac{N_1 S_1^2 + N_2 S_2^2 + \cdots + N_h S_h^2}{N_1 + N_2 + \cdots + N_h} + \frac{N_1(\overline{X}_1 - \overline{X})^2 + N_2(\overline{X}_2 - \overline{X})^2 + \cdots + N_h(\overline{X}_h - \overline{X})^2}{N_1 + N_2 + \cdots + N_h} \quad (2.51)$$

Hierbei ist $\overline{X}$ nach (2.17) zu berechnen.

5. Bei den Eigenschaften des arithmetischen Mittels hatten wir uns überlegt, wie eine **lineare Transformation** auf den Mittelwert wirkt (vgl. oben (2.21) bzw. (2.22)). Die durch die lineare Transformation der x_i-Werte entstehenden x_i'-Werte

$$x_i' = a + bx_i$$

führen zur Varianz

2.2 Maßzahlen von Häufigkeitsverteilungen

$$S'^2 = \frac{1}{N}\sum_{i=1}^{N}(x'_i - \overline{X}')^2 \qquad (2.52)$$

oder, da nach (2.22) $\overline{X}' = a + b\overline{X}$,

$$S'^2 = \frac{1}{N}\sum_{i=1}^{N}(a + bx_i - a - b\overline{X})^2 = \frac{b^2}{N}\sum_{i=1}^{N}(x_i - \overline{X})^2.$$

Man erhält für die Varianz

$$S'^2 = b^2 S^2 \qquad (2.53)$$

und für die Standardabweichung

$$S'^2 = |b|S \qquad (2.54)$$

Für b = 1 resultiert S'= S. Dies bedeutet, dass die Standardabweichung gegenüber einer Veränderung der x_i-Werte um einen bestimmten Betrag a unverändert bleibt.

Eine spezielle lineare Transformation stellt die **Standardisierung** dar, die sich später noch als notwendig erweisen wird. Sie besteht darin, dass man von jedem Merkmalswert x_i das arithmetische Mittel subtrahiert und anschließend durch die Standardabweichung dividiert, was zu standardisierten Werten z_i führt:

$$z_i = \frac{x_i - \overline{X}}{S} = \frac{x_i - \mu}{\sigma} \quad (i = 1, ..., N) \qquad (2.55)$$

Die lineare Transformation besteht hier in der Form $z_i = a + bx_i$ mit

$$a = -\frac{\overline{X}}{S} \text{ und } b = \frac{1}{S}.$$

Das arithmetische Mittel $\overline{X}_z$ und die Standardabweichung S_z der z_i-Merkmalswerte ist dann immer

$$\overline{X}_z = a + b\overline{X} = -\frac{\overline{X}}{S} + \frac{1}{S}\overline{X} = 0$$

und

$$S_z = \frac{1}{S}S = 1.$$

Durch die Standardisierung erhalten wir also Merkmalswerte z_i, die den Mittelwert null und die Standardabweichung eins besitzen. Standardisierte Merkmale sind außerdem dimensionslos.

2.2.2.5 Variationskoeffizient V

Der **Variationskoeffizient** V ist – im Gegensatz zu den bisher betrachteten absoluten Streuungsparametern – ein Beispiel für ein **relatives Streuungsmaß**. Allgemein erhält man ein solches, indem ein absolutes Streuungsmaß durch einen Mittelwert dividiert wird. Hier soll nur der Variationskoeffizient betrachtet werden. Für metrisch skalierte Merkmale, die einen absoluten Nullpunkt haben, ist er maßstabsunabhängig und als Quotient aus empirischer Standardabweichung und arithmetischem Mittel definiert:

$$\boxed{V = \frac{S}{\overline{X}} = \frac{\sigma}{\mu}} \qquad (2.56)$$

Oft wird der Quotient mit 100 multipliziert und gibt dann an, wie viel Prozent des Mittelwertes die Standardabweichung beträgt. Die Berechnung ist nur für positive Merkmalswerte sinnvoll, die einen absoluten Nullpunkt haben (Verhältnisskala). Der Variationskoeffizient wird dort benutzt, wo man die Standardabweichungen zweier oder mehrerer Grundgesamtheiten, die unterschiedliche Mittelwerte haben, vergleichen will.

Beispiel 2.38 Nehmen wir an, die Statistik KG (Firma A) führt mit einem Unternehmen (Firma B) der gleichen Branche einen Betriebsvergleich durch. Dabei geht es u. a. auch um eine Analyse der „Streuung" der Jahreseinkommen. In Firma A beträgt in der betrachteten Periode das durchschnittliche Jahreseinkommen 48 150 € bei einer empirischen Standardabweichung von 17 100 € (vgl. Beispiel 2.10 und Beispiel 2.35). Für Firma B sei das durchschnittliche Jahreseinkommen mit 51 570 € und die empirische Standardabweichung mit 18 307 € gegeben. Es ist

$$V_A = \frac{S_A}{\overline{X}_A} = \frac{17100}{48150} = 0{,}355$$

und

$$V_B = \frac{S_B}{\overline{X}_B} = \frac{18307}{51570} = 0{,}355.$$

In Firma A macht die Standardabweichung 35,5% von $\bar{X}$ aus, in Firma B ist die relative Streuung gleich groß, obwohl die absoluten Maßzahlen $\bar{X}$ und S hier beide größer sind als bei Firma A.

Dimensionslose Größen erleichtern zwar den Vergleich unterschiedlicher Grundgesamtheiten, eine direkte Interpretation des Ergebnisses vor dem Hintergrund der konkreten Fragestellung ist allerdings nicht möglich.

2.2.2.6 Zusammenfassung

- Welches Streuungsmaß im Einzelfall heranzuziehen ist, lässt sich allgemein ebensowenig sagen, wie die Frage nach einem angemessenen Mittelwert zur Beschreibung des „Zentrums" einer Häufigkeitsverteilung. Streuungsmaßzahlen sollen eine Aussage über die Variabilität von Merkmalswerten in einer Gesamtheit treffen. **Spannweite** und **Quartilsabstand** können zwar auch bei ordinalskalierten Merkmalen angegeben werden, als Abstandsmaße sind sie aber strenggenommen nur auf metrisch skalierte Merkmale anwendbar. Dies sollte jeweils bei der Interpretation deutlich werden.

- Auch wenn die durchschnittliche absolute Abweichung vom Median sowohl einfach zu berechnen und anschaulich ist, als auch die Minimumeigenschaft hat, besitzt von den absoluten Streuungsparametern für metrisch skalierte Merkmale in der statistischen Praxis die **empirische Varianz** bzw. die **empirische Standardabweichung** die größte Bedeutung.

- Vergleicht man die Standardabweichung mit der Spannweite R und der mittleren absoluten Abweichung um den Median D, so zeigt sich, dass bei Anwendung der drei Maße auf gleiche Daten gilt:

$$D \leq S \leq R.$$

- Von den relativen Streuungsmaßen wurde nur das gebräuchlichste, nämlich das Verhältnis von Standardabweichung zu arithmetischem Mittel dargestellt. Dieser **Variationskoeffizient** ist angezeigt, wenn Standardabweichungen aus Grundgesamtheiten, die unterschiedliche Mittelwerte aufweisen, verglichen werden sollen.

2.2.3 Formparameter

Neben Mittelwerten und Streuungsmaßen lässt sich eine Häufigkeitsverteilung auch noch durch Parameter charakterisieren, die etwas über die Gestalt, d. h. die Form der Verteilung aussagen. Hierzu dienen – die in der statistischen Praxis weniger benutzten – **Schiefe-** und **Wölbungsmaße**. Schiefemaße treffen eine Aussage über die **Symmetrie** bzw. **Asymmetrie** einer Verteilung, während Wölbungsmaße etwas über ihre **Steilheit (Exzess)** aussagen. Schiefe- und Wölbungsmaße sind deshalb nützlich, weil Häufigkeitsverteilungen mit gleichem arithmetischen Mittel und gleicher empirischer Standardabweichung eine sehr unterschiedliche Form aufweisen können (vgl. Abb. 2.16).

Abb. 2.16 Geglättete Häufigkeitspolygone dreier empirischer Häufigkeitsverteilungen mit gleichem arithmetischen Mittel und gleichen empirischen Standardabweichungen, aber unterschiedlicher Gestalt.

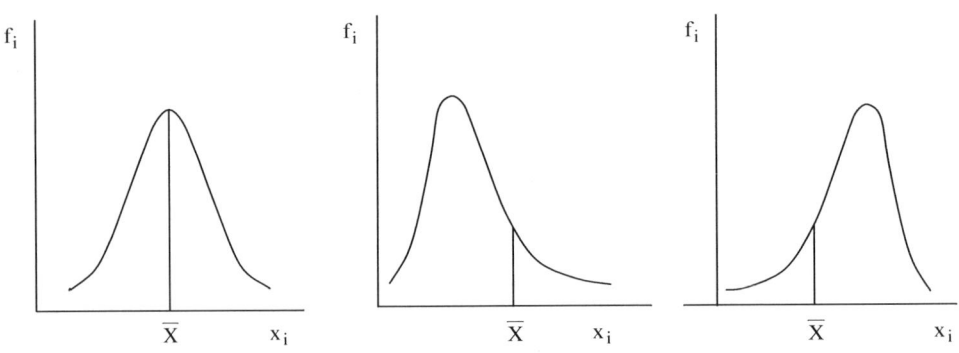

Die Angabe von Formparametern kann in einem solchen Fall die Information über die betrachtete Verteilung erhöhen. Ihre Berechnung ist nur bei großen Grundgesamtheiten (etwa $N > 100$) sinnvoll, da bei kleineren N eindeutige Aussagen meist nicht möglich sind.

2.2.3.1 Schiefemaße

Im wirtschafts- und sozialwissenschaftlichen Bereich liegen oft Verteilungen vor, die eine mehr oder weniger starke Asymmetrie aufweisen, so dass man – insbesondere für Vergleichszwecke – eine Aussage über die Schiefe einer solchen Verteilung treffen möchte.

2.2 Maßzahlen von Häufigkeitsverteilungen

Erste Anhaltspunkte über die Schiefe einer eingipfligen Häufigkeitsverteilung erhält man durch die Betrachtung der Relation zwischen Modus, Zentralwert und arithmetischem Mittel **(Fechnersche Lageregel)**: Es gilt

1. bei einer **symmetrischen** Verteilung: $\bar{X} = Z = M$,

2. bei einer **rechtsschiefen** (auch: linksasymmetrischen, linkssteilen) Verteilung: $\bar{X} > Z > M$,

3. bei einer **linksschiefen** (auch: rechtsasymmetrischen, rechtssteilen) Verteilung: $\bar{X} < Z < M$ (vgl. Abb. 2.17).

Abb. 2.17 Häufigkeitspolygone eingipfliger Verteilungen und Lage der Mittelwerte

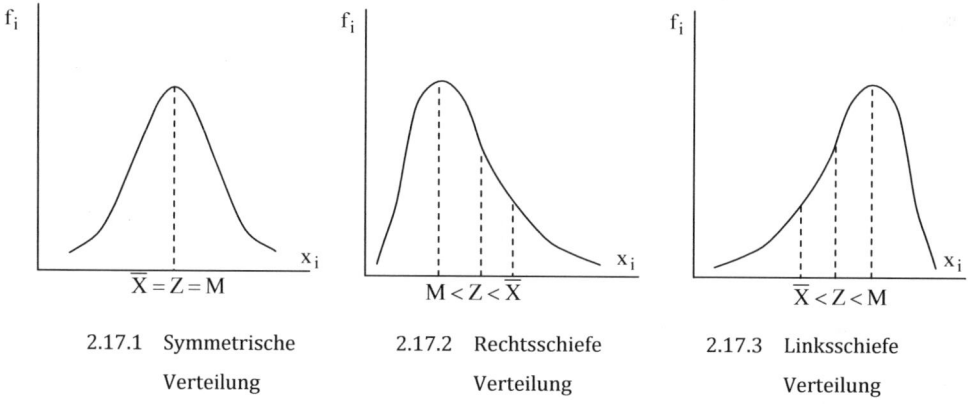

2.17.1 Symmetrische Verteilung

2.17.2 Rechtsschiefe Verteilung

2.17.3 Linksschiefe Verteilung

Bei allen Verteilungstypen liegt Z also in der Mitte.

Beispiel 2.39 Es soll untersucht werden, welcher Verteilungstyp bei der Verteilung der Jahreseinkommen der Mitarbeiter der Statistik KG (Beispiel 2.4) zugrunde liegt. Da bereits $\bar{X} = 48\,150$ € (Beispiel 2.20), $Z = 45\,652$ € (Beispiel 2.14) und $M = 38\,298$ € (Beispiel 2.9) berechnet wurden, gilt hier $\bar{X} > Z > M$, d. h. es liegt eine rechtsschiefe Häufigkeitsverteilung vor.

Aus der eben betrachteten Lageregel ist nur der Typ der Verteilung zu erkennen, nichts aber über die Stärke der Asymmetrie einer Verteilung in Form einer Maßzahl zu erfahren. Schiefemaße sind so konstruiert, dass sie für rechtsschiefe Häufigkeitsverteilungen ein positives und für linksschiefe ein negatives Vorzeichen aufweisen.

Als Ausdruck der Schiefe ließe sich zunächst die Differenz zwischen $\overline{X}$ und M heranziehen. Diese hat jedoch für Verteilungen mit unterschiedlicher Standardabweichung auch eine unterschiedliche Bedeutung. Deshalb bezieht ein erstes, von Karl **Pearson** entwickeltes **Schiefemaß** SM_{P1}, die Differenz $\overline{X} - M$ auf S und erhält dadurch eine insbesondere für Vergleiche geeignete dimensionslose Maßzahl

$$SM_{P1} = \frac{\overline{X} - M}{S} \qquad (2.57)$$

Für dieses Schiefemaß ist kein Wertebereich anzugeben, was ein Nachteil ist. Es lässt sich nur sagen, dass SM_{P1} bei einer symmetrischen Verteilung null wird, bei einem positiven Schiefemaß liegt eine rechtsschiefe, bei einem negativen eine linksschiefe Verteilung vor. Pearson hat aufgrund empirischer Überprüfungen ermittelt, dass bei mäßig schiefen Verteilungen der Zentralwert etwa bei 2/3 der Entfernung von M zu $\overline{X}$ liegt, d. h. $Z = 1/3\, M + 2/3\, \overline{X}$ bzw. $M = \overline{X} - 3\,(\overline{X} - Z)$. Setzt man diesen Ausdruck in (2.57) ein, so erhält man ein **zweites Pearsonsches Schiefemaß** SM_{P2}, das sich dann anbietet, wenn Z bereits berechnet vorliegt oder die Berechnung von M Schwierigkeiten macht:

$$\boxed{SM_{P2} = \frac{3(\overline{X} - Z)}{S}} \qquad (2.58)$$

Außerdem lässt sich hier ein Wertebereich angeben: SM_{P2} liegt immer zwischen ± 3, da $|(\overline{X} - Z)/S| \leq 1$. Werte größer ± 1 sind bei Anwendungen allerdings selten. SM_{P2} wird null bei einer symmetrischen Verteilung, größer null bei rechtsschiefer und kleiner null bei linksschiefer Verteilung.

Beispiel 2.40 Für die Verteilung der Jahreseinkommen der Mitarbeiter der Statistik KG (Beispiel 2.4) soll das zweite Pearsonsche Schiefemaß bestimmt werden. Alle benötigten Werte sind bekannt, nämlich $\overline{X}$ = 48 150 € (Beispiel 2.20), Z = 45 652 € (Beispiel 2.9) und S = 17 100 € (Beispiel 2.35), so dass nach (2.58)

$$SM_{P2} = \frac{3(\overline{X} - Z)}{S} = \frac{3(48150 - 45652)}{17100} = 0{,}438.$$

Vor dem Hintergrund des Wertebereiches ist diese Verteilung als leicht rechtsschief zu bezeichnen, was sich auch durch Abb. 2.6 bestätigt.

2.2 Maßzahlen von Häufigkeitsverteilungen

Ein weiteres Schiefemaß lässt sich aufgrund der Quartile berechnen: Bei symmetrischen Verteilungen haben Q_1 und Q_3 jeweils den gleichen Abstand von Z. Bei einer rechtsschiefen Verteilung ist der Abstand zwischen Q_3 und Z größer als zwischen Z und Q_1, umgekehrt bei linksschiefer Verteilung. Die Differenz zwischen beiden Abständen kann somit Grundlage für ein **Schiefemaß aus den Quartilen** SM_Q – auch **Schiefemaß nach Bowley** bzw. **Yule** – sein

$$SM_Q = \frac{(Q_3 - Z) - (Z - Q_1)}{Q_3 - Q_1} = \frac{Q_3 + Q_1 - 2Z}{Q_3 - Q_1} \qquad (2.59)$$

Der Wertebereich von SM_Q liegt zwischen +1 und −1, da $Q_3 - Z$ definitionsgemäß nicht größer als $Q_3 - Q_1$ werden kann. Bei einer extrem rechtsschiefen Verteilung wird nämlich der Abstand $Z - Q_1$ sehr klein im Verhältnis zu $Q_3 - Z$, so dass die Quartilsspannweite $Q_3 - Q_1$ nahezu von $Q_3 - Z$ ausgefüllt wird. Dies kann jedoch nie größer als eins werden.

Beispiel 2.41 Es soll SM_Q für die Verteilung der Anfahrtswege der Mitarbeiter der Statistik KG bestimmt werden. Es war $Q_1 = 4$ und $Q_3 = 22{,}5$ (Beispiel 2.17) und $Z = 10{,}42$ (Beispiel 2.15), so dass nach (2.59)

$$SM_Q = \frac{Q_3 + Q_1 - 2Z}{Q_3 - Q_1} = \frac{22{,}5 + 4 - 2 \cdot 10{,}43}{22{,}5 - 4} = 0{,}305,$$

was auf eine nicht unbeträchtlich rechtsschiefe Verteilung hinweist (vgl. auch Abb. 2.8).

Ein weiteres Schiefemaß lässt sich aus den **Momenten** berechnen.

Bevor dieses Schiefemaß dargestellt wird, soll zuvor auf das **Konzept der Momente**, das allgemeine Bedeutung besitzt, eingegangen werden. Als **Moment** bezeichnet man die durchschnittlichen potenzierten Abweichungen der x_i-Werte von einem bestimmten Bezugspunkt. Als Bezugspunkt verwendet man entweder null oder das arithmetische Mittel. Die **Momente um null** bezeichnet man auch als **gewöhnliche Momente** m, die **Momente um das arithmetische Mittel** als **zentrale Momente** µ. Das **r-te gewöhnliche Moment für Einzeldaten** ist demnach

$$m_r = \frac{1}{N}\sum_{i=1}^{k}(x_i - 0)^r = \frac{1}{N}\sum x_i^r \quad r = 1,2,3\ldots \qquad (2.60)$$

Für r = 1 erhält man offensichtlich das ungewogene arithmetische Mittel (2.14), d. h. $m_1 = \bar{X}$. Das **r-te gewöhnliche Moment für gruppierte Daten** ist bei Verwendung der Klassenmitten x_i^* gegeben mit

$$m_r = \frac{1}{N}\sum_{i=1}^{N} f_i(x_i^* - 0)^r \quad r = 1,2,3,\ldots \tag{2.61}$$

Für r = 1 erhält man hier das gewogene arithmetische Mittel (2.16). Das **r-te zentrale Moment für Einzeldaten** ist

$$\mu_r = \frac{1}{N}\sum_{i=1}^{N} (x_i - \overline{X})^r \quad r = 1,2,3,\ldots \tag{2.62}$$

das für **gruppierte Daten** bei Verwendung der Klassenmitten x_i^*

$$\mu_r = \frac{1}{\sum_{i=1}^{k} f_i}\sum_{i=1}^{k} f_i(x_i^* - \overline{X})^r \quad r = 1,2,3,\ldots \tag{2.63}$$

Für r = 1 ergibt sich $\mu_1 = 0$, was der Eigenschaft von $\overline{X}$ entspricht, dass die Summe der Abweichungen der x_i-Werte von $\overline{X}$ null ergibt (vgl. (2.19)). Für r = 2 erhält man z. B. für Einzeldaten

$$\mu_2 = \frac{1}{N}\sum (x_i - \overline{X})^2,$$

d. h. dies ist die empirische Varianz S^2 (2.39). Die zentralen Momente lassen sich durch die gewöhnlichen Momente ausdrücken, so gilt bspw.

$$\mu_2 = \frac{1}{N}\sum_{i=1}^{N}(x_i - \overline{X})^2 = \frac{1}{N}\sum_{i=1}^{N} x_i^2 - \overline{X}^2 = m_2 - m_1^2.$$

Alle höheren ungeraden zentralen Momente μ_3, μ_5, ... können als Schiefemaße dienen, denn je größer die Schiefe einer Verteilung ist, umso größer werden die Werte der ungeraden Momente. Praktisch wird aber nur μ_3 benutzt.

Da die bisher behandelten Momente in der Dimension der Beobachtungswerte ausgedrückt werden (**absolute Momente**), berechnet man häufig standardisierte, d. h. **dimensionslose Momente** α, indem man die dimensionsbehafteten Momente durch die Standardabweichung, potenziert mit r, dividiert

$$\alpha_r = \frac{\mu_r}{S^r} \tag{2.64}$$

was in allgemeiner Form der Standardisierung (vgl. (2.55)) entspricht. Es ist nämlich für r = 1: $\mu = 0$, woraus $\alpha_1 = 0$ folgt, sowie für r = 2: $\mu_2 = S^2$ und damit $\alpha_2 = 1$.

2.2 Maßzahlen von Häufigkeitsverteilungen

Das **absolute Schiefemaß aus den Momenten** ist definiert als

$$\mu_3 = \frac{1}{N} \sum_{i=1}^{N} (x_i - \overline{X})^3 \qquad (2.65)$$

bzw.

$$\mu_3 = \frac{1}{\sum_{i=1}^{k} f_i} \sum_{i=1}^{k} f_i (x_i^* - \overline{X})^3 \qquad (2.66)$$

Eine Sheppard-Korrektur wie bei der empirischen Varianz (vgl. oben unter Kapitel 2.2.2.4) ist bei ungeraden Momenten, also auch bei μ_3, nicht notwendig. Das relative Schiefemaß als **standardisiertes Moment der Schiefe nach Charlier** bzw. **Fisher** ist analog zu (2.64)

$$\alpha_3 = \frac{\mu_3}{S^3} \qquad (2.67)$$

Bei einer symmetrischen Verteilung wird μ_3 bzw. α_3 gleich null, da sich die positiven und negativen Potenzsummen gerade ausgleichen. Bei einer rechtsschiefen Verteilung überwiegt dagegen das Gewicht der positiven Potenzsumme, und μ_3 bzw. α_3 werden größer null. Für linksschiefe Verteilungen folgt entsprechend ein Wert kleiner null. Neben der relativ aufwendigen Berechnung haben die Schiefemaße aus den Momenten den Nachteil wie SM_{P1}, dass nämlich kein Wertebereich angegeben werden kann.

Beispiel 2.42 Für die Verteilung der Jahreseinkommen der Arbeitnehmer der Statistik KG (Beispiel 2.4) soll die Schiefe aufgrund der Momente bestimmt werden. Zur Berechnung von (2.66) werden die Werte der Tabelle 2.20 entnommen. μ_3 ergibt sich damit nach (2.66) als

$$\mu_3 = \frac{1}{\sum_{i=1}^{k} f_i} \sum_{i=1}^{k} f_i (x_i^* - \overline{X})^3 = \frac{1}{200} 649777{,}325 = 3248{,}887.$$

Das relative Schiefemaß α_3 ist nach (2.67) mit S = 17,10 (vgl. Beispiel 2.35) dann

$$\alpha_3 = \frac{\mu_3}{S^3} = \frac{3248{,}887}{17{,}10^3} = 0{,}650.$$

Es liegt also eine rechtsschiefe Verteilung vor.

Tabelle 2.20   Arbeitstabelle zur Berechnung der Momente μ_3 und μ_4

x_i^*	f_i	$x_i^* - \bar{X}$	$(x_i^* - \bar{X})^3$	$f_i(x_i^* - \bar{X})^3$	$(x_i^* - \bar{X})^4$	$f_i(x_i^* - \bar{X})^4$
15	5	−33,15	−36429,281	−182146,405	1207630,661	6038153,305
25	15	−23,15	−12406,606	−186099,090	287212,926	4308193,890
35	54	−13,15	−2273,931	−122792,274	29902,191	1614718,314
45	46	−3,15	−31,256	−1437,776	98,456	4528,976
55	38	6,85	321,419	12213,922	2201,721	83665,398
65	18	16,85	4784,094	86113,692	80611,986	1451015,748
75	12	26,85	19356,769	232281,228	519729,251	6236751,012
85	8	36,85	50039,444	400315,552	1843953,516	14751628,130
95	4	46,85	102832,119	411328,476	4817684,781	19270739,120
	200			649777,325		53759393,890

2.2.3.2 Wölbungsmaße

Ein weiterer, allerdings weniger benutzter Parameter zur Charakterisierung unimodaler Häufigkeitsverteilungen ist die **Wölbung (Exzess, Kurtosis)**. Dieses Maß trifft eine Aussage über die **Steilheit** einer Verteilung. Man unterscheidet a **mittelgewölbte (mesokurtische)**, b **hochgewölbte (leptokurtische)** und c **flachgewölbte (platykurtische) Verteilungen** (vgl. Abb. 2.18).

Abb. 2.18   Symmetrische Häufigkeitsverteilungen mit verschiedener Steilheit

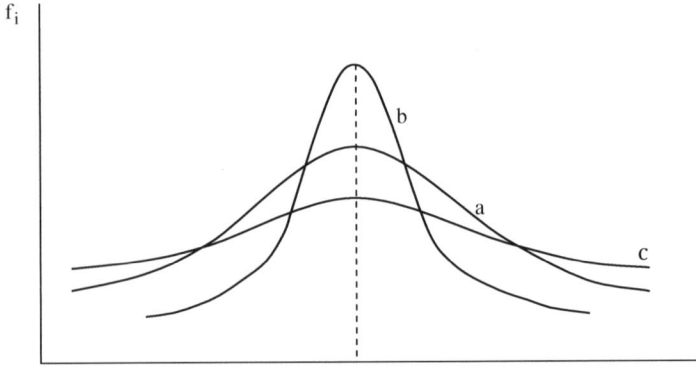

2.2 Maßzahlen von Häufigkeitsverteilungen

Als Wölbungsmaße lassen sich prinzipiell alle höheren, geraden zentralen Momente verwenden. Sie werden nämlich umso größer, je flacher die Verteilung verläuft, da bei einer platykurtischen Verteilung bei sonst gleichem Sachverhalt größere $(x_i - \overline{X})$-Werte als bei einer leptokurtischen Verteilung vorkommen. Insbesondere wird das **4. Moment** als **absolutes Wölbungsmaß** benutzt

$$\boxed{\boxed{\mu_4 = \frac{1}{N} \sum_{i=1}^{N} (x_i - \overline{X})^4}} \quad (2.68)$$

bzw.

$$\boxed{\boxed{\mu_4 = \frac{1}{\sum_{i=1}^{k} f_i} \sum_{i=1}^{k} f_i (x_i^* - \overline{X})^4}} \quad (2.69)$$

Als eine „Bezugsverteilung" für die Beurteilung der Wölbung einer Verteilung wird die Normalverteilung angesehen. Diese ist eine unimodale, symmetrische, mittelgewölbte Modellverteilung, die in der induktiven Statistik von zentraler Bedeutung ist, vgl. Kapitel 8.2.3. Im Zusammenhang mit der Wölbung stellt sie den Grenzfall zwischen „spitzer" und „abgeplatteter" Verteilung dar.

Bilden wir – wie im Falle des Schiefemaßes aus den Momenten – einen dimensionslosen Parameter, so erhalten wir das **relative, standardisierte Wölbungsmaß nach Fisher**

$$\alpha_4 = \frac{\mu_4}{S^4} - 3 \quad (2.70)$$

Für die Normalverteilung wird μ_4/S^4 gleich 3. Wenn man gerade diesen Wert subtrahiert, erreicht man in (2.70), dass $\alpha_4 > 0$ wird für eine hochgewölbte Verteilung (steiler als die Normalverteilung) und $\alpha_4 < 0$ für eine flachgewölbte Verteilung (flacher als die Normalverteilung).

Beispiel 2.43 Für die Verteilung der Jahreseinkommen der Mitarbeiter der Statistik KG (Beispiel 2.4) soll der Wölbungskoeffizient α_4 bestimmt werden. Zunächst wird μ_4 nach (2.69) berechnet, wobei der Zahlenwert hierfür Tabelle 2.20 zu entnehmen ist:

$$\mu_4 = \frac{1}{\sum_{i=1}^{k} f_i} \sum_{i=1}^{N} f_i(x_i^* - \overline{X})^4 = \frac{1}{200} 53759393{,}89 = 268796{,}97.$$

Dieses dimensionsbehaftete Wölbungsmaß wird zur Berechnung des standardisierten Wölbungsmaßes nach (2.70) verwendet.

$$\alpha_4 = \frac{\mu_4}{S^4} - 3 = \frac{268796{,}97}{17{,}10^4} = 0{,}144.$$

Die betriebliche Einkommensverteilung ist also leicht leptokurtisch, d. h. etwas steiler als die Normalverteilung.

Beispiel 2.44 Für die Häufigkeitsverteilung der Anfahrtswege der Mitarbeiter der Statistik KG (vgl. Beispiel 2.5) soll eine Charakterisierung der Wölbung erfolgen. Die benötigten Werte für μ_4 sind in Tabelle 2.21 zusammengestellt.

Tabelle 2.21 Arbeitstabelle zur Berechnung von μ_4

x_i^*	f_i	$x_i^* - \overline{X}$	$(x_i^* - \overline{X})^4$	$f_i(x_i^* - \overline{X})^4$
0,5	14	−14,205	40715,99	570 023,86
3,0	48	−11,705	18770,93	901 004,16
10,0	70	−4,705	490,05	34 303,50
22,5	36	7,795	3692,02	132 912,72
40,0	32	25,295	409391,42	13 100 525,44
				14 738 769,68

Mit dem Wert aus der letzten Spalte von Tabelle 2.21 ergibt sich

$$\mu_4 = \frac{1}{200} \cdot 14738769{,}68 = 73693{,}85,$$

bzw. das relative Wölbungsmaß α_4 mit S = 12,96 (vgl. Beispiel 2.37)

$$\alpha_4 = \frac{73693{,}85}{12{,}96^4} - 3 = -0{,}39.$$

Die empirische Häufigkeitsverteilung der Anfahrtswege ist platykurtisch; sie verläuft also flacher als die Normalverteilung.

2.2.3.3 Zusammenfassung

- Wie Mittelwerte und Streuungsmaße geben auch die **Formparameter** immer nur mehr oder weniger genaue Anhaltspunkte für den sie betreffenden Sachverhalt. So werden alle behandelten Schiefemaße für symmetrische Verteilungen null, allerdings kann umgekehrt nicht auf exakte Symmetrie geschlossen werden, wenn ein Schiefemaß null ist. Alle behandelten Schiefe- und Wölbungsmaße sind gegenüber linearen Transformationen der Form $x_1 = a + bx_i$ mit $b > 0$ für Schiefe- und $b \neq 0$ für Wölbungsmaße invariant, was die Berechnung der Formparameter erleichtern kann.

- Die Formparameter über die **Momente** sind zwar etwas aufwendig zu berechnen, allerdings lässt sich durch die Gesamtheit der Momente, wenn sie existieren, eine Verteilung vollständig charakterisieren. Wie bereits die Beispiele gezeigt haben, ergeben die verschiedenen Schiefe- und Wölbungsmaße für ein und dieselbe Verteilung unterschiedliche Werte. Zur Beurteilung wird man deshalb möglichst eine Maßzahl heranziehen, deren Wertebereich bekannt ist, was die Interpretation erleichtert.

- Beim **Vergleich mehrerer Verteilungen** ist immer der gleiche Formparameter zu benutzen. Außerdem lässt sich als „Bezugsverteilung" die Normalverteilung heranziehen: Sind Schiefe- und Wölbungsmaß einer Häufigkeitsverteilung wesentlich von null verschieden, so ist dies ein Hinweis darauf, dass die empirische Verteilung von der Normalverteilung abweicht.

- Die Informationen aus einigen Mittelwerten und Streuungsmaßen lassen sich in einem **Box-and-Whisker-Plot** („Schachtel-und-Barthaar"-Schaubild, kurz: **Boxplot**) anschaulich darstellen. Er soll graphisch etwas über Symmetrien, Streuungen und Ausreißer des Datenmaterials aussagen. Die seitliche Begrenzung der „Schachtel" wird durch die Quartile Q_1 und Q_3, also den Quartilsabstand QA, gegeben. Der senkrechte Strich innerhalb der „Schachtel" gibt den Zentralwert Z an; fällt er nicht mit der Mitte der Box zusammen, so lässt dies auf eine schiefe Verteilung schließen. Manchmal wird das arithmetische Mittel $\overline{X}$ durch ein „+"-Zeichen in Höhe der „Barthaare" gekennzeichnet. Die „Barthaare" selbst markieren von den beiden vertikalen Enden der Schachtel ausgehend höchstens 1,5 Einheiten des Quartilsabstandes QA. Wenn der kleinste und/oder der größte Beobachtungswert – erfasst durch die Spannweite R – innerhalb dieses „Barthaar"-Bereichs liegt, dann wird die Begrenzung durch diese Werte gegeben. Werte außerhalb des 1,5·QA-Bereichs können als mögliche Ausreißer angesehen und mit 0 gekennzeichnet werden.

Beispiel 2.45 Die Häufigkeitsverteilung der Anfahrtswege der Mitarbeiter der Statistik KG (vgl. Beispiel 2.5) soll durch den Boxplot charakterisiert werden (vgl. Abb. 2.19). Es war $Z = 10{,}43$, $\bar{X} = 14{,}71$; $Q_1 = 4{,}0$; $Q_3 = 22{,}5$ und $1{,}5\,QA = 27{,}75$.

Abb. 2.19 Box-Plot

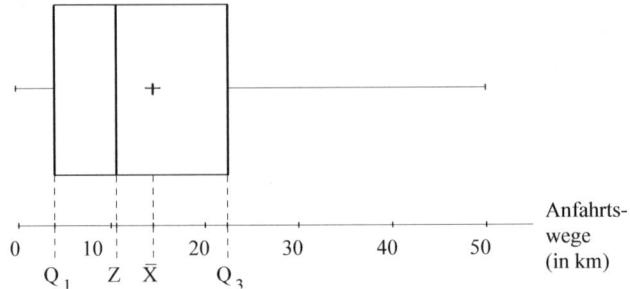

Da Z links von der Mitte der „Schachtel" liegt, handelt es sich um eine rechtsschiefe Verteilung.

2.2.4 Konzentrationsmaße

In vielen wirtschafts- und sozialwissenschaftlichen Bereichen spielt die Analyse von Konzentrationserscheinungen eine wichtige Rolle. So möchte man z. B. wissen, ob bei einem großen Unternehmen einer Branche auf einem Produktmarkt ein besonders hoher, eventuell sogar marktbeherrschender Marktanteil besteht oder wie sich die Gesamtheit der in einer Volkswirtschaft in einer bestimmten Periode erwirtschafteten Einkommen auf die privaten Haushalte verteilt. Als **Konzentration** wollen wir allgemein **die Ungleichheit der Verteilung einer Gesamtsumme von Merkmalsausprägungen auf die Merkmalsträger bzw. als Häufung bestimmter Merkmalsausprägungen innerhalb einer Gruppe von Merkmalsträgern** verstehen.

Die empirische Verteilungsfunktion (vgl. Kapitel 2.1.3) zeigt, wie hoch der Anteil der Merkmalsträger ist, die einen Merkmalswert von höchstens x besitzen. Jetzt betrachtet man die Verteilung der Merkmalssumme auf die Merkmalsträger. Im Gegensatz zur empirischen Verteilungsfunktion interessiert hier also nicht die Verteilung der Merkmalsträger auf die Merkmalswerte, sondern die Verteilung der Merkmalssumme auf die einzelnen Merkmalsträger. Während die in Kapitel 2.2.2 behandelten Streuungsmaße eine Aussage über die Abweichungen zwischen den Merkmalsausprägungen der einzelnen Merkmalsträger treffen, sagt ein Konzentrationsmaß etwas über die Aufteilung des Gesamtmerkmalsbetrages auf die

2.2 Maßzahlen von Häufigkeitsverteilungen

einzelnen Merkmalsträger der Grundgesamtheit aus. Eine zugehörige Maßzahl soll die Ungleichheit der Verteilung in geeigneter Weise repräsentieren.

Von vollständiger Konzentration spricht man dann, wenn die gesamte Merkmalssumme auf einen einzigen Merkmalsträger entfällt. Im Falle einer solchen **maximalen Konzentration** fordert man für das zugehörige **Konzentrationsmaß**, dass es den **Wert eins** annimmt. Wenn sich die gesamte Merkmalssumme gleichmäßig auf alle Merkmalsträger verteilt, so sollte bei dieser vollständigen Nichtkonzentration bzw. **minimalen Konzentration** das entsprechende Konzentrationsmaß den **Wert null** haben. Allerdings kann letztere Festlegung zu unzulässigen Schlüssen führen: Nehmen wir an, auf einem Produktmarkt gebe es nur zwei Anbieter, von denen jeder 50% Marktanteil besitzt. Unter Wettbewerbsgesichtspunkten wird man diesen Sachverhalt als hohe Konzentration auf der Angebotsseite deuten. Nach obiger Klassifikation aber wäre dies wegen der Gleichverteilung als minimale Konzentration einzustufen.

Es ist deshalb sinnvoll, zwischen **absoluter** und **relativer Konzentration** zu unterscheiden. Von **absoluter Konzentration** – auch **Konzentration im engeren Sinne** – spricht man dann, wenn der größte Teil der Merkmalssumme auf eine geringe (absolute) *Zahl* von Merkmalsträgern entfällt. **Relative Konzentration** – auch **Disparität** genannt – ist gegeben, wenn der größte Teil der Merkmalssumme auf einen kleinen *Anteil* (Prozentsatz) der Merkmalsträger aufgeteilt ist.

Bei gleichmäßiger Aufteilung kann damit das Maß der absoluten Konzentration verschiedene Werte annehmen, je nachdem auf wie viele Merkmalsträger die Aufteilung erfolgt. Ein Maß der relativen Konzentration wird dann dagegen immer den Wert null aufweisen. Die beiden Konzentrationsbegriffe werden in unterschiedlichem Zusammenhang verwendet: So dienen Maße der relativen Konzentration zur Charakterisierung von Grundgesamtheiten mit einer großen Zahl von Merkmalsträgern, etwa bei der Messung der Einkommensverteilung. Maßzahlen der absoluten Konzentration beschreiben Grundgesamtheiten mit einer relativ kleinen Zahl von Merkmalsträgern, etwa zur Messung der industriellen Konzentration.

Sowohl bei der absoluten als auch der relativen Konzentration ist Ausgangspunkt der Überlegungen – wie dargestellt – die Merkmalssumme. Eine Summe kann aber nur bei **metrisch skalierten Merkmalen** berechnet werden, weshalb die zur Konzentrationsmessung herangezogenen Merkmale ein metrisches Skalenniveau aufweisen müssen, und die Werte nicht negativ sein dürfen. Weiterhin muss die Merkmalssumme im Konzentrationszusammenhang eine sinnvoll interpretierbare Größe sein, z. B. Summe der Unternehmensumsätze auf einem Produktmarkt, Summe der Haushaltseinkommen oder Gesamtzahl der Arbeitnehmer in einer Branche.

Die im Folgenden behandelten Maße der absoluten und relativen Konzentration ermitteln den jeweiligen Konzentrationsstand, d. h. sie sagen nichts über Konzentrationsprozesse aus. Dieses Phänomen lässt sich durch eine komparativ-statische Analyse erfassen, indem man Konzentrationsmaße für verschiedene Perioden berechnet und durch Vergleich der Ergebnisse ggfs. auf Konzentrationsveränderungen schließt.

2.2.4.1 Absolute Konzentration

Wie erwähnt geht es bei der Messung der absoluten Konzentration darum, ob ein Großteil der Merkmalssumme auf eine geringe Zahl von Merkmalsträgern verteilt ist. Da nur eine geringe Zahl von Merkmalsträgern betrachtet wird, bezieht sich die Analyse sinnvollerweise auf N Einzelwerte und nicht auf gruppierte Daten. Wir gehen entweder von den Merkmalswerten x_i der N Merkmalsträger aus, die nach der Größe ihrer Merkmalsausprägungen, beginnend mit dem größten, geordnet sind: $x_1 \geq x_2 \geq ... \geq x_N$ oder aber von den Anteilswerten (vgl. (2.1)) der einzelnen Merkmalswerte an der gesamten Merkmalssumme: $p_1 \geq p_2 \geq ... \geq p_N$.

Die **Konzentrationsrate (Konzentrationskoeffizient, Konzentrationsverhältnis, concentration ratio)** K_{c_m} gibt an, wie groß der Anteil an der gesamten Merkmalssumme ist, der auf diejenigen Merkmalsträger mit den m größten Ausprägungen entfällt:

$$K_{c_m} = \frac{\sum_{i=1}^{m} x_i}{\sum_{i=1}^{N} x_i} = \sum_{i=1}^{m} p_i \qquad (2.71)$$

Je nach Fragestellung nimmt man oft m = 2, 3, 5 oder 8, d. h. man bestimmt den Anteil der zwei, drei, fünf oder acht größten Merkmalsträger, jedoch könnte i alle Zahlen von 1 bis N in absteigender Rangfolge durchlaufen.

Beispiel 2.46 Ein oligopolistischer Markt werde von sechs Anbietern bedient. Der Gesamtumsatz in einem bestimmten Jahr betrage auf diesem Markt 12 Mrd. € und sei auf die sechs Unternehmen – bereits in absteigender Größe angeordnet – so verteilt, wie in Tabelle 2.22 angegeben.

2.2 Maßzahlen von Häufigkeitsverteilungen

Tabelle 2.22 Jahresumsatz von sechs Unternehmen auf einem Produktmarkt

Anbieter	Umsatz in (in Mrd. €)		
i	x_i	p_i	F_i
1	4,0	0,333	0,333
2	3,0	0,250	0,583
3	2,0	0,167	0,750
4	1,5	0,125	0,875
5	1,0	0,083	0,958
6	0,5	0,042	1,000
	12,0	1,000	

Wählt man m = 3, d. h. möchte man den Marktanteil – als Umsatz ausgedrückt – der drei größten Anbieter an diesem Markt bestimmen, so folgt nach (2.71).

$$K_{c_3} = \frac{\sum_{i=1}^{3} x_i}{\sum_{i=1}^{6} x_i} = \frac{9,0}{12,0} = 0,75.$$

Die drei größten Unternehmen haben also in der betrachteten Periode einen Anteil am Gesamtumsatz von 75 Prozent.

Berechnet man die Konzentrationsrate für alle i = 1, ..., N und trägt die Werte, die man vom Ursprung ausgehend gradlinig verbindet, in ein Koordinatensystem ein, erhält man die **Konzentrationskurve** (vgl. Abb. 2.20). Je rascher sich diese Kurve dem Ordinatenwert eins nähert, umso größer ist die absolute Konzentration. Sie fällt mit der Hauptdiagonalen zusammen, wenn alle x_i-Werte gleich groß und positiv sind.

Beispiel 2.47 Für den in Beispiel 2.46 genannten Sachverhalt ist die Konzentrationskurve zu zeichnen. Hierzu benutzen wir die in Tabelle 2.22 angegebenen relativen Summenhäufigkeiten F_i.

Abb. 2.20   Konzentrationskurve für die Werte aus Beispiel 2.46

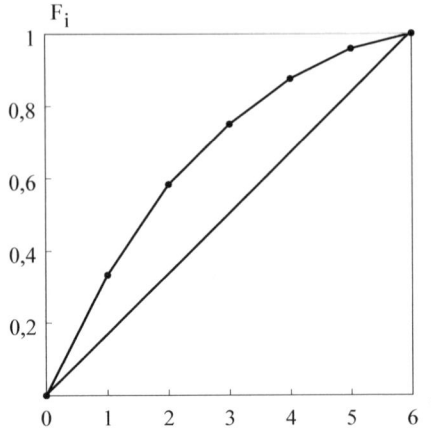

Die Berechnung der Konzentrationsrate ist wegen ihrer Einfachheit und Verständlichkeit weit verbreitet. Allerdings hat sie den Nachteil, dass die Berechnung auf ein – oft willkürlich festgelegtes – m beschränkt bleibt und damit nicht alle in der Verteilung enthaltenen Informationen ausgeschöpft werden. Dadurch können unterschiedliche Konzentrationserscheinungen zur gleichen Maßzahl führen.

Eine Maßzahl, die diesen Mangel beseitigt und das älteste und bekannteste Maß der absoluten Konzentration darstellt, ist der **Herfindahl-Index** – auch **Hirschman-Index** genannt – K_H, in den die Merkmalswerte aller Merkmalsträger eingehen. Er ist definiert als

$$K_H = \frac{\sum_{i=1}^{N} x_i^2}{(\sum_{i=1}^{N} x_i)^2} = \sum_{i=1}^{N} p_i^2 \qquad (2.72)$$

Der Herfindahl-Index nimmt den **maximalen Wert** von eins an, wenn $p_1 = p_2 = \cdots = p_{N-1} = 0$ und $p_N = 1$, d. h. wenn ein einziger Merkmalsträger die gesamte Merkmalssumme auf sich vereinigt. Der **minimale Wert** von 1/N ergibt sich bei gleichmäßiger Verteilung, da dann $p_1 = p_2 = \cdots = p_N = 1/N$, wobei K_H umso näher bei null liegt, je größer N ist. Vor dem Hintergrund des Wertebereichs null bzw. 1/N und eins ist K_H im Anwendungsfall zu interpretieren, da es sich um eine dimensionslose Maßzahl handelt. Bei einer geringen Zahl von Merkmalsträgern ist selbst bei gleichmäßiger Verteilung der Merkmalssumme bereits eine gewisse Konzentration gegeben. K_H erweist sich als relativ unempfindlich ge-

2.2 Maßzahlen von Häufigkeitsverteilungen

genüber Anteilsänderungen der kleineren Merkmalsträger. Ebenso neigt dieses Maß zur Unterbewertung von Konzentrationsbeständen.

Beispiel 2.48 Auf einem Produktmarkt gebe es 6 Anbieter, der Gesamtumsatz von 12 Mrd. € soll (A) sich gleichmäßig auf die an diesem Markt beteiligten Unternehmen verteilen, (B) sich auf Unternehmen Nr. 1 konzentrieren (hypothetische Annahme!), (C) sich auf Unternehmen 4–6 mit jeweils 0,5 Mrd. €, auf Unternehmen 3 mit 1 Mrd. €, auf Unternehmen 2 mit 2 Mrd. € und auf Unternehmen 1 mit 7,5 Mrd. € verteilen (vgl. Tabelle 2.23). (Eine Anordnung der Größe nach – wie bei der Konzentrationsrate – ist nicht zwingend.)

Tabelle 2.23 Verteilung der Jahresumsätze auf einem Produktmarkt mit sechs Unternehmen

Unternehmen i	(A) x_i	p_i	(B) x_i	p_i	(C) x_i	p_i
1	2	1/6	12	12/12	7,5	15/24
2	2	1/6	0	0	2,0	4/24
3	2	1/6	0	0	1,0	2/24
4	2	1/6	0	0	0,5	1/24
5	2	1/6	0	0	0,5	1/24
6	2	1/6	0	0	0,5	1/24
	12	1	12	1	12	1

Im Fall (A) erhalten wir die minimale Konzentration über (2.73) mit Hilfe der x_i-Werte

$$K_H = \frac{\sum_{i=1}^{N} x_i^2}{(\sum_{i=1}^{N} x_i)^2} = \frac{6 \cdot 2^2}{(12)^2} = \frac{1}{6} = 0{,}167,$$

wobei bei nur sechs Marktteilnehmern mit 0,167 bereits eine gewisse Konzentration gegeben ist.

Konstellation (B) zeigt die maximale Konzentration – über die Anteilswerte p_i – mit

$$K_H = \sum_{i=1}^{N} p_i^2 = 1^2 + 5 \cdot 0^2 = 1.$$

Bei Annahme (C) erhalten wir nach (2.73) – wiederum mit den x_i-Werten

$$K_H = \frac{7{,}5^2 + 2^2 + 1^2 + 0{,}5^2 + 0{,}5^2 + 0{,}5^2}{12^2} = 0{,}43.$$

Dieses Ergebnis deutet zwar rechnerisch auf eine geringe Konzentration in diesem Markt hin. Jedoch erscheint hierdurch – nach Prüfung der Ausgangsdaten mit dem großen Marktanteil von Unternehmen 1 – die Konzentrationssituation unterbewertet zu werden. Auch ist zu beachten, dass sich der Wert gegenüber der minimalen Konzentration (Konstellation (A)) stark erhöht hat.

Es ist ein weiteres Konzentrationsmaß ableitbar, in das die Fläche A oberhalb der Konzentrationskurve (vgl. Abb. 2.20) eingeht. Diese Fläche lässt sich mit $A = \sum_{i=1}^{N} i \cdot p_i - 0{,}5$ bestimmen, wobei wiederum die Merkmalsträger nach abnehmender Größe ihrer Merkmalsausprägungen geordnet sind. Der resultierende **Konzentrationsindex nach Rosenbluth** K_R ist dann

$$\boxed{K_R = \frac{1}{2A} = \frac{1}{2\sum_{i=1}^{N} i \cdot p_i - 1}} \tag{2.73}$$

Da A mit größer werdender Konzentration kleiner wird, arbeitet man mit 1/A bzw. 1/2A, was zu der gewünschten Eigenschaft führt, dass K_R den Wert eins bei maximaler und den Wert 1/N bei minimaler Konzentration annimmt. K_R beruht auf einer gewichteten Summe der einzelnen Anteile, wobei die kleineren Merkmalsträger und damit auch die absolute Zahl – im Gegensatz zum Herfindahl-Index – stärker gewichtet werden. Auch dieses Maß neigt zur Unterschätzung des Konzentrationsstandes.

Beispiel 2.49 Für die in Beispiel 2.48 genannten Konstellationen ist der Rosenbluth-Index zu berechnen. Die für (2.73) notwendigen Werte sind in Tabelle 2.24 zusammengestellt.

Tabelle 2.24 Arbeitstabelle zur Berechnung des Rosenbluth-Indexes

Unternehmen	(A)		(B)		(C)	
i	p_i	$i \cdot p_i$	p_i	$i \cdot p_i$	p_i	$i \cdot p_i$
1	1/6	1/6	12/12	12/12	15/24	15/24
2	1/6	2/6	0	0	4/24	8/24
3	1/6	3/6	0	0	2/24	6/24
4	1/6	4/6	0	0	1/24	4/24
5	1/6	5/6	0	0	1/24	5/24
6	1/6	6/6	0	0	1/24	6/24
		21/6		12/12		44/24

Für die minimale Konzentration (Fall (A)) ergibt sich nach (2.73) – wie erwartet –

2.2 Maßzahlen von Häufigkeitsverteilungen

$$K_R = \frac{1}{2\sum_{i=1}^{N} i \cdot p_i - 1} = \frac{1}{2\frac{21}{6} - 1} = \frac{1}{6} = 0{,}167.$$

Die maximale Konzentration (Fall (B)) führt zu

$$K_R = \frac{1}{2\frac{12}{12} - 1} = 1.$$

Für Fall (C) berechnet sich K_R mit

$$K_R = \frac{1}{2\frac{44}{24} - 1} = 0{,}375.$$

Gegenüber K_H zeigt sich hier eine etwas geringere Konzentration, da – wie erwähnt – bei K_R den kleineren Merkmalsträgern ein höheres Gewicht zukommt.

Darüber hinaus lässt sich das aus der Informationstheorie abgeleitete **Entropiemaß** K_E, das in verschiedenen Varianten existiert, für die Konzentrationsmessung verwenden.

Nimmt man eine logarithmische Gewichtung der Anteilswerte der Merkmalsträger vor, so kann K_E geschrieben werden als

$$\boxed{K_E = -\sum_{i=1}^{N} p_i \cdot \lg p_i} \qquad (2.74)$$

Diese Funktion erreicht ihr Maximum lg N, wenn alle Anteilswerte gleich groß sind; dies erscheint als eine Situation, bei der der Wettbewerb auf dem betrachteten Markt maximal ist. Sie nimmt den Wert null an, wenn ein Anteilswert gleich eins ist und alle anderen gleich null sind: Der Wettbewerb ist hier gleich null.

Damit erfüllt diese Maß zwar nicht die Anforderung, dass es bei geringer Konzentration nahe null und bei starker Konzentration in der Nähe von eins liegen sollte: Ein großer K_E-Wert zeigt nämlich hier eine geringe Konzentration. Dies erschwert sowohl eine intuitive Einordnung der berechneten Konzentrationswerte als auch den direkten Vergleich mit anderen Konzentrationsmaßen. Allerdings lässt sich K_E – wie beschrieben – im Sinne eines Wettbewerbsmaßes interpretieren. Durch die logarithmische Gewichtung erfolgt eine im Vergleich zum Herfindahl-Hirschman-Index schwächere Gewichtung der größeren Merkmalsträger.

Beispiel 2.50 Für die in Beispiel 2.48 bzw. Beispiel 2.49 aufgeführten Verhältnisse soll das Entropie-Maß bestimmt werden. Tabelle 2.25 zeigt die für Marktkonstellation (C) benötigten Werte, für (A) und (B) vergleiche man Tabelle 2.23.

Tabelle 2.25 Arbeitstabelle zur Berechnung des Entropiemaßes (Konstellation (C))

i	x_i	p_i	$\lg p_i$	$p_i \lg p_i$
1	7,5	15/24	−0,2041	−0,1276
2	2,0	4/24	−0,7782	−0,1297
3	1,0	2/24	−1,0792	−0,0899
4	0,5	1/24	−1,3802	−0,0575
5	0,5	1/24	−1,3802	−0,0575
6	0,5	1/24	−1,3802	−0,0575
	12,0	1		−0,5197

Minimale Konzentration (Fall (A)) ist gegeben durch

$$K_E = -\sum_{i=1}^{N} p_i \cdot \lg p_i = -\left(6 \cdot \frac{1}{6} \lg \frac{1}{6}\right) = 0{,}7782,$$

was lg N entspricht. Maximale Konzentration (Fall (B)) erhält man mit

$$K_E = -(1 \cdot \lg 1) = 0.$$

Marktkonstellation (C) führt zu

$$K_E = 0{,}5197,$$

was ebenso wie das Herfindahl-Maß die Konzentration etwas unterschätzt.

2.2.4.2 Relative Konzentration

Die relative Konzentration untersucht, ob ein großer Anteil der Merkmalssumme auf einen geringen Anteil der Merkmalsträger verteilt ist. Im Gegensatz zur absoluten Konzentration soll hier eine Aussage nicht so sehr von der Anzahl der Merkmalsträger abhängen, sondern vielmehr eine Abweichung gegenüber der Gleichverteilung angeben – daher auch die Bezeichnung Disparität. Diese Gleichverteilung wäre dann gegeben, wenn auf alle Merkmalsträger der gleiche Anteil an der Merkmalssumme entfiele. Da sich die Betrachtung nicht wie die der absoluten Konzentration auf eine geringe Zahl von Merkmalsträgern beschränkt, kann die Analyse sowohl für Einzeldaten als auch für gruppierte Daten durchgeführt werden.

2.2 Maßzahlen von Häufigkeitsverteilungen

Die bekannteste Darstellung zur Kennzeichnung der relativen Konzentration ist die Abbildung als **Lorenzkurve**. Anders als bei der Konzentrationskurve werden hier die N nichtnegativen Einzelwerte in aufsteigender Reihenfolge geordnet: $x_1 \leq x_2 \leq \ldots \leq x_N$. In einem quadratischen Schaubild werden dann auf der Abszisse die kumulierten Anteile der Merkmalsträger, auf der Ordinate die kumulierten Anteile der gesamten Merkmalssumme abgetragen. Die kumulierten Anteile der Merkmalsträger – aufgrund der Größe nach geordneten Merkmalsausprägungen – werden nach

$$u_i = \frac{i}{N} \tag{2.75}$$

berechnet. Die kumulierten Anteile an der gesamten Merkmalssumme sind durch

$$v_i = \frac{x_1 + x_2 + \cdots + x_i}{\sum_{i=1}^{N} x_i} = \frac{\sum_{j=1}^{i} x_j}{\sum_{i=1}^{N} x_i} = \sum_{j=1}^{i} q_j \tag{2.76}$$

gegeben.

Die stückweise lineare Verbindung der aufeinanderfolgenden Punkte ist die Lorenzkurve (vgl. Abb. 2.21). Je stärker die Abweichung dieser Punkte von der Gleichverteilungsgeraden, umso größer ist die Konzentration.

Im Falle maximaler Konzentration würde die gesamte Merkmalssumme auf einen Merkmalsträger konzentriert, die Lorenzkurve fiele mit der Abszisse und der (rechten) Ordinate zusammen. Bei minimaler Konzentration wären die Anteile am gesamten Merkmalsbetrag aller Merkmalsträger gleich (10% der Merkmalsträger haben einen Anteil von 10% an der Merkmalssumme, 20% einen Anteil von 20% usw.) und die Lorenzkurve würde mit der Diagonalen („Gleichverteilungsgeraden") zusammenfallen.

Beispiel 2.51 Zur Illustration soll die Konzentration auf einem Produktmarkt mit fünf Anbietern untersucht werden, wobei in einem bestimmten Jahr drei Anbieter je 5%, ein Anbieter 15% und ein Anbieter 70% des Marktanteils besitzen soll. Der gesamte Umsatz betrage 10 Mrd. €.

Tabelle 2.26 zeigt die Ausgangsdaten sowie in den letzten beiden Spalten die benötigten Werte für die kumulierten Anteile der Merkmalsträger bzw. Merkmalsausprägungen.

Tabelle 2.26 Werte für die Darstellung der Lorenzkurve

i	Umsatz in Mrd. € x_i	Anteil der Merkmalsträger (Unternehmen) $\dfrac{1}{N}$	Kumulierter Anteil der Merkmalsträger (Unternehmen) $\dfrac{i}{N} = u_i$	Anteil an der gesamten Merkmalssumme (Umsätze) $\dfrac{x_i}{\sum x_i}$	Kumulierter Anteil an der gesamten Merkmalssumme (Umsätze) $\sum\limits_{j=1}^{i} q_j = v_i$
1	0,5	0,2	0,2	0,05	0,05
2	0,5	0,2	0,4	0,05	0,10
3	0,5	0,2	0,6	0,05	0,15
4	1,5	0,2	0,8	0,15	0,30
5	7,0	0,2	1,0	0,70	1,00
	10,0	1,0			

Für die Lorenzkurve benötigen wir die kumulierten Anteile der Unternehmen und die kumulierten Anteile am Gesamtumsatz. Damit läuft sie durch die Punkte: (0,0 ; 0,0), (0,2 ; 0,05), (0,4 ; 0,10), (0,6 ; 0,15), (0,8 ; 0,30) und (1,0 ; 1,0) (vgl. Abb. 2.21).

Abb. 2.21 Lorenz-Kurve zu Beispiel 2.51

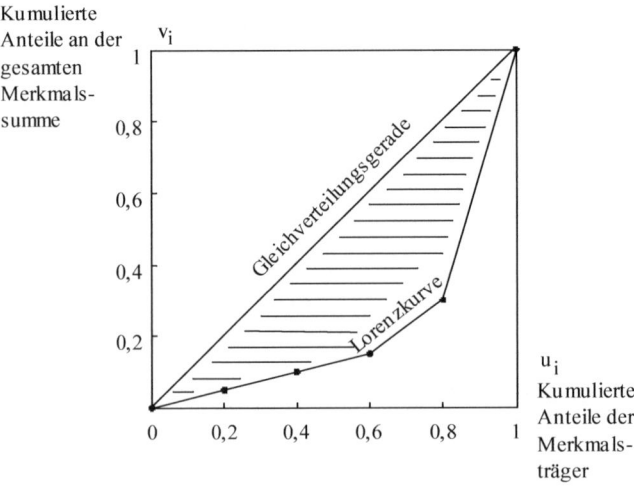

Bspw. besitzen 80% der Unternehmen einen Marktanteil von 30%, die restlichen 20% der Unternehmen einen Marktanteil von 70%. Die stark „gebauchte" Lorenzkurve lässt auf eine erhebliche Konzentration auf diesem Markt schließen.

2.2 Maßzahlen von Häufigkeitsverteilungen

Geht man von einer Häufigkeitsverteilung **gruppierter Daten** aus, so lässt sich die Lorenzkurve prinzipiell wie bei Einzelwerten konstruieren. Für die Berechnung der auf der Abszisse abgetragenen kumulierten Anteile der Merkmalsträger benutzt man jetzt bei k Größenklassen

$$u_i = \sum_{j=1}^{i} \frac{f_j}{\sum_{i=1}^{k} f_i} \qquad (2.77)$$

und für die Ordinatenwerte die kumulierten, mit den Klassenmitten x_i^* gewichteten Anteile an der gesamten Merkmalssumme mit

$$v_i = \frac{f_1 x_1^* + f_2 x_2^* + \cdots + f_i x_i^*}{\sum_{i=1}^{k} f_i x_i^*} = \frac{\sum_{j=1}^{i} f_j x_j^*}{\sum_{i=1}^{k} f_i x_i^*} = \sum_{j=1}^{i} q_j \qquad (2.78)$$

Wie bereits bei der Analyse von Einzelwerten, so wird auch hier bei gruppiertem Datenmaterial von einer Gleichverteilung der Werte innerhalb einer Klasse ausgegangen. Da dies in der Realität nur selten der Fall sein wird, stellen die folgenden Betrachtungen lediglich eine Näherung zur Charakterisierung des tatsächlichen Konzentrationssachverhaltes dar.

Beispiel 2.52 Für die Einkommensverteilung der Statistik KG (Beispiel 2.4) soll die Lorenzkurve bestimmt werden. Die benötigten Werte sind in Tabelle 2.27 zusammengestellt. Die dort in Spalte (5) und (7) angegebenen Werte geben die Koordinaten dieser Lorenzkurve an. Die zugehörige graphische Darstellung findet sich in Abb. 2.22.

Man erkennt anhand Abb. 2.22, dass z. B. die unteren 50% der Einkommensbezieher ca. 36% des gesamten Jahreseinkommens erhalten, während die übrigen 50% dagegen 64% der gesamten Lohn- und Gehaltssumme beziehen. Die Einkommensverteilung weist also keine ausgeprägte Konzentration auf.

Tabelle 2.27 Arbeitstabelle für die Werte der Lorenzkurve zur Einkommensverteilung der Statistik KG

Mitten der Einkommensklassen (in €)	Zahl der Arbeitnehmer pro Klasse	Einkommen pro Klasse	Anteil der Arbeitnehmer an der Gesamtzahl		Anteil der Einkommensgruppen am Gesamteinkommen	
			in %	kum. in %	in %	kum. in %
x_i^*	f_i	$f_i x_i^*$	$\dfrac{f_j}{\sum f_i} 100$	u_i	$\dfrac{f_j x_j^*}{\sum f_i x_i^*} 100$	$\sum_{j=1}^{i} q_j = v_i$
(1)	(2)	(3)	(4)	(5)	(6)	(7)
15	5	75	2,5	2,5	0,78	0,78
25	15	375	7,5	10,0	3,89	4,67
35	54	1890	27,0	37,0	19,62	24,29
45	46	2070	23,0	60,0	21,50	45,79
55	38	2090	19,0	79,0	21,70	67,49
65	18	1170	9,0	88,0	12,15	79,64
75	12	900	6,0	94,0	9,35	88,99
85	8	680	4,0	98,0	7,06	96,05
95	4	380	2,0	100,0	3,95	100,00
	200	9630	100,0		100,0	

Abb. 2.22 Lorenzkurve für die Einkommensverteilung der Statistik KG

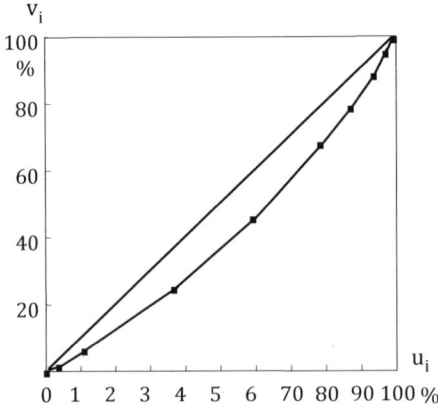

Die jeweils vorliegenden Koordinatenwerte gelten exakt, für Punkte auf den interpolierenden linearen Streckenzügen dagegen nur approximativ. Je mehr Klassen die Häufigkeitsverteilung jedoch besitzt, umso geglätteter wird die Kurve.

2.2 Maßzahlen von Häufigkeitsverteilungen

Die Lorenzkurve ist anschaulich und einfach zu konstruieren. Sie eignet sich für Vergleiche im Querschnitt oder im Längsschnitt zur Zeit, indem man zwei Lorenzkurven in dasselbe Schaubild einträgt. Dies dient dann z. B. zum Vergleich von Einkommensverteilungen verschiedener Länder in einer bestimmten Periode oder zum Vergleich der Einkommensverteilungen einer statistischen Masse zu verschiedenen Zeitpunkten.

Allerdings ist eine Beurteilung der Konzentrationsvorgänge schwierig, wenn sich zwei Lorenzkurven schneiden. Außerdem lässt sich keine Maßzahl angeben, die den Grad der Disparität misst.

Um dem zuletzt genannten Mangel abzuhelfen, ist es naheliegend, den Inhalt der – in Abb. 2.21 schraffierten – Fläche zwischen der Gleichverteilungsgeraden und der Lorenzkurve als Maß für die relative Konzentration zu benutzen. Eine Maßzahl, der diese Überlegungen zugrunde liegen, heißt **Gini-Koeffizient (Gini-Index)** G und ist definiert als

$$G = \frac{\text{Fläche zwischen der Gleichverteilungsgeraden und der Lorenzkurve}}{\text{Fläche unterhalb der Gleichverteilungsgeraden}} \qquad (2.79)$$

Herleitung von G:

Um zunächst die Fläche B zwischen der Gleichverteilungsgeraden und der Lorenzkurve zu bestimmen, berechnet man die Flächeninhalte der Trapeze B_i (vgl. Abb. 2.23), wobei von auf eins normierter Breite und Höhe des Quadrates ausgegangen wird. Die Fläche eines Trapezes ist allgemein gegeben durch $m \cdot h = \frac{a+c}{2} h$ (vgl. Abb. 2.24).

B_i berechnet sich dann mit Hilfe von (2.75) und (2.76) mit

$$B_i = \frac{\frac{i-1}{N} + \frac{i}{N}}{2} q_i = \frac{2i-1}{2N} q_i \qquad (2.80)$$

Abb. 2.23   Darstellung zur Ableitung des Gini-Koeffizienten

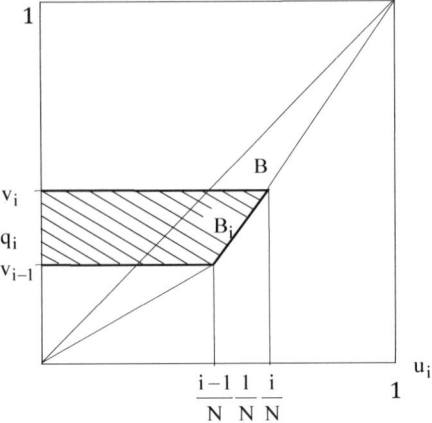

Abb. 2.24   Flächenberechnung bei einem Trapez

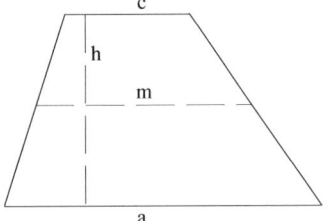

Um den Flächeninhalt von B zu erhalten, summiert man über alle B_i (i = 1, ..., N), muss aber den Flächeninhalt des Dreiecks oberhalb der Gleichverteilungsgeraden, der 0,5 beträgt, abziehen, also

$$B = \sum_{i=1}^{N} \frac{2i-1}{2N} q_i - 0{,}5.$$

Da der Gini-Index G die Fläche B in Beziehung setzt zur Fläche unterhalb der Gleichverteilungsgeraden, erhält man

$$G = \frac{B}{0{,}5} = \frac{\sum_{i=1}^{N} \frac{2i-1}{2N} q_i - 0{,}5}{0{,}5}.$$

Für den **Gini-Koeffizienten** aus **Einzelwerten** ergibt sich dann

2.2 Maßzahlen von Häufigkeitsverteilungen

$$G = \frac{\sum_{i=1}^{N}(2i-1) \cdot q_i}{N} - 1 \qquad (2.81)$$

G liegt zwischen 0 und $(N-1)/N$, wobei der Wert null angenommen wird, wenn alle x_i-Werte gleich sind. Der Maximalwert von $(N-1)/N$ erscheint dann, wenn ein einziger der N Merkmalsträger die gesamte Merkmalssumme auf sich vereinigt. Damit G den Maximalwert von eins annehmen kann – was z. B. für Vergleiche wünschenswert ist –, lässt sich (für N > 1) ein normierter Gini-Index G_{norm} mit

$$G_{norm} = \frac{G}{\frac{N-1}{N}} = \frac{N}{N-1}G \qquad (2.82)$$

bestimmen. Zwischen dem Rosenbluth-Index (2.73) und dem Gini-Koeffizienten (2.81) besteht die Beziehung

$$G = 1 - \frac{1}{N \cdot K_R} \quad \text{bzw.} \quad K_R = \frac{1}{N(1-G)},$$

wobei die unterschiedliche Anordnung der Merkmalswerte zu beachten ist.

Beispiel 2.53 Zur Illustration soll der Gini-Index für den Sachverhalt des Beispiel 2.51 (Einzeldaten) berechnet werden. Die benötigten Werte sind in Tabelle 2.28 zusammengestellt.

Tabelle 2.28 Arbeitstabelle zur Berechnung des Gini-Koeffizienten aus Einzeldaten

i	x_i	q_i	$2i-1$	$(2i-1)q_i$
1	0,5	0,05	1	0,05
2	0,5	0,05	3	0,15
3	0,5	0,05	5	0,25
4	1,5	0,15	7	1,05
5	7,0	0,70	9	6,30
	10,0	1,00		7,80

Nach (2.81) ist dann

$$G = \frac{\sum_{i=1}^{5}(2i-1) \cdot q_i}{5} - 1 = \frac{7,8}{5} - 1 = 0,56$$

bzw. der normierte Gini-Index nach (2.82)

$$G_{norm} = \frac{N}{N-1} G = \frac{5}{4} \cdot 0{,}56 = 0{,}7.$$

Der Gini-Koeffizient beträgt 0,56 (normiert 0,7) oder 56% bzw. 70%. Dieses Ergebnis zeigt eine erhebliche Disparität auf dem betrachteten Produktmarkt.

Für Häufigkeitsverteilungen **klassifizierter Daten** lässt sich der Gini-Koeffizient analog zu (2.81) konstruieren (vgl. auch Abb. 2.23). Hierzu werden jetzt die Ausdrücke (2.77) und (2.78) benutzt; dann ist

$$G = \sum_{i=1}^{k} (u_i + u_{i-1}) q_i - 1 \qquad (2.83)$$

Beispiel 2.54 Es ist der Gini-Koeffizient für die Einkommensverteilung der Mitarbeiter der Statistik KG in einer bestimmten Periode zu ermitteln (vgl. Beispiel 2.4). Die benötigten Werte sind aus Spalten (5) und (6) der Tabelle 2.27 übernommen und in Tabelle 2.29 dargestellt.

Tabelle 2.29 Arbeitstabelle zur Berechnung des Gini-Koeffizienten aus klassifizierten Daten

i	u_i	u_{i-1}	q_i	$u_i + u_{i-1}$	$(u_i + u_{i-1}) q_i$
1	0,025	0,000	0,0078	0,025	0,000195
2	0,100	0,025	0,0389	0,125	0,004863
3	0,370	0,100	0,1962	0,470	0,092214
4	0,600	0,370	0,2150	0,970	0,208550
5	0,790	0,600	0,2170	1,390	0,301630
6	0,880	0,790	0,1215	1,670	0,202905
7	0,940	0,880	0,0935	1,820	0,170170
8	0,980	0,940	0,0706	1,920	0,135552
9	1,000	0,980	0,0395	1,980	0,078210
					1,194289

Der Gini-Index ist nach (2.83)

$$G = \sum_{i=1}^{k} (u_i + u_{i-1}) q_i - 1 = 1{,}1943 - 1 = 0{,}1943,$$

was eine geringe Konzentration bei der betrieblichen Einkommensverteilung in der betreffenden Periode anzeigt. Dies entspricht dem in Beispiel 2.52 gefundenen Ergebnis.

2.2 Maßzahlen von Häufigkeitsverteilungen

Der Gini-Koeffizient ist die am häufigsten benutzte Maßzahl der relativen Konzentration und zeigt zugleich einen typischen Nachteil: Unabhängig davon, ob z. B. ein Markt von vier oder von hundert Unternehmen mit jeweils gleichem Marktanteil beschickt wird, ergibt sich jeweils der gleiche Gini-Koeffizient. Deshalb sagt G – ebenso wie die Lorenzkurve – nichts über die absolute Konzentration aus. Nehmen wir z. B. an, auf einem Markt kommt es zu Austritten von Anbietern, die nur einen sehr geringen Marktanteil haben. Vor dem Ausscheiden zeigen sowohl Gini-Index als auch Lorenzkurve eine hohe Konzentration, danach bezieht sich die Darstellung auf eine kleinere Zahl von Merkmalsträgern, das Konzentrationsmaß sinkt, obwohl sich die Konzentration offensichtlich erhöht hat. Außerdem gibt es (unendlich) viele gleichgroße Flächen unter der Gleichverteilungsgeraden, die dann zum gleichen Gini-Index führen, jedoch zu unterschiedlichen Konzentrationstatbeständen gehören. Es ist deshalb sinnvoll, neben der Lorenzkurve den Gini-Koeffizienten und – falls möglich – auch ein Maß für die absolute Konzentration anzugeben.

2.2.4.3 Zusammenfassung

- Ob im Einzelfall **Maßzahlen** der **relativen** oder der **absoluten Konzentration** zu berechnen sind, hängt von der jeweiligen Problemstellung bzw. dem Ziel der Analyse (Soll etwas über die Konzentration i. e. S. oder über die Disparität ausgesagt werden?) und der Datenverfügbarkeit ab.

- Es kann auch angezeigt sein, beide Maße zu berechnen, um Fehlurteile zu vermeiden. Ebenso wie alle anderen Maße zur Charakterisierung eindimensionaler Häufigkeitsverteilungen ist nämlich ein einziges Konzentrationsmaß nicht in der Lage, alle Aspekte der Konzentration zu erfassen. Auch hier ist die statistische Analyse nur ein Hilfsmittel, das eine fachwissenschaftliche Analyse nicht ersetzen kann. Das Ergebnis einer Konzentrationsmessung hängt darüber hinaus vom betrachteten Merkmal ab, so dass die Beurteilung vor dem Hintergrund dieser Merkmalsauswahl zu erfolgen hat.

3 Zweidimensionale Häufigkeitsverteilungen

Ausgangspunkt unserer bisherigen Überlegungen (Kapitel 2) waren eindimensionale Häufigkeitsverteilungen, d. h. wir sind davon ausgegangen, dass für alle N statistischen Einheiten einer Grundgesamtheit ein Merkmal mit seinen Merkmalsausprägungen erfasst wurde. Betrachten wir für jeden Merkmalsträger zwei Merkmale mit ihren jeweiligen Ausprägungen, so erhalten wir zweidimensionale (bivariate) Häufigkeitsverteilungen. Dabei können die Merkmale jeweils nominal-, ordinal- oder metrisch skaliert sein.

Die Analyse zweidimensionaler Merkmale ist für die Wirtschafts- und Sozialwissenschaften von besonderer Bedeutung, da sie Einblicke in Zusammenhänge bzw. Abhängigkeiten zwischen zwei sozioökonomischen Merkmalen gestattet. So könnten wir etwa im Beispiel der Statistik KG (vgl. Kapitel 2.1) Vermutungen über Zusammenhänge zwischen der Höhe des Jahreseinkommens und der Art der Tätigkeit bzw. dem Alter oder dem Geschlecht äußern. Wir werden uns im Folgenden zunächst mit Grundbegriffen und der Darstellung zweidimensionaler Merkmale befassen. Danach erfassen wir Zusammenhänge durch Maßzahlen der Korrelation und Abhängigkeiten durch Funktionalbeziehungen der Regression.

3.1 Darstellungsweise und Grundbegriffe

Wir unterstellen, dass bei den N statistischen Einheiten gleichzeitig die nominal- oder ordinalskalierten Merkmalsausprägungen $a_1, ..., a_N$ und $b_1, ..., b_N$ der Merkmale A und B bzw. die metrisch-skalierten Merkmalsausprägungen $x_1, ..., x_N$ und $y_1, ..., y_N$ der Merkmale X und Y erhoben werden. Aus dieser Urliste lässt sich dann eine **zweidimensionale Häufigkeitstabelle** (oder **Mehrfeldertafel**, **Kreuztabelle**, **Kontingenztabelle**) aufstellen. Wenn beide Merkmale nominalskaliert sind, spricht man von **Assoziationstabelle**. Der Sprachgebrauch ist allerdings nicht einheitlich.

Wir wählen im allgemeinen Fall r (r ≙ row) geeignete Gruppierungen (Klassen) für Merkmal A bzw. X und c (c ≙ column) für das Merkmal B bzw. Y. Jeder paarweisen Kombination dieser Merkmalswerte wird entsprechend der Zahl der statistischen Einheiten in dieser Gruppe die gemeinsame absolute Häufigkeit f_{ij} (i = 1, ..., r ; j = 1, ..., c) zugeordnet (vgl. Tabelle 3.1).

Es gilt $f_{ij} \geq 0$ (i = 1, ..., r ; j = 1, ..., c) und

$$\sum_{i=1}^{r}\sum_{j=1}^{c} f_{ij} = N \qquad (3.1)$$

Die **gemeinsame relative Häufigkeit** p_{ij} der Gruppe (i, j) wird gegeben durch

$$\boxed{p_{ij} = \frac{f_{ij}}{N}} \qquad (3.2)$$

wobei

$$\sum_{i=1}^{r}\sum_{j=1}^{c} p_{ij} = 1 \qquad (3.3)$$

Tabelle 3.1 Zweidimensionale Häufigkeitstabelle mit gemeinsamen absoluten bzw. relativen Häufigkeiten

A bzw. X \ B bzw. Y	b_1 bzw. y_1	...	b_j bzw. y_j	...	b_c bzw. y_c	Zeilensummen $\sum_{j=1}^{c} f_{ij}$ bzw. $\sum_{j=1}^{c} p_{ij}$
a_1 bzw. x_1	$f_{11}[p_{11}]$	...	$f_{1j}[p_{1j}]$	...	$f_{1c}[p_{1c}]$	$f_{1.}$ $p_{1.}$
⋮	⋮		⋮		⋮	⋮ ⋮
a_i bzw. x_i	$f_{i1}[p_{i1}]$	...	$f_{ij}[p_{ij}]$	...	$f_{ic}[p_{ic}]$	$f_{i.}$ $p_{i.}$
⋮	⋮		⋮		⋮	⋮ ⋮
a_r bzw. x_r	$f_{r1}[p_{r1}]$	...	$f_{rj}[p_{rj}]$	...	$f_{rc}[p_{rc}]$	$f_{r.}$ $p_{r.}$
Spaltensummen: $\sum_{j=1}^{c} f_{ij}$ bzw. $\sum_{j=1}^{c} p_{ij}$	$f_{.1}$ $p_{.1}$	...	$f_{.j}$ $p_{.j}$	...	$f_{.c}$ $p_{.c}$	N 1

Die Gesamtheit aller auftretenden Merkmalskombinationen – entweder mit den absoluten oder den relativen Häufigkeiten – stellt die zweidimensionale Häufigkeitsverteilung dar.

Auf die graphischen Darstellungen solcher bivariater Häufigkeitsverteilungen soll verzichtet werden, da sie für größere r und c schnell unübersichtlich werden. Zur Beschreibung einer zweidimensionalen Häufigkeitsverteilung lassen sich die in Kapitel 2 dargestellten Metho-

3.1 Darstellungsweise und Grundbegriffe

den zur Charakterisierung eindimensionaler Häufigkeitsverteilungen in der Weise anwenden, dass man jeweils nur eine Spalte oder Zeile der zweidimensionalen Häufigkeitsverteilung betrachtet. Man erhält dann die sog. Randverteilungen und die bedingten Verteilungen. Tabelle 2.1 erlaubt es nämlich, an den Rändern die beiden Verteilungen abzulesen, die sich ergeben, wenn man jedes der beiden Merkmale für sich allein betrachtet. Die $f_{i.}$ bzw. $f_{.j}$ bezeichnet man als **Randhäufigkeiten**. Die **Randverteilungen** – auch **marginale Verteilungen** – ergeben sich durch Summation der gemeinsamen relativen Häufigkeiten p_{ij} über alle Gruppen bzw. Ausprägungen des anderen Merkmals. Es ist also

$$p_{i.} = \sum_{j=1}^{c} p_{ij} = \frac{f_{i.}}{N} \quad \text{für } i = 1, \ldots, r \tag{3.4}$$

die Randverteilung des Merkmals A bzw. X. (Der Punkt in (3.4) zeigt die Summation über c Gruppen des Merkmals B bzw. Y.) Die Randverteilung des Merkmals B bzw. Y ist gegeben durch

$$p_{.j} = \sum_{i=1}^{r} p_{ij} = \frac{f_{.j}}{N} \quad \text{für } j = 1, \ldots, c \tag{3.5}$$

(Der Punkt in (3.5) zeigt die Summation über r Gruppen des Merkmals A bzw. X.) Die $f_{i.}$ und $f_{.j}$ nennt man auch **marginale absolute Häufigkeiten**, die $p_{i.}$ und $p_{.j}$ **marginale relative Häufigkeiten**.

Beispiel 3.1 Es möge in der Statistik KG die zweidimensionale Häufigkeitsverteilung der beiden nominalskalierten Merkmale „Art der Tätigkeit" (vgl. Beispiel 2.1) und „Geschlecht" interessieren. In Tabelle 3.2 erfolgt die Darstellung über die relativen Häufigkeiten (3.2).

Aus der zweidimensionalen Häufigkeitsverteilung in Tabelle 3.2 lässt sich etwa ablesen, dass 5% aller Mitarbeiter der Statistik KG männliche, leitende Angestellte sind. Die eindimensionale Randverteilung $p_{i.}$ (i = 1, 2, 3) des Merkmals A („Art der Tätigkeit") kennen wir bereits aus Beispiel 2.1, es gibt also bspw. 84% Angestellte. Die eindimensionale Randverteilung $p_{.j}$ (j = 1,2) des Merkmals B („Geschlecht") zeigt z. B., dass 29% der Mitarbeiter der Statistik KG Frauen sind.

Tabelle 3.2 Zweidimensionale Häufigkeitsverteilung der Merkmale „Art der Tätigkeit" und Geschlecht

Merkmal A: Art der Tätigkeit / Merkmal B: Geschlecht		männlich [b_1]	weiblich [b_2]	Zeilensumme (Randverteilung von A) $\sum_{j=1}^{2} p_{ij} = p_{i.}$
Leitende Angestellte	[a_1]	0,05	0,01	0,06
Angestellte	[a_2]	0,60	0,24	0,84
Arbeiter	[a_3]	0,06	0,04	0,10
Spaltensumme (Randverteilung von B) $\sum_{i=1}^{3} p_{ij} = p_{.j}$		0,71	0,29	1,00

Wir können die Methoden zur Charakterisierung eindimensionaler Häufigkeitsverteilungen von den Randverteilungen auf alle Zeilen und Spalten der zweidimensionalen Häufigkeitsverteilung ausdehnen. Dazu werden diese Zeilen bzw. Spalten so umgerechnet, dass die Summe der gemeinsamen relativen Häufigkeiten eins ergibt. Diese Werte erhalten wir, indem wir z. B. für jede Zeile die gemeinsamen absoluten Häufigkeiten f_{ij} durch die Randhäufigkeit $f_{i.}$ dividieren oder auch p_{ij} durch $p_{i.}$. Für einen gegebenen Merkmalswert a_i (oder x_i) bzw. b_j (oder y_j) wird also die Häufigkeitsverteilung von B (oder Y) bzw. A (oder X) betrachtet. Solche Häufigkeitsverteilungen bezeichnet man als **bedingte Häufigkeitsverteilungen**. Für metrisch skalierte Merkmale X und Y schreiben wir für die eindimensionale Häufigkeitsverteilung von X bei *gegebenem* y_j

$$p(y_j|x_i) = \frac{f_{ij}}{f_{.j}} = \frac{p_{ij}}{p_{.j}} \qquad (3.6)$$

mit i = 1, ..., r und j = konstant. Ebenso lässt sich die Häufigkeitsverteilung von Y bei *vorgegebenem* x_i angeben

$$p(x_i|y_j) = \frac{f_{ij}}{f_{i.}} = \frac{p_{ij}}{p_{i.}} \qquad (3.7)$$

Für nominal- und ordinalskalierte Merkmale A und B erfolgt die Berechnung entsprechend zu (3.6) und (3.7).

3.1 Darstellungsweise und Grundbegriffe

Beispiel 3.2 Bei den 132 Firmen der Sparte, in der die Statistik KG tätig ist, gab es in einem bestimmten Zeitraum eine Untersuchung bzgl. der Zahlungsfähigkeit bei den vertretenen Rechtsformen. Die Häufigkeiten für diese beiden nominalskalierten Merkmale A und B sind in Tabelle 3.3 zusammengestellt.

Tabelle 3.3 Zweidimensionale Häufigkeitstabelle (Assoziationstabelle) und Randhäufigkeiten

Merkmal A: Rechtsformen	Merkmal B: Zahlungsfähigkeit zahlungsfähig $[b_1]$	nicht zahlungsfähig $[b_2]$	Zeilensumme $\sum_{j=1}^{2} f_{ij}$
GmbH $[a_1]$	26	4	30
OHG $[a_2]$	14	4	18
KG $[a_3]$	50	8	58
Einzelunternehmer $[a_4]$	20	6	26
Spaltensumme $\sum_{i=1}^{4} f_{ij}$	110	22	132

Aus den Angaben der Tabelle 3.3 können zunächst die gemeinsame Häufigkeitsverteilung und die Randverteilungen (vgl. Tabelle 3.4) bestimmt werden.

Tabelle 3.4 Zweidimensionale Häufigkeitstabelle und Randverteilungen aus der Tabelle 3.3

Merkmal A: Rechtsformen	Merkmal B: Zahlungsfähigkeit zahlungsfähig $[b_1]$	nicht zahlungsfähig $[b_2]$	$p_{i.}$
GmbH $[a_1]$	0,197	0,030	0,227
OHG $[a_2]$	0,106	0,030	0,136
KG $[a_3]$	0,379	0,061	0,440
Einzelunternehmer $[a_4]$	0,151	0,046	0,197
$p_{.j}$	0,833	0,167	1,000

Die gemeinsamen relativen Häufigkeiten p_{ij} sind nach (3.2) berechnet, die Werte der Randverteilungen nach (3.4) bzw. (3.5). Von den in dieser Branche vertretenen Firmen sind also z. B. 83,3% zahlungsfähig, und die in der Rechtsform als KG geführten Firmen hatten bspw. einen Anteil von 0,44. 37,9% aller Firmen wurden als KG geführt und waren zahlungsfähig, 6,1% aller Firmen waren KGs und nicht zahlungsfähig.

Die bedingten Häufigkeitsverteilungen können nach (3.6) bzw. (3.7) berechnet werden (vgl. Tabelle 3.5 und Tabelle 3.6).

Tabelle 3.5 Bedingte Häufigkeitsverteilung von A bei gegebenem B: $p(a_i|b_j)$

Bedingte Häufigkeit von A bei gegebenem B / Merkmal A: Rechtsformen		$p(a_i|b_1)$	$p(a_i|b_2)$
GmbH	$[a_1]$	26/110	4/22
OHG	$[a_2]$	14/110	4/22
KG	$[a_3]$	50/110	8/22
Einzelunternehmer	$[a_4]$	20/110	6/22
$\sum_{i=1}^{4} p(a_i|b_j)$		1	1

Es befinden sich z. B. unter den solventen Firmen der Branche 23,6% (26/110 = 0,236), die in der Rechtsform der GmbH geführt werden.

Tabelle 3.6 Bedingte Häufigkeitsverteilung von B bei gegebenem A: $p(b_j|a_i)$

Bedingte Häufigkeit von B bei gegebenem A / Merkmal B: Zahlungsfähigkeit	zahlungsfähig [b_1]	nicht zahlungsfähig [b_2]	$\sum_{j=1}^{2} p(b_j|a_i)$
$p(b_j|a_1)$	26/30	4/30	1
$p(b_j|a_2)$	14/18	4/18	1
$p(b_j|a_3)$	50/58	8/58	1
$p(b_j|a_4)$	20/26	6/26	1

Bspw. gab es in der Sparte der OHG's einen Anteil von 14/18 = 0,778, die solvent waren, die restlichen 22,2% waren insolvent.

Bei der Betrachtung bedingter Häufigkeitsverteilungen ist es sinnvoll, sich zu überlegen, welches Merkmal im betrachteten Zusammenhang die Ursache und welches die Wirkung angibt. Im vorangegangenen Beispiel 3.2 könnte die Rechtsform der Unternehmung als ein Bestimmungsfaktor für die Zahlungsfähigkeit angesehen werden und nicht umgekehrt. Bei bedingten Häufigkeitsverteilungen zeigt sich somit eine deutliche Asymmetrie in der Betrachtungsweise.

Wie bereits erwähnt, können Randverteilungen und bedingte Verteilungen durch die im 2. Kapitel beschriebenen Parameter für eindimensionale Häufigkeitsverteilungen charak-

3.1 Darstellungsweise und Grundbegriffe

terisiert werden. Man spricht dann z. B. von bedingten Mittelwerten oder bedingten Varianzen, wenn metrisch skalierte Merkmale vorliegen.

Die Untersuchung der bedingten Häufigkeitsverteilungen ist nur dann informativ, wenn sie sich unterscheiden. Wenn sich nämlich alle bedingten Häufigkeitsverteilungen gleichen, dann stimmen sie mit der zugehörigen Randverteilung überein. In einem solchen Fall spricht man von **statistischer Unabhängigkeit**, weil die Häufigkeitsverteilung des einen Merkmals nicht von dem jeweils vorgegebenen Merkmalswert des anderen Merkmals abhängt.

Wenn die Häufigkeitsverteilungen für das Merkmal X unter der Bedingung des Merkmals Y bei Unabhängigkeit gleich sind und der Randverteilung entsprechen, so können wir schreiben

$$p(x_i|y_1) = p(x_i|y_2) = \cdots = p(x_i|y_c) = \frac{f_{i.}}{N}$$

für i = 1, ..., r. Beachten wir den Ausdruck der bedingten Häufigkeitsverteilung (3.6), so ergibt sich

$$\frac{f_{i.}}{N} = \frac{f_{ij}}{f_{.j}}$$

bzw.

$$\boxed{f_{ij} = \frac{f_{i.} f_{.j}}{N}} \tag{3.8}$$

für i = 1, ..., r und j = 1, ..., c oder mit Hilfe der relativen Häufigkeiten

$$\boxed{p_{ij} = p_{i.} p_{.j}} \tag{3.9}$$

Hieraus lassen sich die nachstehenden Schlussfolgerungen ziehen:

1. Wenn das Merkmal X von Merkmal Y statistisch unabhängig ist, dann ist auch Y von X statistisch unabhängig.

2. Bei statistischer Unabhängigkeit zwischen X und Y (bzw. A und B) lässt sich die zweidimensionale Häufigkeitsverteilung dieser Merkmale aus der Kenntnis der Randverteilungen bestimmen.

Beispiel 3.3 Nehmen wir an, für den in Tabelle 3.2 gegebenen Sachverhalt hätte sich die bivariate Häufigkeitstabelle (Tabelle 3.7) ergeben. Es lässt sich nun zeigen, dass die Merkmale A und B statistisch unabhängig sind.

Die absoluten Häufigkeiten der Verteilung des Merkmals „Rechtsform" der 88 zahlungsfähigen Firmen sind das Doppelte der entsprechenden absoluten Häufigkeiten der 44 nicht zahlungsfähigen Firmen. Die absoluten Häufigkeiten sind proportional, und damit gleichen sich die bedingten Verteilungen, die sich in den beiden Spalten der Tabelle 3.7 bilden lassen.

Tabelle 3.7 Zweidimensionale Häufigkeitstabelle bei Unabhängigkeit

Merkmal B: Zahlungsfähigkeit / Merkmal A: Rechtsform	zahlungsfähig $[b_1]$	nicht zahlungsfähig $[b_2]$	Zeilensummen
GmbH $[a_1]$	20	10	30
OHG $[a_2]$	10	5	15
KG $[a_3]$	40	20	60
Einzelunternehmer $[a_4]$	18	9	27
Spaltensummen	88	44	132

Die statistische Unabhängigkeit erkennt man noch deutlicher, wenn man für die bedingten Häufigkeitsverteilungen die relativen Häufigkeiten bildet. So ergibt sich z. B. für die beiden Werte der ersten Zeile in Tabelle 3.7 $p(a_1|b_1) = 20/88 = 5/22$ und $p(a_1|b_2) = 10/44 = 5/22$.

Bei statistischer Unabhängigkeit genügt die Kenntnis der Randverteilungen für die beiden Merkmale, um die gemeinsamen absoluten bzw. relativen Häufigkeiten bestimmen zu können. Für f_{32} z. B. erhalten wir nach (3.8):

$$f_{32} = \frac{f_{3.}f_{.2}}{N} = \frac{60 \cdot 44}{132} = 20.$$

Es liegt aber nun auch die Frage nahe, wie sich „Zusammenhänge" bzw. „Abhängigkeiten" zwischen den beiden Merkmalen quantifizieren lassen, wenn keine statistische Unabhängigkeit vorliegt. Ist der Zusammenhang stark ausgeprägt oder nicht? Lässt sich die Abhängigkeit durch eine mathematische Funktion beschreiben? Solchen Fragen soll in den beiden folgenden Abschnitten nachgegangen werden.

3.2 Korrelationsanalyse

Ähnlich wie wir eindimensionale Häufigkeitsverteilungen durch einzelne Parameter charakterisiert haben, können wir bivariate Verteilungen ebenfalls durch bestimmte Koeffizienten kennzeichnen. Sie sollen gewisse Eigenschaften einer Häufigkeitsverteilung durch eine einzige Zahl ausdrücken. Ausgangspunkt ist die verbundene Beobachtung zweier Merkmale. Zeigt sich dabei, dass sich mit der Veränderung in der Ausprägung des einen Merkmals systematisch die des anderen Merkmals verändert, so spricht man allgemein von Korrelation.

Gegenstand der Korrelationsanalyse ist also die Bestimmung eines Koeffizienten für die **Stärke des Zusammenhangs** bzw. den **Grad der Beziehung** zwischen zwei Merkmalen. Da also auf das jeweilige Skalenniveau der betrachteten Merkmale zu achten ist, weist dieses Kapitel eine entsprechende Gliederung auf.

Die Zahlenwerte der Koeffizienten sollten im Wertebereich zwischen null (keine Korrelation) und eins (vollständige Korrelation) liegen. Bei allen Koeffizienten ist zu beachten, dass ein rein rechnerisch ermittelter, mehr oder weniger starker Zusammenhang nicht unbedingt auch einen ursächlichen Zusammenhang zwischen den beiden Merkmalen bedeutet. Es kann sich nämlich um eine **Unsinns-** und/oder **Scheinkorrelation** handeln, die bspw. dann auftritt, wenn beide Merkmale von einer dritten Größe beeinflusst werden. So kann z. B. die hohe Korrelation zwischen dem Rückgang der Zahl der Störche und der Zahl der Geburten durch die Industrialisierung in einem Land gleichgerichtet beeinflusst werden (Schein- und Unsinnskorrelation). Es sollte deshalb zwischen den zu untersuchenden Größen aus fachwissenschaftlicher Sicht ein Zusammenhang vermutet werden können.

Im Folgenden werden aus der Vielzahl der für die unterschiedlichsten fachwissenschaftlichen Fragestellungen entwickelten Koeffizienten diejenigen dargestellt, die im wirtschafts- und sozialwissenschaftlichen Bereich Anwendung finden. Dabei beginnen wir mit den Koeffizienten, die lediglich nominalskalierte Daten erfordern.

3.2.1 Koeffizienten für nominalskalierte Merkmale

Es sollen im Folgenden **Assoziationsmaße** dargestellt werden, die die Stärke des Zusammenhanges zwischen zwei nominalskalierten Merkmalen A und B aus einer Assoziationstabelle charakterisieren. Es handelt sich um die quadratische Kontingenz χ^2 (sprich: Chi-Quadrat), den Phi-Koeffizienten ϕ und den Kontingenzkoeffizienten C.

3.2.1.1 Quadratische Kontingenz χ^2

Unabhängigkeit zweier Merkmale A und B liegt dann vor, wenn, wie wir gesehen haben,

$$f_{ij} = \frac{f_{i.}f_{.j}}{N} \text{ für } i = 1, \ldots, r \text{ und } j = 1, \ldots, c,$$

vgl. (3.8). Zur Messung des Zusammenhanges liegt es nun nahe, die in der Assoziationstafel stehenden absoluten Häufigkeiten mit den Werten zu vergleichen, die sich bei Unabhängigkeit ergeben würden. Damit positive und negative Abweichungen sich nicht aufheben, bildet man die quadratischen Abweichungen und relativiert außerdem die Abweichungen, indem man durch die theoretisch erwarteten Werte dividiert. Aufgrund dieser Überlegung erhält man als **quadratische Kontingenz χ^2**

$$\chi^2 = \sum_{i=1}^{r} \sum_{j=1}^{c} \frac{\left(f_{ij} - \frac{f_{i.}f_{.j}}{N}\right)^2}{\frac{f_{i.}f_{.j}}{N}} = N \left(\sum_{i=1}^{r} \sum_{j=1}^{c} \frac{f_{ij}^2}{f_{i.}f_{.j}} - 1 \right) \quad (3.10)$$

Letztere Formel ist rechentechnisch günstiger – insbesondere bei großen r und/oder c. Bei Unabhängigkeit zwischen A und B wird χ^2 zwar null, jedoch ist es als Maß für die Stärke des Zusammenhangs noch nicht unmittelbar brauchbar, da der Maximalwert nicht eins ist, sondern unbegrenzt große Werte annehmen kann. χ^2 hängt nämlich von N ab. Damit aber lassen sich Ergebnisse aus Assoziationstabellen mit unterschiedlichen Grundgesamtheiten nicht miteinander vergleichen. Trotz dieses Nachteils ist χ^2 als eigenständiges Assoziationsmaß dargestellt worden, da es den Ausgangspunkt für eine Reihe von Koeffizienten bildet und außerdem in der schließenden Statistik bei Tests eine große Rolle spielt.

3.2.1.2 Phi-Koeffizient ϕ

Dividiert man (3.10) durch N und bildet dann die Quadratwurzel, so erhält man den **Phi-Koeffizienten** ϕ

$$\phi = \sqrt{\frac{\chi^2}{N}} \qquad (3.11)$$

(Die quadratische Größe ϕ^2 bezeichnet man als mittlere quadratische Kontingenz.) Gibt es keinen Zusammenhang zwischen den Merkmalen A und B, so wird ϕ gleich null, bei vollständigem Zusammenhang erhält ϕ für (quadratische) r x r-Tabellen den maximalen Wert von $\sqrt{r-1}$.

Für den Sonderfall einer **Vierfeldertafel**, d. h. r = 2, wird der maximale Wert von ϕ gleich eins und hat damit die gewünschte Obergrenze. Dann lässt sich der Phi-Koeffizient einfach berechnen, wobei eine besondere Symbolik eingeführt wird (vgl. Tabelle 3.8).

Tabelle 3.8   Bezeichnung in der Vierfeldertafel

A \ B	b_1	b_2	Σ
a_1	c	d	c + d
a_2	e	f	e + f
Σ	c + e	d + f	N

Es ist dann

$$\phi = \frac{cf - de}{\sqrt{(c+e)(d+f)(c+d)(e+f)}} \qquad (3.12)$$

(Die Beziehung zwischen (3.11) und (3.12) zeigt Ferschl (1985), S. 218 f.) Der Wert $\phi = +1$ wird bei ausschließlicher Besetzung der Haupt-, der Wert $\phi = -1$ bei ausschließlicher Besetzung der Nebendiagonalen erreicht. Wenn dagegen z. B. die Werte in Zeile 2 ein Vielfaches der Werte in Zeile 1 darstellen, d. h. statistische Unabhängigkeit besteht, so wird $\phi = 0$.

Während bei Rangmerkmalen und metrisch skalierten Merkmalen das Vorzeichen eine Richtung anzeigt und man deshalb dort von positiven (gleichsinnigen) und negativen (gegenläufigen) Zusammenhängen sprechen kann, ist dies bei qualitativen Merkmalen nur ausnahmsweise der Fall, da hier die Kategorien beliebig vertauscht werden können.

Beispiel 3.4 Es soll geprüft werden, ob in der Statistik KG zwischen der „Art der Tätigkeit" (Angestellte – Arbeiter und dem „Geschlecht" ein Zusammenhang besteht (vgl. Beispiel 2.1 und Beispiel 2.1). Die zugehörige Vierfeldertafel ist in Tabelle 3.9 dargestellt.

Tabelle 3.9 Bezeichnung in der Vierfeldertafel

Geschlecht Art der Tätigkeit	männlich	weiblich	Σ
Angestellte	130	50	180
Arbeiter	12	8	20
Σ	142	58	200

ϕ berechnet sich dann mit (3.12) zu

$$\phi = \frac{cf - de}{\sqrt{(c+e)(d+f)(c+d)(e+f)}} = \frac{130 \cdot 8 - 50 \cdot 12}{\sqrt{142 \cdot 58 \cdot 180 \cdot 20}} = 0{,}081.$$

Zwischen der Art der Tätigkeit und dem Geschlecht besteht demnach kein Zusammenhang.

3.2.1.3 Kontingenzkoeffizient C

Der von Karl Pearson entwickelte **Kontingenzkoeffizient** basiert auf der quadratischen Kontingenz (3.10), vermeidet jedoch den dort genannten Nachteil. Außerdem ist seine Anwendung nicht – wie beim Phi-Koeffizienten – auf quadratische Assoziationstafeln beschränkt. C ist definiert als

$$\boxed{C = \sqrt{\frac{\chi^2}{N + \chi^2}}} \qquad (3.13)$$

wobei stets die positive Quadratwurzel verwendet wird.

3.2 Korrelationsanalyse

Genau wie χ^2 nimmt C den Wert null bei Unabhängigkeit der Merkmale A und B an. Mit größer werdendem χ^2 nähert sich C zwar eins, erreicht diesen Wert jedoch nicht. Der Maximalwert C_{max} hängt von der Zeilenzahl r bzw. der Spaltenzahl c in der Assoziationstabelle ab und lässt sich nach

$$C_{max} = \sqrt{\frac{m-1}{m}} \text{ mit } m = \min(r,c) \qquad (3.14)$$

berechnen. Bei nichtquadratischen Assoziationstafeln ist also jeweils der kleinere Wert aus Spalten- und Zeilenzahl zur Bestimmung von C_{max} zu benutzen. Ein Vergleich von Koeffizienten, die aus Tafeln mit unterschiedlicher Zeilen- bzw. Spaltenzahl stammen, wird durch die Abhängigkeit von c bzw. r erschwert. Korrigiert man jedoch C durch

$$C_{korr} = \frac{C}{C_{max}} \qquad (3.15)$$

so erhält man einen Wert, der immer zwischen null (kein Zusammenhang) und eins (vollständiger Zusammenhang) liegt.

Beispiel 3.5 Für den in Beispiel 3.2 gegebenen Sachverhalt soll untersucht werden, ob zwischen der Rechtsform der Unternehmen und ihrer Zahlungsfähigkeit ein Zusammenhang besteht. Da zunächst χ^2 zu berechnen ist, müssen die zu den beobachteten Werten der Tabelle 3.3 erwarteten Werte bei Unabhängigkeit nach (3.8) berechnet werden (vgl. Tabelle 3.10).

Unter Zuhilfenahme der Werte aus der Tabelle 3.3 und Tabelle 3.10 kann χ^2 nun nach (3.10) wie folgt berechnet werden

$$\chi^2 = \frac{(26-25)^2}{25} + \frac{(14-15)^2}{15} + \frac{(50-48)^2}{48} + \frac{(20-22)^2}{22}$$
$$+ \frac{(4-5)^2}{5} + \frac{(4-3)^2}{3} + \frac{(8-10)^2}{10} + \frac{(6-4)^2}{4} = 2{,}25.$$

Tabelle 3.10 Assoziationstabelle mit erwarteten Häufigkeiten bei Unabhängigkeit (auf ganze Zahlen gerundet)

Merkmal A: Rechtsform \ Merkmal B: Zahlungsfähigkeit	zahlungsfähig [b_1]	nicht zahlungsfähig [b_2]	Σ
GmbH [a_1]	25	5	30
OHG [a_2]	15	3	18
KG [a_3]	48	10	58
Einzelunternehmer [a_4]	22	4	26
Σ	110	22	132

Mit diesem Ergebnis lässt sich der Kontingenzkoeffizient in (3.13) bestimmen

$$C = \sqrt{\frac{\chi^2}{N + \chi^2}} = \sqrt{\frac{2{,}25}{132 + 2{,}25}} = 0{,}129.$$

Für m = 2 lässt sich hieraus der maximale Wert von C nach (3.14) mit

$$C_{max} = \sqrt{\frac{m-1}{m}} = \sqrt{\frac{2-1}{2}} = 0{,}707$$

angeben. Damit zeigt C nur einen ganz geringfügigen Zusammenhang zwischen Rechtsform und Zahlungsfähigkeit in der betrachteten Branche während des Untersuchungszeitraumes, was auch durch C_{korr} nach (3.15) mit $C_{korr} = 0{,}129/0{,}707 = 0{,}183$ bestätigt wird.

3.2.2 Koeffizienten für ordinalskalierte Merkmale

Wir gehen im Folgenden von zwei ordinalskalierten Merkmalen A und B aus. Als Messung des Zusammenhangs lassen sich hierbei **Rangkorrelationskoeffizienten** berechnen, von denen hier die Rangkorrelationskoeffizienten ρ_R nach Spearman, τ nach Kendall und γ nach Goodman-Kruskal dargestellt werden.

3.2.2.1 Rangkorrelationskoeffizient ρ_R nach Spearman

Ordinalskalierte Merkmale können in eine natürliche Rangfolge gebracht werden. Der **Rangkorrelationskoeffizient** ρ_R nach **Spearman** geht deshalb nicht von den Merkmalsausprägungen $a_1, ..., a_N$ und $b_1, ..., b_N$ aus, sondern ordnet ihnen entsprechend ihrer Größe Rangnummern $R_1, ..., R_N$ bzw. $R_1', R_i', ..., R_N'$ zu, wenn alle Merkmalsausprägungen verschieden sind.

Stimmen mehrere Merkmalswerte bei A oder B jeweils in ihrer Größe überein – man spricht von **Bindungen** (ties) –, dann lässt sich diesen das arithmetische Mittel der entsprechenden Rangnummern zuordnen. Dieses Vorgehen gewährleistet, dass die Rangnummernsumme bei Mittelung mit der Rangnummernsumme bei Unterscheidbarkeit übereinstimmt. Der Spearmansche Rangkorrelationskoeffizient ist gegeben durch

$$\rho_R = 1 - \frac{6 \sum_{i=1}^{N} (R_i - R_i')^2}{N(N^2 - 1)} = 1 - \frac{6 \sum_{i=1}^{N} D_i^2}{N(N^2 - 1)} \qquad (3.16)$$

(3.16) lässt sich aus dem unter 3.2.3.2 noch zu behandelnden Korrelationskoeffizienten nach Bravais-Pearson (3.21) ableiten, indem man diesen auf die Rangnummern anwendet; zur Ableitung vgl. Ferschl (1985), S. 285.) Der Wertebereich von ρ_R liegt zwischen +1 und –1. Bei $\rho_R = +1$ verlaufen die Rangnummern völlig gleichsinnig, d. h. $R_i = R_i'$ für jedes i. Der Wert –1 wird genau dann erreicht, wenn die Rangnummern entgegengesetzt verlaufen, d. h. wenn der 1. Rang für das Merkmal A dem N-ten Rang für das Merkmal B entspricht, usw.

Beispiel 3.6 Zwei unabhängige Gutachter A und B sollen für eine Kreditversicherungsgesellschaft die Bonität von sieben Unternehmen beurteilen. Die Unternehmen werden dabei anhand eines Punkteschemas von 1 (sehr schlechte Bonität) bis 10 (sehr gute Bonität) eingestuft. Das Ergebnis der Beurteilung ist in Tabelle 3.11. angegeben.

Tabelle 3.11 Bonitätsprüfung zweier Gutachter für sieben Firmen

Firma	Gutachter A		Gutachter B			
i	Punkte A_i	Rangnummer n R_i	Punkte A_i	Rangnummer n R'_i	$R_i - R'_i = D_i$	D_i^2
1	2	7	3	6	1	1
2	3	5,5	2	7	-1,5	2,25
3	3	5,5	4	5	0,5	0,25
4	6	4	6	3	1	1
5	7	3	5	4	-1	1
6	8	2	8	2	0	0
7	9	1	10	1	0	0
						5,5

Nach (3.16) ergibt sich

$$\rho_R = 1 - \frac{6\sum_{i=1}^{N} D_i^2}{N(N^2 - 1)} = 1 - \frac{6 \cdot 5{,}5}{7(7^2 - 1)} = 0{,}90.$$

Es zeigt sich eine sehr große Übereinstimmung in der Beurteilung der sieben Firmen durch die beiden Gutachter.

3.2.2.2 Rangkorrelationskoeffizient τ nach Kendall

Statt wie beim Spearmanschen Rangkorrelationskoeffizienten von Rangnummern im Hinblick auf ihre Differenzen auszugehen, lassen sich auch Paare von Merkmalsausprägungen dahingehend betrachten, ob sie gleichsinnig (konkordant) oder gegensinnig (diskordant) verlaufen. Nehmen wir an, zwei Testpersonen sollen zwei unterschiedliche Verpackungen für ein Produkt beurteilen, wobei Testperson 1 Verpackung a_1 besser beurteilt als Verpackung a_2 und Testperson 2 die gleiche Abstufung bzgl. der beiden Verpackungen, wenn auch mit niedrigerer Punktzahl, vornimmt (Die Reihenfolge im Alphabet soll zugleich die Rangordnung zum Ausdruck bringen.):

	Testperson	
Verpackung A	1	2
a_1	c	d
a_2	e	e

Da c ein besseres Ergebnis als d und d ein besseres als e bedeuten soll, können wir festhalten: Verpackung a_1 wird durch beide Testpersonen besser beurteilt als Verpackung a_2. Beide

3.2 Korrelationsanalyse

Testpersonen vergeben bzgl. den Verpackungen die gleiche Rangordnung. Ein solches Paar (a_1, a_2) heißt konkordant (gleichsinnig, positiv). Eine diskordante (gegensinnige, negative) Anordnung läge bei folgendem Sachverhalt vor: Gehen wir davon aus, dass zwei weitere Verpackungen (a_3, a_4) durch die beiden Testpersonen mit folgendem Ergebnis beurteilt werden:

Verpackung A	Testperson	
	1	2
a_3	c	d
a_4	e	c

Hier wird Verpackung a_3 zwar durch die erste Testperson besser, aber durch die zweite Testperson schlechter als die Verpackung a_4 beurteilt. Beide Testpersonen geben den Verpackungen also offensichtlich eine unterschiedliche Rangordnung.

Eine Beziehung zwischen zwei Merkmalen wird konkordant genannt, wenn hohe Werte des einen Merkmals mit hohen Werten des anderen Merkmals verbunden sind. Eine Beziehung heißt diskordant, wenn hohe Werte des einen Merkmals mit niedrigen Werten des anderen Merkmals gekoppelt sind.

Es gibt nun für ordinalskalierte Merkmale einige Maße, die auf einem solchen Paarvergleich beruhen. Eines davon ist **Kendalls** τ. Wie beim Rangkorrelationskoeffizienten nach Spearman werden zunächst den N Ausprägungen der Merkmale A und B Rangnummern zugeordnet und diese so geordnet, dass die Rangnummern des Merkmals A in natürlicher Reihenfolge erscheinen. Dann zählt man die Anzahl der den Ausprägungen des Merkmals B folgenden *höheren* Rangnummern, die wir mit Q_i bezeichnen. $\sum Q_i$ gibt dabei gerade die Anzahl der konkordanten Paare an. Es soll im Folgenden nur der einfachere Fall, dass **keine Bindungen** auftreten, behandelt werden. Dann ist Kendall's τ gegeben mit

$$\boxed{\tau = \frac{4 \sum_{i=1}^{N} Q_i}{N(N-1)} - 1} \qquad (3.17)$$

(Zum Nachweis von (3.17) vgl. Ferschl (1985), S. 291 f.) Wie ρ_R liegt τ immer zwischen -1 und $+1$: Bei $\tau = +1$ liegt eine vollständige Übereinstimmung der Rangnummern von A und B vor, bei $\tau = -1$ verlaufen die Rangnummern völlig gegensinnig (Für den Fall auftretender Bindungen vgl. Ferschl (1985), S. 292 f.).

Beispiel 3.7 Nehmen wir die gleiche Fragestellung wie in Beispiel 3.6 an, jedoch hätten die beiden Gutachter bei ihrer Bonitätsprüfung für die sieben Firmen die Rangplätze vergeben, wie sie in Tabelle 3.12 angegeben sind. Dabei werden die Ränge von A in aufsteigender Rangfolge angegeben.

Tabelle 3.12 Bonitätsprüfung für sieben Firmen durch zwei Gutachter

Firma i	Rangnummer n Gutachter A	Rangnummer n Gutachter B	Q_i	P_i
1	1	2	5	1
2	2	1	5	0
3	3	3	4	0
4	4	6	1	2
5	5	4	2	0
6	6	5	1	0
7	7	7	0	0
			18	3

(Die Werte der letzten Spalte bleiben zunächst unbeachtet.) Nach (3.17) ist

$$\tau = \frac{4 \sum_{i=1}^{N} Q_i}{N(N-1)} - 1 = \frac{4 \cdot 18}{7(7-1)} - 1 = 0{,}714.$$

Dieses Ergebnis zeigt eine deutliche Übereinstimmung in der Beurteilung der sieben Firmen durch die beiden Gutachter.

3.2.2.3 Rangkorrelationskoeffizient γ nach Goodman-Kruskal

Ein in der empirischen Sozialforschung häufig benutztes Maß zur Messung von Zusammenhängen bei ordinalskalierten Merkmalen ist der sehr einfach zu berechnende **Kontingenzkoeffizient γ** nach **Goodman-Kruskal**. Man setzt die Differenz aus der Zahl konkordanter Paare (N_k) und diskordanter Paare (N_d) ins Verhältnis zur Summe der konkordanten und diskordanten Paare, d. h. es ist

$$\boxed{\gamma = \frac{N_k - N_d}{N_k + N_d}} \qquad (3.18)$$

3.2 Korrelationsanalyse

N_k entspricht der Größe $\sum Q_i$ in (3.17) und die Zahl der diskordanten Paare N_d ist $\sum P_i$, wobei P_i die Anzahl der den Ausprägungen des Merkmals B folgenden *niedrigeren* Rangnummern ist (vgl. die entsprechenden Überlegungen zu Q_i in Kapitel 3.2.2.2). Bindungen werden in der Berechnung nicht berücksichtigt, in (3.18) geht nur die Zahl der konkordanten und diskordanten Paare ein. Wie bei den zuvor behandelten Maßen gilt $-1 \leq \gamma \leq +1$. Wenn keine Bindungen auftreten, so gilt $\gamma = \tau$.

Beispiel 3.8 Für den in Beispiel 3.7 gegebenen Sachverhalt soll γ entsprechend den Werten der Tabelle 3.12 berechnet werden. Wir setzen zunächst $\sum_{i=1}^{N} Q_i = N_k$ und $\sum_{i=1}^{N} P_i = N_d$ und erhalten damit nach (3.18) sofort

$$\gamma = \frac{N_k - N_d}{N_k + N_d} = \frac{18 - 3}{18 + 3} = 0{,}714,$$

was mit dem in Beispiel 3.7 gefundenen Ergebnis identisch ist.

3.2.3 Koeffizienten für metrisch skalierte Merkmale

Nunmehr gehen wir von den Ausprägungen zweier metrisch skalierter Merkmale X und Y aus und betrachten für die Messung des Zusammenhanges zwischen beiden die empirische Kovarianz S_{xy} und den empirischen Korrelationskoeffizienten nach Bravais-Pearson ρ. Einen ersten Eindruck über die Stärke des Zusammenhanges zwischen den beiden betrachteten Merkmalen erhält man dadurch, dass man die einzelnen Wertepaare $(x_i, y_j; i, j = 1, ..., N)$ in einem **Streuungsdiagramm** graphisch darstellt (vgl. verschiedene Streuungsdiagramme in Abb. 3.1).

Der Zusammenhang zwischen den Merkmalen X und Y ist umso stärker, je näher die Wertepaare im Streuungsdiagramm am Graph einer mathematischen Funktion liegen, wobei sich unsere Überlegungen auf einen linearen Zusammenhang zwischen den beiden Merkmalen beschränken.

Abb. 3.1   Verschiedene Streuungsdiagramme mit unterschiedlichen Stärken des Zusammenhanges zwischen X und Y

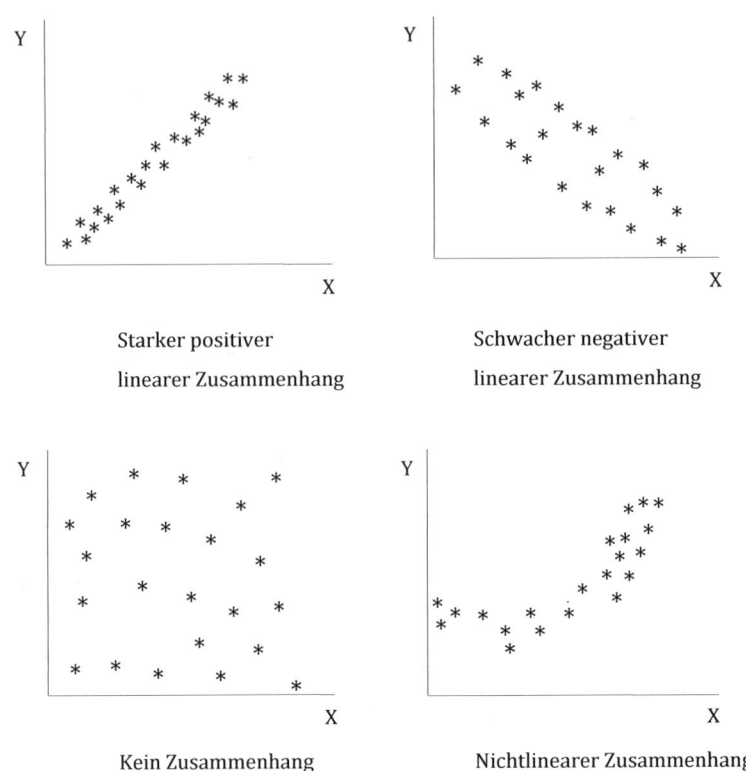

Im oberen linken Schaubild von Abb. 3.1 liegt ein starker positiver linearer Zusammenhang zwischen beiden Merkmalen vor, da die Wertepaare dicht bei einer Geraden liegen. Hier sind kleine Merkmalsausprägungen von X mit kleinen Ausprägungen von Y und große Ausprägungen von X mit großen Ausprägungen von Y verknüpft. Im Schaubild oben rechts liegt ein schwächerer negativer linearer Zusammenhang vor, da die Wertepaare nicht so dicht an einer Geraden liegen und große (kleine) Ausprägungen von X mit kleinen (großen) Ausprägungen von Y verbunden sind.

Das Streuungsdiagramm unten links zeigt eine Konstellation, bei der kein Zusammenhang besteht. Ein Maß, das den linearen Zusammenhang misst, wird allerdings nicht nur bei einer solchen regellosen Punktwolke nahe bei null liegen und keinen oder geringen Zusammenhang anzeigen, sondern auch bei nichtlinearen Verläufen oder bei einem Verlauf der Wertepaare parallel zur X- oder Y-Achse. Die Abbildung unten rechts stellt einen nichtlinearen Zusammenhang dar.

3.2 Korrelationsanalyse

3.2.3.1 Empirische Kovarianz S_{xy}

Die diesem Maß zugrunde liegende Idee soll anhand Abb. 3.2 verdeutlicht werden. In das Streuungsdiagramm lässt sich durch die beiden arithmetischen Mittel $\bar{X}$ und $\bar{Y}$ ein Achsenkreuz legen. Dadurch wird die Fläche des Streuungsdiagramms in die vier Quadranten I–IV aufgeteilt.

Abb. 3.2 Streuungsdiagramm zur empirischen Kovarianz

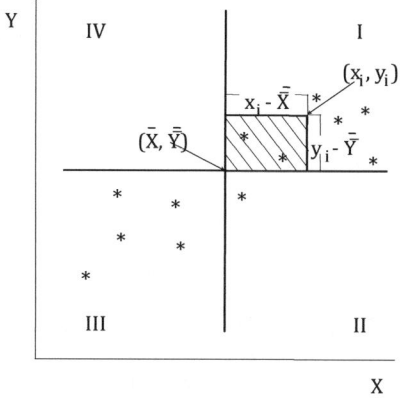

Bilden wir nun die Abweichungsprodukte $(x_i - \bar{X})(y_i - \bar{Y})$, die im I. und III. Quadranten ein positives, im II. und IV. Quadranten ein negatives Vorzeichen annehmen, so erhalten wir Rechtecksflächen. Summierung über alle Abweichungsprodukte und anschließende Division durch die Gesamtzahl der Wertepaare zwecks Mittelung führt zur **empirischen Kovarianz** S_{xy} oder σ_{xy} für **nicht gruppierte Daten**

$$\boxed{S_{xy} = \sigma_{xy} = \frac{1}{N}\sum_{i=1}^{N}(x_i - \bar{X})(y_i - \bar{Y})} \tag{3.19}$$

Da bei einem positiven Zusammenhang zwischen den beiden Merkmalen die Punkte der Wertepaare im Streuungsdiagramm größtenteils im Bereich I und III liegen, wird die Mehrzahl der Abweichungsprodukte – und damit (3.19) – positiv sein. Bei einem negativen Zusammenhang liegen die Punkte der Wertepaare im Streuungsdiagramm überwiegend im II. und IV. Quadranten, demnach wird (3.19) dann negativ.

Tritt nicht jedes Beobachtungswertepaar nur einmal auf, sondern soll die Kovarianz aufgrund **gruppierter Daten** berechnet werden, so sind die Abweichungsprodukte, in die wie im eindimensionalen Fall die Klassenmitten x_i^* bzw. y_j^* eingehen, mit den Häufigkeiten f_{ij} zu multiplizieren, d. h.

$$S_{xy} = \sigma_{xy} = \frac{1}{N}\sum_{i=1}^{r}\sum_{j=1}^{c}(x_i^* - \overline{X})(y_j^* - \overline{Y})\,f_{ij} \tag{3.20}$$

Die Kovarianz ist maßstabsabhängig, d. h. sie hängt von den Maßeinheiten ab, in denen die Merkmale X und Y gemessen werden. Dadurch liegt der Wertebereich zwischen null und $\pm\infty$. Es ist deshalb sinnvoll, die Kovarianz zu normieren, was zu dem folgenden Korrelationskoeffizienten führt.

3.2.3.2 Empirischer Korrelationskoeffizient ρ nach Bravais-Pearson

Um von der empirischen Kovarianz zu einer maßstabsunabhängigen Maßzahl zu gelangen, liegt es nahe, die Kovarianz S_{xy} (3.19) durch das Produkt der Standardabweichungen S_x und S_y zu dividieren. Dies führt zum **empirischen Korrelationskoeffizienten** ρ nach **Bravais-Pearson** – auch **Produkt-Moment-Korrelationskoeffizient** oder **Maßkorrelationskoeffizient** genannt – bei **ungruppierten Daten**:

$$\rho = \frac{S_{xy}}{S_x S_y} = \frac{\sum_{i=1}^{N}(x_i - \overline{X})(y_i - \overline{Y})}{\sqrt{\sum_{i=1}^{N}(x_i - \overline{X})^2 \sum_{i=1}^{N}(y_i - \overline{Y})^2}} \tag{3.21}$$

Wenn einfach von „Korrelationskoeffizient" gesprochen wird, so ist meist dieses Maß gemeint. Es handelt sich um einen normierten Zusammenhangskoeffizienten, der nur Werte zwischen 1 und –1 annehmen kann. Wenn ρ = 0, so sind die beiden Merkmale unkorreliert, bei ρ > 0 bzw. ρ < 0 heißen sie positiv bzw. negativ korreliert. Je größer ρ absolut gesehen, umso stärker ist der lineare Zusammenhang zwischen X und Y – umso näher liegen die Werte im Streuungsdiagramm an einer Geraden. Da ρ nur eine Aussage über den linearen Zusammenhang trifft, kann der Koeffizient als ein Maß für den Grad der Linearität zwischen X und Y angesehen werden.

Setzen wir für $x_i - \overline{X} = x_i'$ und $y_i - \overline{Y} = y_i'$, so lässt sich (3.21) verkürzt schreiben als

3.2 Korrelationsanalyse

$$\boxed{\rho = \frac{\sum_{i=1}^{N} x'_i y'_i}{\sqrt{\sum_{i=1}^{N} x'^2_i \sum_{i=1}^{N} y'^2_i}}} \tag{3.22}$$

Umformungen, wie diejenigen bei der empirischen Varianz (vgl. Übergang von (2.40) nach (2.41)), führen zu

$$\rho = \frac{\sum_{i=1}^{N} x_i y_i - N\overline{X}\overline{Y}}{\sqrt{\left(\sum_{i=1}^{N} x_i^2 - N\overline{X}^2\right)\left(\sum_{i=1}^{N} y_i^2 - N\overline{Y}^2\right)}} \tag{3.23}$$

was die Berechnung manchmal erleichtert. Eine Berechnung, die ohne vorherige Bestimmung der Mittelwerte auskommt, erhält man durch Multiplikation mit N von Zähler und Nenner in (3.23):

$$\rho = \frac{N \sum_{i=1}^{N} x_i y_i - \sum_{i=1}^{N} x_i \sum_{i=1}^{N} y_i}{\sqrt{\left(N \sum_{i=1}^{N} x_i^2 - (\sum x_i)^2\right)\left(N \sum_{i=1}^{N} y_i^2 - (\sum y_i)^2\right)}} \tag{3.24}$$

Beispiel 3.9 Nehmen wir an, in einem Unternehmen mit N = 10 Verkaufsfilialen möchte man in einem bestimmten Jahr die Stärke des Zusammenhanges zwischen der Verkaufsfläche X (in Tsd. qm) und dem Jahresumsatz Y (in Mio. €) quantifizieren. In Tabelle 3.13 sind die zur Berechnung von ρ nach (3.21) benötigten Werte zusammengestellt.

Trägt man die Werte der Spalten (2) und (3) der Tabelle 3.13 in ein Streuungsdiagramm ein (vgl. Abb. 3.3), so erkennt man bereits einen positiven, annähernd linearen Zusammenhang.

Tabelle 3.13 Arbeitstabelle zur Berechnung des Korrelationskoeffizienten

Filiale i	Verkaufsfläche x_i	Jahresumsatz y_i	$x_i - \bar{X}$ $= x_i'$	$y_i - \bar{Y}$ $= y_i'$	$(x_i - \bar{X})^2$ $= x_i'^2$	$(y_i - \bar{Y})^2$ $= y_i'^2$	$(x_i - \bar{X})(y_i - \bar{Y})$ $= x_i' y_i'$
(1)	(2)	(3)	(4)	(5)	(6)	(7)	(8)
1	0,5	3,0	−0,54	−2,64	0,2916	6,9696	1,4256
2	0,9	5,1	−0,14	−0,54	0,0196	0,2916	0,0756
3	1,1	5,5	0,06	−0,14	0,0036	0,0196	−0,0084
4	1,5	7,3	0,46	1,66	0,2116	2,7556	0,7636
5	1,2	6,2	0,16	0,56	0,0256	0,3136	0,0896
6	1,4	7,0	0,36	1,36	0,1296	1,8496	0,4896
7	1,6	8,1	0,56	2,46	0,3136	6,0516	1,3776
8	0,8	4,9	−0,24	−0,74	0,0576	0,5476	0,1776
9	1,0	6,1	−0,04	0,46	0,0016	0,2116	−0,0184
10	0,4	3,2	−0,64	−2,44	0,4096	5,9536	1,5616
Σ	10,4	56,4			1,4640	24,9640	5,9340

Abb. 3.3 Streuungsdiagramm für die Werte von Beispiel 3.9

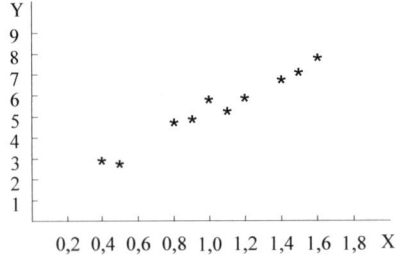

Zunächst sind die beiden ungewogenen arithmetischen Mittel mit $\bar{X} = 1{,}040$ und $\bar{Y} = 5{,}640$ zu berechnen. Dann lassen sich die Spalten (4)–(8) der Arbeitstabelle bestimmen, und damit ist der Korrelationskoeffizient nach (3.21) bzw. (3.22)

$$\rho = \frac{\sum_{i=1}^{N}(x_i - \bar{X})(y_i - \bar{Y})}{\sqrt{\sum_{i=1}^{N}(x_i - \bar{X})^2 \sum_{i=1}^{N}(y_i - \bar{Y})^2}} = \frac{\sum_{i=1}^{N} x_i' y_i'}{\sqrt{\sum_{i=1}^{N} x_i'^2 \sum_{i=1}^{N} y_i'^2}} = \frac{5{,}934}{\sqrt{1{,}464 \cdot 24{,}964}} = 0{,}982.$$

Wie bereits vermutet, handelt es sich um einen sehr starken positiven Zusammenhang zwischen der Verkaufsfläche und dem Jahresumsatz.

3.2 Korrelationsanalyse

Liegt **gruppiertes Datenmaterial** vor, so lässt sich ρ nur näherungsweise bestimmen, da die unbekannten Gruppenmittelwerte durch die Klassenmitten ersetzt werden. Die Kovarianz (3.20) wird durch die gewogenen Standardabweichungen dividiert, und man erhält

$$\rho = \frac{\sum_{i=1}^{r} \sum_{j=1}^{c} (x_i^* - \overline{X})(y_j^* - \overline{Y}) f_{ij}}{\sqrt{[\sum_{i=1}^{r}(x_i^* - \overline{X})^2 f_{i.}][\sum_{j=1}^{c}(y_j^* - \overline{Y})^2 f_{.j}]}} \qquad (3.25)$$

bzw. in Analogie zu (3.23)

$$\rho = \frac{\sum_{i=1}^{r} \sum_{j=1}^{c} x_i^* y_j^* f_{ij} - N\overline{X}\overline{Y}}{\sqrt{(\sum_{i=1}^{r} x_i^{*2} f_{i.} - N\overline{X}^2)(\sum_{i=1}^{c} y_i^{*2} f_{.j} - N\overline{Y}^2)}} \qquad (3.26)$$

x_i^* und y_i^* bedeuten wiederum die Klassenmitten, während die $\overline{X}$ und $\overline{Y}$ die Mittelwerte der beiden Randverteilungen darstellen, die durch

$$\overline{X} = \sum_{i=1}^{r} x_i^* \frac{f_{i.}}{N} \qquad (3.27)$$

bzw.

$$\overline{Y} = \sum_{i=1}^{c} y_i^* \frac{f_{.j}}{N} \qquad (3.28)$$

berechnet werden.

Beispiel 3.10 In einer Kleinstadt soll festgestellt werden, ob zwischen dem Alter von Mietshäusern X (in Jahren) und der Miete pro qm Y (in €) ein Zusammenhang besteht. Aufgrund einer Totalerhebung zu einem bestimmten Zeitpunkt in den N = 448 Mietshäusern ergab sich die in Tabelle 3.14 dargestellte zweidimensionale Häufigkeitstabelle.

Tabelle 3.14 Zweidimensionale Häufigkeitstabelle nach Alter der Häuser und Miete pro qm

Alter X \ Miete Y	y_j^* \ x_i^*	$2 \leq y < 4$	$4 \leq y < 6$	$6 \leq y < 8$	$8 \leq y < 10$	$10 \leq y < 12$	$f_{i.}$
		3	5	7	9	11	
$0 < x < 6$	3	0	8	8	4	4	24
$6 \leq x < 12$	9	0	8	20	32	16	76
$12 \leq x < 18$	15	4	16	80	40	8	148
$18 \leq x < 24$	21	4	16	32	28	8	88
$24 \leq x < 30$	27	12	12	20	16	4	64
30 und mehr	33	12	20	12	0	4	48
$f_{.j}$		32	80	172	120	44	448

Zur weiteren Berechnung sind zunächst die Mittelwerte nach (3.27) bzw. (3.28) zu bestimmen:

$$\overline{X} = \sum_{i=1}^{r} x_i^* \frac{f_{i.}}{N} = 3\frac{24}{448} + \cdots + 33\frac{38}{448} = 18{,}1607$$

$$\overline{Y} = \sum_{i=1}^{c} y_i^* \frac{f_{.j}}{N} = 3\frac{32}{448} + \cdots + 11\frac{44}{448} = 7{,}2858.$$

Da die benötigten Arbeitstabellen sehr umfangreich werden, soll auf ihre Darstellung verzichtet werden. Es ist nach (3.25)

$$\rho = \frac{\sum_{i=1}^{r}\sum_{j=1}^{c}(x_i^* - \overline{X})(y_j^* - \overline{Y})\,f_{ij}}{\sqrt{[\sum_{i=1}^{r}(x_i^* - \overline{X})^2 f_{i.}][\sum_{j=1}^{c}(y_j^* - \overline{Y})^2 f_{.j}]}} = \frac{-2516{,}18}{\sqrt{29652{,}42 \cdot 1979{,}43}} = -0{,}328.$$

Aufgrund der etwas weniger aufwendigen Berechnung über (3.26) ergibt sich ebenfalls

$$\rho = \frac{\sum_{i=1}^{r}\sum_{j=1}^{c} x_i^* y_j^* f_{ij} - N\overline{X}\overline{Y}}{\sqrt{\left(\sum_{i=1}^{r} x_i^{*2} f_{i.} - N\overline{X}^2\right)\left(\sum_{i=1}^{c} y_i^{*2} f_{.j} - N\overline{Y}^2\right)}}$$

$$= \frac{56760 - 448 \cdot 18{,}1607 \cdot 7{,}2858}{\sqrt{(177408 - 147755{,}34)(25760 - 23781{,}13)}} = -0{,}328.$$

Es zeigt sich also, dass in der Kleinstadt im Analysezeitpunkt nur ein geringer negativer linearer Zusammenhang zwischen dem Alter der Mietshäuser und ihrer qm-Miete besteht.

3.2 Korrelationsanalyse

3.2.4 Zusammenfassung

- Bei der Berechnung von **Korrelationskoeffizienten** ist zunächst festzustellen, auf welchem **Skalenniveau** die Merkmale gemessen werden. Hiervon hängt nämlich die Art des zu verwendenden Koeffizienten ab. Es sollte auch vorab unter sozioökonomischen Gesichtspunkten untersucht werden, ob ein sachlicher Zusammenhang vorliegt, um **Schein-** oder **Unsinnskorrelationen** zu vermeiden. Bei der Korrelation besteht keine Asymmetrie in der Behandlung der beiden Merkmale, es ist also nicht nötig, abhängiges und unabhängiges Merkmal zu unterscheiden.

- Um etwa **Vergleiche** zu ermöglichen, ist den **normierten Zusammenhangsmaßen** mit einem Wertebereich von −1 bis +1 der Vorzug zu geben. Durch das Vorzeichen wird – bei ordinal- und metrisch skalierten Merkmalen – die Richtung des Zusammenhangs angegeben.

- Bei **nominalskalierten Merkmalen** bietet sich der Kontingenzkoeffizient an. **Ordinalskalierte** Merkmale lassen sich durch den Rangkorrelationskoeffizienten nach Spearman, der Bindungen berücksichtigt, analysieren. Sehr einfach zu berechnen ist das Kontingenzmaß nach Goodman-Kruskal, das Bindungen als irrelevant ansieht.

- **Metrisch skalierte Merkmale** werden i. A. durch den Korrelationskoeffizienten nach Bravais-Pearson untersucht. Hier sind die Fälle für ungruppierte und gruppierte Daten zu unterscheiden. ρ misst die Stärke und die Richtung linearer Zusammenhänge zwischen X und Y. Man beachte, dass aus $\rho = 0$ nicht auf Unabhängigkeit geschlossen werden kann, da ρ nur den linearen Zusammenhang misst. Umgekehrt ist bei Unabhängigkeit ρ aber immer gleich null. Sollten zwei Merkmale vorliegen, die unterschiedlichen Skalenniveaus zugehören, so ist sinnvollerweise ein Koeffizient zu berechnen, der sich nach dem niedriger skalierten Merkmal richtet. Allerdings sind auch Maße entwickelt worden, die gemischte Skalenniveaus zulassen. Hierauf soll aber nicht eingegangen werden (vgl. Benninghaus (1979) S. 230 ff.).

3.3 Regressionsanalyse

Bei der Korrelationsanalyse haben wir eine Aussage über die Stärke des Zusammenhanges zwischen zwei Merkmalen getroffen, ohne die **Art** ihrer **funktionalen Abhängigkeit** zu betrachten. Dies untersucht die Regressionsanalyse. Bei der Behandlung bedingter Häufigkeitsverteilungen (vgl. oben Kapitel 3.1) hatten wir bereits festgestellt, dass dort eine Asymmetrie derart in die Betrachtung einfließt, dass aufgrund sachlicher Überlegungen ein Merkmal von dem anderen Merkmal abhängt – und nicht umgekehrt. Man kann deshalb bei vielen Sachverhalten oft – zumindest bei kurzfristiger Betrachtungsweise – von solchen **unilateralen** Beziehungen zwischen den Merkmalen ausgehen. So wird z. B. der Ernteertrag u. a. von der Sonnenscheindauer abhängen aber nicht umgekehrt. Oder: Die Investition einer Unternehmung lässt sich in einer Periode u. a. in Abhängigkeit vom Gewinn der Vorperiode ansehen aber nicht umgekehrt.

Wenn ein Merkmal Y von einem zweiten Merkmal X abhängt, so spricht man von **Einfachregression**, wobei Y als abhängiges (zu erklärendes) Merkmal oder **Regressand** und X als unabhängiges (erklärendes) Merkmal bzw. **Regressor** bezeichnet wird. Bei der **Mehrfachregression** – oder **multiplen Regression** – werden die Funktionalbeziehungen zwischen mindestens drei Merkmalen betrachtet. In diesem Kapitel wird die Einfachregression dargestellt. Die Mehrfachregression wird später, in Kapitel 12 thematisiert.

Die mathematische Funktion, die die Art der Abhängigkeit beschreibt, heißt **Regressionsfunktion**. Dabei unterscheidet man **lineare** und **nichtlineare** Regressionsfunktionen. Auch wenn die Möglichkeit besteht, sowohl bei den abhängigen als auch bei den unabhängigen Merkmalen nichtmetrisch skalierte Größen aufzunehmen, so soll hier nur der Fall der linearen und nichtlinearen Einfachregression für die metrisch skalierten Merkmale X und Y betrachtet werden. Dabei ist zu unterscheiden, ob das Datenmaterial in ungruppierter oder gruppierter Form vorliegt. Ausgangspunkt zur Formulierung der Regressionsfunktion sollte – wenn möglich – die fachwissenschaftliche Vorgabe (Spezifizierung) des Abhängigkeitsverhältnisses zwischen den Merkmalen sein. Die Art der Funktion (linear, nichtlinear) kann oft anhand des Verlaufs der Wertepaare im Streuungsdiagramm (vgl. Abb. 3.1) festgelegt werden. Allerdings wird man meist keine – relativ einfache – Funktion finden, auf der sich alle Punkte des Streuungsdiagramms befinden. Vielmehr ist nach einer – möglichst einfachen – Funktion zu suchen, die die mittlere Entwicklung der Punkte im Streuungsdiagramm beschreibt. Wenn kein Zusammenhang zwischen X und Y besteht (vgl. Schaubild unten links in Abb. 3.1), so wird man davon absehen, eine Abhängigkeit durch eine Regressionsfunktion zu postulieren.

3.3.1 Lineare Einfachregression bei ungruppiertem Datenmaterial

Linearen Regressionsfunktionen kommt deswegen besondere Bedeutung zu, da oft – zumindest in bestimmten Wertebereichen – näherungsweise lineare Abhängigkeiten zwischen den beiden Merkmalen angenommen werden können und sich in vielen Fällen nichtlineare Funktionen durch geeignete Transformationen in lineare Funktionen überführen lassen. Zudem erweist sich der lineare im Vergleich zum nichtlinearen Ansatz unter rechentechnischen Gesichtspunkten als vergleichsweise einfach. Wir gehen im Folgenden davon aus, dass uns N Beobachtungspaare von Merkmalswerten der quantitativen Merkmale X und Y vorliegen. Diese werden in ein Streuungsdiagramm eingezeichnet.

Beispiel 3.11 Für den in Beispiel 3.9 gegebenen Sachverhalt zeigte sich der in Abb. 3.3 dargestellte fast lineare positive Zusammenhang zwischen Verkaufsfläche und Umsatz. Es liegt nun nahe, eine Abhängigkeit des Umsatzes von der Verkaufsfläche zu unterstellen.

Um die Abhängigkeit zwischen X und Y quantifizieren zu können, müssen wir eine lineare Funktion, eine **Regressionsgerade** finden, die den Verlauf der Punkte im Diagramm möglichst gut approximiert. Dies lässt sich allgemein durch die Geradengleichung

$$\hat{y}_i = \beta_0 + \beta_1 x_i \qquad (3.29)$$

für i = 1, ..., N angeben, wobei β_0 das Absolutglied, β_1 den Anstieg der Geraden und $\hat{y}_i$ den Wert auf der Regressionsgeraden, der zu y_i gehört, darstellen (vgl. Abb. 3.4). β_0 und β_1 heißen Regressionsparameter/-koeffizienten.

Abb. 3.4   Bezeichnungen zur Regressionsgeraden

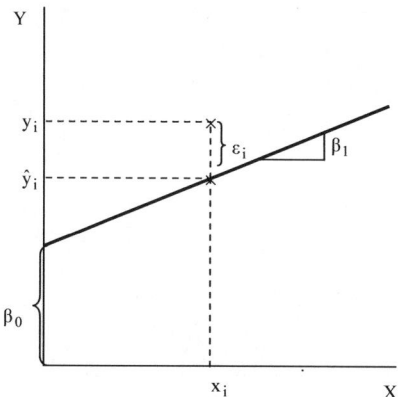

3.3.1.1 Berechnung der Regressionsgeraden

Die beiden Parameter β_0 und β_1 der Regressionsgeraden (3.29) sind numerisch so zu bestimmen, dass sich die ergebende Gerade den Beobachtungswerten möglichst gut anpasst. Dabei lässt sich die Güte der Anpassung allgemein durch die Abweichung der Beobachtungswerte y_i von den zugehörigen, durch die Regressionsgerade festgelegten $\hat{y}_i$ messen. Diese Abweichungen nennt man **Residuen (Restgrößen)** ε_i. Sie können durch den vertikalen Abstand dieser Punkte bestimmt werden, d. h.

$$\varepsilon_i = y_i - \hat{y}_i = y_i - (\beta_0 + \beta_1 x_i) \tag{3.30}$$

für i = 1, ..., N. Die Gerade (3.29) wird die Beobachtungswerte dann „gut repräsentieren", wenn die Residuen möglichst klein sind. Bildet man jedoch die Summe über alle positiven und negativen Differenzen, so werden sie sich ausgleichen, da sich positive und negative Abweichungen gerade aufheben. Deshalb ist es sinnvoll, nicht die einfachen, sondern die quadratischen Abweichungen zu benutzen (Kriterium der **Methode der kleinsten Quadrate, Kleinst-Quadrat- (KQ-) Methode**).

Es soll hier auf andere Möglichkeiten zur Anpassung einer Geraden nur hingewiesen werden. So ist vorstellbar, statt der Quadratsumme die Summe der Absolutbeträge der Residuen zu minimieren. Dieser Weg bereitet aber erhebliche rechentechnische Probleme.

Es ist auch denkbar, anstatt von den vertikalen Abständen von den rechtwinkligen (orthogonalen) Abständen zwischen den y_i-Werten und den Werten auf der Regressionsgeraden auszugehen. Ein solches Vorgehen bedeutet ebenfalls einen erheblichen Rechenaufwand, wird aber z. B. im Rahmen der multivariaten Verfahren bei der Hauptkomponentenanalyse (vgl. Kapitel 4.3) benutzt.

Nach der Methode der kleinsten Quadrate bilden wir

$$\sum_{i=1}^{N} \varepsilon_i^2 = \sum_{i=1}^{N} (y_i - \hat{y}_i)^2 = \sum_{i=1}^{N} (y_i - \beta_0 - \beta_1 x_i)^2 = A \tag{3.31}$$

Da A minimiert werden soll, differenzieren wir (3.31) partiell nach β_0 und β_1.

3.3 Regressionsanalyse

$$\frac{\partial A}{\partial \beta_0} = -2 \sum_{i=1}^{N} (y_i - \beta_0 - \beta_1 x_i) \qquad (3.32)$$

$$\frac{\partial A}{\partial \beta_1} = -2 \sum_{i=1}^{N} x_i (y_i - \beta_0 - \beta_1 x_i) \qquad (3.33)$$

Notwendige Bedingung für die Existenz eines Extremwertes ist das Verschwinden der beiden Ableitungen (3.32) und (3.33), weshalb diese null gesetzt werden. Nach Division durch −2 und Ausmultiplizieren der Klammer in (3.32) und (3.33) erhält man dann

$$\sum_{i=1}^{N} (y_i - \beta_0 - \beta_1 x_i) = 0 \qquad (3.34)$$

und

$$\sum_{i=1}^{N} (x_i y_i - \beta_0 x_i - \beta_1 x_i^2) = 0 \qquad (3.35)$$

Die zweiten Ableitungen sind

$$\frac{\partial^2 A}{\partial \beta_0^2} = \sum_{i=1}^{N} 2 = 2N > 0, \frac{\partial^2 A}{\partial \beta_1^2} = \sum_{i=1}^{N} 2x_i^2 > 0,$$

und außerdem ist

$$\frac{\partial^2 A}{\partial \beta_0 \partial \beta_1} = \sum_{i=1}^{N} 2x_i,$$

so dass

$$\frac{\partial^2 A \partial^2 A}{\partial \beta_0^2 \partial \beta_1^2} - \left[\frac{\partial^2 A}{\partial \beta_0 \partial \beta_1}\right]^2 = 4N \sum_{i=1}^{N} x_i^2 - \left[2 \sum_{i=1}^{N} x_i\right]^2 > 0.$$

Wegen

$$\frac{\partial^2 A}{\partial \beta_0^2} > 0$$

liegt somit ein Minimum vor.

Führt man in (3.34) und (3.35) die Summation durch und formt um, so erhält man die beiden **Normalgleichungen**

$$N\beta_0 + \beta_1 \sum_{i=1}^{N} x_i = \sum_{i=1}^{N} y_i$$
$$\beta_0 \sum_{i=1}^{N} x_i + \beta_1 \sum_{i=1}^{N} x_i^2 = \sum_{i=1}^{N} x_i y_i$$
(3.36)

Aus diesen beiden Gleichungen müssen die beiden Regressionsparameter β_0 und β_1 bestimmt werden.

Hierzu lässt sich bspw. die Cramer-Regel benutzen: Ist die aus dem Gleichungssystem (3.36) erhaltene Determinante

$$D = \begin{vmatrix} N & \sum x_i \\ \sum x_i & \sum x_i^2 \end{vmatrix} = N \sum x_i^2 - \left(\sum x_i\right)^2$$

von null verschieden, so besitzt das Gleichungssystem genau eine Lösung für β_0 und β_1. Diese beiden Größen erhält man, wenn in obiger Determinante die zwei Spalten nacheinander durch die rechte Seite von (3.36) ersetzt werden. Es resultieren zwei Determinanten D_1 bzw. D_2 und $b_0 = D_1/D$ bzw. $b_1 = D_2/D$.

Es ergibt sich

$$D_1 = \begin{vmatrix} \sum y_i & \sum x_i \\ \sum x_i y_i & \sum x_i^2 \end{vmatrix} = \sum y_i \sum x_i^2 - \sum x_i \sum x_i y_i$$

und

$$D_2 = \begin{vmatrix} N & \sum y_i \\ \sum x_i & \sum x_i y_i \end{vmatrix} = N \sum x_i y_i - \sum y_i \sum x_i.$$

Man erhält

$$\boxed{\beta_0 = \frac{D_1}{D} = \frac{\sum_{i=1}^{N} y_i \sum_{i=1}^{N} x_i^2 - \sum_{i=1}^{N} x_i \sum_{i=1}^{N} x_i y_i}{N \sum_{i=1}^{N} x_i^2 - \left(\sum_{i=1}^{N} x_i\right)^2}}$$
(3.37)

3.3 Regressionsanalyse

bzw.

$$\beta_1 = \frac{D_2}{D} = \frac{N \sum_{i=1}^{N} x_i y_i - \sum_{i=1}^{N} y_i \sum_{i=1}^{N} x_i}{N \sum_{i=1}^{N} x_i^2 - \left(\sum_{i=1}^{N} x_i\right)^2}$$ (3.38)

Eine weitere Möglichkeit der Berechnung für β_1 besteht darin, eine Koordinatentransformation durchzuführen, d. h. man legt den Koordinatenursprung durch den Punkt $(\overline{X}, \overline{Y})$ – den **Schwerpunkt** – und schreibt

$$x_i - \overline{X} = x'_i$$

bzw.

$$y_i - \overline{Y} = y'_i.$$

Man bezeichnet dies als **Zentrierung**. Subtrahiert man dementsprechend jeweils $\overline{X}$ bzw. $\overline{Y}$ in beiden Normalgleichungen (3.36), so erhält man zunächst $N\beta_0 = 0$, da

$$\beta_1 \sum_{i=1}^{N}(x_i - \overline{X}) \quad \text{und} \quad \sum_{i=1}^{N}(y_i - \overline{Y})$$

jeweils null wird.

In der zweiten Normalgleichung steht

$$\sum_{i=1}^{N}(x_i - \overline{X})(y_i - \overline{Y}) = \beta_0 \sum_{i=1}^{N}(x_i - \overline{X}) + \beta_1 \sum_{i=1}^{N}(x_i - \overline{X})^2,$$

was zu

$$\beta_1 = \frac{\sum_{i=1}^{N}(x_i - \overline{X})(y_i - \overline{Y})}{\sum_{i=1}^{N}(x_i - \overline{X})^2} = \frac{\sum_{i=1}^{N} x'_i y'_i}{\sum_{i=1}^{N} x'^2_i} = \frac{S_{xy}}{S_x^2}$$ (3.39)

führt.

Mit der Kenntnis von β_1 lässt sich β_0 leicht berechnen. Löst man die erste Normalgleichung (3.36) nach β_0 auf, so ist

$$\beta_0 = \frac{\sum_{i=1}^{N} y_i}{N} - \frac{\sum_{i=1}^{N} x_i}{N} = \overline{Y} - \beta_1 \overline{X} \quad (3.40)$$

β_0 ist der Ordinatenabschnitt in einem kartesischen Koordinatensystem an der Stelle $x_i = 0$ und besitzt die gleiche Dimension wie das Merkmal Y. β_1 zeigt die Steigung der Regressionsgeraden und gibt an, um wie viele Einheiten sich Y im Durchschnitt ändert, wenn X sich um eine Einheit ändert.

Mit der Regressionsanalyse besitzt man zum einen eine quantifizierte Funktionalbeziehung zwischen X und Y und zum anderen lassen sich $\hat{y}_i$-Werte bei x_i-Werten, die nicht vorliegen, bestimmen.

Beispiel 3.12 Wir wollen für den in Beispiel 3.9 genannten Sachverhalt die Regressionsparameter β_0 und β_1 der Regressionsgeraden bestimmen. Diese quantifiziert die funktionale Abhängigkeit zwischen Umsatz (abhängiges Merkmal) und Verkaufsfläche (unabhängiges Merkmal) (vgl. auch Beispiel 3.11). Tabelle 3.15 zeigt die zur Berechnung von β_0 (3.37) und β_1 (3.38) benötigten Werte.

Tabelle 3.15 Arbeitstabelle zur Bestimmung der Regressionskoeffizienten β_0 und β_1

i	y_i	x_i	$x_i y_i$	x_i^2
(1)	(2)	(3)	(4)	(5)
1	3,0	0,5	1,50	0,25
2	5,1	0,9	4,59	0,81
3	5,5	1,1	6,05	1,21
4	7,3	1,5	10,95	2,25
5	6,2	1,2	7,44	1,44
6	7,0	1,4	9,80	1,96
7	8,1	1,6	12,96	2,56
8	4,9	0,8	3,92	0,64
9	6,1	1,0	6,10	1,00
10	3,2	0,4	1,28	0,16
$\sum$	56,4	10,4	64,59	12,28

Mit $N = 10$, $\overline{X} = 1,04$ und $\overline{Y} = 5,64$ ergibt sich nach (3.37)

$$\beta_0 = \frac{\sum y_i \sum x_i^2 - \sum x_i \sum x_i y_i}{N \sum x_i^2 - (\sum x_i)^2} = \frac{56,4 \cdot 12,28 - 10,4 \cdot 64,59}{10 \cdot 12,28 - (10,4)^2} = 1,425$$

und nach (3.38)

3.3 Regressionsanalyse

$$\beta_1 = \frac{N \sum x_i y_i - \sum y_i \sum x_i}{N \sum x_i^2 - (\sum x_i)^2} = \frac{10 \cdot 64{,}59 - 56{,}4 \cdot 10{,}4}{10 \cdot 12{,}28 - (10{,}4)^2} = 4{,}053.$$

Aufgrund der Alternativrechnung mit Hilfe der transformierten Werte nach (3.39) erhalten wir gemäß Tabelle 3.13 für β_1

$$\beta_1 = \frac{\sum x_i' y_i'}{\sum x_i'^2} = \frac{5{,}934}{1{,}464} = 4{,}053.$$

Ist β_1 bekannt, so können wir β_0 auch nach (3.40) berechnen

$$\beta_0 = \overline{Y} - \beta_1 \overline{X} = 5{,}64 - 4{,}053 \cdot 1{,}04 = 1{,}425.$$

Damit lässt sich die Funktionalbeziehung zwischen Umsatz und Verkaufsfläche als Regressionsgerade angeben mit

$$\hat{y}_i = 1{,}425 + 4{,}053 x_i.$$

Die graphische Darstellung dieser Funktion findet sich in Abb. 3.5.

Abb. 3.5 Regressionsgerade aus Beispiel 3.12

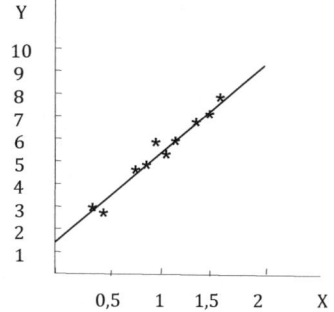

Steigt die Verkaufsfläche um eine Einheit (1000 qm), so steigt der Umsatz durchschnittlich um 4,053 Mio. €. Das Absolutglied β_0 bringt zum Ausdruck, dass der Umsatz 1,425 Mio. € betrüge, wenn keine Verkaufsfläche vorhanden wäre. Dies gilt nur, wenn die lineare Beziehung auch im Bereich $0 \leq x < 0{,}4$ gültig ist. Bei einer Verkaufsfläche von z. B. 1500 qm wird man einen Umsatz von $\hat{y}_i = 1{,}425 + 4{,}053 \cdot 1{,}5 = 7{,}503$ Mio. EUR erwarten.

Rein rechnerisch ließe sich auch bestimmen, wie hoch der Umsatz z. B. bei einer Verkaufsfläche von 5000 qm wäre, nämlich 21,685 Mio. €. Es erscheint fraglich, ob dieses Ergebnis realistisch ist, denn es kann die Gültigkeit der berechneten Regressionsgeraden nicht ohne weiteres für einen so weit außerhalb der betrachteten Beobachtungsmerkmale liegenden Wert angenommen werden.

Oft ist β_0 sachlich nicht sinnvoll zu interpretieren. Dies wird auch im vorangegangen Beispiel deutlich.

Die nach der Methode der kleinsten Quadrate bestimmte Regressionsgerade hat folgende **Eigenschaften**:

1. Es ist $\sum_{i=1}^{N} \varepsilon_i = 0$, denn es war (3.34)

$$\sum_{i=1}^{N}(y_i - \beta_0 - \beta_1 x_i) = 0$$

bzw.

$$\sum_{i=1}^{N}(y_i - \hat{y}_i) = \sum_{i=1}^{N} \varepsilon_i = 0 \qquad (3.41)$$

Damit ist auch der Mittelwert der Residuen gleich null.

2. Der rechte Klammerausdruck in (3.33) entspricht genau der unter 1. dargestellten Größe, so dass sich (3.33) nach Nullsetzen ergibt mit $\sum_{i=1}^{N} x_i \varepsilon_i = 0$. Deshalb besteht zwischen den Residuen ε_i und den x_i-Werten kein Zusammenhang.

3. Die Regressionsgerade verläuft durch die Mittelwerte $(\overline{X}, \overline{Y})$. Dies ist unmittelbar aus (3.40) ersichtlich, denn dies lässt sich schreiben als $\overline{Y} = \beta_0 + \beta_1 \overline{X}$.

4. Der Mittelwert $\overline{Y}$ aus den y_i-Werten entspricht dem Mittelwert aus den berechneten $\hat{y}_i$-Werten. Da $\sum_{i=1}^{N} \varepsilon_i = \sum_{i=1}^{N}(y_i - \hat{y}_i) = 0$, ist $\sum_{i=1}^{N} y_i = \sum_{i=1}^{N} \hat{y}_i$, und Division durch N ergibt $y_i/N = \sum \hat{y}_i/N$, was zu $\overline{Y} = \overline{\hat{Y}}$ führt.

3.3.1.2 Determinationskoeffizient R^2

Nach der Methode der kleinsten Quadrate wird die Regressionsgerade allgemein so bestimmt, dass die Summe der Abweichungsquadrate minimiert wird. Dies sagt jedoch im Einzelfall noch nichts darüber aus, wie gut sich die Gerade an die Punkte im Streuungsdiagramm anpasst. Zwar ist die Anpassung umso besser, je kleiner die Summe der Ab-

3.3 Regressionsanalyse

weichungsquadrate $\sum(y_i - \hat{y}_i)^2$ ist, jedoch hätte dieses Maß den Nachteil, dass es sich hierbei um nichtnormierte Größen handelt, deren Werte von der Dimension der Merkmale X und Y abhängen. Im Folgenden soll der **Determinationskoeffizient** R^2 – auch **Bestimmtheitsmaß** genannt – als Maß für die Güte der Anpassung abgeleitet werden. Er vermeidet die Nachteile der summierten Abweichungsquadrate, bezieht diese jedoch in die Betrachtung ein.

Ausgangspunkt der Überlegungen ist der in Abb. 3.6 gegebene Sachverhalt: Die Gesamtabweichung $y_i - \overline{Y}$ kann zerlegt werden in eine – durch die Regression – erklärte Abweichung $\hat{y}_i - \overline{Y}$ und eine unerklärte Abweichung $y_i - \hat{y}_i = \varepsilon_i$, also

$$(y_i - \overline{Y}) = (\hat{y}_i - \overline{Y}) + (y_i - \hat{y}_i) \tag{3.42}$$

Es handelt sich um eine Streuungszerlegung, ähnlich wie wir sie bei (2.48)–(2.50) diskutiert haben.

Abb. 3.6 Bezeichnungen zur Bestimmung des Determinationskoeffizienten

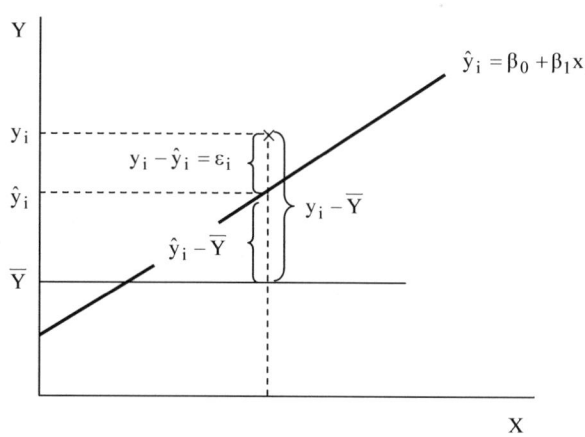

Wir stellen (3.42) um, so dass

$$(y_i - \hat{y}_i) = (y_i - \overline{Y}) + (\hat{y}_i - \overline{Y}) \tag{3.43}$$

Wenn man (3.43) über alle i summiert, so wird $\sum(y_i - \overline{Y}) = 0$, weshalb man (3.43) quadriert und dann summiert (wobei im Folgenden auf die Angabe der Summationsgrenzen verzichtet wird). Man erhält aus (3.43)

$$\sum (y_i - \hat{y}_i)^2 = \sum [(y_i - \overline{Y}) - (\hat{y}_i - \overline{Y})]^2 \qquad (3.44)$$

Da $\hat{y}_i = \beta_0 + \beta_1 x_i$ und $\beta_0 = \overline{Y} - \beta_1 \overline{X}$, ist $\hat{y}_i = \overline{Y} + \beta_1(x_i - \overline{X})$ oder

$$\hat{y}_i - \overline{Y} = \beta_1(x_i - \overline{X}) \qquad (3.45)$$

Setzt man (3.45) auf der rechten Seite von (3.44) ein und multipliziert aus, so erhält man

$$\sum (y_i - \hat{y}_i)^2 = \sum (y_i - \overline{Y})^2 + \beta_1^2 \sum (x_i - \overline{X})^2 - 2\beta_1 \sum (y_i - \overline{Y})(x_i - \overline{X}) \qquad (3.46)$$

Nach (3.39) ist

$$\sum (x_i - \overline{X})(y_i - \overline{Y}) = \beta_1 \sum (x_i - \overline{X})^2 \qquad (3.47)$$

Ersetzen wir $\sum(y_i - \overline{Y})(x_i - \overline{X})$ in (3.46) durch (3.47), so folgt

$$\begin{aligned}\sum (y_i - \hat{y}_i)^2 &= \sum (y_i - \overline{Y})^2 + \beta_1^2 \sum (x_i - \overline{X})^2 - 2\beta_1^2 \sum (x_i - \overline{X})^2 \\ &= \sum (y_i - \overline{Y})^2 + \beta_1^2 \sum (x_i - \overline{X})^2\end{aligned} \qquad (3.48)$$

Unter Zuhilfenahme von (3.45) wird (3.48) zu

$$\sum (y_i - \hat{y}_i)^2 = \sum (y_i - \overline{Y})^2 - \sum (\hat{y}_i - \overline{Y})^2$$

oder

$$\sum (y_i - \overline{Y})^2 = \sum (\hat{y}_i - \overline{Y})^2 + \sum (y_i - \hat{y}_i)^2 \qquad (3.49)$$

bzw. mit (3.48)

$$\sum (y_i - \overline{Y})^2 = \beta_1^2 \sum (x_i - \overline{X})^2 + \sum (y_i - \hat{y}_i)^2 \qquad (3.50)$$

Damit ist die **gesamte Quadratsumme** in eine **erklärte** und eine **unerklärte Quadratsumme** zerlegt. Die Anpassungsgüte der Regressionsgeraden ist umso höher, je größer der Anteil der er-

3.3 Regressionsanalyse

klärten Quadratsumme an der gesamten Quadratsumme ist. Dividiert man (3.49) deshalb durch $\sum(y_i - \overline{Y})^2$, so erhält man

$$1 = \frac{\sum(\hat{y}_i - \overline{Y})^2}{\sum(y_i - \overline{Y})^2} + \frac{\sum(y_i - \hat{y}_i)^2}{\sum(y_i - \overline{Y})^2} \qquad (3.51)$$

Der Determinationskoeffizient R^2 ist der Anteil der erklärten Quadratsumme an der Gesamtquadratsumme, er entspricht somit dem ersten Term auf der rechten Seite von (3.51), also

$$\boxed{R^2 = \frac{\sum_{i=1}^{N}(\hat{y}_i - \overline{Y})^2}{\sum_{i=1}^{N}(y_i - \overline{Y})^2}} \qquad (3.52)$$

oder aus (3.50)

$$\boxed{R^2 = \frac{\beta_1^2 \sum_{i=1}^{N}(x_i - \overline{X})^2}{\sum_{i=1}^{N}(y_i - \overline{Y})^2}} \qquad (3.53)$$

Aus (3.51) folgt auch

$$\boxed{R^2 = 1 - \frac{\sum_{i=1}^{N}(y_i - \hat{y}_i)^2}{\sum_{i=1}^{N}(y_i - \overline{Y})^2} = 1 - \frac{\sum_{i=1}^{N}\varepsilon_i^2}{\sum_{i=1}^{N}(y_i - \overline{Y})^2}} \qquad (3.54)$$

Der Determinationskoeffizient zeigt, wie sich die quadratische Gesamtabweichung durch die Berechnung der Regressionsgeraden reduziert. Er sagt, wie viel Prozent der quadratischen Variation des Merkmals Y aus der quadratischen Variation des Merkmals X linear abgeleitet werden kann.

R^2 hat folgende **Eigenschaften**:

1. Es ist eine dimensionslose Größe, die immer zwischen null und eins liegt. Der maximale Wert wird dann angenommen, wenn $y_i = \hat{y}_i$, d. h. wenn die Punkte der Wertepaare im Streuungsdiagramm mit den berechneten Werten auf der Regressionsgeraden zusammenfallen, dann ist die unerklärte Quadratsumme gleich null. Den Wert null nimmt R^2 dann an, wenn die Regressionsgerade keinen Erklärungswert hat, d. h. wenn $\hat{y}_i = (y_i - \hat{y}_i) = (y_i - \overline{Y}) - (\hat{y}_i - \overline{Y})$, die Regressionsgerade stellt dann eine Parallele zur x-Achse dar.

2. Die Wurzel aus R^2 ist der uns bereits bekannte Korrelationskoeffizient ρ nach Bravais-Pearson:

$$\rho = \sqrt{R^2}$$

Das so gewonnene ρ hat das gleiche Vorzeichen wie β_1.

Nachweis: In (3.52) lässt sich $\hat{y}_i$ durch die rechte Seite der Regressionsgeraden ersetzen, also

$$R^2 = \frac{\sum(\hat{y}_i - \overline{Y})^2}{\sum(y_i - \overline{Y})^2} = \frac{\sum(\beta_0 + \beta_1 x_i - \overline{Y})^2}{\sum(y_i - \overline{Y})^2}.$$

Wegen (3.40) gilt

$$R^2 = \frac{\sum(\overline{Y} - \beta_1 \overline{X} + \beta_1 x_i - \overline{Y})^2}{\sum(y_i - \overline{Y})^2} = \frac{\beta_1^2 \sum(x_i - \overline{X})^2}{\sum(y_i - \overline{Y})^2}.$$

Nach (3.39) lässt sich β_1 ersetzen

$$R^2 = \frac{[\sum(x_i - \overline{X})(y_i - \overline{Y})]^2 \sum(x_i - \overline{X})^2}{[\sum(x_i - \overline{X})^2]^2 \sum(y_i - \overline{Y})^2} = \frac{[\sum(x_i - \overline{X})(y_i - \overline{Y})]^2}{\sum(x_i - \overline{X})^2 \sum(y_i - \overline{Y})^2} = \rho^2,$$

also folgt $\rho = \sqrt{R^2}$.

Im Gegensatz zu ρ, das die Stärke des Zusammenhanges zwischen X und Y misst, gibt R^2 den Anteil der quadratischen Gesamtabweichung an, der durch den linearen Regressionsansatz erklärt wird.

Zwischen β_1 und ρ gibt es folgende Beziehung

$$\beta_1 = \rho \frac{S_y}{S_x} \qquad (3.55)$$

Nachweis: Setzt man für ρ den Ausdruck (3.22) so erhält man

$$\beta_1 = \frac{\sum x'_i y'_i}{\sqrt{\sum x'^2_i \sum y'^2_i}} \cdot \frac{\sqrt{\sum y'^2_i}}{\sqrt{\sum x'^2_i}},$$

was (3.39) führt.

Wegen (3.55) haben β_1 und ρ das gleiche Vorzeichen, da die Standardabweichungen die positiven Wurzeln aus den Varianzen darstellen.

Beispiel 3.13 Es stellt sich die Frage, wie hoch die Anpassungsgüte der Regressionsgeraden ist, die in Beispiel 3.12 berechnet wurde. Da alle Werte für die Berechnung nach (3.53) zur Verfügung stehen, soll diese Formel benutzt werden. Es war $\beta_1 = 4{,}053$, $\sum(x_i - \overline{X})^2 = 1{,}464$ und $\sum(y_i - \overline{Y})^2 = 24{,}964$ (vgl. Tabelle 3.13).

$$R^2 = \frac{\beta_1^2 \sum_{i=0}^{N}(x_i - \overline{X})^2}{\sum_{i=0}^{N}(y_i - \overline{Y})^2} = \frac{4{,}053^2 \cdot 1{,}464}{24{,}964} = 0{,}963.$$

Es können also 96,3% der quadratischen Variation von Y linear aus X abgeleitet werden. 3,8% gehen auf andere Einflussfaktoren zurück. Die Regressionsgerade passt sich also sehr gut an die Beobachtungswerte an.

Es ist $\rho = \sqrt{R^2} = \sqrt{0{,}963} = 0{,}981$, was mit dem in Beispiel 3.9 erhaltenen Ergebnis übereinstimmt.

3.3.2 Lineare Einfachregression bei gruppiertem Datenmaterial

Bei der Betrachtung bedingter Verteilungen hatten wir bereits festgestellt, dass sich oft Abhängigkeiten zwischen den beiden Merkmalen X und Y vermuten lassen, wobei X wie vorher unabhängiges und Y abhängiges Merkmal sein soll. Der Umfang des Datenmaterials kann eine Aufteilung der Merkmalsausprägungen auf Gruppen erforderlich machen (vgl. Beispiel 3.10). Wir betrachten deshalb jetzt zu einem bestimmten Klassenmittelwert x_i^* die zugehörige bedingte Häufigkeitsverteilung der Klassenmittelwerte y_j^* und berechnen bedingte Mittelwerte nach

$$\overline{Y}|x_i^* = \overline{Y}_i = \sum_{j=1}^{k} y_j^* \frac{f_{ij}}{f_{i.}} \qquad (3.56)$$

Ebenso lassen sich die Mittelwerte von X bestimmen, die durch die Verteilung von y_j^* bedingt sind.

Trägt man die Wertepaare $(x_i^*, \overline{Y})$ in ein Koordinatensystem ein und verbindet die jeweils benachbarten Punkte durch gerade Streckenzüge, so bezeichnet man den resultierenden Polygonzug als empirische Regressionskurve.

Beispiel 3.14 Zu dem in Beispiel 3.10 dargestellten Sachverhalt sollen die bedingten Mittelwerte $\overline{Y}_i$ (durchschnittliche qm-Miete bei einem gegebenen Alter der Mietshäuser) berechnet und die zugehörige empirische Regressionskurve berechnet werden. Nach (3.56) ergeben sich die in Tabelle 3.16 angegebenen $\overline{Y}_i$-Werte. Die nötigen Angaben sind Tabelle 3.14 zu entnehmen.

Tabelle 3.16 Bedingte Mittelwerte

x_i^*	3	9	15	21	27	33
$\overline{Y}_i$	7,333	8,474	7,433	7,455	6,625	5,499

Die Werte aus Tabelle 3.16 sind in Abb. 3.7 dargestellt.

Abb. 3.7 Empirische Regressionskurve

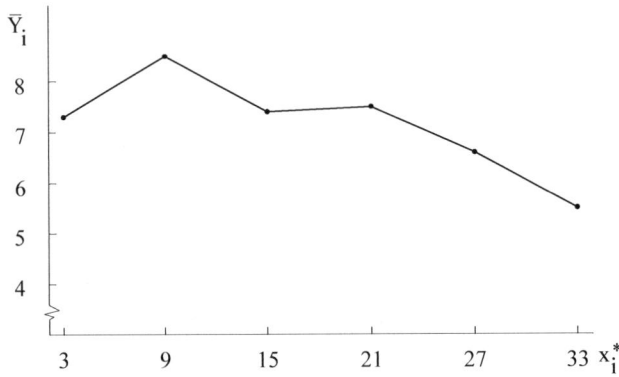

Will man für gruppiertes Datenmaterial eine lineare Einfachregression nach der Methode der kleinsten Quadrate berechnen, so sind die Besetzungszahlen der zugehörigen Randverteilung zu berücksichtigen. Um die Regressionsgerade

$$\overline{Y}_i = \beta_0 + \beta_1 x_i^* \qquad (3.57)$$

zu bestimmen, müssen (3.39) und (3.40) unter den gemachten Voraussetzungen berechnet werden. Für (3.40) bedarf es hier der Berechnung der Mittelwerte der beiden Randverteilungen, die aus (3.27) und (3.28) bekannt sind. (3.39) erfordert S_x^2 als die empirische Varianz der Randverteilung des Merkmals X mit

$$S_x^2 = \frac{1}{N}\sum_{i=1}^{r} f_{i.}(x_i^* - \overline{X})^2 \qquad (3.58)$$

3.3 Regressionsanalyse

ebenso wie S_{xy}, die empirische Kovarianz zwischen der Randverteilung von X und dem bedingten Mittelwert $\overline{Y}$ also

$$S_{xy} = \frac{1}{N}\sum_{i=1}^{r} f_{i.}(x_i^* - \overline{X})\,\overline{Y}_i \qquad (3.59)$$

Beispiel 3.15 Es soll zur Illustration eine Regressionsgerade für die Abhängigkeit der qm-Miete vom Alter der Mietshäuser aus Beispiel 3.10 bestimmt werden, auch wenn sich dort nur ein geringer Korrelationskoeffizient ergab. Zunächst bestimmen wir S_x^2 nach (3.58) wobei $\overline{X}$ nach (3.27) mit $\overline{X} = 18{,}161$ berechnet wurde (vgl. Beispiel 3.10). Tabelle 3.17 zeigt die erforderlichen Berechnungsschritte.

Tabelle 3.17 Zur Berechnung von S_x^2

x_i^*	$x_i^* - \overline{X}$	$(x_i^* - \overline{X})^2$	$(x_i^* - \overline{X})^2 f_{i.}$
(1)	(2)	(3)	(4)
3	−15,161	229,8559	5516,5421
9	−9,161	83,9239	6378,2179
15	−3,161	9,9919	1478,8043
21	2,839	8,0599	709,2731
27	8,839	78,1279	5000,1859
33	14,839	220,1959	10569,4032
Σ			29652,4262

Damit ergibt sich nach (3.58)

$$S_x^2 = \frac{1}{N}\sum_{i=1}^{r} f_{i.}(x_i^* - \overline{X})^2 = \frac{29652{,}4262}{448} = 66{,}189.$$

Als nächstes ist die Kovarianz nach (3.59) zu berechnen (vgl. Tabelle 3.18). Hierzu werden die Werte aus Spalte (2) von Tabelle 3.17 mit den $f_{i.}$-Werten (Tabelle 3.14) und den $\overline{Y}_i$-Werten (Tabelle 3.16) multipliziert:

Tabelle 3.18 Zur Berechnung von S_{xy}

$f_{i.}$	$(x_i^* - \overline{X})\,\overline{Y}_i$	$(x_i^* - \overline{X})\,\overline{Y}_i f_{i.}$
24	−111,1756	−2668,215
76	−77,6276	−5899,695
148	−23,4950	−3477,272
88	21,1630	1862,373
64	58,5584	3747,736
48	80,8577	3916,784
Σ		−2518,289

Nach (3.59) ist

$$S_{xy} = \frac{1}{N}\sum_{i=1}^{r} f_{i.}(x_i^* - \overline{X})\,\overline{Y}_i = \frac{-2518{,}289}{448} = -5{,}621.$$

Der Regressionskoeffizient β_1 ergibt sich dann nach (3.39) als

$$\beta_1 = \frac{S_{xy}}{S_x^2} = \frac{-5{,}621}{66{,}189} = -0{,}0849$$

und β_0 nach (3.40) (mit $\overline{Y}$ und $\overline{X}$ aus Beispiel 3.10)

$$\beta_0 = \overline{Y} - \beta_1 \overline{X} = 7{,}286 + 0{,}0849 \cdot 18{,}161 = 8{,}828.$$

Die Regressionsgerade (3.57) lautet somit

$$\overline{Y}_i = 8{,}828 - 0{,}0849 x_i^*.$$

Mit jedem Jahr sinkt die qm-Miete im Durchschnitt näherungsweise um 8,5 Cent.

Der Determinationskoeffizient R^2 bei gruppiertem Datenmaterial lässt sich analog zu (3.53) durch

$$R^2 = \frac{\beta_1^2 \sum_{i=1}^{r} f_{i.}(x_i^* - \overline{X})^2}{\sum_{j=1}^{c} f_{.j}(y_j^* - \overline{Y})^2} \tag{3.60}$$

bestimmen.

Beispiel 3.16 Zu der in Beispiel 3.15 berechneten Regressionsgeraden soll der Determinationskoeffizient bestimmt werden. Für (3.60) ist noch die Ermittlung des Nenners nötig (vgl. Tabelle 3.19), da die anderen Größen bereits aus Beispiel 3.15 vorliegen.

Tabelle 3.19 Zur Berechnung von S_y^2

y_j^*	$(y_j^* - \overline{Y})$	$(y_j^* - \overline{Y})^2$	$(y_j^* - \overline{Y})^2 f_{.j}$
3	−4,286	18,3698	587,8335
5	−2,286	5,2258	418,0637
7	−0,286	0,0818	14,0689
9	1,714	2,9378	352,5355
11	3,714	13,7938	606,9270
Σ			1979,4286

Analog zu (3.58) ist

$$S_y^2 = \frac{1}{N}\sum_{i=1}^{c} f_{.j}(y_i^* - \overline{Y})^2 = \frac{1979{,}429}{448} = 4{,}418.$$

Nach (3.60) ist dann

$$R^2 = \frac{\beta_1^2 \sum_{i=1}^{r} f_{i.}(x_i^* - \overline{X})^2}{\sum_{j=1}^{c} f_{.j}(y_j^* - \overline{Y})^2} = \frac{\beta_1^2 S_x^2}{S_y^2} = \frac{0{,}0849^2 \cdot 66{,}1885}{4{,}418} = 0{,}1079.$$

Der Regressionsansatz hat nur einen geringen Erklärungswert, er ist unbrauchbar, denn nur knapp 11% der quadratischen Variation von Y kann linear aus X abgeleitet werden. 89% der quadratischen Variation der Miete Y sind auf andere Einflussgrößen als das Alter der Mietshäuser zurückzuführen.

Zur Kontrolle berechnen wir

$$\rho = \sqrt{R^2} = \sqrt{0{,}1079} = 0{,}328,$$

was dem in Beispiel 3.10 erhaltenen Ergebnis entspricht, wenn man berücksichtigt, dass ρ hier das gleiche Vorzeichen wie β_1 hat.

3.3.3 Nichtlineare Regression

Gibt es die theoretische Vorgabe für eine nichtlineare Funktion oder kann im Streuungsdiagramm, das einen nichtlinearen Verlauf der Wertepaare zeigt, für den interessierenden Wertebereich näherungsweise keine lineare Abhängigkeit angenommen werden, so muss man zu nichtlinearen Regressionsfunktionen übergehen. (Es wird im Folgenden ungruppiertes Datenmaterial unterstellt und angenommen, dass X als einziges unabhängiges Merkmal vorliegt.) Im Einzelfall kann es problematisch sein, aus der Fülle der möglichen nichtlinearen Funktionstypen denjenigen auszuwählen, der den Verlauf der Wertepaare am besten beschreibt.

Liegt ein geeigneter Funktionstyp vor, so lässt sich prinzipiell die Methode der kleinsten Quadrate anwenden, indem man die zu (3.31) analoge Summe der Abweichungsquadrate minimiert. Es ist diese nach den in der betreffenden Funktion auftretenden Parametern zu differenzieren, und die partiellen Ableitungen sind null zu setzen. Es resultieren allerdings i. A. nichtlineare Normalgleichungen, die schwierig zu lösen sind. Eine andere Möglichkeit besteht darin, die nichtlineare Funktion durch geeignete Transformation in eine lineare

Form überzuführen, was die rechentechnische Behandlung erheblich erleichtert. Eine Vielzahl nichtlinearer Abhängigkeiten lässt sich oft auf diese Weise durch zwei Funktionstypen erfassen. Dies ist die **Potenzfunktion**

$$\hat{y}_i = \beta_0 x_i^{\beta_1} \tag{3.61}$$

die durch Logarithmierung in

$$\lg \hat{y}_i = \lg \beta_0 + \beta_1 \lg x_i \tag{3.62}$$

überführt werden kann. Es sei $u_i = \lg \hat{y}_i$, $v_i = \lg x_i$ und $\beta_0' = \lg \beta_0$, dann folgt aus (3.62)

$$u_i = \beta_0' + \beta_1 v_i \tag{3.63}$$

Die Koeffizienten von (3.63) können mit Hilfe von (3.39) und (3.40) bestimmt werden. Danach ist eine Rücktransformation notwendig, um zu (3.61) zurückzukommen.

Der zweite, oft benutzte Funktionstyp ist die **Exponentialfunktion**

$$\hat{y}_i = \beta_0 \beta_1^{x_i} \tag{3.64}$$

Auch hier führt der Logarithmus zu einer linearen Funktion

$$\lg \hat{y}_i = \lg \beta_0 + x_i \lg \beta_1 \tag{3.65}$$

Setzen wir $\lg \hat{y}_i = u_i$, $\lg \beta_0 = \beta_0'$ und $\lg \beta_1 = \beta_1'$, so ergibt sich

$$u_i = \beta_0' + \beta_1' x_i \tag{3.66}$$

Hierauf sind wiederum die Formeln aus der linearen Einfachregression (3.39) und (3.40) anzuwenden. Anschließend ist eine Rückrechnung nötig, um wieder zur Originalform (3.64) zu gelangen.

Ein **Beispiel** zur Vorgehensweise bei einer Exponentialfunktion wird in der Zeitreihenanalyse unter Kapitel 5.2.1.3 dargestellt.

3.3.4 Zusammenfassung

Die **lineare Einfachregression**, die für ungruppiertes und gruppiertes Datenmaterial dargestellt ist, quantifiziert eine **lineare Abhängigkeit** zwischen dem erklärenden Merkmal X (Regressor) und dem zu erklärenden Merkmal Y (Regressand). Beide Merkmale wurden als metrisch skaliert angesehen. Durch sachliche Überlegungen sollte bereits vor der Analyse festgelegt werden, welches Merkmal als abhängig und welches als unabhängig angesehen wird. Außerdem ist zu untersuchen, ob X wirklich als relevanter Einflussfaktor gelten kann.

- Die Parameter β_0 und β_1 der zugehörigen Regressionsgeraden wurden nach der **Methode der kleinsten Quadrate** bestimmt. Sie minimiert die quadrierten senkrechten Abstände zwischen den beobachteten y_i-Werten und den jeweils zugehörenden, auf der Geraden liegenden $\hat{y}_i$-Werten.

- Zur Beurteilung der Güte der Anpassung der Regressionsgeraden an die Beobachtungspunkte dient der **Determinationskoeffizient** (Bestimmtheitsmaß).

- Die Bestimmung der Regressionsgeraden und des Determinationskoeffizienten bei **gruppiertem Datenmaterial** erweist sich als relativ aufwendig. Allerdings kann dieser Ansatz bei großen Datenmengen, wie sie in der deskriptiven Statistik vorkommen, unvermeidlich sein.

- Da das lineare Regressionsmodell und seine Erweiterungen in der empirischen Wirtschaftsforschung von grundlegender Bedeutung ist, wird darauf in Kapitel 12 ausführlich eingegangen.

- Sollten sich nichtlineare Abhängigkeiten als sachgerecht erweisen, so lassen sie sich dann besonders leicht behandeln, wenn der nichtlineare Ansatz in einen linearen Ansatz überführt werden kann und damit das Instrumentarium der linearen Einfachregression für die Bestimmung der Regressionsparameter zur Verfügung steht.

4 Multivariate Analyse

Ganz allgemein kann man sagen, dass die multivariate statistische Analyse Verfahren zur Verfügung stellt, die die Aufbereitung und Auswertung komplexer Datenmengen erlauben. Hierbei werden i. A. *mehr* als zwei Merkmale mit ihren Ausprägungen bei den betrachteten statistischen Einheiten ausgewertet und zwar durch die gemeinsame gleichzeitige Analyse dieser Merkmale bzw. dieser statistischen Einheiten. Gegenüber separaten univariaten Verfahren für jedes Merkmal besteht der Vorteil bei einer multivariaten Analyse darin, dass Zusammenhänge bzw. Abhängigkeiten zwischen den Merkmalen oder den statistischen Einheiten aufgezeigt werden können. Insofern lassen sich die in Kapitel 3 im Rahmen bivariater Häufigkeitsverteilungen betrachteten Korrelations- und Regressionsanalysen als Grenzfälle solcher multivariater Verfahren auffassen.

Die inhaltliche Abgrenzung dessen, was im Einzelnen unter multivariater Analyse zu subsumieren ist, erweist sich in der statistischen Literatur als keineswegs einheitlich. So wird z. B. die multiple Regressionsanalyse nur teilweise hierunter erfasst. Auch hier wird die multiple Regressionsanalyse nicht in diesem Kapitel, sondern in Kapitel 12 behandelt.

Wir wollen hier die Grundzüge einiger „typischer Vertreter" der multivariaten Analyse darstellen. Hierzu gehören die **Diskriminanzanalyse**, die **Hauptkomponenten-** und **Faktorenanalyse** sowie die **Clusteranalyse**.

Bereits bei der Analyse zweidimensionaler Häufigkeitsverteilungen erwies sich die Durchrechnung einiger Beispiele als relativ aufwendig. Für multivariate Verfahren gilt dies umso mehr. Die Darstellung von Beispielen, die die prinzipielle Vorgehensweise verdeutlichen sollen, wird sich in diesem Kapitel deshalb auf möglichst einfache Datenkonstellationen beschränken.

4.1 Darstellungsweise und Grundbegriffe

4.1.1 Datenmatrix

Ausgangspunkt multivariater Verfahren ist die **(Roh-) Datenmatrix X**. In der Zeile i dieser Matrix stehen die einzelnen Ausprägungen der statistischen Einheiten i, in der Spalte j die Ausprägungen der Merkmale j für die statistische Einheit. Bei N (i = 1, ..., N) statistischen Einheiten **(Objekten, Individuen, Elementen)** und m (j = 1, ..., m) Merkmalen ist

$$X = \begin{pmatrix} x_{11} & \cdots & x_{1j} & \cdots & x_{1m} \\ \vdots & & \vdots & & \vdots \\ x_{i1} & \cdots & x_{ij} & \cdots & x_{im} \\ \vdots & & \vdots & & \vdots \\ x_{N1} & \cdots & x_{Nj} & \cdots & x_{Nm} \end{pmatrix} \qquad (4.1)$$

Systematisierungen multivariater Analyseverfahren richten sich u. a. danach

- auf welchen Skalenniveaus die betrachteten Merkmale gemessen werden
- ob die Analyse primär auf die Merkmale oder die Objekte abzielt
- ob abhängige und unabhängige Merkmale bereits vor der Analyse festgelegt werden können oder nicht.

Wie bei der bivariaten Analyse ist also auch bei der Wahl eines multivariaten Verfahrens das jeweilige Skalenniveau der betrachteten Merkmale von Bedeutung. Interessieren in erster Linie Beziehungen zwischen den Merkmalen, so untersucht man die Spaltenvektoren der Datenmatrix (4.1). Interessieren dagegen Beziehungen zwischen den Objekten, so betrachtet man die Zeilenvektoren der Datenmatrix (4.1).

Lassen sich Abhängigkeiten zwischen den Merkmalen festlegen, so spricht man von **Dependenzanalysen**, andernfalls von **Interdependenzanalysen**.

Die *multiple Regressionsanalyse* (vgl. Kapitel 12) ist ein dependenzanalytisches Verfahren, bei dem abhängige und unabhängige Merkmale i. d. R. metrisch, manchmal aber auch nichtmetrisch skaliert sind und der Untersuchungsgegenstand auf der Merkmalsebene liegt. Zielsetzung ist hier die Analyse des Einflusses von unabhängigen Merkmalen auf das abhängige Merkmal.

4.1 Darstellungsweise und Grundbegriffe

Die *Diskriminanzanalyse* gehört ebenfalls zu den dependenzanalytischen Verfahren, wobei das abhängige Merkmal nominal skaliert ist und die unabhängigen Merkmale metrisch skaliert sind. Gegenstand der Analyse sind die Objekte, da man hier eine Klassifikation dieser Objekte zu vorgegebenen Gruppen vornehmen will.

Als interdependenzanalytische Verfahren lassen sich die *Faktorenanalyse* sowie die *Clusteranalyse* nennen. Die Faktorenanalyse benutzt Merkmale auf vorwiegend metrischem Skalenniveau, die Clusteranalyse hingegen für die Einteilung der Objekte sowohl metrische als auch nichtmetrische Skalierung. Zielsetzung der Faktorenanalyse ist die möglichst gute Repräsentation mehrerer Merkmale durch einige wenige „abgeleitete" Merkmale (Faktoren). Hierdurch soll eine Datenreduktion erreicht werden. Die Clusteranalyse zielt auf eine Zusammenfassung von Objekten in Gruppen ab, deren Objekte sich „ähnlich" sind, wobei die Gruppenbildung erst im Verlauf der Analyse entsteht.

Um große Datenmengen, wie sie bei multivariaten Analysen vorliegen können, zu verdichten, wird man sie durch charakteristische Parameter, z. B. arithmetisches Mittel und Standardabweichung, wie wir sie aus Kapitel 2 kennen, charakterisieren. Im Folgenden werden wir von metrisch skalierten Merkmalen ausgehen. Die Datenmatrix wird deshalb oft um diese Parameter ergänzt (vgl. Tabelle 4.1).

Tabelle 4.1   Notationen in der Datenmatrix

Merkmale Objekte	X_1	X_2	$\cdots$	X_j	$\cdots$	X_m
1	x_{11}	$\cdots$		x_{1j}	$\cdots$	x_{1m}
2	$\vdots$			$\vdots$		$\vdots$
$\vdots$	$\vdots$			$\vdots$		$\vdots$
i	x_{i1}	$\cdots$		x_{ij}	$\cdots$	x_{im}
$\vdots$	$\vdots$			$\vdots$		$\vdots$
N	x_{N1}	$\cdots$		x_{Nj}	$\cdots$	x_{Nm}
Mittelwerte	$\overline{X}_1$	$\overline{X}_2$	$\cdots$	$\overline{X}_j$	$\cdots$	$\overline{X}_m$
Standardabweichungen	S_1	S_2	$\cdots$	S_j	$\cdots$	S_m

Es ist – wie aus Kapitel 2 bekannt – $\overline{X}_j = \frac{1}{N}\sum_{i=1}^{N} x_{ij}$ und $S_j = \sqrt{\frac{1}{N}\sum_{i=1}^{N}(x_{ij} - \overline{X}_j)^2}$.

Beispiel 4.1   Tabelle 4.2 zeigt eine Datenmatrix. Für 12 Länder der Europäischen Union sind dort acht Merkmale mit ihren arithmetischen Mitteln und den empirischen Standardabweichungen für ein bestimmtes Jahr zusammengestellt. Man könnte die acht Merkmale in Verbindung mit dem Industrialisierungsgrad bzw. dem Lebensstandard der 12 Länder sehen, wenn man z. B. die Merkmale BIP, ENERG, TV und KINMOR betrachtet. So wären unter dem Gesichtspunkt multivariater Analysen bspw. folgende Fragen von Interesse: Welche Merkmale sind untereinander stark korreliert? Gibt es Länder, die sich bzgl. der betrachteten Merkmale ähnlich sind? Könnte man die Werte der Datenmatrix zu einer Größe verdichten, die etwas über den Lebensstandard bzw. den Industrialisierungsgrad aussagt?

Tabelle 4.2 Acht sozioökonomische Merkmale von zwölf Ländern

Merkmal Land	X_1 (BEDI)	X_2 (BESCHLW)	X_3 (BIP)	X_4 (BRUKAP)	X_5 (ALO)	X_6 (KINMOR)	X_7 (ENERG)	X_8 (TV)
Belgien	323	11,4	10605	81,2	13,6	11,3	4290	303
Dänemark	119	30,8	14945	108,9	8,7	7,7	3766	369
Deutschland	245	18,3	13543	93,5	8,4	10,2	4333	335
Frankreich	101	17,3	12231	92,2	10,3	9,0	3532	375
Griechenland	75	4,1	4286	88,8	7,8	14,6	1689	257
Großbritannien	232	54,5	10509	111,6	12,0	10,2	3576	328
Irland	50	13,6	6815	89,5	18,0	10,1	2497	205
Italien	190	37,3	8279	97,8	12,9	12,2	2294	243
Luxemburg	141	14,3	12884	78,9	1,7	11,2	8469	255
Niederlande	352	25,6	11409	97,3	13,3	8,4	4170	310
Portugal	111	18,1	2831	79,6	8,6	19,2	981	151
Spanien	76	30,5	5602	93,4	21,9	7,3	1787	258
$\bar{x}$	167,92	22,98	9494,92	92,73	11,43	10,95	3448,67	282,4
s	95,87	13,09	3723,15	9,95	4,98	3,15	1860,19	63,84

Für ein bestimmtes Jahr seien die Merkmale wie folgt festgestellt:

BEDI: Bevölkerungsdichte (Einwohner pro km^2)

BESCHLW: Anteil der abhängig Beschäftigten an der Zahl der in der Landwirtschaft insgesamt Erwerbstätigen in %

BIP: Bruttoinlandsprodukt je Einwohner in €

BRUKAP: Brutto-Kapitalstock (als Index)

ALO: Arbeitslosigkeit in %

KINMOR: Sterbefälle im 1. Lebensjahr pro 1000 Lebendgeburten

ENERG: Bruttoenergie-Inlandsverbrauch in 1000 Einheiten

TV: Fernsehgeräte je 1000 Einwohner

4.1.2 Standardisierte Datenmatrix

Um den Einfluss unterschiedlicher Größenverhältnisse (Dimensionen) der Merkmale auf die Ergebnisse der Analyse auszuschließen, geht man oft von einer **standardisierten** Datenmatrix aus (zur Standardisierung vgl. (2.55)). Von jedem x_{ij}-Wert der j-ten Spalte der Datenmatrix (4.1) wird zu diesem Zweck zunächst das arithmetische Mittel $\overline{X}_j$ abgezogen – dadurch erhält man eine sog. **zentrierte** Datenmatrix –, und danach wird jeder dieser Werte durch die Standardabweichung S_j dividiert, so dass die Elemente der Datenmatrix Z mit $z_{ij} = (x_{ij} - \overline{X}_j)/S_j$ resultieren. Die standardisierte Datenmatrix lautet dann

$$Z = \begin{pmatrix} z_{11} & \cdots & z_{1j} & \cdots & z_{1m} \\ \vdots & & \vdots & & \vdots \\ z_{i1} & \cdots & z_{ij} & \cdots & z_{im} \\ \vdots & & \vdots & & \vdots \\ z_{N1} & \cdots & z_{Nj} & \cdots & z_{Nm} \end{pmatrix} \tag{4.2}$$

Die Berechnung dieser Matrix stellt z. B. bei der Faktorenanalyse den ersten Schritt dar.

Beispiel 4.2 Die standardisierte Datenmatrix für die Werte aus Beispiel 4.1 findet sich in Tabelle 4.3.

Tabelle 4.3 Standardisierte Datenmatrix Z

Merkmal Land	Z_1 (BEDI)	Z_2 (BESCHLW)	Z_3 (BIP)	Z_4 (BRUKAP)	Z_5 (ALO)	Z_6 (KINMOR)	Z_7 (ENERG)	Z_8 (TV)
Belgien	1,62	−0,88	0,30	−1,16	0,44	0,11	0,45	0,32
Dänemark	−0,51	0,60	1,46	1,63	−0,55	−1,03	0,17	1,36
Deutschland	0,80	−0,36	1,09	0,08	−0,61	−0,24	0,48	0,82
Frankreich	−0,70	−0,43	0,73	−0,05	−0,23	−0,62	0,04	1,45
Griechenland	−0,97	−1,44	−1,40	−0,39	−0,73	1,16	−0,95	−0,40
Großbritannien	0,67	2,41	0,27	1,90	0,11	−0,24	0,07	0,71
Irland	−1,23	−0,72	−0,72	−0,32	1,32	−0,27	−0,51	−1,21
Italien	0,23	1,09	−0,33	0,51	0,29	0,40	−0,62	−0,62
Luxemburg	−0,28	−0,66	0,91	−1,39	−1,95	0,08	2,70	−0,43
Niederlande	1,92	0,20	0,51	0,46	0,38	−0,81	0,39	0,43
Portugal	−0,59	−0,37	−1,79	−1,32	−0,57	2,62	−1,33	−2,06
Spanien	−0,96	0,57	−1,05	0,07	2,10	−1,16	−0,89	−0,38
$\overline{X}$	0	0	0	0	0	0	0	0
S	1	1	1	1	1	1	1	1

Eine Erläuterung der Merkmale ist in Tabelle 4.2 angegeben.

4.1.3 Varianz-Kovarianz-Matrix und Korrelationsmatrix

Als zusammenfassende Statistik benutzt man oft die bekannten empirischen Varianzen S_j^2 und die empirischen Kovarianzen S_{jk} zwischen den Merkmalen X_j und X_k mit j, k = 1, 2, ..., m (vgl. (3.19)):

$$S_{jk} = \frac{1}{N}\sum_{i=1}^{N}(x_{ij} - \overline{X}_j)(x_{ij} - \overline{X}_k) \qquad j \neq k \tag{4.3}$$

Beides fasst man in der **Streuungsmatrix** oder auch **Varianz-Kovarianz-Matrix S** zusammen. Auf der Hauptdiagonalen stehen die Varianzen für alle m Merkmale, ober- und unterhalb dieser Hauptdiagonalen die Kovarianzen für jedes Paar von Merkmalen:

$$\mathbf{S} = \begin{pmatrix} S_1^2 & S_{12} & \cdots & S_{1m} \\ S_{21} & S_2^2 & \cdots & S_{2m} \\ \vdots & \vdots & & \vdots \\ S_{m1} & S_{m2} & \cdots & S_m^2 \end{pmatrix} \tag{4.4}$$

Da sich die Elemente ober- und unterhalb der Hauptdiagonalen entsprechen – die Kovarianzen zwischen X_j und X_k sowie X_k und X_j sind gleich groß – wird statt in (4.4) oft auch nur die Dreiecksmatrix angegeben. Darüber hinaus lassen sich die Korrelationskoeffizienten zwischen jedem Merkmalspaar X_j und X_k berechnen mit j, k = 1, 2, ..., m (vgl. (3.21))

$$\rho_{jk} = \frac{\sum_{i=1}^{N}(x_{ij} - \overline{X}_j)(x_{ik} - \overline{X}_k)}{\sqrt{\sum_{i=1}^{N}(x_{ij} - \overline{X}_j)^2 \sum_{i=1}^{N}(x_{ik} - \overline{X}_k)^2}} = \frac{S_{jk}}{S_j S_k}.$$

Diese können dann in einer **Korrelationsmatrix R** dargestellt werden:

$$\mathbf{R} = \begin{pmatrix} \rho_1 & \rho_{12} & \cdots & \rho_{1m} \\ \rho_{21} & \rho_2 & \cdots & \rho_{2m} \\ \vdots & \vdots & & \vdots \\ \rho_{m1} & \rho_{m2} & \cdots & \rho_m \end{pmatrix} \tag{4.5}$$

In der Hauptdiagonalen von (4.5) sind alle Werte gleich eins. Wie bei der Varianz-Kovarianzmatrix **S** entsprechen sich in **R** die Elemente ober- und unterhalb der Hauptdiagonalen, so dass auch hier oft nur die Dreiecksmatrix angegeben wird. **R** lässt sich aus der standardisierten Datenmatrix **Z** wie folgt berechnen

4.1 Darstellungsweise und Grundbegriffe

$$R = \frac{1}{N} Z' \cdot Z \qquad (4.6)$$

Außerdem ist die Streuungsmatrix der *standardisierten* Matrix **Z** identisch mit der Korrelationsmatrix **R**. Wegen der Standardisierung sind dort nämlich die Varianzen auf der Hauptdiagonalen alle gleich eins, und außerhalb der Hauptdiagonalen stehen die Kovarianzen der standardisierten Merkmale, die den Korrelationskoeffizienten aus den nichtstandardisierten Merkmalen entsprechen. Korrelationsmatrix von **X** und Streuungsmatrix von **Z** enthalten also die gleiche Information, weshalb bei multivariaten Analysen entweder die eine oder die andere Matrix benutzt wird. Die Korrelationsmatrix gestattet erste Einblicke über Zusammenhänge zwischen den Merkmalen und gibt mögliche Hinweise auf aus den Merkmalen ableitbare Faktoren. Gleichung (4.6) spielt deshalb bei der Faktorenanalyse eine Rolle.

Beispiel 4.3 Da die Streuungsmatrix **S** und die Korrelationsmatrix **R** von **Z** die gleiche Information enthalten, sollen hier nur die Werte aus der Datenmatrix des Beispiels 4.2 für **R** angegeben werden.

Tabelle 4.4 Korrelationsmatrix **R**

	X_1 (BEDI)	X_2 (BESCHLW)	X_3 (BIP)	X_4 (BRUKAP)	X_5 (ALO)	X_6 (KINMOR)	X_7 (ENERG)	X_8 (TV)
X_1	1,0000							
X_2	0,2218	1,0000						
X_3	0,4368	0,1918	1,0000					
X_4	0,1295	0,7888	0,3731	1,0000				
X_5	−0,0439	0,2584	−0,3554	0,2148	1,0000			
X_6	−0,1610	−0,3195	−0,6358	−0,5353	−0,3830	1,0000		
X_7	0,3396	−0,0835	0,7343	−0,1452	−0,5510	−0,3354	1,0000	
X_8	0,3526	0,2507	0,8154	0,5745	−0,1231	−0,6946	0,3620	1,0000

Erläuterungen der Merkmale finden sich bei Tabelle 4.2.

Die Korrelationskoeffizienten in Tabelle 4.4 geben erste Anhaltspunkte über Zusammenhänge zwischen den Merkmalen. So ist z. B. X_6 (Säuglingssterblichkeit) durchgängig negativ mit allen anderen Merkmalen korreliert. X_3 (Bruttoinlandsprodukt) ist mit X_7 (Energieverbrauch) und X_8 (Zahl der Fernsehgeräte) hoch positiv korreliert. Man könnte vermuten, dass sich dahinter ein abgeleitetes Merkmal (Faktor), z. B. „Lebensstandard" oder „Industrialisierungsgrad", verbirgt.

4.1.4 Distanzmessung

Bisher waren die *Merkmale* der Datenmatrix Gegenstand unseres Interesses. Wir können aber auch die *Objekte* betrachten und z. B. fragen, welche Objekte sich bezüglich der betrachteten Merkmale ähneln. Sehen wir uns zunächst den Fall für zwei Merkmale X_j bzw. X_k und zwei Objekte A bzw. B an und betrachten die Lage der Objekte im rechtwinkligen Koordinatensystem, so lässt sich zwischen jedem Objektpaar ein Abstand messen (vgl. Abb. 4.1).

Abb. 4.1   Abstandsmessung

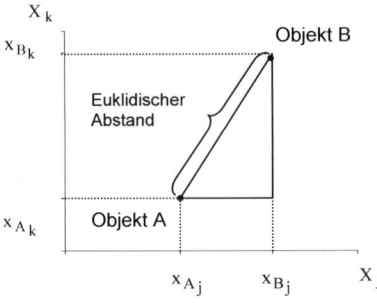

Hierzu wird sehr oft die **euklidische Distanz** d benutzt, da sie der anschaulichen Distanzvorstellung am meisten entspricht. Nach dem Satz des Pythagoras ist

$$d_{AB}^2 = \left(x_{B_j} - x_{A_j}\right)^2 + \left(x_{B_k} - x_{A_k}\right)^2 \tag{4.7}$$

Die Wurzel hieraus ist die euklidische Distanz. Man kann diese Überlegungen verallgemeinern und den Abstand zwischen zwei Objekten r und s bezüglich aller betrachteten Merkmale berechnen. Dies ist die Wurzel aus der Summe der quadrierten Differenzen über alle m Merkmale, also

$$d_{rs} = \sqrt{\left(x_{r_1} - x_{s_1}\right)^2 + \left(x_{r_2} - x_{s_2}\right)^2 + \cdots + \left(x_{r_m} - x_{s_m}\right)^2}$$

bzw.

$$d_{rs} = \sqrt{\sum_{j=1}^{m} \left(x_{r_j} - x_{s_j}\right)^2} \tag{4.8}$$

4.1 Darstellungsweise und Grundbegriffe

Berechnet man für jedes der N^2 Objektpaare den Abstand d für alle betrachteten Merkmale nach (4.8), so lässt sich dies in einer **Distanzmatrix D** darstellen:

$$D = \begin{pmatrix} d_{11} & d_{12} & \cdots & d_{1N} \\ d_{21} & d_{22} & \cdots & d_{2N} \\ \vdots & \vdots & & \vdots \\ d_{N1} & d_{N2} & \cdots & d_{NN} \end{pmatrix}$$

Bei der Berechnung ist es sinnvoll, von den Werten der standardisierten Datenmatrix **Z** auszugehen. Außerdem wird angenommen, dass die betrachteten Merkmale unkorreliert sind. In der Hauptdiagonalen dieser Matrix stehen Nullen und unterhalb und oberhalb sind die gleichen Werte enthalten, da die Entfernung zwischen r und s die gleiche ist wie zwischen s und r.

Beispiel 4.4   Für einige EU-Länder soll die Distanzmatrix für die beiden – nur gering korrelierten – Merkmale X_2 (Abhängig Beschäftigte in der Landwirtschaft) und X_3 (Bruttoinlandsprodukt) berechnet werden, wobei von den Z-Werten der standardisierten Datenmatrix (vgl. Tabelle 4.3) ausgegangen wird. Abb. 4.2 zeigt die graphische Darstellung für 12 EU-Länder.

Zwischen Deutschland und Frankreich ergibt sich nach (4.7) z. B. folgender Abstand

$$d_{FD} = \sqrt{\left(z_{F_2} - z_{D_2}\right)^2 + \left(z_{F_3} - z_{D_3}\right)^2}$$
$$= \sqrt{(-0{,}43 + 0{,}36)^2 + (0{,}73 - 1{,}09)^2} = \sqrt{0{,}1345} = 0{,}367.$$

Berechnen wir zur Illustration noch die Distanzen für Griechenland, Irland, Luxemburg und Portugal, so erhalten wir für diese sechs Länder eine Distanzmatrix, die in Tabelle 4.5 angegeben ist.

Abb. 4.2 Streuungsdiagramm für die standardisierten Merkmale Z_2 und Z_3

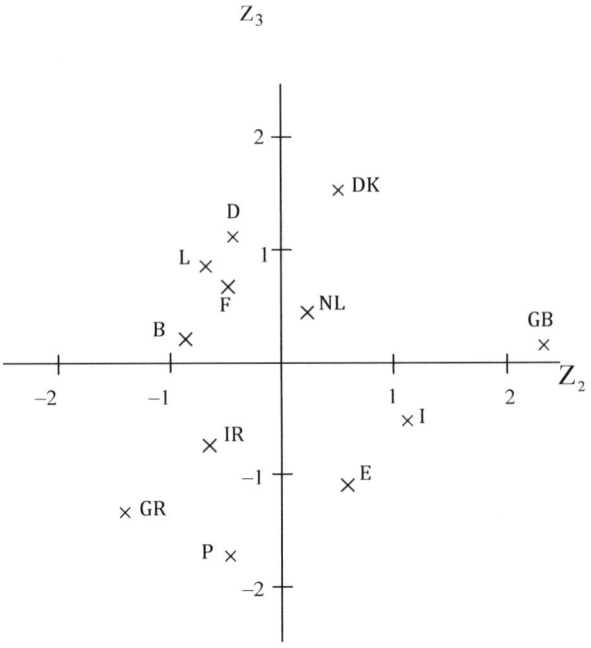

Tabelle 4.5 Distanzmatrix für sechs EU-Länder

	D	F	Gr	Irl	Lux	Port
Deutschland	0					
Frankreich	0,367	0				
Griechenland	2,714	2,357	0			
Irland	1,845	1,479	0,990	0		
Luxemburg	0,350	0,292	2,438	1,631	0	
Portugal	2,880	2,521	1,139	1,126	2,716	0

Hinweis: Strenggenommen müsste zuvor für diese sechs ausgewählten Länder eine neue standardisierte Datenmatrix (vgl. Tabelle 4.3) berechnet werden. Da es hier aber nur um eine Verfahrensillustration geht, wurden – um die Darstellung nicht zu sehr auszuweiten – die entsprechenden Werte aus Tabelle 4.3 (für die gesamte Länderanalyse) zur Berechnung der Distanzwerte in Tabelle 4.5 für die hier ausgewählten Länder herangezogen.

4.1.5 Linearkombinationen

Wir haben bereits erwähnt, dass man neben charakteristischen Parametern wie Mittelwerten, Varianzen, Kovarianzen, Korrelationskoeffizienten und Abstandsmaßen eine Datenreduktion auch durch die Bildung abgeleiteter Merkmale erreichen kann. Hierzu lassen sich **Linearkombinationen** der Merkmale benutzen. Man kann sich z. B. vorstellen, dass man für das Objekt i (i = 1, ..., N) aus den m zugehörigen Merkmalsausprägungen eine Linearkombination bildet

$$y_i = a_1 x_{i1} + a_2 x_{i2} + \cdots a_m x_{im},$$

wobei y_i das abgeleitete Merkmal darstellt und nicht – wie etwa bei der Regressionsanalyse – ein beobachtetes Merkmal ist. Die a_j (j = 1, ..., m) sind Gewichtungsfaktoren der Linearkombinationen. Obige Gleichung lässt sich für alle N Objekte, m Merkmale und verschiedene Vektoren der Gewichtungskoeffizienten verallgemeinern und schreiben als

$$\boxed{\mathbf{Y} = \mathbf{X} \cdot \mathbf{A}} \tag{4.9}$$

mit $\mathbf{Y} = (y_{ik})$ i = 1, ..., N ;   k = 1, ..., l
  $\mathbf{X} = (x_{ij})$ i = 1, ..., N ;   j = 1, ..., m
  $\mathbf{A} = (a_{jk})$ j = 1, ..., m ;   k = 1, ..., l .

Beispiel 4.5 Nehmen wir an, die Datenmatrix sei für drei Objekte und drei Merkmale gegeben mit

$$\mathbf{X} = \begin{pmatrix} 3 & 5 & 2 \\ 6 & 9 & 8 \\ 1 & 2 & 4 \end{pmatrix}$$

Die Matrix A der Gewichtungsfaktoren bestehe aus den beiden Koeffizientenvektoren $\mathbf{a_1}$ und $\mathbf{a_2}$

$$\mathbf{A} = \begin{pmatrix} \mathbf{a_1} & \mathbf{a_2} \\ 0{,}5 & 1 \\ 2{,}0 & 2 \\ 0{,}1 & 3 \end{pmatrix}$$

Nach (4.9) erhalten wir dann für das abgeleitete Merkmal

$$\mathbf{Y} = \mathbf{X} \cdot \mathbf{A} = \begin{pmatrix} y_1 & y_2 \\ 11{,}7 & 19 \\ 21{,}8 & 48 \\ 4{,}9 & 17 \end{pmatrix}$$

Je nachdem, welcher Koeffizientenvektor **a** benutzt wird, erhält man unterschiedliche abgeleitete Größen, die durch den jeweiligen Spaltenvektor **y** angegeben werden.

Multivariate Verfahren beinhalten oft die Berechnung solcher Linearkombinationen der Merkmale, d. h. die Bestimmung entsprechender Koeffizienten-Vektoren. Verschiedene Koeffizienten-Vektoren $\mathbf{a}_1$, $\mathbf{a}_2$, ..., $\mathbf{a}_l$ führen – wie wir in Beispiel 4.5 gesehen haben – zu unterschiedlichen Linearkombinationen.

Wie bereits erwähnt, ist es oft das Ziel, ein abgeleitetes Merkmal oder mehrere abgeleitete Merkmale zu bestimmen, die die in den Originalmerkmalswerten vorhandene Information möglichst gut wiedergeben. Man sucht deshalb nach Koeffizientenvektoren, die bezüglich der abgeleiteten Merkmalsvektoren diesen Anspruch am „besten" erfüllen. Es lässt sich zeigen, dass – bei geeigneter Präzisierung der Forderung „möglichst gute Wiedergabe der Information" – die Eigenvektoren (charakteristische Vektoren) der Varianz-Kovarianz-Matrix bzw. der Korrelationsmatrix Lösungen dieser Aufgabe darstellen. Aus mathematischer Sicht hat man die **Eigenvektoren** und **Eigenwerte** einer positiv definiten Matrix (hier der Korrelationsmatrix bzw. der Varianz-Kovarianz-Matrix) zu bestimmen. Die Eigenwerte sind in diesem Fall reell und nichtnegativ. Mit jedem Eigenvektor ist ein Eigenwert – auch charakteristische Wurzel genannt – verbunden. Diesen Eigenwert benutzt man, um für die betreffende Analyse die relativ beste Linearkombination festzulegen. Der Eigenvektor mit dem größten Eigenwert bestimmt das abgeleitete Merkmal mit der größten Bedeutung (Aussagekraft), der Eigenvektor mit dem nächstgrößten Eigenwert bestimmt das abgeleitete Merkmal mit der nächstgrößten Bedeutung usw. Auf mathematische Einzelheiten der Berechnungen und die damit verbundenen Probleme soll nicht eingegangen werden, da dies zum grundsätzlichen Verständnis multivariater Verfahren nicht notwendig ist (vgl. jedoch noch einige Hinweise unten in Kapitel 4.3.1.2).

Für Vergleichszwecke ist man oft daran interessiert, einen Vektor $\mathbf{a}$ auf die Länge eins zu **normieren**. Dies erreicht man dadurch, dass man jede seiner Komponenten a_1, ..., a_m durch seine Länge – auch euklidische Norm oder Betrag genannt –

$$\|\mathbf{a}\| = \sqrt{\mathbf{a}'\mathbf{a}} = \sqrt{\sum_{j=1}^{m} a_j^2} \tag{4.10}$$

dividiert.

($\mathbf{a}'$ ist der transponierte Vektor von $\mathbf{a}$, d. h. der Spaltenvektor wird als Zeilenvektor geschrieben.) Für das abgeleitete Merkmal Y lassen sich Maßzahlen berechnen: Das arithmetische Mittel $\overline{Y}$ ist

$$\overline{Y} = a_1\overline{X}_1 + a_2\overline{X}_2 + \cdots + a_m\overline{X}_m = \sum_{j=1}^{m} a_j\overline{X}_j \qquad (4.11)$$

Die zugehörige Varianz lässt sich mit

$$S^2 = \sum_{j=1}^{m} a_j^2 S_j^2 + 2\sum_{j=1}^{m-1}\sum_{k=j+1}^{m} a_j a_k S_{jk} \qquad (4.12)$$

angeben. Es bedeutet $S_j^2 = S_{jj}$ die Varianz des Merkmals X_j und S_{jk} die Kovarianz zwischen X_j und X_k. Benutzt man statt der Varianz-Kovarianzmatrix die Korrelationsmatrix, so ist wegen $S_{jk} = S_j S_k \rho_{jk}$ die Varianz nach

$$S^2 = \sum_{j=1}^{m} a_j^2 S_j^2 + 2\sum_{j=1}^{m-1}\sum_{k=j+1}^{m} a_j S_j a_k S_k \rho_{jk} \qquad (4.13)$$

zu berechnen.

4.2 Diskriminanzanalyse

4.2.1 Fragestellung

Die Diskriminanzanalyse zielt darauf ab, *vorgegebene* Gruppen von Objekten bestmöglich zu trennen (zu „diskriminieren"), wobei es sich um die Zuordnung dieser Objekte zu vorher definierten Gruppen der Grundgesamtheit handelt. Die Unterschiede zwischen den Gruppen werden durch die Gesamtheit der unabhängigen Merkmale erklärt und sollen durch diese bestmöglich getrennt werden. Bei der Diskriminanzanalyse werden die beobachteten Werte zweier oder mehrerer (unabhängiger) metrisch skalierter Merkmale durch die Werte eines abgeleiteten (abhängigen) nominal skalierten Merkmals ersetzt. Sie kann also den dependenzanalytischen Verfahren zugeordnet werden.

Wie wir in Kapitel 4.1 gesehen haben, lassen sich hierzu Linearkombinationen der Merkmale benutzen (vgl. (4.9)). Die dazu verwendete Funktion heißt **Diskriminanzfunktion** oder **Trennfunktion** und lautet – ohne Absolutglied –

$$\boxed{Y_i = a_1 X_1 + a_2 X_2 + \cdots + a_m X_m} \qquad (4.14)$$

wobei Y_i das abhängige Diskriminanzmerkmal (Gruppierungsmerkmal) (i = 1, ..., N) und X_j (j = 1, ..., m) das unabhängige Merkmal j bedeutet. Die a_j sind die Diskriminanzkoeffizienten, die bestimmt werden müssen. Sie zeigen die Bedeutung des betreffenden Merkmals zur Trennung der Gruppen. (Gleichung (4.14) lässt sich auch mit einem Absolutglied – wie wir es bei der Regressionsanalyse kennen gelernt haben – schreiben. Grundlegend ändert sich dabei nichts.)

Nehmen wir z. B. an, für verschiedene Länder liegen Merkmale über wirtschaftliche und soziale Phänomene vor, dann mag eine Einteilung in die beiden Gruppen „Industrieländer" und „Entwicklungsländer" interessieren. Dabei untersucht die Diskriminanzanalyse, inwieweit die statistischen Daten selbst zu einer Trennung (Unterscheidung) der einzelnen Länder (Objekte) in die beiden Kategorien beitragen. Oder: Eine Bank kann anhand bestimmter Kundenmerkmale eine Gruppierung ihrer Kundschaft bzgl. der Bonität in „gut" oder „schlecht" vornehmen wollen.

In einem solchen **Zwei-Gruppen-Fall**, d. h. das Diskriminanzmerkmal Y ist *dichotom*, spricht man von **einfacher Diskriminanzanalyse**. Hierbei wird nur eine einzige Diskriminanzfunktion als Linearkombination der unabhängigen Merkmale berechnet. Die **multiple Diskriminanzanalyse** wird dagegen benutzt, wenn mehr als zwei Gruppen vorgegeben sind. Das Diskriminanzmerkmal ist dann *polytom*, es werden mehrere Diskriminanzfunktionen ermittelt. So kann man sich vorstellen, dass im o. g. Beispiel die Länder in Entwicklungsländer, Schwellenländer und Industrieländer gruppiert werden.

Neben einfacher und multipler Analyse sind auch noch lineare und nichtlineare Diskriminanzfunktionen zu unterscheiden. Wir werden uns im Folgenden nur mit dem allereinfachsten Fall der Diskriminanzanalyse befassen. Außer der Bestimmung der Diskriminanzkoeffizienten hat die Diskriminanzanalyse auch noch die wesentliche Aufgabe, aus den Beobachtungsmerkmalen eine Regel zu entwickeln, die es erlaubt, neu hinzukommende Objekte einer der vorgegebenen Gruppen zuzuordnen.

4.2.2 Lineare Diskriminanzanalyse im Zwei-Gruppen-Zwei-Merkmalsfall

Um das Grundprinzip der Diskriminanzanalyse zu erläutern – und um den zugehörigen Rechenaufwand in Grenzen zu halten –, wollen wir uns nur mit dem Fall der linearen einfachen Diskriminanzanalyse befassen. Hierbei liegen zwei unabhängige – möglichst gering korrelierte – Merkmale X_1 und X_2 vor und eine Aufteilung der N Objekte in zwei Gruppen mit N_1 bzw. N_2 Objekten. Es ist also eine Diskriminanzfunktion der Form

$$Y_i = a_1 X_1 + a_2 X_2 \qquad (4.15)$$

zu bestimmen. Dabei lässt sich das Diskriminanzmerkmal Y erst dann ermitteln, wenn die a's vorliegen. Die Lage der Diskriminanzfunktion ist so zu bestimmen, dass die beiden Häufigkeitsverteilungen bei Projizierung auf die Diskriminanzachse Y eine möglichst geringe Überschneidung aufweisen (vgl. Abb. 4.3). Die neue Y-Achse drückt also die ursprüngliche Charakterisierung der beiden Gruppen durch die Merkmale X_1 und X_2 nun mit Hilfe eines einzigen Diskriminanzwertes aus. Durch eine Linearkombination der Beobachtungsmerkmale X_1 und X_2 werden diese als Diskriminanzwerte in die neue Y-Achse projiziert und damit verdichtet. Die Diskriminanzachse Y lässt sich durch eine Gerade der Form

$$X_2 = \frac{a_2}{a_1} X_1 \qquad (4.16)$$

darstellen.

4.2.2.1 Bestimmung der Diskriminanzfunktion

Die Diskriminanzkoeffizienten a wird man so wählen, dass das arithmetische Mittel der Gruppe 1 ($\overline{Y}_1$) möglichst weit vom arithmetischen Mittel der Gruppe 2 ($\overline{Y}_2$) entfernt ist, denn je größer der Abstand

$$d = |\overline{Y}_1 - \overline{Y}_2|$$

bzw.

$$d^2 = (\overline{Y}_1 - \overline{Y}_2)^2 \qquad (4.17)$$

umso größer wird die Unterschiedlichkeit zwischen den beiden Gruppen sein. Auf dieser Überlegung beruht das Distanzkonzept von Fisher (vgl. Abb. 4.3).

Abb. 4.3 Illustration des Distanzkonzepts und des Zwei-Gruppen-Zwei-Merkmalsfalles

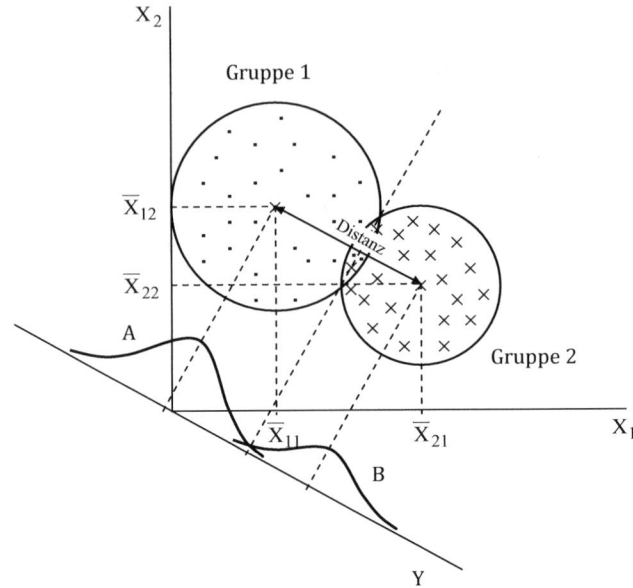

Erläuterung zu Abb. 4.3: Wir unterstellen, es gäbe zwei Gruppen 1 und 2, wobei für jedes Objekt zwei Merkmale X_1 und X_2 vorliegen sollen. In Abb. 4.3 ist die jeweilige Gruppenzugehörigkeit durch Punkte bzw. Kreuze gekennzeichnet. Die zugehörigen Kreise umschließen einen bestimmten Anteil einer jeden Gruppe, z. B. 90%. Nun legt man eine Gerade durch die beiden Schnittpunkte, in denen sich die Kreise schneiden und errichtet hierauf eine neue Achse Y im rechten Winkel zu dieser Geraden. Dann sind die Überlappungen zwischen den beiden eindimensionalen Häufigkeitsverteilungen A und B kleiner als jede Überschneidung, die sich ergäbe, wenn man irgendeine andere Gerade durch die beiden Punktewolken, dargestellt durch die Kreise, zöge.

Wie aus Abb. 4.3 ersichtlich, unterscheiden sich die Gruppen umso stärker, je geringer sie sich überschneiden und umgekehrt. Die Überschneidung hängt offensichtlich nicht nur von der Distanz (4.17) der beiden Gruppen ab, sondern auch von ihrer Streuung. Man wird deshalb die Diskriminanzkoeffizienten nicht nur so bestimmen, dass (4.17) maximiert wird,

4.2 Diskriminanzanalyse

sondern dass gleichzeitig die Diskriminanzmerkmale Y in jeder der beiden Gruppen eine möglichst kleine Varianz aufweisen. Dies erreicht man, indem man den Ausdruck

$$\frac{d^2}{S^2} = A \tag{4.18}$$

maximiert. Es wird also das Abweichungsquadrat *zwischen* den Gruppen d^2 in Beziehung gesetzt zum Abweichungsquadrat *innerhalb* der Gruppen S^2.

Da die $\overline{Y}_g$ (g = 1, 2) im Zähler von (4.18) Linearkombinationen der $\overline{X}_{g1}$- und $\overline{X}_{g2}$-Werte sind (vgl. (4.11)), ist

$$\overline{Y}_g = a_1 \overline{X}_{g1} + a_2 \overline{X}_{g2} \tag{4.19}$$

Der Nennerausdruck S^2 von (4.18) lässt sich mit Hilfe einer „Varianz-Kovarianz-Matrix" (4.4) mit

$$\mathbf{S} = \begin{pmatrix} S_1^2 & S_{12} \\ S_{21} & S_2^2 \end{pmatrix} \tag{4.20}$$

angeben. Die Elemente dieser Matrix sind hier nach den weiter unten betrachteten Größen (4.24) und (4.25) zu berechnen.

Unter Berücksichtigung der Tatsache, dass die Y-Werte Linearkombinationen der X-Werte sind, können wir nach (4.12) für S^2 im Zwei-Merkmal-Fall schreiben

$$S^2 = S_1^2 a_1^2 + S_2^2 a_2^2 + 2 S_{12} a_1 a_2 \, .$$

Nun ist (4.18) partiell nach a_1 und a_2 abzuleiten und gleich null zu setzen. Für a_1 gilt:

$$\frac{\partial A(a_1, a_2)}{\partial a_1} = \frac{1}{S^4} \left(S^2 \frac{\partial d^2}{\partial a_1} - d^2 \frac{\partial S^2}{\partial a_1} \right)$$

und damit

$$\frac{1}{S^4} [2S^2 d(\overline{X}_{11} - \overline{X}_{21}) - 2d^2 (S_1^2 a_1 + S_{12} a_2)] = 0.$$

Hieraus ist

$$d_1 = \overline{X}_{11} - \overline{X}_{21} = \frac{d}{S^2} (S_1^2 a_1 + S_{12} a_2).$$

Es lässt sich zeigen, dass die a's proportional zu jeder Konstanten sind, d. h. man kann d/S^2 vernachlässigen, ohne die Lage des Maximums zu verändern. Wichtig ist nämlich nur das Verhältnis der a's zueinander, nicht aber ihr absoluter Betrag. Analoges Vorgehen für a_2 führt zu einer zweiten Gleichung.

Damit ergibt sich:

$$S_1^2 a_1 + S_{12} a_2 = d_1$$
$$S_{12} a_1 + S_2^2 a_2 = d_2$$
(4.21)

Dieses lineare Gleichungssystem ist nach den Diskriminanzkoeffizienten a_1 und a_2 aufzulösen (vgl. hierzu das Vorgehen bei der Ableitung von β_0 und β_1 bei der Regressionsanalyse (3.36)–(3.38)). Man erhält

$$\boxed{a_1 = \frac{d_1 S_2^2 - d_2 S_{12}}{S_1^2 S_2^2 - (S_{12})^2}}$$

$$\boxed{a_2 = \frac{d_2 S_1^2 - d_1 S_{12}}{S_1^2 S_2^2 - (S_{12})^2}}$$
(4.22)

Hierbei bedeutet

$$d_1 = \overline{X}_{11} - \overline{X}_{21}$$
$$d_2 = \overline{X}_{12} - \overline{X}_{22}$$
(4.23)

Die Berechnung der Werte der Matrix **S** (4.20) kann in diesem einfachen Fall über die zusammengefasste („gepoolte") Innergruppenvarianz

$$S_1^2 = \frac{1}{N_1 + N_2} \left[N_1 \sum_{i=1}^{N_1} (x_{i11} - \overline{X}_{11})^2 + N_2 \sum_{i=1}^{N_2} (x_{i21} - \overline{X}_{21})^2 \right]$$

und
(4.24)

$$S_2^2 = \frac{1}{N_1 + N_2} \left[N_1 \sum_{i=1}^{N_1} (x_{i12} - \overline{X}_{12})^2 + N_2 \sum_{i=1}^{N_2} (x_{i22} - \overline{X}_{22})^2 \right]$$

4.2 Diskriminanzanalyse

bzw. die Kovarianz

$$S_{12} = \frac{1}{N_1 + N_2}[N_1 \sum_{i=1}^{N_1}(x_{i11} - \overline{X}_{11})(x_{i12} - \overline{X}_{12})$$
$$+ N_2 \sum_{i=1}^{N_2}(x_{i21} - \overline{X}_{21})(x_{i22} - \overline{X}_{22})] \quad (4.25)$$

erfolgen, wobei x_{igj} die i-te Messung der j-ten Variable in der g-ten Gruppe (i = 1, ..., N; g = 1, 2; j = 1, 2) darstellt. Durch Multiplikation der Summanden mit der jeweiligen Gruppengröße N_1 bzw. N_2 werden unterschiedliche Gruppengrößen berücksichtigt. Aus Symmetriegründen ist $S_{12} = S_{21}$ zu setzen. Mit (4.22) lässt sich nunmehr die Diskriminanzfunktion (4.15) bestimmen.

Zunächst kann man dadurch feststellen, welche Bedeutung den beiden Merkmalen X_1 und X_2 für die Unterscheidung der beiden Gruppen zukommt: Vorzeichen und absoluter Betrag der Diskriminanzkoeffizienten a bestimmen – ähnlich wie bei der Regressionsanalyse die Regressionskoeffizienten – den Einfluss der Merkmale X auf die Zuordnung zu den beiden Gruppen. Die Ausgangsinformationen der Merkmale X_1 und X_2 werden auf ein einziges Diskriminanzmerkmal Y zurückgeführt.

Allerdings ist zu beachten, dass die Größe der Diskriminanzkoeffizienten durch die Maßeinheiten und die Standardabweichungen der Beobachtungsmerkmale beeinflusst wird. Dies lässt sich dadurch eliminieren, dass man die berechneten Diskriminanzkoeffizienten mit den zugehörigen Standardabweichungen aus (4.24) multipliziert. Man erhält dadurch einen korrigierten Koeffizienten a_j^*

$$a_j^* = a_j S_j \quad (4.26)$$

Arbeitet man mit bereits standardisierten Ausgangsdaten Z_j, so lassen sich die a_j direkt als Maß für die Trennfähigkeit der Beobachtungsmerkmale ansehen. Um eine Normierung der Diskriminanzkoeffizienten auf in der Summe gleich eins zu erreichen (vgl. Kapitel 4.1), dividieren wir die Beträge von a_1 und a_2 durch den Gesamtbetrag der beiden Koeffizienten

$$\frac{|a_1|}{|a_1| + |a_2|} \quad \text{für } X_1$$

und

$$\frac{|a_2|}{|a_1|+|a_2|} \quad \text{für } X_2 \tag{4.27}$$

4.2.2.2 Zuordnungen mit Hilfe der Diskriminanzwerte

Darüber hinaus lässt sich anhand der Diskriminanzfunktion zeigen, welcher Gruppe neu hinzukommende Objekte zugeordnet werden können. Hierzu berechnet man zunächst die individuellen Diskriminanzwerte Y_i und vergleicht diese mit einem **kritischen Diskriminanzwert** Y^*. Im einfachsten Fall kann für Y^* das gewogene arithmetische Mittel aus den Diskriminanzmittelwerten beider Gruppen $\overline{Y}_1$ und $\overline{Y}_2$ verwendet werden

$$\boxed{Y^* = \frac{N_1 \overline{Y}_1 + N_2 \overline{Y}_2}{N_1 + N_2}} \tag{4.28}$$

Wenn die Verteilung der Werte wie in Abb. 4.4 angegeben ist, so lautet die Zuordnungsvorschrift: Ordne das Objekt i der Gruppe 1 zu, wenn $Y_i < Y^*$; ordne das Objekt i der Gruppe 2 zu, wenn $Y_i > Y^*$.

Abb. 4.4   Einteilung der Diskriminanzachse

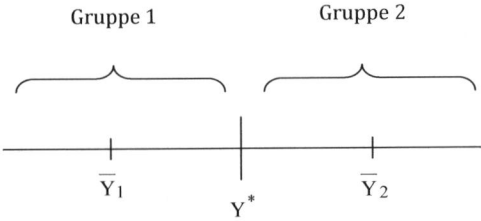

Um die Zuordnung zu den Gruppen zu überprüfen, lässt sich zum Schluss noch eine **Zuordnungs-** oder **Klassifikationsmatrix** aufstellen: Man benutzt die Merkmale zur Berechnung der Diskriminanzfunktion und klassifiziert dann nach ursprünglicher und korrigierter Zuteilung. Dabei werden die gleichen Daten in zweifacher Hinsicht benutzt: Zunächst wird die Diskriminanzfunktion selbst berechnet, und dann überprüft man mit der so bestimmten

4.2 Diskriminanzanalyse

Funktion die Zuordnung. Dadurch erhält man meist ein zu optimistisches Bild. Bei neu hinzukommenden Objekten ist die Trennfunktion und Klassifikation verlässlicher.

Beispiel 4.6 Für die betrachteten 12 EU-Länder (vgl. Beispiel 4.1) soll zunächst anhand des Merkmals X_3 (Bruttoinlandsprodukt) eine Einteilung in „Höher industrialisierte Länder" und „Geringer industrialisierte Länder" vorgenommen werden. Als Grenze seien dabei 8000 € für das betrachtete Jahr angenommen. Die erste Gruppe von Ländern, deren Werte über dieser Grenze liegen, besteht aus DK, F, D, I, B, L, NL und GB, die zweite aus GR, IR, P und E. Als zweites Diskriminanzmerkmal soll X_4 (Kapitalstock) hinzugenommen werden. X_4 ist mit X_3 nur gering korreliert ($\rho = 0{,}3739$, vgl. Tabelle 4.4). Es ist die Diskriminanzfunktion

$$Y_i = a_1 X_3 + a_2 X_4$$

zu bestimmen.

Um die Beeinflussung der Diskriminanzkoeffizienten durch die Maßeinheiten und die Standardabweichung der Beobachtungsmerkmale auszuschalten, wird von den *standardisierten Werten* (vgl. Tabelle 4.3) ausgegangen. Für beide Gruppen sind zunächst die Mittelwerte $\bar{X}_{g3}$ und $\bar{X}_{g4}$ ($g = 1, 2$) zu bestimmen. Mit Hilfe der Werte aus Tabelle 4.3 erhalten wir

für Gruppe 1: $\bar{X}_{13} = 0{,}6175$ $\bar{X}_{14} = 0{,}2475$
für Gruppe 2: $\bar{X}_{23} = -1{,}2400$ $\bar{X}_{24} = -0{,}4900$.

Mit diesen Angaben können wir die Distanzen nach (4.23) berechnen:

$$d_1 = \bar{X}_{13} - \bar{X}_{23} = 1{,}8575$$

$$d_2 = \bar{X}_{14} - \bar{X}_{24} = 0{,}7375.$$

Für die Berechnung der Determinanten der Streuungsmatrix (4.20) ist die Bestimmung der Varianzen nach (4.24) und der Kovarianz nach (4.25) erforderlich. Es ist

$$S_1^2 = \frac{1}{N_1 + N_2}\left[N_1 \sum_{i=1}^{8}(x_{i13} - \bar{X}_{13})^2 + N_2 \sum_{i=1}^{4}(x_{i23} - \bar{X}_{23})^2\right]$$

$$= \frac{1}{8+4}[8 \cdot 2{,}1622 + 4 \cdot 0{,}6346] = 1{,}6530$$

$$S_2^2 = \frac{1}{N_1 + N_2}\left[N_1 \sum_{i=1}^{8}(x_{i14} - \overline{X}_{14})^2 + N_2 \sum_{i=1}^{4}(x_{i24} - \overline{X}_{24})^2\right]$$

$$= \frac{1}{8+4}[8 \cdot 9{,}5352 + 4 \cdot 1{,}0414] = 6{,}7039$$

$$S_{12} = \frac{1}{N_1 + N_2}\left[N_1 \sum_{i=1}^{8}(x_{i13} - \overline{X}_{13})(x_{i14} - \overline{X}_{14}) + N_2 \sum_{i=1}^{4}(x_{i23} - \overline{X}_{23})(x_{i24} - \overline{X}_{24})\right]$$

$$= \frac{1}{8+4}[8 \cdot 0{,}1743 + 4 \cdot 0{,}6353] = 0{,}3279 \, .$$

Mit diesen Zwischenergebnissen lassen sich die Diskriminanzkoeffizienten a_1 und a_2 nach (4.22) bestimmen:

$$a_1 = \frac{d_1 S_2^2 - d_2 S_{12}}{S_1^2 S_2^2 - (S_{12})^2} = \frac{1{,}8575 \cdot 6{,}7039 - 0{,}7375 \cdot 0{,}3279}{1{,}6530 \cdot 6{,}7039 - 0{,}3279^2} = 1{,}1127$$

$$a_2 = \frac{d_2 S_1^2 - d_1 S_{12}}{S_1^2 S_2^2 - (S_{12})^2} = \frac{0{,}7375 \cdot 1{,}6530 - 1{,}8575 \cdot 0{,}3279}{1{,}6530 \cdot 6{,}7039 - 0{,}3279^2} = 0{,}0556.$$

Die Diskriminanzfunktion (4.15) lautet demnach

$$Y_i = 1{,}1127 X_3 + 0{,}0556 X_4 \, .$$

Berechnen wir nach (4.27) den Anteil von a_1 und a_2 am Gesamtbetrag der beiden Koeffizienten, so erhalten wir

$$\text{für } X_3: \frac{|a_1|}{|a_1| + |a_2|} = \frac{1{,}1127}{1{,}1127 + 0{,}0556} = 0{,}9524$$

$$\text{für } X_4: \frac{|a_2|}{|a_1| + |a_2|} = \frac{0{,}0556}{1{,}1127 + 0{,}0556} = 0{,}0476.$$

Das Merkmal X_3 (BIP) erklärt also mehr als 95% der Diskriminanzwerte, X_4 (BRUKAP) dagegen nur knapp 5%. X_3 ist also für die Trennung der Objekte (Länder) von überragender Bedeutung.

Um eine rechnerische Zuordnung der Länder zu den beiden Gruppen aufgrund der Diskriminanzanalyse vornehmen zu können, müssen zunächst die individuellen Diskriminanzwerte Y_i für die 12 Länder berechnet werden. Für Dänemark erhalten wir bspw.

$$Y_{DK} = 1{,}1127 \cdot 1{,}46 + 0{,}0556 \cdot 1{,}63 = 1{,}7151.$$

4.2 Diskriminanzanalyse

Die Diskriminanzwerte der Länder in *Gruppe* 1 sind

$$Y_{DK} = 1{,}7151 \qquad Y_B = 0{,}2693$$
$$Y_F = 0{,}8095 \qquad Y_L = 0{,}9353$$
$$Y_D = 1{,}2172 \qquad Y_{NL} = 0{,}5931$$
$$Y_I = -0{,}3388 \qquad Y_{GB} = 0{,}4060$$

und in *Gruppe* 2

$$Y_{GR} = -1{,}5795 \qquad Y_P = -2{,}0651$$
$$Y_{IR} = -0{,}8189 \qquad Y_E = -1{,}1644.$$

Das arithmetische Mittel der Diskriminanzwerte in Gruppe 1 ergibt sich mit

$$\overline{Y}_1 = \frac{\sum_{i=1}^{8} Y_{i1}}{8} = 0{,}7008$$

und in Gruppe 2

$$\overline{Y}_2 = \frac{\sum_{i=1}^{4} Y_{i2}}{4} = -1{,}4070.$$

Damit lässt sich der kritische Diskriminanzwert nach (4.28) berechnen

$$Y^* = \frac{N_1 \overline{Y}_1 + N_2 \overline{Y}_2}{N_1 + N_2} = \frac{8 \cdot 0{,}7008 + 4 \cdot (-1{,}4070)}{12} = -\frac{0{,}0216}{12} = -0{,}0018.$$

Ist der Diskriminanzwert $Y_i > Y^*$, so erfolgt die Zuordnung zu Gruppe 1, wenn $Y_i < Y^*$ dann erfolgt die Zuordnung zu Gruppe 2.

Es zeigt sich, dass für Italien $Y_I = -0{,}3388$. Die anfängliche Zuordnung zu Gruppe 1 muss für dieses Land also revidiert werden. Dies lässt sich in der Zuordnungsmatrix darstellen (vgl. Tabelle 4.6).

Tabelle 4.6 Zuordnungsmatrix

		Korrigierte Gruppierung		Σ
		Gruppe 1	Gruppe 2	
Ursprüngliche Gruppierung	Gruppe 1	7	1	8
	Gruppe 2	0	4	4
	Σ	7	5	12

Wir sehen, dass die Zuordnung zu den Gruppen durch die berechnete Trennfunktion besser ist als durch das Merkmal X_3 allein. Ein Land war fälschlicherweise ursprünglich der Gruppe 1 zugewiesen worden. Neu hinzukommende Länder, deren Merkmalswerte X_3 und X_4 bekannt sind, lassen sich ebenfalls entsprechend der berechneten Diskriminanzfunktion einer der beiden Gruppen zuordnen.

Nun zur graphischen Darstellung des gesamten Sachverhaltes: Das Streuungsdiagramm der 12 Länderwerte ist in Abb. 4.5 wiedergegeben. Die Diskriminanzachse Y lässt sich dadurch ermitteln, dass man eine Gerade durch den Koordinatenwert (1,1127; 0,0556) und den Ursprung legt. Nach (4.17) hat die Gerade den Anstieg

$$\frac{a_2}{a_1} = \frac{0,0556}{1,1127} = 0,0500.$$

Auf dieser Diskriminanzachse können nun auch die Gruppenmittelwerte $\overline{Y}_1$ und $\overline{Y}_2$ sowie der kritische Wert Y^*, der die Trennung der beiden Gruppen vornimmt, eingezeichnet werden.

Abb. 4.5   Graphische Darstellung der Diskriminanzachse

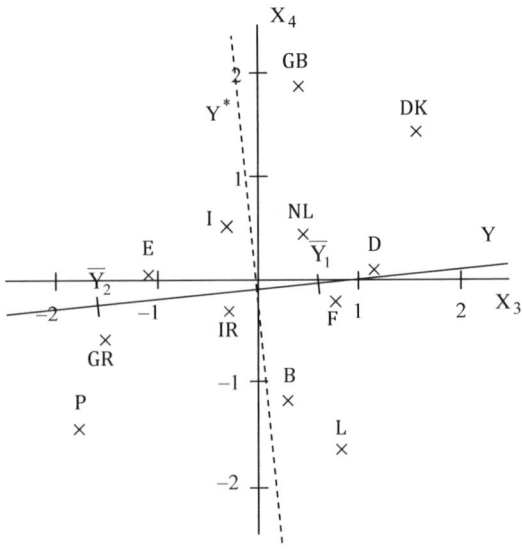

4.2.3 Zusammenfassung

- Der Grundgedanke der Diskriminanzanalyse besteht allgemein darin, eine größere Zahl von unabhängigen metrisch skalierten Merkmalen X auf wenige (abgeleitete) Diskriminanzmerkmale Y zurückzuführen, zu verdichten. Die Y-Werte stellen Linearkombinationen der X-Werte dar.

  Wir haben den einfachsten Fall mit der Trennung in **zwei Gruppen** durch **zwei Merkmale** betrachtet, wobei die Diskriminanzfunktion nach dem Ansatz von Fisher abgeleitet wurde. Andere Möglichkeiten werden in der Literatur diskutiert.

- Eine Erweiterung der in 4.2.1. angestellten Überlegungen auf den wichtigen **Zwei-Gruppen-Mehr-Merkmalsfall** ist leicht möglich – wenngleich auch rechenaufwendiger. (4.22) lässt sich dann in Matrixschreibweise angeben mit

$$\boxed{\mathbf{a} = \mathbf{S}^{-1}(\overline{\mathbf{X}}_1 - \overline{\mathbf{X}}_2)} \tag{4.29}$$

wobei

$$\mathbf{a} = \begin{pmatrix} a_1 \\ a_2 \\ \vdots \\ a_m \end{pmatrix} \text{ und } \overline{\mathbf{X}}_g = \begin{pmatrix} \overline{X}_{g1} \\ \overline{X}_{g2} \\ \vdots \\ \overline{X}_{gm} \end{pmatrix} \text{ für } g = 1,2.$$

Die $\overline{X}_{gj}$ sind die arithmetischen Mittel des j-ten Merkmals in der g-ten Gruppe und berechnen sich nach

$$\overline{X}_{gj} = \frac{1}{N_g} \sum_{l=1}^{N_g} X_{lgj} \text{ für } g = 1, 2; j = 1, 2, \ldots, m.$$

S ist gegeben durch

$$\mathbf{S} = \frac{1}{N_1 + N_2} [N_1^2 \mathbf{S}_1 + N_2^2 \mathbf{S}_2]$$

wobei $\mathbf{S}_1$ bzw. $\mathbf{S}_2$ die Varianz-Kovarianzmatrizen der Gruppe 1 bzw. 2 darstellen.

- Im **Mehr-Gruppen-Fall** wird mehr als eine Diskriminanzfunktion berechnet. Bei vorgegebenen Gruppen lassen sich maximal G – 1 Diskriminanzfunktionen ermitteln, die jeweils rechtwinklig (orthogonal) zueinander sind. Außerdem wird die maximale Zahl der Gruppen durch die Zahl m der Merkmale begrenzt. In der Regel wird die Zahl der Gruppen kleiner als die Zahl der unabhängigen Merkmale sein.

- Generell gilt für alle Diskriminanzanalysen: Sind die a's bestimmt, so lässt sich anhand dieser Werte angeben, welchen Beitrag die unabhängigen Merkmale zur Trennung der Gruppen leisten. Darüber hinaus lassen sich neu hinzukommende Objekte den Gruppen zuordnen.

Bei der Auswahl der Merkmale ist darauf zu achten, dass sie untereinander keine hohe Korrelation aufweisen, andernfalls können Fehlinterpretationen bzgl. des Erklärungsbeitrags der Merkmale auftreten. Ein für die Diskriminanzanalyse eigentlich weniger wichtiges Merkmal erhält z. B. aufgrund seiner hohen Korrelation mit einem für die Trennung bedeutsamen Merkmal einen hohen Diskriminanzwert, der dann fälschlicherweise ein „trennstarkes" Merkmal vorspiegelt. Ebenso ist daran zu denken, dass bei der Benutzung nicht standardisierter Werte der Beobachtungsmerkmale eine Korrektur der Diskriminanzkoeffizienten a_j nach (4.26) vorgenommen werden muss, um die diskriminatorische Bedeutung der unabhängigen Merkmale zu erkennen.

4.3 Hauptkomponenten- und Faktorenanalyse

Bei diesen Verfahren handelt es sich um Interdependenzanalysen, d. h. es wird nicht wie bei der Regressions- oder Diskriminanzanalyse von vorgegebenen unabhängigen Merkmalen ausgegangen. Vielmehr soll erst aufgrund der Analyse eine Beziehungsstruktur zwischen den Merkmalen aufgedeckt werden. Ähnlich wie bei der Korrelationsanalyse werden also Beziehungen ohne Richtungsabhängigkeit analysiert. Typischerweise unterstellt man metrisch skalierte Daten. Zunächst geht es darum, die Vielfalt der in den m Beobachtungsmerkmalen steckenden Ausgangsinformation zu reduzieren. So kann etwa daran gelegen sein, die in den acht Merkmalen enthaltene Information für die 12 betrachteten EU-Länder (vgl. Beispiel 4.1) auf zwei hieraus abgeleitete Merkmale (Komponenten) zu verdichten. Dabei sollen diese Komponenten (1) unabhängig voneinander sein, (2) einen möglichst großen Anteil der Variation der Beobachtungsmerkmale erfassen und (3) helfen, Beziehungen zwischen den ursprünglichen Merkmalen zu erklären, indem komplizierte Beziehungen zwischen den Beobachtungsdaten auf eine einfache Form reduziert werden.

Wir werden im Folgenden den einfachsten Fall einer Hauptkomponentenanalyse mit zwei Beobachtungsmerkmalen etwas ausführlicher darstellen und umreißen die Faktorenanalyse im Zusammenhang mit der Hauptkomponentenanalyse nur in ihren Grundzügen. Bei der Faktorenanalyse handelt es sich nämlich um keine einheitliche Methode, vielmehr existiert eine Reihe faktoranalytischer Verfahren, und die Hauptkomponentenanalyse kann als eine besondere Art der Faktorenanalyse angesehen werden.

4.3.1 Hauptkomponentenanalyse

4.3.1.1 Datengrundlagen

Liegen für N Objekte m Merkmale vor, die untereinander stark korreliert sind, so kann es sich als zweckmäßig erweisen, diese m Merkmale durch eine Anzahl l ($l \leq m$) von neuen, nicht korrelierten Merkmalen zu ersetzen. Diese abgeleiteten Merkmale sollen dabei durch lineare Transformationen, d. h. Linearkombinationen (vgl. Kapitel 4.1.5) aus den Beobachtungsmerkmalen hervorgehen. Außerdem soll bei dieser Transformation zunächst die Ausgangsinformation vollständig erhalten bleiben, d. h. die Werte der m Beobachtungsmerkmale sollen aus den Werten der l abgeleiteten Merkmale reproduzierbar sein. Hierzu kann man sich der Hauptkomponentenanalyse bedienen.

Da die Hauptkomponentenanalyse die Varianz-Kovarianzstruktur der zugrunde liegenden Daten benutzt, ist sie von der Lage der beobachteten Merkmale unabhängig. Deshalb geht man oft von der zentrierten Datenmatrix (vgl. Kapitel 4.1) aus. Die Streuungsmatrix wird hierdurch nicht verändert. Geometrisch bedeutet dies eine Verschiebung des Koordinatenursprungs in den Schwerpunkt $(\overline{X}_1, \overline{X}_2, ..., \overline{X}_m)$. Es lässt sich allerdings auch mit den Werten der standardisierten Datenmatrix (4.2) arbeiten, wobei dann nicht die Struktur der Varianz-Kovarianz-Matrix (4.4), sondern die der Korrelationsmatrix (4.5) benutzt wird. Wie wir in Kapitel 4.1 gesehen haben, enthalten beide Matrizen die gleiche Information.

Liegen Merkmale in gleicher Maßeinheit der Analyse zugrunde, so lassen sich die Berechnungen über die Varianz-Kovarianz-Matrix vornehmen. Bei unterschiedlichen Maßeinheiten der Merkmale erhält man i. A. brauchbare Ergebnisse nur dann, wenn die Varianzen etwa gleiche Größenordnungen haben – oder man rechnet über die Korrelationsmatrix. Hier soll die allgemeine Darstellung über die Varianz-Kovarianz-Matrix erfolgen.

4.3.1.2 Bestimmung der Hauptkomponenten

Jetzt suchen wir eine erste Linearkombination

$$Y_1 = a_{11}X_1 + a_{21}X_2 + \cdots + a_{m1}X_m,$$

deren Varianz maximal sein soll. Damit die Varianz von Y_1 mit steigenden Werten der a_{j1} nicht beliebig groß wird, ist die Nebenbedingung

$$a_{11}^2 + a_{21}^2 + \cdots + a_{m1}^2 = \sum_{j=1}^{m} a_{j1}^2 = 1$$

einzuführen. Es werden also normierte Linearkombinationen betrachtet (vgl. Kapitel 4.1.5). Geometrisch lässt sich Y_1 als Projektion des m-dimensionalen Schwarms von Beobachtungswerten auf die Gerade interpretieren, die durch die Achse der größten Ausdehnung der zentrierten Werte gegeben ist (vgl. Abb. 4.6). Y_1 nennt man **erste Hauptkomponente** der Merkmale $X_1, ..., X_m$. Danach bestimmt man die zweite normierte Linearkombination

$$Y_2 = a_{12}X_1 + a_{22}X_2 + \cdots + a_{m2}X_m.$$

Hiervon wird wieder gefordert, dass Y_2 die maximale Varianz haben soll, unter der Nebenbedingung, dass Y_1 und Y_2 unkorreliert sind. In der graphischen Darstellung bedeutet dies, dass die Y_2-Achse durch die zweitgrößte Ausdehnung der Beobachtungswerte gelegt wird und im rechten Winkel (orthogonal) zur Y_1-Achse stehen muss (vgl. Abb. 4.6). Y_2 ist die **zweite Hauptkomponente**.

Dies lässt sich nun bis zur l-ten Hauptkomponente fortsetzen, wobei Y_h (h = 2, 3, ..., l) unter allen normierten Linearkombinationen, die mit $Y_1, Y_2, ..., Y_{l-1}$ nicht korreliert sind, jeweils die maximale Varianz besitzt. Die Unkorreliertheit bewirkt, dass die Y_l-Achse orthogonal zu allen vorausgegangenen ist. Man spricht von einer **orthogonalen Rotationstransformation**. Wir wollen im Folgenden den Gedankengang verallgemeinern, wobei auf mathematische Einzelheiten nicht eingegangen werden soll. Um die erste Hauptkomponente Y_1 zu finden, suchen wir einen Koeffizientenvektor (Zeilenvektor) $\mathbf{a'}= (a_{11}\ a_{21}\ ...\ a_{j1}\ ...\ a_{m1})$, so

4.3 Hauptkomponenten- und Faktorenanalyse

dass die Varianz von **Xa** über alle Linearkombinationen von **X** maximiert wird, unter der Nebenbedingung **a'a** = 1.

Da die Zentrierung der Werte der Datenmatrix keine Veränderung der Varianz-Kovarianz-Matrix bewirkt, ist dies **S**. Wir müssen also **a'Sa** bezüglich **a** unter der gegebenen Nebenbedingung maximieren. Falls standardisierte Werte in die Rechnung einbezogen werden sollen, tritt an die Stelle der Varianz-Kovarianz-Matrix **S** die Korrelationsmatrix **R**. Mit Hilfe des Lagrange-Multiplikators λ lässt sich dies schreiben als

$$\mathbf{a'Sa} - \lambda(\mathbf{a'a} - 1) \tag{4.30}$$

Zur Bestimmung des Maximums ist (4.30) nach **a** und λ zu differenzieren. Man erhält dann

$$(\mathbf{S} - \lambda \mathbf{I})\mathbf{a} = 0 \tag{4.31}$$

(Die Ableitung von (4.30) nach λ ergibt die notwendige Bedingung **a'a** $- 1 = 0$, d. h. die Nebenbedingung.) Dies ist die Bestimmungsgleichung des gesuchten Vektors **a**, der die Varianz maximiert. **I** bedeutet hierbei die m x m Einheitsmatrix. Für das linear homogene Gleichungssystem (4.31) existieren nur dann nichttriviale Lösungen, wenn die Determinante

$$|\mathbf{S} - \lambda \mathbf{I}| = 0 \tag{4.32}$$

Die Matrix (**S** $- \lambda \mathbf{I}$) muss singulär sein, darf also keine Inverse besitzen. (4.32) ist die charakteristische Gleichung der Matrix **S**. Die λ-Werte, die $|\mathbf{S} - \lambda \mathbf{I}| = 0$ erfüllen, heißen die **Eigenwerte (charakteristische Wurzeln)** von **S**.

Es lässt sich zeigen, dass die Summe der Eigenwerte mit der Summe der Diagonalelemente der Matrix **S** (Spur von **S**) identisch ist. Da nun die Varianz-Kovarianz-Matrix für die m Merkmale auch m Eigenwerte hat und wir die Varianz $S_{Y_1}^2$ maximieren wollen, entspricht $S_{Y_1}^2$ dem größten der m Eigenwerte der Varianz-Kovarianz-Matrix. Die Bestimmungsgleichung für $\mathbf{a}_1$ ist entsprechend (4.31)

$$(\mathbf{S} - \lambda_1 \mathbf{I})\mathbf{a}_1 = 0 \tag{4.33}$$

λ_1 ist der größte Eigenwert von **S** und die geforderte Lösung für **a** ist der zugehörige Eigenvektor $\mathbf{a}_1$ (vgl. Kapitel 4.1). Die erste Hauptkomponente kann deshalb geschrieben werden als

$$Y_1 = \mathbf{X} \cdot \mathbf{a}_1 \tag{4.34}$$

Die nächste Hauptkomponente wird gefunden durch die Bestimmung eines zweiten normierten Vektors $\mathbf{a}_2$ der orthogonal zu $\mathbf{a}_1$ ist. Dies ergibt

$$Y_2 = \mathbf{X} \cdot \mathbf{a}_2 \tag{4.35}$$

mit der zweitgrößten Varianz von allen Vektoren, die die Nebenbedingungen $\mathbf{a}_1' \cdot \mathbf{a}_2 = 0$ und $\mathbf{a}_2' \cdot \mathbf{a}_2 = 1$ erfüllen. $\mathbf{a}_2$ ist dann der Eigenvektor mit dem zweitgrößten Eigenwert von $\mathbf{S}$, nämlich λ_2. Dies lässt sich fortsetzen, bis alle m Eigenvektoren bestimmt sind, wobei $\mathbf{a}_h$ normiert und nicht korreliert (orthogonal) zu $\mathbf{a}_1, \mathbf{a}_2, ..., \mathbf{a}_{l-1}$ (h = 2, 3, ..., l) ist.

Für eine orthogonale Rotationstransformation muss nun die notwendige Bedingung

$$\mathbf{A}' \cdot \mathbf{A} = \mathbf{I} \tag{4.36}$$

gelten, wobei $\mathbf{A}$ sich aus den Spaltenvektoren $\mathbf{a}_1, \mathbf{a}_2, ..., \mathbf{a}_l$ zusammensetzt. $\mathbf{A}'$ ist die transponierte Matrix von $\mathbf{A}$. Als hinreichende Bedingung muss zu (4.36) allerdings

$$|\mathbf{A}| = 1 \tag{4.37}$$

hinzutreten. Da sich die Vorzeichen jeder beliebigen Zeile oder Spalte aus Matrix $\mathbf{A}$ umkehren lassen, ohne damit die entsprechenden algebraischen Eigenschaften zu verändern, kann man z. B. für den Fall $|\mathbf{A}| = -1$ eine Spalte der Matrix mit -1 multiplizieren, um dann $|\mathbf{A}| = 1$ zu erhalten.

Ist die Matrix $\mathbf{A}$ bestimmt, so lassen sich die Koordinaten auf den neuen Y-Achsen mit

$$\mathbf{Y} = \mathbf{X} \cdot \mathbf{A} \tag{4.38}$$

bzw. aufgrund standardisierter z-Werte mit

$$\boxed{\mathbf{Y} = \mathbf{Z} \cdot \mathbf{A}} \tag{4.39}$$

bestimmen (vgl. (4.2)). $\mathbf{Y}$ ist die N × m-Matrix der Hauptkomponentenwerte, $\mathbf{X}$ bzw. $\mathbf{Z}$ die (standardisierte) N × m -Datenmatrix, und $\mathbf{A}$ stellt die m × m -Matrix der Eigenvektoren dar. Die Ermittlung der Eigenwerte einer m × m -Matrix ist rechnerisch aufwendig. Formal handelt es sich um ein Problem der Nullstellenbestimmung in Polynomen m-ten Grades,

4.3 Hauptkomponenten- und Faktorenanalyse

worauf hier nicht eingegangen werden soll. Zur Bestimmung der Eigenwerte benutzt man Rechenprogramme.

Will man die durch die h-te Hauptkomponente erklärte Varianz berechnen, so bildet man

$$\boxed{\frac{\lambda_h}{\text{Spur } \mathbf{S}} = \frac{\lambda_h}{S_1^2 + S_2^2 + \cdots S_m^2}} \qquad (4.40)$$

Da man i. d. R. eine kleinere Zahl von Komponenten als die Zahl der m Beobachtungsmerkmale berechnen will, beschränkt man sich auf die wesentlichen Komponenten und berechnet l Komponenten so, dass z. B. ihre Summe mindestens 0,9 beträgt, d. h. wenigstens 90% der Gesamtvarianz der beobachteten Merkmale durch die Komponenten $Y_1, ..., Y_l$ erklärt wird.

Beispiel 4.7 Zur Illustration der vorausgegangenen allgemeinen Analyse soll der einfache Fall zweier Beobachtungsmerkmale mit der Reduktion auf zwei Hauptkomponenten gezeigt werden. Wir benutzen hierzu aus der Tabelle 4.2 die beiden stark korrelierten Merkmale X_3 (Bruttoinlandsprodukt) und X_7 (Energieverbrauch) der 12 EU-Länder. (Die Korrelation ergibt sich aus der Korrelationsmatrix, Tabelle 4.4, mit $\rho = 0{,}7343$.) Da sich die beiden Beobachtungsmerkmale nicht nur in ihren Größenordnungen, sondern auch in den Maßeinheiten unterscheiden, gehen wir nicht von den zentrierten, sondern den standardisierten z-Werten der Matrix 4.3 aus.

Zur Veranschaulichung werden die Werte dieser Tabelle für die Merkmale Z_3 und Z_7 graphisch dargestellt (vgl. Abb. 4.6).

Legt man eine Gerade durch die Achse der größten Ausdehnung (größte Varianz) der standardisierten Werte, so erhält man die Y_1-Achse. Die Y_2-Achse verläuft durch die zweitgrößte Ausdehnung der standardisierten Beobachtungswerte und steht im rechten Winkel zur Y_1-Achse. Bspw. lassen sich für Luxemburg mit den standardisierten $(Z_3; Z_7)$- Koordinaten (0,91; 2,70) jetzt die $(Y_1; Y_2)$-Koordinaten von etwa (2,5; 1,3) ablesen.

Abb. 4.6 Standardisierte Werte der Merkmale Z_3 und Z_7

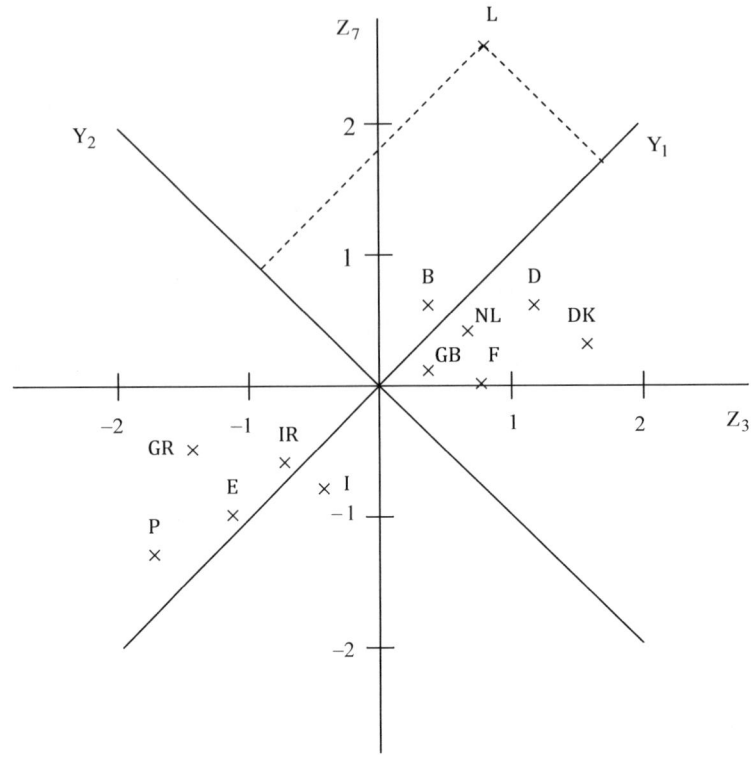

Es soll nun die rechnerische Bestimmung dieser Hauptkomponenten erfolgen. Dazu müssen wir die Determinante von (4.32) bestimmen, wobei wegen Verwendung standardisierter Werte statt **S** die Matrix **R** benutzt wird. Sie lautet nach (4.5)

$$\mathbf{R} = \begin{pmatrix} \rho_{33} & \rho_{37} \\ \rho_{73} & \rho_{77} \end{pmatrix} = \begin{pmatrix} 1 & 0{,}7343 \\ 0{,}7343 & 1 \end{pmatrix}.$$

Um die Eigenwerte dieser Matrix zu erhalten, setzen wir die folgende Determinante – entsprechend (4.32) – gleich null

$$\begin{vmatrix} 1-\lambda & 0{,}7343 \\ 0{,}7343 & 1-\lambda \end{vmatrix} = 0.$$

Hieraus errechnet man sich mit

$$(1-\lambda)^2 - (0{,}7343)^2 = 0$$

die quadratische Gleichung

$$\lambda^2 - 2\lambda + 0{,}4608 = 0.$$

4.3 Hauptkomponenten- und Faktorenanalyse

Für dieses Polynom zweiter Ordnung erhalten wir als Lösungen

$$\lambda_{1,2} = \frac{2 \pm \sqrt{4 - 4 \cdot 1 \cdot 0{,}4608}}{2 \cdot 1}$$

$$\lambda_1 = 1{,}7343$$

$$\lambda_2 = 0{,}2657.$$

Diese beiden Eigenwerte erfüllen die Bedingung, dass $|\mathbf{R} - \lambda\mathbf{I}| = 0$ ist. Wie erwähnt, ist die Summe dieser Eigenwerte (1,7343 + 0,2657 = 2) mit der Spur von $\mathbf{R}$ (1 + 1 = 2) identisch. Damit entspricht die Summe der Eigenwerte der Korrelationsmatrix der Summe der Varianzen der betrachteten Merkmale. (Wegen der standardisierten Werte sind die Varianzen eins und entsprechen den Korrelationskoeffizienten eines Merkmals mit sich selbst.)

Nun wollen wir den mit $\lambda_1 = 1{,}7343$ verbundenen Eigenvektor bestimmen. Nach (4.33) erhalten wir

$$(\mathbf{R} - \lambda_1\mathbf{I})\mathbf{a}_1 = \mathbf{0}$$

$$\begin{pmatrix} 1 - 1{,}7343 & 0{,}7343 \\ 0{,}7343 & 1 - 1{,}7343 \end{pmatrix} \begin{pmatrix} a_{11} \\ a_{21} \end{pmatrix} = \begin{pmatrix} 0 \\ 0 \end{pmatrix}.$$

Dies führt zu den beiden Gleichungen

$$-0{,}7343 a_{11} + 0{,}7343 a_{21} = 0$$

$$0{,}7343 a_{11} - 0{,}7343 a_{21} = 0.$$

Bei der Bestimmung von λ haben wir vorausgesetzt, dass $(\mathbf{R} - \lambda\mathbf{I}) = 0$, weshalb die Gleichungen linear abhängig sind. Die Proportionalitätskonstante lautet hier

$$-\frac{0{,}7343}{0{,}7343} = -1.$$

Unter den unendlich vielen Lösungen für a_{11} und a_{21} gibt es nur eine, die die Nebenbedingung $\mathbf{a}'\mathbf{a} = 1$ erfüllt. Um diese zu finden, setzen wir zunächst a_{11} gleich eins und rechnen dann a_{21} aus. Der vorläufige Vektor – mit $\mathbf{a}_1^*$ bezeichnet – wird dann auf die Länge eins normiert.

Setzen wir $a_{11}^* = 1$ in eine der beiden letzten Gleichungen ein und lösen nach a_{21}^* auf, so erhalten wir

$$a_{21}^* = 1.$$

Die Länge des Vektors $\mathbf{a}_1^*$ ist

$$\|\mathbf{a}_1^*\| = \sqrt{(-1)^2 + 1^2} = 1{,}4142.$$

Zur Normierung auf die Länge eins (vgl. (4.9)) multiplizieren wir die Elemente von $\mathbf{a}_1^*$ mit dem Kehrwert seiner Länge und erhalten den Vektor $\mathbf{a}_1$

$$\mathbf{a}_1 = \begin{pmatrix} a_{11} \\ a_{21} \end{pmatrix} = \begin{pmatrix} a_{11}^* \\ a_{21}^* \end{pmatrix} (\text{Länge } \mathbf{a}_1^*)^{-1} = \begin{pmatrix} 1 \\ 1 \end{pmatrix} \cdot \frac{1}{1{,}4142} = \begin{pmatrix} 0{,}7071 \\ 0{,}7071 \end{pmatrix}.$$

Dies ist der zu λ_1 gehörende Eigenvektor $\mathbf{a}_1$. Den Eigenvektor $\mathbf{a}_2$ mit $\lambda_2 = 0{,}2657$ erhalten wir auf gleiche Weise wie $\mathbf{a}_1$:

$$\begin{pmatrix} 1 - 0{,}2657 & 0{,}7343 \\ 0{,}7343 & 1 - 0{,}2657 \end{pmatrix} \begin{pmatrix} a_{12} \\ a_{22} \end{pmatrix} = \begin{pmatrix} 0 \\ 0 \end{pmatrix}$$

oder

$$0{,}7343 a_{12} + 0{,}7343 a_{22} = 0$$
$$0{,}7343 a_{12} + 0{,}7343 a_{22} = 0.$$

Die Proportionalitätskonstante ist

$$\frac{0{,}7343}{0{,}7343} = 1.$$

Mit $a_{12}^* = 1$ wird $a_{22}^* = -1$. Die Länge $\mathbf{a}_2^*$ ist hier wie oben 1,4142. Damit wird

$$\mathbf{a}_2 = \begin{pmatrix} a_{12} \\ a_{22} \end{pmatrix} = \begin{pmatrix} a_{12}^* \\ a_{22}^* \end{pmatrix} (\|\mathbf{a}_2^*\|)^{-1} = \begin{pmatrix} 0{,}7071 \\ -0{,}7071 \end{pmatrix}.$$

Deshalb lautet die Matrix $\mathbf{A}$

$$\mathbf{A} = \begin{pmatrix} 0{,}7071 & 0{,}7071 \\ 0{,}7071 & -0{,}7071 \end{pmatrix}.$$

Notwendige Bedingung für eine orthogonale Rotationstransformation ist nach (4.36), dass $\mathbf{A}' \cdot \mathbf{A} = \mathbf{I}$ gilt, was hier erfüllt ist. Dagegen ist die hinreichende Bedingung (4.37) nicht erfüllt, denn wir erhalten in unserem Beispiel $|\mathbf{A}| = -1$. Wir multiplizieren deshalb die zweite Spalte in $\mathbf{A}$ mit -1 und erhalten

$$\mathbf{A} = \begin{pmatrix} 0{,}7071 & -0{,}7071 \\ 0{,}7071 & 0{,}7071 \end{pmatrix}.$$

Jetzt ist $|\mathbf{A}| = 1$. Damit ergibt sich nach (4.34)

$$Y_1 = 0{,}7071\, Z_3 + 0{,}7071\, Z_7$$

und nach (4.35)

$$Y_2 = -0{,}7071\, Z_3 + 0{,}7071\, Z_7.$$

4.3 Hauptkomponenten- und Faktorenanalyse

Die Y_1-Achse hat also den Anstieg 1 und die Y_2-Achse den Anstieg -1 (vgl. Abb. 4.6). Für Luxemburg bspw. errechnen sich die (Y_1, Y_2)-Koordinaten wie folgt

$$Y_1^{(L)} = 0{,}7071 \cdot 0{,}91 + 0{,}7071 \cdot 2{,}70 = 2{,}55$$

$$Y_2^{(L)} = -0{,}7071 \cdot 0{,}91 + 0{,}7071 \cdot 2{,}70 = 1{,}27.$$

Diese Koordinaten hatten wir bereits graphisch in Abb. 4.6 näherungsweise bestimmt. Führen wir die Berechnung für alle betrachteten EU-Länder durch, so erhalten wir die in Tabelle 4.7 angegebenen Werte (Bei nichtstandardisierten Beobachtungswerten erfolgt die Berechnung allgemein über (4.38)).

Tabelle 4.7 Hauptkomponenten Y_1 und Y_2

Land	Y_1	Y_2
Belgien	0,53	0,11
Dänemark	1,15	−0,91
Deutschland	1,11	−0,43
Frankreich	0,54	−0,49
Griechenland	−1,66	0,32
Großbritannien	0,24	−0,14
Irland	−0,87	0,15
Italien	−0,67	−0,21
Luxemburg	2,55	1,27
Niederlande	0,64	−0,08
Portugal	−2,21	0,33
Spanien	−1,37	0,11
Mittelwerte	0	0
Varianzen	1,74	0,26

Y_1 und Y_2 bezeichnet man als 1. bzw. 2. Hauptkomponente, die als abgeleitete Merkmale Linearkombinationen von Z_3 und Z_7 darstellen.

Wir wissen, dass Y_1 so gewählt wird, dass die Varianz der Y_1-Individualwerte maximal wird. Berechnen wir diese aufgrund der Y_1-Werte in Tabelle 4.7, so erhalten wir die zugehörige Varianz von 1,74. Die Varianz der Werte der 2. Hauptkomponente beträgt nur 0,26. Die Summe dieser beiden Werte entspricht der Summe der beiden Eigenwerte λ_1 und λ_2. Dies zeigt eine wichtige Eigenschaft der Hauptkomponenten: Die

Gesamtvarianz der (standardisierten) Beobachtungswerte entspricht der Gesamtvarianz der Hauptkomponenten.

Im Beispiel heißt dies:

$$Var(Z_3) + Var(Z_7) = Var(Y_1) + Var(Y_2)$$

$$1 + 1 = 1{,}74 + 0{,}26 \,.$$

Entsprechend (4.39) können wir nun den Erklärungswert der 1. Hauptkomponente berechnen. Je größer der Anteil der Var (Y_1) an der Gesamtvarianz, umso besser repräsentiert Y_1 die Ausgangsdaten. Es ist

$$\frac{\lambda_1}{S_3^2 + S_7^2} = \frac{1{,}7343}{1+1} = 0{,}87 \,.$$

Das bedeutet, dass 87% der Gesamtvarianz durch die Varianz von Y_1 (dem Eigenwert λ_1) erklärt wird. Auf die 2. Hauptkomponente entfallen nur 13% (0,2657/2 = 0,13). Da die Merkmale Z_3 und Z_7 stark miteinander korrelieren – die Werte Y_1 und Y_2 in Tabelle 4.7 sind unkorreliert –, kann man ohne großen Informationsverlust jeden Beobachtungswert durch nur *ein* abgeleitetes Merkmal, die 1. Hauptkomponente, beschreiben. Die 2. Hauptkomponente können wir wegen ihres geringen Erklärungsbeitrages weglassen. Liegt eine Vielzahl von korrelierten Merkmalen vor, so lassen sich diese auf einige wenige Hauptkomponenten verdichten. Diese Überlegungen leiten bereits zum Grundgedanken der Faktorenanalyse über.

4.3.2 Faktorenanalyse

4.3.2.1 Fragestellung

Hinter dem Begriff „Faktorenanalyse" verbirgt sich eine Reihe von Ansätzen, die alle einem Grundgedanken folgen: Die Beobachtungsmerkmale $X_1, ..., X_m$ werden als Funktionen einer kleineren Zahl von abgeleiteten Merkmalen, den sog. Faktoren F, angesehen, die nicht beobachtbar, sondern hypothetischer Natur sind.

Liegen für eine Analyse mehrere Merkmale vor, die stark miteinander korrelieren, dann kann man annehmen, dass sie weitgehend das gleiche Phänomen umschreiben. In ihnen drückt sich also indirekt eine hypothetische Größe aus. Die Faktorenanalyse ist also nur dann angezeigt, wenn zwischen einzelnen Merkmalsgruppen Korrelationen bestehen. Es sollen aus den Beobachtungsmerkmalen einige wenige Faktoren herausgerechnet („extrahiert") werden, die die beobachteten Merkmale und ihre Zusammenhänge erklären. Je höher die Korrelationen zwischen den Beobachtungsmerkmalen, umso besser lassen sich die resultierenden Faktoren deuten. Dabei versucht die Faktorenanalyse die einfachste Struktur zu finden, die die Ausgangsdaten möglichst genau wiedergibt und erklärt. Die Forderungen einer möglichst guten Abbildung der Beobachtungsdaten einerseits und der möglichst geringen Zahl von Faktoren andererseits stehen in Konkurrenz zueinander. Dies führt dazu, dass Ergebnisse der Faktorenanalyse von subjektiven Aspekten abhängen können. Das gilt insbesondere für die Anzahl der gewählten Faktoren und deren Interpretation. Durch verschiedene Bedingungen, die an die Faktoren gestellt werden, resultiert eine Menge verschiedener Verfahren. Es sollen deshalb im weiteren nur einige Grundzüge der Faktorenanalyse skizziert werden, wobei wir auf Ergebnisse aus der Hauptkomponentenanalyse zurückgreifen können.

Entspricht die Zahl der Faktoren der Zahl der Merkmale ($l = m$), so spricht man von einer **vollständigen Faktorenlösung**. Werden dagegen die m Merkmale durch eine Zahl $l < m$ von Faktoren ersetzt, so heißt dies **reduzierte Faktorenlösung**.

4.3.2.2 Vollständige Faktorenlösung

Bei der Hauptkomponentenanalyse hatten wir die Hauptkomponenten $Y_1, Y_2, ..., Y_m$ als Linearkombinationen der Beobachtungsmerkmale $X_1, X_2, ..., X_m$ bzw. im standardisierten Fall der Werte $Z_1, Z_2, ..., Z_m$ aufgefasst (vgl. (4.38) und (4.39)). Nun lässt sich im einfachsten Fall das Beobachtungsmerkmal X als Linearkombination aller m Hauptkomponenten schreiben. Dies führt zur vollständigen Faktorenlösung.

Für Merkmal j (j = 1, 2, ..., m) heißt dies, $X_j = a_{j1}Y_1 + a_{j2}Y_2 + \cdots + a_{jm}Y_m$ oder in Matrixform

$$\boxed{\mathbf{X} = \mathbf{Y} \cdot \mathbf{A'}} \qquad (4.41)$$

Hierbei ist **X** die $N \times m$-Matrix der Beobachtungswerte, **Y** die $N \times m$-Matrix der Hauptkomponentenwerte und **A** die $m \times m$-Matrix der Eigenvektoren.

Diese Vorgehensweise mag etwas seltsam erscheinen: Zunächst ermittelt man aus den Beobachtungswerten Faktoren und verwendet diese später, um die Beobachtungsmerkmale möglichst gut wiederzugeben. Dieses Verfahren ist jedoch aus mehreren Gründen sinnvoll:

1. Die Faktoren lassen sich so bestimmen, dass die zugehörigen Faktorenwerte unkorreliert sind.

2. Die Faktoren lassen sich so festlegen, dass der erste den größten Anteil an der Varianz der Beobachtungswerte erklärt, der zweite den größten Anteil der verbleibenden Varianz usw.

3. Wie wir noch sehen werden, kommen wir mit einer geringeren Zahl von Faktoren als von Ursprungsmerkmalen aus, was eine Reduktion des Datenmaterials bedeutet und für weitere statistische Analysen bedeutsam sein kann.

Benutzt man standardisierte Beobachtungswerte Z, dann gelangt man von der Matrix der Hauptkomponenten zu der $N \times m$ -**Matrix der Faktorenwerte F**, in der man die Y-Werte der Objekte ebenfalls standardisiert. Da die Mittelwerte der Ursprungswerte X durch die Standardisierung null sind, haben auch die Mittelwerte der aus den Linearkombinationen erhaltenen Y-Werte den Wert null. Sie müssen deshalb nur noch durch ihre Streuung S_{y_j} – die vom Betrage $\sqrt{\lambda_j}$ ist – dividiert werden, d. h.

$$\boxed{\mathbf{F} = \mathbf{Y} \cdot \mathbf{\Lambda}^{-\frac{1}{2}}} \tag{4.42}$$

Hierbei stellt $\mathbf{\Lambda}^{-\frac{1}{2}}$ eine Diagonalmatrix dar, auf deren Diagonale die Werte

$$\frac{1}{\sqrt{\lambda_j}} = \frac{1}{S_{y_j}} \quad (j = 1, 2, \ldots, m)$$

stehen. Die so standardisierten Y-Achsen heißen **Faktoren**, und die zugehörigen Koordinatenwerte nennt man **Faktorenwerte**. Für das Merkmal Z_j lässt sich schreiben $Z_j = b_{j1}F_1 + b_{j2}F_2 + \cdots b_{jm}F_m$ $(j = 1, 2, \ldots, m)$. Es ist dann in Matrixschreibweise nach (4.41)

$$\boxed{\mathbf{Z} = \mathbf{F} \cdot \mathbf{B}'} \tag{4.43}$$

wobei **B** die $m \times m$ -**Ladungsmatrix** darstellt; die einzelnen Koeffizienten dieser Matrix heißen **Faktorenladungen**. Sie geben die Gewichte an, wie stark die Faktoren h (h = 1, …, l) an der Repräsentation der (standardisierten) Beobachtungswerte beteiligt sind.

Die Objekte lassen sich also offensichtlich sowohl durch die Ursprungswerte X (bzw. Z) als auch durch die Faktoren F charakterisieren. Die Korrelation zwischen den Z- und den F-Werten kann – da beide standardisierte Werte darstellen – nach

4.3 Hauptkomponenten- und Faktorenanalyse

$$R_{ZF} = \frac{1}{N} F' \cdot Z \quad (4.44)$$

berechnet werden. Dies entspricht genau der transponierten Ladungsmatrix **B**

$$R_{ZF} = B' \quad (4.45)$$

Die Korrelation zwischen einem Beobachtungsmerkmal j und einem Faktor h ist also gleich der Ladung b_{jh} des Beobachtungsmerkmals j auf dem Faktor h. Die Faktorladung ist also nichts anderes als die Korrelation eines Faktorenwertevektors mit einem (standardisierten) Beobachtungsmerkmal (über die N Objekte hinweg). Um die Matrix (4.43) der Faktorladungen **B** ermitteln zu können, ist die Kenntnis der Faktorenwerte nötig. Will man die aufwendige Faktorwertbestimmung vermeiden, so lassen sich die Faktorladungen ohne vorherige Errechnung der Faktorwerte nach

$$B = A \cdot \Lambda^{\frac{1}{2}} \quad (4.46)$$

ermitteln (zur Ableitung vgl. Bortz (2005), S. 540 f.).

Damit liefern uns die über die Korrelationsmatrix errechneten Hauptkomponenten – sie sind standardisiert und paarweise unkorreliert – eine sog. **vollständige Faktorlösung**. Dies stellt allerdings nur eine mögliche Lösung dar, da wir die Hauptkomponenten unter der Bedingung der Varianzmaximierung gewonnen haben. Die Anwendung der Hauptkomponentenanalyse erweist sich aber als sinnvoll, da sie eindeutige Lösungen ermöglicht und – wie wir noch sehen werden – Hinweise zur Verminderung der Faktorenzahl gibt. Bildet man die Summe der quadrierten Ladungen des ersten *Faktors* (1. Spalte in Matrix **B**), so erhält man den durch ihn erklärten Anteil an der Gesamtvarianz. Dieser Wert ist gleichzeitig identisch mit dem ersten Eigenwert λ_1. Summieren wir die quadrierten Ladungen des zweiten Faktors (2. Spalte in **B**), so ist dies der durch ihn erklärte Varianzanteil; er entspricht dem zweiten Eigenwert λ_2, usw. Der erklärte Anteil an der Gesamtvarianz durch den Faktor h ist demnach

$$\sum_{j=1}^{m} b_{jh}^2 \quad (4.47)$$

Fragen wir nun nach der Varianz eines Merkmals, die durch die Faktoren erklärt wird, so sind die Quadrate der Ladungen pro Merkmal (jeweilige Zeile in **B**) zu summieren. Die Erklärung der Varianz eines Merkmals durch m Faktoren ist $\sum_{h=1}^{m} b_{jh}^2$. Bei der vollständigen Faktorenlösung gilt allgemein

$$\mathbf{R} = \mathbf{B} \cdot \mathbf{B}' \tag{4.48}$$

(vgl. zur Ableitung Bortz (2005), S. 543). Dies bedeutet, dass die Summe der Produkte der entsprechenden Ladungen in **B** der Korrelation zwischen den Beobachtungswerten X entspricht. Man kann also die Korrelationsmatrix **R** aus der Ladungsmatrix **B** reproduzieren.

Bei der vollständigen Faktorenlösung wird die gesamte Merkmalsvarianz durch die Faktoren erklärt. Das bedeutet im vorliegenden Fall standardisierter Merkmale, dass die Summe der Ladungsquadrate pro Merkmal den Wert eins ergeben muss. Benutzt man nicht alle Faktoren zur Interpretation – wir kommen darauf zurück –, so liegt der Wert für die Summe der Ladungsquadrate pro Merkmal zwischen null und eins. Dies wird als **Kommunalität** h^2 bezeichnet:

$$0 \leq h_j^2 = \sum_{h=1}^{l} b_{jh}^2 \leq 1 \tag{4.49}$$

mit $l \leq m$. Sie gibt also den Grad an, in welchem ein Merkmal durch die betrachteten Faktoren erklärt wird.

Beispiel 4.8 Wir wollen die Ermittlung der Faktorenwerte und Faktorenladungen für die Daten des Beispiels 4.7 vornehmen. Da wir dort mit standardisierten Daten gearbeitet haben, können wir sowohl die Werte der Matrix der Eigenwerte **A** als auch die Werte der beiden Hauptkomponenten Y_1 und Y_2 (vgl. Tabelle 4.7) direkt übernehmen. Berechnen wir zunächst die Matrix der Faktorenwerte nach (4.42)

4.3 Hauptkomponenten- und Faktorenanalyse

$$\mathbf{Y} \cdot \mathbf{\Lambda}^{-\frac{1}{2}} = \mathbf{F}$$

$$\begin{pmatrix} 0,53 & 0,11 \\ 1,15 & -0,91 \\ 1,11 & -0,43 \\ 0,54 & -0,49 \\ -1,66 & 0,32 \\ 0,24 & -0,14 \\ -0,87 & 0,15 \\ -0,67 & -0,21 \\ 2,55 & 1,27 \\ 0,64 & -0,08 \\ -2,21 & 0,33 \\ -1,37 & 0,11 \end{pmatrix} \cdot \begin{pmatrix} \dfrac{1}{\sqrt{1,7343}} & 0 \\ 0 & \dfrac{1}{\sqrt{0,2657}} \end{pmatrix} = \begin{pmatrix} 0,403 & 0,211 \\ 0,878 & -1,774 \\ 0,839 & -0,839 \\ 0,419 & -0,947 \\ -1,259 & 0,622 \\ 0,813 & -0,280 \\ -0,661 & 0,286 \\ -0,509 & -0,404 \\ 1,938 & 2,454 \\ 0,484 & -0,173 \\ -1,673 & 0,636 \\ -1,041 & 0,209 \end{pmatrix}$$

Mit diesen F-Werten lässt sich die Matrix $\mathbf{R}_{ZF}$ bzw. die Ladungsmatrix $\mathbf{B}$ nach (4.44) bzw. (4.45) ermitteln, wobei die Z-Werte für X_3 und X_7 der Tabelle 4.3 entnommen werden können:

$$\frac{1}{N}\mathbf{F}' \cdot \mathbf{Z} = \mathbf{R}_{ZF} = \mathbf{B}' = \begin{pmatrix} 0,9312 & 0,9312 \\ -0,3645 & 0,3645 \end{pmatrix}.$$

Die Matrix $\mathbf{B}$ ist demnach

$$\mathbf{B} = \begin{pmatrix} 0,9312 & -0,3645 \\ 0,9312 & 0,3645 \end{pmatrix}.$$

Dies lässt sich leichter auch ohne Kenntnis der Faktorenwerte nach (4.46) berechnen ($\mathbf{A}$ wurde in Beispiel 4.7 ermittelt).

$$\mathbf{A} \cdot \mathbf{\Lambda}^{-\frac{1}{2}} = \mathbf{B}$$

$$\begin{pmatrix} 0,7071 & -0,7071 \\ 0,7071 & 0,7071 \end{pmatrix} \cdot \begin{pmatrix} \sqrt{1,7343} & 0 \\ 0 & \sqrt{0,2657} \end{pmatrix} = \begin{pmatrix} 0,9312 & -0,3645 \\ 0,9312 & 0,3645 \end{pmatrix}$$

Die erste Spalte in $\mathbf{B}$ – dies entspricht (4.47) – gibt die Ladung der beiden Merkmale Z_3 und Z_7 auf dem ersten Faktor wieder. Durch die Korrelation zwischen den beiden Beobachtungsmerkmalen X_3 und X_7 ($r_{37} = 0,7343$) werden knapp 87% ($= 0,93^2 \cdot 100\%$) eines jeden Merkmals durch den ersten Faktor erklärt. Bilden wir die Summe der quadrierten Ladungen des 1. Faktors, so erhalten wir den durch ihn erklärten Anteil an der Gesamtvarianz

$$0,9312^2 + 0,9312^2 = 1,7343.$$

Da die Gesamtvarianz nach Standardisierung beider Merkmale 2 beträgt, erklärt der erste Faktor – wie bereits festgestellt – $(1,7343/2) \cdot 100 = 86,7\%$ der Gesamtvarianz.

Dies entspricht gleichzeitig dem Wert λ_1. Der zweite Faktor erklärt bei einer Summe der Ladungsquadrate von 0,2657 (=λ_2) nur noch 13,3% der Gesamtvarianz.

Nach (4.49) lässt sich **R** aus der Kenntnis von **B** bestimmen.

$$\mathbf{B} \cdot \mathbf{B'} = R$$

$$\begin{pmatrix} 0{,}9312 & -0{,}3645 \\ 0{,}9312 & 0{,}3645 \end{pmatrix} \cdot \begin{pmatrix} 0{,}9312 & 0{,}9312 \\ -0{,}3645 & 0{,}3645 \end{pmatrix} = \begin{pmatrix} 1{,}000 & 0{,}734 \\ 0{,}734 & 1{,}000 \end{pmatrix}$$

Dies entspricht der Korrelation zwischen den Merkmalen X_3 und X_7. Darüber hinaus ergibt die Summe der Ladungsquadrate pro Merkmal nach (4.48) die Kommunalität und ist im Falle der vollständigen Faktorenlösung gleich eins:

$$0{,}9312^2 + (-0{,}3645)^2 = 1{,}00.$$

4.3.2.3 Reduzierte Faktorenlösung

Wie bereits erwähnt, will man mit Hilfe faktorenanalytischer Verfahren eine Verringerung der Anzahl der ursprünglichen Merkmale erreichen. Die m Merkmale sollen durch eine Zahl von l Faktoren ($l < m$) ersetzt werden, wobei möglichst wenig der Ausgangsinformation verlorengehen soll. Hierzu lassen sich die Hauptkomponenten benutzen, denn wir wissen, dass die erste Hauptkomponente mit dem größten Eigenwert auch den größten Anteil an der Gesamtvarianz erklärt, der zweitgrößte Eigenwert den zweitgrößten Anteil usw. Der Informationsverlust erweist sich deshalb am geringsten, wenn man die letzten $m - l$ Hauptkomponenten, d. h. die Eigenwerte, die (dem Betrage) nahe bei null liegen, weglässt. Betrachtet man die ersten l standardisierten Hauptkomponenten, d. h. Faktoren, so bezeichnet man dies als reduzierte Faktorenlösung. Das zugehörige Modell lässt sich zunächst für das standardisierte Merkmal j mit $Z_j = b_{j1} F_1 + b_{j2} F_2 + \cdots + b_{jl} F_l + e_j$ oder in Matrixform mit

$$\boxed{\mathbf{Z} = \mathbf{F}_l \mathbf{B}'_l + \mathbf{E}} \tag{4.50}$$

beschreiben, wobei $\mathbf{B}_l$ die $N \times l$-Matrix der Faktorladungen darstellt; $\mathbf{F}_l$ ist die $N \times l$-Matrix der gemeinsamen Faktoren und **E** eine $N \times m$-Matrix, die einen von den Faktoren F unabhängigen, merkmalsspezifischen Rest umfasst **(Einzelrestfaktoren)**.

Auch wenn hier unter formalen Gesichtspunkten ein Vergleich dieses Ansatzes mit der multiplen Regressionsanalyse (Kapitel 12) naheliegt, so sind die Modelle jedoch inhaltlich völlig verschieden,

4.3 Hauptkomponenten- und Faktorenanalyse

denn bei der Regressionsanalyse sind die erklärenden Merkmale beobachtbare Größen, während die Faktoren F hier hypothetische, aus den Merkmalen abgeleitete Größen darstellen.

Die Kommunalität des Merkmals j ist jetzt (vgl. (4.48))

$$h_j^2 = b_{j1}^2 + b_{j2}^2 + \cdots + b_{jl}^2.$$

Die Summe *aller* Ladungsquadrate einer Zeile ist jedoch

$$(b_{j1}^2 + \cdots + b_{jl}^2) + (b_{jl+1}^2 + \cdots + b_{jm}^2) = h_j^2 + e_j^2 = 1.$$

Da wegen der Standardisierung die Varianz von Z_j gleich eins ist, lässt sie sich in zwei Teile zerlegen, nämlich die Kommunalität h_j^2 der gemeinsamen *l* Faktoren und die Varianz e_j^2 der Einzelrestfaktoren. Die Kommunalität ist also ein Maß dafür, wie hoch der Erklärungsanteil des Merkmals j durch die gemeinsamen *l* Faktoren ist.

Eine wichtige Frage ist nun, wie groß *l* gewählt werden soll, denn je größer *l*, umso größer die Kommunalitäten und umso kleiner die Varianzen der merkmalspezifischen Faktoren. Für *l* = m liegt eine vollständige Faktorenlösung vor; es ist $h_j^2 = 1$ und $e_j^2 = 0$.

In der Literatur werden verschiedene Kriterien für die Anzahl *l* von Faktoren angegeben. Eine Möglichkeit besteht darin, Faktoren, deren Eigenwerte kleiner als eins sind, wegzulassen **(Eigenwertkriterium)**. Man will dadurch nur solche Faktoren berücksichtigen, die mindestens eine Varianz von eins erklären. Eine weitere Möglichkeit wird als „**Scree-Test**" bezeichnet. Man geht dabei von der graphischen Darstellung der einzelnen Eigenwerte der Korrelationsmatrix aus, die in der Reihenfolge ihrer Größe abgetragen werden. Man betrachtet dann nur noch die Zahl *l* der Faktoren, deren Eigenwerte vor dem Knick liegen (vgl. Abb. 4.7). Hierbei geht man davon aus, dass die Hauptkomponenten, die zu Eigenwerten nach diesem Knick gehören, keinen systematischen Erklärungswert haben, sondern mehr zufälliger Natur sind.

Bei der Ermittlung der reduzierten Faktorenlösung über die Hauptkomponentenanalyse ist nicht sichergestellt, dass die sich ergebenden Faktoren auch fachwissenschaftlich interpretierbar sind. Durch die Varianzstaffelung der Hauptkomponentenmethode ist davon auszugehen, dass viele Merkmale eine hohe Ladung auf dem ersten Faktor besitzen. Gleiches gilt für die weiteren Faktoren. Dies erschwert eine inhaltliche Interpretation. Deshalb versucht man die *l* Faktoren nach bestimmten Kriterien wiederum in *l* andere Merkmale zu transformieren. Im Rahmen der Faktorenanalyse bezeichnet man dies als **Rotation**. Um interpretierbare Faktoren zu erhalten, ist es z. B. wünschenswert, wenn die Ursprungsmerkmale nur auf einem der l Faktoren eine hohe Ladung und auf dem anderen eine niedrigere haben. Man wird zu diesem Zweck das Achsenkreuz so drehen, dass die Faktorladungen möglichst extrem sind. Ein hierzu oft verwendetes Kriterium ist das **Varimax-Kriterium**, nach dem die Varianz der quadrierten Ladungen pro Faktor maximiert wird. Diese Rotation führt zu Achsen, die ebenfalls unkorreliert sind, wobei die Summe der quadrierten Ladungen in jeder Zeile der Ladungsmatrix unverändert bleibt. Auf Einzelheiten dieser Rotation soll nicht eingegangen werden.

Erweisen sich nach der Rotation die Kommunalitäten aller m Beobachtungsmerkmale als hoch genug, dann lassen sich diese ohne wesentlichen Informationsverlust in je l Faktorenwerte überführen. Die Faktoren ersetzen dann die ursprünglichen Merkmale und können bei einer großen Zahl derselben eine erhebliche Datenreduktion bedeuten. Allerdings besteht oft das Problem, die Faktoren inhaltlich sinnvoll zu interpretieren. Die Faktoreninterpretation unterliegt insbesondere dann subjektiver Beurteilung, wenn die Faktorenladungen nicht die gewünschten Extremwerte aufweisen.

Im Einzelfall ist zu entscheiden, ab welchem Wert einer Ladung ein Merkmal einem Faktor zugeordnet werden soll. Eine Faustregel besagt, dass man bei Anwendungen ab einem Ladungswert von 0,5 von ausreichend hoher Ladung sprechen kann. Besitzt ein Merkmal allerdings auf mehreren Faktoren eine Ladung von mindestens 0,5, so ist es auch bei jedem dieser Faktoren bei der Interpretation zu berücksichtigen.

Beispiel 4.9 Zunächst wollen wir für alle Daten aus Tabelle 4.3 die vollständige Faktorenlösung darstellen, wobei nur die Rechenergebnisse angegeben werden. Die acht Merkmale $X_1, ..., X_8$ für die 12 betrachteten EU-Länder führen zu acht Eigenwerten der Korrelationsmatrix. Diese erklären sukzessiv jeweils maximale Varianzen und entsprechen den Varianzen der acht Hauptkomponenten. Da bei acht standardisierten Merkmalen die Gesamtvarianz 8 beträgt, lässt sich für jeden Eigenwert angeben, wie viel dieser Varianz durch ihn erklärt wird. Dies zeigt auch Tabelle 4.8.

4.3 Hauptkomponenten- und Faktorenanalyse

Tabelle 4.8 Eigenwerte (Varianzen) der acht Hauptkomponenten

Haupt-komponente	Eigenwert (Varianz)	Prozentualer Anteil an der Gesamtvarianz	Kumulierter prozentualer Anteil
Y_1	3,45	43,10	43,10
Y_2	2,16	26,95	70,05
Y_3	0,93	11,59	81,64
Y_4	0,83	10,37	92,01
Y_5	0,48	5,96	97,97
Y_6	0,09	1,08	99,05
Y_7	0,06	0,80	99,85
Y_8	0,01	0,15	100,00

Auf weitere Zwischenergebnisse wird verzichtet. Die Matrix der Faktorenladungen **B** für die acht Faktoren bzgl. der acht Merkmale ist in Tabelle 4.9 angegeben.

Tabelle 4.9 Matrix **B** der Faktorenladungen bei vollständiger Faktorenlösung

Merkmal	Faktor 1	Faktor 2	Faktor 3	Faktor 4
Z_1	0,495	−0,177	0,450	0,704
Z_2	0,498	0,611	0,491	−0,116
Z_3	0,900	−0,372	−0,067	−0,059
Z_4	0,665	0,611	0,216	−0,303
Z_5	−0,071	0,803	−0,366	0,450
Z_6	−0,790	−0,251	0,523	−0,093
Z_7	0,538	−0,729	−0,059	0,041
Z_8	0,885	−0,042	−0,149	−0,112

Merkmal	Faktor 5	Faktor 6	Faktor 7	Faktor 8
Z_1	−0,148	−0,047	0,027	−0,013
Z_2	0,326	0,138	−0,017	−0,019
Z_3	−0,012	−0,024	−0,209	0,003
Z_4	−0,093	−0,184	0,042	0,035
Z_5	0,089	0,034	−0,049	0,053
Z_6	−0,142	0,054	−0,057	0,065
Z_7	0,405	−0,005	0,083	0,050
Z_8	−0,384	0,164	0,069	0,021

Wir sehen in der Ladungsmatrix, dass die meisten der acht Merkmale auf den ersten drei Faktoren hoch laden, während F_4 bis F_8 – von Ausnahmen abgesehen – nur noch geringe Ladungen auf den Merkmalen aufweisen. Dies ist ein erster Hinweis darauf, dass die letzten fünf Faktoren ohne allzu großen Informationsverlust bei der weiteren Analyse vernachlässigt werden können. Betrachten wir die Summe der Ladungsquadrate jeweils einer Zeile der Matrix **B**, so erhalten wir den Wert eins, weil dies bei der vollständigen Faktorenlösung der Varianz des standardisierten Merkmals Z_j entspricht.

Ziel unserer jetzigen Überlegungen ist jedoch die reduzierte Faktorenlösung, die die m Merkmale durch eine geringere Zahl von *l* Faktoren erklären will. Nach dem Eigenwertkriterium würden wir nach zwei Faktoren abbrechen; sie erklären 70,11% der Gesamtvarianz (vgl. Tabelle 4.8). Im Scree-Test werden die Eigenwerte aus Tabelle 4.8 graphisch dargestellt (vgl. Abb. 4.7). Dies führt zur Aufnahme von F_1–F_3, da bei λ_3 der Knick vorliegt, während die Faktoren F_4–F_8 weggelassen werden.

Abb. 4.7   Scree-Test

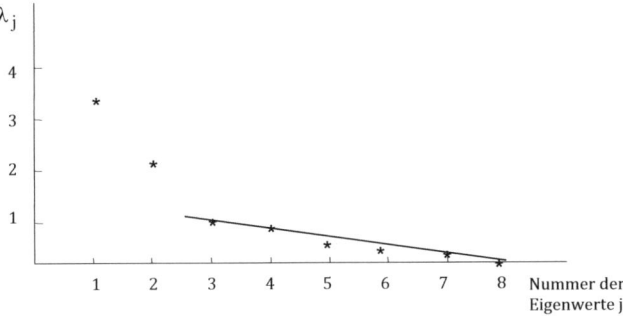

Die ersten drei Faktoren erklären knapp 82% der in den Beobachtungswerten enthaltenen Gesamtvarianz. Wir wollen im Folgenden mit drei Faktoren weiterarbeiten.

Damit gelangen wir von der Matrix der vollständigen Faktorenlösungen (vgl. Tabelle 4.9) zur reduzierten Faktorenlösung, indem wir dort die letzten fünf Spalten weglassen (vgl. Tabelle 4.10).

In Tabelle 4.10 sind außerdem die Kommunalitäten (= Summe der Ladungsquadrate pro Zeile) ausgewiesen. Wir sehen, dass nur für das erste Merkmal Z_1 (Bevölkerungsdichte) die drei Faktoren einen geringen Erklärungswert von 47,9% haben, bei allen anderen Merkmalen liegt er bei 78% und darüber.

4.3 Hauptkomponenten- und Faktorenanalyse

Tabelle 4.10 Matrix B_3 der Faktorenladungen bei reduzierter Faktorenlösung

	F 1	F 2	F 3	Kommunalität
Z_1	0,495	−0,177	0,450	0,479
Z_2	0,498	0,611	0,491	0,861
Z_3	0,900	−0,372	−0,067	0,952
Z_4	0,665	0,611	0,216	0,863
Z_5	−0,071	0,803	−0,366	0,783
Z_6	−0,790	−0,251	0,523	0,961
Z_7	0,538	−0,729	−0,059	0,825
Z_8	0,885	−0,042	−0,149	0,808

Da die Merkmale zum Teil noch mit mehreren Faktoren hohe Korrelationen (Ladungen) aufweisen, ist es sinnvoll, eine Rotation der Faktoren vorzunehmen. Eine Varimax-Rotation führt zu den in Tabelle 4.11 angegebenen rotierten Faktorladungen F*.

Tabelle 4.11 Rotierte Faktorladungen

	F*1	F*2	F*3	Kommunalität
Z_1	0,142	0,414	**0,536**	0,479
Z_2	0,094	**0,921**	−0,066	0,861
Z_3	**0,780**	0,165	**0,563**	0,952
Z_4	0,391	**0,829**	−0,151	0,863
Z_5	0,130	0,224	**−0,846**	0,783
Z_6	**−0,937**	−0,205	0,200	0,961
Z_7	0,495	−0,222	**0,728**	0,825
Z_8	**0,805**	0,308	0,255	0,808

Zunächst erkennt man, dass sich durch die Faktorenrotation die Kommunalitäten im Vergleich zu den Werten bei nichtrotierten Faktoren in Tabelle 4.10 nicht verändert haben. Darüber hinaus haben sich die Faktorladungen – von Ausnahmen abgesehen – auf die Extremwerte zu bewegt. Eine eindeutige Interpretation fällt in diesem Illustrationsbeispiel allerdings schwer. Auf den ersten Faktor haben die Merkmale Z_3 (BIP) und Z_8 (TV) eine hohe positive und auf Z_6 (KINMOR) eine hohe negative Ladung. Dieser erste Faktor sagt etwas aus über die hohe wirtschaftliche Leistungskraft bzw. den Lebensstandard einer Volkswirtschaft. Der zweite Faktor lädt hoch auf Z_2 (BESCHLW) sowie Z_4 (BRUKAP) und weist damit auf Länder mit sowohl hohem Anteil abhängig Beschäftigter in der Landwirtschaft als auch mit hohem Kapitalstock hin. Der dritte Faktor lädt positiv mäßig hoch auf Z_1 (BEDI) und Z_3 (BIP), höher auf Z_7 (ENERG) und stark negativ auf Z_5 (ALO). Hierdurch wird der Aspekt wirtschaftlicher Leistungskraft bei niedriger Arbeitslosigkeit angesprochen. Griffige Bezeichnungen lassen sich für die drei Faktoren jedoch nicht ohne weiteres finden. Jedenfalls ist vorstellbar, dass man statt mit Hilfe der acht Beobachtungsmerkmale die drei Faktoren zur Charakterisierung der 12 betrachteten EU-Länder benutzen könnte.

4.3.3 Zusammenfassung

- Bei der Hauptkomponentenanalyse fasst man die **Hauptkomponenten als Linearkombinationen der Beobachtungsmerkmale** auf, die nach ihrer Bedeutung – gemessen an ihrer Varianz bzw. den Eigenwerten – geordnet sind. Man berechnet die hinter den m Merkmalen verborgenen gemeinsamen Hauptkomponenten. Die ersten schöpfen den größten Teil der in den Ausgangsdaten steckenden Informationen aus, so dass sich das Datenmaterial auf einige wenige, abgeleitete Merkmale – nämlich eben diese Hauptkomponenten – reduzieren lässt.

- Unter dem Begriff **Faktorenanalyse** wird eine **Vielzahl von Verfahren** subsumiert, wobei die Hauptkomponentenanalyse nicht notwendig unter die Methoden der Faktorenanalyse einzureihen ist. Wir haben hier jedoch beide zusammen behandelt, weil die Hauptkomponentenanalyse eine Möglichkeit im Rahmen der Faktorenanalyse darstellt, z. B. die Faktorenwerte bzw. die Ladungen eindeutig zu bestimmen, wenn man nur gemeinsame Faktoren betrachtet. Andere Probleme wie das der Kommunalitäten oder der Rotation sind nur willkürlich zu lösen, so dass das Ergebnis der Analyse von Entscheidungen des Anwenders abhängt. Deshalb ist die **Faktorenanalyse nicht unumstritten**, allseits akzeptierte Verfahren gibt es in diesem Zusammenhang nicht.

- Das **Ergebnis der Faktorenanalyse** stellt jeweils unkorrelierte Faktoren dar, die aus den Merkmalen hervorgehen und deshalb etwas über die Korrelationen zwischen den Beobachtungsmerkmalen aussagen. Die in den Ausgangsdaten enthaltene Information soll auf einige Faktoren reduziert werden. Liegen die Faktoren vor, so wird man aufgrund ihrer Interpretation Hypothesen aufzustellen versuchen, die etwas über die Struktur der zugrundeliegenden Merkmale aussagen. Insofern ist die Faktorenanalyse ein Verfahren, das nicht von vorgegebenen Hypothesen ausgeht – wie etwa die Regressionsanalyse – sondern erst im Verlauf der Analyse solche Hypothesen generiert.

4.4 Clusteranalyse

4.4.1 Fragestellung

Unter dem Begriff Clusteranalyse wird eine Reihe von Verfahren verstanden, die Objekte in vorher nicht bekannte **Gruppen (Klassen)** aufteilen. Man bezeichnet sie auch als Verfahren der **(automatischen) Klassifikation** bzw. der **numerischen Taxonomie**.

Im Gegensatz zur Diskriminanzanalyse sind die Gruppen also nicht vorgegeben, sondern werden erst im Verlauf der Analyse festgelegt. Ähnlich wie die Faktorenanalyse kann sie bei der Formulierung von Hypothesen bzw. beim Auffinden von Strukturen bzgl. des vorliegenden Datenmaterials hilfreich sein. So mag die Clusteranalyse auch als Vorstufe für solche Ansätze dienen, die von einer vorgegebenen Zerlegung der Objekte ausgehen, wie z. B. die Diskriminanzanalyse. Die Clusteranalyse zielt in erster Linie auf die Untersuchungsobjekte, d. h. sie betrachtet vorrangig die Zeilenvektoren der Datenmatrix. Ausgangspunkt ist deshalb die Datenmatrix (4.1) bzw. die standardisierte Datenmatrix (4.2) mit N Objekten und m Merkmalen. Bei der Gruppenbildung sollen Objekte, die derselben Gruppe zugeordnet werden, „möglichst ähnlich" sein, d. h. weitgehend verwandte Eigenschaften aufweisen. Die Objekte, die unterschiedlichen Gruppen zugewiesen werden, sollen dagegen „möglichst verschieden" sein, d. h. möglichst keine Ähnlichkeiten besitzen. Durch die Gruppenbildung soll die Vielzahl der Ausgangsdaten überschaubar gemacht und eine weitere Analyse innerhalb der einzelnen Gruppen erleichtert werden.

Als Beispiel ließe sich aus dem Marketingbereich eine Verbraucherbefragung nennen, anhand derer man gleichartige Produkte mit Hilfe der Clusteranalyse in Gruppen einteilt. Oder: Will man Firmen so gruppieren, dass sie bzgl. der Bonität als gleichartig anzusehen sind, so lässt sich dies aufgrund von Bilanzkennzahlen mit Hilfe der Clusteranalyse bewerkstelligen. Ein drittes Beispiel: In der empirischen Regionalforschung versucht man, Regionen anhand demographischer und wirtschaftlicher Merkmale in Typen zu klassifizieren, um darauf aufbauend weitere regionalwirtschaftliche Analysen vornehmen zu können.

Eine Klassifikation der N Objekte anhand der m Merkmale kann im Hinblick auf eine bestimmte Analyse nur als „brauchbar" oder „unbrauchbar", nicht aber als „falsch" oder „richtig" angesehen werden. Eine Clusteranalyse kann zu unterschiedlichen Ergebnissen führen, je nachdem welches Ähnlichkeitsmaß und welcher Algorithmus zur Zusammenfassung der Objekte im Einzelfall benutzt werden. Insofern hängt dieses Verfahren in noch stärkerem

Maße als die Faktorenanalyse von subjektiven Annahmen des Nutzers ab. Aus diesem Grund wollen wir uns im Folgenden auf die Darstellung einiger einfacher Verfahren zur Gruppenbildung beschränken, um das Grundprinzip zu zeigen.

Ausgehend von der Datenmatrix lassen sich drei Schritte bei der Clusteranalyse unterscheiden:

1. Festlegung und Berechnung eines **Ähnlichkeits-** bzw. **Distanzmaßes**. (Man bezeichnet sie auch als **Proximitätsmaße**.) Hierbei wird aufgrund der Merkmalswerte für jeweils zwei Objekte ein Zahlenwert bestimmt, der etwas über die Unterschiede bzw. Übereinstimmungen zwischen den beiden Objekten aussagt.

2. Entscheidung für einen **Fusionsalgorithmus**. Liegen die Ähnlichkeit bzw. Distanzmaße vor, so müssen die Objekte anhand bestimmter Kriterien so zu Gruppen zusammengefasst werden, dass sich die Objekte mit ähnlichen Merkmalseigenschaften jeweils in einer Gruppe befinden.

3. Inhaltliche **Analyse** bzw. Interpretation der gefundenen Cluster.

4.4.2 Ähnlichkeits- und Distanzmaße

Wie gerade erwähnt, besteht der erste wichtige Schritt in der Berechnung von Ähnlichkeits- bzw. Distanzmaßen für die betrachteten Objekte.

Ähnlichkeitsmaße sind relative Maße, denn die Ähnlichkeit lässt sich immer nur bzgl. der vorliegenden Merkmale für die Objekte bestimmen. Die Art der benutzten Maße hängt nicht nur von der Einschätzung des Anwenders ab, sondern von dem Skalenniveau, auf dem die beobachteten Daten vorliegen. Für **nominal skalierte** Merkmale lassen sich sog. **Matching-Koeffizienten** berechnen. Sie geben den Anteil der übereinstimmenden Merkmale an der Gesamtzahl der Merkmale an. Ähnlichkeit wird hierbei also als das Ausmaß betrachtet, in dem zwei Objekte gewisse Eigenschaften (Ausprägungen) gemeinsam aufweisen. Besitzen im einfachsten Fall die Merkmale nur zwei Ausprägungen (binäre Merkmale), so lässt sich die Ausprägung „Eigenschaft vorhanden" mit 1 und die Ausprägung „Eigenschaft nicht vorhanden" mit 0 angeben. Zu den Übereinstimmungen lassen sich dabei sowohl positive (1,1) als auch negative (0,0) zählen. Die Ergebnisse der Messungen können in einer Assoziationstabelle zusammengefasst werden (vgl. Tabelle 4.12).

4.4 Clusteranalyse

Tabelle 4.12 Assoziationstabelle für Matching-Koeffizienten

Objekt r \ Objekt s	1	0	
1	a	b	a + b
0	c	d	c + d
	a + c	b + d	

Hierbei ist a die Anzahl der (1,1)-Tupel, b die der (1,0)-Tupel, c die der (0,1)-Tupel und d die der (0,0)-Tupel, d. h. in a ist bei beiden Objekten die Eigenschaft vorhanden, in b weist nur Objekt r die Eigenschaft auf, in c nur Objekt s, und in d ist die Eigenschaft bei beiden Objekten nicht vorhanden.

Ein einfacher Matching-Koeffizient, der ein Ähnlichkeitsmaß s ($\hat{=}$ similarity) für nominalskalierte Merkmale ($\hat{=}$ nom) darstellt, ist dann bspw. durch

$$\boxed{s_{rs}^{(nom)} = \frac{a + d}{a + b + c + d}} \quad (4.51)$$

gegeben. Er liegt immer zwischen null und eins. Der obere Wert von 1 bedeutet, dass die zwei Objekte bzgl. der Werte der betrachteten Merkmale identisch sind, der untere Wert, dass es keine Übereinstimmungen gibt. Ähnlichkeitskoeffizienten werden auch in Prozent angegeben: Vollkommene Ähnlichkeit (Übereinstimmung) hätte dann den Wert 100. Die Werte der Koeffizienten für jeden paarweisen Vergleich der N Objekte lassen sich in einer symmetrischen $N \times N$ -**Ähnlichkeitsmatrix** angeben.

Besitzen die nominal skalierten Merkmale mehr als zwei Ausprägungen (Kategorien), so können Matching-Koeffizienten auf ähnliche Weise berechnet werden, indem man zunächst wiederum jeder Kategorie entweder den Wert 1 (Eigenschaft vorhanden) oder den Wert 0 (Eigenschaft nicht vorhanden) zuordnet und dies anschließend in der Assoziationstabelle zusammenfasst.

Beispiel 4.10 Nehmen wir an, zwei Produkte r und s haben bzgl. der sechs Kategorien (1 $\hat{=}$ Werbung; 2 $\hat{=}$ aufwendige Verpackung; 3 $\hat{=}$ Verkaufshilfe; 4 $\hat{=}$ Sonderangebote; 5 $\hat{=}$ Reklamationen; 6 $\hat{=}$ guter Service) folgende Eigenschaften:

Merkmal / Objekt	Kategorie					
	1	2	3	4	5	6
Produkt r	1	0	1	0	1	0
Produkt s	0	1	1	0	1	1

Dies lässt sich in einer Assoziationstabelle entsprechend Tabelle 4.12 zusammenfassen (vgl. Tabelle 4.13).

Tabelle 4.13 Assoziationstabelle

Objekt s / Objekt r	1	0	
1	2	1	3
0	2	1	3
	4	2	6

Nach (4.51) ist der Matching-Koeffizient

$$s_{rs}^{(nom)} = \frac{a+d}{a+b+c+d} = \frac{3}{6}.$$

Die Ähnlichkeit zwischen den beiden Objekten lässt sich also mit 0,5 angeben.

Bei **metrisch skalierten** Daten benutzt man als Proximitätsmaß in aller Regel die Distanz zwischen den Objekten. Zwei Objekte bezeichnen wir als ähnlich, wenn die Distanz zwischen ihnen klein ist, eine große Distanz weist dagegen auf eine geringe Ähnlichkeit hin.

Ein Distanzmaß, die **euklidische Distanz**, hatten wir in Kapitel 4.1.4 bereits kennengelernt. Diese Distanz d zwischen zwei Objekten r und s ist bei standardisierten z-Werten nach (4.8) mit

$$d_{rs} = \sqrt{\sum_{j=1}^{m}(z_{rj} - z_{sj})^2} \tag{4.52}$$

gegeben. Die Ergebnisse lassen sich für N Objekte in einer symmetrischen N × N-Distanzmatrix darstellen. Die Darstellung eines Beispiels erfolgte bereits in Beispiel 4.4. Dieses Distanzmaß unterstellt, dass die (standardisierten) Merkmale orthogonal sind. Bei Anwendungen werden die Merkmale jedoch mehr oder weniger stark miteinander korrelie-

4.4 Clusteranalyse

ren. Es kann deshalb sinnvoll sein, vor der Distanzberechnung zuerst die Hauptkomponenten (vgl. Kapitel 4.3.1) aus der standardisierten Datenmatrix zu berechnen. Danach werden die Distanzen aufgrund der Hauptkomponentenwerte y_{ij} (i=1, ..., N ; j = 1, ..., m) zwischen zwei Objekten r und s ermittelt nach:

$$d_{rs}^* = \sqrt{\sum_{j=1}^{m}(y_{rj} - y_{sj})^2} \qquad (4.53)$$

Bei einem einfach zu berechnenden **Ähnlichkeitsmaß** für **metrisch skalierte** Merkmale wird zunächst beim Merkmal j zwischen den beiden Objekten r und s die betragsmäßige Differenz festgestellt, was auch als **city block-**, **Manhattan-** oder **Taxifahrer-Metrik** bezeichnet wird. Danach erfolgt die Division durch die Spannweite R_j des Merkmals j (vgl. Kapitel 2.2.2.1). Um diese Art der Distanzmessung zu einem Ähnlichkeitsmaß zu machen, zieht man den so berechneten Wert von 1 ab. Aus all diesen für jedes Merkmal berechneten Ähnlichkeitskoeffizienten wird das Ähnlichkeitsmaß $s_{rs}^{(metr)}$ nach (4.54) als arithmetisches Mittel berechnet:

$$s_{rs}^{(metr)} = \frac{1}{m}\sum_{j=1}^{m}\left(1 - \frac{|x_{rj} - x_{sj}|}{R_j}\right) \qquad (4.54)$$

Für N Objekte lassen sich diese Maße in einer symmetrischen N × N-**Ähnlichkeitsmatrix** darstellen.

Beispiel 4.11 Für die EU-Länder Frankreich, Bundesrepublik Deutschland, Griechenland, Luxemburg, Portugal und Irland soll anhand der Merkmalswerte von X_2, X_3, X_6 und X_7 der standardisierten Datenmatrix (vgl. Tabelle 4.3) eine Ähnlichkeitsmatrix mit den nach (4.53) berechneten Werten aufgestellt werden. Für die beiden Länder Frankreich und die Bundesrepublik wollen wir die Berechnung im Einzelnen vornehmen. Man erhält aus Tabelle 4.3 die in Tabelle 4.14 dargestellten Werte. Daraus ergibt sich als Ähnlichkeitsmaß nach (4.54)

$$s_{FD}^{(metr)} = \frac{1}{m}\sum_{j=1}^{m}\left(1 - \frac{|z_{Fj} - z_{Dj}|}{R_j}\right) = \frac{1}{2} \cdot 1{,}82 = 0{,}91.$$

Bzgl. der beiden betrachteten Merkmale besteht also eine große Ähnlichkeit zwischen Frankreich und der Bundesrepublik Deutschland.

Tabelle 4.14 Berechnung eines Ähnlichkeitsmaßes zwischen Frankreich und Deutschland

	Z_2	Z_3
Frankreich	−0,43	0,73
Deutschland	−0,36	1,09
$\|Z_{Fj} - Z_{Dj}\|$	0,07	0,36
Spannweite R_j	1,08	2,88
$1 - \dfrac{\|Z_{Fj} - Z_{Dj}\|}{R_j}$	0,94	0,88

Führt man diese Berechnung für alle o. g. EU-Länder durch, so erhält man die in Tabelle 4.15 angegebenen Werte. Für die beiden betrachteten Merkmale ist die Ähnlichkeit z. B. zwischen Deutschland und Griechenland sehr gering.

Tabelle 4.15 Ähnlichkeitsmatrix für 6 EU-Länder und 2 Merkmale

	F	D	GR	L	P	IR
Frankreich	–					
Bundesrep. Deutschland	0,91	–				
Griechenland	0,16	0,07	–			
Luxemburg	0,87	0,83	0,24	–		
Portugal	0,53	0,50	0,44	0,40	–	
Irland	0,62	0,52	0,55	0,69	0,66	–

4.4.3   Fusionsalgorithmen

Der zweite Schritt der Clusteranalyse zielt auf die Zusammenfassung der einzelnen Objekte zu Gruppen, wobei die im ersten Schritt gewonnene Distanz- bzw. Ähnlichkeitsmatrix den Ausgangspunkt von Fusionsalgorithmen bildet. In der Literatur wird eine Vielzahl von Algorithmen diskutiert.

Zunächst lassen sich **hierarchische** und **nichthierarchische (partitionierende)** Verfahren unterscheiden. Die nichthierarchischen Verfahren gehen von einer vorgegebenen Gruppeneinteilung aus und versuchen durch eine Umverteilung von einzelnen Objekten auf die Gruppen ein bestimmtes Zielkriterium – z. B. Minimierung der durchschnittlichen Distanz innerhalb der Gruppen bei gegebener Gruppenzahl – zu erreichen. Die hierarchischen Gruppierungsverfahren konstruieren dagegen eine Folge von Zerlegungen. Sie sind durch eine baumartige Struktur charakterisiert und lassen sich in zwei Untergruppen gliedern.

Bei den **agglomerativen** Verfahren geht man von den einzelnen Objekten als der feinsten Zerlegung aus und vereinigt sukzessive Gruppen miteinander, bis sich zum Schluss alle Objekte in einem Cluster befinden. Bei den **divisiven** Verfahren geht man umgekehrt von einer Gruppe, die alle Objekte enthält, aus und zerlegt diese sukzessive in Teilgruppen. Die agglomerativen Verfahren verringern durch Hinzunahme von Objekten in jedem Schritt die Homogenität des Clusters, gleichzeitig nimmt die Gesamtzahl der Gruppen ab. Umgekehrt erreichen divisive Verfahren in jedem Schritt eine zunehmende Homogenität der Cluster mit gleichzeitig ansteigender Clusterzahl.

Werden bei der hierarchischen Gruppierung zwei Objekte fusioniert, so bleiben sie während des gesamten Fusionsprozesses in einer Gruppe und können nicht mehr verschiedenen Clustern zugeordnet werden. Dadurch werden Gruppierungsentscheidungen auf einer bestimmten Stufe durch Objektgruppierungen auf vorherigen Stufen bedingt.

Im Folgenden sollen beispielhaft zwei häufig benutzte agglomerative Verfahren betrachtet werden. Sie gehen beide in ähnlicher Weise vor: Jedes Objekt bildet zunächst ein eigenes Cluster, dann werden zwei Objekte so fusioniert, dass das vorgesehene Ähnlichkeitsmaß maximiert bzw. das Distanzmaß minimiert wird. Im nächsten Schritt kommt ein neues Objekt zu dem aus zwei Objekten bestehenden ersten Cluster hinzu. Je nach Zuordnungsregel kann auch ein neues Cluster mit zwei Objekten gebildet werden.

Agglomerative Verfahren unterscheiden sich nach solchen Zuordnungsregeln und nach den zugrundeliegenden Proximitätsmaßen. Das **single linkage-Verfahren** (auch **nearest neighbour-** oder **minimum distance-Methode** genannt) fusioniert im ersten Schritt die beiden Objekte, die entsprechend der Distanzmatrix die kleinste Distanz bzw. entsprechend der Ähnlichkeitsmatrix die größte Ähnlichkeit aufweisen. Sie bilden die erste Gruppe.

Im nächsten Schritt kommt nun entweder ein drittes Objekt zum zuerst gebildeten Cluster oder zwei nicht fusionierte Objekte mit der geringsten Distanz bilden ein neues Cluster. Die Entscheidung hängt davon ab, ob die Distanz von einem der nichtfusionierten Objekte zum erstgebildeten Cluster geringer ist als der Abstand zwischen den beiden bisher nichtfusionierten Objekten. Der Prozess setzt sich solange fort, bis sich alle Objekte in einer Gruppe befinden.

Graphisch lässt sich der Fusionierungsprozess in einem **Dendrogramm** darstellen (vgl. Abb. 4.8). Auf der Abszisse sind die Objekte abgetragen, die Ordinate zeigt zunehmende Distanzstufen (Heterogenität). Dadurch, dass das single linkage-Verfahren als neue Distanz zwischen zwei Gruppen immer die kleinste Einzeldistanz benutzt, neigt es dazu, eine große verkettete Gruppe zu bilden, insbesondere dann, wenn die Gruppen nicht klar voneinander getrennt werden können.

Beispiel 4.12 Wir gehen von der Distanzmatrix (vgl. Tabelle 4.5) des Beispiels 4.4 aus, die wir mit $\mathbf{D}^{(1)}$ bezeichnen. Man beachte hierzu den Hinweis unter Tabelle 4.5.

Als Merkmale wurden X_2 und X_3 herangezogen. Auf der ersten Stufe werden die beiden Länder Frankreich und Luxemburg zum ersten Cluster zusammengefasst, da sie mit $d_{FL} = 0{,}292$ die geringste Distanz aufweisen, also

$$\mathbf{D}^{(1)} = \begin{matrix} F \\ L(0{,}292) \end{matrix}.$$

Als nächstes werden die Distanzen d zwischen dieser ersten Gruppe und den verbliebenen Ländern BRD, GR, P und IR gebildet und der jeweils kleinere Abstand benutzt. Aus Tabelle 4.5 erhalten wir

$$\begin{aligned}
d_{(FL),D} &= \min\{d_{F,D}, d_{L,D}\} = d_{L,D} = 0{,}350 \\
d_{(FL),GR} &= \min\{d_{F,GR}, d_{L,GR}\} = d_{F,GR} = 2{,}357 \\
d_{(FL),P} &= \min\{d_{F,P}, d_{L,P}\} = d_{F,P} = 2{,}521 \\
d_{(FL),IR} &= \min\{d_{F,IR}, d_{L,IR}\} = d_{F,IR} = 1{,}479\,.
\end{aligned}$$

Damit können wir eine neue Distanzmatrix $\mathbf{D}^{(2)}$ aufstellen

$$\mathbf{D}^{(2)} = \begin{matrix} & FL & D & GR & P & IR \\ FL & 0 & & & & \\ D & 0{,}350 & 0 & & & \\ GR & 2{,}357 & 2{,}714 & 0 & & \\ P & 2{,}521 & 2{,}880 & 1{,}139 & 0 & \\ IR & 1{,}479 & 1{,}845 & 0{,}990 & 1{,}126 & 0 \end{matrix}$$

In $\mathbf{D}^{(2)}$ ist die kleinste Distanz $d_{(FL),D} = 0{,}350$. Die Bundesrepublik Deutschland wird also in die erste Gruppe aufgenommen. Es ist

$$\begin{aligned}
d_{(FLD),GR} &= \min\{d_{(FL),GR}, d_{D,GR}\} = d_{(FL),GR} = 2{,}357 \\
d_{(FLD),P} &= \min\{d_{(FL),P}, d_{D,P}\} = d_{(FL),P} = 2{,}521 \\
d_{(FLD),IR} &= \min\{d_{(FL),IR}, d_{D,IR}\} = d_{(FL),IR} = 1{,}479\,.
\end{aligned}$$

4.4 Clusteranalyse

Damit lässt sich eine neue Distanzmatrix $\mathbf{D}^{(3)}$ bilden

$$\mathbf{D}^{(3)} = \begin{array}{c} \\ \text{FLD} \\ \text{GR} \\ \text{P} \\ \text{IR} \end{array} \begin{pmatrix} \text{FLD} & \text{GR} & \text{P} & \text{IR} \\ 0 & & & \\ 2{,}357 & 0 & & \\ 2{,}521 & 1{,}139 & 0 & \\ 1{,}479 & 0{,}990 & 1{,}126 & 0 \end{pmatrix}$$

Die kleinste Distanz beträgt hier $d_{IR,GR} = 0{,}990$. Diese ist kleiner als die gerade berechneten Distanzen, weshalb diese beiden Länder (IR,GR) ein neues Cluster bilden. Es ist

$$d_{(FLD),(IR,GR)} = \min\{d_{(FLD),IR}, d_{(FLD),GR}\} = d_{(FLD),IR} = 1{,}479$$
$$d_{(IR,GR),P} = \min\{d_{IR,P}, d_{GR,P}\} = d_{IR,P} = 1{,}126.$$

und

$$\mathbf{D}^{(4)} = \begin{array}{c} \\ \text{FLD} \\ \text{IR, GR} \\ \text{P} \end{array} \begin{pmatrix} \text{FLD} & \text{IR, GR} & \text{P} \\ 0 & & \\ 1{,}479 & 0 & \\ 2{,}521 & 1{,}139 & 0 \end{pmatrix}.$$

In $\mathbf{D}^{(4)}$ ist die kleinste Distanz $1{,}139$. Dies zeigt an, dass Portugal dem zweiten Cluster zugeordnet werden sollte, da die Distanz zum ersten Cluster $2{,}521$ beträgt. Im letzten Schritt lassen sich die beiden Gruppen zu einem einzigen Cluster vereinigen

$$d_{(FLD),(IR,GR,P)} = \min\{d_{(FLD),(IR,GR)}, d_{(FLD,P)}\} = d_{(FLD),(IR,GR)} = 1{,}479.$$

Die graphische Darstellung als Dendrogramm in Abb. 4.8 fasst den Fusionsprozess zusammen.

Abb. 4.8 Single linkage-Dendrogramm über Distanzmaß

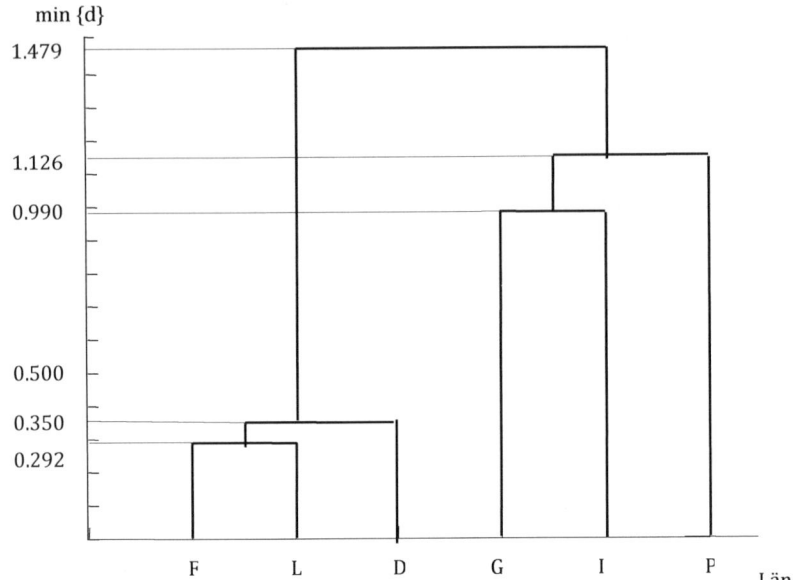

Das **complete linkage-Verfahren** (oder **furthest neighbour-Methode**] zieht – im Gegensatz zum single linkage-Verfahren – nicht die kleinste, sondern die größte Distanz zwischen einem Objektpaar heran. Dieser Ansatz erbringt oft kompakte kleine Cluster etwa gleicher Größe.

Beispiel 4.13 Wir gehen wiederum von der Distanzmatrix (vgl. Tabelle 4.5) des Beispiels 4.4 aus. Wie beim single linkage-Verfahren (vgl. Beispiel 4.12) werden im ersten Schritt die beiden Länder Frankreich und Luxemburg mit der geringsten Distanz zusammengefasst. Nun folgt die Berechnung der Distanzen zwischen diesem Cluster und den übrigen Ländern, wobei der jeweils *größere* Abstand benutzt wird. Es folgt aus Tabelle 4.5, die die Werte der Distanzmatrix $\mathbf{D}^{(1)}$ enthält:

$$d_{(FL),D} = \max\{d_{F,D}, d_{L,D}\} = d_{F,D} = 0{,}367$$
$$d_{(FL),GR} = \max\{d_{F,GR}, d_{L,GR}\} = d_{L,GR} = 2{,}438$$
$$d_{(FL),P} = \max\{d_{F,P}, d_{L,P}\} = d_{L,P} = 2{,}716$$
$$d_{(FL),IR} = \max\{d_{F,IR}, d_{L,IR}\} = d_{L,IR} = 1{,}631\,.$$

Dies führt zu $\mathbf{D}^{(2)}$

4.4 Clusteranalyse

$$\mathbf{D}^{(2)} = \begin{array}{c} \\ \text{FL} \\ \text{D} \\ \text{GR} \\ \text{P} \\ \text{IR} \end{array} \begin{pmatrix} \text{FL} & \text{D} & \text{GR} & \text{P} & \text{IR} \\ 0 & & & & \\ 0{,}367 & 0 & & & \\ 2{,}438 & 2{,}714 & 0 & & \\ 2{,}716 & 2{,}880 & 1{,}139 & 0 & \\ 1{,}631 & 1{,}845 & 0{,}990 & 1{,}126 & 0 \end{pmatrix}$$

In $\mathbf{D}^{(2)}$ ist die kleinste Distanz $d_{(FL),D} = 0{,}367$. Die Bundesrepublik Deutschland wird also in die erste Gruppe aufgenommen. Es ist

$$\begin{aligned} d_{(FLD),GR} &= \max\{d_{(FL),GR}, d_{D,GR}\} = d_{D,GR} = 2{,}714 \\ d_{(FLD),P} &= \max\{d_{(FL),P}, d_{D,P}\} = d_{D,P} = 2{,}880 \\ d_{(FLD),IR} &= \max\{d_{(FL),IR}, d_{D,IR}\} = d_{D,IR} = 1{,}845\,. \end{aligned}$$

$\mathbf{D}^{(3)}$ ist somit

$$\mathbf{D}^{(3)} = \begin{array}{c} \\ \text{FLD} \\ \text{GR} \\ \text{P} \\ \text{IR} \end{array} \begin{pmatrix} \text{FLD} & \text{GR} & \text{P} & \text{IR} \\ 0 & & & \\ 2{,}714 & 0 & & \\ 2{,}880 & 1{,}139 & 0 & \\ 1{,}845 & 0{,}990 & 1{,}126 & 0 \end{pmatrix}$$

Jetzt ist die Distanz zwischen Griechenland und Irland mit 0,99 kleiner als diejenige zwischen der ersten Gruppe und den übrigen Ländern. GR und IR bilden ein zweites Cluster und damit ist Deutschland mit dem ersten Cluster zu vereinigen:

$$\begin{aligned} d_{(GR,IR),(FLD)} &= \max\{d_{GR,(FLD)}, d_{IR,(FLD)}\} = d_{GR,(FLD)} = 2{,}714 \\ d_{(GR,IR),P} &= \max\{d_{GR,P}, d_{IR,P}\} = d_{GR,P} = 1{,}139\,. \end{aligned}$$

Damit ergibt sich

$$\mathbf{D}^{(4)} = \begin{array}{c} \\ \text{FLD} \\ \text{GR, IR} \\ \text{P} \end{array} \begin{pmatrix} \text{FLD} & \text{GR, IR} & \text{P} \\ 0 & & \\ 2{,}714 & 0 & \\ 2{,}880 & 1{,}139 & 0 \end{pmatrix}$$

Portugal kommt nun zum zweiten Cluster und

$$d_{(FLD),((GR,IR),P)} = \max\{d_{(FLD),(GR,IR)}, d_{(FLD),P}\} = d_{(FLD),P} = 2{,}880\,.$$

Dieser Fusionierungsprozess ist als Dendrogramm in Abb. 4.9 dargestellt.

Wie man im Vergleich zu Abb. 4.8 erkennt, ergeben sich ähnliche Darstellungen, die zu den gleichen Gruppen führen.

Abb. 4.9 Complete linkage-Dendrogramm über Distanzmaß

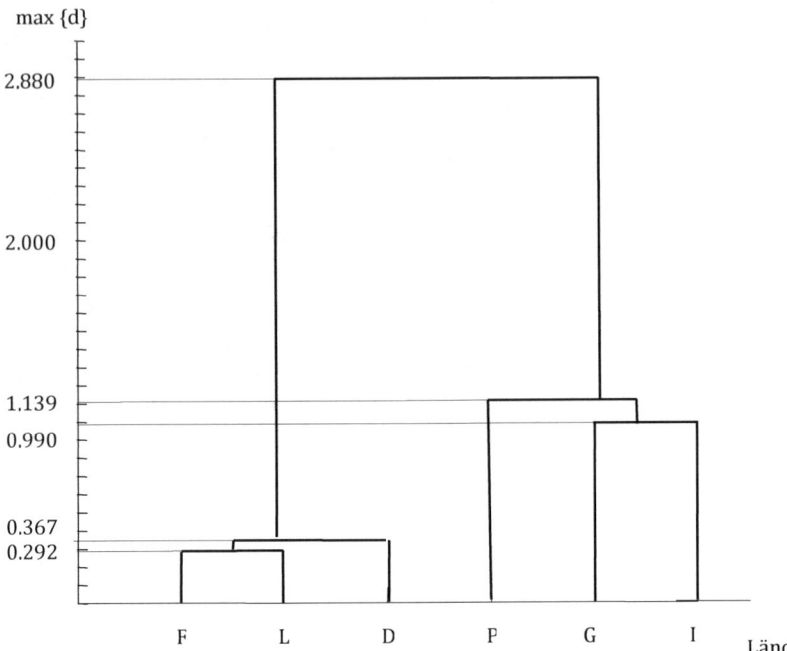

Bei den beiden dargestellten Verfahren sind wir von der Distanzmatrix ausgegangen. Es können aber auch die Werte der Ähnlichkeitsmatrix benutzt werden. Dann ist jedoch beim single linkage-Verfahren von der Maximierungsbedingung und beim complete linkage-Verfahren von der Minimierungsbedingung auszugehen.

Beispiel 4.14 Ausgangspunkt ist die Ähnlichkeitsmatrix aus Tabelle 4.15 des Beispiels 4.11 für 6 EU-Länder und die zwei – geringfügig korrelierten – Merkmale X_2 und X_3. Als Fusionsalgorithmus soll das complete linkage-Verfahren benutzt werden.

Im ersten Schritt werden die beiden Länder F und D mit dem höchsten Ähnlichkeitskoeffizienten $s_{FD} = 0{,}91$ fusioniert. Nun sind – da ein Ähnlichkeitsmaß benutzt wird – die minimalen Ähnlichkeiten zwischen dieser ersten Gruppe (FD) und den übrigen Ländern zu berechnen:

$$s_{(FD),GR} = \min\{s_{F,GR}, s_{D,GR}\} = s_{D,GR} = 0{,}07$$
$$s_{(FD),L} = \min\{s_{F,L}, s_{D,L}\} = s_{D,L} = 0{,}83$$
$$s_{(FD),P} = \min\{s_{F,P}, s_{D,P}\} = s_{D,P} = 0{,}50$$
$$s_{(FD),IR} = \min\{s_{F,IR}, s_{D,IR}\} = s_{D,IR} = 0{,}52 \ .$$

4.4 Clusteranalyse

Damit folgt die zweite Ähnlichkeitsmatrix:

	FD	GR	L	P	IR
FD	–				
GR	0,07	–			
L	0,83	0,24	–		
P	0,50	0,44	0,40	–	
IR	0,52	0,55	0,69	0,66	–

Im nächsten Schritt kommt L zum Cluster (FD)

$$s_{(FDL),GR} = \min\{s_{(FD),GR}, s_{L,GR}\} = s_{(FD),GR} = 0{,}07$$
$$s_{(FDL),P} = \min\{s_{(FD),P}, s_{L,P}\} = s_{L,P} = 0{,}40$$
$$s_{(FDL),IR} = \min\{s_{(FD),IR}, s_{L,IR}\} = s_{(FD),IR} = 0{,}52 \ .$$

Die Ähnlichkeitsmatrix der 3. Stufe hat somit folgendes Aussehen:

	FDL	GR	P	IR
FDL	–			
GR	0,07	–		
P	0,40	0,44	–	
IR	0,52	0,55	0,66	–

Der größte Koeffizient liegt jetzt mit 0,66 zwischen IR und P, die eine eigene Klasse bilden:

$$s_{(FDL),(IRP)} = \min\{s_{(FDL),IR}, s_{(FDL),P}\} = s_{(FDL),P} = 0{,}40$$
$$s_{GR,(IRP)} = \min\{s_{GR,IR}, s_{GR,P}\} = s_{GP,P} = 0{,}44 \ .$$

Es folgt:

	FDL	GR	IRP
FDL	–		
GR	0,07	–	
IRP	0,40	0,44	–

GR hat jetzt bei s = 0,44 die größte Ähnlichkeit mit der Gruppe IRP. Auf der letzten Stufe sind die beiden Cluster zu fusionieren.

$$s_{(IR,P,GR),(FDL)} = \min\{s_{(IR,P),(FDL)}, s_{(IR,P),GR}\} = s_{(IR,P),(FDL)} = 0{,}40 \ .$$

Abb. 4.10 zeigt den Fusionierungsprozess im Dendrogramm.

Abb. 4.10   Complete linkage-Dendrogramm über Ähnlichkeitsmaß

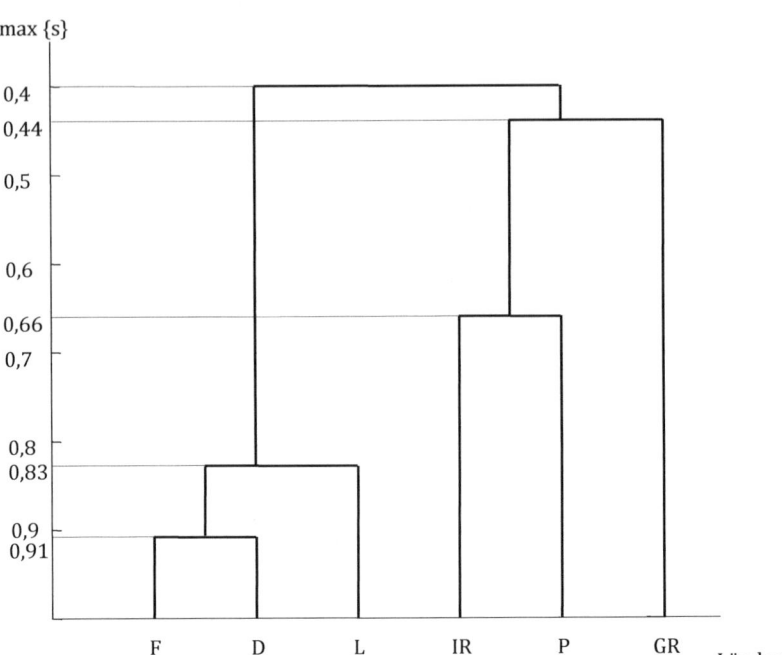

Auch hier führt der Fusionierungsprozess – wenn auch in anderer Reihenfolge – zur gleichen Gruppenbildung wie in den Beispielen 4.12 und 4.13. Dies ist aber nicht zu verallgemeinern.

4.4.4 Zahl und Beschreibung der Klassen

Ist die eigentliche Clusteranalyse durchgeführt, so ist die Zahl der zu benutzenden Cluster festzulegen, und – was damit zusammenhängt – diese sind zu beschreiben.

Allgemeine Kriterien zur Festlegung der Gruppenzahl sind mit Mitteln der deskriptiven Statistik nicht möglich. Man wird sich aber von der Ausgangsüberlegung der Clusteranalyse leiten lassen, die Menge der Objekte in eine Zahl von Klassen aufzuteilen, bei der diese Klassen in sich möglichst homogen sind und gleichzeitig eine möglichst klare Abgrenzung untereinander sicherstellen. Hilfestellung kann hierbei die Analyse des Dendrogramms leisten.

Eine Gruppe ist umso homogener, je niedriger die Stufe ist, auf der die jeweilige Fusion stattfindet. Ein anschauliches Kriterium zur Auswahl der Klassenzahl ist die Suche nach großen Sprüngen in den Fusionsstufen. Cluster, deren Zusammenfassung einen solchen großen Sprung bewirken würden, können als klar voneinander abgegrenzt angesehen werden.

Je homogener die einzelnen Cluster, umso leichter fällt i. A. auch ihre Beschreibung. Eine Gruppierung wird brauchbar sein, wenn sich die Gruppen gut interpretieren lassen. Bei metrisch skalierten Merkmalen lassen sich die einzelnen Cluster z. B. durch die arithmetischen Mittel und die Standardabweichungen der einzelnen Merkmale charakterisieren. Im Übrigen hängt die Beschreibung von den zur Analyse herangezogenen Merkmalen und der Ausgangsfragestellung ab.

Beispiel 4.15 Das Dendrogramm aufgrund des complete linkage-Verfahrens in Abb. 4.9 zeigt deutlich zwei Cluster von je drei EU-Ländern. Die Fusion dieser beiden Gruppen findet auf der höchsten Fusionsstufe statt und ist mit einem großen Sprung verbunden. Sie sind deshalb streng voneinander abgegrenzt. Die beiden Cluster lassen sich als wirtschaftlich „stärkere" und wirtschaftlich „schwächere" EU-Länder charakterisieren. Beide können durch die arithmetischen Mittel von X_2 und X_3 sowie durch die zugehörigen Standardabweichungen beschrieben werden.

Es sollte bei den Ergebnissen und ihrer Interpretation auch bedacht werden, dass sie sich u. U. bei Veränderung des Distanz- bzw. Ähnlichkeitsmaßes und durch den Wechsel des Fusionsalgorithmus ändern können. Aber selbst wenn wohlabgegrenzte Cluster gebildet werden können, so ist es möglich, dass wir keine vernünftige Interpretation für sie finden. Die Gruppen stellen dann statistische Kunstgebilde dar, die keine reale Bedeutung besitzen.

Vergleichen wir die Ergebnisse aus den drei Beispielen 4.12 – 4.14, so stellen wir fest, dass die Clusteranalysen im Endergebnis zwar zu den gleichen Gruppen führen, die Objekte jedoch in unterschiedlicher Reihenfolge fusioniert werden. Dies ist keinesfalls zwingend.

4.4.5 Zusammenfassung

- Die Clusteranalyse hat die Aufgabe, **Objekte zu in sich möglichst homogenen Gruppen** zusammenzufassen und gleichzeitig voneinander klar unterscheidbare Gruppen zu bilden.

- Es gibt keine allgemeine Übereinstimmung darüber, was eine **Gruppe** ausmacht. Ein Cluster sollte aus Objekten bestehen, deren Daten bestimmte „Punktwolken" bilden, die sich von anderen „Punktwolken" abgrenzen lassen. Aber solche Punktwolken können alle möglichen Gestalten haben.

- Bei der Auswahl der zur Clusteranalyse heranzuziehenden **Merkmale** ist darauf zu achten, dass sie **nicht hoch korreliert** sind, andernfalls können bei der Gruppenbildung Verzerrungen der Ergebnisse dadurch auftreten, dass bestimmte Aspekte überbetont werden. Ggfs. ist eine Hauptkomponentenanalyse (vgl. Kapitel 4.3) vorzuschalten. Um eine Vergleichbarkeit und Gleichgewichtung der zur Gruppenbildung herangezogenen Merkmale zu gewährleisten, sollte von **standardisierten Daten** ausgegangen werden.

- An erster Stelle der eigentlichen Analyse steht die Frage nach dem **Ähnlichkeits-** bzw. **Distanzmaß**, das bei der Analyse benutzt werden soll. Die Wahl hängt u. a. davon ab, auf welchem Skalenniveau die erhobenen Merkmale vorliegen. Im zweiten Schritt wird der **Fusionierungsalgorithmus** festgelegt und die Gruppierung durchgeführt. Hier existiert eine Vielzahl von Algorithmen, die – angewendet auf die gleichen Daten – oft zu **unterschiedlichen Ergebnissen** und ihrer Interpretation – der dritte Schritt der Analyse – führen.

- Die Möglichkeit, auf unterschiedliche Distanz- bzw. Ähnlichkeitsmaße und verschiedene Fusionsalgorithmen zurückgreifen zu können, hat zwar den Vorteil, dass ein vielseitiges Instrumentarium zur Gruppierung zur Verfügung steht. Andererseits besteht dadurch gerade die Gefahr, dass die Verfahren nach den gewünschten Ergebnissen ausgewählt werden. Dieser **Mangel** lässt sich u. U. dadurch beseitigen, dass verschiedene Proximitätsmaße und Gruppierungsverfahren auf das gleiche Problem angewendet werden, um so die Stabilität der gefundenen Lösung zu überprüfen.

5 Zeitreihenanalyse

5.1 Grundlagen

5.1.1 Gegenstand

Bisher haben wir uns im Wesentlichen mit statistischen Problemen und Analysen befasst, bei denen Querschnittsdaten vorlagen, d. h. die Daten bezogen sich auf denselben Zeitraum bzw. Zeitpunkt. In den verbleibenden Kapiteln wollen wir Längsschnittsdaten der Analyse zugrunde legen (zum Vergleich von Querschnitts- und Längsschnittsdaten siehe Kapitel 1.3).

Unter einer **Zeitreihe** versteht man eine **zeitlich geordnete Folge von Werten** y_t (t = 1, 2, ..., T), die im Beobachtungszeitraum eine unveränderte sachliche und räumliche Abgrenzung aufweist. Die im Zeitablauf vorliegenden Datenwerte können etwa sein

1. Merkmalsausprägungen, z. B. Umsatzwerte einer Unternehmung, Preise für ein Produkt, Konsumausgaben in einer Volkswirtschaft
2. Anteilswerte, z. B. Marktanteile eines Produkts, Frauenanteil an der Belegschaft eines Unternehmens
3. Durchschnittswerte, z. B. durchschnittliche Zahl der Arbeitslosen in einem Land pro Jahr, Durchschnittseinkommen in einer Volkswirtschaft
4. Indizes, z. B. Preisindex für die Lebenshaltung, Index der Auftragseingänge (zu Indexzahlen vgl. Kapitel 10).

Man kann davon ausgehen, dass die meisten statistischen Daten aus Zeitreihenwerten bestehen. Sie liegen meist in **äquidistanter** Form vor, d. h. der zeitliche Abstand zwischen zwei aufeinanderfolgenden y_t-Werten wird als konstant angenommen. So unterscheidet man Zeitreihen mit gleichen zeitlichen Abständen wie solche, deren Datenwerte **(arbeits-) täglich** (z. B. Börsenkurse), **wöchentlich** (z. B. Wochenausweise der Deutschen Bundesbank), **monatlich** (z. B. Produktion im Warenproduzierenden Gewerbe), **viertel-, halb- oder jährlich** (z. B. Sozialproduktgrößen) ausgewiesen werden. Je nachdem, ob es sich um eine Bestandsmasse oder um eine Bewegungsmasse handelt, wird der Wert einem Zeitpunkt oder einem Zeitraum zugeordnet.

Wird die Entwicklung einer einzigen Zeitreihe betrachtet, so bezeichnet man dies als **univariate** Zeitreihenanalyse. Wenn dagegen die Wechselwirkungen zwischen mehreren

Zeitreihen berücksichtigt werden, so spricht man von **multivariater** Zeitreihenanalyse. Als Beispiel könnte man sich alle acht Merkmale der Tabelle 4.2 nicht nur für einen Zeitpunkt, sondern im Zeitablauf dargestellt und analysiert denken.

Bei der Analyse von Zeitreihen gibt es mehrere mögliche Ziele:

1. Oft geht es um die **Beschreibung** des Verlaufs einer Zeitreihe und um die **Zerlegung (Dekomposition)** in bestimmte Komponenten.
2. Es kann an der **Erklärung** des Zeitreihenverlaufs durch eine oder mehrere andere geeignete Zeitreihen gelegen sein. Als methodisches Hilfsmittel denke man an die Regressionsanalyse (vgl. Kapitel 3.3 und 12).
3. Man möchte eine **Prognose** des künftigen Zeitreihenverlaufs aufgrund vorliegender Vergangenheitswerte erstellen.
4. Die Beschreibung und die Vorhersage sind oft mit der **Kontrolle** des Zeitreihenverlaufs verbunden. Wenn man z. B. in der betrieblichen Qualitätskontrolle feststellt, dass der Produktionsprozess außerhalb eines Toleranzbereiches verläuft – oder verlaufen wird – so muss eine entsprechende Korrektur vorgenommen werden.

Bisher haben wir die Zeitreihenwerte als Folge von Merkmalsausprägungen aufgefasst. Man spricht hierbei von **zeitbezogener Zeitreihenanalyse**. Dieser Ansatz geht davon aus, dass der zeitliche Verlauf der Zeitreihe durch bestimmte Modelle dargestellt werden kann (vgl. Kapitel 5.1.3).

5.1.2 Graphische Darstellung

Einen ersten instruktiven Überblick über die Eigenheiten einer Zeitreihe kann man aufgrund einer graphischen Darstellung in Form eines **Zeitreihenpolygons** erhalten (vgl. zu einem Beispiel Abb. 5.1). Dabei ist zu beachten, dass das Polygon erst durch die lineare Verbindung der einzelnen definierten Punkte entsteht.

5.1 Grundlagen

Abb. 5.1 Zeitreihenpolygon der monatlichen Arbeitslosenzahlen in Deutschland 2003–2012 (in Tsd.)

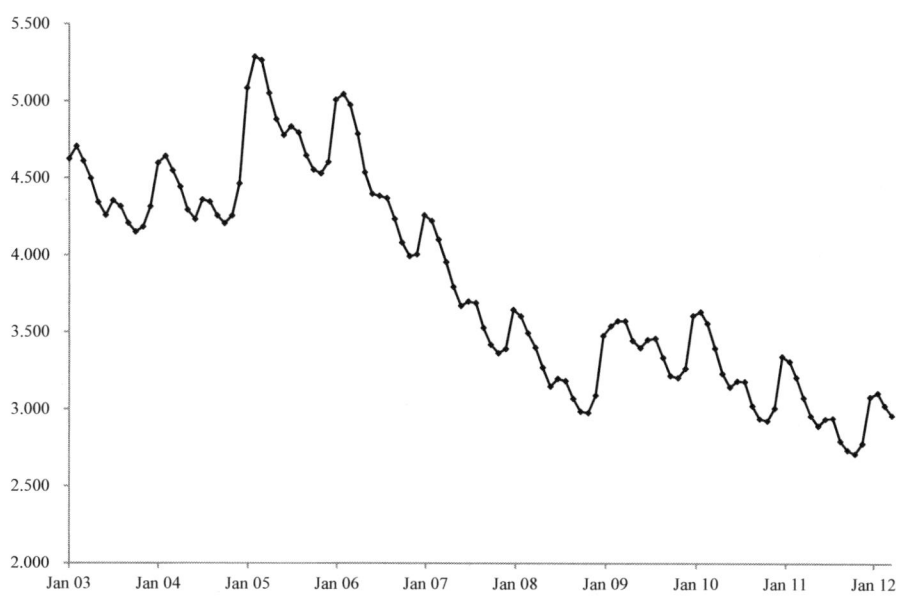

Datenquelle: Bundesagentur für Arbeit (Hrsg.): Der Arbeitsmarkt in Deutschland – Monatsbericht, verschiedene Jahrgänge.

Bivariate Zeitreihen lassen sich in sog. **Symplex-Bildern** darstellen. Hier wird die Entwicklung zweier Größen in der graphischen Darstellung miteinander verknüpft. Man kann die Darstellung auf eine einzelne statistische Einheit beziehen oder aber auch verschiedene Einheiten anhand der Merkmale vergleichend erfassen. Solche Bilder können auf anschauliche Art Zusammenhänge vermitteln, charakteristische Strukturen aufdecken und Beziehungen unmittelbar sichtbar machen, was aufgrund der tabellarischen Darstellung nicht so ohne weiteres möglich ist. Zu denken ist hierbei z. B. an die sog. Okun-Kurve, die eine graphische Darstellung des Zusammenhangs zwischen Arbeitslosigkeit und Produktion im Zeitablauf angibt. Hier sei als Beispiel die Verschuldung der öffentlichen Haushalte und die Steuereinnahmen in der Bundesrepublik Deutschland von 1960–2000 gegenübergestellt (vgl. Abb. 5.2).

Abb. 5.2   Symplex-Bild für den Zusammenhang zwischen der Verschuldung der öffentlichen Haushalte und kassenmässigen Steuereinnahmen 1960–2000.

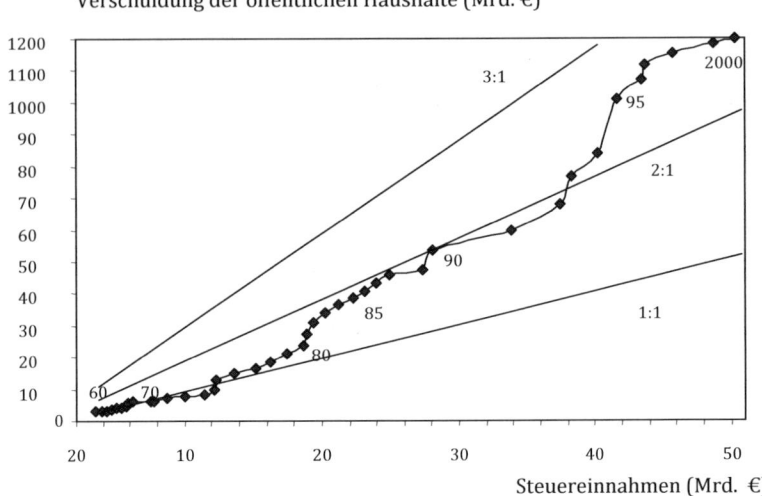

Datenquelle: Statistisches Bundesamt: Zeitreihenservice: http://www-zr.statistik-bund.de/home.htm

Die Hilfslinien beschreiben die Kombinationen, bei denen die Staatsverschuldung den Steuereinnahmen entspricht (1:1), zweifach (2:1) bzw. dreifach so groß (3:1) ist.

Man erkennt, dass bis 1974 einschließlich die Verschuldung der Öffentlichen Haushalte langsamer stieg als die Steuereinnahmen. Mit 96 Mrd. € betrug die Verschuldung 1974 knapp 79% der Steuereinnahmen in Höhe von 122 Mrd. € und lag damit unterhalb der 1:1-Linie. Danach nimmt die Verschuldung überproportional zu und erreicht z. B. 1997 fast 257% der jährlichen Steuereinnahmen. Dies kommt im Symplex-Bild bis dahin durch den immer stärkeren „Nordkurs" zum Ausdruck. Nach 1997 zeigt sich eine gewisse Abflachung des Anstiegs des Verschuldungs-Steuereinnahmen-Verhältnisses.

Wir werden uns im Folgenden auf die univariate Analyse metrisch skalierter, äquidistanter Zeitreihenwerte beschränken.

5.1.3 Komponenten von Zeitreihen und ihre Verknüpfung

Der „klassische" Zeitreihenansatz geht davon aus, dass sich die zeitlich geordneten Werte einer Datenreihe auf bestimmte Komponenten zurückführen lassen. Man unterstellt, dass die Zeitreihenwerte gewisse Einflussfaktoren enthalten, die für die Analyse bedeutsam sind. So ist es z. B. beim Rückgang der Arbeitslosenzahlen in einem Land im Frühjahr wichtig zu wissen, ob dieser Rückgang auf saisonal oder konjunkturell bedingte Einflussgrößen zurückzuführen ist.

Ein bestimmter Zeitreihenwert lässt sich also als das Ergebnis des Zusammenwirkens verschiedener Komponenten auffassen. Diese Faktoren unterscheiden sich hinsichtlich Dauer, Stärke und Regelmäßigkeit ihres Einflusses. Außerdem spielt die Art ihres Zusammenwirkens eine Rolle: Sie können sich überlagern und dabei gegenseitig dämpfen, auf unterschiedliche Weise verstärken oder auch unabhängig voneinander sein.

Da die Komponenten nur verbal definiert werden können und nicht beobachtbar sind, muss man auf eine Modellanalyse zurückgreifen. Die Zerlegung einer Zeitreihe in ihre Komponenten ist insofern etwas Künstliches. Nur wenn das für die Zerlegung benutzte Modell dem Verlauf der betrachteten Zeitreihe adäquat ist, lassen sich das Analyseverfahren und die daraus gewonnenen Ergebnisse beurteilen.

Es hat sich gezeigt, dass ökonomische Zeitreihen i. A. in vier Komponenten zerlegt werden können:

1. Die **Trendkomponente** T_t gibt die allgemeine **langfristige** Bewegung einer Zeitreihe wieder. Sie misst die durchschnittliche Veränderung der Zeitreihe pro Zeiteinheit. Um den Trend feststellen zu können, muss die Zeitreihe hinreichend lang sein; was dies konkret heißt, hängt von dem durch die Zeitreihenwerte dargestellten Phänomen ab. So lässt sich etwa der Trend in einer Umsatzreihe durch eine geringere Zahl von Werten feststellen als die Trendentwicklung einer Bevölkerung, die sich nur sehr langsam ändert. Faktoren, die den Trend bestimmen, sind solche Größen, die sich meist nur langfristig ändern, also z. B. Änderungen des Realkapitals, technischer Fortschritt oder Änderungen der menschlichen Verhaltensweisen. Die Verlaufsform des Trends kann sehr unterschiedlich sein. Neben einem linearen Trend im einfachsten Fall sind die verschiedensten nichtlinearen Trendverläufe – auch solche mit Obergrenzen – denkbar.

2. Die **mittelfristig** wirkende **zyklische Komponente** Z_t ist eine periodisch variierende Größe, die bei makroökonomischer Betrachtung z. B. durch Konjunkturschwankungen um den langfristigen Wachstums-Trend hervorgerufen wird. Über die Länge solcher Zyklen gibt es unterschiedliche Auffassungen. Fest steht jedoch, dass sie periodisch nicht konstant sind, auch die Amplitude kann sich von Zyklus zu Zyklus ändern. Dies erschwert eine statistische (und wirtschaftstheoretische) Analyse, weshalb es sich oft als zweckmäßig erweist, den Trend und die zyklische Komponente zur **glatten Komponente** G_t, die die mittel- und langfristigen Einflussgrößen beinhaltet, zusammenzufassen. Dies ist insbesondere dann sinnvoll, wenn die Zeitreihe nicht sehr lang ist und man kaum zwischen mittel- und langfristiger Komponente unterscheiden kann. Außerdem gibt es keine objektiven Kriterien für die Trennung dieser beiden Komponenten, zumal beide in der wirtschaftlichen Entwicklung meist miteinander verwoben sind.

3. Besteht die Zeitreihe aus **unterjährigen** Daten, z. B. Monatswerten, so tritt i. A. eine **Saisonkomponente** S_t auf. Diese spiegelt die innerhalb eines Jahres auftretenden, durch jahreszeitliche Änderungen bedingten Einflüsse wider. Diese Schwankung ist **kurzfristiger** Natur, ihre Amplitude kann variieren, aber die Periode ist auf maximal ein Jahr fixiert. (Besteht die Zeitreihe aus Jahresdaten, so erscheint diese Komponente also nicht.) Bedingt wird die Saisonkomponente zum einen durch natürliche Faktoren (jahreszeitlich bedingte klimatische Änderungen haben z. B. Einfluss auf Arbeitsintensitäten und Urlaubsplanung), zum anderen durch institutionelle Faktoren (z. B. führen Steuer- und Zinstermine zu ansteigender Geldnachfrage; die Zahl der gesetzlichen Feiertage in einem Monat hat Einfluss auf den Umfang der Industrieproduktion; der Einzelhandelsumsatz erhöht sich vor Weihnachten). Die Erfassung und Ausschaltung der Saisonkomponente ist deshalb von Bedeutung, weil man häufig an der Entwicklung einer von saisonalen Faktoren unbeeinflussten Zeitreihe interessiert ist.

Eine Sonderstellung nimmt die **Kalenderkomponente** ein. Hierin schlagen sich Kalenderunregelmäßigkeiten, z. B. durch eine unterschiedliche Zahl der Tage eines Monats und eine differierende Anzahl von Sonn- und Feiertagen, nieder. Um bei Monatsdaten zu äquidistanten Zeitreihenwerten zu gelangen, wird deshalb oft eine Bereinigung von dieser Komponente vorgenommen.

4. In der **Zufallskomponente (Irreguläre** oder **Rest-Komponente)** ε_t werden alle einmaligen, kurzfristigen, völlig unregelmäßig und nicht periodisch auftretenden Einflüsse zusammengefasst, die in den drei vorgenannten Komponenten nicht aufgenommen sind. Sogenannte **singuläre Ereignisse**, wie etwa Streiks oder Miss-

5.1 Grundlagen

ernten, die in der Restkomponente enthalten sein können, sollten – wenn irgend möglich – vor einer weiteren Analyse aus den Daten entfernt werden.

Wir haben gerade dargestellt, wie eine Zeitreihe in verschiedene, sie konstituierende Größen zerlegt werden kann. Man geht also davon aus, dass die Zeitreihenwerte y_t eine Funktion der vier genannten Komponenten bilden:

$$y_t = f\left(\underbrace{T_t, Z_t,}_{G_t} S_t, \varepsilon_t\right) \quad \text{für } t = 1, 2, \ldots, T \quad (5.1)$$

Je nachdem, welche Modellannahmen man über die Art der Verknüpfung der Komponenten macht, ergeben sich unterschiedliche Ansätze der **Komponenten-** oder **Zerlegungsmodelle**.

Die Zeitreihe kann sowohl als Summe als auch als Produkt dieser Komponenten angesehen werden. Manchmal geht man auch vom gemischten, d. h. teils additiven teils multiplikativen Zusammenwirken der Komponenten aus. Dies wird allerdings nur bei unterjährigen Daten angenommen.

Das **additive Modell** unterstellt, dass sich y_t nach

$$y_t = T_t + Z_t + S_t + \varepsilon_t \quad \text{für } t = 1, 2, \ldots T \quad (5.2)$$

zusammensetzt. Diese Annahme ist sinnvoll, wenn mit steigendem oder fallendem Trend die übrigen Komponenten gleich große Amplituden zeigen. Das bedeutet, dass die Schwankungen von Z_t, S_t und ε_t nicht vom Niveau des Trends abhängen. Zu einer schematischen Darstellung mit y_t, G_t und S_t vgl. Abb. 5.3. (links).

Das **multiplikative Modell**

$$y_t = T_t \cdot Z_t \cdot S_t \cdot \varepsilon_t \quad \text{für } t = 1, 2, \ldots T \quad (5.3)$$

impliziert, dass sich die Zeitreihenkomponenten gegenseitig beeinflussen. Dieser Fall liegt bei vielen Zeitreihen im wirtschaftlichen Bereich vor: Dort können z. B. die Schwankungen der Saisonkomponente mit wachsendem Trend zunehmen. Zu einer schematischen Darstellung mit y_t, G_t und S_t vgl. Abb. 5.3 (rechts). Das multiplikative Modell in logarithmischer Form entspricht dem additiven Modell, da sich (5.3) schreiben lässt als

$$\lg y_t = \lg T_t + \lg Z_t + \lg S_t + \lg \varepsilon_t \quad \text{wenn } y_t > 0.$$

Anhaltspunkte darüber, welche Verknüpfungsart der Zeitreihenkomponenten anzunehmen ist, liefert das Zeitreihenpolygon (vgl. Abb. 5.1), allerdings kann sich eine eindeutige Entscheidung im Einzelfall als schwierig erweisen.

In einem solchen Fall kann u. U. die **Box-Cox-Transformation**

$$y^{(\lambda)} = \begin{cases} \dfrac{y^\lambda - 1}{\lambda} & \text{falls } \lambda \neq 0 \\ \ln y & \text{falls } \lambda = 0 \end{cases}$$

vorteilhaft sein. Das additive und das multiplikative (logarithmisch-lineare) Modell ist hierin jeweils als Spezialfall mit: $\lambda = 1$ bzw. $\lambda = 0$ enthalten. Abgesehen von diesen Extremwerten kann es aber im Einzelfall schwer sein, einen bestimmten Wert für λ a priori festzulegen.

Für die Zeitreihenanalyse ist die Bestimmung der glatten Komponente und der Saisonkomponente von besonderer Bedeutung. Nur dies soll uns im Folgenden beschäftigen, da die Analyse der Zufallskomponente mit Mitteln der deskriptiven Statistik nicht möglich ist. Mit der Quantifizierung der glatten und der Saisonkomponente hat man die wesentlichen Einflussfaktoren einer Zeitreihe erfasst. Diese geben Hinweise auf Struktur, Bestimmungsgründe und Entwicklungstendenzen der Zeitreihe und lassen – bei bestimmten Bedingungen – Prognosen der zukünftigen Entwicklung der Zeitreihe zu.

Außerdem ermöglicht die Kenntnis der glatten und der Saisonkomponente eine **Bereinigung** der Zeitreihe um diese Größen.

5.1 Grundlagen

Abb. 5.3 Schematische Darstellung des Zeitreihenverlaufs bei additiver und multiplikativer Verknüpfung der Komponenten

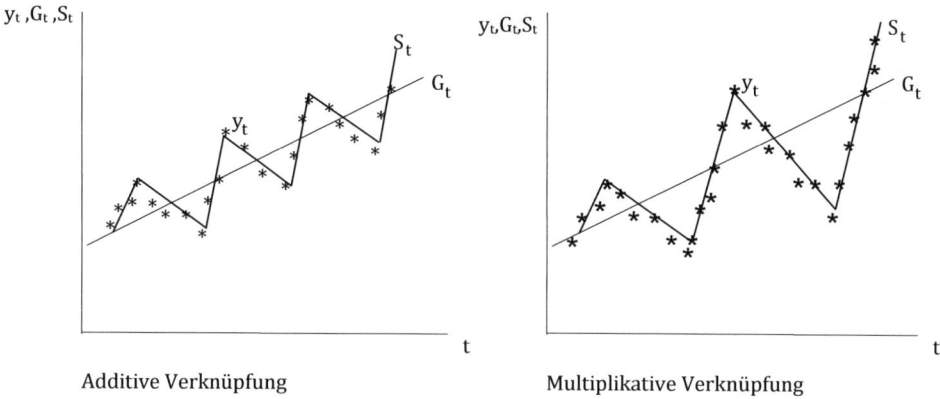

Additive Verknüpfung   Multiplikative Verknüpfung

Bei *additiver* Verknüpfung führt die Eliminierung der glatten Komponente G_t der Zeitreihe zu

$$y_t - G_t = S_t + \varepsilon_t \qquad (5.4)$$

bzw. die Eliminierung der Saisonkomponente zu

$$y_t - S_t = G_t + \varepsilon_t \qquad (5.5)$$

Liegt eine *multiplikative* Verknüpfung der Komponenten vor, so erhält man bei Bereinigung um die glatte Komponente

$$\frac{y_t}{G_t} = S_t \cdot \varepsilon_t \qquad (5.6)$$

und bei der Saisonbereinigung

$$\frac{y_t}{S_t} = G_t \cdot \varepsilon_t \qquad (5.7)$$

Liegt eine lange Zeitreihe vor, so kann es sich u. U. als wenig sinnvoll erweisen, über den *gesamten* Beobachtungszeitraum z. B. eine lineare Trendentwicklung zu unterstellen (vgl. z. B. die Entwicklung der Arbeitslosenzahlen in Abb. 5.1). Anstatt zu einem nichtlinearen Trend überzugehen, kann man auch getrennte lineare Trends, z. B. für Aufschwungs- und Abschwungsphasen, berechnen, die eine bessere Anpassung an die Daten als ein durchgehender Trend liefern. Man geht dabei von einer **globalen** zu einer **lokalen Trendschätzung** über. Hier werden für sachlich zusammengehörende, jeweils aufeinanderfolgende Zeitreihenwerte (sog. **Stützbereiche**) separate Trendgeraden ermittelt.

Bei der Globalschätzung wird also für die Zeitreihe ein Trendtyp mit unveränderlichen Parametern unterstellt. Die Lokalschätzung lässt sich ändernde Parameter und u. U. auch verschiedene Trendtypen im Beobachtungszeitraum zu. Konstanz der Parameter (und des Typs) werden nur im jeweiligen Stützbereich verlangt.

5.2 Komponentenmodelle

5.2.1 Bestimmung der glatten Komponente bzw. des Trends

Wir wollen im Folgenden verschiedene einfache, aber häufig benutzte Verfahren zur Bestimmung der glatten Komponente behandeln. Dabei können wir teilweise auf bereits behandelte Methoden zurückgreifen.

5.2.1.1 Gleitende Durchschnitte

Um die Ausschläge einer Zeitreihe zu glätten, benutzt man häufig die Methode der gleitenden Durchschnitte. Hierbei wird gewissermaßen eine künstliche Zeitreihe dadurch berechnet, dass man den Zeitreihenwert einer Periode durch das arithmetische Mittel der Werte dieser, sowie vorangehender und nachfolgender Perioden ersetzt. Es handelt sich hierbei um die besonders einfache Form einer **lokalen Trendberechnung** als ungewogenes lokales arithmetisches Mittel.

Man berechnet einen **gleitenden Durchschnitt** $\overline{Y}_t^*$ bei einer **ungeraden Zahl** aus jeweils $2k+1$ zeitlich aufeinanderfolgenden Werten nach

$$\boxed{\overline{Y}_t^* = \frac{1}{2k+1}(y_{t-k} + y_{t-k+1} + \cdots + y_t + \cdots + y_{t+k-1} + y_{t+k})} \qquad (5.8)$$

mit $k = 1, 2, 3, \ldots$ Für $k = 1$ wird z. B. ein gleitender 3er Durchschnitt berechnet.

5.2 Komponentenmodelle

Wird eine **gerade Zahl** von Werten in die Berechnung einbezogen, so besteht das Problem, einen berechneten gleitenden Durchschnittswert genau einer Periode zuzuordnen. Die Einbeziehung von jeweils zwei halben Werten am Anfang und Ende der Zeitreihe führt zu zentrierten Werten:

$$\bar{Y}_t^* = \frac{1}{2k}\left(\frac{1}{2}y_{t-k} + y_{t-k+1} + \cdots + y_t + \cdots + y_{t+k-1} + \frac{1}{2}y_{t+k}\right) \quad (5.9)$$

mit k = 1, 2, 3, ...

Man bezeichnet eine solche Verfahrensweise als Filtration. Ein **Filter** führt eine Inputreihe (hier y_t) in eine Outputreihe (hier: $\bar{y}_t^*$) über. Sind die Werte der Outputreihe gleich einer Summe von Linearkombinationen der Ursprungsreihe, so bezeichnet man dies als linearen Filter. Sind dabei die Gewichtungsfaktoren unabhängig von der Zeit, so handelt es sich um einen zeitinvarianten Filter. Beides ist bei den gleitenden Durchschnitten gegeben.

Um das Prinzip der gleitenden Durchschnitte zu verdeutlichen, erfolgt im Beispiel 5.1 eine Berechnung, die auch Hinweise auf die Zahl der einzubeziehenden Werte geben soll.

Beispiel 5.1 Die Umsatzwerte (in 1000 Geldeinheiten) für ein bestimmtes Produkt mögen sich in 20 Perioden, wie in Tabelle 5.1 (Spalte 2) angegeben, entwickeln. Das Zeitreihenpolygon dieser Werte ist in Abb. 5.4 angegeben. Es zeigen sich ausgeprägte, regelmäßige Schwankungen, die sich nach jeweils fünf Perioden – wenn auch auf höherem Niveau – wiederholen.

Für die gleitenden Durchschnitte seien beispielhaft die jeweils ersten Werte berechnet. Für k = 1 erhalten wir nach (5.8) einen gleitenden 3er Durchschnitt $\bar{Y}_2^* = \frac{1}{3}(2{,}2 + 3{,}9 + 6{,}1) = 4{,}1$, der für die 2. Periode gilt (vgl. Spalte (3) in Tabelle 5.1), und für k = 2 den ersten gleitenden 5er Durchschnitt $\bar{Y}_3^* = \frac{1}{5}(2{,}2 + 3{,}9 + 6{,}1 + 4{,}0 + 2{,}1) = 3{,}7$, der ebenfalls der mittleren (hier 3.) Periode zugeordnet wird (vgl. Spalte (4) in Tabelle 5.1). Würde man ebenso einen gleitenden 4er Durchschnitt über die ersten vier Zeitreihenwerte berechnen, so wäre dieser erste $\bar{Y}_t^*$-Wert zwischen der 2. und 3. Periode anzugeben. Nach (5.9) aber erhalten wir einen ersten gleitenden Durchschnitt, der eindeutig der 3. Periode zuzuordnen ist (vgl. Spalte (5) in Tabelle 5.1):

$$\bar{Y}_3^* = \frac{1}{4}\left(\frac{2{,}2}{2} + 3{,}9 + 6{,}1 + 4{,}0 + \frac{2{,}1}{2}\right) = 4{,}0375$$

Der der 3. Periode zuzurechnende Wert ist $\frac{1}{2}(4{,}05 + 4{,}025) = 4{,}0375$, was dem ersten Wert in der letzten Spalte von Tabelle 5.1 entspricht.

Tabelle 5.1   Gleitende Durchschnitte verschiedener Länge

Periode	Original-daten	Gleitende Durchschnitte		
t	Y_t	3er	5er	4er
(1)	(2)	(3)	(4)	(5)
1	2,2	–	–	–
2	3,9	4,1	–	–
3	6,1	4,7	3,7	4,0
4	4,0	4,1	4,1	4,1
5	2,1	3,4	4,5	4,1
6	4,2	4,1	4,8	4,5
7	5,9	6,0	5,2	5,5
8	7,8	6,6	5,6	6,0
9	6,0	6,0	5,9	5,9
10	4,1	5,3	6,3	6,0
11	5,8	6,0	6,8	6,5
12	8,0	7,9	7,2	7,5
13	9,9	8,7	7,6	8,0
14	8,1	8,1	8,0	8,0
15	6,2	7,4	8,4	8,0
16	7,9	8,0	8,8	8,5
17	10,0	9,9	9,2	9,5
18	11,8	10,6	9,6	10,0
19	10,1	10,0	–	–
20	8,2	–	–	–

5.2 Komponentenmodelle

Abb. 5.4 Graphische Darstellung der Werte aus Tabelle 5.1

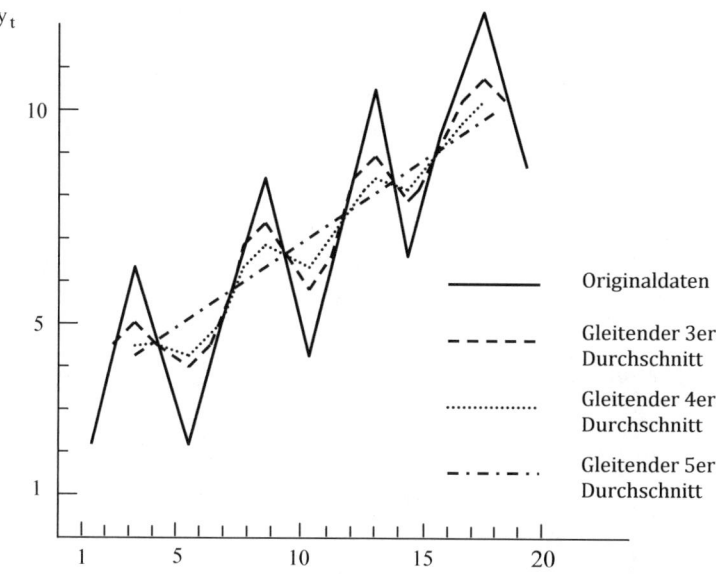

Aus den Berechnungen zu Tabelle 5.1 und der zugehörigen graphischen Darstellung (Abb. 5.4) lassen sich einige **allgemeine Charakteristika** der gleitenden Durchschnitte ersehen:

1. Zeigen die Zeitreihenwerte eine periodische Schwankung – es kann sich sowohl um Z als auch um S handeln –, dann eliminiert ein gleitender Durchschnitt mit gleicher Periodenlänge die Schwankungen vollkommen. (Im Beispiel 5.1 ist dies der gleitende 5er Durchschnitt.) Zurück bleibt der Trend.

2. Wenn sich darüber hinaus die Zeitreihe im Durchschnitt um einen konstanten Betrag pro Periode ändert, dann ist der gleitende Durchschnitt mit gleicher Periodenlänge wie die Originalzeitreihe ein linearer Trend. (In Beispiel 5.1 wird dies ebenfalls durch den gleitenden 5er Durchschnitt dargestellt.)

3. Ein gleitender Durchschnitt von im Vergleich zur Originalzeitreihe unterschiedlicher Periodenlänge kann die periodischen Schwankungen nicht vollkommen glätten. (Im Beispiel 5.1 sind dies die gleitenden 3er und 4er Durchschnitte.) Es wird hierdurch die glatte Komponente bestimmt, sofern man von Saisonschwankungen absieht.

4. Je größer die Zahl der Werte, die zur Durchschnittsbildung herangezogen wird, umso „geglätteter" ist die resultierende Reihe. (Die Zahl der Werte im gleitenden Durchschnitt soll dabei die Periodenlänge in der Zeitreihe nicht übersteigen.)

5. Zur Frage, wie viel Werte in die Durchschnittsbildung im konkreten Fall herangezogen werden sollen, lassen sich folgende Hinweise geben:

    a. Zielt die Analyse auf die Eliminierung des *Trends*, so sollte bei Zeitreihen mit periodischen Schwankungen nach den vorangegangenen Überlegungen die Zahl von Werten benutzt werden, die einer vollen (Wachstums-) Zykluslänge entspricht.

    b. Soll bei der Analyse die glatte Komponente herausgearbeitet werden, dann wird man bei einer ausgeprägten zyklischen Komponente Z und geringen Zufallsschwankungen ε eine kleine Gliederzahl wählen, um das typische Erscheinungsbild von Z zu erhalten. Besitzt die Zeitreihe dagegen nur geringe zyklische Schwankungen und starke Zufallsschwankungen, so wird man eine größere Zahl von Werten in die Durchschnittsbildung hineinnehmen, weil sonst Teile von ε als glatte Komponente interpretiert werden können.

6. Je größer die Zahl der in die Berechnung einbezogenen Werte, umso größer ist der Informationsverlust am Beginn und insbesondere am aktuellen Rand der Zeitreihe. (Auf Möglichkeiten, die Reihen bis zu den Enden fortzurechnen, soll hier nicht eingegangen werden.) Es ist im Einzelfall deshalb ein Kompromiss zwischen Glättung und Informationsverlust zu finden.

Bei der Berechnung der gleitenden Durchschnitte werden – wie wir gesehen haben – die Zeitreihenwerte y_t in die $\overline{Y}_t^*$-Werte umgewandelt. Man bezeichnet dies als Filterung, was dem Begriff der Glättung entspricht. Der Algorithmus, der die Transformation bewirkt, wird **Filter** genannt. Hier ist der Algorithmus durch die Durchschnittsbildung gegeben.

5.2.1.2 Trendfunktionen

Die Methode der gleitenden Durchschnitte besitzt den Nachteil, dass man den Verlauf des Trends nicht durch eine mathematische Funktion, die sich den Beobachtungswerten möglichst gut anpasst, angeben kann. Dies ist dann wünschenswert, wenn man den langfristigen Verlauf der Zeitreihe durch eine Funktion wiedergeben will, die ggfs. zur Extrapolation geeignet ist oder wenn man bei der Untersuchung von Wachstums- bzw. Konjunkturzyklen

5.2 Komponentenmodelle

eine Trendbereinigung vornehmen will, für die die Bestimmung des Trends innerhalb der glatten Komponente notwendig ist.

Die Ermittlung einer Trendfunktion setzt die Festlegung eines Funktionstyps vor der Berechnung voraus. Prinzipiell ist eine Vielzahl von Trendfunktionen denkbar. Als Beispiele seien der lineare Trend, der Exponentialtrend und der parabolische Trend genannt (vgl. Abb. 5.5).

Abb. 5.5   Beispiele für Trendverläufe

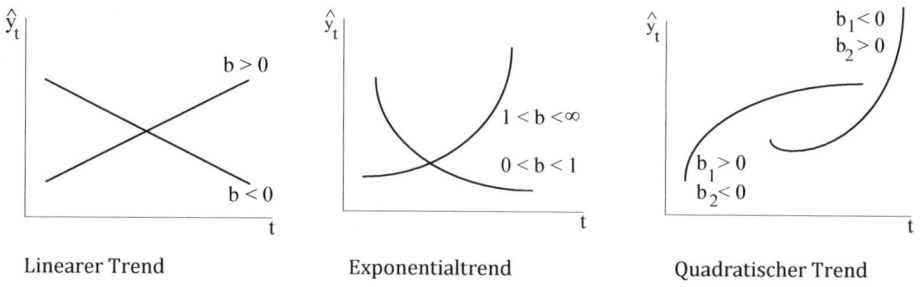

$\hat{y}_t$: Aufgrund der Funktion berechneter Trendwert

Linearer Trend   Exponentialtrend   Quadratischer Trend

Beim linearen Trend

$$\hat{y}_t = a + bt \tag{5.10}$$

wird von Periode zu Periode eine Änderung von $\hat{y}_t$ um einen *konstanten absoluten* Betrag b unterstellt, a steht für den Ordinatenabschnitt bei t = 0.

Der **Exponentialtrend** (geometrischer bzw. logarithmischer Trend)

$$\hat{y}_t = ab^t \tag{5.11}$$

dagegen nimmt eine *konstante prozentuale* Veränderung von $\hat{y}_t$ pro Periode an. a ist wiederum der Achsenabschnitt, b ist eine Konstante wie im Fall (5.10), die die prozentuale Veränderung angibt.

Der lineare und der exponentielle Trend werden in Kapitel 5.2.1.3 ausführlicher behandelt.

Der **parabolische Trend** (Trend 2. Grades, quadratischer Trend)

$$\hat{y}_t = a + b_1 t + b_2 t^2 \qquad (5.12)$$

ist gekennzeichnet durch zunehmende oder abnehmende Änderungen von $\hat{y}_t$. a gibt den $\hat{y}_t$-Achsenabschnitt an, b_1 ist die Steigung der Tangente bei $t = 0$ ($d\hat{y}_t/dt = b_1 + 2b_2 t$), b_2 gibt die Änderungsrate des Anstiegs an ($d^2\hat{y}_t/dt^2 = 2b_2$) und zeigt durch sein Vorzeichen, ob die Kurve konkav oder konvex ist.

Kann man aufgrund der graphischen Darstellung der Zeitreihenwerte nicht unmittelbar auf einen bestimmten Trendverlauf schließen, so lassen sich durch **Bildung von Differenzen** Hinweise gewinnen.

Die erste Differenz ist

$$\Delta y_t = y_t - y_{t-1} \qquad (5.13)$$

Beim linearen Trend entspricht die erste Differenz der (konstanten) Größe b, denn

$$y_t - y_{t-1} = a + bt - (a + bt - b) = b.$$

Die zweite Differenz einer Zeitreihe setzt sich aus den ersten Differenzen zusammen

$$\Delta^2 y_t = \Delta y_t - \Delta y_{t-1} \qquad (5.14)$$

Im Falle des linearen Trend ist dies

$$\Delta^2 y_t = b - b = 0.$$

Liegt ein parabolischer Trend vor, so sind die zweiten Differenzen konstant. Hat man durch sukzessive Differenzbildung annähernd konstante Beträge gefunden, so lässt sich auf die Trendfunktion zurückschließen. Allgemein sind nämlich die n-ten Differenzen eines polynomialen Trends n-ter Ordnung konstant. Auch wenn sich prinzipiell Trendverläufe höherer Ordnung i. A. gut durch entsprechende höhergradige Polynome der Form

$$\hat{y}_t = a + b_1 t + b_2 t^2 + \cdots + b_n t^n \qquad (5.15)$$

5.2 Komponentenmodelle

approximieren lassen, so wird man doch versuchen, eine möglichst einfache Trendfunktion zu finden. Denn meist sind die Koeffizienten $b_1, ..., b_n$ schwer interpretierbar, und außerdem divergieren diese Polynome bei Trendextrapolationen meist rasch und nehmen betragsmäßig sehr hohe Werte an.

Die Differenzbildung stellt einen **Filter** dar, wenn auch anderer Art als bei gleitender Durchschnittsbildung.

Neben den genannten Trendfunktionen gibt es noch solche, die Wachstumsprozesse mit Obergrenzen beschreiben. Als wichtigste sind hier die **logistische** und die **Gompertz-Kurve** zu nennen.

Die **logistische Funktion** lässt sich durch

$$\boxed{\hat{y}_t = \frac{c}{1 + 10^{a+bt}}} \quad \text{mit } c > 0, a > 0, b < 0 \tag{5.16}$$

angeben. c stellt die Obergrenze (**„Sättigungsgrenze"**) dar, a und b sind Koeffizienten, die den Verlauf der Kurve bestimmen. Die Kurve ist symmetrisch, in der Zeit aufsteigend mit einem Wendepunkt (WP) in der Mitte bei c/2. Die obere Asymptote stellt die Obergrenze c, die untere die Abszisse dar (vgl. Abb. 5.6).

Bei der **Gompertz-Kurve** handelt es sich um die wohl bekannteste asymmetrische Wachstumsfunktion mit Obergrenze. Sie ist gegeben durch

$$\boxed{\hat{y}_t = ca^{b^t}} \quad \text{mit } 0 < b, < 1, 0 < a < 1, c > 0 \tag{5.17}$$

Diese Kurve zeigt einen ähnlichen Verlauf wie die logistische Funktion, sie ist jedoch nicht symmetrisch bezüglich des Wendepunktes (WP) (vgl. Abb. 5.6).

Abb. 5.6 Logistische Funktion und Gompertz-Kurve

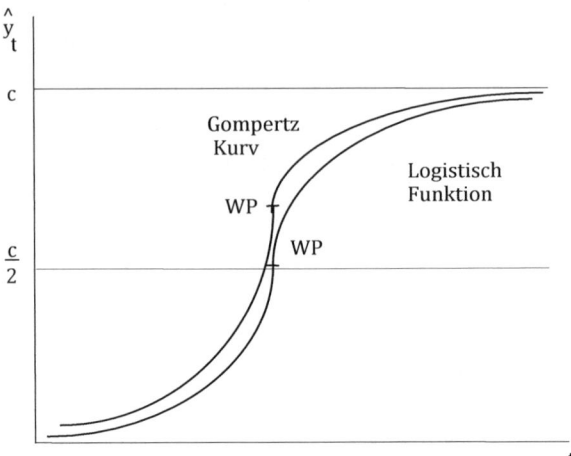

Bei den Trendfunktionen handelt es sich um **globale Trendmodelle**, da sich im gesamten Beobachtungszeitraum die Koeffizientenwerte nicht ändern.

5.2.1.3 Linearer Trend und Exponentialtrend

Zur Berechnung der Koeffizienten einer Trendfunktion wird oft die Methode der kleinsten Quadrate, die aus der Regressionsanalyse (vgl. Kapitel 3.3.1) bekannt ist, benutzt.

Kann die Trendkomponente als lineare Funktion der Zeit angesehen werden, dann liegt der einfachste Fall eines **linearen Trends** in Form von (5.10) vor. Um wie im Fall der linearen Einfachregression die Kleinstquadrat-Methode anzuwenden, wird die Summe der quadrierten Abstände zwischen y_t und $\hat{y}_t$ minimiert. Es ist

$$y_t - \hat{y}_t = \varepsilon_t = y_t - a - bt$$

oder

$$\sum_{t=1}^{T} \varepsilon_t^2 = \sum_{t=1}^{T} (y_t - a - bt)^2 \Rightarrow \text{Min.} \qquad (5.18)$$

5.2 Komponentenmodelle

Die beiden resultierenden Normalgleichungen entsprechen denjenigen aus der linearen Einfachregression (vgl. (3.36)):

$$Ta + b \sum_{t=1}^{T} t = \sum_{t=1}^{T} y_t$$
$$a \sum_{t=1}^{T} t + b \sum_{t=1}^{T} t^2 = \sum_{t=1}^{T} y_t t \qquad (5.19)$$

Hieraus lässt sich a mit

$$a = \frac{\sum_{t=1}^{T} y_t \sum_{t=1}^{T} t^2 - \sum_{t=1}^{T} t \sum_{t=1}^{T} y_t t}{T \sum_{t=1}^{T} t^2 - \left(\sum_{t=1}^{T} t\right)^2} \qquad (5.20)$$

berechnen. a entspricht dem Koeffizienten β_0 in der Regressionsanalyse und gibt den rechnerischen Trendwert für $\hat{y}_t$ bei t = 0 an. b ergibt sich mit

$$b = \frac{T \sum_{t=1}^{T} y_t t - \sum_{t=1}^{T} y_t \sum_{t=1}^{T} t}{T \sum_{t=1}^{T} t^2 - \left(\sum_{t=1}^{T} t\right)^2} \qquad (5.21)$$

und stellt den Anstieg der Geraden pro Zeiteinheit dar. b gibt also den Betrag an, um den sich der y-Wert im Mittel pro Zeiteinheit ändert.

Eine **Rechenvereinfachung** lässt sich durch eine Transformation erreichen, indem man den Zeitindex t' so wählt, dass bei äquidistanten Zeitreihen

$$\frac{T-1}{\frac{\sum_{T-1}^{2} t'}{2}} = \sum_{t-1}^{T} t' = 0.$$

Bei einer **ungeraden Zahl** T von Zeitreihenwerten bildet man dabei

$$t' = -\frac{T-1}{2}, -\frac{T-3}{2}, \dots, -1, 0, 1, \dots, \frac{T-3}{2}, \frac{T-1}{2} \qquad \text{(vgl. Beispiel 5.2)}$$

und bei einer **geraden Zahl** T von Werten

$$t' = -\frac{T-1}{2}, -\frac{T-3}{2}, \ldots, -0{,}5, +0{,}5, \ldots, \frac{T-3}{2}, \frac{T-1}{2} \qquad \text{(vgl. Beispiel 5.3)}$$

Die beiden Normalgleichungen (5.19) reduzieren sich dann zu

$$\sum_{t=1}^{T} y_t = Ta$$
$$\sum_{t=1}^{T} y_t t' = b \sum_{t=1}^{T} y_t t'^2 \qquad (5.22)$$

Aus (5.22) lässt sich der Achsenabschnitt mit

$$\boxed{a' = \frac{\sum_{t=1}^{T} y_t}{T} = \overline{Y}} \qquad (5.23)$$

bestimmen, wobei a' den mittleren Wert der Zeitreihe darstellt und mit a aus (5.20) nicht übereinstimmt. Dies ist für Anwendungen nicht nachteilig, da für die Bestimmung des Trends in erster Linie an b gelegen ist.

b ist aus der zweiten Gleichung von (5.22) nach

$$\boxed{b = \frac{\sum_{t=1}^{T} y_t t'}{\sum_{t=1}^{T} t'^2}} \qquad (5.24)$$

berechenbar. (5.24) führt zum gleichen Wert wie (5.21), da sich durch die Transformation der Anstieg der Trendgeraden nicht ändert.

Um eine Aussage über die Güte der Anpassung der Trendgeraden an die Zeitreihenwerte treffen zu können, lässt sich der **Determinationskoeffizient** nach (3.52) benutzen

$$R^2 = \frac{\sum_{t=1}^{T} (\hat{y}_t - \overline{Y})^2}{\sum_{t=1}^{T} (y_t - \overline{Y})^2}.$$

Besonders einfach ist die Berechnung hier über (3.53) mit

5.2 Komponentenmodelle

$$R^2 = \frac{b_1^2 \sum t'^2}{\sum (y_t - \overline{Y})^2} \tag{5.25}$$

oder über den Korrelationskoeffizienten ρ nach (3.24) mit Hilfe der t'-Werte zu bewerkstelligen. Es folgt daraus

$$\boxed{\rho = \frac{T \sum t' y_t}{\sqrt{[T \sum t'^2][T \sum y_t^2 - (\sum y_t)^2]}}} \tag{5.26}$$

ρ^2 entspricht R^2.

Beispiel 5.2 Der Gewinn einer Unternehmung Y (in Mio. €) habe sich in sieben Jahren wie in Tabelle 5.2 angegeben entwickelt. Aufgrund der graphischen Darstellung in Abb. 5.7 lässt sich ein linearer Trend annehmen.

Tabelle 5.2 Berechnung des linearen Trends und des Determinationskoeffizienten

t	y_t	t^2	$y_t t$	y_t^2	t'	t'^2	$t_t t'$	$\hat{y}_t$	$(y_t - \overline{Y})^2$	$(\hat{y}_t - \overline{Y})^2$
(1)	(2)	(3)	(4)	(5)	(6)	(7)	(8)	(9)	(10)	(11)
1	13,0	1	13,0	169,00	−3	9	−39,0	13,05	10,30	9,99
2	13,9	4	27,8	193,21	−2	4	−27,8	14,10	5,34	4,45
3	15,5	9	46,5	240,25	−1	1	−15,5	15,15	0,50	1,12
4	16,5	16	66,0	272,25	0	0	0,0	16,20	0,08	0,00
5	17,1	25	85,5	292,41	1	1	17,1	17,25	0,79	1,08
6	17,8	36	106,8	316,84	2	4	35,6	18,30	2,53	4,37
7	19,7	49	137,9	388,09	3	9	59,1	19,35	12,18	9,80
28	113,5	140	483,5	1872,05	0	28	29,4		31,72	30,87

Aufgrund der Werte aus den Spalten (2)–(4) folgt nach (5.20) und (5.21)

$$a = \frac{\sum y_t \sum t^2 - \sum t \sum y_t t}{T \sum t^2 - (\sum t)^2} = \frac{113{,}5 \cdot 140 - 28 \cdot 483{,}5}{7 \cdot 140 - 28^2} = 12{,}0$$

$$b = \frac{T \sum y_t t - \sum y_t \sum t}{T \sum t^2 - (\sum t)^2} = \frac{7 \cdot 483{,}5 - 113{,}5 \cdot 28}{7 \cdot 140 - 28^2} = 1{,}05.$$

Abb. 5.7   Darstellung der Zeitreihenwerte aus Tabelle 5.2 und der Trendgeraden

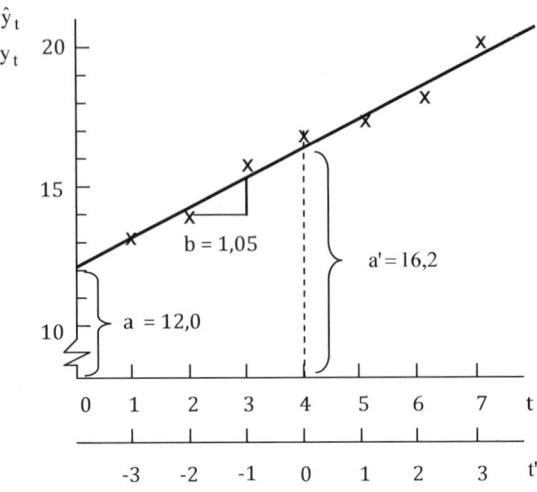

Soll die vereinfachte Berechnung durchgeführt werden, so ist wie folgt zu verfahren: Da eine ungerade Zahl von Zeitreihenwerten vorliegt, wird die mittlere Periode (t = 4) als Bezugspunkt gewählt und von dort vor- bzw. rückwärts gezählt. Die zugehörigen Berechnungswerte sind der Tabelle 5.2, Spalten (2) und (6)–(8) zu entnehmen. Es ist nach (5.23) bzw. (5.24)

$$a' = \frac{\sum y_t}{T} = \overline{Y} = \frac{113{,}5}{7} = 16{,}21$$

$$b = \frac{\sum y_t t'}{\sum t'^2} = \frac{29{,}4}{28} = 1{,}05.$$

Die durchschnittliche Erhöhung des Gewinns dieser Unternehmung betrug im betrachteten Zeitraum also 1,05 Mio. € pro Jahr. Die Größe a bzw. a' ist ein rechnerischer Wert, der für die Interpretation keine große Bedeutung besitzt. a bezieht sich auf t = 0, a' auf t'= 0. Mit a lässt sich die Trendgerade nunmehr mit

$$\hat{y}_t = 12 + 1{,}05\,t$$

angeben.

Die Güte der Anpassung ist nach (3.52) aus den Werten der Spalten (10) und (11) mit

5.2 Komponentenmodelle

$$R^2 = \frac{\sum(\hat{y}_t - \overline{Y})^2}{\sum(y_t - \overline{Y})^2} = \frac{30{,}87}{31{,}72} = 0{,}97$$

zu berechnen, bzw. nach (5.25) erhält man

$$R^2 = \frac{b^2 \sum t'^2}{\sum(y_t - \overline{Y})^2} = \frac{1{,}05^2 \cdot 28}{31{,}72} = 0{,}97.$$

Eine alternative Rechnung über (5.26) ergibt

$$\rho = \frac{T \sum t' y_t}{\sqrt{[T \sum t'^2]\left[T \sum y_t^2 - (\sum y_t)^2\right]}} = \frac{7 \cdot 29{,}4}{\sqrt{[7 \cdot 28][7 \cdot 1872{,}05 - 113{,}5^2]}} = 0{,}986$$

und damit $R^2 = 0{,}97$. 97% der Varianz von y_t lässt sich also durch den linearen Trend anpassen.

Mit der Trendgleichung ist auch eine Trendextrapolation, z. B. für das Jahr $t = 8$ möglich:

$$y_t = 12 + 1{,}05 \cdot 8 = 20{,}4.$$

(Verwendet man a', so ist bei der Extrapolation $t' = 4$ in die Trendfunktion einzusetzen, was zum gleichen Ergebnis führt.) Der geschätzte Gewinn für das 8. Jahr wird mithin mit 20,4 Mio. € berechnet. Man sollte mit solchen Extrapolationen vorsichtig sein, denn sie dürfen erst nach sorgfältiger Analyse der wirtschaftlichen Rahmenbedingungen erfolgen.

Die Trendgerade, die wir eben behandelt haben, ist dann angebracht, wenn man annehmen kann, dass sich die Zeitreihe im Durchschnitt um gleiche absolute Beträge pro Periode, was nach (5.10) der Größe b entspricht, ändert. Bei wirtschaftlichen Zeitreihen ändert sich der Trend dagegen oft um konstante *Prozentsätze* pro Periode. Ein Trend, der einen solchen Verlauf beschreibt, lässt sich durch die Exponentialfunktion (5.11) beschreiben (vgl. auch (3.64)) und wird als **Exponentialtrend** bezeichnet. Hier ist nicht die Differenz wie bei der Trendgeraden, sondern der *Quotient* zweier Berechnungsgrößen aus t und t + 1

$$\frac{ab^{t+1}}{ab^t} = b$$

konstant, weshalb b die durchschnittliche Wachstumsrate pro Periode angibt. (5.11) lässt sich durch Logarithmieren auf einen linearen Ansatz zurückführen – man spricht auch von **logarithmischem Trend** –

$$\lg \hat{y}_t = \lg a + t \lg b \tag{5.27}$$

Nach der Methode der kleinsten Quadrate wird nun mit (5.27) in Analogie zu (5.18)

$$\sum_{t=1}^{T}(\lg y_t - \lg a - t \lg b)^2$$

minimiert. Dies führt zu

$$\lg b = \frac{T \sum_{t=1}^{T} t \lg y_t - \sum_{t=1}^{T} t \sum_{t=1}^{T} \lg y_t}{T \sum_{t=1}^{T} t^2 - \left(\sum_{t=1}^{T} t\right)^2} \tag{5.28}$$

und – mit der Kenntnis von lg b –

$$\lg a = \frac{\sum_{t=1}^{T} \lg y_t - \lg b \sum_{t=1}^{T} t}{T} \tag{5.29}$$

Eine Rechenvereinfachung lässt sich wiederum durch entsprechende Wahl des Ursprungs wie in (5.23) bzw. (5.24) erreichen. Es ist dann

$$\boxed{\lg a' = \frac{\sum_{t=1}^{T} \lg y_t}{T}} \tag{5.30}$$

bzw.

$$\boxed{\lg b = \frac{\sum_{t=1}^{T} t' \lg y_t}{\sum_{t=1}^{T} t'^2}} \tag{5.31}$$

Beispiel 5.3 In einer Unternehmung entwickelte sich der Umsatz (in Mio. €) in acht Jahren wie in Tabelle 5.3 angegeben. Der zeitliche Verlauf der Umsatzzahlen lässt einen exponentiellen Trend vermuten (vgl. Abb. 5.8). Zur Berechnung sollen nur die vereinfachten Formeln (5.30) und (5.31) herangezogen werden.

5.2 Komponentenmodelle

Tabelle 5.3 Berechnung eines Exponentialtrends

Jahr t	y_t	t'	$\lg y_t$	t'^2	$t' \lg y_t$	$\lg \hat{y}_t$	$\hat{y}_t$
1	5,0	−3,5	0,6989	12,25	−2,4461	0,6898	4,9
2	6,0	−2,5	0,7782	6,25	−1,9455	0,7745	5,9
3	7,2	−1,5	0,8573	2,25	−1,2895	0,8592	7,2
4	8,6	−0,5	0,9345	0,25	−0,4672	0,9439	8,8
5	10,3	0,5	1,0128	0,25	0,5064	1,0285	10,7
6	13,0	1,5	1,1139	2,25	1,6708	1,1132	13,0
7	16,0	2,5	1,2041	6,25	3,0102	1,1979	15,8
8	19,5	3,5	1,2900	12,25	4,5150	1,2826	19,2
		0	7,8897	42,00	3,5577		

Abb. 5.8 Graphische Darstellung der Werte aus Tabelle 5.3 und Exponentialtrend

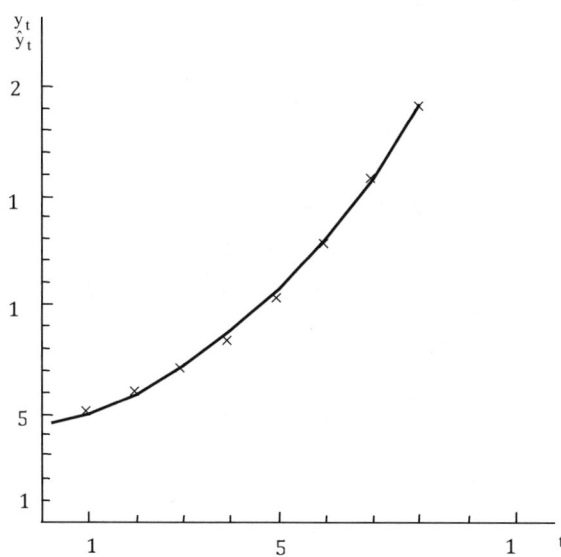

Wir erhalten

$$\lg a' = \frac{\sum \lg y_t}{T} = \frac{7,8897}{8} = 0,9862$$

$$\lg b = \frac{\sum t' \lg y_t}{\sum t'^2} = \frac{3,5577}{42} = 0,0847.$$

Dies führt zu

$$\lg \hat{y}_t = 0,9862 + 0,0847 t'$$

oder entlogarithmiert

$$\hat{y}_t = 9{,}688 \cdot 1{,}22^{t'}.$$

Die durchschnittliche Umsatzsteigerung dieser Unternehmung – angegeben durch b – betrug im betrachteten Zeitraum 22%. a' ist hier der durchschnittliche Wert der Zeitreihe bezogen auf die Mitte des Jahres 4 mit 9,7 Mio. €. Die berechneten $\hat{y}_t$-Werte in der letzten Spalte der Tabelle 5.3 zeigen eine gute Anpassung an die Originalzeitreihenwerte der zweiten Spalte. Auf eine Berechnung von R^2 soll an dieser Stelle verzichtet werden.

Auch im Falle des Exponentialtrends lässt sich eine Trendextrapolation – wie beim linearen Trend in Beispiel 5.2 gezeigt – vornehmen. Jedoch ist dabei Vorsicht am Platz, da die $\hat{y}_t$-Größen bei positiven Werten von b schnell divergieren.

Der im Beispiel 5.3 ganz zum Schluss gegebene Hinweis bezüglich der Anpassung der Funktionswerte an die tatsächlich vorliegenden führt zur Frage nach der Güte der Anpassung der benutzten Trendfunktion. Denkbar ist zu diesem Zweck die Berechnung des Determinationskoeffizienten nach (5.25) und die Auswahl des entsprechenden Funktionstyps anhand dieses Kriteriums. Es ist dabei allerdings zu berücksichtigen, dass nicht unbedingt die Funktion von Interesse ist, die sich am besten den Zeitreihenwerten anpasst. Diese ließe sich prinzipiell nach (5.15) zwar finden, jedoch könnte sie kaum eine Information über die Grundrichtung der betrachteten Zeitreihe geben, was mit der Bestimmung des Trends ja gerade angestrebt wird.

5.2.1.4 Zusammenfassung

- Zunächst wird man sich aufgrund einer **graphischen Darstellung** einen Überblick über den Verlauf der Originalzeitreihenwerte verschaffen.

- Die mittel- und langfristige Entwicklung der Zeitreihe wird durch die **glatte Komponente** erfasst. Um sie zu bestimmen, kann man gleitende Durchschnitte berechnen. Die dabei auftretende Frage nach der „richtigen" Gliederzahl lässt sich bei Berücksichtigung der diskutierten Grundsätze durch wiederholte Anwendung des Verfahrens mit unterschiedlicher Zahl von Werten meist recht gut pragmatisch lösen. Verbindliche Regeln für die Gliederzahl eines gleitenden Durchschnitts gibt es allerdings nicht. Bei der Berechnung gehen am Anfang und Ende der Zeitreihe k Werte verloren. Auch die (iterative) Berechnung eines Polynoms höheren Grades zur Be-

5.2 Komponentenmodelle

stimmung der glatten Komponente ist denkbar, scheidet aber oft wegen des Rechenaufwandes und mangelnder Interpretierbarkeit der Koeffizienten aus, auch sollte ein „overfitting" vermieden werden.

- Prinzipiell steht für die Berechnung eines **geeigneten Trendtyps** ebenfalls eine große Zahl von Funktionen zur Verfügung. Die Auswahl sollte jedoch immer vor dem Hintergrund des konkreten fachwissenschaftlichen Problems getroffen werden und bspw. eine einfachere Trendfunktion wegen ihrer Interpretationsmöglichkeit selbst dann vorgezogen werden, wenn bessere Approximationen durch kompliziertere Trendfunktionen möglich wären. Soll die Grundrichtung der Zeitreihe in Form des Trends quantifiziert werden, so lassen sich ebenfalls gleitende Durchschnitte derart benutzen, dass durch entsprechende Wahl der Gliederzahl die zyklischen Schwankungen vollkommen eliminiert werden. Ist – etwa anhand des Zeitreihenpolygons – eine bestimmte Trendfunktion erkennbar, kann man sich eine solche mit Hilfe der Methode der kleinsten Quadrate berechnen.

- Grundsätzlich zu unterscheiden sind **lokale** und **globale Trendmodelle**.

- Beachtung verdient ebenfalls die **Festlegung der Beobachtungsperiode** zur Bestimmung des Trends. Sie sollte wenigstens zwei bis drei vollständige (Wachstums-)Zyklen umfassen und die Zahl der Aufschwungperioden sollte derjenigen der Abschwungperioden entsprechen. Die Methode der gleitenden Durchschnitte besitzt zwar den Nachteil des Informationsverlustes (insbesondere am aktuellen Rand der Zeitreihe), sie hat jedoch den Vorteil, dass es keiner Vorinformation über den Funktionstyp des Trends bedarf.

- Möchte man innerhalb der glatten Komponente den **Trend** T und die **zyklische Komponente** Z **trennen**, so ergibt sich nach der Bestimmung der glatten Komponente G mit Hilfe gleitender Durchschnitte die Größe Z durch Subtraktion des Trends von G (bei additiver Verknüpfung der Komponenten) bzw. durch Division von G durch T (bei multiplikativer Verknüpfung).

5.2.2 Bestimmung der Saisonkomponenten

Wie wir gesehen haben, enthalten Zeitreihen aus unterjährigen Daten meist zyklische Schwankungen in Form von Saisonkomponenten. Die Analyse einer Zeitreihe wäre deshalb unvollständig, wenn sie sich auf die glatte Komponente bzw. den Trend beschränken würde. Die Zykluslänge von Saisonschwankungen beträgt ein Jahr. Liegen bspw. Monatsdaten vor, so sind die Zeitreihenwerte bestimmter Monate durch hohe, in anderen Monaten durch niedrige Werte gekennzeichnet. Es besteht ein beträchtliches Interesse daran, das Erscheinungsbild dieser Saisonschwankungen zu quantifizieren, um saisonbehaftete Zeitreihenwerte um diese Saisonschwankungen zu bereinigen. Damit lässt sich die Frage beantworten, wie die Zeitreihe verlaufen würde, wenn ihr Verlauf nicht durch saisonale Faktoren mitbeeinflusst worden wäre.

Bevor man diese aus den mit unterjährigen Daten gebildeten Zeitreihen eliminiert, ist allerdings zu untersuchen, ob sie teilweise nicht daraus resultieren, dass nicht mit exakt gleich langen Perioden gearbeitet wurde. Insbesondere ist hier an die unterschiedliche Länge der Kalendermonate zu denken. Auch spielt bei bestimmten wirtschaftlichen Größen die Zahl der Arbeitstage pro Monat eine Rolle – z. B. bei der Produktion –, so dass die Schwankungen in den einzelnen Monaten – bspw. durch Feiertage – maßgeblich beeinflusst werden können. Eine Umrechnung auf geeignete Perioden bzw. die Bereinigung von solchen Kalenderunregelmäßigkeiten ist deshalb zweckmäßig, bevor man die Saisonkomponente ermittelt.

Bei der Bestimmung der Saisonschwankungen ist grundsätzlich zu unterscheiden, ob eine **konstante Saisonfigur** und damit eine additive Verknüpfung oder eine (in der Amplitude) **variable Saisonfigur** und damit eine multiplikative Verknüpfung der Zeitreihenkomponenten unterstellt wird (vgl. Abb. 5.3).

Es empfiehlt sich für die folgende Analyse, die Zeitreihenwerte in eine Anordnung zu bringen, bei der die Werte, die sich auf die gleiche unterjährige Periode verschiedener Jahre beziehen, jeweils in einer Spalte stehen. Man teilt also die Zeitreihe y_t (t = 1, ..., T) in l Spalten und m (= T/l) Zeilen auf:

$$\begin{array}{cccc} y_1 & y_2 & \cdots & y_l \\ y_{l+1} & y_{l+2} & \cdots & y_{2l} \\ \vdots & \vdots & & \vdots \\ y_{(m-1)l+1} & y_{(m-2)l+2} & \cdots & y_{ml} \end{array}$$

Damit ist eine Doppelindizierung der Zeitreihenwerte mit y_{ij} (i = 1, 2, ..., m; j = 1, 2, ..., l) zweckmäßig. Der Index i gibt dabei das Jahr und der Index j die entsprechende unterjährige

5.2 Komponentenmodelle

Periode innerhalb des Jahres an; l beträgt z. B. bei Verwendung von Quartalsdaten 4, bei Monatsdaten 12. Es ist also $ml = T$.

Ein einfaches Verfahren, das sowohl bei konstanter als auch bei variabler Saisonfigur verwendbar ist und das als **Phasendurchschnittsverfahren** bezeichnet wird, wollen wir im Folgenden kennenlernen. Die Phasendurchschnitte sind die jeweiligen (gleitenden arithmetischen) Durchschnitte aller Beobachtungen gleicher unterjähriger Perioden – in obiger Datenanordnung also die Mittelung über die einzelnen Spalten. Dabei geben die errechneten Saisonkomponenten an, um wie viel die Zeitreihenwerte über oder unter einem Durchschnittswert liegen.

Sollte der bei wirtschaftlichen Zeitreihen selten vorkommende Fall vorliegen, dass die glatte Komponente durch eine Parallele zur t-Achse dargestellt werden kann (linear stationäre Zeitreihe), so lässt sich das Phasendurchschnittsverfahren besonders einfach durchführen. Auf die Darstellung soll hier verzichtet werden.

5.2.2.1 Saisonbereinigung bei konstanter Saisonfigur

Liegen Saisonschwankungen in einer Zeitreihe vor, so weisen die Zeitreihenwerte für bestimmte unterjährige Zeiträume (z. B. Monate, Quartale) regelmäßig hohe, für andere niedrige Werte auf. Die Konstanz der Saisonfigur bedeutet, dass die Werte der Saisonkomponente für alle gleichnamigen unterjährigen Zeiträume gleich sind, d. h. $S_{l+j} = S_j$. Wir gehen im Folgenden von einer additiven Verknüpfung der Zeitreihenkomponente entsprechend (5.2) aus und nehmen an, dass sich die aufeinanderfolgenden Werte der glatten Komponente $(T_t + Z_t)$ annähernd durch eine steigende oder fallende Gerade approximieren lassen.

Der Grundgedanke des Verfahrens beruht auf folgender Überlegung: Da die Saisonperiode ein Jahr beträgt, kann ein gleitender Durchschnitt $\overline{Y}_t^*$ mit der Gliederzahl l die Größe $(S_t + \varepsilon_t)$ eliminieren (vgl. (5.4)). Die Reihe $\overline{Y}_t^*$ entspricht also annähernd der glatten Komponente G_t. Die Differenz $y_t - \overline{Y}_t^*$ ist dann die um die glatte Komponente bereinigte Zeitreihe. Unterstellen wir, dass die Summe über die Werte der irregulären Komponente annähernd null ist, so wird eine Mittelung über die gleichen unterjährigen Perioden ε_t weitestgehend eliminieren, und zurück bleibt die gesuchte **Saisonkomponente**, auch **monatstypische Abweichung, Saisonkoeffizient** oder auch **Saisonnormale** genannt.

Die Berechnung verläuft nun wie folgt: y_{ij} bezeichne den Zeitreihenwert im Jahr i und in der unterjährigen Periode j. $\overline{Y}_{ij}^*$, S_{ij} und ε_{ij} sind entsprechend zu interpretieren. Da eine konstante Saisonfigur unterstellt wird, gilt $S_{ij} = S_j$, d. h. S_{ij} ist vom betrachteten Jahr unabhängig. Für jede unterjährige Periode j bildet man nun das arithmetische Mittel der Differenzen $y_{ij} - \overline{Y}_t^*$ und erhält die rohe Saisonkomponente

$$S_j = \frac{1}{m} \sum_{i=1}^{m} (y_{ij} - \overline{Y}_{ij}^*) \tag{5.32}$$

S_j ist damit nichts anderes als das arithmetische Mittel der um die glatte Komponente bereinigten Zeitreihe für alle gleichnamigen unterjährigen Perioden. Um die Annahme der konstanten Saisonfigur zu prüfen, kann man die jeweils zu einer bestimmten unterjährigen Periode gehörigen Werte $y_{ij} - \overline{Y}_t^*$ für i = 1, ..., m in ein (Quartals-, Monats-) Diagramm eintragen: Die Werte sollten von Jahr zu Jahr etwa die gleiche Größenordnung haben und sich nur um die Zufallsschwankungen unterscheiden.

Um den Einfluss möglicher Ausreißer bei den Differenzen auszuschließen, lässt sich bei der Mittelwertbildung statt des arithmetischen Mittels der Zentralwert Z benutzen. Stehen genügend $(y_{ij} - \overline{Y}_t^*)$-Werte zur Verfügung, so kann man auch die jeweils größte und kleinste Differenz bei der Berechnung von S_j weglassen. Es sollten dann noch mindestens vier Werte für die weitere Berechnung zur Verfügung stehen. Theoretisch muss die Summe der S_j-Werte über ein Jahr null ergeben, da die Saisonabweichungen sich innerhalb eines Jahres definitionsgemäß ausgleichen. Dies wird jedoch meist – z. B. weil die irreguläre Komponente nicht vollständig eliminiert wurde – nicht genau erreicht.

Man normiert deshalb die S_j-Werte auf null dadurch, dass man von jedem S_j-Wert den Korrekturfaktor

$$\frac{1}{l} \sum_{j=1}^{l} S_j \tag{5.33}$$

subtrahiert. Man erhält die korrigierte Saisonkomponente $S_{j(korr)}$

$$S_{j(korr)} = S_j - \frac{1}{l} \sum_{j=1}^{l} S_j \tag{5.34}$$

Sie gibt den Einfluss der Saisonkomponente auf die Zeitreihenwerte in der unterjährigen Periode j an. Die saisonbereinigten Zeitreihenwerte ergeben sich als Differenz

5.2 Komponentenmodelle

$$y_{ij} - S_{j(korr)} \tag{5.35}$$

Dies führt zur berechneten Summe aus glatter und irregulärer Komponente (vgl. (5.5)). Damit lässt sich die Entwicklung der von Saisonschwankungen unbeeinflussten Zeitreihe verfolgen. Umgekehrt kann aber auch daran gelegen sein, einen prognostizierten Trendwert für die Periode in m + s um die monatstypischen Abweichungen zu korrigieren, um Anhaltspunkte über die saisonbehafteten Größen zu erhalten. Man bildet dann

$$\hat{y}_{(m+s)j} + S_{j(korr)} \tag{5.36}$$

Beispiel 5.4 Der Umsatz (in Mio. €) für ein bestimmtes Produkt sei saisonabhängig und habe sich in fünf Jahren quartalsmäßig, wie in Tabelle 5.4, Spalte (2), angegeben, entwickelt.

Tabelle 5.4 Berechnung der Saisonkomponente bei konstanter Saisonfigur

Jahr	Quartal	y_{ij}	Gleitende 4-Quartalsdurchschnitte $\overline{Y}^*_{ij}$	$y_{ij} - \overline{Y}^*_{ij}$	$y_{ij} - S_{j(korr)}$
i	j				
(1)		(2)	(3)	(4)	(5)
1	I	8,3	–	–	9,53
	II	10,1	–	–	9,69
	III	7,4	10,16	−2,76	10,55
	IV	14,2	10,54	3,66	10,22
2	I	9,6	10,91	−1,31	10,83
	II	11,8	11,33	0,47	11,39
	III	8,7	11,78	−3,08	11,85
	IV	16,2	12,18	4,02	12,22
3	I	11,2	12,48	−1,28	12,43
	II	13,4	12,71	0,69	12,99
	III	9,5	13,04	−3,54	12,65
	IV	17,3	13,38	3,92	13,32
4	I	12,7	13,74	−1,04	13,93
	II	14,6	14,16	0,44	14,19
	III	11,2	14,51	−3,31	14,35
	IV	19,0	14,76	4,24	15,02
5	I	13,8	15,15	−1,35	15,03
	II	15,5	15,55	−0,05	15,09
	III	13,4	–	–	16,55
	IV	20,0	–	–	16,02

Die Umsatzwerte aus Spalte (2) der Tabelle 5.5 sind in Abb. 5.9 dargestellt. Da Quartalswerte vorliegen, ist ein gleitender Durchschnitt mit einer geraden Gliederzahl entsprechend (5.9) mit k = 2 zu bestimmen. Die Werte dieser gleitenden Durchschnitte sind in Spalte (3) angegeben. Mit der Differenzbildung $y_{ij} - \overline{Y}_{ij}^*$ liegen in Spalte (4) die Werte zur Berechnung der rohen Saisonkomponente vor. Anhand eines Quartalsdiagramms lässt sich die Konstanz der Saisonschwankungen überprüfen, wobei im vorliegenden Beispiel mit nur jeweils vier Werten eine eindeutige Aussage erschwert wird. Für das IV. Quartal ergibt sich bspw. die Darstellung in Abb. 5.10.

Abb. 5.9   Kurvenverlauf der Umsatzwerte aus Tabelle 5.4

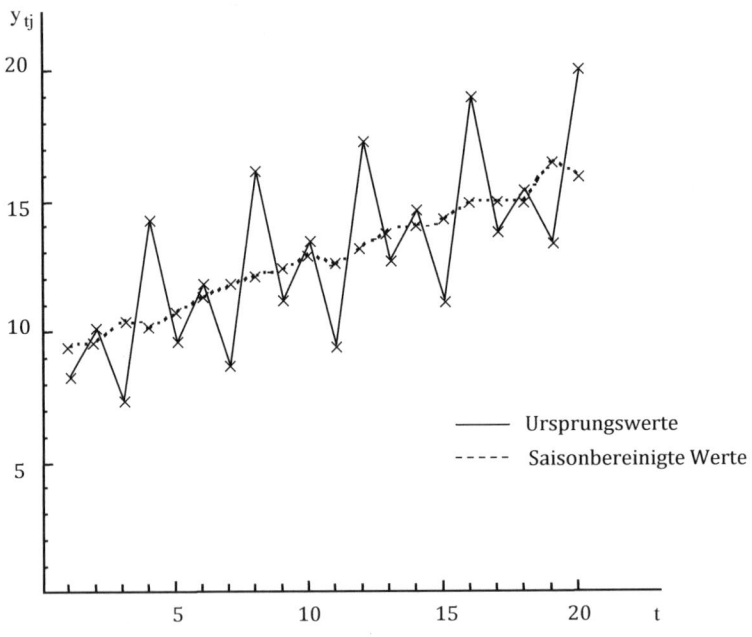

5.2 Komponentenmodelle

Abb. 5.10 Quartalsdiagramm zur Überprüfung der konstanten Saisonfigur

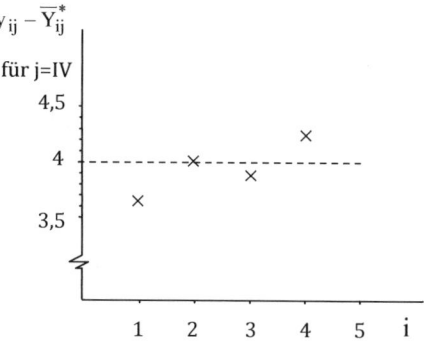

In Tabelle 5.5 sind die rohen Saisonkomponenten in der Weise zusammengestellt, dass nach (5.32) jeweils spaltenweise das arithmetische Mittel gebildet werden kann.

Tabelle 5.5 Berechnung von S_j und $S_{j(korr)}$

Jahr \ Quartal	I	II	III	IV	
1	–	–	–2,76	3,66	
2	–1,31	0,47	–3,08	4,02	
3	–1,28	0,69	–3,54	3,92	
4	–1,04	0,44	–3,31	4,24	
5	–1,35	–0,05	–	–	
S_j	–1,25	0,39	–3,17	3,96	$\sum S_j = -0,07$
$S_{j(korr)}$	–1,2325	0,4075	–3,1525	3,9775	$\sum S_{j(korr)} = 0,0$

Der Korrekturfaktor beträgt nach (5.33)

$$\frac{1}{l}\sum_{j=1}^{l} S_j = \frac{1}{4}(-0,07) = -0,0175.$$

Damit können die korrigierten Saisonkoeffizienten nach (5.34) berechnet werden. Sie sind in der letzten Zeile von Tabelle 5.5 angegeben; ihre Summe ist nun – wie vorausgesetzt – gleich null.

Die saisonbereinigten Werte lassen sich damit nach (5.35) berechnen, sie geben die von den Saisonschwankungen unbeeinflusste Entwicklung der Zeitreihe wieder und sind in Spalte (5) der Tabelle 5.4 angegeben sowie in Abb. 5.9 eingezeichnet.

5.2.2.2 Saisonbereinigung bei variabler Saisonfigur

Gerade bei Zeitreihen im wirtschaftlichen Bereich bleibt zwar vielfach die Gestalt der Saisonfigur annähernd erhalten, jedoch ändert sich ihre Amplitude im Zeitablauf. Diese Annahme erscheint dann plausibel, wenn die absolute Größe der Saisonschwankungen vom Niveau der Zeitreihe – dargestellt durch die glatte Komponente – beeinflusst wird. In einem solchen Fall kann eine multiplikative Verknüpfung der Zeitreihenkomponenten entsprechend (5.3) unterstellt werden. Die einfachste Version setzt dann voraus, dass die Saisonkomponente für die unterjährige Periode j jeweils ein Vielfaches a_j der glatten Komponente ausmacht, d.h.

$$S_{ij} = a_j G_{ij} \tag{5.37}$$

Es handelt sich also nur um ein teilmultiplikatives Modell. Hier sind nun nicht die absoluten Saisonausschläge, sondern ihre relative Höhe bezüglich der glatten Komponente konstant. Damit wird (5.2) zu

$$y_{ij} = G_{ij} + a_j G_{ij} + \varepsilon_{ij}$$

bzw.

$$y_{ij} = G_{ij}(1 + a_j) + \varepsilon_{ij} \tag{5.38}$$

Der Ausdruck $(1 + a_j)$ lässt sich als Saisonabweichung interpretieren, denn er gibt an, welchen Anteil an der glatten Komponente die unbereinigten Zeitreihenwerte besitzen, wenn man von ε_{ij} absieht. Die Saisonbereinigung erfolgt nun auf ähnliche Weise wie beim additiven Modell: Zunächst bildet man gleitende Durchschnitte der Länge l und erhält dadurch näherungsweise die glatte Komponente G_{ij}. Dividiert man die Originalzeitreihenwerte durch die gleitenden Durchschnitte, so erhält man die Saisonkomponente, die noch mit den Zufallsschwankungen behaftet ist

$$\frac{y_{ij}}{\overline{Y}_{ij}^*} = \frac{G_{ij}(1 + a_j) + \varepsilon_{ij}}{G_{ij}} = (1 + a_j) + \frac{\varepsilon_{ij}}{G_{ij}} \tag{5.39}$$

(Wegen der Quotientenbildung wird dieser Ansatz – insbesondere im englischsprachigen Bereich – auch als Verfahren des Verhältnisses zum gleitenden Durchschnitt bezeichnet.) Bilden wir nun analog zu (5.32) das arithmetische Mittel dieser Quotienten, so folgt

5.2 Komponentenmodelle

$$S_j = (1 + a_j) = \frac{1}{m} \sum_{i=1}^{m} \frac{y_{ij}}{Y^*_{ij}} \qquad (5.40)$$

Liegt eine entsprechende Zahl von Werten vor, so können auch hier der obere und untere Extremwert bei der Mittelung weggelassen werden. Auf jede unterjährige Periode entfällt im multiplikativen Modell also im Mittel der Wert 1.

Da dies meist nicht erfüllt sein wird, lässt sich eine Normierung mit

$$S_{j(korr)} = S_j \frac{l}{\sum_{j=1}^{l} S_j} \qquad (5.41)$$

vornehmen. Häufig wird die Größe $S_{j(korr)} \cdot 100$ als **Saisonindexziffer** oder **Saisonmessziffer** bezeichnet.

Die Saisonbereinigung entsteht dann durch den Quotienten

$$\frac{y_{ij}}{S_{j(korr)}} \qquad (5.42)$$

(vgl. Gleichung (5.7)). Einen um die Saisonschwankungen korrigierten prognostizierten Trendwert erhält man jetzt für eine Prognoseperiode (m + s) durch

$$\hat{y}_{(m+s)j} S_{j(korr)} \qquad (5.43)$$

Die Darstellung eines Beispiels im Falle multiplikativer Verknüpfung der Komponenten erfolgt in Kapitel 5.2.3.

5.2.2.3 Zusammenfassung

- Saisonschwankungen sind **zyklische Schwankungen**, deren **Periode ein Jahr** beträgt. Man geht dabei von den **Annahmen** aus, dass die Saisonkomponenten für alle gleichnamigen unterjährigen Perioden sich gleichen, und die Summe aller Komponenten im additiven Modell auf null und im multiplikativen Modell auf den Wert 1 normiert ist. Ferner sei die Summe bzw. das Mittel über die Zufallsschwankungen gleich null.

- In den vorangegangen Abschnitten wurde ein einfaches Verfahren zur **Saisonbereinigung** dargestellt. Es ist sowohl bei additiver als auch bei multiplikativer Verknüpfung der Zeitreihenkomponenten verwendbar und zeichnet sich durch Übersichtlichkeit und rechentechnische Einfachheit aus. Eine Weiterentwicklung dieses einfachen Verfahrens, das oft benutzt wird, stellt das Census II-Verfahren dar (vgl. hierzu Kapitel 5.2.4). Es ist hierbei möglich, die Zeitreihenwerte von den Saisonschwankungen zu bereinigen, wobei auch der Einfluss ungleicher Anzahl von Tagen in den einzelnen Monaten berücksichtigt werden kann.

5.2.3 Trend- und Saisonschätzung im Globalmodell

Für Analyse- und Prognosezwecke kann es angezeigt sein, sowohl eine Trendbestimmung als auch eine Saisonschätzung vorzunehmen.

Zunächst lassen sich zu diesem Zweck bereits behandelte Verfahren zur Trend- und Saisonschätzung, nämlich Kleinstquadrat-Methode (vgl. Kapitel 5.2.1.3) und Phasendurchschnittsverfahren (vgl. Kapitel 5.2.2) zusammenführen.

Deshalb sollen zur Illustration die einzelnen Analyseschritte zusammenfassend in einem Beispiel dargestellt werden.

Beispiel 5.5 Eine Unternehmung möchte für die Umsätze eines Produkts eine Prognose der zukünftigen Verkäufe aufgrund der Umsatzentwicklung in der Vergangenheit vornehmen. Die Quartalswerte der Umsätze (in Mio. €) für fünf Jahre sind in Tabelle 5.6 in Spalte (2) gegeben.

Als erstes bedarf es der Saisonbereinigung und der Bestimmung einer Trendfunktion. Die Umsatzwerte aus Spalte (2) der Tabelle 5.6 sind in Abb. 5.11 dargestellt. Man erkennt einen leicht ansteigenden linearen Trend sowie mit wachsendem Niveau der Zeitreihe größer werdende Amplituden der Saisonschwankungen. Es liegt deshalb nahe, eine **multiplikative** Verknüpfung der Zeitreihenkomponenten anzunehmen.

5.2 Komponentenmodelle

Tabelle 5.6 Quartalswerte der Umsätze, gleitende 4-Quartalsdurchschnitte und Verhältnisse zum gleitenden Durchschnitt

Jahr i	Quartal j	y_{ij}	$\overline{Y}^*_{ij}$	$\dfrac{y_{ij}}{\overline{Y}^*_{ij}}$
(1)		(2)	(3)	(4)
1	I	5,5	–	–
	II	5,4	–	–
	III	6,8	5,81	1,17
	IV	6,0	5,73	1,05
2	I	4,6	5,74	0,80
	II	5,6	5,74	0,98
	III	6,7	5,74	1,16
	IV	6,1	5,81	1,05
3	I	4,5	6,01	0,75
	II	6,3	6,18	1,02
	III	7,6	6,35	1,20
	IV	6,5	6,50	1,00
4	I	5,5	6,66	0,83
	II	6,5	6,96	0,93
	III	8,7	7,16	1,22
	IV	7,9	7,29	1,08
5	I	5,8	7,41	0,78
	II	7,0	7,35	0,95
	III	9,2	–	–
	IV	7,0	–	–

Spalte (3) von Tabelle 5.6 zeigt die berechneten gleitenden 4-Quartalsdurchschnitte, die die glatte Komponente darstellen, und die Verhältnisse zum gleitenden Durchschnitt (Spalte (4)). Mittelt man letztere Werte, so erhält man die Größen S_j, die in Tabelle 5.7 angegeben sind.

Abb. 5.11   Originalwerte, Trendgerade, gleitende Vier-Quartalsdurchschnitte der Umsatzdaten aus Tabelle 5.6

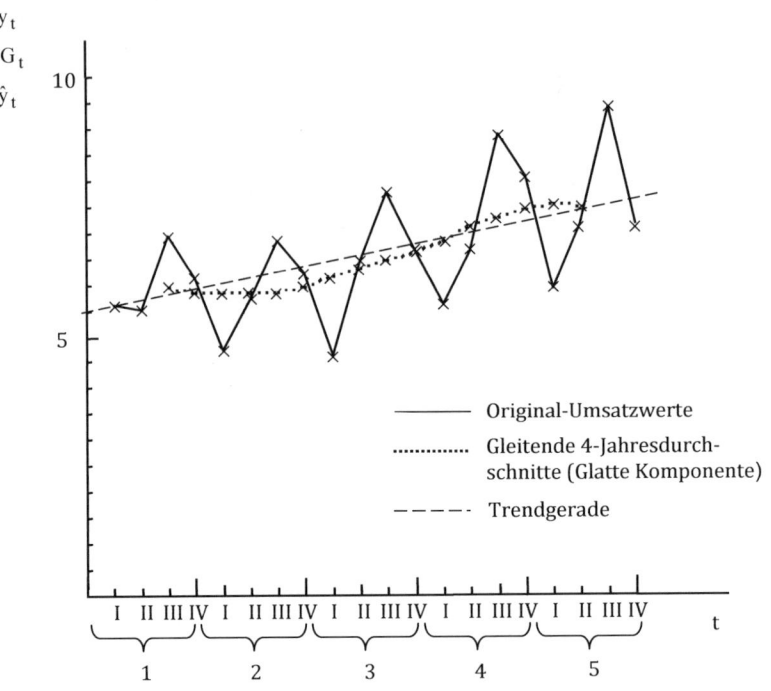

Tabelle 5.7   Berechnung von S_j (aus $y_{ij}/\overline{Y}_{ij}^*$)

Jahr \ Quartal	I	II	III	IV	$\sum$
1	–	–	1,17	1,05	
2	0,80	0,98	1,16	1,05	
3	0,75	1,02	1,20	1,00	
4	0,83	0,93	1,22	1,08	
5	0,78	0,95	–	–	
S_j	0,79	0,97	1,19	1,05	4,00

Eine Korrektur nach (5.41) ist hier nicht mehr erforderlich, da die S_j-Quartalswerte bereits im Mittel den Wert eins ergeben. Die saisonbereinigten Umsatzwerte – der Einfachheit halber mit y_t bezeichnet – erhalten wir nun nach (5.42) indem die Originalzeitreihenwerte durch die S_j-Werte aus Tabelle 5.7 dividiert werden. Sie sind in Tabelle 5.8 Spalte (2) angegeben und dienen zur Berechnung der Trendgeraden $\hat{y} = a + bt$. (Man könnte hierzu auch die Originalwerte y_{ij} aus Tabelle 5.6 Spalte (2)

5.2 Komponentenmodelle

benutzen.) Die zur Bestimmung von a (Gleichung (5.20)) und b (Gleichung (5.21)) benötigten Werte sind ebenfalls in Tabelle 5.8 dargestellt.

Es ist nach (5.20)

$$a = \frac{\sum y_t \sum t^2 - \sum t \sum y_t t}{T \sum t^2 - (\sum t)^2} = \frac{129{,}21 \cdot 2870 - 210 \cdot 1417{,}81}{20 \cdot 2870 - (210)^2} = 5{,}496$$

und nach (5.21)

$$b = \frac{T \sum y_t t - \sum y_t \sum t}{T \sum t^2 - (\sum t)^2} = \frac{20 \cdot 1417{,}81 - 129{,}21 \cdot 210}{20 \cdot 2870 - (210)^2} = 0{,}092.$$

Die Trendgerade ist deshalb gegeben durch

$$\hat{y}_t = 5{,}496 + 0{,}092 t.$$

Damit haben wir die glatte Komponente, den Trend und die Saisonkomponenten der Zeitreihe bestimmt.

Sollen die Umsätze bspw. für das zweite und dritte Quartal im 6. Jahr unter der Bedingung gleichbleibender wirtschaftlicher Entwicklung geschätzt werden, so geht man wie folgt vor: Der Trend für diese Perioden (t = 22; 23) berechnet sich nach

$$\hat{y}_{22} = 5{,}496 + 0{,}092 \cdot 22 = 7{,}52$$

und

$$\hat{y}_{22} = 5{,}496 + 0{,}092 \cdot 23 = 7{,}61.$$

Will man nicht nur den Trendwert extrapolieren, sondern auch Anhaltspunkte über die „saisonbehafteten" Umsätze erhalten, so bildet man $\hat{y}_{(m+s)j} \cdot S_j$, und erhält als Schätzungen für das 2. Quartal des 6. Jahres 7,52 · 0,97 = 7,29 Mio. € und für das 3. Quartal 7,61 · 1,19 = 9,06 Mio. €.

Tabelle 5.8 Saisonbereinigte Werte $\frac{y_{ij}}{s_j} = y_t$ und Werte zur Berechnung von a und b

Jahr	Quartal (1)	y_t (2)	t (3)	t^2 (4)	$t\,y_t$ (5)
1	I	6,96	1	1	6,96
	II	5,57	2	4	11,14
	III	5,71	3	9	17,13
	IV	5,71	4	16	22,84
2	I	5,82	5	25	29,10
	II	5,77	6	36	34,62
	III	5,63	7	49	39,41
	IV	5,81	8	64	46,48
3	I	5,70	9	81	51,30
	II	6,50	10	100	65,00
	III	6,39	11	121	70,29
	IV	6,19	12	144	74,28
4	I	6,96	13	169	90,48
	II	6,70	14	196	93,80
	III	7,31	15	225	109,65
	IV	7,52	16	256	120,32
5	I	7,34	17	289	124,78
	II	7,22	18	324	129,96
	III	7,73	19	361	146,87
	IV	6,67	20	400	133,40
	Σ	129,21	210	2870	1417,81

Die in dem vorangegangenen Beispiel dargestellte traditionelle Vorgehensweise ist nicht ohne Kritik geblieben, denn die isolierte, sukzessive Schätzung der einzelnen Komponenten einer Zeitreihe lässt die Auswirkungen auf die jeweils anderen Komponenten unberücksichtigt.

Kann man annehmen, dass die für eine Zeitreihe global geltende Trendfunktion additiv durch eine konstante Saisonfigur überlagert wird, so lassen sich diese Saisoneinflüsse auch durch sog. **Dummy-Variablen** quantifizieren. Zur Berechnung wird hier im Vorgriff auf die KQ-Methode im Rahmen des **multiplen Regressionsmodells** (vgl. Kapitel 12.4) Bezug genommen und die Schwankungskomponenten gleichzeitig mit der Trendfunktion berechnet. Saison-Dummies sind binäre Variablen, die nur die Werte „0" oder „1" annehmen können. Für die Saisoneinflüsse werden künstliche Zeitreihen S_{ij} definiert, die jeweils dann eine Eins zeigen, wenn die betreffende Saisonperiode j im Jahr i vorliegt, sonst eine Null.

5.2 Komponentenmodelle

Die Datenmatrix **X** in (12.23) darf – da sie für die Lösung zu invertieren ist (vgl. (12.24)) – nicht singulär werden. Dies erreicht man z. B. dadurch, dass man eine Dummy-Variable weglässt. Deren Einfluss schlägt sich dann im Absolutglied nieder. Bei Quartalsdaten bspw. würden drei Saisondummies S_{i2}, S_{i3} und S_{i4} aufgenommen. Der Einfluss des 1. Quartals wird im Absolutglied a erfasst.

Das im einfachsten Fall lineare Trendmodell (5.10) wird erweitert und lautet für Quartalswerte

$$\hat{y}_t = a + bt + cS_{i2} + dS_{i3} + eS_{i4} \tag{5.44}$$

Die Datenmatrix **X** hat dann folgendes Aussehen

$$\mathbf{X} = \begin{pmatrix} \text{Schein-} & t & S_{i2} & S_{i3} & S_{i4} \\ \text{variable} & & & & \\ 1 & 1 & 0 & 0 & 0 \\ 1 & 2 & 1 & 0 & 0 \\ 1 & 3 & 0 & 1 & 0 \\ 1 & 4 & 0 & 0 & 1 \\ 1 & 5 & 0 & 0 & 0 \\ \vdots & \vdots & \vdots & \vdots & \vdots \\ 1 & ml & 0 & 0 & 1 \end{pmatrix} \tag{5.45}$$

Nach (12.24) ist dann

$$\boldsymbol{\beta} = \begin{pmatrix} a \\ b \\ c \\ d \\ e \end{pmatrix} = (\mathbf{X}'\mathbf{X})^{-1}\mathbf{X}'\mathbf{y} \tag{5.46}$$

Dabei ist a der Koeffizient des weggelassenen Dummies, b das Steigungsmaß der Trendgeraden und c, d, e messen jeweils den differentiellen Einfluss gegenüber dem 1. Quartal als Basisdummy.

Beispiel 5.6 Für den Sachverhalt aus Beispiel 5.5 soll eine Trendgerade mit Saisondummies nach der KQ-Methode berechnet werden. Strenggenommen ist dies Verfahren nur bei konstanter Saisonfigur anwendbar, da aber – wie Abb. 5.11 zeigt – die Amplituden mit steigendem Trend nur unwesentlich zunehmen, soll zu Illustrationszwecken auf die Daten der Tabelle 5.6, Spalte (2) zurückgegriffen werden. Eine KQ-Berechnung nach (5.46) mit Hilfe der Datenmatrix führt für (5.45) zu folgendem Ergebnis:

$$\hat{y}_t = 4{,}2688 + 0{,}1013\,t + 0{,}8788\,S_{i2} + 2{,}4175\,S_{i3} + 1{,}2163\,S_{i4}.$$

In Tabelle 5.9 sind die $\hat{y}_t$-Werte aus der kombinierten Berechnung von KQ- und Phasendurchschnitts-Verfahren ($\hat{y}_t^{(1)}$) und mit Hilfe der Saisondummies ($\hat{y}_t^{(2)}$) dargestellt.

Tabelle 5.9 Originalwerte und berechnete Werte

y_{ij}	t	$\hat{y}_t^{(1)}$	$\hat{y}_t^{(2)}$
(1)	(2)	(3)	(4)
5,5	1	4,42	4,37
5,4	2	5,51	5,35
6,8	3	6,87	6,99
6,0	4	6,16	5,89
4,6	5	4,71	4,78
5,6	6	5,87	5,76
6,7	7	7,31	7,40
6,1	8	6,54	6,30
4,5	9	5,00	5,18
6,3	10	6,22	6,16
7,6	11	7,75	7,80
6,5	12	6,93	6,70
5,5	13	5,29	5,59
6,5	14	6,58	6,57
8,7	15	8,18	8,21
7,9	16	7,32	7,11
5,8	17	5,58	6,00
7,0	18	6,94	6,97
9,2	19	8,62	8,61
7,0	20	7,70	7,51

Für R^2 erhält man bei der Berechnung mit Saisondummies nach (12.27) den Wert 0,86. Ein $\hat{y}_t$-Wert z. B. für die Periode 6, aufgrund dieser Gleichung ergibt sich mit

$$\hat{y}_6 = 4{,}2688 + 0{,}1013 \cdot 6 + 0{,}8788 \cdot 1 + 2{,}4175 \cdot 0 + 1{,}2163 \cdot 0 = 5{,}76.$$

Entsprechend erhält man einen Prognosewert, z. B. für die Periode 21, mit

$$\hat{y}_{21} = 4{,}2688 + 0{,}1013 \cdot 21 + 0{,}8788 \cdot 0 + 2{,}4175 \cdot 0 + 1{,}2163 \cdot 0 = 6{,}40$$

und für Periode 22

$$\hat{y}_{22} = 4{,}2688 + 0{,}1013 \cdot 22 + 0{,}8788 \cdot 1 + 2{,}4175 \cdot 0 + 1{,}2163 \cdot 0 = 7{,}38.$$

5.2 Komponentenmodelle

Abb. 5.12 zeigt die Originalwerte und die aufgrund der beiden Verfahren berechneten $\hat{y}_t^{(1)}$- und $\hat{y}_t^{(2)}$-Werte in getrennter Darstellung, da die Werte nahe beieinanderliegen. Ebenso zeigt die Abbildung die aus beiden Verfahren für die Perioden 21 und 22 bereits berechneten Prognosewerte.

Abb. 5.12 Originalwerte, $\hat{y}_t^{(1)}$- und $\hat{y}_t^{(2)}$- Werte aus Tabelle 5.9

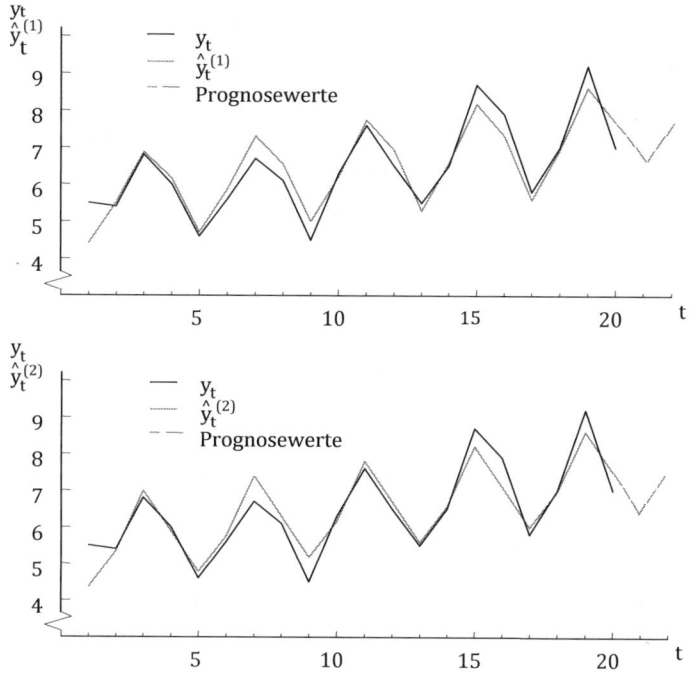

Da die Werte der Saisondummies mit null oder eins fest sind, wird ein durchschnittlicher starrer Saisonverlauf ermittelt, weshalb das Verfahren nur angewendet werden sollte, wenn von einem additiven Komponentenmodell ausgegangen werden kann.

5.2.4 Hinweise auf weitere Verfahren

In Institutionen der Bundesrepublik werden teilweise unterschiedliche Ansätze zur Komponentenzerlegung von Zeitreihen benutzt. Am ältesten und international verbreitetesten ist das **Census-X-11-Verfahren** (X-11 Variante der Census Methode II des US Bureau of the Census), das z. B. von der Deutschen Bundesbank (Frankfurt) und der Bundesagentur für Arbeit (Nürnberg) verwendet wurde. Es lässt sowohl eine additive als auch eine multiplikative Verknüpfung der Modellkomponenten glatte Komponente, Saisonkomponente und irreguläre Komponente zu, ohne dass diese explizit definiert werden müssen. Sie ergeben sich vielmehr durch wiederholte Anwendungen einfacher Glättungsverfahren (gleitende Durchschnitte), wie sie in Kapitel 5.2.2 dargestellt wurden. Dies stellt somit eine zeitbezogene Zeitreihenanalyse dar.

Es handelt sich also nicht um ein theoretisch fundiertes Verfahren, sondern vielmehr um das Hintereinanderschalten und Wiederholen vieler Einzelschritte. Das Instrument ist allerdings flexibel zu handhaben und hat bei empirischen Vergleichen mit anderen Ansätzen bisweilen recht gut abgeschnitten.

Seit 1999 benutzt die Deutsche Bundesbank eine erweiterte Version, das **Census-X-12-ARIMA-Verfahren**. Es setzt sich aus drei aufeinanderfolgenden Blöcken zusammen: An erster Stelle steht der Teil, der die Ursprungsreihe durch eine Kombination der Regressionsanalyse mit einem ARIMA-Ansatz (Auto-Regressiv-Integrierter-Moving-Average-Ansatz) modelliert. Der zweite Teil besteht im Wesentlichen aus dem bisherigen X-11-Verfahren zur Saisonbereinigung. Der dritte Teil bietet Diagnostiken zur Beurteilung der Güte der Saison- und Kalenderbereinigung.

Ein Verfahren, das z. B. auch vom Statistischen Bundesamt (Wiesbaden) und dem Deutschen Institut für Wirtschaftsforschung (Berlin) benutzt wird und eine frequenzbezogene Zeitreihenanalyse beinhaltet, ist das **Berliner Verfahren.**

Hier wird die glatte Komponente durch ein Polynom 3. Grades

$$\sum_{k=0}^{3} a_k t^k$$

und die Saisonkomponente durch ein trigonometrisches Polynom 6. Grades

5.2 Komponentenmodelle

$$\sum_{j=1}^{6}[\beta_j \cos(\omega_j t) + \gamma_j (\sin \omega_j t)]$$

geschätzt, wobei

$$\omega = \frac{2\pi}{l}$$

die Kreisfrequenz der jeweiligen Schwingung j und β und γ die Amplitudenfaktoren darstellen. Bei Quartalsdaten ist z. B. $l = 4$, bei Monatsdaten $l = 12$. Glatte Komponenten und Saisonkomponente werden additiv verknüpft. Die Berechnung der unbekannten Parameter a_k, β_j und γ_j erfolgt jeweils aus Beobachtungswerten in Stützbereichen, die gleitend über die gesamte Beobachtungsperiode verschoben werden. Auch dieses Verfahren besteht mittlerweile aus einer Vielzahl von Einzelschritten, so dass für den Benutzer die Art der Saisonbereinigung nicht mehr erkennbar ist.

Erwähnt werden soll noch das **ASA-Verfahren**, das von verschiedenen deutschen Wirtschaftsforschungsinstituten entwickelt wurde und vor allem vom Ifo-Institut (München) zur Saisonbereinigung benutzt wird. Hierbei fließen Überlegungen aus dem Census-Verfahren und dem Berliner Verfahren ein.

Abschließend ist festzuhalten, dass die verschiedenen Analyseverfahren oft zu voneinander abweichenden Ergebnissen führen. Dies rührt her aus grundsätzlich verschiedenen mathematisch-statistischen Ansätzen (zeitbezogen, frequenzbezogen), aus unterschiedlichen Grundannahmen bzgl. des Zusammenwirkens der Komponenten (additiv, multiplikativ) und nicht zuletzt aus einer Vielzahl verschiedener, expliziter und impliziter, mehr oder weniger plausibler Annahmen über die Charakteristika der Komponenten.

Dies hängt damit zusammen, dass die Komponentenzerlegung auf den in Kapitel 5.1.3 dargestellten Modellvorstellungen beruht und daher die einzelnen Komponenten nicht direkt beobachtbar sind.

6 Indexzahlen

6.1 Grundlagen

Ob eine ökonomische Größe als „groß" oder „klein" anzusehen ist, lässt sich häufig nur aus ihrem Vergleich mit anderen geeigneten Größen erkennen. Deshalb wird oft für sachliche, zeitliche oder räumliche Vergleiche eine besondere Art von Messzahlen gebildet, nämlich **Verhältniszahlen**, d. h. solche, die durch Quotientenbildung entstehen. Hierunter lassen sich **Beziehungszahlen**, **Gliederungszahlen** und **Messzahlen** bzw. **einfache Indexzahlen** unterscheiden, wobei gleichartige Größen jeweils auf eine gemeinsame Basis bezogen werden.

Bei **Gliederungszahlen** bezieht man eine Teilgröße auf ihre Gesamtgröße. Bspw. stellt die Arbeitslosenquote eine solche Gliederungszahl dar, denn sie wird gebildet als Quotient aus der Zahl der Arbeitslosen und der Zahl der Erwerbspersonen (nach der Definition der Bundesagentur für Arbeit).

Beziehungszahlen setzen dagegen zwei inhaltlich unterschiedliche, aber sachlich zusammengehörende Größen ins Verhältnis. Als Beispiel wäre die Bevölkerungsdichte als Quotient aus der Zahl der Einwohner eines Landes und der Fläche des Landes zu nennen.

Von **Messzahlen** oder **einfachen Indexzahlen** spricht man, wenn zwei inhaltlich gleiche Größen zu verschiedenen Zeitpunkten bzw. Zeitperioden aufeinander bezogen werden, je nachdem, ob Bestandsmassen oder Bewegungsmassen betrachtet werden. Als Beispiel ließe sich hier das Preisniveau 2011 in der Bundesrepublik Deutschland im Verhältnis zum Preisniveau 2010 nennen.

Es folgen einige **allgemeine Hinweise** zu den Indexzahlen, die im Folgenden ausschließlich interessieren sollen:

- Liegt eine Zeitreihe der Größe X mit $x_0, x_1, ..., x_t$ vor, so bezeichnet man das Verhältnis x_t/x_0 als Messzahl oder einfachen Index von X auf der Basis 0.

- Üblicherweise werden Indexzahlen als Prozentzahlen ausgedrückt. Deshalb beginnt eine Indexreihe in der Basisperiode mit dem Wert 100.

- Änderungen von Indexzahlen werden durch Prozentpunkte angezeigt. Zum Beispiel bedeutet die Steigerung einer Indexzahl von 150 auf 165 einen Anstieg um 15 Prozentpunkte, obwohl die Indexzahl nur um 10 Prozent gestiegen ist.

- Hinzuweisen ist auch darauf, dass eine Steigerung um einen bestimmten Prozentsatz mit einem anschließenden Rückgang um den gleichen Prozentsatz nicht zur ursprünglichen Indexzahl zurückführt.

- Auch wenn Messzahlen vor allem für Zeitvergleiche benutzt werden, so ist doch auch ein lokaler Vergleich möglich, z. B. bei Kaufkraftvergleichen. Als Bezugsgröße fungiert dann nicht eine Basisperiode sondern ein Basisort.

Im Allgemeinen interessiert es nicht so sehr, die zeitliche Entwicklung *einer* einzigen ökonomischen Größe in einer Messzahl auszudrücken, sondern man möchte meist einen Überblick über die Entwicklung *mehrerer*, sachlich zusammengehörender Größen durch eine einzige Messzahl erhalten. So ist z. B. weniger daran gelegen, die Entwicklung des Bierpreises durch die Preismesszahl p_t/p_0 anzugeben, als vielmehr die Preisentwicklung der Güter, die typischerweise Studenten nachfragen, in *einer* Zahl zum Ausdruck zu bringen.

Güter, die sachlich zusammengehören, bilden einen **Warenkorb**. Unter Gütern sollen im Folgenden Waren und/oder Dienstleistungen verstanden werden. Eine Indexzahl fasst die Messzahlreihen eines Warenkorbes zu einer einzigen Größe zusammen. Dadurch können Veränderungen einer Vielzahl von Einzeltatbeständen in zeitlicher, sachlicher oder räumlicher Hinsicht durch **eine** Zahl ausgedrückt werden.

Dieses Vorgehen ist zwar mit einem Informationsverlust verbunden, er wird jedoch wegen der leichteren Handhabbarkeit und besseren Übersichtlichkeit in Kauf genommen. Das Prinzip soll zunächst anhand einer *ungewogenen* Preisindexzahl verdeutlicht werden. Sie zeigt die Preisänderungen der Güter, die zu einem Warenkorb gehören, in einer Größe.

Beispiel 6.1   Ein Warenkorb bestehe aus drei Gütern A, B und C, deren Preise P (in €) zwischen der Basisperiode 0 und der Berichtsperiode t untersucht werden sollen (vgl. Tabelle 6.1).

6.1 Grundlagen

Tabelle 6.1   Preise eines Warenkorbes

Gut		p_0	p_t
A	(Flasche)	1	3
B	(kg)	3	2
C	(Stück)	4	5
		8	10

Der ungewogene Preisindex P lässt sich berechnen, indem man die Summe der Preise des Warenkorbes in Berichts- und Basisperiode gegenüberstellt, also

$$p_{0t} = \frac{10}{8} \cdot 100 = 125{,}0.$$

Der Preis des Warenkorbes stieg also von der Basis- zur Berichtsperiode um 25%. Will man eine durchschnittliche Preisentwicklung für die Werte in Tabelle 6.1 berechnen, so dividiert man die Summe der Preismesszahlen (p_t/p_0) durch die Zahl der Güter, also

$$\bar{p}_{0t} = \frac{\frac{3}{1} + \frac{2}{3} + \frac{5}{4}}{3} \cdot 100 = 163{,}9.$$

Hier liegt zwischen Basis- und Berichtsperiode eine durchschnittliche Preissteigerung von 63,9% vor. Die beiden Ansätze führen also für ein und dasselbe Zahlenmaterial zu sehr unterschiedlichen Ergebnissen.

Allgemein lässt sich ein **ungewogener Summen**preisindex mit m Gütern im Warenkorb nach

$$P_{0t} = \frac{\sum_{i=1}^{m} p_{ti}}{\sum_{i=1}^{m} p_{0i}} \cdot 100 \tag{6.1}$$

berechnen. Ein **ungewichteter Mittelwert**preisindex ist nach

$$\bar{P}_{0t} = \frac{\sum_{i=1}^{m} \frac{p_{ti}}{p_{0i}}}{m} \cdot 100 \tag{6.2}$$

zu bestimmen.

Die ungewogenen Indizes haben folgende **Nachteile**:

1. Der Einfluss desjenigen Gutes ist am größten, das die größten absoluten Preisveränderungen aufweist. (Im Beispiel 6.1 ist dies das Gut A.)

2. Die relative Bedeutung der Güter im Warenkorb wird nicht berücksichtigt. (So würde z. B. einer Erhöhung des Bierpreises von 10% die gleiche Bedeutung wie einer 10%igen Mieterhöhung zugemessen.)

3. Nur für den Summenpreisindex (6.1) gilt, dass die Größe des ungewogenen Indexes von den Einheiten abhängt, in denen die Güter gemessen werden. (Würde in Beispiel 6.1 z. B. Gut A nicht in der Einheit „Flasche", sondern als Einheit „Kasten mit 10 Flaschen" eingehen, so erhielte man einen Summenindex nach (6.1) mit $(30+2+5)/(10+3+4) \cdot 100 = 217{,}6$.) Durch Veränderung der Einheiten, deren Preise in die Berechnung eingehen, kann sich der Wert der Indexzahl gravierend verändern.

Wegen dieser Probleme besitzen die ungewogenen Indexzahlen für Anwendungen keine große Bedeutung, weshalb wir im Folgenden ausführlicher nur noch gewogene Indexzahlen, die diese Nachteile vermeiden, betrachten.

6.2 Gewogene Preis-, Mengen- und Wertindizes

Wie wir in Kapitel 6.1 gesehen haben, ist ein einfacher Durchschnitt von einzelnen Messzahlreihen dann wenig brauchbar, wenn die Güter im Warenkorb unterschiedliche ökonomische Bedeutung haben. In einem solchen Fall sind die Güter im Index mit geeigneten Gewichten zu versehen.

Für ökonomische Analysen werden insbesondere Preis-, Mengen- und Wertindexzahlen berechnet, je nachdem, ob die Preis-, Mengen- oder Wertentwicklung bestimmter Gütergruppen interessiert.

6.2.1 Preisindizes P

6.2.1.1 Grundgedanke

Es stellt sich zunächst die Frage, welche Größen als Gewichte benutzt werden sollen, um die relative Bedeutung der einzelnen Güter im Warenkorb zu messen. Eine Möglichkeit besteht darin, den jeweiligen Wert – als Produkt aus Menge (q) und Preis (p) – des betreffenden Gutes als Gewichtungsfaktor g_i (i = 1, 2, ..., m) zu benutzen, denn je größer der Wert, umso größer ist auch die Bedeutung des Gutes im Index. Dieser Grundgedanke soll anhand eines Beispiels erläutert werden.

Beispiel 6.2 Gehen wir davon aus, dass die Preisentwicklung für einen Warenkorb mit fünf Gütern, der von privaten Haushalten nachgefragt wird, zwischen der Basis- und Berichtsperiode untersucht werden soll.

Tabelle 6.2 Preise und Mengen eines Warenkorbes

Gut i	Wert in der Basisperiode $p_{0i} \cdot q_{0i} = g_i$	Preis in der Basisperiode p_{0i}	Preis in der Berichtsperiode p_{ti}	Gewogene Preismesszahl $p_{ti}/p_{0i} \cdot g_i$
(1)	(2)	(3)	(4)	(5)
1	200	10	20	400
2	400	30	15	200
3	800	50	70	1120
4	500	60	45	375
5	100	20	30	150
	2000			2245

In der Basisperiode 0 wurde das Gut 1 offenbar im Wert von 200 Werteinheiten nachgefragt. Benutzen wir den Gewichtungsfaktor $g_1 = p_{01} q_{01}$ und bilden die gewichtete Preismesszahl für Gut 1, um die Preisentwicklung zwischen 0 und t zu bestimmen, so erhalten wir

$$\frac{p_{t1}}{p_{01}} \cdot g_1 = \frac{p_{t1}}{p_{01}} \cdot p_{01} \cdot q_{01} = p_{t1} q_{01}.$$

$p_{t1} \cdot q_{01}$ zeigt, wie viel die Haushalte in der Berichtsperiode t für Gut 1 ausgeben müssen, um die gleiche Menge wie in der Basisperiode 0 zu erhalten, also (20/10)· 200 = 400 Werteinheiten. In Spalte (5) von Tabelle 6.2 sind diese Größen für alle fünf

Güter des Warenkorbes angegeben. Um in der Berichtsperiode die gleiche Menge der im Warenkorb enthaltenen Güter wie in der Basisperiode kaufen zu können, muss man statt 2000 jetzt 2245 Werteinheiten ausgeben.

Da wir Preisänderungen von 0 nach t in Prozent berechnen wollen, bilden wir das Verhältnis

$$\frac{\sum_{i=1}^{5} p_{ti} \cdot q_{0i}}{\sum_{i=1}^{5} p_{0i} \cdot q_{0i}} \cdot 100 = \frac{2245}{2000} \cdot 100 = 112{,}25.$$

Für den Warenkorb der Basisperiode müsste man in der Berichtsperiode also 12,25% mehr als in der Basisperiode ausgeben.

Wir erhalten eine gewichtete Preisindexzahl P, indem wir die einzelnen Preismesszahlen mit ihren Gewichtungsfaktoren multiplizieren und durch die Summe der Gewichtungsfaktoren dividieren:

$$P = \frac{\frac{p_{t1}}{p_{01}} \cdot g_1 + \frac{p_{t2}}{p_{02}} \cdot g_2 + \cdots + \frac{p_{tm}}{p_{0m}} \cdot g_m}{g_1 + g_2 + \cdots + g_m}$$

oder

$$\boxed{P = \frac{\sum_{i=1}^{m} \frac{p_{ti}}{p_{0i}} \cdot g_i}{\sum_{i=1}^{m} g_i}} \quad (6.3)$$

Dieser Ausdruck entspricht (2.15), weshalb sich (6.3) als gewogenes arithmetisches Mittel der Preismesszahlen p_{ti}/p_{0i} interpretieren lässt. Durch die unterschiedlichen Gewichtungsfaktoren wirken sich gleiche prozentuale Preisänderungen verschieden auf den Index aus. Im Folgenden behandeln wir zwei für die statistische Praxis wichtige Preisindexzahlen.

6.2.1.2 Preisindex nach Laspeyres $P^{(L)}$

Man gelangt zu einem **Preisindex** nach **Laspeyres** $P^{(L)}$, wenn man in (6.3) als Gewichtungsfaktoren $g_i = p_{0i} q_{0i}$ (i = 1, 2, ..., m) benutzt, was genau unserem Vorgehen in Beispiel 6.2 entspricht. Es ist dann

6.2 Gewogene Preis-, Mengen- und Wertindizes

$$P_{0t}^{(L)} = \left(\frac{1}{\sum_{i=1}^{m} p_{0i} \cdot q_{0i}} \sum_{i=1}^{m} \frac{p_{ti}}{p_{0i}} \cdot p_{0i} \cdot q_{0i} \right) \cdot 100 \qquad (6.4)$$

was auch als *Mittelwertform* bezeichnet wird. Dies führt zur *Aggregatform*

$$P_{0t}^{(L)} = \frac{\sum_{i=1}^{m} p_{ti} \cdot q_{0i}}{\sum_{i=1}^{m} p_{0i} \cdot q_{0i}} \cdot 100 \qquad (6.5)$$

In der amtlichen Statistik des In- und Auslandes wird diese Indexzahl häufig verwendet. Sie beantwortet folgende Frage: Was kostet der Warenkorb der Basisperiode zu Preisen in der Berichtsperiode im Vergleich zur Basisperiode? Es wird also das Mengengerüst der Basisperiode (q_0) zugrunde gelegt. Der Warenkorb wird bis zur Berichtsperiode konstant gehalten.

Der Preisindex von Laspeyres besitzt den **Vorteil** der plausiblen ökonomischen Aussagekraft. Außerdem ist nur ein relativ geringer Erhebungs- und Rechenaufwand nötig, da die Mengen der Basisperiode konstant gehalten werden und nur die Preisentwicklung verfolgt werden muss. Zudem sind einzelne Werte im Zeitablauf unmittelbar vergleichbar, da sie alle den gleichen Nenner besitzen. Als **Nachteil** gilt, dass durch die Konstanz des Warenkorbes der Basisperiode, dieser z. B. durch Verbrauchsstrukturänderungen, Aufkommen neuer Güter oder Änderungen der Produktqualität, im Zeitablauf veraltet. Er muss deshalb in regelmäßigen Abständen auf eine neue Basis gestellt werden.

Beispiel 6.3 Für die fünf Güter eines Warenkorbes, den Haushalte nachfragen, haben sich die Preise und Mengen von der Basis zur Berichtsperiode entwickelt, wie in Spalten (4) und (5) der Tabelle 6.3 angegeben. Wie groß ist der Preisindex nach Laspeyres?

Tabelle 6.3 Zur Berechnung von Preis-, Mengen- und Wertindizes

Gut	Mengen		Preise					
i	q_{0i}	q_{ti}	p_{0i}	p_{ti}	$p_{0i}q_{0i}$	$p_{ti}q_{ti}$	$p_{ti}q_{0i}$	$p_{0i}q_{ti}$
(1)	(2)	(3)	(4)	(5)	(6)	(7)	(8)	(9)
1	800	900	1,50	1,20	1200	1080	960	1350
2	500	400	2,00	3,00	1000	1200	1500	800
3	50	60	10,00	8,00	500	480	400	600
4	150	100	1,50	2,00	225	200	300	150
5	80	100	4,50	5,00	360	500	400	450
Σ					3285	3460	3560	3350

Der Preisindex nach Laspeyres berechnet sich nach (6.5) mit

$$P_{0t}^{(L)} = \frac{\sum_{i=1}^{m} p_{ti} \cdot q_{0i}}{\sum_{i=1}^{m} p_{0i} \cdot q_{0i}} \cdot 100 = \frac{3560}{3285} \cdot 100 = 108{,}37.$$

Der Warenkorb der Basisperiode ist in der Berichtsperiode im Vergleich zur Basisperiode um knapp 8,4% teurer geworden.

6.2.1.3 Preisindex nach Paasche $P^{(P)}$

Hält man nicht wie beim Laspeyres-Preisindex die Mengen der Basisperiode konstant, sondern diejenigen der Berichtsperiode und benutzt in (6.3) als Gewichtungsfaktoren $g_i = p_{0i} \cdot q_{ti}$ (i = 1, ..., m), so resultiert ein **Preisindex** nach **Paasche**:

$$P_{0t}^{(P)} = \frac{\sum_{i=1}^{m} \frac{p_{ti}}{p_{0i}} \cdot p_{0i} \cdot q_{ti}}{\sum_{i=1}^{m} p_{0i} \cdot q_{0i}} \cdot 100 \quad \text{(Mittelwertform)} \tag{6.6}$$

$$\boxed{P_{0t}^{(P)} = \frac{\sum_{i=1}^{m} p_{ti} \cdot q_{ti}}{\sum_{i=1}^{m} p_{0i} \cdot q_{ti}} \cdot 100} \quad \text{(Aggregatform)} \tag{6.7}$$

Der Preisindex beantwortet die Frage, um wie viel Prozent der Warenkorb der Berichtsperiode in der Berichtsperiode teurer bzw. billiger ist, als er in der Basisperiode gewesen wäre. Dieser Index hat den **Vorteil**, dass die stets aktuellen Warenkörbe der Berichtsperiode benutzt werden. Als **Nachteil** ist zu nennen, dass durch die Notwendigkeit der Bestimmungen von Preisen *und* Mengen in jeder Berichtsperiode der Erhebungs- und Berechungsaufwand – etwa im Vergleich zum Laspeyres-Index – erheblich größer ist. Außerdem ist der Indexwert einer Berichtsperiode nur mit dem Wert der Basisperiode direkt vergleichbar, nicht aber Werte verschiedener Berichtsperioden, und bei weit zurückliegenden Basisperioden können einzelne Güter noch nicht vorhanden gewesen sein.

Beispiel 6.4 Für den Sachverhalt aus Beispiel 6.3 soll der Preisindex nach Paasche bestimmt werden. Mit Hilfe der Werte aus den Spalten (7) und (9) der Tabelle 6.3 ergibt sich nach (6.7)

$$P_{0t}^{(P)} = \frac{\sum p_{ti} \cdot q_{ti}}{\sum p_{0i} \cdot q_{ti}} \cdot 100 = \frac{3460}{3350} \cdot 100 = 103{,}28.$$

Der Warenkorb der Berichtsperiode ist also in der Berichtsperiode knapp 3,3% teurer, als er in der Basisperiode gewesen wäre.

Die Indizes von Laspeyres und Paasche sind wohl die am häufigsten verwendeten. Während der Laspeyres-Index nach etlichen Perioden einen veralteten Warenkorb benutzt, baut der Paasche-Index auf einem für die Basisperiode fiktiven Warenkorb auf. Wegen des geringeren Erhebungsaufwandes und der leichteren Berechenbarkeit wird oft dem Laspeyres-Index der Vorzug gegeben.

6.2.1.4 Vergleich zwischen den Preisindizes nach Laspeyres und Paasche

Vergleicht man die Ergebnisse der Preisindexberechnung nach Laspeyres und Paasche aus den Beispiel 6.3 und Beispiel 6.4, so zeigt sich, dass $P^{(L)}$ einen höheren Preisanstieg ausweist als $P^{(P)}$. Dies ist allgemein immer dann der Fall, wenn eine „normale" Nachfragereaktion angenommen werden kann, d. h. wenn im Zeitablauf mit (relativ) steigenden Preisen die nachgefragte Menge für dieses Gut sinkt und umgekehrt. Der Grund rührt daher, dass der Laspeyres-Preisindex strukturelle Änderungen des Nachfragerverhaltens nicht erfasst, weil das gleichbleibende Mengengerüst der Basisperiode auch in der Berichtsperiode unterstellt wird.

Vergleicht man nicht zwei zeitliche, sondern zwei **lokal** verschiedene Preissituationen miteinander, so stehen beide Indexformeln gleichberechtigt nebeneinander, da jede Stadt oder Region als „Basis" benutzt werden kann (vgl. auch Kapitel 6.4.2.2).

Die Beziehung zwischen $P^{(L)}$ und $P^{(P)}$ bei **zeitlichen** Vergleichen kann auch analytisch mit Hilfe des Korrelationskoeffizienten ρ für gruppierte Daten (3.25) abgeleitet werden. Hier soll durch ρ die Stärke des Zusammenhanges zwischen Preisen und Mengen gemessen werden.

Der Korrelationskoeffizient (3.25) lässt sich in Analogie zu (3.24) mit

$$\rho = \frac{\sum f_{ij} \sum f_{ij} \cdot x_i^* \cdot y_j^* - \sum f_{ij} \cdot x_i^* \sum f_{ij} \cdot y_j^*}{S_x \cdot S_y} \tag{6.8}$$

schreiben. Setzen wir für f_{ij} den Gewichtungsfaktor $p_0 q_0$, für x_i^* die Preismesszahl p_t/p_0 und für y_i^* die Mengenmaßzahl q_t/q_0, wobei aus Gründen der Übersichtlichkeit der Laufindex i = 1, ..., m nicht mehr explizit aufgeführt wird, so folgt aus (6.8)

$$\rho = \frac{\sum p_0 \cdot q_0 \sum p_0 \cdot q_0 \cdot \frac{p_t}{p_0} \cdot \frac{q_t}{q_0} - \sum p_0 \cdot q_0 \cdot \frac{p_t}{p_0} \sum p_0 \cdot q_0 \cdot \frac{q_t}{q_0}}{S_x \cdot S_y} = \frac{\sum p_0 \cdot q_0 \sum p_t \cdot q_t - \sum q_0 \cdot p_t \sum p_0 \cdot q_t}{S_x \cdot S_y}$$

oder

$$\sum q_0 \cdot p_t \sum p_0 \cdot q_t = \sum p_0 \cdot q_0 \sum p_t \cdot q_t - \rho \cdot S_x \cdot S_y$$

bzw.

$$\frac{\sum p_t \cdot q_0}{\sum p_0 \cdot q_0} \cdot \frac{\sum p_0 \cdot q_t}{\sum p_t \cdot q_t} = 1 - \frac{\rho \cdot S_x S_y}{\sum p_0 \cdot q_0 \sum p_t \cdot q_t} \qquad (6.9)$$

Die linke Seite dieser Gleichung stellt das Verhältnis von Laspeyres- zu Paasche-Preisindex $P^{(L)}/P^{(P)}$ dar. Dieser Ausdruck wird nur dann gleich eins, wenn eine der Größen im Zähler der rechten Seite null wird, da $\sum p_0 \cdot q_0 \cdot \sum p_t \cdot q_t > 0$ ist. $P^{(L)}$ ist also nur dann gleich $P^{(P)}$, wenn keine Korrelation zwischen Preis- und Mengenbewegungen existiert bzw., wenn alle Preise oder Mengen sich im gleichen Verhältnis ändern. Da aber normalerweise die Mengen bei steigenden Preisen fallen, so gilt $-1 < \rho < 0$ ($S_x \neq 0, S_y \neq 0$), so dass die rechte Seite von (6.9) größer als eins wird und damit $P^{(L)} > P^{(P)}$.

Die Diskrepanz zwischen $P^{(L)}$ und $P^{(P)}$ wird umso größer sein, je stärker die Korrelation zwischen Preis- und Mengenbewegungen ist und je größer die Streuungen (S_x, S_y) innerhalb dieser Komponenten in Relation zur Gesamtbewegung der Ausgabenwerte sind. Sind Basis- und Bezugsperiode nicht zu weit voneinander entfernt, so werden $P^{(L)}$ und $P^{(P)}$ ziemlich nahe beieinander liegen. Je größer jedoch der zeitliche Abstand zwischen den Vergleichsperioden ist, umso größer ist die Möglichkeit der Streuung innerhalb der Preis- und Mengenbewegungen.

6.2.1.5 Weitere Preisindizes

Zum Abschluss sei noch auf einige Sonderformen von Preisindexzahlen hingewiesen. Sie besitzen für Anwendungen allerdings nur vereinzelt Bedeutung.

Der **Preisindex** nach **Lowe** benutzt nicht das Mengengerüst der Basis- oder Berichtsperiode, sondern einen mehrperiodigen Mengendurchschnitt

$$\bar{q}_i = \frac{\sum_{j=1}^{k} q_j}{k}$$

(k = Zahl der betrachteten Perioden), was zu

6.2 Gewogene Preis-, Mengen- und Wertindizes

$$P_{ot}^{(Lo)} = \frac{\sum_{i=1}^{m} p_{ti} \cdot \bar{q}_i}{\sum_{i=1}^{m} p_{0i} \cdot \bar{q}_i} \cdot 100 \qquad (6.10)$$

führt. Dieser Index beantwortet die Frage, was ein bestimmter mittlerer Warenkorb im Berichtsjahr im Vergleich zu Preisen des Basisjahres kostet.

Verwendet man das arithmetische Mittel aus den Mengen der Basis- und Berichtsperiode $(q_0 + q_t)/2$, so erhält man den **Preisindex** nach **Marshall-Edgeworth**

$$P_{ot}^{(ME)} = \frac{\sum_{i=1}^{m} p_{ti} \cdot (q_{0i} + q_{ti})}{\sum_{i=1}^{m} \sum_{i=1}^{m} p_{0i} \cdot (q_{0i} + q_{ti})} \cdot 100 \qquad (6.11)$$

Durch die Kombination von Laspeyres- und Paasche-Preisindizes lassen sich weitere Indexzahlen konstruieren. So führt das arithmetische Mittel aus beiden zu dem **Preisindex** nach **Drobisch**

$$P_{ot}^{(D)} = \frac{P^{(L)} + P^{(P)}}{2} = \frac{1}{2} \left(\frac{\sum_{i=1}^{m} p_{ti} \cdot q_{0i}}{\sum_{i=1}^{m} p_{0i} \cdot q_{0i}} + \frac{\sum_{i=1}^{m} p_{ti} \cdot q_{ti}}{\sum_{i=1}^{m} p_{0i} \cdot q_{ti}} \right) \cdot 100 \qquad (6.12)$$

Bildet man dagegen das geometrische Mittel, so erhält man den **Preisindex** nach **Fisher**

$$P_{ot}^{(F)} = \sqrt{P^{(L)} + P^{(P)}} = \sqrt{\frac{\sum_{i=1}^{m} p_{ti} \cdot q_{0i}}{\sum_{i=1}^{m} p_{0i} \cdot q_{0i}} \cdot \frac{\sum_{i=1}^{m} p_{ti} \cdot q_{ti}}{\sum_{i=1}^{m} p_{0i} \cdot q_{ti}}} \cdot 100 \qquad (6.13)$$

Obwohl gerade dieser Index gewissen formalen Kriterien genügt (vgl. unter 6.3.1), so hat er sich, insbesondere wegen mangelnder Interpretierbarkeit, nicht durchgesetzt.

6.2.2 Mengenindizes Q

Wendet man die in Kapitel 6.2.1.1 angestellten Überlegungen auf Mengenmesszahlen q_t/q_0 an, so gelangt man zu **Mengen-** oder **Volumenindexzahlen** Q. Sie sind die analogen Gegenstücke zu den Preisindexzahlen: Um durchschnittliche Mengenänderungen erfassen zu können, werden die Preise konstant gehalten.

Man erhält den **Mengenindex** nach **Laspeyres**, wenn die Preise der Basisperiode benutzt werden

$$Q_{0t}^{(L)} = \frac{\sum_{i=1}^{m} q_{ti} \cdot p_{0i}}{\sum_{i=1}^{m} q_{0i} \cdot p_{0i}} \cdot 100 \qquad (6.14)$$

Konstante Preise der Berichtsperiode führen zum **Mengenindex** nach **Paasche**

$$Q_{0t}^{(P)} = \frac{\sum_{i=1}^{m} q_{ti} \cdot p_{ti}}{\sum_{i=1}^{m} q_{0i} \cdot p_{ti}} \cdot 100 \qquad (6.15)$$

In beiden Fällen werden durchschnittliche mengenmäßige Änderungen von Warenkörben bei konstanten Preisen – entweder der Basisperiode oder der Berichtsperiode – gemessen.

Beispiel 6.5 Für den Sachverhalt von Beispiel 6.3 sollen die Mengenindizes nach Laspeyres und Paasche berechnet werden.

$Q_{0t}^{(L)}$ lässt sich mit Hilfe der Werte der Tabelle 6.3 aus den Spalten (9) und (6) bestimmen mit

$$Q_{0t}^{(L)} = \frac{\sum q_t \cdot p_0}{\sum q_0 \cdot p_0} \cdot 100 = \frac{3350}{3285} \cdot 100 = 101{,}98.$$

Bei Preisen der Basisperiode hat sich das Mengenvolumen zwischen Basis- und Berichtsperiode um knapp 2% erhöht.

$Q_{0t}^{(P)}$ ist unter Benutzung der Spalten (7) und (8) der Tabelle 6.3 zu berechnen

$$Q_{0t}^{(P)} = \frac{\sum q_t \cdot p_t}{\sum q_0 \cdot p_t} \cdot 100 = \frac{3460}{3560} \cdot 100 = 97{,}19.$$

Nach dieser Indexzahl hat bei Preisen der Berichtsperiode das Mengenvolumen zwischen Basis- und Berichtsperiode um 2,8% abgenommen.

6.2.3 Wertindizes U

Will man z. B. die Umsatzentwicklung einer Produktgruppe durch eine einzige Zahl ausdrücken, so lässt sich ein Umsatzindex benutzen. Ein solcher **Wert-**, **Umsatz- oder Ausgabenindex** U setzt die tatsächlichen Umsätze der Berichtsperiode in Beziehung zu den realisierten Umsätzen in der Basisperiode:

$$U_{0t} = \frac{\sum_{i=1}^{m} p_{ti} \cdot q_{ti}}{\sum_{i=1}^{m} p_{0i} \cdot q_{0i}} \quad (6.16)$$

Umsatzindizes können evtl. unterschiedliche Warenkörbe in der Basis- und Berichtsperiode zugrunde liegen. Formal ergibt sich (6.16) auch mit

$$U = \frac{Q^{(L)} \cdot P^{(P)}}{100} \quad (6.17)$$

oder

$$U = \frac{P^{(L)} \cdot Q^{(P)}}{100} \quad (6.18)$$

Bei dieser Art der Berechnung müssen sich die eingehenden Größen auf den gleichen Warenkorb beziehen.

Beispiel 6.6   Wie hat sich der Warenkorb im Beispiel 6.3 wertmäßig zwischen Basis- und Berichtsperiode entwickelt? Mit Hilfe der Werte der Spalten (7) und (6) aus Tabelle 6.3 erhält man

$$U_{0t} = \frac{\sum p_t \cdot q_t}{\sum p_0 \cdot q_0} \cdot 100 = \frac{3460}{3285} \cdot 100 = 105{,}33$$

oder unter Benutzung der Ergebnisse aus den Beispiel 6.4 und Beispiel 6.5 nach (6.17)

$$U = \frac{Q^{(L)} \cdot P^{(P)}}{100} = 101{,}98 \cdot 103{,}28 = 105{,}33.$$

Der Wert des Warenkorbes der Berichtsperiode hat sich gegenüber dem Wert des Warenkorbes in der Basisperiode um 5,3% erhöht. (Hier ist der Warenkorb zwischen 0 und t gleich geblieben.)

6.3 Indexzahlprobleme

Im Zusammenhang mit den unter 6.2 diskutierten Indexzahlen treten Probleme bei ihrer Konstruktion bzw. Umrechnung auf, die im Folgenden behandelt werden sollen.

6.3.1 Probleme der Indexkonstruktion

Bei der Darstellung von Sachverhalten mit Hilfe von Indexzahlen sind verschiedene Entscheidungen zu treffen.

6.3.1.1 Wahl des Indextyps

Das in der amtlichen und nichtamtlichen Statistik des In- und Auslandes überwiegend benutzte Indexschema ist dasjenige von Laspeyres. Hierbei sind sowohl Preis- als auch Mengenreihen zeitlich untereinander vergleichbar. Außerdem spricht ein relativ geringer Erhebungs- und Berechnungsaufwand für diesen Ansatz. Man vermeidet nämlich, in jeder Berichtsperiode einen neuen Warenkorb ermitteln zu müssen. Strenggenommen werden viele Indizes nach dem Ansatz von Lowe (6.10) ermittelt. Bei monatlichen Berechnungen bezieht sich nämlich der Warenkorb nicht auf den ersten Monat als Basisperiode, sondern wegen saisonaler Schwankungen auf einen Jahresdurchschnitt.

Das Indexschema nach Paasche wird einerseits dort benutzt, wo die aktuellen Warenkörbe aufgrund laufender Statistiken automatisch anfallen (z. B. in einigen Bereichen der Außenhandelsstatistik, vgl. unter 6.4.3.1), andererseits dient es aber auch zur Preisbereinigung von Wertgrößen (vgl. 6.3.2) und zur Kontrolle des Laspeyres-Schemas. Sonderrechnungen mit Hilfe des Paasche-Ansatzes sollen prüfen, ob die nach dem Laspeyres-Schema zugrundeliegende Struktur der Basisperiode den Verhältnissen in der Berichtsperiode noch entspricht oder nicht.

Der starre Warenkorb des Basisjahres beim Laspeyres-Ansatz wird im Zeitablauf veralten, da sich zum einen die Qualität der im Warenkorb befindlichen Güter ändert und zum anderen Güter vom Markt verschwinden bzw. neue hinzukommen. Deshalb müssen die Indexzahlen in Abständen von mehreren Jahren auf eine neue Basis umgestellt werden, was einer Anpassung des Warenkorbes an die aktuellen Gegebenheiten entspricht (vgl. unter 6.3.2).

Dieses Problem ist nicht auf die Laspeyres-Formel beschränkt. Beim Paasche-Index, der den Warenkorb der Berichtsperiode zugrunde legt, stellt sich das Problem bei zeitlich weit zurückliegenden Basisperioden ebenfalls.

6.3.1.2 Wahl der Basisperiode

Unabhängig von der gewählten Indexformel ist bei der Interpretation von Indexzahlen – insbesondere bei Vergleichen – die gewählte Basisperiode von Bedeutung. Wir betrachten im Folgenden nur eine *fixe* Basis, d. h. eine solche, die für mehrere Berichtsperioden konstant gehalten wird. (Zu einer sich von Berichtsperiode zu Berichtsperiode ändernden Basis vgl. unter 6.3.2 im Zusammenhang mit der Verkettung.) Die Wahl einer Basis mit einem niedrigen Wert führt zu hohen Indexwerten und umgekehrt (**Basiseffekt**). Dadurch lässt sich das Niveau einer Indexreihe beeinflussen, ganz davon abgesehen, dass die Messzahlen die Relationen zwischen Berichts- und Basisperiode angeben und damit nichts über die zugrundeliegenden absoluten Größen aussagen.

Ein Monat ist i. d. R. zu kurz, um als Bezugsperiode dienen zu können, da er durch saisonale oder sonstige außergewöhnliche Faktoren beeinflusst werden kann. Deshalb werden meist Basisjahre benutzt. Ein solches Jahr sollte als „normal" oder „typisch" angesehen werden können. Was dies konkret heißt, ist zwar theoretisch im Einzelfall des betrachteten Sachverhaltes zu entscheiden, aber in der amtlichen Statistik hat sich im Zuge der europäischen Statistikharmonisierung die Konvention ergeben, die Indizes jeweils in den auf 0 und 5 endenden Jahren auf ein neues Basisjahr umzustellen.

6.3.1.3 Wahl der Art und Zahl der Güter im Warenkorb

Im Allgemeinen ist es nicht möglich, bei Indexrechnungen *alle* Güter und Dienste des zu indizierenden Sachverhaltes zu berücksichtigen. Damit stellt sich das Problem der Repräsentativität des Warenkorbes.

Zum einen zwingt der Erhebungsaufwand zur Beschränkung, zum anderen ist es auch nicht unbedingt nötig, alle Güter zu berücksichtigen. Konzentriert man sich z. B. bei einem Preisindex auf die wichtigsten Güter, so wird man den weitaus größten Teil der Preisentwicklung erfassen (vgl. hierzu das Abschneideverfahren unter 1.3). Die übrigen, nur einen unbedeutenden Anteil ausmachenden Güter werden den Index kaum beeinflussen, selbst wenn sie eine abweichende Preisentwicklung aufweisen.

Man wird die Preisentwicklung umso besser nachzeichnen können, je umfassender die für die betreffende Fragestellung ökonomisch wichtigsten Güter im Warenkorb enthalten sind und wenn die Gütergruppen innerhalb des Indexes möglichst homogen sind. In diesem Fall kann die betreffende Gütergruppe durch ein Gut (oder einige wenige Güter) repräsentiert werden.

Es ist darauf hinzuweisen, dass das Ergebnis einer Indexrechnung meist als für alle Güter und Dienste des betrachteten Sachverhalts gültig interpretiert wird und nicht nur für die ausgewählten Güter des Warenkorbes. Man unterstellt damit, dass die Preise der nicht im Warenkorb enthaltenen Güter und Dienste sich im Durchschnitt so entwickeln, wie diejenigen des Warenkorbes. In diesem Zusammenhang ist zu kritisieren, dass keine echten Stichproben (nach dem Zufallsprinzip, vgl. Kapitel 1.3 und 9.3) gezogen werden. Bei der Vielzahl der regelmäßig zu berechnenden Indexzahlen würde dieses Vorgehen allerdings einen fast unüberwindlichen methodischen und technischen Aufwand bedeuten, weshalb in der Praxis davon abgesehen wird.

6.3.1.4 Wahl des Wägungsschemas und des Durchschnittswertes

Die in der Praxis zur Berechnung der Indizes zugrunde gelegten Warenkörbe sind oft sehr umfangreich. Es kann deshalb sinnvoll sein, die unterschiedlichen Güter und Dienste in mehreren, möglichst homogenen Gruppen zusammenzufassen und für jede Gruppe zunächst **Teil-** oder **Subindexzahlen** zu berechnen, die dann unter Benutzung entsprechender Gewichtungsfaktoren zu einem **Gesamtindex** zusammengefasst werden. Die Berechnung von Teilindizes erhöht die Informationen über die Preis- bzw. Mengenentwicklung der Teilwarenkörbe und erleichtert, z. B. bei der Substitution von Gütern im Zeitablauf, die Änderungen der Gewichtungsfaktoren.

Die Gesamtheit der Gewichtungsfaktoren $g_1, ..., g_m$ nennt man **Wägungsschema**. Oft setzt man die Summe der Werte (Gesamtausgaben) gleich 100 oder 1000 und berechnet die Einzelausgaben für bestimmte Güter (-gruppen) im Index als Bruchteile davon. Die Gewichte sind die Ausgabenanteile für die einzelnen Güter bzw. Gütergruppen.

Die Wahl geeigneter Gewichtungsfaktoren stellt ein zentrales Problem bei der Konstruktion von Indexzahlen dar. Bei praktischen Anwendungen werden sie oft durch besondere Erhebungen festgelegt. Hier sollen die Gewichte die Bedeutung der im Warenkorb befindlichen Güter (-gruppen) für die zu messende durchschnittliche Entwicklung ausdrücken.

6.3 Indexzahlprobleme

Die Indexzahl selbst haben wir als gewogenes *arithmetisches* Mittel interpretiert. Prinzipiell hängt die Entscheidung über die Art des anzuwendenden Mittelwertes, durch den die Einzelinformationen zu einem einzigen Wert zusammengezogen werden sollen, von den zugrundeliegenden Daten ab. Es kann deshalb prinzipiell auch das geometrische Mittel (vgl. Kapitel 2.2.1.4) oder das harmonische Mittel (vgl. Kapitel 2.2.1.5) Verwendung finden.

6.3.1.5 Indexkriterien

Bei der Verschiedenartigkeit der durch die skizzierten Wahlmöglichkeiten resultierenden Indexzahlen stellt sich die Frage nach formalen Kriterien, denen eine Indexzahl genügen sollte, um sie vor anderen geeigneter erscheinen zu lassen. Insbesondere Irving Fisher glaubte, durch die Angabe von **formalen Indexkriterien** zu einer solchen „Rangordnung" kommen zu können.

Ein erstes nennt man **Kriterium der (Zeit-) Umkehrbarkeit**. Nehmen wir zunächst ein einziges Gut an mit der Basisperiode 0 und der Berichtsperiode t. Dann wird – bei Bezugsperiode 0 – die Preisentwicklung zwischen 0 und t durch das Verhältnis p_t/p_0 gemessen. Ist die Bezugsperiode jedoch die Periode t, dann wird die Preisentwicklung zwischen t und 0 gemessen durch p_0/p_t. Es muss also gelten

$$\frac{p_0}{p_t} = \frac{1}{\frac{p_t}{p_0}}.$$

In Analogie hierzu müsste für eine Preisindexzahl – im Folgenden wird der Faktor 100 weggelassen – gelten

$$P_{0t} = \frac{1}{P_{t0}}$$

bzw.

$$P_{0t} \cdot P_{t0} = 1 \qquad (6.19)$$

Dies besagt nichts anderes, als dass die Indexformel, die eine Preiserhöhung von z. B. 30% zwischen der Periode 0 und t zeigt, einen Preisrückgang von 23% zwischen der Periode t und 0 angeben müsste ($1{,}30 \cdot 0{,}77 = 1$).

Betrachten wir die linke Seite von (6.9), so sehen wir, dass sie entweder als $P_{0t}^{(L)} \cdot P_{t0}^{(L)}$ oder als $1/P_{t0}^{(P)} \cdot 1/P_{0t}^{(P)}$ geschrieben werden kann. Das bedeutet, dass weder der Preisindex nach Laspeyres noch derjenige nach Paasche dieses Kriterium der (Zeit-) Umkehrbarkeit erfüllt, wenn man den unwahrscheinlichen Fall für $\rho = 0$ oder $S_x = 0$ oder $S_y = 0$ außer Betracht lässt. Bezüglich dieses Kriteriums zeigt deshalb die Laspeyres-Formel normalerweise eine Verzerrung nach oben und die Paasche-Formel dementsprechend nach unten.

Ein zweites **Kriterium** ist das der **Faktorumkehrbarkeit**. Wiederum soll die Preisentwicklung für ein Gut zwischen Periode 0 und t durch p_t/p_0 gemessen werden. Die Mengenbewegung lässt sich entsprechend durch q_t/q_0 angeben. Die Wertänderung ist dann $p_t \cdot q_t / p_0 \cdot q_0$. Übertragen wir diese Überlegung auf Indexzahlen, so sollte gelten

$$U_{0t} = \frac{\sum p_t \cdot q_t}{\sum p_0 \cdot q_0} = P_{0t} \cdot Q_{0t}$$

bzw.

$$\frac{P_{0t} \cdot Q_{0t}}{U_{0t}} = 1 \qquad (6.20)$$

Wenn also eine Wertgröße z. B. um 60% gestiegen ist, dann sollte eine Indexformel, die dieses Kriterium erfüllt und eine Preissteigerung von 25% zeigt, eine Mengensteigerung von 28% angeben ($1{,}25 \cdot 1{,}28 = 1{,}6$).

Als Laspeyres-Indizes für P_{0t} und Q_{0t} erhält man

$$P_{0t}^{(L)} = \frac{\sum p_t \cdot q_0}{\sum p_0 \cdot q_0} \text{ und } Q_{0t}^{(L)} = \frac{\sum q_t \cdot p_0}{\sum q_0 \cdot p_0},$$

was nicht zu (6.20) führt.

Dies lässt sich auch aus Gleichung (6.9) erkennen, deren linke Seite sich entweder als

$$\frac{P_{0t}^{(L)} \cdot Q_{0t}^{(L)}}{U_{0t}} \quad \text{oder als} \quad \frac{U_{0t}}{P_{0t}^{(P)} \cdot Q_{0t}^{(P)}}$$

schreiben lässt. Also erfüllen weder der Paasche- noch der Laspeyres-Index das Faktorumkehrkriterium, wenn man wiederum den unwahrscheinlichen Fall außer Acht lässt, dass

6.3 Indexzahlprobleme

$\rho = 0$ oder $S_x = 0$ oder $S_y = 0$ ist. Genau wie beim vorherigen Kriterium zeigt der Laspeyres-Ansatz bzgl. des Faktorumkehrkriteriums normalerweise eine Verzerrung nach oben und Paasche eine dementsprechende nach unten.

Betrachtet man den Marshall-Edgeworth-Index (6.11), so zeigt sich, dass er zwar das (Zeit-) Umkehrkriterium, nicht aber das Kriterium der Faktorumkehrbarkeit erfüllt. Lediglich der Fisher-Index (6.13) erfüllt beide Kriterien und wurde deshalb von Fisher selbst als „ideal" bezeichnet.

Ein weiteres, oft genanntes Kriterium ist das **Zirkularkriterium**. Gehen wir wiederum von Preisindizes aus, so ist es wünschenswert, wenn aus den Indexzahlen P_{01} und P_{12} der Index P_{02} berechnet werden kann. Gilt dabei

$$P_{02} = P_{01} \cdot P_{12}$$

bzw.

$$\frac{P_{01} \cdot P_{12}}{P_{02}} = 1 \qquad (6.21)$$

so ist das Zirkularkriterium erfüllt. Viele Indexzahlen – insbesondere die Ansätze von Laspeyres und Paasche, aber auch derjenige von Fisher – erfüllen nicht dieses Kriterium. Beispielhaft sei dies für den Laspeyres-Preisindex gezeigt. Definitionsgemäß ist

$$P_{02}^{(L)} = \frac{\sum p_2 \cdot q_0}{\sum p_0 \cdot q_0}, \; P_{01}^{(L)} = \frac{\sum p_1 \cdot q_0}{\sum p_0 \cdot q_0} \text{ und } P_{12}^{(L)} = \frac{\sum p_2 \cdot q_1}{\sum p_1 \cdot q_1}.$$

Setzen wir diese Ausdrücke in (6.21) ein, so ergibt sich für die linke Seite

$$\frac{P_{01} \cdot P_{12}}{P_{02}} = \frac{\frac{\sum p_2 \cdot q_1}{\sum p_1 \cdot q_1}}{\frac{\sum p_2 \cdot q_0}{\sum p_0 \cdot q_0}}.$$

Dieser Ausdruck ist nicht notwendigerweise gleich eins. Es handelt sich um einen Quotienten aus zwei unterschiedlichen Indizes, die sich auf die Mengen in den Perioden 0 und 1 beziehen.

Der Index nach Lowe (6.10) besitzt die Zirkulareigenschaft, denn

$$\frac{\sum p_1 \cdot \bar{q}}{\sum p_0 \cdot \bar{q}} \cdot \frac{\sum p_2 \cdot \bar{q}}{\sum p_1 \cdot \bar{q}} = \frac{\sum p_2 \cdot \bar{q}}{\sum p_0 \cdot \bar{q}}.$$

Diese Indexkriterien sollten insgesamt nicht überbewertet werden. Bezüglich des (Zeit-) Umkehrkriteriums wird man kaum konsistente Ergebnisse erwarten dürfen. So erfordert (6.19) für den Laspeyres-Index $P_{0t}^{(L)} \cdot P_{t0}^{(L)} = 1$, obwohl die Güter des Warenkorbes in $P_{0t}^{(L)}$ andere sein werden als diejenigen in $P_{t0}^{(L)}$. Hinsichtlich des Faktorumkehrkriteriums gibt es z. B. einen Paasche-Mengenindex, der zusammen mit einem Laspeyres-Preisindex dieses Kriterium durchaus erfüllt, so ist

$$P_{0t}^{(L)} \cdot Q_{0t}^{(P)} = U_{0t} \quad \text{(vgl. auch (6.18))}.$$

Außerdem wird die ökonomische Bedeutung und Interpretation des „idealen" Fisher-Indexes nicht deutlich. Die Ansätze von Laspeyres und Paasche sind dagegen jeweils sinnvoll interpretierbar. Was aber misst konkret das geometrische Mittel aus beiden (vgl. (6.13)), selbst wenn dieser Ausdruck die beiden zuerst diskutierten Kriterien erfüllt?

Auch wenn die praktische Bedeutung dieser Kriterien nicht sehr groß ist, so sind sie doch wichtig für das Verständnis der Konstruktion von Indexzahlen. Im Allgemeinen wird weniger darauf geachtet, ob diese formalen Indexkriterien erfüllt sind. Vielmehr strebt man bei ihrer Auswahl für Anwendungen leichte Berechenbarkeit und damit Aktualität der Ergebnisse sowie ökonomisch sinnvolle Interpretierbarkeit an. Deshalb finden – wie bereits erwähnt – vor allem Laspeyres- und Paasche-Indexzahlen in der Praxis Anwendung.

6.3.2 Indexumrechnungen

Beim Rechnen mit Indexzahlen – jetzt allgemein mit I bezeichnet – treten oft Sachverhalte auf, die wir im Folgenden unter den Stichworten Umbasierung, Verknüpfung, Verkettung und Preisbereinigung behandeln wollen.

6.3.2.1 Umbasierung

Wie wir wissen, ist ein oft benutztes Indexschema dasjenige von Laspeyres. Hier wird aus interpretatorischen und rechentechnischen Gründen die Basisperiode für einige Perioden fixiert. Durch Qualitätsänderungen der Güter, Auftreten neuer und Verschwinden alter Produkte ist der Warenkorb des Basisjahres nach einiger Zeit veraltet und muss aktualisiert werden. Man spricht von **Umbasierung** der Indizes. Allerdings wird diese Bezeichnung nicht nur für die Neuberechnung, sondern auch für die Umrechnung einer vorliegenden Indexreihe benutzt. Diese ist bspw. dann vorzunehmen, wenn bei internationalen Statistiken zu Vergleichszwecken eine einheitliche Basis erforderlich ist. In diesem zuletzt genannten Sinn soll hier von Umbasierung als einer Umrechnungsprozedur gesprochen werden.

Liegen für verschiedene Berichtsperioden 1, 2, ..., k, ...,T die Werte eines Indexes mit $I_{01}, I_{02}, ..., I_{0k}, ..., I_{0T}$ auf der Basis 0 vor, so lässt sich eine Umrechnung auf die neue Basis k so vornehmen, dass man jeden Wert der Indexreihe durch I_{0k} dividiert, wobei üblicherweise die umbasierten Werte wieder in Prozent angegeben werden:

$$\boxed{I^*_{kt} = \frac{I_{0t}}{I_{0k}} \cdot 100} \qquad (6.22)$$

Zur Veranschaulichung betrachten wir einen Preisindex nach Laspeyres für die Periode 4, der von der Basisperiode 0 auf die Periode k = 2 als neue Basis umbasiert werden soll

$$P^{(L)*}_{24} = \frac{P^{(L)}_{04}}{P^{(L)}_{02}} \cdot 100 = \frac{\frac{\sum p_4 \cdot q_0}{\sum p_0 \cdot q_0}}{\frac{\sum p_2 \cdot q_0}{\sum p_0 \cdot q_0}} \cdot 100 = \frac{\sum p_4 \cdot q_0}{\sum p_2 \cdot q_0} \cdot 100.$$

Hieran erkennt man, dass aus der Umbasierung kein Preisindex nach Laspeyres zur neuen Basisperiode 2 resultiert, sondern ein „Mischindex" mit Preisen der Periode 2 (p_2), jedoch mit Mengen der alten Basis 0 (q_0); allerdings bleibt der Warenkorb bei der Umbasierung gleich (q_0). Dieser Sachverhalt ist bei der Interpretation umbasierter Indexzahlen zu berücksichtigen. Eine von der Periode 0 zur Periode k umbasierte Indexzahl ist nämlich kein Index mit einer in der Periode k festgestellten Gewichtung, sondern mit einer solchen aus der Periode 0.

Beispiel 6.7   Ein Preisindex nach Laspeyres auf der Basis 2005 = 100 sei bis 2012 auf den Wert 150 gestiegen. Er soll auf die neue Basis 2010 = 100 umbasiert werden, wobei der Indexwert 2010 auf der alten Basis 130 betrug. Nach (6.22) ergibt sich für I_{kt}^* speziell als Laspeyeres-Preisindex

$$P_{10/12}^{(L)*} = \frac{P_{05/12}^{(L)}}{P_{05/10}^{(L)}} \cdot 100 = \frac{150}{130} \cdot 100 = 115{,}4.$$

Der Warenkorb von 2005 hat sich zwischen 2010 und 2012 um 15,4% verteuert.

6.3.2.2   Verknüpfung

Eine weitere Umrechnungsprozedur, die mit der Umbasierung zusammenhängt, ist die **Verknüpfung**.

Wie wir gesehen haben, ist bei vielen Indizes wegen der notwendigen Aktualisierung des Warenkorbes von Zeit zu Zeit eine Umbasierung erforderlich. Dadurch entstehen „Brüche" zwischen den einzelnen Indexreihen mit verschiedenen Basisperioden. Will man nun die Entwicklung der Indexreihe über eine *große* Zeitspanne verfolgen, z. B. die Darstellung des Preisindexes für die Lebenshaltung („Inflationsrate") in der Bundesrepublik Deutschland von 1949 bis heute, so verknüpft man die verschiedenen Indexreihen, die sich inhaltlich auf das gleiche Phänomen beziehen, miteinander.

Dabei kann man die alten Reihen auf das Niveau der aktuellen Reihe umrechnen oder umgekehrt. Die Werte des fortgeführten bzw. zurückgerechneten Indexes werden im Folgenden mit * bezeichnet.

Betrachten wir der Einfachheit halber nur *eine* alte Indexreihe (gekennzeichnet durch (A)): $\ldots, I_{t-2}^{(A)}, I_{t-1}^{(A)}, I_t^{(A)}$ und *eine* neue Indexreihe (gekennzeichnet durch (B)): $I_t^{(B)}, I_{t+1}^{(B)}, I_{t+2}^{(B)}, \ldots$. Aufgrund der Annahme eines Proportionalzusammenhanges zwischen den Reihen erhält man nach einer Dreisatzüberlegung z. B. den auf der neuen Basis zurückgerechneten Indexwert für $t-1$ aus

6.3 Indexzahlprobleme

$$\frac{I_{t-1}^{(B)*}}{I_{t-1}^{(A)}} = \frac{I_t^{(B)}}{I_t^{(A)}}$$

zu

$$I_{t-1}^{(B)*} = I_{t-1}^{(A)} \cdot \frac{I_t^{(B)}}{I_t^{(A)}}$$

oder allgemein für die Periode t–l

$$\boxed{I_{t-l}^{(B)*} = I_{t-l}^{(A)} \cdot \frac{I_t^{(B)}}{I_t^{(A)}}} \quad l = 1,2,\dots \tag{6.23}$$

Analog lässt sich der auf der alten Basis fortgerechnete Indexwert für t+1 mit

$$I_{t+1}^{(A)*} = I_{t+1}^{(B)} \cdot \frac{I_t^{(A)}}{I_t^{(B)}}$$

bzw. für t+l mit

$$\boxed{I_{t+l}^{(A)*} = I_{t+l}^{(B)} \cdot \frac{I_t^{(A)}}{I_t^{(B)}}} \quad l = 1,2,\dots \tag{6.24}$$

berechnen.

Wie sich erkennen lässt, wird die Umrechnung aufgrund der Verhältnisse in der Periode t vorgenommen. Dies kann problematisch sein, denn damit wird aufgrund der Indexwerte in t für den gesamten Umrechnungszeitraum die dort festgestellte Proportionalität zwischen der alten und der neuen Reihe unterstellt.

Beispiel 6.8 Es möge ein Index auf der alten Basis A für die Perioden 1–6 berechnet worden sein. Dieser Index wurde in der Periode 6 auf eine neue Basis B gestellt und bis zur Periode 10 bestimmt (vgl. Tabelle 6.4). Um eine durchgehende Indexreihe zu erhalten, sollen beide Indexreihen verknüpft werden, wobei sowohl eine Fortführung auf der alten als auch eine Rückrechnung auf der neuen Basis vorgenommen werden soll.

Für die Rückrechnung des neuen Indexes erhält man nach (6.23) z. B. für t = 5

$$I_5^{(B)*} = 118 \cdot \frac{100}{122} = 96{,}7.$$

Tabelle 6.4 Verknüpfung zweier Indexreihen (verknüpfte Werte mit * bezeichnet)

Periode t	Alter Index (Basis A)	Neuer Index (Basis B)
1	100	82,0*
2	105	86,1*
3	110	90,2*
4	112	91,8*
5	118	96,7*
6	122	100
7	130,5*	107
8	134,2*	110
9	139,1*	114
10	144,0*	118

Die Fortführung des alten Indexes führt bspw. für die Periode t = 7 nach (6.24) zu

$$I_7^{(A)*} = 107 \cdot \frac{122}{100} = 130{,}54.$$

6.3.2.3 Verkettung

Manchmal liegen Indexwerte vor, die sich auf das gleiche Phänomen beziehen, jedoch nicht mit einer *fixen* Basis, sondern mit der *jeweiligen* Vorperiode als Basis (Kettenbasis, vgl. hierzu auch die Überlegungen zur Wahl der Basisperiode unter 6.3.1.2). Es lässt sich nun durch **Verkettung** der einzelnen Indexwerte eine *durchgehende* Indexreihe mit einer festen Basis 0 erhalten:

$$I_{0t}^* = \left(\frac{I_{01}}{100} \cdot \frac{I_{12}}{100} \cdot \ldots \cdot \frac{I_{t-1,t}}{100}\right) \cdot 100 \qquad (6.25)$$

Für zwei Perioden zeigt sich, dass die Verkettung eine inverse Operation zur Umbasierung darstellt:

$$I_{0t} = \frac{I_{0k} \cdot I_{kt}}{100} \quad \text{(vgl. (6.22))}.$$

6.3 Indexzahlprobleme

Das Ergebnis der Multiplikationen in (6.25) sollte zu einem Index mit der Berichtsperiode des letzten Kettengliedes zur Basis des ersten Kettengliedes führen. Es sollte also das Zirkularkriterium (vgl. (6.21)) erfüllt sein, was bei in der Praxis gebräuchlichen Indextypen i. d. R. nicht zutrifft. Eine Ausnahme bildet der Indextyp nach Lowe. Es ist zu beachten, dass sich der Warenkorb von Periode zu Periode ändern kann. Durch diese Änderungen kann zwar die Indexreihe aktueller sein als eine Reihe mit einem festen Wägungsschema aus der Basisperiode 0, jedoch wird die laufende inhaltliche Änderung des Indexes zu Schwierigkeiten bei der Interpretation der verketteten Indexzahl führen. Je mehr Kettenglieder in die Berechnung einbezogen werden, umso unübersichtlicher wird das Ergebnis. Da Laspeyres- und Paasche-Indizes das Zirkularkriterium nicht erfüllen, bedeutet dies strenggenommen, dass sie nicht verkettet werden dürften, wogegen in der Praxis allerdings verstoßen wird.

Beispiel 6.9 Ein Preisindex sei für fünf Perioden mit der jeweiligen Vorperiode als Basis angegeben. Er soll verkettet und auf die Basis 0 bezogen werden (vgl. Tabelle 6.5).

Tabelle 6.5 Auf die Vorperiode bezogener und verketteter Preisindex

Periode t	Auf die Vorperiode bezogener Index	Verketteter Index
0	100	100,0*
1	105	105,0*
2	108	113,4*
3	106	120,2*
4	110	132,2*

Den verketteten Preisindex für die Periode 4 bspw. erhält man nach (6.25) mit

$$I_{04}^* = \left(\frac{105}{100} \cdot \frac{108}{100} \cdot \frac{106}{100} \cdot \frac{110}{100}\right) \cdot 100 = 132,2.$$

Der Preisindex ist in der Periode 4 gegenüber der Basisperiode 0 um 32,2% höher. Da in die bei der Verkettung gebildeten Produkte sowohl unterschiedliche Preise als auch Mengen aus den verschiedenen Perioden eingehen, ist eine Interpretation der Ergebnisse als Messung von Preissteigerungen in den Berichtsperioden gegenüber der Periode 0 nicht ohne weiteres möglich.

6.3.2.4 Preisbereinigung

Oft steht man vor dem Problem, nominale Größen, also Wertgrößen mit einer Preis- und einer Mengenkomponente, in reale Größen umzurechnen. Dies wird als **Preisbereinigung** oder **Deflationierung** bezeichnet. Eine Wertgröße $\sum p_t \cdot q_t$ im Berichtszeitraum t soll also in eine fiktive Größe $\sum p_0 \cdot q_t$ die die Mengen der Berichtsperiode mit den Preisen der Basisperiode bewertet, überführt werden.

Formal erhält man eine solche preisbereinigte Größe, indem man die Umsatzgröße $\sum p_t \cdot q_t$ durch den Preisindex nach Paasche dividiert

$$\left. \sum p_t \cdot q_t \middle/ \frac{\sum p_t \cdot q_t}{\sum p_0 \cdot q_t} \right. = \sum p_0 \cdot q_t \tag{6.26}$$

(6.26) gilt allerdings nur dann, wenn der Preisindex nach Paasche sich auf genau denselben Warenkorb wie die zu deflationierende Wertgröße bezieht.

Die obige Überlegung lässt sich auch auf Indizes übertragen. Die Division eines Umsatzindexes durch einen Preisindex führt zu einem entsprechenden Mengenindex (vgl. auch (6.17) und (6.18)):

$$\frac{U_{0t}}{P_{0t}^P} \cdot 100 = \left. \frac{\sum p_t \cdot q_t}{\sum p_0 \cdot q_0} \middle/ \frac{\sum p_t \cdot q_t}{\sum p_0 \cdot q_t} \right. \cdot 100 = \frac{\sum p_0 \cdot q_t}{\sum p_0 \cdot q_0} \cdot 100 = Q_{0t}^L \tag{6.27}$$

Auch hier bedarf es identischer Warenkörbe für die Umsatz- und Preisindizes. Nur dann erhält man Mengenindizes nach Laspeyres. Diese sind jedoch wegen der wechselnden Warenkörbe im Zeitablauf untereinander nicht ohne weiteres vergleichbar. Außerdem stehen bei Anwendungen oft nur Preisindizes nach Laspeyres für die Deflationierung zur Verfügung.

Allgemein tritt in der Praxis häufig das Problem auf, dass zu dem zu bereinigenden Umsatz (-Index) kein *genau* passender Preisindex existiert. Greift man dann auf sachlich verwandte Preisindizes zurück, so erscheint das Ergebnis einer solchen „Deflationierung" recht problematisch.

6.4 Beispiele für Indexzahlen

Beispiel 6.10 Für den Wertindex U_{0t} = 105,327 aus Beispiel 6.6 soll eine Preisbereinigung mit Hilfe des Preisindexes nach Paasche P_{0t}^P = 103,284 aus Beispiel 6.4 vorgenommen werden. (Die Ausgangsdaten sind in Tabelle 6.3 enthalten.) Nach (6.27) erhalten wir

$$\frac{U_{0t}}{P_{0t}^P} \cdot 100 = \frac{105{,}327}{103{,}284} \cdot 100 = 101{,}98 = Q_{0t}^L.$$

Die von Preisen bereinigte, d. h. mengenmäßige Umsatzsteigerung zwischen den Perioden 0 und t beträgt also knapp 2%. Dies stimmt hier natürlich mit dem in Beispiel 6.5 gefundenen Ergebnis überein, da identische Warenkörbe zugrunde liegen.

6.4 Beispiele für Indexzahlen

In den vorangegangenen Abschnitten haben wir mehr die formale Seite der Indexzahlkonstruktion betrachtet. Im Folgenden sollen einige in der Bundesrepublik Deutschland regelmäßig berechnete Indizes aus verschiedenen wirtschaftlichen Bereichen, nämlich der Produktion, dem Verbrauch, dem Außenhandel und dem Aktienmarkt dargestellt werden, um den Inhalt einer Indexzahl auch von der Anwendungsseite her zu illustrieren.

6.4.1 Indizes aus dem Bereich der Produktion

6.4.1.1 Produktionsindex für das Produzierende Gewerbe

Für ein ökonomisch hochentwickeltes Land wie die Bundesrepublik Deutschland ist es wichtig, den Stand und die Entwicklung z. B. der Industrieproduktion möglichst zeitnah zu verfolgen, um z. B. Wachstumsänderungen in der gesamten Wirtschaft oder in einzelnen Branchen möglichst rasch erkennen zu können. Ein Produktionsindex soll unter Ausschaltung der Preisveränderungen die mengenmäßige Entwicklung der Nettoleistung der einzelnen Wirtschaftszweige in ihrer Gesamtheit messen. Zu diesem Zweck berechnet das Statistische Bundesamt als Mengenindex nach Laspeyres *vierteljährlich-* und *monatlich* einen **Produktionsindex für das Produzierende Gewerbe.** Das Produzierende Gewerbe hat, auch wenn seine Bedeutung gegenüber dem Dienstleistungsbereich gesunken ist, immer noch große Bedeutung.

Voraussetzung für die Erfassung wirtschaftlicher Tätigkeiten, die von statistischen Einheiten ausgeübt werden, ist ihre sachgerechte Klassifizierung. Im Rahmen der Harmonisierung der Statistiksysteme innerhalb der EU, die eine Vergleichbarkeit der Ergebnisse ökonomischer Aktivitäten ermöglichen soll, gilt in Deutschland z. Zt. die „Klassifikation der Wirtschaftszweige, Ausgabe 2008 (WZ 2008)", die Tabelle 6.6 zeigt.

Tabelle 6.6   Klassifikation der Wirtschaftszweige (WZ 2008)

Abschnitt	Bezeichnung
A	Land- und Forstwirtschaft, Fischerei
B	Bergbau und Gewinnung von Steinen und Erden
C	Verarbeitendes Gewerbe
D	Energieversorgung
E	Wasserversorgung; Abwasser- und Abfallentsorgung und Beseitigung von Umweltverschmutzungen
F	Baugewerbe
G	Handel; Instandhaltung und Reparatur von Kraftfahrzeugen
H	Verkehr und Lagerei
I	Gastgewerbe
J	Information und Kommunikation
K	Erbringung von Finanz- und Versicherungsdienstleistungen
L	Grundstücks- und Wohnungswesen
M	Erbringung von freiberuflichen, wissenschaftlichen und technischen Dienstleistungen
N	Erbringung von sonstigen wirtschaftlichen Dienstleistungen
O	Öffentliche Verwaltung, Verteidigung; Sozialversicherung
P	Erziehung und Unterricht
Q	Gesundheits- und Sozialwesen
R	Kunst, Unterhaltung und Erholung
S	Erbringung von sonstigen Dienstleistungen
T	Private Haushalte mit Hauspersonal; Herstellung von Waren und Erbringung von Dienstleistungen durch Private Haushalte für den Eigenbedarf ohne ausgeprägten Schwerpunkt
U	Exterritoriale Organisationen und Körperschaften

Zum **Produzierenden Gewerbe** gehören in der amtlichen Statistik der Bundesrepublik Deutschland diejenigen Betriebe von Unternehmen mit im Allgemeinen 20 Beschäftigten und mehr, die schwerpunktmäßig (z. B. gemessen an der Wertschöpfung, ersatzweise an der Beschäftigtenzahl) in die Abschnitte B–F gehören (vgl. Tabelle 6.6).

6.4 Beispiele für Indexzahlen

Dabei wird die monatliche Produktion nach Wert und Menge von über 5400 industriellen Erzeugnissen erfasst und auf Bundesebene rund 80% des Wertes der deutschen Industrieproduktion abgedeckt.

Im **Verarbeitenden Gewerbe** (Abschnitt C) erfolgt eine institutionelle Gliederung nach den Hauptgruppen

- Vorleistungsgüterproduzenten
- Investitionsgüterproduzenten
- Gebrauchsgüterproduzenten (langlebige Konsumgüter)
- Verbrauchsgüterproduzenten (kurzlebige Konsumgüter).

Beispiel 6.11 In Tabelle 6.7 sind Produktionsindizes im Produzierenden Gewerbe nach den Hauptgruppen der WZ 2008 für Deutschland für 2010 und 2011 angegeben.

Tabelle 6.7 Produktionsindex für das Produzierende Gewerbe (2005 = 100), Originalwerte

WZ-Klassifikation	Wirtschaftszweig	Gewichtung in %	2010	2011
B–D, F	Produzierendes Gewerbe insges.	100,00	104,5	112,5
B–D	Produzierendes Gewerbe (ohne Baugewerbe)	94,44	104,2	111,9
B–C	Bergbau u. Verarbeit. Gewerbe	87,07	104,9	114,0
B	Bergbau und Gewinnung von Steinen und Erden	1,22	85,4	78,7
C	Verarbeitendes Gewerbe	85,86	105,2	114,5
D	Energieversorgung	7,37	95,6	87,4
F	Baugewerbe	5,56	109,2	125,4
	Produzierendes Gewerbe (ohne Energie und Baugewerbe)	85,69	105,3	114,5
	mit: Vorleistungsgüter	33,96	107,7	116,5
	Investitionsgüter	35,37	104,5	117,2
	Gebrauchsgüter	2,78	96,2	100,5
	Verbrauchsgüter	13,58	103,0	104,8
	Energie (ohne Abschnitt (E))	8,76	93,6	86,7

Quelle: Statistisches Bundesamt (Hrsg.), Produzierendes Gewerbe, Fachserie 4, Reihe 2.1: Indizes der Produktion und der Arbeitsproduktivität im Produzierenden Gewerbe, Januar 2012.

Der Wert von 104,8 für die Verbrauchsgüterproduzenten für 2010 besagt z. B., dass die durchschnittliche mengenmäßige Produktion in dieser Hauptgruppe von 2005 bis 2010 bei Preisen von 2005 um 4,8% gestiegen ist.

Da die jedem Berichtsmonat zugrundeliegende unterschiedliche Zahl der Arbeits- und Kalendertage das in den Indizes dargestellte Produktionsergebnis beeinflusst, weist das Statistische Bundesamt die Indexzahlen nicht nur kalendermonatlich, sondern auch von Kalenderunregelmäßigkeiten bereinigt aus. Letztere sind dann für jeden Monat vergleichbar, da sie rechnerisch auf Monaten gleicher Länge beruhen.

Bei diesem Index entstehen Probleme dadurch, dass zum einen bei der Mengenerfassung mögliche Qualitätsänderungen der Güter nicht berücksichtigt werden können, zum anderen weil bisher genaue Angaben für die Aufteilung der Wertschöpfungsgrößen auf die die Unternehmen konstituierenden fachlichen Teile fehlen. Weiterhin bestimmt man nicht die gesamte Produktion, denn es werden nur Unternehmen ab einer bestimmten Größe erfasst. Außerdem führt die Deflationierung von Wertgrößen mit Laspeyres-Preisindizes zu Paasche-Mengenindizes, die strenggenommen nur mit dem Basisjahr vergleichbar sind.

6.4.1.2 Produktivitätsindizes

Produktivitätsindizes sind als spezielle Indexzahlen der Produktion ebenfalls von Bedeutung. Sie sollen unter güterwirtschaftlichem Aspekt etwas über die Effizienz der Produktion aussagen. Unter durchschnittlicher Produktivität versteht man allgemein das Verhältnis des Produktionsausstoßes (Output) zum Einsatz von Produktionsfaktoren (Input). Es handelt sich um ein Mengenverhältnis mit Input-Output-Mengen. Neben der *globalen* Produktivität, die die gesamte Ausbringung auf den gesamten Einsatz der Produktionsfaktoren bezieht, lassen sich auch *faktorbezogene* Produktivitäten berechnen. Letztere setzen die gesamte Ausbringung in Beziehung zu einem bestimmten Produktionsfaktor (Kapital oder Arbeit).

Wir wollen hier beispielhaft nur die Arbeitsproduktivität (Produktionsergebnis / Arbeitseinsatz) betrachten. Bei gesamtwirtschaftlicher Betrachtung soll die Arbeitsproduktivität ein Indikator für die Leistungsfähigkeit einer Volkswirtschaft sein.

Vom Statistischen Bundesamt werden **Indizes** der **Arbeitsproduktivität** *jährlich* ermittelt. Die Produktivitätsindizes (Produktionsergebnis je *Beschäftigten* und je *Arbeitsstunde*) werden als Quotienten nach

6.4 Beispiele für Indexzahlen

$$\text{Arbeitsproduktivität} = \frac{\text{Produktionsindex}}{\text{Input-Komponente des Arbeitsvolumens}} \cdot 100 \qquad (6.28)$$

berechnet. Für die Zählergröße benutzt man also den im vorigen Abschnitt behandelten Produktionsindex im Produzierenden Gewerbe, während die Messzahl für das Arbeitsvolumen (z. Zt. 2005 = 100) differenziert ist nach a) Zahl der Beschäftigten (für fachliche Betriebsteile) und b) geleisteten Arbeitsstunden (für fachliche Betriebsstellen). Dabei wird z. B. für die Messzahl unter a) im jeweiligen Wirtschaftszweig die Zahl der Beschäftigten in der Berichtsperiode zu derjenigen in der Basisperiode in Beziehung gesetzt.

Beispiel 6.12 In Tabelle 6.8 sind beispielhaft Indizes der Arbeitsproduktivität (Produktionsergebnis je *Beschäftigten*) im Produzierenden Gewerbe für Deutschland in 2009 und 2010 angegeben.

Tabelle 6.8 Index der Arbeitsproduktivität für das Produzierende Gewerbe (Produktionsergebnis je Beschäftigten) 2005 = 100

	2009	2010
Produzierendes Gewerbe (ohne Energie und Baugewerbe)	94,4	107,0
Vorleistungsgüterproduzenten	95,3	110,4
Investitionsgüterproduzenten	90,4	104,4
Gebrauchsgüterproduzenten	91,1	103,8
Verbrauchsgüterproduzenten	103,8	106,3

Quelle: Statistisches Bundesamt (Hrsg.), Produzierendes Gewerbe, Fachserie 4; Reihe 2.1: Indizes der Produktion und der Arbeitsproduktivität im Produzierenden Gewerbe, Januar 2012.

Bei der Interpretation der Indexzahlen zur Arbeitsproduktivität ist zu beachten, dass sie nicht kausal in dem Sinn interpretiert werden dürfen, dass eine Vergrößerung des Produktionsergebnisses je Beschäftigten nur auf eine Zunahme der Arbeitsintensität zurückzuführen ist. Dies kann auch dadurch verursacht worden sein, dass z. B. neue Produktionstechniken eingeführt wurden. Außerdem kann sich die Beschäftigungsstruktur im Zeitablauf ändern, was zusätzlich noch durch Effekte aufgrund zyklischer Schwankungen im Wirtschaftsablauf überlagert sein kann. Da darüberhinaus das gesamte Produktionsergebnis nur auf den Faktor Arbeit bezogen wird und es praktisch unmöglich ist, den Anteil der einzelnen Faktoren am Gesamtergebnis zu trennen, darf die Arbeitsproduktivität nicht als allein durch diesen Faktor hervorgebracht interpretiert werden. Zu beachten ist ferner, dass die unterschiedliche Qualität des Produktionsfaktors Arbeit, z. B. verschiedene Qualifikationen und Ausbildungsgrade, nicht berücksichtigt wird.

6.4.2 Indizes aus dem Bereich des Verbrauchs

6.4.2.1 Verbraucherpreisindex

Als einer der wichtigsten Indizes wird ab 2003 der **Verbraucherpreisindex** (bis 2003: Preisindex für die Lebenshaltung) berechnet, der die durchschnittliche Preisentwicklung der von den privaten Haushalten zu Konsumzwecken gekauften Güter und Dienstleistungen messen soll. Es werden Ausgaben der Privathaushalte zwischen Basis- und Berichtsperiode verglichen, die aufzuwenden wären, wenn die Verbrauchsstruktur (Warenkorb) der Basisperiode auch für die Berichtsperiode gelten würde. Hierzu dient der Preisindex nach Laspeyres (vgl. (6.5)).

Der Verbraucherpreisindex wird fälschlicherweise auch als *Lebenshaltungskostenindex* bezeichnet. In einem solchen „Kostenindex" müssten *realisierte* Konsumausgaben einfließen, d. h. es wären z. B. Änderungen der Mengen, der Preise und der Verbrauchergewohnheiten zu berücksichtigen. Vom Typ her entspräche dies aber einem Umsatzindex (vgl. (6.16)).

Das Statistische Bundesamt berechnet *monatlich* als Laspeyres-Preisindex den Verbraucherpreisindex.

Die Bezeichnung Preisindex für die Lebenshaltung aller privaten Haushalte wurde 2003 aufgegeben. Ebenso werden Preisindizes für das frühere Bundesgebiet und die neuen Bundesländer einschließlich Berlin-Ost untergliedert nach verschiedenen Haushaltstypen ab dem Jahr 2003 nicht mehr berechnet.

Dieser Verbraucherpreisindex ist derjenige, der üblicherweise in Presse, Rundfunk und Fernsehen angegeben und als Gradmesser für die „Teuerung", „Inflation" bzw. „Preissteigerungen" angesehen wird. Wegen der unterschiedlichen Preis-, Wachstums- und Strukturentwicklung in den Teilbereichen einer Volkswirtschaft wird man allerdings kaum mit einer einzigen Zahl diesen Belangen gerecht werden können. Wenngleich der Verbraucherpreisindex große Bedeutung hat, so werden doch oft Anforderungen an ihn gestellt, die er aufgrund seiner Konstruktion als Indexzahl nicht erfüllen kann.

6.4 Beispiele für Indexzahlen

Zur Ermittlung des typischen **Warenkorbs** geht man als Grundlage von der etwa alle fünf Jahre durchgeführten Einkommens- und Verbrauchsstichprobe aus. Deren Ergebnisse werden mit Hilfe der laufenden Wirtschaftsrechnungen aktualisiert. Hierzu führen private Haushalte auf freiwilliger Basis über einen längeren Zeitraum Buch über ihre Einnahmen und Ausgaben. Aufgrund all dieser Angaben und zusätzlicher Interviews wird der Warenkorb bzw. das Wägungsschema des Preisindexes bestimmt.

Der Index soll den Verbrauch der privaten Haushalte möglichst gut repräsentieren. In den Warenkorb gehen Verbrauchs- und Gebrauchsgüter ein, ebenso wie Mieten und Dienstleistungen. Die monatlichen Verbraucherpreiserhebungen finden in 190 über das ganze Bundesgebiet verteilten Gemeinden unterschiedlichster Größe und geographischer Lage statt. Die Vielzahl von Einzelpreisen der etwa 750 Güter und Dienstleistungen werden überwiegend durch die Statistischen Ämter der Gemeinden bei knapp 40 000 typischen Berichtsstellen – also nicht bei den privaten Haushalten – jeweils zur Monatsmitte erfragt. Berichtsstellen für die Preiserhebungen sind Einzelhandelsgeschäfte, Supermärkte, Warenhäuser, Handwerksbetriebe, Dienstleistungsunternehmen usw. Gibt es Qualitätsstreuungen innerhalb einer Güterart, so beschränkt man sich hier auf die Preise der Güter von einfacher und mittlerer Qualität.

Mit Hilfe der so ermittelten Gemeindedurchschnittspreise werden zunächst Indizes für die Bundesländer berechnet. Daraus wird, gewichtet mit den Bevölkerungszahlen der Bundesländer, ein Preisindex nach Laspeyres ermittelt. Um die Übersicht zu behalten, ist es nötig, die rund 350 000 Einzelangaben für Güter und Dienste zu Güterarten, Gütergruppen und schließlich zu zwölf Abteilungen (Hauptgruppen) zusammenzufassen. Diese Gliederung richtet sich nach der international gebräuchlichen „Classification of Individual Consumption by Purpose".

Beispiel 6.13 Für den Verbraucherpreisindex mit seinen 12 Abteilungen sind die Hauptgruppenindizes und die Gesamtindizes für 2010 und 2011 (jeweils Jahresdurchschnitt) sowie das Wägungsschema auf der Basis 2005 = 100 in Tabelle 6.9 angegeben.

Der Wert der Gesamtindexzahl von 110,7 für 2011 ist – entsprechend dem Laspeyres-Ansatz – wie folgt zu interpretieren: Die Preise des Warenkorbs für die privaten Haushalte sind bei Zugrundelegung des Warenkorbes zur Basis 2005 von 2010 bis 2011 um durchschnittlich 10,7 % gestiegen. Zu berücksichtigen ist, dass die Veränderungsrate des Gesamtindexes als Durchschnitt aus den recht unterschiedlichen Teilindizes berechnet wird. Die Gewichtungsfaktoren im Wägungsschema geben für die einzelnen Abteilungen die Ausgabenanteile an den Gesamtausgaben in der Basisperiode an. Der Gesamtindex ergibt sich als gewogenes arithmetisches Mittel der Hauptgruppenindizes (vgl. oben unter 6.3.1.4).

Tabelle 6.9 Verbraucherpreisindex mit Wägungsschema (2005=100)

Abteilung	Wägungsschema 2005 (‰)	2010	2011
01 Nahrungsmittel und alkoholfreie Getränke	103,55	112,5	115,7
02 Alkoholische Getränke und Tabakwaren	38,99	113,0	114,6
03 Bekleidung und Schuhe	48,88	103,7	105,6
04 Wohnung, Wasser, Elektrizität, Gas und andere Brennstoffe	308,00	110,1	113,5
05 Einrichtungsgegenstände u.a. für den Haushalt sowie deren Instandhaltung	55,87	104.6	105,1
06 Gesundheitspflege	40,27	104,7	105,5
07 Verkehr	131,90	112,1	116,9
08 Nachrichtenübermittlung	31,00	88,0	85,6
09 Freizeit, Unterhaltung und Kultur	115,68	101,3	102,3
10 Bildungswesen	7,40	131,8	128,8
11 Beherbergungs- und Gaststättendienstleistungen	43,99	109,9	111,5
12 Andere Waren und Dienstleistungen	74,47	108,4	110,2
	1000,00	108,2	110,7

Quelle: Statistisches Bundesamt (Hrsg.), Fachserie 17: Preise, Reihe 7, Februar 2012.

Oft interessiert nicht so sehr die Veränderung zwischen der Basis- und der Berichtsperiode, sondern die Veränderung der Berichtsperiode gegenüber der Vorperiode. Hier lassen sich die Überlegungen zur Umbasierung (vgl. Kapitel 6.3.2.1) nutzen.

Beispiel 6.14 Für den in Tabelle 6.9 gegebenen Gesamtpreisindex für alle privaten Haushalte im Jahr 2011 soll die Veränderung gegenüber 2010 berechnet werden. Entsprechend (6.22) lässt sich schreiben

$$I^*_{10/11} = \frac{I_{05/11}}{I_{05/10}} \cdot 100 = \frac{110,7}{108,2} \cdot 100 = 102,31.$$

6.4 Beispiele für Indexzahlen

Der Preisindex ist von 2010 auf 2011 bei Annahme des Warenkorbes von 2005 um knapp 2,31% gestiegen.

Dabei ist daran zu denken, dass möglicherweise ein Basiseffekt auftreten kann, wenn sich der Wert in der Bezugsperiode auf einen ungewöhnlich hohen oder niedrigen Indexwert der Vorperiode bezieht.

Auf Probleme der Qualitätsänderung und des Auftretens neuer Güter, die im Zusammenhang mit dem Laspeyres-Preisindex bereits in Kapitel 6.2.1.2 behandelt wurden, sei hier nochmals hingewiesen:

- Ändern sich die Verbrauchsgewohnheiten rasch, so kann der zugrunde gelegte Warenkorb der Basisperiode schnell überholt sein.

- Die bei den Berichtsstellen erhobenen Preise können zum Teil Qualitätsveränderungen bei den Gütern und Dienstleistungen beinhalten. Eine Aufspaltung von Preisänderungen in „echte" und solche, die auf Qualitätsverbesserungen der Güter bzw. Dienstleistungen zurückzuführen sind, bereitet Schwierigkeiten. Die amtliche Preisstatistik in Deutschland erfasst die Qualitätsveränderungen von Gütern bislang nur unvollkommen. Ein für manche Produktgruppen brauchbarer Ansatz ist die **hedonische Preismessung**. Hierbei wird das betreffende Gut in qualitätsrelevante Produkteigenschaften zerlegt. Man will dadurch reine Preis- von Qualitätsänderungen trennen. Besonders wichtig erscheint dieser Ansatz bei Gütern, die einem raschen Qualitätswandel unterliegen – wie Produkte der Informations- und Kommunikationstechnologie. Hier erhält der Verbraucher im Zeitablauf eine bessere Leistung für den gleichen Preis. Werden diese Effekte nicht berücksichtigt, so wird die durch diesen Preisindex berechnete Preiserhöhung tendenziell überzeichnet.

Wie bei vielen unterjährigen Zeitreihen, so beobachtet man auch bei den Verbraucherpreisindizes innerhalb eines Jahres Saisonschwankungen. Bestimmte Preise, z. B. für Obst, Gemüse und Brennstoffe, unterliegen nämlich jahreszeitlichen Schwankungen. Es werden hier meist besondere Maßnahmen getroffen, um die Einflüsse von Saisonschwankungen zu eliminieren oder zumindest zu dämpfen.

6.4.2.2 Harmonisierter Verbraucherpreisindex (HVPI)

Seit 1995 steht für die Bundesrepublik Deutschland über den Verbraucherpreisindex (vgl. Kapitel 6.4.2.1) hinaus *monatlich* der Harmonisierte Verbraucherpreisindex (HVPI) zur Verfügung. Er soll vor allem einen Vergleich der Preisveränderungsraten zwischen den einzelnen Mitgliedstaaten der Europäischen Union ermöglichen. Die Berechnung des HVPI ist erforderlich, da sich die nationalen Verbraucherpreisindizes vielfältig unterscheiden.

Es wurde verbindlich festgelegt, welche Güterkategorien in die Berechnungen einzubeziehen sind. Außerdem wurden die Berechnungsmethoden insoweit harmonisiert, dass aus den verbleibenden Unterschieden Abweichungen von weniger als 0,1 Prozentpunkten resultieren – gemessen an der Jahresrate des Gesamtindexes. Das Statistische Amt der Europäischen Union (EUROSTAT) berechnet aufgrund der nationalen HVPIs Verbraucherpreisindizes für die Europäische Währungsunion seit 1995. Die zusammengefassten Verbraucherpreisindizes werden als gewogene Durchschnitte der nationalen HVPIs ermittelt. Dabei dient als Gewicht der jeweilige Private Verbrauch aus den Volkswirtschaftlichen Gesamtrechnungen.

Da die Mitgliedsstaaten der EU im Zusammenhang mit ihren nationalen Verbraucherpreisindizes unterschiedliche Berechnungspraktiken und Basisjahre benutzen, wird der HVPI formal als Kettenindex (vgl. Kapitel 6.3.2.3) dargestellt. Der HVPI besitzt deshalb nur für den Gesamtindex ein einheitliches Wägungsbasisjahr.

Der Erfassungsbereich, d. h. die Auswahl an Gütern und Dienstleistungen, die in die Berechnung der HVPIs eingehen, ist im Vergleich zu den nationalen Verbraucherpreisindizes eingeschränkt. So deckt z. B. der deutsche HVPI z. Zt. etwa 90% aller Verbrauchsausgaben der privaten Haushalte im Inland im Vergleich zum deutschen Verbraucherpreisindex ab.

Sollte sich der Erfassungsbereich weiter erhöhen, so kann dies eines Tages die Einstellung entsprechender nationaler Indizes zur Folge haben.

Um Informationen über Art und Stärke von Schocks sowie deren Einfluss auf den HVPI zu gewinnen, lassen sich **Kerninflationsraten** bestimmen. Sie sollen den temporären Charakter einzelner Inflationsschocks verdeutlichen und die mittelfristige Preisentwicklung in den Vordergrund rücken. Zur Operationalisierung eines Kerninflationsbegriffes wurden aus theoretischer, statistischer bzw. ökonometrischer Sicht verschiedene Methoden vorgeschlagen, die sich in der Anwendung als problematisch erwiesen haben. Am einfachsten – und wohl am häufigsten verwendet – ist die „Ausschlussmethode". So haben sich zum einen

Energiepreise als sehr volatil erwiesen. Zum anderen können sich aufgrund ungewöhnlicher Witterungsverhältnisse Güter aus der landwirtschaftlichen Produktion als starken Preisschwankungen unterworfen zeigen. So wird denn oftmals als Kerninflation derjenige HVPI bezeichnet, aus dem seine Positionen „unverarbeitete Nahrungsmittel" und „Energie" herausgerechnet werden.

Auch hieran zeigt sich wiederum das bereits angesprochene Problem, mit einer einzigen Größe Art und Ursachen der Einflusskräfte auf die Preisentwicklung darstellen zu wollen.

6.4.2.3 Indizes zum Kaufkraftvergleich

Eng mit der Messung des Preisniveaus sind Fragen nach der **Kaufkraft** verknüpft. Der Begriff Kaufkraft – genauer: **Kaufkraft des Geldes** – bezieht sich auf die Menge an Gütern und Diensten, die man mit einem bestimmten Geldbetrag erwerben kann. Die Kaufkraft des Geldes (auch: **Geldwert**, **Tauschwert des Geldes**) zu einem bestimmten Zeitpunkt steht in reziprokem Verhältnis zum Preisniveau bzw. zur Inflationsrate – meist gemessen durch den Preisindex für die Lebenshaltung. Der Geldwert ist also z. B. gesunken, wenn man im Zeitpunkt t für eine bestimmte Geldsumme weniger Güter (dargestellt durch einen Warenkorb) kaufen kann als in einem früheren Zeitpunkt 0.

Beispiel 6.15 Nehmen wir an, der Verbraucherpreisindex eines Landes sei in einem bestimmten Zeitraum von 110 auf 125 gestiegen. Es gilt $(100/125 \cdot 100) - 100 = 88{,}0 - 100 = -12{,}0\%$. Die Kaufkraft des Geldes hat sich damit für den Verbraucher um 12% verringert.

Wird die Kaufkraft auf diese Weise am inländischen Preisniveau im Zeitablauf (*intertemporaler* Preisvergleich) gemessen, so erhält man die **Binnenkaufkraft** oder den **inneren Geldwert**. Wird dagegen zu einem bestimmten Zeitpunkt die Kaufkraft am Preisniveau des Auslandes gemessen (*internationaler* Preisvergleich), so spricht man von **internationaler Kaufkraft** oder **äußerem Geldwert**. Diese Größe gibt an, wie viel ausländische Güter (Warenkorb) man für einen bestimmten inländischen Geldbetrag kaufen kann.

Es lässt sich auch ein *interregionaler* Kaufkraftvergleich für verschiedene Regionen ein und desselben Währungsgebietes vornehmen. Solche Analysen werden als **Kaufkraftvergleiche** bezeichnet.

Wir betrachten im Folgenden nur den einfachen Fall eines *bilateralen* Kaufkraftvergleichs, d. h. den Vergleich zwischen zwei Ländern. (Bei multilateralen Vergleichen, d. h. Kaufkraftvergleichen zwischen mehreren Ländern, treten erhebliche methodische Probleme auf.) Die räumlichen Preisindizes oder **Kaufkraftparitäten** (KKP) sollen die Preisniveauunterschiede zwischen zwei Ländern (Orten) messen. Benutzt man bei einem Vergleich der Länder A und B den Warenkorb des Landes A als Wägungsschema so ergibt sich ein Preisindex vom Laspeyres-Typ (vgl.(6.5)):

$$KKP_{AB} = \frac{\sum_{i=1}^{m} p_B \cdot q_A}{\sum_{i=1}^{m} p_A \cdot q_A} \qquad (6.29)$$

Legt man hingegen den Warenkorb des Landes B als Basis zugrunde, so resultiert ein Preisindex vom Paasche-Typ (vgl. (6.7)):

$$KKP_{BA} = \frac{\sum_{i=1}^{m} p_B \cdot q_B}{\sum_{i=1}^{m} p_A \cdot q_B} \qquad (6.30)$$

p_A, p_B sind die Preise eines Gutes in Land A bzw. B, und q_A, q_B stellen die entsprechenden Mengen dar. Summiert wird über die m Güter der jeweils zugrundeliegenden, möglichst gleichen Warenkörbe.

Ausdruck (6.29) gibt an, welches Vielfache man für den Warenkorb des Landes A in Preisen (und Währungseinheiten) des Landes B im Vergleich zu Preisen (und Währungseinheiten) des Landes A ausgeben muss. (6.30) ist analog zu interpretieren.

Wenn es schon für eine einzige Volkswirtschaft keine allseits befriedigende umfassende Messzahl für die Kaufkraftentwicklung gibt, so wird dies im internationalen Rahmen – bedingt durch unterschiedliche Wirtschafts- und Sozialstrukturen – erst recht nicht der Fall sein. Probleme entstehen durch die oft vorhandenen unterschiedlichen Verbrauchsstrukturen und Warenkörbe sowie durch unterschiedliche Preiserhebungen für die gleichen Güter in den betrachteten Ländern.

Die **Kaufkraftparität** lässt sich allgemein als Größe interpretieren, die angibt, wie viel inländische Währungseinheiten erforderlich sind, um den gleichen Warenkorb im Inland zu kaufen, den man im Ausland für eine ausländische Währungseinheit erhält. Also: Einer Währungseinheit des Vergleichslandes entsprechen KKP Währungseinheiten des Basislandes.

KKP ist keine dimensionslose Größe, denn sie besitzt als Dimension die Relation der beiden verglichenen Währungseinheiten.

Ein Kaufkraftgewinn für eine Währung (z. B. €) entsteht, wenn der Devisenkurs größer ist als die KKP. Dann würde bspw. ein Deutscher nach Umtausch des € in eine fremdländische Währung in dem jeweiligen Land im Durchschnitt mehr erwerben können als in Deutschland. Damit wird ein Index für die Kaufkraft des € im Ausland (Kaufkraft in Deutschland = 100) berechnet (vgl. Beispiel 6.17).

Das Statistische Bundesamt berechnet *monatlich* Verbrauchergeld- und Reisegeldparitäten. **Verbrauchergeldparitäten** legen Haushalte zugrunde, die längerfristig im Ausland leben, z. B. Haushalte von Angehörigen des diplomatischen Dienstes. Der Warenkorb bezieht sich auf Güter des privaten Verbrauchs aller privater Haushalte in der Bundesrepublik Deutschland. Allerdings bleiben ja nach Land verschiedene Positionen wie z. B. „Möbel" oder „Elektrische Geräte" unberücksichtigt, da hier ein internationaler Vergleich besonders schwierig ist.

Neben dem Warenkorb nach deutschen Verbrauchsverhältnissen lässt sich auch ein Warenkorb nach den Verhältnissen des jeweiligen Gastlandes unterstellen. Seit 1999 berechnet das Statistische Bundesamt Verbrauchergeldparitäten nach ausländischem Schema nicht mehr. In Einzelfällen kann es je nach benutztem Verbraucherschema für ein und denselben Ländervergleich zu Kaufkraftgewinnen bzw. -verlusten kommen.

Zuweilen wird auch ein (geometrisches oder arithmetisches) Mittel aus beiden Paritäten ausgewiesen. Dies hat seinen Grund darin, dass die Mitglieder eines für längere Zeit im Ausland ansässigen Haushaltes teilweise die Verbrauchsgewohnheiten des Gastlandes übernehmen können. (Man denke bei der Konstruktion einer solchen Indexzahl an den Preisindex nach Marshall-Edgeworth (6.11).)

Beispiel 6.16 In Tabelle 6.10 sind Verbrauchergeldparitäten beispielhaft für einen Vergleich der Bundesrepublik Deutschland mit Neuseeland und der Schweiz für 2009 angegeben.

Tabelle 6.10 Verbrauchergeldparitäten, deutsches Verbrauchsschema (Jahresdurchschnitt 2009)

Land	1 Euro entsprechen der ausländ. Währungseinheit
Neuseeland	1 EUR = ... Neuseeland-Dollar
Verbrauchergeldparität	9,0379
Devisenkurs	10,9261
Schweiz	1 EUR = ... Schweizer Franken
Verbrauchergeldparität	1,3802
Devisenkurs	1,4614

Quelle: Statistisches Bundesamt (Hrsg.), Fachserie 17: Preise, Reihe 10, Dezember 2009.

Im Jahresdurchschnitt 2009 betrug die Verbrauchergeldpariät zwischen der Bundesrepublik Deutschland und Neuseeland bei Annahme des deutschen Verbrauchsschemas KKP = 9,0379 Neuseeland-Dollar/Euro. Wie man durch Vergleich mit dem Devisenkurs sieht, gibt es hier einen Kaufkraftgewinn mit

$$\left(\frac{\text{Devisenkurs}}{\text{KKP}} \cdot 100\right) - 100 = \left(\frac{2{,}2121}{1{,}9815} \cdot 100\right) - 100 = 11{,}64\%.$$

Im gleichen Jahr ergibt sich dagegen mit der Schweiz ein beträchtlicher Kaufkraftverlust, denn

$$\left(\frac{1{,}5100}{1{,}8063} \cdot 100\right) - 100 = -16{,}40\%.$$

Bei der Berechnung der **Reisegeldparitäten** wird ein vorübergehender Aufenthalt im Ausland, z. B. bei Geschäfts- oder Urlaubsreisen, unterstellt. Der hierfür benutzte Warenkorb weist deshalb eine erheblich andere Zusammensetzung auf als derjenige für die Verbrauchergeldparitäten. Verbraucher- und Reisegeldparitäten werden deshalb i. d. R. für das gleiche Land verschiedene Werte annehmen.

6.4.3 Indizes aus dem Bereich der Außenwirtschaft

Insbesondere bei einem Land mit starker Außenhandelsverflechtung wie der Bundesrepublik Deutschland ist die Kenntnis außenwirtschaftlicher Größen für die Beurteilung gesamtwirtschaftlicher Situationen von Bedeutung. Mit Einführung des EU-Binnenmarktes unterscheidet man seit 1993 in der Außenhandelsstatistik zwischen dem Warenverkehr mit Mitgliedsstaaten der EU **(Intrahandelsstatistik)** und dem Warenverkehr mit den übrigen Staaten **(Extrahandelsstatistik)**. Die Bedeutung erkennt man daran, wenn man bedenkt, dass im Jahr 2010 über 60% der deutschen Exporte und knapp 57% der deutschen Importe im Handel mit EU-Ländern (EU 27) getätigt wurden, also dem Intrahandel zuzuordnen sind. Die Intrahandelsstatistik gleicht größtenteils der früheren Außenhandelsstatistik. Deren Konzept gilt nach wie vor für die Extrahandelsstatistik.

Beim Außenhandelsvolumen ist für Einfuhr und Ausfuhr neben der eben genannten Gliederung auch eine weitere nach Ländern bzw. Ländergruppen und eine solche nach Warengruppen von Interesse.

Sowohl für die Importe als auch die Exporte möchte man die Entwicklung der Preise, der Mengen und der tatsächlich gehandelten Werte kennen. Dabei gibt es eine enge Verbindung zur Außenhandelsstatistik, bei der alle Ein- und Ausfuhren im Zeitpunkt des Grenzüberganges der Güter erfasst werden. Für die Exporte werden fob (free on board) -Werte ermittelt; hier sind alle Leistungen bis zur Grenze, z. B. Versicherung und Frachtkosten, eingeschlossen. Bei den Importen erhebt man cif (cost, insurance, freight)-Werte: Diese stellen die Güterwerte bis zum Grenzübergang des importierenden Landes dar, wobei Importabgaben, wie z. B. Zölle, üblicherweise nicht eingerechnet werden.

Auf inhaltliche Probleme dieser Statistiken soll nicht weiter eingegangen werden, vielmehr erfolgt die Darstellung einiger wichtiger Außenhandelsindizes. (Im Rahmen der Preisstatistik berechnet das Statistische Bundesamt echte Preisindizes des Außenhandels, auf die nicht eingegangen werden soll.) In die Indizes, die vom Statistischen Bundesamt *monatlich* berechnet werden, gehen €-Preise ein.

6.4.3.1 Mengenindizes, Durchschnittswertindizes und Indizes der tatsächlichen Werte

Bei den **Mengen- (Volumen-) indizes** für **Importe** und **Exporte** sollen die *Mengenentwicklungen* zwischen Basis- und Berichtsjahr bei Preisen des Basisjahres erfasst werden; es handelt sich also um Mengenindizes nach Laspeyres (vgl. (6.14)). Sie zeigen, welches Volumen Ein- und Ausfuhr hätten, wenn die Preise aus dem Basisjahr gelten würden.

Bezüglich der indexmäßigen Darstellung der *Preisentwicklung* gibt es in der Außenhandelsstatistik allerdings eine Besonderheit: Statt mit echten Preisen wird mit **Durchschnittswerten** – einer Art mittleren Preisen – gerechnet. Dieses Vorgehen ist deshalb erforderlich, weil im Außenhandel bei zahlreichen Gütergruppen Kaufverträge oft für größere Mengen und damit nur in größerem zeitlichen Abstand anfallen. Für monatliche Preisangaben würde dann ein Teil der Berichtsfirmen entfallen. Außerdem können für bestimmte Waren, wie z. B. Rohkaffee, etwa die Qualitäten oder die Lieferbedingungen und -länder variieren.

Die Durchschnittswerte $\bar{p}_i$ ergeben sich aus der Division der Grenzübergangswerte durch die Gütermengen:

$$\bar{p}_i = \frac{\sum_{j=1}^{m_i} p_{ij} \cdot q_{ij}}{\sum_{j=1}^{m_i} q_{ij}} \qquad (6.31)$$

p_{ij} und q_{ij} sind die Preise bzw. Mengen des Produkts j (j = 1, ..., m_i) aus der i-ten Warennummer. In diesen Durchschnittswerten schlagen sich z. B. nieder: Qualitätsänderungen bei gleichartigen Produkten, Preis- und Transportkostenänderungen, die durch Verschiebungen in der Länderstruktur bedingt sind, Änderungen der Zahlungs- und Lieferbedingungen. (Diese Durchschnittswerte finden auch bei den o. g. Mengenindizes für Importe und Exporte Verwendung.)

Da nun die Durchschnittswerte mit den ständig wechselnden, aktuellen importierten und exportierten Mengen interessieren, werden Indizes vom Paasche-Typ mit (6.31) als **Durchschnittswertindizes** für **Importe** und **Exporte** berechnet:

$$P_{0t} = \frac{\sum_{j=1}^{m} \bar{p}_{it} \cdot q_t}{\sum_{j=1}^{m} \bar{p}_{i0} \cdot q_t} \qquad (6.32)$$

6.4 Beispiele für Indexzahlen 305

Die Benutzung der stets aktuellen Mengen hat den Nachteil, dass die Indizes einer Reihe nur mit der Basisperiode voll vergleichbar sind.

Ein dritter **Index** der **tatsächlichen Werte** stellt die Entwicklung der Nominalwerte in der Berichtsperiode gegenüber der Basisperiode dar. Es handelt sich um einen Umsatzindex (vgl. (6.16)), in den wiederum die Durchschnittswerte (6.31) eingehen. Durch die Verwendung von Laspeyres-, Paasche- und Wertindexformeln in den drei Außenhandelsindizes, lässt sich jeder auf einfache Weise aus den beiden anderen ableiten (vgl. (6.17), (6.18)).

Das Statistische Bundesamt weist diese Indizes *monatlich* aus.

Beispiel 6.17 In Tabelle 6.11 sind einige Werte für den Index der tatsächlichen Werte, des Volumens und der Durchschnittswerte von 2009 und 2010 für die Ein- und Ausfuhr der Bundesrepublik Deutschland angegeben.

Der Volumenindex der Ausfuhr für 2010 besagt z. B., dass eine mengenmäßige Steigerung des Exports von 2005 auf 2010 um 17,1% bei „Preisen" (Durchschnittswerten!) von 2005 stattgefunden hat.

Tabelle 6.11   Außenhandelsindizes (2005 = 100)

Einfuhr	2009	2010
Index		
– der tatsächlichen Werte	105,8	126,9
– des Volumens	105,6	119,7
– der Durchschnittswerte	100,3	106,0
Ausfuhr		
Index		
– der tatsächlichen Werte	102,2	121,1
– des Volumens	101,0	117,1
– der Durchschnittswerte	101,2	103,4

Quelle: Statist. Bundesamt (Hrsg.), Wirtschaft und Statistik, Januar 2012, 5.38*.

6.4.3.2 Terms of Trade

Aus den im vorigen Abschnitt dargestellten Außenhandelsindizes lassen sich Größen entwickeln, die man als **Terms of Trade** oder **Austauschverhältnisse** bezeichnet. Wir wollen hier nur die mit Hilfe der Indizes der Durchschnittswerte zu bildenden (Commodity) Terms of Trade angeben. Man erhält diese Größe – auch als reales Austauschverhältnis bezeichnet

– durch Division des Durchschnittswertindexes der Exportgüter durch denjenigen der Importgüter

$$(\text{Commodity})\text{Terms of Trade} = \frac{\text{Durchschnittswertindex der Exportgüter}}{\text{Durchschnittswertindex der Importgüter}} \cdot 100 \qquad (6.33)$$

Je nachdem, ob die Werte aus (6.33) über oder unter 100 liegen, sind die Durchschnittswerte der Ausfuhr gegenüber dem Basisjahr stärker oder schwächer gestiegen als die Durchschnittswerte der Einfuhr. Steigt der Wert von (6.33), so spricht man von einer Verbesserung der Terms of Trade; dann steigen die Durchschnittswerte des Exports stärker als die Durchschnittswerte des Imports. Falls dies so ist, hat sich die Kaufkraft einer Exporteinheit, gemessen in Importeinheiten, erhöht. Dies bedeutet allerdings nicht automatisch eine Verbesserung der Handelsbilanz, denn der Bewegung der Durchschnittswerte stehen möglicherweise gegenläufige Mengenbewegungen gegenüber. Die Terms of Trade können – wie die Indizes der Durchschnittswerte – sowohl durch Preisänderungen als auch durch Änderungen der Warenzusammensetzung im Import und Export bestimmt sein. Die Ergebnisse werden auch in diesem Bereich häufig überinterpretiert.

Beispiel 6.18 Aus den in Tabelle 6.11 angegebenen Werten für die Indizes der Durchschnittswerte für Import und Export sind die Terms of Trade für 2009 und 2010 zu berechnen. Nach (6.33) ergibt sich

Jahr	2009	2010
Terms of Trade	100,9	97,7

Die Terms of Trade haben sich für Deutschland von 2009 auf 2010 um 3,3 Prozentpunkte verschlechtert.

6.4.4 Aktienindizes

Aktien(kurs)indizes sind spezielle Finanzmarktindizes und sollen die Kursentwicklung am Aktienmarkt eines Landes (bzw. an Aktienmärkten von Ländergruppen) insgesamt oder für einzelne Segmente der Aktienmärkte, z. B. für bestimmte Branchen, in einer Kennzahl zusammenfassen.

Sie spiegeln die Einschätzung der Marktteilnehmer zur Börsensituation wider und können als Grundlage für Anlageentscheidungen, Vergleiche und als Basisobjekte für Terminmarktinstrumente dienen.

Die Deutsche Börse, Frankfurt, berechnet z. B. als wichtigsten Index für den deutschen Aktienmarkt den **DAX** (Deutscher Aktienindex).

Außerdem sind für bestimmte Marktsegmente weitere Indizes festgelegt. Daneben berechnen und veröffentlichen vor allem Banken und Zeitungen regelmäßig Aktienindizes.

Es ist grundsätzlich zwischen **Kurs-** und **Performance- (Total-Return-) Indizes** zu unterscheiden. Kursindizes sollen die eigentliche Preis-/Kursentwicklung messen; Erträge aus Bezugsrechten und Sonderzahlungen werden herausgerechnet. Bei den Performance-Indizes geht man davon aus, dass alle Erträge aus Dividenden- und Bonuszahlungen in das Indexportfolio reinvestiert werden.

Stellvertretend soll hier der DAX als der am häufigsten benutzte Index dargestellt werden. Er enthält 30 Titel mit den größten und umsatzstärksten deutschen Unternehmen („bluechips"), die im Amtlichen Handel oder im Geregelten Markt der Frankfurter Wertpapierbörse zugelassen sind. Der Performance-Index wird sekündlich, der Kursindex einmal täglich zum Börsenschluss ermittelt. Die Basis von 1000 wurde auf den 31.12.1987 gelegt. Die Indexzusammensetzung wird üblicherweise jährlich mit Wirkung im September überprüft.

Der Berechnung liegt im Prinzip ein Laspeyres-Ansatz zugrunde:

$$\text{DAX}_t = K_t \frac{\sum_{i=1}^{30} p_{ti} \cdot q_{Ti} \cdot ff_{Ti} \cdot c_{ti}}{\sum_{i=1}^{30} p_{0i} \cdot q_{0i}} \qquad (6.34)$$

mit

i: Unternehmung, i=1, 2, ..., 30

t: Berechnungszeitpunkt

T: letzter Verkettungszeitpunkt

p_{0i}: Schlusskurs der Aktie der Unternehmung i zum Basiszeitpunkt

p_{ti}: Kurs zum Berechnungszeitpunkt t

q_{0i}: Anzahl der Aktien der Unternehmung i zum Basiszeitpunkt. Der Index ist damit kapitalgerichtet.

q_{Ti}: Anzahl der zum letzten Verkettungstermin T zugelassenen Aktien der Unternehmung i

K_T: Verkettungsfaktor, gültig ab Verkettungstermin T

c_{ti}: Korrekturfaktor für Unternehmung i zum Zeitpunkt t

ff_{Ti}: Faktor für die Ermittlung des Streubesitzanteils („freefloat") der Unternehmung i zum Verkettungszeitpunkt T.

Im Folgenden soll nicht auf alle technischen Einzelheiten der Berechnung, sondern nur auf einige wichtige konzeptionelle Eigenarten eingegangen werden. Als Performance-Index wird der DAX durch **Korrekturfaktoren** c_{ti} um exogene Einflüsse auf den Kurs, wie Dividenden oder Bezugsrechte, bereinigt. Dabei wird eine Reinvestition in die gleiche Aktie unterstellt („Opération blanche").

Die Korrekturfaktoren werden nach

$$c_{ti} = \frac{p_{t-1,i}}{p_{t-1,i} - D_{ti}} \qquad (6.35)$$

ermittelt, wobei

$p_{t-1,i}$: Schlusskurs der Aktie der Unternehmung i am Tag vor der Trennung des Anspruchs (Kursnotiz „cum")

D_{ti}: Bardividende, Bonus, Sonderzahlung am Tag t. Bei Kapitalerhöhungen wird für D_{it} ein theoretischer Bezugsrechtswert für t – 1 ermittelt.

Beispiel 6.19 Der Schlusskurs der ABC-Aktie notiert am Tag vor der Dividendenausschüttung mit 65 €. Die Dividendenauszahlung am nächsten Tag beträgt 3,25 €.

Der Korrekturfaktor zur Dividendenbereinigung berechnet sich – siebenstellig gerundet – mit

6.4 Beispiele für Indexzahlen

$$c_{t,ABC} = \frac{65}{65 - 3{,}25} = 1{,}0526315.$$

Vom Zeitpunkt der Dividendenausschüttung an werden bis zum nächsten Verkettungtermin (s. u.) alle ABC-Kurse mit dem berechneten Korrekturfaktor multipliziert.

Um eine Gewichtungsverzerrung durch eine langanhaltende Kumulation der Korrekturfaktoren zu vermeiden, werden sie an den vierteljährlichen Verkettungsterminen – jeweils am 3. Freitag im Quartalsendmonat – auf eins gesetzt und im **Verkettungsfaktor** K_T berücksichtigt, der einen Indexsprung vermeidet.

Die Anzahl der Aktien wird entsprechend der durchgeführten Kapitalveränderungen aktualisiert (q_{Ti}), wodurch veraltete Gewichtsfaktoren im ursprünglichen Laspeyres-Ansatz vermieden werden (zur Verkettung vgl. allgemein Kapitel 6.3.2.3). Die Verkettung erfolgt in drei Schritten. Zunächst wird der Indexwert (DAX_t) nach dem **alten** Gewichtungsschema entsprechend (6.34) ermittelt und entspricht dem am Verkettungstag veröffentlichten Schlussindex. Danach berechnet man einen DAX-Zwischenwert (DAX-ZW)

$$\text{DAX-ZW} = \frac{\sum_{i=1}^{30} p_{ti} \cdot q_{T+1,i}}{\sum_{i=1}^{30} p_{0i} \cdot q_{0i}} \cdot 1000 \qquad (6.36)$$

wobei $q_{T+1,i}$ die am Verkettungstag gültige Anzahl der Aktien darstellt. Die c_{ti} werden dabei auf eins gesetzt.

Im dritten Schritt wird der neue Verkettungsfaktor K_T als Quotient aus DAX_t und DAX-ZW mit

$$K_{T+1} = \frac{\text{DAX}_t}{\text{DAX-ZW}} \qquad (6.37)$$

ermittelt und der DAX (6.34) nach der Verkettung mit (6.37) als neuem K_T berechnet.

Beispiel 6.20 Der DAX betrage unmittelbar vor einem Verkettungstermin 6538. Der DAX-ZW am Verkettungstag selbst sei nach (6.36) 6471. Der Verkettungsfaktor ist dann nach (6.37)

$$K_{T+1} = \frac{6538}{6471} = 1{,}0103538$$

Dieser Wert findet Eingang als K_T in (6.34) und bleibt – ebenso wie q_{Ti} – bis zum nächsten Verkettungstermin konstant.

6.5 Zusammenfassung

- Wir haben zunächst Preis-, Mengen- und Wertindizes kennengelernt. Für Anwendungen besitzen hierbei die prinzipiellen Ansätze von **Laspeyres** und **Paasche**, die im Einzelfall ggf. erheblich modifiziert werden, die größte Bedeutung.

- Bei ihrer Konstruktion tritt eine Reihe von **Problemen** auf, z. B. Wahl des Basisjahres, Repräsentation aller Güter durch die im Warenkorb befindlichen, Erfassung von Qualitätsänderungen. Ebenso sind Umrechnungsprozeduren, wie etwa Umbasierung, Verkettung und Deflationierung, die bei Indexreihen oft vorgenommen werden, nicht unproblematisch. Trotz all dieser Probleme zeigt die Vielzahl der regelmäßig berechneten Indizes, von denen wir im Abschnitt 6.4 einige behandelt haben, welche Bedeutung Indexzahlen im wirtschaftlichen und sozialen Bereich besitzen. Die Ergebnisse solcher Berechnungen dürfen aus all den genannten Gründen aber nicht überinterpretiert werden. Gerade an Indexzahlen werden oft Anforderungen gestellt, die sie aufgrund ihrer Konstruktion nicht erfüllen können.

7 Wahrscheinlichkeitsrechnung

In der Einführung, im ersten Kapitel dieses Buches, wurden die beschreibende und die schließende Statistik als wesentliche Teilgebiete der Statistik voneinander abgegrenzt. In der deskriptiven Statistik wird die Grundgesamtheit, also die Gesamtheit der für die Untersuchungsfrage relevanten Merkmalsträger, erhoben und analysiert. Alle bisher behandelten Methoden bezogen sich auf die Grundgesamtheit und sind also der deskriptiven Statistik zuzurechnen.

Der restliche Teil des Buches befasst sich mit **induktiver Statistik**, das heißt, es wird davon ausgegangen, dass nur eine Teilgesamtheit, also eine Stichprobe, erhoben wird und damit nicht die gesamte relevante Information zur Beantwortung der Untersuchungsfrage zur Verfügung steht. Die fehlende Information führt zu Unsicherheit, die bei den Antworten, die die Statistik geben soll, berücksichtigt werden muss. Aussagen über die Grundgesamtheit, die mit Hilfe von Stichproben getroffen werden, bezeichnet man als Schätzung. Die induktive Statistik ist im Wesentlichen eine Erweiterung der in der deskriptiven Statistik benutzten Methoden um Schätzmethoden, also um die Berücksichtigung des Unsicherheitsfaktors aufgrund der unvollständigen Erhebung.

Diesen Beitrag leistet die Wahrscheinlichkeitsrechnung. Die Wahrscheinlichkeitsrechnung ist ein Teilgebiet der Mathematik und für unsere Zwecke primär als Hilfsmittel in der induktiven Statistik interessant. (In der Klassifikation der mathematischen Teilgebiete nennt man die Verbindung von Wahrscheinlichkeitsrechnung und induktiver Statistik Stochastik.) Das vorliegende und das nächste Kapitel konzentrieren sich daher auf die Aspekte der Wahrscheinlichkeitsrechnung, die zur Herleitung und Beurteilung von Schätzmethoden, also in den weiteren Kapiteln 8 bis 13 gebraucht werden.

7.1 Zufallsvorgang und Zufallsvariable

Die Wahrscheinlichkeitsrechnung befasst sich mit Vorgängen, deren Ergebnisse unbekannt sind. Kann man den Vorgang beliebig oft unter denselben Bedingungen wiederholen und sind alle möglichen Ergebnisse von vornherein bekannt, so spricht man von einem **Zufallsvorgang** oder **Zufallsexperiment**. Man kann die Wahrscheinlichkeitsrechnung also als Mittel verstehen, um Zufallsvorgänge zu beschreiben. **Mögliche Ergebnisse** eines Zufallsvorgangs können wie Merkmalsausprägungen aufgefasst werden und lassen sich daher als **qualitativ**, **quantitativ** bzw. quantitativ-**diskret** oder quantitativ-**stetig** beschreiben (vgl. Abschnitt 1.2).

Ein klassisches Beispiel für einen Zufallsvorgang ist der Würfelwurf. Das Ergebnis eines konkreten Wurfes ist von vornherein unbekannt, es lassen sich aber alle möglichen Ergebnisse angeben, und der Würfel kann beliebig oft gewürfelt werden. Die Ergebnisse sind quantitativ-diskret. Das Beispiel kann auch auf mehrfaches Würfeln oder gleichzeitiges Würfeln mit mehreren Würfeln erweitert werden.

Ein ähnliches Beispiel ist das sogenannte Urnenmodell. Hierbei befinden sich verschiedene Kugeln in einem Behälter („Urne"), aus dem zufällig gezogen wird. Die Bezeichnung Modell rührt daher, dass die Urne oft als vereinfachtes Abbild einer Stichprobenziehung herangezogen wird. Ein sehr ähnlicher Zufallsvorgang ist nämlich die zufällige Auswahl (und Befragung) einer Person, etwa eines Studenten an einer Hochschule oder eines Kunden aus dem Kundenstamm eines Unternehmens. Die möglichen Ergebnisse sind hier die konkret ausgewählten Untersuchungseinheiten, also die Personen, zu denen qualitative oder quantitative Merkmale erhoben werden, wie zum Beispiel der Beruf (qualitativ) oder das Alter (quantitativ).

Ebenfalls als Zufallsvorgang lässt sich die Mailingaktion eines Unternehmens auffassen oder die Kreditvergabe einer Bank. Das unsichere Ergebnis ist hier qualitativ mit nur zwei möglichen Ergebnissen: der Reaktion oder Nichtreaktion des Kunden bzw. der Rück- oder Nichtrückzahlung des vergebenen Kredites.

Bei Zufallsvorgängen mit quantitativ-stetigen Ausgängen werden alle möglichen Ergebnisse durch ein Intervall beschrieben, denn es gibt unendlich viele Einzelergebnisse. Ein Beispiel wäre die Lebensdauer einer Batterie bei einem bestimmten Einsatz. Hier wäre die Untergrenze des Ergebnisintervalls null und die Obergrenze theoretisch unendlich.

Zur Beschreibung eines Zufallsvorgangs legt man zunächst eine Zufallsvariable fest. Eine **Zufallsvariable** oder **stochastische Variable** ordnet jedem Ergebnis des Zufallsvorgangs eine reelle Zahl zu. Diese Zahl nennt man **Ausprägung** der Zufallsvariable oder **mögliche**

Realisation. Die Zufallsvariable selbst kürzt man in der Regel mit lateinischen Großbuchstaben ab.

Je nach möglicher Realisation unterscheidet man diskrete und stetige Zufallsvariablen. **Diskrete Zufallsvariablen** werden gebildet, wenn die möglichen Ergebnisse des Zufallsvorgangs diskret sind oder wenn man die stetigen Ausprägungen zu Klassen zusammenfasst. Außerdem werden diskrete Zufallsvariablen verwendet, um Zufallsvorgänge mit qualitativen Ergebnissen abzubilden. Das ist bemerkenswert, weil die Bezeichnung diskret suggerieren könnte, dass ein quantitatives Ergebnis zugrunde liegen muss. Das ist aber nicht unbedingt der Fall: Bei diskreten Zufallsvariablen mit qualitativen Ergebnissen stellen die Ausprägungen lediglich Verschlüsselungszahlen, also Codes dar, d. h. die Realisationen der Zufallsvariable sind nicht mit ihrem Zahlenwert interpretierbar. **Stetige Zufallsvariablen** werden für Zufallsvorgänge mit stetigen Ergebnissen angegeben.

Die Zuordnung möglicher Realisationen der Zufallsvariablen zu den möglichen Ergebnissen des Zufallsvorgangs ist nicht von vornherein eindeutig festgelegt, sondern richtet sich nach der konkreten Fragestellung. Dies ist bei qualitativen Ergebnissen offensichtlich, da das Ergebnis von sich aus nicht in Zahlen gemessen wird, gilt aber auch für quantitative Ausprägungen.

Angenommen, eine Kugel wird zufällig aus einer Urne gezogen, in der sich 50 Kugeln, davon 20 gelbe, 20 rote und 10 grüne, befinden. Dann sind die Farben die möglichen Ergebnisse des Zufallsvorgangs, also qualitativ. Es lässt sich eine diskrete Zufallsvariable X definieren, indem man jeder Farbe eine beliebige reelle Zahl zuordnet (zum Beispiel den Zahlenwert 1 für gelb, 2 für rot und 3 für grün). Die Zahlen stellen Codes dar, da der Zahlenwert selbst nicht interpretierbar ist. Offensichtlich ist die Zuordnung nicht eindeutig festgelegt, denn es wären auch andere Zuordnungen möglich gewesen.

Auch die Reaktion auf ein Mailing lässt sich als diskrete Zufallsvariable Y darstellen, wenn man beispielsweise der Nichtreaktion den Wert 0 und der Reaktion den Wert 1 zuordnet.

Bei einfachem Würfelwurf stellt die Augenzahl einen Zufallsvorgang mit diskreten möglichen Ergebnissen dar. Naheliegend wäre es, die Augenzahl Z als (ebenfalls diskrete) Zufallsvariable festzulegen, denn die möglichen Ergebnisse und die möglichen Realisationen der Zufallsvariable entsprächen sich dann. Aber auch andere Zuordnungen sind denkbar. So könnte zum Beispiel bei einem Spiel gegen einen Einsatz von 3 € die Augenzahl in Euro ausgezahlt werden. Hier wäre es zweckmäßig, eine (ebenfalls diskrete) Zufallsvariable für den Gewinn (G) zu definieren, indem man die Zahl 3 von der Augenzahl subtrahiert, also $G = Z - 3$.

Bei Befragungen, z. B. der Auswahl eines Studenten einer Hochschule oder eines Kunden des Kundenstamms, legt man die Zufallsvariable in der Regel je nach Antwort auf die Frage fest, die man der ausgewählten Person vorlegt. Die Zufallsvariable X könnte etwa die Zahl der Geschwister sein (also diskret) oder Y die zeitliche Dauer der Kundenbeziehung (also stetig).

Nach Abschluss des Zufallsvorgangs ist der Wert der Zufallsvariable bekannt. Es liegt also keine Variable mehr vor, sondern ein fester Wert vor, den man als **Realisation der Zufallsvariablen** bezeichnet. Realisationen werden mit derselben Abkürzung bezeichnet wie die zugrundeliegende Zufallsvariable, aber kleingeschrieben.

Bezeichnet eine Zufallsvariable G den Gewinn, der sich aus dem oben genannten Spiel (Auszahlung der Augenzahl eines Würfelwurfs in Euro gegen einen Einsatz von 3€), so ist damit die Situation vor dem Spiel, also vor dem Würfelwurf gemeint. Nach dem Wurf liegt keine Zufallsvariable mehr vor. Wurde die Zahl 2 gewürfelt, so gilt g = 2.

Die in diesem Abschnitt benutzten Begriffe werden in Abb. 7.1 im Zusammenhang dargestellt.

Abb. 7.1 Begriff der Zufallsvariable

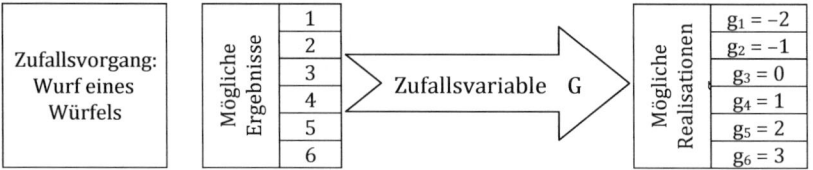

7.2 Wahrscheinlichkeiten

Die **Wahrscheinlichkeit** misst den Grad der Möglichkeit des Eintretens einer bestimmten Realisation. Als Maß wird eine reelle Zahl $P \in [0,1]$ gewählt. Man schreibt $P(X = x)$ als Wahrscheinlichkeit, dass die Zufallsvariable die Realisation x annimmt oder – wenn aus dem Zusammenhang deutlich wird, welche Zufallsvariable gemeint ist – einfach $P(x)$.

Es hat verschiedene Versuche gegeben, den Begriff Wahrscheinlichkeit inhaltlich zu definieren. Dabei wurde versucht zu erklären, wie man zu einer Wahrscheinlichkeit kommt. Diese Ansätze haben sich aber nicht als Grundlage für die Wahrscheinlichkeitsrechnung durchsetzen können, weil sie entweder zu einschränkend, untereinander widersprüchlich oder nicht

7.2 Wahrscheinlichkeiten

vollständig beweisbar sind. Daher spricht man bei diesen Versuchen vorzugsweise von **Wahrscheinlichkeitsbegriffen**.

Der **klassische Wahrscheinlichkeitsbegriff** geht im Wesentlichen auf J. Bernoulli (1654–1705) und P. S. Laplace (1749–1827) zurück. Zunächst fasst man die Menge aller möglichen Ergebnisse eines Zufallsvorgangs in der Ergebnismenge (dem Ereignisraum oder Stichprobenraum) Ω zusammen und bezeichnet Teilmengen aus Ω als Ereignisse und einzelne Elemente aus Ω als Elementarereignisse. Außerdem nimmt man an, dass alle Elementarereignisse dieselbe Wahrscheinlichkeit haben. Dies wird mit dem sogenannten Prinzip des unzureichenden Grundes begründet: Nach diesem Prinzip legt man für alle Ereignisse dieselbe Wahrscheinlichkeit zugrunde, wenn kein Anhaltspunkt dafür vorliegt, dass ein Ereignis wahrscheinlicher ist als irgendein anderes. Die Wahrscheinlichkeit eines Ereignisses ist dann definiert als die Zahl der Elementarereignisse, die dieses Ereignis umfasst (sogenannte „günstige Fälle") dividiert durch die Zahl aller möglichen Elementarereignisse (sogenannte „mögliche Fälle"). Man bezeichnet Wahrscheinlichkeiten, die nach diesem Ansatz berechnet werden, auch als Laplace-Wahrscheinlichkeiten. Soll zum Beispiel die Wahrscheinlichkeit ermittelt werden, eine gerade Zahl zu würfeln, so umfasst Ω alle Teilmengen, die aus den Zahlen 1 bis 6 gebildet werden können. Die gefragte Teilmenge ist {2, 4, 6}. Da sie aus sechs Elementen besteht, gibt es insgesamt drei günstige Fälle. Ω besteht aus insgesamt sechs Elementarereignissen, also sechs möglichen Fällen. Die Laplace-Wahrscheinlichkeit ist damit 3/6 = 0,5. Im Unterschied zu den anderen hier betrachteten Begriffen wird die Wahrscheinlichkeit hier **berechnet** (a-priori-Wahrscheinlichkeit). Der Begriff ist aber nur anwendbar, wenn alle Elementarereignisse bekannt sind und die gleiche Eintrittswahrscheinlichkeit haben. Beide Bedingungen sind oft nicht erfüllt, und es ist in der Regel weder begründbar noch beweisbar, dass die Elementarereignisse gleichwahrscheinlich sind.

Beim **statistischen (oder empirischen bzw. objektiven) Wahrscheinlichkeitsbegriff**, werden bei wiederholter Durchführung des Zufallsvorgangs die relativen Häufigkeiten der Ergebnisse ermittelt. Als Wahrscheinlichkeit des Eintreffens eines Ereignisses definiert R. von Mises (1883–1953) den Grenzwert der relativen Häufigkeit, der sich ergäbe, wenn man den Vorgang unendlich oft wiederholte. Würfelt man beispielsweise sehr oft, wird man feststellen, dass sich die relativen Häufigkeiten der einzelnen Ergebnisse tendenziell dem Wert 1/6 nähern. Problematisch an diesem Begriff ist, dass der Bedingungskomplex für die Beobachtung der Ereignisse nicht konstant bleibt und dass sich zum anderen der Grenzwert letztendlich nicht bestimmen lässt, da man eine unendliche Wiederholung nicht beobachten kann. Außerdem lässt sich nicht beweisen, dass die relative Häufigkeit überhaupt zu einem bestimmten Wert konvergiert. Trotzdem werden in der Praxis oft relative Häufigkeiten als Wahrscheinlichkeiten interpretiert, zum Beispiel, wenn Versicherungen mit Schadens- oder Sterbewahrscheinlichkeiten arbeiten. Im Gegensatz zu den anderen Begriffen, wird die statistische Wahrscheinlichkeit dann **beobachtet** (a-posteriori-Wahrscheinlichkeit).

Der **subjektive Wahrscheinlichkeitsbegriff,** auch auf Laplace zurückgehend, definiert Wahrscheinlichkeit als die persönliche Überzeugung für den Grad der Möglichkeit des Eintretens eines Ereignisses. Die Wahrscheinlichkeit wird hier also aufgrund von (Experten-)Wissen, Erfahrung oder Intuition **festgelegt**. Nach diesem Begriff lassen sich auch für einmalige Ereignisse Wahrscheinlichkeiten angeben. Der Hauptnachteil ist, dass das Zustandekommen subjektiver Wahrscheinlichkeiten nicht unbedingt begründbar oder objektiv nachvollziehbar sein muss und daher unterschiedliche Personen möglicherweise zu unterschiedlichen Wahrscheinlichkeiten kommen. Es kann außerdem zu Widersprüchen zu den anderen beiden Wahrscheinlichkeitsbegriffen kommen.

Die Wahrscheinlichkeitsbegriffe liefern situationsbedingt geeignete Ansätze zur Ermittlung von Wahrscheinlichkeiten und finden auch in der Praxis oft Anwendung. Wegen der erwähnten Probleme sind sie aber keine geeignete Grundlage für eine geschlossene Wahrscheinlichkeitsrechnung. Die heutige Wahrscheinlichkeitsrechnung verzichtet daher ganz auf eine Definition, die den Begriff Wahrscheinlichkeit inhaltlich festlegt. Stattdessen basiert sie auf Axiomen, also Grundsätzen, die selbst nicht weiter hergeleitet werden, aus denen sich aber alle Regeln der Wahrscheinlichkeitsrechnung hervorgehen. Durchgesetzt hat sich die **axiomatische Wahrscheinlichkeitsdefinition** nach A. N. Kolmogorov (1903–1987).

Bei seiner Formulierung der Axiome greift Kolmogorov auf den Begriff des Ereignisses als Teilmenge der Ergebnismenge Ω zurück. Dabei ist anzumerken, dass zu den Teilmengen aus Ω auch die leere Menge (also das unmögliche Ereignis) zählt. Das sichere Ereignis ist als die Menge aller Elementarereignisse definiert. Die Axiome lauten dann, dass (1.) für jedes Ereignis die Wahrscheinlichkeit größer oder gleich 0 ist, (2.) das sichere Ereignis die Wahrscheinlichkeit 1 hat und (3.) die Wahrscheinlichkeit, dass entweder das eine oder das andere zweier sich ausschließender (also disjunkter) Ereignisse eintritt, die Summe der Einzelwahrscheinlichkeiten dieser Ereignisse ist. Die gesamte Wahrscheinlichkeitsrechnung basiert auf diesen Axiomen.

Kennt man die Wahrscheinlichkeiten aller möglichen Realisation einer Zufallsvariable und ordnet sie einander zu, so erhält man die sogenannte **Wahrscheinlichkeitsverteilung.** Die Wahrscheinlichkeitsverteilung ist also eine systematische Zuordnung von Wahrscheinlichkeiten zu allen möglichen Ausprägungen der Zufallsvariable. Sie stellt eine vollständige Beschreibung des Zufallsvorgangs dar, d. h. darüber hinaus ist keine zusätzliche Information ermittelbar.

Wahrscheinlichkeitsverteilungen unterscheiden sich in ihrer Form, je nachdem, ob diskrete oder stetige Zufallsvariablen zugrunde liegen. Diskrete Zufallsvariablen können nur eine abzählbare Menge von Realisationen annehmen, so dass sich einzelnen Realisationen einzelne Wahrscheinlichkeiten zuordnen lassen. Stetige Zufallsvariablen können (zumindest innerhalb eines Intervalls) alle reellen Zahlen und überabzählbar viele Werte annehmen. Eine Zuordnung von Wahrscheinlichkeiten zu Einzelwerten ist daher nicht möglich. Aufgrund dieses Unterschieds werden beide Fälle in den folgenden Abschnitten getrennt behandelt.

7.3 Wahrscheinlichkeitsverteilungen diskreter Zufallsvariablen

7.3.1 Wahrscheinlichkeitsfunktion

Diskrete Zufallsvariablen können nur ganz bestimmte Werte annehmen, daher ist es naheliegend, diese Werte der Größe nach zu ordnen und zusammen mit den dazugehörigen Wahrscheinlichkeiten in einer Tabelle aufzuführen. Nummeriert man die der Größe nach geordneten Werte mit dem Index i = 1, ... k, dann ist x_i eine beliebige mögliche Realisation für eine diskrete Zufallsvariable X. Die dazugehörige Wahrscheinlichkeit schreibt man $P(X = x_i) = p_i$.

Beispiel 7.1 Ein Immobilienmakler kann pro Woche maximal 5 Objekte verkaufen. Die Zufallsvariable X bezeichnet die Zahl der Häuser, die in der kommenden Woche verkauft werden. Angenommen, aus irgendwelcher Quelle seien die Wahrscheinlichkeiten der einzelnen Realisationen bekannt (z. B. aus Erfahrungswerten, die im Sinne des statistischen Wahrscheinlichkeitsbegriffs aus den relativen Häufigkeiten gebildet wurden), dann ist die Wahrscheinlichkeitsverteilung in Tabelle 7.1 dargestellt.

Tabelle 7.1 Wahrscheinlichkeitsverteilung der Zufallsvariable „Zahl der verkauften Häuser"

x_i	p_i
0	0,05
1	0,15
2	0,30
3	0,25
4	0,20
5	0,05

Die Wahrscheinlichkeit, dass in der kommenden Woche beispielsweise drei Häuser verkauft werden, ist 25%.

Tabellarische Darstellungen der Wahrscheinlichkeitsverteilung sind formal genauso aufgebaut wie Häufigkeitstabellen diskreter Merkmale (vgl. z. B. Tabelle 2.3 in Abschnitt 2.1.3). Während Häufigkeitsverteilungen aber zeigen, wie sich die Merkmalsträger der Grundgesamtheit auf alle Ausprägungen eines Merkmals verteilen, geben Wahrscheinlichkeitsverteilungen an, wie sich die Wahrscheinlichkeiten auf die möglichen Realisationen einer Zufallsvariable verteilen. Da wir sowohl für die relative Häufigkeit und für die Wahrscheinlichkeit einer diskreten Zufallsvariable die Abkürzung p_i verwenden, lässt sich nur aus dem konkreten Zusammenhang entscheiden, ob eine Wahrscheinlichkeits- oder eine Häufigkeitsverteilung vorliegt.

Ohne Zusammenhang könnte Tabelle 7.1 auch als Häufigkeitstabelle mit relativen Häufigkeiten verstanden werden. Läge eine Häufigkeitsverteilung vor, so wäre die Aussage dann beispielsweise, dass der Makler in insgesamt 25% aller Wochen drei Häuser verkauft hat.

Wenn der Zufallsvorgang darin besteht, einen Merkmalsträger aus der Grundgesamtheit zufällig auszuwählen und die Zufallsvariable das Merkmal ist, dessen Häufigkeitstabelle gegeben ist, dann entsprechen die Wahrscheinlichkeiten gerade den relativen Häufigkeiten der Häufigkeitstabelle. In diesem Fall kann die Häufigkeitstabelle als Wahrscheinlichkeitsverteilung benutzt werden.

Greifen wir auf Beispiel 2.3 zurück, so ist die Wahrscheinlichkeitsverteilung der Zufallsvariable „Zahl der Personen pro Haushalt" eines zufällig ausgewählten Mitarbeiters in Tabelle 2.3 gegeben.

Möchte man die Wahrscheinlichkeitsverteilung einer diskreten Zufallsvariable **graphisch darstellen**, kann man auf das **Stabdiagramm** zurückgreifen, das wir bereits zur Darstellung der Häufigkeiten diskreter Merkmale kennengelernt haben (vgl. Abb. 2.4).

Graphische und tabellarische Darstellung werden in der Regel benutzt, um die Verteilung anschaulich darzustellen. Rechentechnisch ist außerdem eine dritte Darstellungsweise als Funktion zweckmäßig. Gibt man die Wahrscheinlichkeiten als Funktion der Realisationen der Zufallsvariable f(x) an, so erhält man die **Wahrscheinlichkeitsfunktion** oder **Massenfunktion** f(x) = P(X = x). Allgemein lautet die Wahrscheinlichkeitsfunktion

$$f(x) = P(X = x) = \begin{cases} p_i & \text{für } x = x_i \\ 0 & \text{sonst} \end{cases} \tag{7.1}$$

7.3 Wahrscheinlichkeitsverteilungen diskreter Zufallsvariablen

Die Schreibweise mag auf den ersten Blick verwirrend sein, weil die Wahrscheinlichkeit für eine bestimmte Realisation x_i sowohl mit $f(x_i)$, $P(X = x_i)$ also auch mit p_i bezeichnet wird. Jede dieser Abkürzungen erweist sich aber in verschiedenen Zusammenhängen als sinnvoll: Die ausführliche Schreibweise $P(X = x_i)$ gibt explizit die Zufallsvariable und die untersuchte Realisation an und ist daher auch ohne nähere Erläuterung verständlich. Die Schreibweise p_i ist besonders kurz, kann aber nur benutzt werden, wenn aus dem Zusammenhang deutlich wird, welche Zufallsvariable und welche Realisation gemeint ist. Die Angabe $f(x)$ ist sinnvoll, weil sie – im Unterschied zu den anderen Schreibweisen – auch im Zusammenhang mit stetigen Zufallsvariablen für die Dichte benutzt wird (vgl. 7.4.2) und daher mit ihr allgemein für beide Arten von Zufallsvariablen geltende Aussagen getroffen werden können.

Beispiel 7.2 Die Wahrscheinlichkeitsfunktion des Immobilienmaklers aus Beispiel 7.1 ist

$$f(x) = P(X = x) = \begin{cases} 0{,}05 & \text{für } x = 0 \\ 0{,}15 & \text{für } x = 1 \\ 0{,}30 & \text{für } x = 2 \\ 0{,}25 & \text{für } x = 3 \\ 0{,}20 & \text{für } x = 4 \\ 0{,}05 & \text{für } x = 5 \\ 0 & \text{sonst.} \end{cases}$$

Aus der Wahrscheinlichkeitsfunktion kann man auch die Wahrscheinlichkeit ermitteln, dass die Zufallsvariable eine bestimmte Auswahl von Realisationen annimmt. Man erhält diese Wahrscheinlichkeit durch **Addition der jeweiligen Wahrscheinlichkeiten**. Die Wahrscheinlichkeit, dass X die Realisationen x_i oder x_j annimmt, ist

$$P(X = x_i \text{ oder } X = x_j) = p_i + p_j \,.$$

Interessiert man sich für Wertebereiche, aus denen die Zufallsvariable Werte annehmen kann, so gilt beispielsweise für eine Zufallsvariable X mit k Realisationen

$$P(X \leq x_i) = \sum_{j=1}^{k} p_j \,,$$

$$P(X \geq x_i) = \sum_{j=1}^{k} p_j \,,$$

$$P(x_a \leq X \leq x_b) = \sum_{j=a}^{b} p_j \,.$$

Die hier angegebenen Bereiche schließen die Grenzen mit ein. Durch Änderung der Obergrenze können leicht Anpassungen vorgenommen werden, wenn dies nicht gewünscht ist, also zum Beispiel

$$P(X < x_i) = \sum_{j=1}^{i-1} p_j.$$

Weil die Wahrscheinlichkeit, dass irgendeine der möglichen Realisationen eintrifft, 100% beträgt, gilt immer $P(X \leq x_k) = 1$, und es ergibt sich folgende Beziehung:

$$P(X \geq x_i) = 1 - P(X < x_i).$$

Man bezeichnet $P(X < x_i)$ als **Komplementär**. Komplementäre sind wichtig, weil sie oft zu Rechenerleichterungen führen. Weitere Komplementärbeziehungen ergeben sich aus $P(X > x_i) = 1 - P(X \leq x_i)$ oder $P(X \leq x_i) = 1 - P(X > x_i)$ bzw. $P(X < x_i) = 1 - P(X \geq x_i)$.

Die Möglichkeit der Addition ergibt sich unmittelbar aus dem 3. Kolmogorovschen Axiom, denn verschiedene Realisationen einer Zufallsvariable sind immer disjunkte Ereignisse. Komplementärbeziehungen lassen sich dann aus den anderen beiden Axiomen herleiten.

Beispiel 7.3 Aus der Wahrscheinlichkeitsverteilung der Zahl der verkauften Häuser des Immobilienmaklers (siehe Beispiel 7.1) lässt sich berechnen:

$$P(X < 3) = P(X \leq 2) = P(X = 0) + P(X = 1) + P(X = 2) = 0{,}05 + 0{,}15 + 0{,}30 = 0{,}50.$$

Die Wahrscheinlichkeit, dass weniger als drei Häuser (bzw. bis zu zwei Häuser) verkauft werden, beträgt 50%. Ein anderes Beispiel ist:

$$P(X > 3) = P(X \geq 4) = P(X = 4) + P(X = 5) = 0{,}20 + 0{,}05 = 0{,}25.$$

Die Wahrscheinlichkeit, dass mehr als drei Häuser (oder mindestens vier Häuser) verkauft werden, beträgt 25%. Ein weiteres Beispiel ist:

$$P(X \geq 2) = 1 - P(X < 2) = 1 - P(X = 0) - P(X = 1) = 1 - 0{,}05 - 0{,}15 = 0{,}80.$$

Die Wahrscheinlichkeit, dass mindestens zwei Häuser verkauft werden, beträgt 80%. Hier stellt die Ausnutzung der Komplementärbeziehung eine Rechenvereinfachung dar. Schließlich:

7.3 Wahrscheinlichkeitsverteilungen diskreter Zufallsvariablen

P(X = 1 oder X = 3 oder X = 5) = P(X = 1) + P(X = 3) + P(X = 5) = 0,15 + 0,25 + 0,05 = 0,45.

Die Wahrscheinlichkeit, dass eine ungerade Zahl von Häusern verkauft wird, beträgt 45%.

7.3.2 Verteilungsfunktion

Bei Fragestellungen, die Wertebereiche von Zufallsvariablen im Auge haben, ist es oft zweckmäßig, die Wahrscheinlichkeitsverteilung direkt in Form von Bereichen und Wahrscheinlichkeitssummen zu präsentieren. Dabei hat sich wie bei den Summenhäufigkeiten der beschreibenden Statistik (vgl. Abschnitt 2.1.3) durchgesetzt, die Summen ausgehend vom kleinsten Wert der Zufallsvariablen zu bilden. Addiert man die Wahrscheinlichkeiten von unten, erhält man die **kumulierte Wahrscheinlichkeit**, $F_i = \sum_{j=1}^{i} p_j$.

Beispiel 7.4 Die Wahrscheinlichkeitsverteilung der wöchentlichen Verkaufszahlen des Immobilienmaklers wurde in Tabelle 7.2 um die kumulierten Wahrscheinlichkeiten erweitert. Die Wahrscheinlichkeit, dass bis zu drei Häuser verkauft werden, ist 75%. Die Summe aller Wahrscheinlichkeiten ergibt den Wert eins, woran man erkennen kann, dass tatsächlich alle möglichen Realisationen in der Tabelle enthalten sind, also die gesamte Wahrscheinlichkeitsverteilung dargestellt ist.

Tabelle 7.2 Wahrscheinlichkeitsverteilung der Zufallsvariable „Zahl der verkauften Häuser"

x_i	p_i	F_i
0	0,05	0,05
1	0,15	0,20
2	0,30	0,50
3	0,25	0,75
4	0,20	0,95
5	0,05	1,00

Auch die kumulierten Wahrscheinlichkeiten können als Funktion der Realisationen dargestellt werden. Diese Funktion bezeichnet man als **Verteilungsfunktion**. Allgemein lautet die Verteilungsfunktion einer diskreten Zufallsvariable

$$F(x) = P(X \leq x) = \begin{cases} 0 & \text{für } x < x_1 \\ F_i & \text{für } x_i \leq x < x_{i+1} \ (i = 1, \ldots, k-1) \\ 1 & \text{für } x \geq x_k \end{cases}$$

(7.2)

Dabei bezeichnet k die Zahl der möglichen Realisationen. Wie eingangs erwähnt, ist die Verteilungsfunktion lediglich eine alternative Darstellung zur Wahrscheinlichkeitsfunktion, da jede der beiden Funktionen eindeutig aus der anderen bestimmen lässt. Die graphische Darstellung der Verteilungsfunktion ist – wie bei diskreten Merkmalen in der Grundgesamtheit (vgl. Abschnitt 2.1.3) – das **Treppendiagramm**.

Beispiel 7.5   Die Wahrscheinlichkeitsfunktion des Immobilienmaklers lautet

$$f(x) = P(X = x) = \begin{cases} 0{,}05 & \text{für } x = 0 \\ 0{,}15 & \text{für } x = 1 \\ 0{,}30 & \text{für } x = 2 \\ 0{,}25 & \text{für } x = 3 \\ 0{,}20 & \text{für } x = 4 \\ 0{,}05 & \text{für } x = 5 \\ 0 & \text{sonst.} \end{cases}$$

Die Verteilungsfunktion ist

$$F(x) = P(X \leq x) = \begin{cases} 0 & \text{für } x < 0 \\ 0{,}05 & \text{für } 0 \leq x < 1 \\ 0{,}20 & \text{für } 1 \leq x < 2 \\ 0{,}50 & \text{für } 2 \leq x < 3 \\ 0{,}75 & \text{für } 3 \leq x < 4 \\ 0{,}95 & \text{für } 4 \leq x < 5 \\ 1 & \text{für } x \geq 5. \end{cases}$$

Graphisch lassen sich die Wahrscheinlichkeitsfunktion als Stabdiagramm und die Verteilungsfunktion als Treppendiagramm darstellen (siehe Abb. 7.2).

7.3 Wahrscheinlichkeitsverteilungen diskreter Zufallsvariablen

Abb. 7.2 Wahrscheinlichkeitsfunktion und Verteilungsfunktion

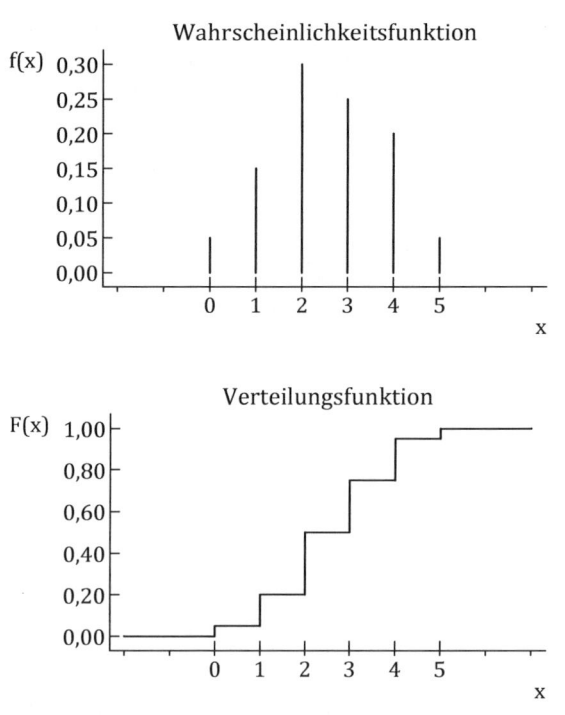

Allerdings sollte die Verteilungsfunktion nicht gebildet werden, wenn die zugrunde liegenden Ereignisse nominal skaliert sind. Für nominal skalierte Ergebnisse gibt es keine natürliche Reihenfolge, daher ist die Formulierung eines Bereichs, wie X ≤ x oder X > x nicht sinnvoll. Die durch die Zufallsvariable zugeordneten Werte lassen sich zwar ordnen, da sie aber Codes darstellen, ist diese Ordnung willkürlich.

In Abschnitt 7.1 wurde das Beispiel einer Urne gegeben, in der sich 50 verschiedenfarbige Kugeln befinden (20 gelbe, 20 rote und 10 grüne). Die Zufallsvariable X mit den Ausprägungen 1 für gelb, 2 für rot und 3 für grün steht für ein qualitatives Ergebnis. Eine Wahrscheinlichkeitsfunktion lässt sich angeben, eine Verteilungsfunktion ergibt aber keinen Sinn, weil die Zahlenzuordnung auch anders lauten könnte (etwa 100 für gelb, –1,5 für rot und 20 für grün) und X ≤ x dann jeweils andere Bedeutungen erhielte.

7.3.3 Parameter diskreter Zufallsvariablen

Ähnlich wie Häufigkeitsverteilungen lassen sich auch Wahrscheinlichkeitsverteilungen zu Maßzahlen verdichten. Prinzipiell kommen dafür alle in Kapitel 2.2 eingeführten statistischen Maße in Frage, wie Mittelwerte oder Streuungsmaße. Da diese Maße selbst dann keine Zufallsvariablen mehr sind, sondern für die Verteilung feststehende Werte, nennt man sie auch **Parameter**. Es ist an dieser Stelle nicht notwendig, erneut auf alle Parameter einzugehen, da man Berechnungsformeln diskreter Zufallsvariablen ganz einfach dadurch erhält, dass man die relative Häufigkeit durch die Wahrscheinlichkeit ersetzt. Wir beschränken uns daher im Folgenden auf die in der Anwendung wichtigsten Kennzahlen, den Erwartungswert, die Varianz und die Standardabweichung.

7.3.3.1 Erwartungswert

Der **Erwartungswert E(X)** oder μ ist ein auf die Wahrscheinlichkeitsverteilung angewendeter Durchschnitt, er entspricht also dem arithmetischen Mittel der Häufigkeitsverteilung. Wenden wir die Formel für das gewogene arithmetische Mittel (2.15) an, bei der die relativen Häufigkeiten als Gewichte benutzt werden, so erhält man

$$E(X) = \mu = \sum_{i=1}^{k} x_i p_i = \sum_{i=1}^{k} x_i f(x_i) \tag{7.3}$$

Wenn bei der Kurzschreibweise μ aus dem Zusammenhang nicht deutlich wird, auf welche Zufallsvariable sich der Erwartungswert bezieht, gibt man die Zufallsvariable im Index an und schreibt μ_x. Inhaltlich gibt der Erwartungswert an, welcher Durchschnittswert sich für die Zufallsvariable ergibt, wenn der Zufallsvorgang unendlich oft wiederholt wird. Als Durchschnitt muss μ nicht notwendigerweise einer möglichen Realisation der Zufallsvariablen entsprechen. Der Erwartungswert lässt sich aber auch aus einem anderen Grund nicht beobachten, denn eine unendliche Zahl von Wiederholungen kann nicht realisiert werden. Trotzdem kommt der Durchschnitt aus einer hohen Zahl von Wiederholungen dem Erwartungswert oft recht nahe, und man interpretiert ihn deswegen auch als den Wert, den man langfristig oder nach einer hohen Zahl von Wiederholungen im Durchschnitt erwarten kann. Die Berechnung des Erwartungswertes ist nur sinnvoll, wenn die Realisationen des Zufallsvorgangs quantitativ sind.

7.3 Wahrscheinlichkeitsverteilungen diskreter Zufallsvariablen

Für die Verteilung der verschiedenfarbigen Kugeln in einer Urne lässt sich kein Erwartungswert berechnen. Auch wenn die Farben mit Zahlen versehen sind, stellen diese Werte nur willkürlich gewählte Codes dar.

Beispiel 7.6 Es soll der Erwartungswert der Verkaufszahlen des Immobilienmaklers aus Beispiel 7.1 berechnet werden. Tabelle 7.3 zeigt die einzelnen Rechenschritte.

Tabelle 7.3 Arbeitstabelle zur Berechnung des Erwartungswertes

x_i	p_i	$x_i \cdot p_i$
0	0,05	0,00
1	0,15	0,15
2	0,30	0,60
3	0,25	0,75
4	0,20	0,80
5	0,05	0,25
Summe	1,00	2,55

Aus der Arbeitstabelle ergibt sich direkt $E(X) = \mu = \sum x_i p_i = 2{,}55$. Im langfristigen Durchschnitt kann der Makler also 2,55 Verkäufe pro Woche erwarten. Es handelt sich um einen rechnerischen Wert, denn in der Realität kann der Makler nicht 2,55 Immobilien vermitteln.

Beispiel 7.7 Eine Versicherungsgesellschaft bietet für eine bestimmte Altersgruppe eine kombinierte Berufsunfähigkeits- und Risikolebensversicherung an, die bis zum Renteneintritt läuft. Bei Berufsunfähigkeit werden 500.000 € ausgezahlt, im Todesfall (ohne vorhergehende Zahlung wegen Berufsunfähigkeit) 350.000 €. Die Wahrscheinlichkeit, während der Laufzeit berufsunfähig zu werden, liegt in dieser Altersgruppe bei 10%, die Sterbewahrscheinlichkeit bei 16% (statistischer Wahrscheinlichkeitsbegriff). Dann ist die Wahrscheinlichkeitsfunktion der Zufallsvariable X „Zahlung der Versicherung in Tsd. €":

$$f(x) = P(X=x) = \begin{cases} 0{,}84 & \text{für } x = 0 \\ 0{,}16 & \text{für } x = 350 \\ 0{,}10 & \text{für } x = 500 \\ 0 & \text{sonst.} \end{cases}$$

Der Erwartungswert ergibt

$$E(X) = \mu = \sum x_i f(x_i) = 0 \cdot 0{,}84 + 350 \cdot 0{,}16 + 500 \cdot 0{,}10 = 106.$$

Die erwartete Zahlung beträgt im Durchschnitt 106 €. Dieser Wert ist für den Versicherten allerdings wenig relevant, da es für ihn nur eine Realisation des Zufallsvorgangs gibt. Die Versicherung hingegen wird diesen Erwartungswert näherungsweise realisieren, da sie vermutlich viele gleichartige Versicherungen verkauft. Um Gewinn zu erzielen, müsste die Versicherungsprämie den Erwartungswert übersteigen. Im Allgemeinen bildet der Erwartungswert des Schadens bei Versicherungen die Grundlage für die Prämienberechnung.

Anhand von Beispiel 7.7 haben wir gesehen, dass Erwartungswerte eine Rolle spielen, wenn sich Zufallsvorgänge oft wiederholen. Dies ist beispielsweise auch bei Glücksspielen, wie Lotterien der Fall: Auch hier realisiert der Glücksspielbetreiber den Erwartungswert der Zahlungen aus dem Spiel näherungsweise, weil das Spiel oft wiederholt wird (Roulette) oder es viele Teilnehmer gibt (Lotterie, Verlosung). Ein weiteres Beispiel ist die Beurteilung von Anlagerenditen mit Hilfe des Erwartungswertes. Hier wird argumentiert, dass die Rendite einer bestimmten Anlageform in jedem Zeitabschnitt (z. B. Monat oder Jahr) das Ergebnis desselben Zufallsprozesses ist.

Oft ist nach dem Erwartungswert einer Funktion von Zufallsvariablen gefragt. Für lineare Funktionen gibt es eine einfache **Rechenregel für den Erwartungswert.** Sind a und b reelle Zahlen und X eine Zufallsvariable, dann gilt:

$$E(a + bX) = a + bE(X) \tag{7.4}$$

Diese Regel kann mit der allgemeinen Formel für den Erwartungswert bewiesen werden: Definieren wir die Zufallsvariable Y = a + bX, so lautet die Erwartungswertformel

$$E(Y) = \sum_{i=1}^{k} y_i p_i \,.$$

Die Realisation y_i berechnet sich linear aus $y_i = a + bx_i$, so dass

$$E(Y) = \sum_{i=1}^{k}(a + bx_i)p_i = \sum_{i=1}^{k} ap_i + \sum_{i=1}^{k} bx_i p_i = a\sum_{i=1}^{k} p_i + b\sum_{i=1}^{k} x_i p_i = a + bE(X).$$

Im letzten Schritt wurde ausgenutzt, dass die Summe über alle Wahrscheinlichkeiten einer Zufallsvariable immer eins ergibt.

Beispiel 7.8 Angenommen, der Immobilienmakler aus Beispiel 7.1 erhält für jedes verkaufte Objekt eine Provision von 2000 € und kalkuliert mit 3.600 € Fixkosten pro Woche. Um den erwarteten Gewinn pro Woche zu berechnen, formuliert man die Zufallsvariable G = 2000X − 3600, die den Gewinn als Funktion der Zufallsvariable X (Zahl der verkauften Häuser) darstellt. Der Erwartungswert E(G) könnte über die Definitionsformel des Erwartungswertes (7.3) berechnet werden. Man müsste dann für alle möglichen Realisationen von X {0, 1, 2, 3, 4, 5} die jeweiligen Gewinn errechnen und den entsprechenden Wahrscheinlichkeiten zuordnen. Der Aufwand reduziert sich erheblich, wenn man Regel (7.4) ausnutzt:

$$E(G) = E(2000X - 3600) = 2000E(X) - 3600 = 2000 \cdot 2{,}55 - 3600 = 1500.$$

Der Makler kann im langfristigen Durchschnitt mit einem Gewinn von 1.500 € pro Woche rechnen.

7.3.3.2 Varianz und Standardabweichung

Varianz und Standardabweichung sind die wichtigsten **Streuungsmaße** einer Zufallsvariablen. In der beschreibenden Statistik haben wir die empirische Varianz als die durchschnittliche quadratische Abweichung vom arithmetischen Mittel definiert (vgl. Abschnitt 2.2.2.4). Diese Überlegungen lassen sich auf Zufallsvariablen übertragen, wobei zu berücksichtigen ist, dass der Durchschnitt einer Zufallsvariablen dem Erwartungswert entspricht. Die **Varianz einer Zufallsvariable** ist daher die erwartete quadratische Abweichung vom Erwartungswert

$$\boxed{\text{Var}(X) = \sigma^2 = E[(X - \mu)^2]} \tag{7.5}$$

und die **Standardabweichung** deren Wurzel

$$\boxed{\sigma = \sqrt{\text{Var}(X)}} \tag{7.6}$$

Da sich die Varianz (abgekürzt mit Var(X) oder σ^2) und Standardabweichung σ hier auf eine Zufallsvariable beziehen, lässt man das Attribut „empirisch" weg. In der Kurzschreibweise kann man Unklarheiten dadurch vermeiden, dass man die Zufallsvariable als Index verwendet, also zum Beispiel σ_X^2 bzw. σ_X.

Eine alternative Form von (7.5) ist

$$\boxed{\mathrm{Var}(X) = \sigma^2 = E(X^2) - \mu^2} \qquad (7.7)$$

In der deskriptiven Statistik haben wir zwei analoge Formen für die empirische Varianz kennengelernt, vgl. (2.39) und (2.41)(2.40). Für die empirische Varianz Der Ausdruck (7.7) kann leicht aus (7.5) ermittelt werden. Ausklammern von (7.5) ergibt

$$E[(X-\mu)^2] = E[X^2 - 2X\mu + \mu^2].$$

Da der Erwartungswert μ eine Konstante, also keine Zufallsvariable ist, erhält man mit den Rechenregeln für den Erwartungswert

$$E[(X-\mu)^2] = E(X^2) - 2\mu E(X) + \mu^2 = E(X^2) - \mu^2.$$

(7.5) und (7.7) sind die Definitionsformeln für die Varianz. Ersetzt man den Erwartungswertoperator $E(.)$ in diesen Formeln durch den Erwartungswert für diskrete Zufallsvariablen (7.3), so erhält man Rechenformeln. Zur Vereinfachung definiert man zuvor die Zufallsvariable $Z = (X-\mu)^2$ und setzt sie in (7.5) ein. Die Zufallsvariable Z „erbt" nun die Wahrscheinlichkeitsverteilung von X, d. h. wenn für $x = x_i$ die Wahrscheinlichkeit p_i gilt, gilt dieselbe Wahrscheinlichkeit auch für $z = z_i$. Das liegt daran, dass X das einzig zufällige Element im Ausdruck für Z ist. Mit dieser Überlegung lässt sich der Erwartungswert von Z berechnen:

$$\mathrm{Var}(X) = E(Z) = \sum_{i=1}^{k} z_i p_i = \sum_{i=1}^{k} (x_i - \mu)^2 p_i .$$

Auch für diesen Ausdruck gibt es eine alternative Form, die zu Rechenerleichterungen führen kann:

$$\mathrm{Var}(X) = \sum_{i=1}^{k} (x_i - \mu)^2 p_i$$

$$= \sum_{i=1}^{k} (x_i^2 p_i - 2x_i \mu p_i + \mu^2 p_i) = \sum_{i=1}^{k} x_i^2 p_i - 2\mu \sum_{i=1}^{k} x_i p_i + \mu^2 \sum_{i=1}^{k} p_i$$

$$= \sum_{i=1}^{k} x_i^2 p_i - 2\mu^2 + \mu^2 = \sum_{i=1}^{k} x_i^2 p_i - \mu^2 .$$

Die Rechenformeln für die Varianz einer diskreten Zufallsvariablen X sind also gegeben mit

7.3 Wahrscheinlichkeitsverteilungen diskreter Zufallsvariablen

$$\boxed{\mathrm{Var}(X) = \sigma^2 = \sum_{i=1}^{k}(x_i-\mu)^2 p_i = \sum_{i=1}^{k} x_i^2 p_i - \mu^2} \qquad (7.8)$$

oder in anderer Schreibweise

$$\boxed{\mathrm{Var}(X) = \sigma^2 = \sum_{i=1}^{k}(x_i-\mu)^2 f(x_i) = \sum_{i=1}^{k} x_i^2 f(x_i) - \mu^2} \qquad (7.9)$$

Die Standardabweichung ist die entsprechende Wurzel aus (7.8):

$$\sigma = \sqrt{\sum_{i=1}^{k}(x_i-\mu)^2 p_i} = \sqrt{\sum_{i=1}^{k} x_i^2 p_i - \mu^2} \qquad (7.10)$$

bzw. aus (7.9). Die Form von (7.10) entspricht der Formel für die empirische Standardabweichung aus einer Häufigkeitsverteilung, vgl. (2.43).

Wie der Erwartungswert sind auch Varianz und Standardabweichung nicht beobachtbar. Sie lassen sich inhaltlich interpretieren als die durchschnittliche quadratische Abweichung vom Durchschnitt (bzw. deren Wurzel), die sich nach einer unendlichen Zahl von Wiederholungen der Zufallsvariablen einstellen. Die absolute Höhe dieser Streuungsmaße gibt also Auskunft darüber, ob die Wahrscheinlichkeitsmasse eng oder weit um den Erwartungswert verteilt sind.

Beispiel 7.9 Der Erwartungswert der Verkaufszahlen des Immobilienmaklers wurde in Beispiel 7.6 mit $\mu = 2{,}55$ ermittelt. Tabelle 7.4 zeigt die Berechnung der Varianz nach beiden Formen aus (7.8).

Tabelle 7.4 Arbeitstabelle zur Berechnung der Varianz

x_i	p_i	$(x_i - \mu)$	$(x_i - \mu)^2$	$(x_i - \mu)^2 p_i$	x_i^2	$x_i^2 p_i$
0	0,05	−2,55	6,5025	0,3251	0	0,00
1	0,15	−1,55	2,4025	0,3604	1	0,15
2	0,30	−0,55	0,3025	0,0907	4	1,20
3	0,25	0,45	0,2025	0,0506	9	2,25
4	0,20	1,45	2,1025	0,4205	16	3,20
5	0,05	2,45	6,0025	0,3001	25	1,25
Summe				1,5475		8,05

Man erhält $\text{Var}(X) = \sigma^2 = \sum_{i=1}^{k}(x_i-\mu)^2 p_i = 1{,}5475$ oder $\text{Var}(X) = \sigma^2 = \sum_{i=1}^{k} x_i^2 p_i - \mu^2 = 8{,}05 - 2{,}55^2 = 1{,}5475$. Daraus ergibt sich die Standardabweichung

$$\sigma = \sqrt{1{,}5475} = 1{,}2440.$$

Die durchschnittliche Abweichung vom Erwartungswert von 2,55 verkauften Häusern beträgt 1,24 Häuser. Angenommen Y stellt die Zahl der Verkäufe eines zweiten Maklers dar und es gelte E(Y) = 2,55 und Var(Y) = 2,8770. Dann ließe sich für beide Makler langfristig dieselbe durchschnittliche Verkaufszahl pro Woche erwarten. Der erste Makler würde aber erwartungsgemäß schneller an diesen Durchschnitt heranrücken, da bei ihm die geringere Standardabweichung gilt.

In einigen Teildisziplinen der Wirtschaftswissenschaften wird die Varianz oder die Standardabweichung als **Risikomaß** interpretiert, Beispiele sind die Entscheidungstheorie, die Portfoliotheorie oder die Finanzmathematik. Dem liegt die Überlegung zugrunde, dass sich Risiko als eine Abweichung von der Erwartung definieren lässt. Die Standardabweichung einer Rendite bezeichnet man als **Volatilität** – sie hat sich als Risikomaß von Aktien durchgesetzt.

Betrachtet man lineare Transformationen von Zufallsvariablen, hilft oft die folgende Rechenregel:

$$\boxed{\text{Var}(a + bX) = b^2 \text{Var}(X)} \qquad (7.11)$$

Diese Rechenregel beinhaltet, dass Var(a) = 0. Die Varianz einer Nichtzufallsvariable wird null, weil sie eben ein fester Wert ist.

Zur Herleitung dieser Rechenregel betrachten wir eine Zufallsvariable Y, die als lineare Funktion aus X hervorgeht, also Y = a + bY. Dabei stellen a und b reelle Zahlen dar. Man erhält unter Anwendung der Rechenregeln für den Erwartungswert, vgl. (7.4):

$$\begin{aligned}
\text{Var}(Y) &= E(Y^2) - [E(Y)]^2 = E[(a + bX)^2] - [E(a + bX)] \\
&= E(a^2 + 2abX + b^2 X^2) - [a + bE(X)]^2 \\
&= a^2 + 2abE(X) + b^2 E(X^2) - a^2 - 2abE(X) - b^2 [E(X)]^2 \\
&= b^2 E(X^2) - b^2 [E(X)]^2 = b^2 (E(X^2) - [E(X)]^2) = b^2 \text{Var}(X).
\end{aligned}$$

7.4 Wahrscheinlichkeitsverteilungen stetiger Zufallsvariablen

Beispiel 7.10 Wir greifen zurück auf die Zufallsvariable G = 2000X − 3600 aus Beispiel 7.8, die den wöchentlichen Gewinn des Immobilienmaklers in Abhängigkeit der Zahl der verkauften Häuser X darstellt. In Beispiel 7.9 wurde Var(X) = 1,5475 ermittelt. Mit der Rechenregel für die Varianz erhält man für den Gewinn

$$\text{Var}(G) = \text{Var}(2000X - 3600) = 2000^2 \cdot \text{Var}(X) = 2000^2 \cdot 1{,}5475 = 6190000,$$

$$\sigma_G = \sqrt{6190000} = 2487{,}9711.$$

Die Standardabweichung von knapp 2.488 € misst die Streuung um den erwarteten Gewinn von 1.500 €.

7.4 Wahrscheinlichkeitsverteilungen stetiger Zufallsvariablen

7.4.1 Verteilungsfunktion

Stetige Zufallsvariablen sind überabzählbar, denn sie können zumindest in einem bestimmten Intervall unendlich viele unterschiedliche Realisationen annehmen. Eine Auflistung von Realisationen mit anschließender Zuordnung von Wahrscheinlichkeiten, wie bei der Wahrscheinlichkeitsfunktion für diskrete Variablen, ist nicht möglich, denn jede Liste von Realisationen wäre unvollständig. Der Grund liegt darin, dass man zwischen zwei beliebigen Werten immer wieder weitere Zwischenwerte finden kann. Selbst wenn man einige Realisationen herausgriffe, wäre die Wahrscheinlichkeit ihres Auftretens null, denn es wären ja stets noch unendlich viele andere Realisationen möglich. Daher gilt für eine stetige Zufallsvariablen X immer

$$P(X = x) = 0.$$

Beispiel 7.11 Es soll die Wahrscheinlichkeitsverteilung angegeben werden, dass eine Uhr bei einer bestimmten Uhrzeit stehenbleibt, weil die Batterie entladen ist. Misst man die Uhrzeit in Stunden, kann man die Wahrscheinlichkeitsfunktion dieser diskreten Zufallsvariablen angeben: Für x = 1, 2, ..., 12 gilt f(x) = 1/12 ≈ 0,0833 und sonst ist f(x) = 0. Die (Uhr-)Zeit ist aber eine stetige Zufallsvariable, die durch die Messung in Stunden diskretisiert wurde. Lassen wir Minuten als Zwischenwerte zu, so gibt es insgesamt 12·60 = 720 Möglichkeiten. Die Wahrscheinlichkeitsfunktion lautet für x = 1, 2,..., 720 dann f(x) = 1/720 ≈ 0,00139 und für alle anderen Werte von x gilt f(x) = 0. Die

Wahrscheinlichkeit f(x) ist deutlich gesunken, weil mehr Möglichkeiten betrachtet wurden. Mit der Messung der Zeit in Sekunden können noch mehr Zwischenwerte zugelassen werden: Es entstehen 720·60 = 43200 Möglichkeiten, so dass die Wahrscheinlichkeit für eine Realisation 1/43200 ≈ 0,00002315 beträgt. Beim Übergang auf noch mehr Zwischenwerte (Zehntelsekunden, Millisekunden usw.) wird die Zahl der Realisationen steigen und gleichzeitig die Wahrscheinlichkeit für die einzelne Realisation sinken. Jede Maßeinheit (Stunde, Minute, Sekunde usw.) stellt letztendlich eine Klassifizierung des stetigen Merkmals Zeit dar. Nur deswegen lassen sich noch Wahrscheinlichkeiten angeben, die größer als null sind. Löst man sich von der Klassifizierung und betrachtet alle unendlich vielen Möglichkeiten, so ergibt sich für die Wahrscheinlichkeit einer einzelnen Realisation genau der Wert null.

Für einzelne Realisationen stetiger Zufallsvariablen ist es also nicht sinnvoll, Wahrscheinlichkeiten anzugeben. Die Wahrscheinlichkeitsverteilung stetiger Zufallsvariablen beruht stattdessen auf der Idee, nicht für Einzelwerte, sondern für Wertebereiche der Zufallsvariablen Wahrscheinlichkeiten anzugeben. Für diskrete Zufallsvariablen haben wir die Verteilungsfunktion kennengelernt, die für den Bereich X ≤ x eine Wahrscheinlichkeit angibt, und diese Darstellungsweise bietet sich auch für stetige Zufallsvariablen an. Die **Verteilungsfunktion einer stetigen Zufallsvariable** ist

$$\boxed{F(x) = P(X \leq x)} \tag{7.12}$$

Diese Definition entspricht (7.2), ist aber weniger speziell: Weil es bei diskreten Zufallsvariablen keine Zwischenwerte gibt, liegen zwischen zwei benachbarten Realisationen keine Wahrscheinlichkeiten, und in der Graphik entsteht die Treppenstruktur. Bei stetigen Zufallsvariablen hingegen lassen sich nicht unbedingt Stellen angeben, zwischen denen keine Wahrscheinlichkeiten liegen. Die Graphik der Verteilungsfunktion verläuft daher typischerweise glatt, zum Beispiel wie in Abb. 7.3.

Abb. 7.3 Beispiel-Verteilungsfunktion einer stetigen Zufallsvariable

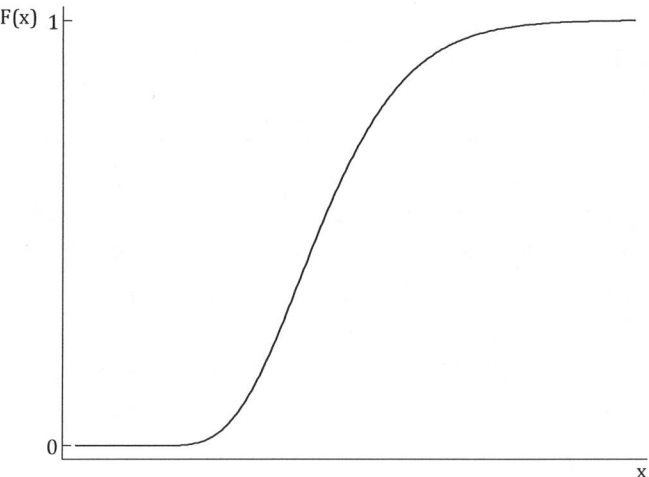

Neben dem monotonen Anstieg, sind an dieser Graphik zwei weitere allgemeine Charakteristika einer Verteilungsfunktion erkennbar, nämlich die Grenzwerte:

$$\lim_{x \to -\infty} F(x) = 0 \text{ und } \lim_{x \to \infty} F(x) = 1.$$

Eine Verteilungsfunktion beschreibt eine stetige Zufallsvariable vollständig, denn mit ihr lassen sich für alle möglichen Wertebereiche die Wahrscheinlichkeiten angeben. Ein Wertebereich kann ein Bereich bis zu einer Grenze, ein Bereich ab einer bestimmten Grenze oder ein Bereich zwischen zwei Grenzen sein. Dabei ist es für die Wahrscheinlichkeit unerheblich, ob die Grenze mit einbezogen ist oder nicht, da für stetige Zufallsvariablen stets $P(X = x) = 0$ gilt. Die Wahrscheinlichkeit in einem Bereich bis zu einer Grenze lässt sich direkt der Verteilungsfunktion entnehmen:

$$P(X \leq x) = P(X < x) = F(x) \tag{7.13}$$

Ist nach einer Wahrscheinlichkeit ab einer bestimmten Grenze gefragt, so kann man durch Komplementärbildung ebenfalls auf die Verteilungsfunktion zurückgreifen:

$$P(X \geq x) = P(X > x) = 1 - P(X \leq x) = 1 - F(x) \tag{7.14}$$

Die Wahrscheinlichkeit, dass die Zufallsvariable zwischen den Realisationen x_a und x_b liegt, beträgt

$$P(x_a \leq X \leq x_b) = P(x_a < X < x_b) = P(X \leq x_b) - P(X \leq x_a) = F(x_b) - F(x_a) \qquad (7.15)$$

Beispiel 7.12 Es soll die Verteilungsfunktion, dass eine batteriebetriebene Uhr zu einem bestimmten Zeitpunkt stehenbleibt, dargestellt werden. Die Zufallsvariable X steht für die Uhrzeit in der Maßeinheit Stunden. Da es keinen Grund zur Annahme gibt, dass sich die Wahrscheinlichkeit zwischen zwei Zeitintervallen gleicher Breite unterscheidet, kann ein linearer Anstieg der Verteilungsfunktion unterstellt werden. Werte kleiner als 1 sind nicht möglich, daher muss die Verteilungsfunktion in diesem Bereich null sein. Ebensowenig sind Uhrzeiten ab 13 möglich, so dass von dort an die Verteilungsfunktion den Wert eins annimmt. Mit diesen Informationen lässt sich die Verteilungsfunktion in Abb. 7.4 angeben.

Die Funktion lautet

$$F(x) = P(X \leq x) = \begin{cases} 0 & \text{für } x < 1 \\ \dfrac{1}{12}x - \dfrac{1}{12} & \text{für } 1 \leq x < 13 \\ 1 & \text{für } x \geq 13. \end{cases}$$

Abb. 7.4 Verteilungsfunktion

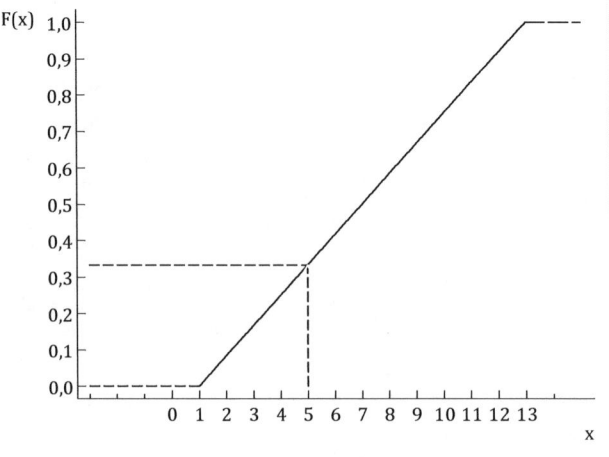

An drei verschiedenen Beispielfragen, wird gezeigt, wie sich aus der Verteilungsfunktion Wahrscheinlichkeiten ablesen lassen. Die Wahrscheinlichkeit, dass die Uhr vor 5 Uhr stehenbleibt ist

$$F(5) = P(X < 5) = \frac{1}{12} \cdot 5 - \frac{1}{12} = \frac{1}{3} = 0{,}3333.$$

Dieser Wert ist in der Abbildung der Verteilungsfunktion eingezeichnet. Für die Größe der Wahrscheinlichkeit ist es unerheblich, ob der Wert 5 mit einbezogen wird oder nicht, mit anderen Worten, die Wahrscheinlichkeit, dass die Uhr bei einer Uhrzeit bis einschließlich 5 Uhr stehenbleibt, ist ebenfalls 33,33%.

Die Wahrscheinlichkeit, dass die Uhr nach 8 Uhr stehenbleibt lässt sich über das Komplementär berechnen:

$$P(X > 8) = 1 - F(8) = 1 - \left(\frac{1}{12} \cdot 8 - \frac{1}{12}\right) = \frac{7}{12} = 0{,}5833.$$

Schließlich soll noch die Wahrscheinlichkeit berechnet werden, dass die Uhr zwischen 2 und 3 Uhr stehen bleibt:

$$P(2 < X < 3) = F(3) - F(2) = \left(\frac{1}{12} \cdot 3 - \frac{1}{12}\right) - \left(\frac{1}{12} \cdot 2 - \frac{1}{12}\right) = \frac{1}{12} = 0{,}0833.$$

7.4.2 Dichtefunktion

Bekanntermaßen stellt die Verteilungsfunktion die kumulierten Wahrscheinlichkeiten dar. Im diskreten Fall ergibt sich die Kumulierung durch Addition aus der Wahrscheinlichkeitsfunktion (vgl. (7.2)). Eine entsprechende Darstellung lässt sich auch für den stetigen Fall angeben, allerdings muss das Summenzeichen durch das Integral ersetzt werden:

$$\boxed{F(x) = \int_{-\infty}^{x} f(t)dt}$$

Die Funktion f(x), über die integriert wird, nennt man **Dichtefunktion**, ihre Funktionswerte heißen **(Wahrscheinlichkeits-)Dichte**. Im Unterschied zur Wahrscheinlichkeitsfunktion sind diese Funktionswerte keine Wahrscheinlichkeiten: Sie lassen sich inhaltlich schwer interpretieren. Statt der Funktionswerte betrachtet man hauptsächlich die Flächen unter der Kurve, denn diese stellen Wahrscheinlichkeiten dar. Genauer gesagt, ist die Wahrscheinlichkeit, dass die Zufallsvariable eine Realisation aus einem bestimmten Bereich annimmt, durch die Fläche unter der Dichtefunktion in diesem Bereich gegeben, d. h.

$$P(x_a < X \leq x_b) = \int_{x_a}^{x_b} f(x)dx \qquad (7.16)$$

Ob die Grenze x_a bzw. x_b mit einbezogen wird, ist auch hier für die Größe der Wahrscheinlichkeit irrelevant.

Da das Integral der Dichtefunktion die Verteilungsfunktion darstellt, erhält man die Dichtefunktion durch Ableitung der Verteilungsfunktion, d. h. es gilt:

$$f(x) = \frac{dF(x)}{dx} = F'(x).$$

Zur Illustration wird in Abb. 7.5 die zu Abb. 7.4 gehörige Dichte dargestellt. Die Wahrscheinlichkeit $P(a < X \leq b)$ ist in der Abbildung als Fläche unter der Kurve gekennzeichnet.

Abb. 7.5 Beispiel-Dichtefunktion

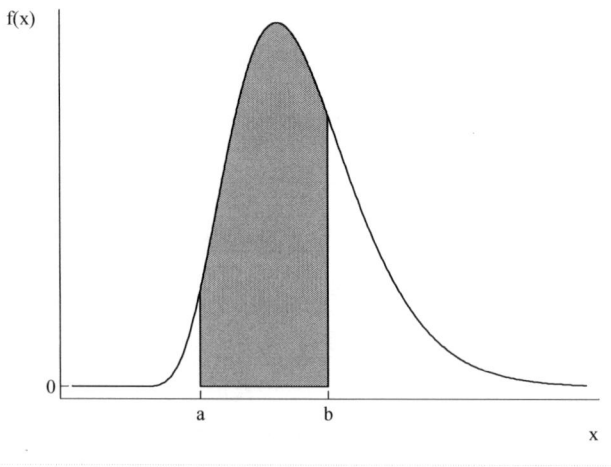

Die Dichtefunktion kann nicht im negativen Bereich der Ordinate verlaufen, weil es keine negativen Wahrscheinlichkeiten gibt. Eine weitere Eigenschaft jeder Dichtefunktion ist, dass die Gesamtfläche unter der Kurve immer eins beträgt. Für jede Dichtefunktion gilt damit

$$f(x) \geq 0 \quad \text{und} \quad \int_{-\infty}^{\infty} f(x)dx = 1.$$

7.4 Wahrscheinlichkeitsverteilungen stetiger Zufallsvariablen

Darüber hinaus gibt es keine Einschränkungen. Beispielsweise kann die Dichtefunktion im negativen Bereich der Abszisse verlaufen, wenn die Zufallsvariable negative Werte annimmt, oder die Funktionswerte können größer sein als eins.

Beispiel 7.13 Die Dichtefunktion für die Zeit, zu der die Uhr aus Beispiel 7.12 stehenbleibt, erhält man aus der Ableitung der Verteilungsfunktion. Es ergibt sich

$$f(x) = F'(x) = \begin{cases} -\dfrac{1}{12} & \text{für } 1 \leq x < 13 \\ 0 & \text{sonst} \end{cases}$$

mit folgender Graphik:

Abb. 7.6 Dichtefunktion

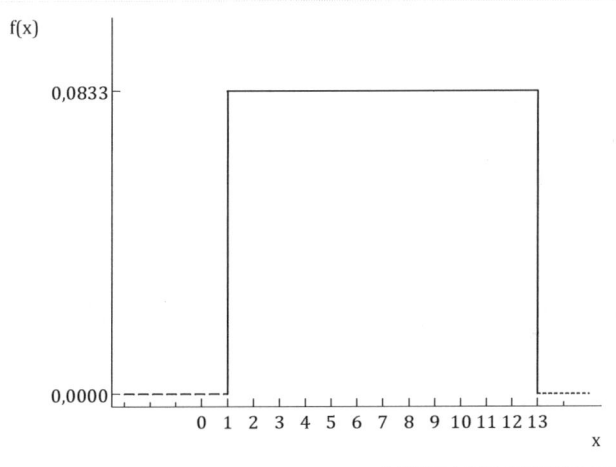

Aufgrund dieser einfachen Rechteckform lassen sich die Ergebnisse aus Beispiel 7.12 leicht nachvollziehen. So ist die Wahrscheinlichkeit $P(X < 5)$ die Fläche unter der Dichte zwischen den Werten 1 und 5. Sie ergibt sich aus der Multiplikation der Breite des Rechtecks (also $5 - 1 = 4$) mit der Höhe (0,0833) als $4 \cdot 0,0833 = 0,3332$, was bis auf eine Rundungsdifferenz dem Ergebnis aus Beispiel 7.12 entspricht. Auch die anderen dort ausgerechneten Wahrscheinlichkeiten lassen sich mit dieser einfachen geometrischen Betrachtung nachvollziehen.

Beispiel 7.14 Die Zeit in Minuten, die sich die Studentin Karla bei einer Vorlesung verspätet, ist durch die Zufallsvariable X gegeben, deren Dichtefunktion

$$f(x) = \begin{cases} -\dfrac{3}{500}x^2 + \dfrac{3}{50}x & \text{für } 0 \leq x \leq 10 \\ 0 & \text{sonst} \end{cases}$$

lautet. Diese Funktion ist eine Parabel, daher lassen sich die Flächen nicht so leicht ermitteln wie im vorherigen Beispiel, sondern es muss das Integral von f(x) berechnet werden.

Zunächst einmal wird überprüft, ob es sich bei f(x) tatsächlich um eine Dichtefunktion handelt. Dazu untersuchen wir zunächst die Bedingung $f(x) \geq 0$. Die Nullstellen von f(x) im Bereich $0 \leq x \leq 10$ liegen bei $f(0) = 0$ und $f(10) = 0$. Da die Dichte zwischen diesen Werten eine umgedrehte Parabel ist, gilt zwischen diesen Nullstellen $f(x) > 0$. An den anderen Stellen ist die Dichte überall null, also gilt für alle Werte von x, dass $f(x) \geq 0$. Die zweite Bedingung lautet, dass die Gesamtfläche unter der Dichte eins beträgt:

$$\int_{-\infty}^{\infty} f(x)dx = \int_{0}^{10} \left(-\frac{3}{500}x^2 + \frac{3}{50}x\right) dx = -\frac{1}{500}x^3 + \frac{3}{100}x^2 \Big|_{0}^{10} = (-2 + 3) = 1.$$

Damit sind beide allgemeinen Voraussetzungen, die an eine Dichtefunktion gestellt werden, erfüllt.

Aus der Dichte lässt sich die Wahrscheinlichkeit berechnen, dass sich die Studentin zu einer zufällig ausgewählten Vorlesung zwischen 2 und 4 Minuten verspätet:

$$P(2 < X < 4) = \int_{2}^{4} f(x)dx = \int_{2}^{4} \left(-\frac{3}{500}x^2 + \frac{3}{50}x\right) dx = -\frac{1}{500}x^3 + \frac{3}{100}x^2 \Big|_{2}^{4}$$

$$= \left(-\frac{64}{500} + \frac{48}{100}\right) - \left(-\frac{8}{500} + \frac{12}{100}\right) = \frac{31}{125} = 0{,}248.$$

Die Wahrscheinlichkeit, dass sie sich um mehr als 5 Minuten verspätet, ist

$$P(X > 5) = \int_{5}^{\infty} f(x)dx = \int_{5}^{10} \left(-\frac{3}{500}x^2 + \frac{3}{50}x\right) dx = -\frac{1}{500}x^3 + \frac{3}{100}x^2 \Big|_{5}^{10}$$

$$= (-2 + 3) - \left(-\frac{1}{4} + \frac{3}{4}\right) = 0{,}5.$$

Alternativ können die Wahrscheinlichkeiten auch aus der Verteilungsfunktion bestimmt werden. Das ist oft vorteilhaft, auch wenn zunächst nur die Dichtefunktion gegeben ist und man die Verteilungsfunktion aus ihr ermitteln muss. Denn liegt die Verteilungsfunktion einmal vor, erhält man die Wahrscheinlichkeiten durch einfaches Einsetzen. Um im vorliegenden Fall die Verteilungsfunktion zu ermitteln, betrachten wir zunächst den Bereich $0 \leq x \leq 10$:

$$F(x) = \int_{t=-\infty}^{x} f(t)dt = \int_{t=0}^{x} \left(-\frac{3}{500}t^2 + \frac{3}{50}t\right) dt = \left. -\frac{1}{500}t^3 + \frac{3}{100}t^2 \right|_0^x$$

$$= -\frac{1}{500}x^3 + \frac{3}{100}x^2.$$

Die Werte unterhalb dieses Bereiches sind null bzw. eins, so dass die Verteilungsfunktion lautet:

$$F(x) = \begin{cases} 0 & \text{für } x < 0 \\ -\frac{1}{500}x^3 + \frac{3}{100}x^2 & \text{für } 0 \leq x \leq 10 \\ 1 & \text{für } x > 10. \end{cases}$$

Die oben gefragten Wahrscheinlichkeiten sind dann $P(2 < X < 4) = F(4) - F(2)$ und $P(X > 5) = 1 - F(5)$. Die Rechenergebnisse lassen sich durch Einsetzen der Werte in die Verteilungsfunktion leicht nachvollziehen. Abb. 7.7 zeigt die Dichte- und die Verteilungsfunktion zu diesem Beispiel.

Abb. 7.7   Dichte- und Verteilungsfunktion zur Bestimmung von $P(2 < X < 4)$

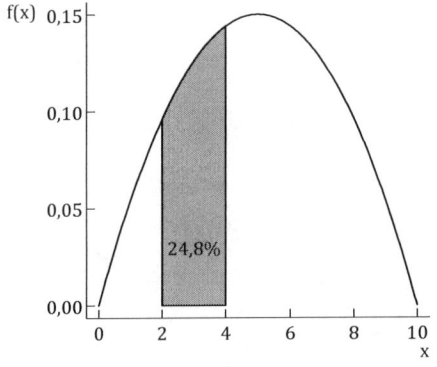
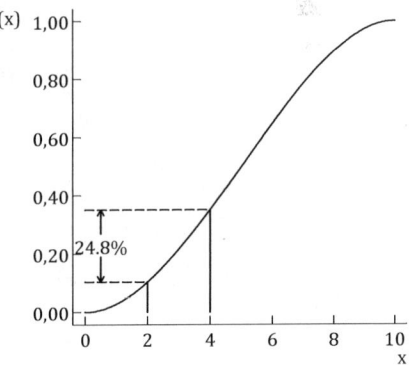

7.4.3 Parameter stetiger Zufallsvariablen

7.4.3.1 Erwartungswert und Varianz

Die meisten Aussagen über Erwartungswert und Varianz, die wir im Abschnitt 7.3.3 getroffen haben, gelten auch für stetige Zufallsvariable. Allerdings müssen die Rechenformeln für den stetigen Fall angepasst werden, indem das Integral an die Stelle des Summenzeichens und der Wert der Dichtefunktion anstelle des Wertes der Wahrscheinlichkeitsfunktion tritt. Für **Erwartungswert** gilt demnach

$$\boxed{E(X) = \mu = \int_{-\infty}^{\infty} x f(x) dx} \qquad (7.17)$$

und für die **Varianz**

$$\boxed{Var(X) = \sigma^2 = \int_{-\infty}^{\infty} (x - \mu)^2 f(x) dx}$$

$$\text{bzw.} \quad \boxed{Var(X) = \int_{-\infty}^{\infty} x^2 f(x) dx - \mu^2} \qquad (7.18)$$

Alle weiteren in Abschnitt 7.3 dargestellten Inhalte, insbesondere die Interpretation, die Rechenregeln ((7.4) und (7.11)) und die Berechnung der Standardabweichung (7.10) gelten auch hier.

Beispiel 7.15 Es sollen Erwartungswert, Varianz und Standardabweichung für die Verspätung der Studentin Karla berechnet werden. In Beispiel 7.14 ist die Dichtefunktion mit

$$f(x) = \begin{cases} -\dfrac{3}{500}x^2 + \dfrac{3}{50}x & \text{für } 0 \leq x \leq 10 \\ 0 & \text{sonst} \end{cases}$$

gegeben. Der Erwartungswert ist

$$E(X) = \mu = \int_{-\infty}^{\infty} x f(x) dx = \int_{0}^{10} \left(-\frac{3}{500}x^3 + \frac{3}{50}x^2\right) dx = -\frac{3}{2000}x^4 + \frac{1}{50}x^3 \Big|_{0}^{10}$$

$$= -\frac{30000}{2000} + \frac{1000}{50} = -15 + 20 = 5.$$

Die Varianz ist

$$\text{Var}(X) = \sigma^2 = \int_{-\infty}^{\infty} x^2 f(x) dx - \mu^2 = \int_0^{10} \left(-\frac{3}{500}x^4 + \frac{3}{50}x^3\right) dx - \mu^2$$

$$= -\frac{3}{2500}x^5 + \frac{3}{200}x^4 \Big|_0^{10} - 25 = -\frac{300000}{2500} + \frac{30000}{200} - 25$$

$$= -120 + 150 - 25 = 5.$$

Daraus ergibt sich eine Standardabweichung von $\sigma = \sqrt{5} = 2{,}2361$ Minuten. Im langfristigen Mittel wird Karla 5 Minuten zu spät kommen mit einer durchschnittlichen Schwankung von ca. 2,2 Minuten.

7.4.3.2 Quantile

Quantile wurden bereits in der beschreibenden Statistik in Abschnitt 2.2.1.2 eingeführt. Für eine **Zufallsvariable** gibt das **α-Quantil** gibt an, welche Realisation mit der vorgegebenen Wahrscheinlichkeit α höchstens erreicht wird. Wir bezeichnen das α-Quantil mit $x_{[\alpha]}$ und schreiben:

$$P(X \leq x_{[\alpha]}) = \alpha \tag{7.19}$$

Das 50%-Quantil heißt auch Median (vgl. auch Abschnitt 2.2.1.2). Es stellt den Wert dar, der mit einer Wahrscheinlichkeit von 50% maximal erreicht wird.

Ein Quantil kann graphisch aus der Dichtefunktion ermittelt werden, indem man den Wert an der Abszisse abliest, der sich bei einer vorgegebenen vom linken Kurvenende beginnenden Fläche unter der Kurve ergibt. Bei der Verteilungsfunktion entspricht das Quantil dem Wert auf der Abszisse bei einem vorgegebenen Funktionswert, d. h. es kann durch die Umkehrfunktion von F(x) gebildet werden:

$$x_{[\alpha]} = F^{-1}(\alpha) \tag{7.20}$$

Beide Zusammenhänge sind in Abb. 7.8 am Beispiel eines 20%-Quantils veranschaulicht.

Abb. 7.8 Ermittlung eines 20%-Quantils aus der Dichte- oder Verteilungsfunktion

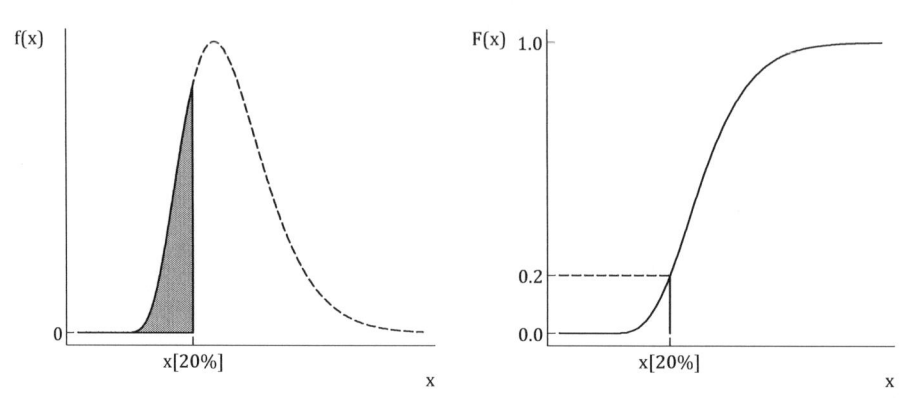

Quantile spielen unter anderem als Risikokennzahlen eine bedeutende Rolle. Die Firma J. P. Morgan prägte den Begriff **Value at Risk** für das Quantil der Wahrscheinlichkeitsverteilung der Verluste in einem Wertpapierportfolio bei einem bestimmten Zeithorizont. Mittlerweile wird diese Kennzahl aber auch für andere Portfolien, ja sogar gesamte Finanzunternehmen verwendet. Misst die Zufallsvariable X beispielsweise den Verlust aus einem Wertpapierportfolio bei einem Zeithorizont von einem Tag, so ist der 99%-Value-at-Risk das 99%-Quantil dieser Verlustverteilung. Ein Wert von $x_{[0,99]}$ = 100 Mio. Euro besagt dann, dass der maximale Verlust bei einer Wahrscheinlichkeit von 99% 100 Mio. Euro beträgt. Zur Ermittlung des Value-at-Risk muss also die gesamte Wahrscheinlichkeitsverteilung der Verluste bekannt sein.

Quantile können auch für diskrete Zufallsvariablen berechnet werden, meist werden sie aber nur für stetige gebraucht.

7.5 Zweidimensionale diskrete Zufallsvariablen

Von zweidimensionalen Zufallsvariablen spricht man, wenn man zwei Zufallsvariablen gleichzeitig betrachtet. Dabei steht meistens die Frage im Mittelpunkt, ob die Zufallsvariablen unabhängig voneinander sind oder nicht. Stellt man einen Zusammenhang fest, sind außerdem Aussagen über die Stärke und Richtung des Zusammenhangs von Interesse. Auch für diese Themen können verschiedene Anleihen aus der deskriptiven Statistik aufgenommen werden (vgl. Kapitel 3.1 und 3.2).

7.5.1 Gemeinsame und marginale Wahrscheinlichkeit

Die Wahrscheinlichkeit, dass zwei diskrete Zufallsvariablen ein bestimmtes Wertepaar von Realisationen annehmen, nennt man **gemeinsame Wahrscheinlichkeit**. Mit Wertepaar ist gemeint, dass die Zufallsvariable X die Realisation x_i (von i = 1,....., r möglichen Realisationen) annimmt und gleichzeitig die Zufallsvariable Y die Realisation y_j (von j = 1, ..., c Möglichkeiten). Die gemeinsame Wahrscheinlichkeit wird folgendermaßen angegeben:

$$P(X = x_i \text{ und } Y = y_j) = p_{ij} \tag{7.21}$$

Die **gemeinsame Wahrscheinlichkeitsfunktion** f(x, y) erhält man, wenn man allen möglichen gemeinsamen Realisationen Wahrscheinlichkeiten zuordnet. Auch hier können – wie bei den eindimensionalen Zufallsvariablen – für einen Wert der gemeinsamen Wahrscheinlichkeitsfunktion je nach Zusammenhang drei verschiedene Abkürzungen verwendet werden:

$$\boxed{f(x, y) = P(X = x_i \text{ und } Y = y_j) = p_{ij}} \tag{7.22}$$

Die Werte der Wahrscheinlichkeitsfunktion bilden in der Summe 1, da sie der Summe aller möglichen Wahrscheinlichkeiten entspricht:

$$\sum_{i=1}^{r} \sum_{j=1}^{c} p_{ij} = 1.$$

Die gemeinsame Wahrscheinlichkeitsfunktion lässt sich anschaulich in einer Kontingenztabelle darstellen, deren allgemeine Struktur der zweidimensionalen Häufigkeitstabelle mit den gemeinsamen relativen Häufigkeiten entspricht, siehe Tabelle 3.1 in Abschnitt 3.1. Auch hier sind die **Randverteilungen** $p_{i.}$ bzw. $p_{.j}$ – man nennt sie auch **marginale Wahrscheinlichkeiten** – an den Rändern der Tabelle angegeben. Die marginalen Wahrscheinlichkeiten sind definiert durch

$$\boxed{P(X = x_i) = p_{i.} = \sum_{j=1}^{c} p_{ij}} \tag{7.23}$$

und

$$P(Y = y_j) = p_{.j} = \sum_{i=1}^{r} p_{ij} \qquad (7.24)$$

Ihre Werte geben die Wahrscheinlichkeit einzelner Realisationen jeweils einer der beiden Zufallsvariablen an, unabhängig davon, welchen Wert die andere Zufallsvariable annimmt und entsprechen damit den Wahrscheinlichkeiten der eindimensionalen Zufallsvariablen. Auch diese Wahrscheinlichkeiten lassen sich als Funktion der jeweiligen Realisationen angeben. Die Schreibweise lautet

$$f_x(x) = \sum_{j=1}^{c} f(x_{ij}) \text{ und } f_y(y) = \sum_{i=1}^{r} f(x_{ij}) \qquad (7.25)$$

Beispiel 7.16 Ein blauer und ein roter Würfel werden geworfen. Die Zufallsvariable X bezeichnet die Augenzahl des blauen Würfels, die Zufallsvariable Y die Augenzahl des roten Würfels. Mit Hilfe des klassischen Wahrscheinlichkeitsbegriffs lassen sich die gemeinsamen Wahrscheinlichkeiten berechnen: $P(X = 1$ und $Y = 2) = p_{12}$ wäre die Wahrscheinlichkeit mit dem blauen Würfel eine eins und mit dem roten Würfel eine zwei zu würfeln. Diesem einen „günstigen Fall" stehen insgesamt 36 mögliche Fälle gegenüber. Es gilt also $p_{12} = 1/36 = 0{,}0278$. Da alle anderen Fälle gleichwahrscheinlich sind, gilt dieser Wert für alle Zahlenkombinationen, und die Kontingenztabelle nimmt die in Tabelle 7.5 angegebene Form an.

Tabelle 7.5 Kontingenztabelle mit der Wahrscheinlichkeitsfunktion eines zweimaligen Würfelwurfs

Y \ X	1	2	...	6	$p_{i.}$
1	$1/36$	$1/36$	...	$1/36$	$1/6$
2	$1/36$	$1/36$	...	$1/36$	$1/6$
...	...	...	...	...	...
6	$1/36$	$1/36$	...	$1/36$	$1/6$
$p_{.j}$	$1/6$	$1/6$	...	$1/6$	1

Die gemeinsame Wahrscheinlichkeit $p_{ij} = 0{,}0278$ ist also die Wahrscheinlichkeit, dass die unterschiedlichen Würfel eine bestimmte Zahlenkombination zeigen. Die Randverteilung nimmt einheitlich Werte von $1/6 = 0{,}0167$ an. Sie entspricht der

7.5 Zweidimensionale diskrete Zufallsvariablen

Wahrscheinlichkeit, dass auf einem Würfel eine bestimmte Zahl erscheint, unabhängig davon, was der andere Würfel anzeigt.

Beispiel 7.17 Angenommen, Personen werden zufällig ausgewählt und nach der Haushaltsgröße (Zahl der Personen, Zufallsvariable X) und der Anzahl der eigenen Pkw (Zufallsvariable Y) befragt. Zur Vereinfachung unterstellen wir, dass Personen mit Haushaltsgrößen von mehr als 6 oder mit mehr als 3 Pkw ausgeschlossen werden. Weiterhin nehmen wir an, dass die gemeinsame Wahrscheinlichkeitsfunktion mit Tabelle 7.6 gegeben sei.

Tabelle 7.6 Kontingenztabelle mit der Wahrscheinlichkeitsfunktion der Haushaltsgröße (X) und Zahl der Pkw (Y)

X \ Y	0	1	2	3	$p_{i.}$
1	0,07	0,12	0,02	0,00	0,21
2	0,05	0,15	0,02	0,00	0,22
3	0,04	0,07	0,03	0,01	0,15
4	0,05	0,11	0,05	0,01	0,22
5	0,02	0,07	0,03	0,01	0,13
6	0,00	0,01	0,04	0,02	0,07
$p_{.j}$	0,23	0,53	0,19	0,05	1,00

Anhand von Beispielwerten soll die Interpretation der Tabellenwerte illustriert werden. Die gemeinsame Wahrscheinlichkeit $P(X = 3$ und $Y = 1) = p_{3.} = 7\%$ ist die Wahrscheinlichkeit, dass eine zufällig ausgewählte Person in einem Dreipersonenhaushalt lebt und ein Auto besitzt. Die marginale Wahrscheinlichkeit $P(X = 3) = p_{3.} = 15\%$ gibt an, dass eine zufällig befragte Person mit 15-prozentiger Wahrscheinlichkeit in einem Dreipersonenhaushalt lebt (unabhängig von der Zahl der Autos). Unabhängig von der Personenzahl, beträgt die Wahrscheinlichkeit, dass der Befragte genau ein Auto besitzt $P(Y = 1) = p_{.2} = 53\%$.

Beispiel 7.18 In diesem Beispiel beziehen sich die Zufallsvariablen auf qualitative Ergebnisse: Banken fragen Privatkunden in Kreditanträgen nach dem Familienstand, denn oft ist das Kreditausfallrisiko (neben anderen Faktoren) familienstandabhängig. Die Zufallsvariable X bezeichnet den Familienstand eines zufällig ausgewählten Antragstellers, mit folgenden Kategorien:

x_i	Familienstand
1	= ledig
2	= verheiratet
3	= geschieden
4	= sonstiges

Die Zufallsvariable Y nimmt den Wert $y_1 = 0$ an, wenn der Kredit zurückgezahlt wird und $y_2 = 1$, wenn der Kredit ausfällt. Die gemeinsame Verteilung von X und Y, die eine Bank meist aus Erfahrungen festlegt, könnte beispielsweise wie in Tabelle 7.7 aussehen. Da die Werte der Zufallsvariablen Codes darstellen, gibt man zur besseren Verständlichkeit auch die Kategorien der Ergebnisse des Zufallsvorgangs an.

Tabelle 7.7 Kontingenztabelle mit der Wahrscheinlichkeitsfunktion des Familienstandes (X) und der Kreditrückzahlung (Y)

Y \ X	0 Rückzahlung	1 keine Rückzahlung	$p_{i.}$
1 ledig	0,4028	0,0067	0,4095
2 verheiratet	0,4397	0,0014	0,4411
3 geschieden	0,1010	0,0084	0,1094
4 sonstiges	0,0376	0,0024	0,0400
$p_{.j}$	0,9811	0,0189	1,0000

Die marginale Verteilung der Variable Y misst die Ausfall- und Nichtausfallwahrscheinlichkeit: Die Wahrscheinlichkeit, dass ein zufällig ausgewählter Antragsteller den Kredit später nicht zurückzahlen wird, beträgt 1,89%.

7.5.2 Stochastische Unabhängigkeit

Das Konzept der statistischen Unabhängigkeit zweier Merkmale aus Kapitel 3.1 lässt sich auf Zufallsvariablen übertragen. Man nennt zwei Zufallsvariablen **stochastisch unabhängig**, wenn für alle i und j gilt:

$$P(X = x_i \text{ und } Y = y_j) = P(X = x_i) \cdot P(Y = y_j) \qquad (7.26)$$

Bei stochastischer Unabhängigkeit lassen sich also die Felder der Kontingenztabelle allein aus der Randverteilung bestimmen, durch $p_{ij} = p_{i.} \cdot p_{.j}$. Das bedeutet, dass die Kenntnis der

7.5 Zweidimensionale diskrete Zufallsvariablen

univariaten Wahrscheinlichkeitsverteilungen $f_x(x)$ und $f_y(y)$ vollkommen ausreicht, um die gemeinsame Wahrscheinlichkeitsverteilung zu ermitteln.

Beispiel 7.19 Die gemeinsamen Wahrscheinlichkeiten in der Kontingenztafel bei zweimaligem Würfelwurf (Beispiel 7.16) ergeben sich alle aus der Randverteilung, denn für jedes i und j gilt $p_{ij} = 1/36$, $p_{i.} = 1/6$ und $p_{.j} = 1/6$ und $1/36 = 1/6 \cdot 1/6$. Daher sind die Zufallsvariablen stochastisch unabhängig: Die gemeinsame Wahrscheinlichkeitsverteilung lässt sich allein aus der Kenntnis ermitteln, dass eine bestimmte Augenzahl jedes einzelnen Würfelwurf mit der Wahrscheinlichkeit von 1/6 erscheint.

Die Zahl der Pkw und die Haushaltsgröße (Beispiel 7.17) sind hingegen nicht stochastisch unabhängig, da z. B. $P(X = 3$ und $Y = 1) = p_{32} = 7\%$ und $p_{3.} \cdot p_{.2} = 0{,}53 \cdot 0{,}15 = 0{,}0795$. Bei stochastischer Unabhängigkeit müsste also die Wahrscheinlichkeit, dass ein Befragter in einem Dreipersonenhaushalt lebt und ein Auto besitzt, etwas größer sein als in der tatsächlichen gemeinsamen Wahrscheinlichkeitsverteilung. Grundsätzlich muss man schon bei einer einzigen Abweichung zwischen tatsächlicher und bei Unabhängigkeit erwarteter Wahrscheinlichkeit davon ausgehen, dass keine stochastische Unabhängigkeit vorliegt.

Die theoretische Wahrscheinlichkeitsverteilung bei stochastischer Unabhängigkeit der Kreditantragsteller aus Beispiel 7.18 ist in Tabelle 7.8 in Klammern unter den tatsächlichen gemeinsamen Wahrscheinlichkeiten angegeben.

Tabelle 7.8 Wahrscheinlichkeitsfunktion des Familienstandes (X) und der Kreditrückzahlung (Y), theoretische Wahrscheinlichkeiten bei stochastischer Unabhängigkeit in Klammern

Y \ X	0 Rückzahlung	1 keine Rückzahlung	$p_{i.}$
1 ledig	0,4028 (0,4018)	0,0067 (0,0077)	0,4095
2 verheiratet	0,4397 (0,4328)	0,0014 (0,0083)	0,4411
3 geschieden	0,1010 (0,1073)	0,0084 (0,0021)	0,1094
4 sonstiges	0,0376 (0,0392)	0,0024 (0,0008)	0,0400
$p_{.j}$	0,9811	0,0189	1,0000

Die Wahrscheinlichkeiten weichen leicht voneinander ab, stochastische Unabhängigkeit liegt also nicht vor. Beispielsweise ist die Wahrscheinlichkeit, dass ein Antragsteller ausgewählt wird, der geschieden ist und den Kredit zurückzahlt (p_{31} = 10,1%) kleiner als der theoretische Wert bei Unabhängigkeit ($p_{3.} \cdot p_{.1}$ = 10,73%).

7.5.3 Bedingte Wahrscheinlichkeit

Die **bedingte Wahrscheinlichkeit** gibt an, wie wahrscheinlich eine konkrete Realisation einer der beiden Variablen ist, unter der Voraussetzung, dass man den Wert der anderen Variablen vorgibt, beispielsweise, weil man ihn bereits kennt. Um die bedingte Wahrscheinlichkeit zu berechnen, muss man den Zufallscharakter der jeweils vorgegebenen Variable eliminieren. Das geschieht, indem man die gemeinsamen Wahrscheinlichkeiten durch die marginale Wahrscheinlichkeit des vorgegebenen Wertes dividiert: Die daraus resultierenden Wahrscheinlichkeiten addieren sich für die vorgegebene Realisation zu eins. Ist ein Wert y_j der Zufallsvariable Y vorgegeben, so ist die bedingte Wahrscheinlichkeit für das Auftreten von x_i gegeben mit

$$\boxed{\boxed{P(X = x_i | Y = y_j) = \frac{P(X = x_i \text{ und } Y = y_j)}{P(Y = y_j)} = \frac{p_{ij}}{p_{.j}}}} \qquad (7.27)$$

Ist umgekehrt x_i vorgegeben und wird die Wahrscheinlichkeit untersucht, dass dann die Zufallsvariable Y den Wert y_j annimmt, gilt

$$\boxed{\boxed{P(Y = y_j | X = x_i) = \frac{P(X = x_i \text{ und } Y = y_j)}{P(X = x_i)} = \frac{p_{ij}}{p_{i.}}}} \qquad (7.28)$$

Die Gesamtheit aller auf eine Realisation bedingten Wahrscheinlichkeiten nennt man auch **bedingte Verteilung**, die entsprechende Funktion heißt **bedingte Wahrscheinlichkeitsfunktion** und wird mit $f_x(x|y)$ bzw. $f_y(y|x)$ abgekürzt. Überträgt man die in (7.27) und (7.28) gegebenen Zusammenhänge in diese Schreibweise lautet die auf Y bedingte Wahrscheinlichkeitsfunktion von X

$$f_x(x|y) = \frac{f(x, y)}{f_y(y)} \qquad (7.29)$$

7.5 Zweidimensionale diskrete Zufallsvariablen

und die auf X bedingte Wahrscheinlichkeitsfunktion von Y

$$f_y(y|x) = \frac{f(x,y)}{f_x(x)} \qquad (7.30)$$

Prinzipiell kann man stets entweder auf X oder auf Y bedingen. Ähnlich wie bei den bedingten Häufigkeiten, ist aber aus inhaltlichen Gründen oft nur eine der beiden Alternativen sinnvoll, nämlich dann, wenn eine der beiden Zufallsvariablen zeitlich vor der anderen realisiert wird oder sie den Wert der anderen beeinflusst.

Beispiel 7.20 Banken kennen den Familienstand des Kreditantragstellers, wissen aber zum Zeitpunkt der Antragstellung nicht, ob der Kredit ausfallen wird oder nicht. In Beispiel 7.18 wird also die Zufallsvariable X zeitlich vor Y realisiert, und es ist daher sinnvoll, die gemeinsame Wahrscheinlichkeitsfunktion in Tabelle 7.8 auf den Familienstand zu bedingen. Man erhält damit die bedingten Ausfall- und Nichtausfallwahrscheinlichkeiten, siehe Tabelle 7.9.

Tabelle 7.9 Bedingte Ausfall- und Nichtausfallwahrscheinlichkeiten

Y \ X	0 Rückzahlung	1 keine Rückzahlung	$p_{i.}$
1 ledig	0,9836	0,0164	1,0000
2 verheiratet	0,9968	0,0032	1,0000
3 geschieden	0,9236	0,0764	1,0000
4 sonstiges	0,9400	0,0600	1,0000

Die Wahrscheinlichkeit, dass ein lediger Kreditantragsteller den Kredit nicht zurückzahlt, liegt demnach bei rund 1,6%, während für einen verheirateten Antragsteller eine Ausfallwahrscheinlichkeit von nur 0,31% gilt. Die größte auf den Familienstand bedingte Ausfallwahrscheinlichkeit beträgt 7,64% bei geschiedenen Antragsstellern.

Beispiel 7.21 Im Beispiel mit dem gleichzeitigen Würfelwurf (Beispiel 7.16) ist es unerheblich, auf welche der beiden Zufallsvariablen man bedingt. Bei der auf Y bedingten Verteilung von X könnte man annehmen, dass man die Augenzahl des roten Würfels bereits gesehen hat und auf dieser Grundlage eine Wahrscheinlichkeit für die Augenzahl des blauen Würfels angeben soll. Die entsprechende Verteilung findet sich in Tabelle 7.10.

Tabelle 7.10 Auf die Y (Augenzahl des roten Würfels) bedingte Verteilung von X (Augenzahl des blauen Würfels)

X \ Y	1	2	...	6
1	$1/6$	$1/6$	...	$1/6$
2	$1/6$	$1/6$	...	$1/6$
...	...	...	...	...
6	$1/6$	$1/6$	...	$1/6$
$p_{.j}$	1	1	1	1

Man stellt fest, dass die bedingten Wahrscheinlichkeiten sich für jede Ausprägung von Y entsprechen. Wir werden sehen, dass dies allgemein gilt, wenn zwei Zufallsvariablen stochastisch unabhängig sind.

Sind zwei Zufallsvariablen unabhängig, gilt $p_{ij} = p_{i.} \cdot p_{.j}$ und (7.28) vereinfacht sich zu

$$P(X = x_i | Y = y_j) = \frac{p_{i.} \cdot p_{.j}}{p_{.j}} = p_{i.} = P(X = x_i)$$

bzw.

$$P(Y = y_j | X = x_i) = \frac{p_{i.} \cdot p_{.j}}{p_{.i}} = p_{.j}.$$

Die bedingten Wahrscheinlichkeiten hängen dann nicht mehr von dem Wert ab, auf den bedingt wird: Sie entsprechen dann alle der marginalen Wahrscheinlichkeit. Das bedeutet, dass es für die Wahrscheinlichkeitsverteilung der einen Zufallsvariablen keinen Unterschied macht, ob man den Wert der anderen Zufallsvariablen kennt oder nicht. Man kann sich diesen Sachverhalt auch damit verdeutlichen, dass bei Unabhängigkeit, die Kenntnis des Wertes dieser anderen Zufallsvariablen keinen Zusatznutzen zur Prognose einer bestimmten Realisation der betrachteten Zufallsvariable liefert.

Beispiel 7.22 Die Kenntnis der Augenzahl des blauen Würfels verändert die Prognose über die Augenzahl des roten Würfels nicht: Beide Ergebnisse sind voneinander unabhängig. Dies gilt nicht für die Zufallsvariablen Familienstand und Kreditrückzahlung. Bei Unabhängigkeit wären die auf den Familienstand bedingten Ausfall- (und Nichtausfall-) Wahrscheinlichkeiten bei jedem Familienstand gleich. Sie müssten alle der Randverteilung, also der gesamten Ausfall- und Nichtausfallwahrscheinlichkeit $p_{.1}$ = 98,11%

7.5 Zweidimensionale diskrete Zufallsvariablen

und $p_{.2}$= 1,89% entsprechen. Da sie zum Teil deutlich von diesen Werten abweichen, sind die Zufallsvariablen abhängig. Diese Abhängigkeit kann man sich für Prognosezwecke zunutze machen.

7.5.4 Bayestheorem und totale Wahrscheinlichkeit

Das Theorem von Bayes (Thomas Bayes, 1702–1761) zeigt, wie sich die Prognose einer Zufallsvariable verändert, wenn man eine weitere Zufallsvariable hinzufügt. Zur Herleitung geht man von der auf Y bedingten Wahrscheinlichkeit (7.27) aus und löst sie nach der gemeinsamen Wahrscheinlichkeit auf, so dass sich

$$P(X = x_i \text{ und } Y = y_j) = P(X = x_i | Y = y_j) \cdot P(Y = y_j)$$

ergibt. Diesen Ausdruck setzt man in die auf X bedingte Wahrscheinlichkeit (7.28) ein und erhält das **Bayestheorem**:

$$P(Y = y_j | X = x_i) = \frac{P(X = x_i | Y = y_j) \cdot P(Y = y_j)}{P(X = x_i)} \qquad (7.31)$$

Die Wahrscheinlichkeiten $P(Y = y_j)$ und $P(X = x_i)$ nennt man in diesem Zusammenhang A-priori-Wahrscheinlichkeiten, denn sie berücksichtigen die jeweils andere Zufallsvariable nicht. Die gesuchte Wahrscheinlichkeit $P(Y = y_j | X = x_i)$ hingegen ist die Wahrscheinlichkeit, die sich für Y unter Berücksichtigung der Kenntnis des Wertes von X ergibt. Sie heißt deswegen A-posteriori-Wahrscheinlichkeit. Die Faktoren $P(X = x_i | Y = y_j)$ werden als Likelihoods bezeichnet.

Man benutzt das Bayestheorem hauptsächlich, wenn man eine bedingte Wahrscheinlichkeit P(X|Y) kennt, aber an der umgekehrten Wahrscheinlichkeit P(Y|X) interessiert ist.

Beispiel 7.23 Eine Versicherung möchte in der Zukunft ihre Tarife nach der Wahrscheinlichkeit staffeln, mit der Versicherungsnehmer im kommenden Jahr einen Schaden melden („Schadenswahrscheinlichkeit"). Dazu soll eine altersklassenspezifische Schadenswahrscheinlichkeit verwendet werden. Aus Erfahrungswerten ist bekannt, dass die Schadenswahrscheinlichkeit 15% beträgt. Außerdem wurden in der Vergangenheit 60% der Schäden von unter 25jährigen (Altersklasse 1) gemeldet, 10% der Schäden wurden aus der Altersklasse 2 der 25- bis 50jährigen gemeldet und 30% der Schäden von den über 50jährigen. Weiterhin ist bekannt, dass die Versicherten zu 15% aus Altersklasse 1, zu 40% aus Altersklasse 2 und zu 45% aus Altersklasse 3 stammen. Wenn angenommen werden kann, dass diese relativen Häufigkeiten brauchbare Schätzungen für die jeweiligen Wahrscheinlichkeiten sind, lässt sich mit dem Bayestheorem eine Schadenswahrscheinlichkeit pro Altersklasse berechnen:

Die Zufallsvariable X mit den Ausprägungen $x_i = 1, 2, 3$ stellt die jeweilige Altersklasse dar. Also lauten die A-priori-Schadenswahrscheinlichkeiten

$$P(X = 1) = 0{,}15;\ P(X = 2) = 0{,}4\ \text{und}\ P(X = 3) = 0{,}45.$$

Die Zufallsvariable Y nimmt den Wert 1 an, wenn im kommenden Jahr ein Schaden gemeldet wird, die A-Priori-Wahrscheinlichkeit lautet also $P(Y = 1) = 0{,}15$. Ebenfalls gegeben sind die Likelihoods

$$P(X = 1|Y = 1) = 0{,}6;\ P(X = 2|Y = 1) = 0{,}1\ \text{und}\ P(X = 3|Y = 1) = 0{,}3.$$

Einsetzen dieser Wahrscheinlichkeiten in die Formel für das Bayestheorem führt zu

$$P(Y = 1|X = 1) = \frac{P(X = 1|Y = 1) \cdot P(Y = 1)}{P(X = 1)} = \frac{0{,}6 \cdot 0{,}15}{0{,}15} = 0{,}6,$$

$$P(Y = 1|X = 2) = \frac{P(X = 2|Y = 1) \cdot P(Y = 1)}{P(X = 2)} = \frac{0{,}1 \cdot 0{,}15}{0{,}4} = 0{,}0375,$$

$$P(Y = 1|X = 3) = \frac{P(X = 3|Y = 1) \cdot P(Y = 1)}{P(X = 3)} = \frac{0{,}3 \cdot 0{,}15}{0{,}45} = 0{,}10.$$

Die Schadenswahrscheinlichkeit in der jüngsten Altersgruppe beträgt 60%. Demgegenüber meldet ein zufällig ausgewählter Versicherungsnehmer aus der mittleren Altersgruppe mit 3,75%iger Wahrscheinlichkeit einen Schaden. Bei der dritten Altersgruppe liegt die Schadenswahrscheinlichkeit dazwischen. Sie ist mit 10% aber immer noch niedriger als die undifferenzierte A-priori-Schadenswahrscheinlichkeit von 15%.

Aus der Formel (7.31) kann man außerdem noch die marginale Wahrscheinlichkeit P(X) eliminieren, indem man die auf Y bedingte Wahrscheinlichkeit aus (7.27) nach $P(X = x_i \text{ und } Y = y_j)$ auflöst und den sich daraus ergebenden Ausdruck in die allgemeine Form für die marginale Wahrscheinlichkeit $P(X = x_i) = p_{i.} = \sum_{j=1}^{c} p_{ij}$ einsetzt. Man erhält dann mit

7.5 Zweidimensionale diskrete Zufallsvariablen

$$\boxed{P(X = x_i) = \sum_{j=1}^{c} P(X = x_i | Y = y_j) \cdot P(Y = y_j)} \qquad (7.32)$$

die sogenannte **totale Wahrscheinlichkeit**. Setzt man die totale Wahrscheinlichkeit in (7.31) ein, ergibt sich eine alternative Formulierung des Bayestheorems:

$$P(Y = y_j | X = x_i) = \frac{P(X = x_i | Y = y_j) \cdot P(Y = y_j)}{\sum_{j=1}^{c} P(X = x_i | Y = y_j) \cdot P(Y = y_j)}.$$

Beispiel 7.24 Eine Bank stuft die Unternehmen, an die sie Kredite vergibt, nach ihrer Zahlungsfähigkeit in drei Klassen ein (1 = gute Zahlungsfähigkeit, 2 = durchschnittliche Zahlungsfähigkeit, 3 = schlechte Zahlungsfähigkeit, Zufallsvariable X). Ermittelt werden soll die Insolvenzwahrscheinlichkeit pro Klasse P(Y|X), dabei nimmt die Zufallsvariable Y bei Insolvenz den Wert 1 an, ansonsten ist sie 0. Es sei bekannt, dass die A-priori-Insolvenzwahrscheinlichkeit bei P(Y = 1) = 4% liegt. Da insolvente Unternehmen von der Abwicklungsabteilung und nicht insolvente Unternehmen von der Kreditüberwachung betreut werden, sind nur die Likelihoods bekannt:

$P(X = 1 | Y = 0) = 0{,}29, \qquad P(X = 2 | Y = 0) = 0{,}43, \qquad P(X = 3 | Y = 0) = 0{,}28,$

$P(X = 1 | Y = 1) = 0{,}13, \qquad P(X = 2 | Y = 1) = 0{,}48, \qquad P(X = 3 | Y = 1) = 0.39.$

Daraus lassen sich die totalen Wahrscheinlichkeiten nach (7.32) bestimmen:

$$P(X = 1) = P(X = 1|Y = 0)P(Y = 0) + P(X = 1|Y = 1)P(Y = 1)$$

$$= 0{,}29 \cdot 0{,}96 + 0{,}13 \cdot 0{,}04 = 0{,}2836,$$

$$P(X = 2) = P(X = 2|Y = 0)P(Y = 0) + P(X = 2|Y = 1)P(Y = 1)$$

$$= 0{,}43 \cdot 0.96 + 0{,}48 \cdot 0{,}04 = 0{,}4320,$$

$$P(X = 3) = P(X = 2|Y = 0)P(Y = 0) + P(X = 2|Y = 1)P(Y = 1)$$

$$= 0{,}28 \cdot 0{,}96 + 0{,}39 \cdot 0{,}04 = 0.2844$$

und schließlich die Insolvenzwahrscheinlichkeiten pro Bonitätsklasse nach (7.31)

$$P(Y = 1|X = 1) = \frac{P(X = 1|Y = 1) \cdot P(Y = 1)}{P(X = 1)} = \frac{0{,}13 \cdot 0{,}04}{0{,}2836} = 0{,}0183,$$

$$P(Y = 1|X = 2) = \frac{P(X = 2|Y = 1) \cdot P(Y = 1)}{P(X = 2)} = \frac{0{,}48 \cdot 0{,}04}{0{,}4320} = 0{,}0444,$$

$$P(Y = 1|X = 3) = \frac{P(X = 3|Y = 1) \cdot P(Y = 1)}{P(X = 3)} = \frac{0{,}39 \cdot 0{,}04}{0{,}2844} = 0{,}0549.$$

7.5.5 Erwartungswert, Varianz und Kovarianz

Aus der gemeinsamen Verteilung von X und Y lassen sich die separaten Erwartungswerte und Varianzen der einzelnen Zufallsvariablen $E(X) = \mu_x$ und $E(Y) = \mu_y$ bzw. $Var(X) = \sigma_x^2$ und $Var(Y) = \sigma_y^2$ jeweils aus der Randverteilung berechnen. Man nennt diese Kennzahlen dann **Randerwartungswerte** bzw. **Randvarianzen**.

Beispiel 7.25 Der Randerwartungswert der Zahl der Pkw aus Beispiel 7.17 ergibt sich aus

$$\mu_y = 0{,}23 \cdot 0 + 0{,}53 \cdot 1 + 0{,}19 \cdot 2 + 0{,}05 \cdot 3 = 1{,}06.$$

Unabhängig von der Haushaltsgröße besitzt eine zufällig befragte Person im Durchschnitt ca. einen Pkw.

Der Randerwartungswert der Haushaltsgröße ist

$$\mu_x = 0{,}21 \cdot 1 + 0{,}22 \cdot 2 + 0{,}15 \cdot 3 + 0{,}22 \cdot 4 + 0{,}13 \cdot 5 + 0{,}07 \cdot 6 = 3{,}05,$$

d. h. die durchschnittliche Haushaltsgröße liegt bei ca. 3 Personen.

Die Randvarianzen sind

$$\sigma_y^2 = 0{,}23 \cdot 0^2 + 0{,}53 \cdot 1^2 + 0{,}19 \cdot 2^2 + 0{,}05 \cdot 3^2 - 1{,}06^2 = 0{,}6164,$$

$$\sigma_x^2 = 0{,}21 \cdot 1^2 + 0{,}22 \cdot 2^2 + 0{,}15 \cdot 3^2 + 0{,}22 \cdot 4^2 + 0{,}13 \cdot 5^2 + 0{,}07 \cdot 6^2 - 3{,}05^2$$
$$= 2{,}4275.$$

Daraus ergeben sich die Standardabweichungen von 1,558 Personen und 0,7851 Pkw um die jeweiligen Erwartungswerte.

7.5 Zweidimensionale diskrete Zufallsvariablen

Darüber hinaus kann der Erwartungswert einer Verknüpfung von X und Y von Interesse sein. Bezeichnet man diese Verknüpfung allgemein mit der Funktion g(X, Y), so ist der Erwartungswert von g(X, Y) die mit der gemeinsamen Wahrscheinlichkeitsfunktion gewichtete Summe der Realisationen von g(X, Y):

$$E(g(X,Y)) = \sum_{i=1}^{r} \sum_{j=1}^{c} g(x_i, y_j) \cdot f(x_i, y_j).$$

Dieser Zusammenhang beruht auf der Definition des Erwartungswertes (7.3). Der Funktionswert der g(X, Y) kann als eindimensionale Zufallsvariable mit r·c Ausprägungen aufgefasst werden. Bei der Berechnung des Erwartungswertes werden dann in gewohnter Form diese Ausprägungen mit ihren jeweiligen Auftretenswahrscheinlichkeiten gewichtet.

Ist g(X, Y) = aX + bY, wobei a und b jeweils beliebige reelle Zahlen darstellen, ergibt sich der **Additionssatz** für Erwartungswerte:

$$E(aX + bY) = aE(X) + bE(Y) \qquad (7.33)$$

Dieser Zusammenhang lässt sich durch einfaches Einsetzen und Umformen nachvollziehen:

$$E(aX + bY) = \sum_{i=1}^{r} \sum_{j=1}^{c} (ax_i + by_j) \cdot f(x_i, y_j)$$

$$= a \sum_{i=1}^{r} \sum_{j=1}^{c} x_i f(x_i, y_j) + b \sum_{i=1}^{r} \sum_{j=1}^{c} y_j f(x_i, y_j) = a \sum_{i=1}^{r} x_i \sum_{j=1}^{c} f(x_i, y_j) + b \sum_{j=1}^{c} y_j \sum_{i=1}^{r} f(x_i, y_j)$$

$$= a \sum_{i=1}^{r} x_i f(x_i) + b \sum_{j=1}^{c} y_j f(y_j) = aE(X) + bE(Y).$$

Nach (7.3) ist der Erwartungswert der Augenzahl bei einem Würfelwurf E(X) = 3,5. Werden zwei Würfel gleichzeitig geworfen, ergibt sich der Erwartungswert für die Summe der Augenzahlen aus E(X + Y) = μ_x + μ_y = 3,5 + 3,5 = 7.

Wählt man g(X, Y) = (X − μ_x)(Y − μ_y), so erhält man die **Kovarianz** Cov(X, Y), auch abkürzt mit σ_{xy}:

$$\text{Cov}(X,Y) = \sigma_{xy} = E\big((X - \mu_x)(Y - \mu_y)\big) \qquad (7.34)$$

bzw. $$\text{Cov}(X,Y) = \sum_{i=1}^{r}\sum_{j=1}^{c}(x_i - \mu_x)(y_j - \mu_y) \cdot f(x_i, y_j)$$

Wie die empirische Kovarianz (siehe Abschnitt 3.2.3.1) nimmt auch die Kovarianz zweier Zufallsvariablen positive Werte an, wenn die Zufallsvariablen einen positiven Zusammenhang aufweisen und negative Werte, wenn der Zusammenhang negativ ist. Wenn die beiden Zufallsvariablen stochastisch unabhängig sind, wird die Kovarianz null.

Wenn X und Y stochastisch unabhängig sind, gilt $f(x_i, y_j) = f_x(x_i)f_y(y_j)$. Setzt man diesen Ausdruck in die Formel für die Kovarianz ein, erhält man den Wert null:

$$\text{Cov}(X,Y) = \sum_{i=1}^{r}\sum_{j=1}^{c}(x_i - \mu_x)(y_j - \mu_y)f_x(x_i)f_y(y_j) = \sum_{i=1}^{r}(x_i - \mu_x)f_x(x_i)\sum_{j=1}^{c}(y_j - \mu_y)f_y(y_j) = 0.$$

Die letzte Umformung ergibt sich daraus, dass der Erwartungswert von der Abweichung vom Erwartungswert stets null ist, denn

$$\sum_{i=1}^{k}(x_i - \mu)f(x_i) = \sum_{i=1}^{k}x_i f(x_i) - \mu \sum_{i=1}^{k}f(x_i) = \mu - \mu = 0.$$

Umgekehrt kann allerdings aus einer Kovarianz von null nicht auf lineare Unabhängigkeit geschlossen werden, denn dieses Ergebnis könnte auch dadurch zustande kommen, dass die Zufallsvariablen in einigen Wertebereichen einen positiven, in anderen Wertebereichen aber einen negativen Zusammenhang aufweisen.

Eine alternative Formel für die Kovarianz lautet

$$\text{Cov}(X,Y) = E(XY) - \mu_x \mu_y \tag{7.35}$$

Formt man diesen Ausdruck um, dann ergibt sich daraus der **Multiplikationssatz für Erwartungswerte**:

$$\boxed{E(XY) = \text{Cov}(X,Y) + \mu_x \mu_y} \tag{7.36}$$

7.5 Zweidimensionale diskrete Zufallsvariablen

Diese Alternativformel für die Kovarianz erhält man, indem man in (7.34) den Klammerausdruck ausmultipliziert:

$$\text{Cov}(X,Y) = E\big((X-\mu_x)(Y-\mu_y)\big) = E(XY) - \mu_x E(Y) - \mu_y E(X) + \mu_x \mu_y = E(XY) - \mu_x \mu_y.$$

Die Kovarianz ist ein Maß für die Stärke des linearen Zusammenhangs zwischen X und Y. Da sie keinen festen Wertebereich aufweist und sich auf Einheiten von X und Y bezieht, lässt sich die absolute Stärke des Zusammenhangs schlecht beurteilen. Analog zur beschreibenden Statistik (siehe Abschnitt 3.2.3.2) kann auch hier mit Hilfe der Varianzen eine Normierung auf den Wertebereich [−1, 1] erreicht werden, indem man den Korrelationskoeffizienten berechnet:

$$\rho = \frac{\text{Cov}(X,Y)}{\sqrt{\text{Var}(X)\text{Var}(Y)}} \qquad (7.37)$$

ρ besitzt dieselben Eigenschaften und Interpretationen wie der empirische Korrelationskoeffizient nach Bravais-Pearson (vgl. Abschnitt 3.2.3.2).

Beispiel 7.26 Zur Berechnung der Kovarianz zwischen der Zahl der Pkw (Y) und der Zahl der Personen (X) benutzen wir die alternative Formel (7.35), aus der sich ergibt

$$\text{Cov}(X,Y) = \sigma_{xy} = \sum_{i=1}^{r}\sum_{j=1}^{c} x_i y_j f(x_i, y_j) - \mu_x \mu_y.$$

Aus Beispiel 7.25 ist bekannt, dass $\mu_x = 3{,}05$ und $\mu_y = 1{,}06$. Die Summanden $x_i y_j f(x_i, y_j)$ sind in Tabelle 7.11 dargestellt. Man erhält sie direkt aus der gemeinsamen Wahrscheinlichkeitsfunktion (Tabelle 7.6).

Tabelle 7.11 Arbeitstabelle zur Berechnung der Kovarianz

X \ Y	0	1	2	3
1	0,00	0,12	0,04	0,00
2	0,00	0,30	0,08	0,00
3	0,00	0,21	0,18	0,09
4	0,00	0,44	0,40	0,12
5	0,00	0,35	0,30	0,15
6	0,00	0,06	0,48	0,36
Summe	0,00	1,48	1,48	0,72

Die Kovarianz ist damit σ_{xy} = 1,48 + 1,48 + 0,72 – 3,05·1,06 = 0,447. An dem positiven Wert erkennt man, dass ein positiver Zusammenhang zwischen Haushaltsgröße und Zahl der Pkw vorliegt.

Die Stärke des Zusammenhangs kann mit dem Korrelationskoeffizienten eingeschätzt werden. Dazu benötigt man die Randvarianzen Var(X) = 2,4275 und Var(Y) = 0,6164, die ebenfalls bereits in Beispiel 7.25 errechnet wurden. Der Korrelationskoeffizient ist damit

$$\rho = \frac{\text{Cov}(X,Y)}{\sqrt{\text{Var}(X)\text{Var}(Y)}} = \frac{0,447}{\sqrt{2,4275 \cdot 0,6164}} = 0,3654$$

und deutet auf einen schwachen bis mittelstarken Zusammenhang hin.

Der **Additionssatz für Varianzen** lautet

$$\text{Var}(aX + bY) = a^2\text{Var}(X) + b^2\text{Var}(Y) + 2ab\,\text{Cov}(X,Y) \tag{7.38}$$

Man gelangt zum Additionssatz, wenn man den Erwartungswert der Verknüpfung

$$g(X, Y) = (aX + bY - E(aX + bY))^2$$

betrachtet, dieser Erwartungswert entspricht gerade Var(aX + bY):

$$\begin{aligned}\text{Var}(aX + bY) &= E((aX + bY - E(aX + bY))^2) = E((aX + bY - a\mu_x - b\mu_y)^2) \\ &= E((aX - a\mu_x)^2) + 2E((aX - a\mu_x)(bY - b\mu_y)) + E\left((bY - b\mu_y)^2\right) \\ &= a^2\text{Var}(X) + 2ab\,\text{Cov}(X,Y) + b^2\text{Var}(Y).\end{aligned}$$

Bei **stochastischer Unabhängigkeit** nimmt die Kovarianz den Wert null an, daher vereinfacht sich der Additionssatz dann zu

$$\text{Var}(aX + bY) = a^2\text{Var}(X) + b^2\text{Var}(Y) \tag{7.39}$$

Beispiel 7.27 Angenommen, die Aktie X wirft eine erwartete Rendite von 20 € pro Jahr bei einer Standardabweichung von 40 € ab, während für Aktie Y eine erwartete Rendite von 10 € Euro pro Jahr bei einer Standardabweichung von 15 € gilt. Bei einer Korrelation der Renditen von ρ = 0,5 und einem Portfolio aus 50 X-Aktien und 20 Y-Aktien lässt sich folgende erwartete Gesamtrendite ermitteln:

7.5 Zweidimensionale diskrete Zufallsvariablen

$$E(50X + 20Y) = 50E(X) + 20E(Y) = 1000 + 200 = 1200.$$

Als Risikomaß wird in der Aktienanalyse meist die Volatilität, d. h. die Standardabweichung der Rendite, herangezogen. Zur Berechnung der Portfoliostandardabweichung muss zunächst die Kovarianz bestimmt werden. Aus (7.37) erhält man

$$\text{Cov}(X, Y) = \rho\sqrt{\text{Var}(X)\text{Var}(Y)} = 0{,}5 \cdot 40 \cdot 15 = 300.$$

Damit ist die Portfoliovarianz nach (7.38)

$$\text{Var}(50X + 20Y) = 50^2\text{Var}(X) + 20^2\text{Var}(Y) + 2\cdot 50\cdot 20\cdot \text{Cov}(X, Y) = 4390000$$

und die Standardabweichung

$$\sigma = \sqrt{4390000} = 2095{,}23.$$

Die Portfoliostandardabweichung ist geringer als die Summe der einzelnen Standardabweichungen $50\cdot 40 + 20\cdot 15 = 2300$, d. h. durch die Bündelung der Aktien reduziert sich das Risiko. Dieses Phänomen nennt man **Portfolioeffekt**. Der Höhe des Portfolioeffekts hängt von der Korrelation zwischen den Aktienrenditen ab. Je kleiner der Korrelationskoeffzient ist, desto ausgeprägter wird der Portfolioeffekt. Bei stochastischer Unabhängigkeit, also Unkorreliertheit der Renditen, sinkt die Portfoliostandardabweichung weiter auf $\sigma = 2022{,}38$ und bei $\rho = -0{,}5$ ergibt sich $\sigma = 1946{,}79$.

Die Additionssätze für Erwartungswerte und Varianzen lassen sich leicht auf den Fall verallgemeinern, dass **mehr als zwei Zufallsvariablen** betrachtet werden. Angenommen, es liegen m Zufallsvariablen $X_1, X_2, ..., X_m$ vor, jeweils mit den Erwartungswerten $\mu_1, \mu_2, ... \mu_k$ und den Standardabweichungen $\sigma_1, \sigma_2, ..., \sigma_k$. Die Kovarianzen zwischen den Zufallsvariablen i und j bezeichnen wir mit σ_{ij} wobei $i \neq j$ und $\sigma_{ij} = \sigma_{ji}$. Ferner sind $a_1, a_2, ..., a_m$ reelle Zahlen. Dann gilt der Additionssatz für Erwartungswerte

$$E(a_1X_1 + a_2X_2 + \cdots + a_mX_m) = a_1\mu_1 + a_2\mu_2 + \cdots a_k\mu_m$$

und der Additionssatz für Varianzen

$$\text{Var}(a_1X_1 + a_2X_2 + \cdots + a_mX_m) = \sum_{i=1}^{m} a_i^2\sigma_i^2 + \sum_{\substack{i,j=1 \\ i\neq j}}^{m} a_ia_j\sigma_{ij}.$$

7.5.6 Bedingte Erwartungswerte und Varianzen

Gibt man die Realisation einer Zufallsvariable X vor, so lassen sich unter dieser Vorgabe Erwartungswert und Varianz einer anderen Zufallsvariable Y angeben. Man erhält den **bedingten Erwartungswert**

$$E(Y|X = x_i) = \sum_{j=1}^{c} y_j f_y(y_j | x_i)$$ (7.40)

und die **bedingte Varianz**

$$Var(Y|X = x_i) = \sum_{j=1}^{c} (y_j - E(Y|X = x_i))^2 f_y(y_j | x_i)$$ (7.41)

Diese Formeln entsprechen inhaltlich den Formeln zur Berechnung von Erwartungswert und Varianz bei einer Zufallsvariable (vgl. (7.3) bzw. (7.9)), wobei hier durch die Notation deutlich gemacht wird, dass die Wahrscheinlichkeitsfunktion sich ursprünglich auch noch auf die zweite Zufallsvariable X bezog, deren Zufallscharakter aber durch die Bedingung verloren ging. Dies wäre zum Beispiel sinnvoll, wenn X mit seiner Ausprägung bekannt wäre: In diesem Fall verliert X die Eigenschaft als Zufallsvariable und anstelle der gemeinsamen Wahrscheinlichkeitsfunktion f(x,y) tritt die bedingte Wahrscheinlichkeitsfunktion $f_y(y|x)$.

Beispiel 7.28 In Beispiel 7.25 wurde der Randerwartungswert der Zahl der Pkw (Y) mit 1,06 ermittelt. Hier soll die erwartete Zahl der Pkw bei gegebener Haushaltsgröße (X) und deren Streuung berechnet werden. Zunächst wird in Tabelle 7.12 die bedingte Verteilung $f_y(y|x)$ angegeben.

Tabelle 7.12 Bedingte Verteilung $f_y(y|x)$

X \ Y	0	1	2	3	$p_{i.}$
1	0,3333	0,5714	0,0952	0,0000	1
2	0,2273	0,6818	0,0909	0,0000	1
3	0,2667	0,4667	0,2000	0,0667	1
4	0,2273	0,5000	0,2273	0,0455	1
5	0,1538	0,5385	0,2308	0,0769	1
6	0,0000	0,1429	0,5714	0,2857	1

7.5 Zweidimensionale diskrete Zufallsvariablen

Der Tabellenwert $f_y(y|x) = 0{,}5714$ für X = 1 und Y = 2 ergibt sich beispielsweise, indem man die gemeinsame Wahrscheinlichkeit $p_{12} = 0{,}12$ aus Tabelle 7.6 durch den Wert der Randverteilung $p_1. = 0{,}21$ teilt.

Der auf Einpersonenhaushalte bedingte Erwartungswert ist

$$E(Y|X=1) = \sum_{j=1}^{4} y_j f_y(y_j|1) = 0 \cdot 0{,}3333 + 1 \cdot 0{,}5714 + 2 \cdot 0{,}0952 + 3 \cdot 0 = 0{,}7619,$$

die entsprechende Standardabweichung lautet

$$\sqrt{\text{Var}(Y|X=1)} = \sqrt{\sum_{j=1}^{4} (y_j - 0{,}7619)^2 f_y(y_j|1)}$$

$$= \sqrt{(0 - 0{,}7619)^2 \cdot 0{,}3333 + \cdots + (3 - 0{,}7619)^2 \cdot 0{,}000}$$

$$= \sqrt{0{,}3719} = 0{,}6098.$$

Wenn bekannt ist, dass ein Einpersonenhaushalt befragt wird, ist die erwartete Zahl der Pkw im Durchschnitt 0,76 mit einer Streuung von 0,61. Der bedingte Erwartungswert liegt deutlich unter dem Randerwartungswert von 1,06.

Die für alle Haushaltsgrößen bedingten Erwartungswerte und Standardabweichungen finden sich in Tabelle 7.13.

Tabelle 7.13 Bedingte Erwartungswerte und Standardabweichungen

X	$E(Y|X=1)$	$\sqrt{\text{Var}(Y|X=x_i)}$
1	0,7619	0,6098
2	0,8636	0,5473
3	1,0667	0,8537
4	1,0909	0,7925
5	1,2308	0,7994
6	2,1429	0,6389

Man erkennt deutlich, dass die erwartete Zahl der Pkw mit steigender Haushaltsgröße ebenfalls ansteigt. Für kleine und große Haushalte weicht der bedingte Erwartungswert stark vom unbedingten Erwartungswert (1,06) ab. Eine Berücksichtigung der Haushaltsgröße würde die Prognose der Zahl der Pkw verbessern. Dies liegt letztlich an der Abhängigkeit der Zahl der Pkw (Y) von der Haushaltsgröße (X).

7.6 Zweidimensionale stetige Zufallsvariablen

Für stetige Zufallsvariablen gelten alle im vorherigen Abschnitt dargestellten Zusammenhänge analog, daher werden sie hier nur kurz abgehandelt. Dabei ist zu beachten, dass anstelle der Wahrscheinlichkeitsfunktion die **gemeinsame Dichtefunktion**

$$f(x,y)$$

verwendet wird, aus denen die gemeinsame Wahrscheinlichkeit, dass die Zufallsvariable X im Bereich x_a bis x_b und gleichzeitig Y im Bereich zwischen y_a und y_b liegt, folgendermaßen gegeben ist:

$$P(x_a < X \leq x_b \text{ und } y_a < Y \leq y_b) = \int_{x_a}^{x_b} \int_{y_a}^{y_b} f(x,y) dy dx \ .$$

Geometrisch entspricht die Wahrscheinlichkeit dem Volumen unter dem durch f(x,y) und den Grenzen bestimmten Dichtegebirge. Durch die Integralrechnung ist die Bestimmung der Wahrscheinlichkeiten im stetigen Fall rechentechnisch aufwendiger als im diskreten Fall, auf Beispiele wird daher hier verzichtet.

Die **marginalen Dichtefunktionen** oder **Randdichten** lassen sich aus der gemeinsamen Dichtefunktion bestimmen, indem über die nicht betrachtete Zufallsvariable integriert wird:

$$f_x(x) = \int_{-\infty}^{\infty} f(x,y) dy \text{ und } f_y(y) = \int_{-\infty}^{\infty} f(x,y) dx \ .$$

Diese marginalen Dichtefunktionen entsprechen den einfachen Dichtefunktionen der Zufallsvariablen X bzw. Y.

Sind X und Y stochastisch unabhängig, so lässt sich die gemeinsame Dichtefunktion allein aus dem Produkt der marginalen Dichtefunktionen bestimmen:

$$f(x,y) = f_x(x) f_y(y).$$

Die bedingten Dichtefunktionen sind mit (7.29) bzw. (7.30) gegeben, wenn die Funktionen in diesen Ausdrücken jeweils Dichten darstellen. Bei Unabhängigkeit gilt analog zum diskreten Fall für die bedingten Dichtefunktionen

$$f_x(x|y) = f_x(x) \quad \text{und} \quad f_y(y|x) = f_y(y).$$

Auch für die Kovarianz $\text{Cov}(X, Y) = E\big((X - \mu_x)(Y - \mu_y)\big)$ muss man die Berechnungsformel im stetigen Fall anpassen:

$$\text{Cov}(X, Y) = \int_{-\infty}^{\infty} \int_{-\infty}^{\infty} (x - \mu_x)(y - \mu_y) f(x, y) dy dx.$$

Die Rechenregeln für die Addition von Erwartungswerten und Varianzen, bzw. die Multiplikation von Erwartungswerten gelten unverändert auch für stetige Zufallsvariablen.

7.7 Zusammenfassung

Die Wahrscheinlichkeitsrechnung ist eine Grundlage der induktiven Statistik und wird hauptsächlich vor diesem Hintergrund hier behandelt. Die Inhalte dieses Kapitels betreffen die formale Darstellung von Wahrscheinlichkeiten und das Rechnen mit Wahrscheinlichkeiten.

- Für die formale Darstellung ist zunächst der Begriff der Zufallsvariable wesentlich. Die **Zufallsvariable** kann als Bindeglied zwischen **Wahrscheinlichkeit** und **Zufallsvorgang** verstanden werden, indem sie mögliche Ergebnisse von Zufallsvorgängen mit Werten belegt und diesen anschließend Wahrscheinlichkeiten zuordnet. Eine Zuordnung von Wahrscheinlichkeiten zu allen möglichen Realisationen der Zufallsvariable nennt man **Wahrscheinlichkeitsverteilung**. Wahrscheinlichkeitsverteilungen beschreiben Zufallsvorgänge vollständig.

- Die weitere formale Darstellung unterscheidet danach, ob die Zufallsvariable **diskret** oder **stetig** ist. Der Grund liegt darin, dass im diskreten Fall, (auch) die Wahrscheinlichkeit von **Einzelwerten** interessiert, während im stetigen Fall nur für **Wertebereiche** positive Wahrscheinlichkeiten angegeben werden können. Für diskrete Zufallsvariablen nennt man die Wahrscheinlichkeitsverteilung **Wahrscheinlichkeitsfunktion**, für stetige Zufallsvariablen **Dichtefunktion**. Die kumulierten Wahrscheinlichkeiten bzw. bis zu einer bestimmten Grenze integrierten Dichten werden mit der **Verteilungsfunktion** angegeben.

- Wahrscheinlichkeitsverteilungen lassen sich ähnlich wie Häufigkeitsverteilungen durch Kennzahlen beschreiben: Der **Erwartungswert** gibt den Durchschnittswert der Zufallsvariablen an, der sich bei unendlicher Wiederholung des Zufallsvorgangs ergäbe. Die **Varianz** misst die erwartete quadratische Abweichung von diesem Erwartungswert. **Quantile** sind die Werte der Zufallsvariablen, die sich bei vorgegebenen Wahrscheinlichkeiten aus der Verteilungsfunktion ergeben.

- Betrachtet man **zwei** (oder mehrere) **Zufallsvorgänge** gleichzeitig, so lassen sich die Wahrscheinlichkeiten für das gemeinsame Auftreten aller Wertekombinationen in der **gemeinsamen Wahrscheinlichkeitsverteilung** darstellen. Statistische Maßzahlen aus dieser Verteilung sind **Kovarianz** und der **Korrelationskoeffzient**. Sie messen die Stärke der linearen Abhängigkeit zwischen zwei Zufallsvariablen.

- Die gemeinsamen Wahrscheinlichkeitsverteilung lässt sich je nach Fragestellung weiter transformieren: Die **Randverteilung** zeigt die Wahrscheinlichkeitsverteilung, wenn nur einer der beiden Zufallsvorgänge berücksichtigt wird. Die **bedingte Wahrscheinlichkeitsverteilung** gibt die Verteilung einer der beiden Zufallsvariablen an, wenn eine bestimmte Realisation der anderen Zufallsvariablen vorgegeben ist, etwa weil sie bekannt ist. Kennzahlen dieser Verteilung sind **Randerwartungswerte** und **Randvarianzen** bzw. **bedingte Erwartungswerte** und **bedingte Varianzen**.

- Zwei Zufallsvariablen heißen **stochastisch unabhängig**, wenn aus den einzelnen eindimensionalen Wahrscheinlichkeitsverteilungen (also den Randverteilungen) auf die gemeinsame Verteilung geschlossen werden kann. Bei stochastischer Unabhängigkeit nehmen Kovarianz und Korrelationskoeffizient den Wert null an.

- Für die folgenden Kapitel sind die hier dargestellten **Rechenregeln** für **Erwartungswerte und Varianzen** von Bedeutung: Der Erwartungswert einer Konstanten (also einer Nicht-Zufallsvariablen) entspricht dem Wert der Konstanten, hingegen ist deren Varianz null. Wird die Zufallsvariable mit einem konstanten Faktor multipliziert, so ist der Erwartungswert ebenfalls mit diesem Faktor zu multiplizieren, während bei der Varianz der quadrierte Faktor zu berücksichtigen ist. Der Erwartungswert einer Summe von Zufallsvariablen entspricht der Summe der einzelnen Erwartungswerte. Entsprechendes gilt für die Varianz nur, solange die einzelnen Zufallsvariablen stochastisch unabhängig sind – ansonsten muss die Kovarianz berücksichtigt werden.

8 Spezielle Wahrscheinlichkeitsverteilungen

Im vorherigen Kapitel wurde erklärt, wie sich allgemeine Wahrscheinlichkeitsverteilungen darstellen lassen und zur Ermittlung von Wahrscheinlichkeiten, Erwartungswert und Varianz benutzt werden können. Es wurde festgestellt, dass die Wahrscheinlichkeitsverteilung die größtmögliche Information zur Beschreibung einer Zufallsvariablen liefert. Nicht erklärt wurde hingegen, wie man für eine Zufallsvariable eine Wahrscheinlichkeitsverteilung ermitteln kann. Dies wird in diesem Kapitel thematisiert. Die Vorgehensweise ist allerdings vom konkreten Zufallsvorgang abhängig: So dürfte die Wahrscheinlichkeitsverteilung eines Lottogewinns mit einem ganz anderen Ansatz zu ermitteln sein, als diejenige eines Unternehmensgewinns im kommenden Jahr. Es ist nicht möglich, für unsere Zwecke aber auch nicht nötig, für alle denkbaren Zufallsvorgänge Ansätze zur Ermittlung der Wahrscheinlichkeitsverteilung vorzustellen. In diesem Abschnitt werden Wahrscheinlichkeitsverteilungen für bestimmte Klassen von Zufallsvorgängen vorgestellt, die in der schließenden Statistik besonders oft vorkommen und die in den Wirtschafts- und Sozialwissenschaften für die Anwendung besonders wichtig sind. Diese sogenannten speziellen Verteilungen sind Verteilungen, die nur unter ganz bestimmten Voraussetzungen gelten, sich aber prinzipiell aus den Überlegungen in Kapitel 7 ableiten lassen. Aufgrund der fundamental unterschiedlichen Darstellung diskreter und stetiger Zufallsvariablen gliedert sich das Kapitel in spezielle diskrete Verteilungen (Abschnitt 8.1) und spezielle stetige Verteilungen (Abschnitt 8.2).

8.1 Spezielle diskrete Verteilungen

8.1.1 Die Gleichverteilung

Bei der **Gleichverteilung** (auch **gleichförmigen Verteilung**) haben alle Ausprägungen der Zufallsvariable X die gleiche Wahrscheinlichkeit, realisiert zu werden. Die Wahrscheinlichkeit einer bestimmten Ausprägung hängt von der Zahl der Realisationen m ab und beträgt 1/m. Formal lässt sich die **Wahrscheinlichkeitsfunktion** angeben mit

$$f_{Gl}(x, m) = P(X = x) = \begin{cases} \dfrac{1}{m} & \text{für } x = 1, 2 \dots, m \\ 0 & \text{sonst} \end{cases} \tag{8.1}$$

Erwartungswert und Varianz der gleichförmigen Verteilung sind

$$E(X) = \frac{m+1}{2}, \quad Var(X) = \frac{m^2 - 1}{12}.$$

Um die Formeln für Erwartungswert und Varianz herzuleiten, benötigt man folgende Summenformeln:

$$\sum_{i=1}^{m} i = \frac{m(m+1)}{2} \quad \text{und} \quad \sum_{i=1}^{m} i^2 = \frac{m(m+1)(2m+1)}{6}.$$

Setzt man die Wahrscheinlichkeiten für die Gleichverteilung in die allgemeine Formel (7.3) für den Erwartungswert ein, so ergibt sich:

$$E(X) = \sum_{i=1}^{m} f_{Gl}(x_i) x_i = \frac{1}{m} \sum_{i=1}^{m} i = \frac{1}{m} \cdot \frac{m(m+1)}{2} = \frac{m+1}{2}.$$

Auf ähnliche Weise erhält man die Formel für die Varianz:

$$Var(X) = \sum_{i=1}^{m} (x_i - E(X))^2 f_{Gl}(x_i) = \sum_{i=1}^{m} x_i^2 f_{Gl}(x_i) - E^2(X) = \frac{1}{m} \sum_{i=1}^{m} i^2 - \frac{(m+1)^2}{4}$$

$$= \frac{1}{m} \cdot \frac{2m^3 + 3m^2 + m)}{6} - \frac{m^2 + 2m + 1}{4} = \frac{4m^2 + 6m + 2 - 3m^2 - 6m - 31}{2} = \frac{m^2 - 1}{12}.$$

Die Gleichverteilung wird **angewendet**, wenn bekannt ist, dass jede mögliche Ausprägung der Zufallsvariablen die gleiche Wahrscheinlichkeit hat. Bei der hier angegebenen Wahrscheinlichkeitsfunktion kann die Zufallsvariable die Realisationen {1, 2, ..., m} annehmen.

8.1 Spezielle diskrete Verteilungen

Für die allgemeinere Form, dass irgendeine Folge diskreter Realisationen angenommen werden kann, müssen die Formeln für Erwartungswert und Varianz angepasst werden.

Beispiel 8.1 Die Zufallsvariable X gibt die Augenzahl wieder, die nach einem Würfelwurf angezeigt wird. Dann ist die Wahrscheinlichkeitsfunktion $P(X = x) = 1/6$ für $x = 1, 2, ..., 6$. Der Erwartungswert ist 3,5 mit einer Varianz von 2,917. Die Werte der Wahrscheinlichkeitsfunktion sind in Abb. 8.1 graphisch dargestellt.

Abb. 8.1 Wahrscheinlichkeitsfunktion zu Beispiel 8.1

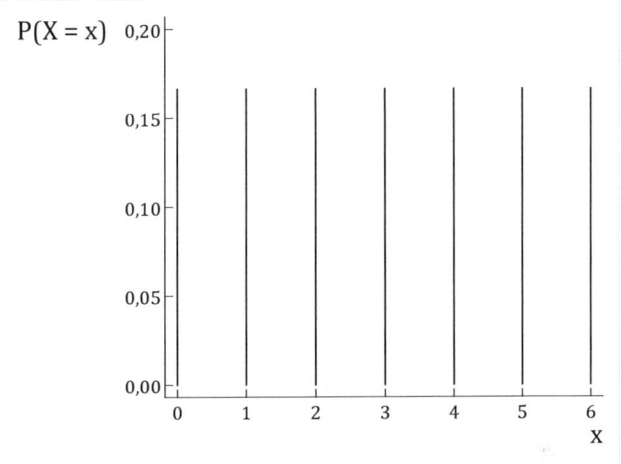

Die Gleichverteilung ist in Situationen bedeutsam, in denen sich kein Grund angeben lässt, dass sich die Wahrscheinlichkeiten der Realisationen unterscheiden. Man nennt diese Argumentation auch **Prinzip des unzureichenden Grundes** (vgl. klassischer Wahrscheinlichkeitsbegriff in Abschnitt 7.2). In den Wirtschafts- und Sozialwissenschaften dürfte man zwar in vielen Fragestellungen vermuten, dass die Wahrscheinlichkeiten unterschiedlich sind. Wenn die tatsächliche Wahrscheinlichkeitsfunktion unbekannt ist und es auch keine (einfache) Erklärung dafür gibt, in welchem Ausmaß und aus welchem Grund sich die Wahrscheinlichkeiten unterscheiden, ist die Gleichverteilung aber zumindest eine geeignete Ausgangs- oder Vergleichsbasis.

Beispiel 8.2 In Beispiel 7.18 werden die Ausfallwahrscheinlichkeiten von Kreditnehmern je nach Familienstand betrachtet. Angenommen der Familienstand von fünf verschiedenen Antragstellern sei unbekannt. Dann würde man nach dem Prinzip des unzureichenden Grundes eine Gleichverteilung der Ausfallwahrscheinlichkeit mit einem konstanten Wert von 1,89% für alle fünf Antragsteller annehmen. In diesem Beispiel sind die Ergebnisse des Zufallsvorgangs mit dem jeweils ausgewählten Antragsteller qualitativ, d. h. die Berechnung von Erwartungswert und Varianz wäre daher nicht sinnvoll.

8.1.2 Die Bernoulliverteilung

Bei der Bernoulliverteilung hat die (diskrete) Zufallsvariable nur die beiden Ausprägungen null und eins. Man nennt die Ausprägung null auch Misserfolg und die Ausprägung eins Erfolg. Wenn die Erfolgswahrscheinlichkeit mit π gegeben ist, kann man die **Wahrscheinlichkeitsfunktion** folgendermaßen formulieren:

$$f_{Be}(x, \pi) = P(X = x) = \begin{cases} 1 - \pi & \text{für } x = 0 \\ \pi & \text{für } x = 1 \\ 0 & \text{sonst} \end{cases}$$ (8.2)

mit folgenden Kennzahlen

$$E(X) = \pi$$ (8.3)

$$Var(X) = \pi(1 - \pi)$$ (8.4)

Die Formeln für Erwartungswert und Varianz ergeben sich durch Einsetzen der Wahrscheinlichkeitsfunktion in die allgemeinen Formeln für Erwartungswert (7.3) und Varianz (7.9):

$$E(X) = \sum_{i=1}^{2} f_{Be}(x_i)x_i = (1 - \pi) \cdot 0 + 1^2 \cdot \pi - \pi^2 = \pi,$$

$$Var(X) = \sum_{i=1}^{2} x_i^2 f_{Be}(x_i) - E^2(X) = 0^2 \cdot (1 - \pi) + 1^2 \cdot \pi - \pi^2 = \pi(1 - \pi).$$

Die Bernoulli-Verteilung wird zur Beschreibung sämtlicher Zufallsvorgänge mit nur **zwei Ausgängen** benutzt, auch wenn die Ausgänge nicht durch metrische Zufallsvariablen gemessen werden können. Zufallsvorgänge mit zwei Ausprägungen werden daher auch **Bernoulli-Vorgänge** (oder Bernoulli-Beobachtung bzw. Bernoulli-Versuch) genannt. In der Tat sind in den meisten Anwendungsfällen der Bernoulli-Verteilung die Zufallsvariablen qualitativ. Die Zuordnung, welches Ereignis den Wert 1 (also Erfolg) und welches Ereignis den Wert 0 (also Misserfolg) erhält, ist streng genommen willkürlich, es hat sich aber durchge-

8.1 Spezielle diskrete Verteilungen

setzt, das Ereignis als Erfolg zu bezeichnen, das im Mittelpunkt des Interesses steht, unabhängig davon, ob es für den Anwender tatsächlich günstig ist oder nicht.

Beispiel 8.3 Beispiele für die Zuordnung von Erfolg und Misserfolg sind: Ein bei einer Qualitätskontrolle zufällig untersuchtes Produkt kann entweder defekt (Erfolg) oder nicht defekt (Misserfolg) sein. Der Adressat einer Werbeaktion kann entweder mit einem Kauf reagieren (Erfolg) oder nicht reagieren (Misserfolg). Ein Kredit kann entweder ordnungsgemäß zurückgezahlt werden (Misserfolg) oder es kommt zu einer Zahlungsstörung (Erfolg). Zu einem KfZ-Haftpflichtversicherungsvertrag kommt es im kommenden Jahr zu einer Schadensmeldung (Erfolg) oder nicht (Misserfolg). Bei diesen Beispielen gilt, dass über die Erfolgsereignisse in der Regel berichtet wird, also über die Zahl der defekten Stücke, der Reagierer, der Kreditausfälle oder der Schadensfälle.

Auch die Auswahl der Zahlen 0 und 1 als Kodierung ist im Prinzip willkürlich, bringt aber den Vorteil mit sich, dass sich Erwartungswert und Varianz trotz des qualitativen Charakters der Zufallsvariable interpretieren lassen. Wie wir wissen, lassen sich Erwartungswerte und Varianzen nur für quantitative Variablen berechnen, da es Durchschnittsparameter sind. Ein Durchschnitt beispielsweise aus den Ausgängen des Münzwurfs „Kopf" oder „Zahl" lässt sich nicht angeben, weil die Ausprägungen qualitativ sind. Dieser qualitative Charakter der Ausprägungen ändert sich auch nicht, wenn sie durch Zahlencodes ersetzt werden, was deutlich wird, wenn wir beispielsweise die Variable „Stadt" mit den Ausprägungen Frankfurt oder Mainz betrachten und diese durch ihre telefonischen Vorwahlnummern 069 und 06131 kodieren. Es lässt sich dann zwar rechnerisch ein Durchschnitt bilden, das Ergebnis ergibt aber keinen Sinn. Einzig für die 0/1-Kodierung lässt sich der Durchschnitt auch für qualitative Variablen mit nur zwei Ausprägungen interpretieren. Der **Erwartungswert** ist dann die **relative Häufigkeit** des Erfolgs, wenn der Zufallsvorgang unendlich oft wiederholt wird, die Varianz ist die quadrierte durchschnittliche Abweichung davon.

Beispiel 8.4 Angenommen, nach der statistischen Wahrscheinlichkeit sei bekannt, dass 15% aller Autofahrer sich nicht anschnalle. Bei einer Polizeikontrolle soll die Zufallsvariable X angeben, ob in einem zufällig ausgewählten Auto der Fahrer nicht angeschnallt ist. Dann wird dem Ereignis „Angeschnallt" die Null und dem Ereignis „Nicht angeschnallt" die Eins zugeordnet und die Wahrscheinlichkeitsfunktion lautet:

$$P(X = x) = \begin{cases} 0{,}85 & \text{für } x = 0 \\ 0{,}15 & \text{für } x = 1 \\ 0 & \text{sonst.} \end{cases}$$

Erwartungswert und Varianz sind E(X) = 0,15 und Var(X) = 0,1275. Bei der Kontrolle (unendlich) vieler Fahrer wird der Anteil der nicht angeschnallten Fahrer 15% betragen mit einer durchschnittlichen quadrierten Abweichung von 0,1275.

Wie in der Einführung zu diesem Kapitel beschrieben, dienen spezielle Verteilungen hauptsächlich dazu, Wahrscheinlichkeiten zu bestimmen. Bei der Bernoulli-Verteilung muss die Erfolgswahrscheinlichkeit π aber schon bekannt sein. Insofern ist diese spezielle Verteilung nicht als Methode zur Bestimmung von Wahrscheinlichkeiten von Bedeutung. Ihre Bedeutung erklärt sich vielmehr dadurch, dass sie die Grundlage für die Binomialverteilung bildet.

8.1.3 Die Binomialverteilung

Wird ein Bernoulli-Vorgang n mal wiederholt und sind diese Wiederholungen unabhängig voneinander, so ergibt die Zahl der Erfolge eine Zufallsvariable, die der Binomialverteilung folgt, man schreibt X ~ BV(n, π). n und π nennt man die Parameter der Binomialverteilung. Dabei gibt π die Erfolgswahrscheinlichkeit der Bernoulli-Verteilung an. Die **Wahrscheinlichkeitsfunktion** der Binomialverteilung lautet:

$$f_{BV}(x, \pi, n) = P(X = x) = \begin{cases} \binom{n}{x} \pi^x (1-\pi)^{n-x} & \text{für } x = 1, 2 \ldots, n \\ 0 & \text{sonst} \end{cases} \qquad (8.5)$$

mit **Erwartungswert** und **Varianz**

$$E(X) = n\pi \qquad (8.6)$$

$$Var(X) = n\pi(1 - \pi) \qquad (8.7)$$

Zu dieser **Formel** gelangt man mit folgender Überlegung: Kürzen wir den Erfolg mit E und den Misserfolg mit M ab, so wäre eine mögliche Abfolge bei n = 5 Wiederholungen des Bernoulli-Vorgangs, dass zuerst ein Erfolg realisiert wird und dann vier Misserfolge folgen, also:

$$E, M, M, M, M.$$

Die Wahrscheinlichkeit für E ist π und für M (1 – π), also die Misserfolgswahrscheinlichkeit. Da die Ereignisse unabhängig voneinander sind, kann die Wahrscheinlichkeit für diesen Ausgang durch Multiplikation der Wahrscheinlichkeiten der einzelnen Bernoulli-Ereignisse ermittelt werden, also

8.1 Spezielle diskrete Verteilungen

$\pi(1 - \pi)^4$. Diese Wahrscheinlichkeit gilt auch für jede beliebige andere Abfolge mit nur einem Erfolg, also auch für

M, E, M, M, M oder M, M, E, M, M oder M, M, M, E, M oder M, M, M, M, E.

Da die Binomialverteilung die Zahl der Erfolge unabhängig von der Abfolge untersucht, ist es unerheblich, bei der wievielten Wiederholung des Bernoulli-Vorgangs der Erfolg oder Misserfolg eintrifft. Da es hier insgesamt fünf Möglichkeiten gibt, ist die Wahrscheinlichkeit für X = 1 demnach

$$P(X = 1) = 5\pi(1 - \pi)^4.$$

Dieses Beispiel lässt sich verallgemeinern: Für X = x ist die Wahrscheinlichkeit für eine bestimmte Abfolge $\pi^x(1 - \pi)^{n-x}$. Die Zahl der Möglichkeiten, die wir hier durch explizites Aufstellen aller Kombinationen ermittelt haben, lässt sich mit dem Binomialkoeffizienten

$$\binom{n}{x} = \frac{n!}{x!\,(n-x)!}$$

angeben (sprich „n über x" oder „x aus n"). Durch Multiplikation der Wahrscheinlichkeit für eine bestimmte Abfolge mit dem Binomialkoeffizienten gelangt man zur Formel für die Binomialverteilung, wie sie in der Wahrscheinlichkeitsfunktion (8.5) angegeben ist.

Schließlich soll noch der Binomialkoeffizient erklärt werden: Mit der Bestimmung der Anzahl möglicher Anordnungen befasst sich die Kombinatorik. Möchte man n verschiedene Elemente in verschiedener Reihenfolge anordnen, so ergeben sich n(n – 1)(n – 2)…1 Möglichkeiten, man spricht auch von Permutationen. Die Kurzschreibweise für das Produkt n(n – 1)(n – 2)…1 lautet n!, sprich „n Fakultät". Sollen zum Beispiel die Buchstaben A, B, C, D verschiedenartig angeordnet werden, so gibt es 4! = 24 verschiedene Möglichkeiten. Um die Berechnung nachzuvollziehen, macht man sich klar, dass es für die erste Position 4 verschiedene Möglichkeiten gibt. Für die 2. Position gibt es indes nur noch 3 Möglichkeiten, weil einer der Buchstaben bereits für die erste Position aufgebraucht wurde. Dementsprechend gibt es für die 3. Position 2 Möglichkeiten und für die 4. Position verbleibt nur noch eine Möglichkeit. Multipliziert man die Möglichkeiten für die einzelnen Positionen, so erhält man 4! Verschiedene Möglichkeiten.

Die Formel n! ist nicht direkt auf die Zahl der möglichen Ausgänge einer Binomialverteilung mit x Erfolgen anwendbar, weil hier die Ereignisse Erfolg und Misserfolg wiederholt vorkommen. In diesem Fall ist die Gesamtzahl der Möglichkeiten kleiner als bei n unterschiedlichen Elementen, weil die Anordnung bei den gleichen Elementen nicht unterscheidbar ist. Kommt beispielsweise unter den n Elementen ein Element x mal vor, so sind x! Reihenfolgen nicht unterscheidbar und für die Zahl der möglichen Anordnungen ergibt sich n!/x!. Um beispielsweise die Buchstaben A, A, B, C verschiedenartig anordnen ergeben sich 4!/2! = 60 verschiedene Möglichkeiten. Im Fall der Binomialverteilung kommt das Element Erfolg x-mal wiederholt vor, gleichzeitig kommt das Element Misserfolg (n – x)-mal wiederholt vor. Daher muss die Zahl der möglichen Anordnungen n! um x! und (n – x)! korrigiert werden, und es ergibt sich der oben angegebene Binomialkoeffizient.

Erwartungswert und Varianz der Binomialverteilung lassen sich aus der Bernoulli-Verteilung herleiten. Um beide Verteilungen unterscheiden zu können, sei die Zufallsvariable der Bernoulli-Verteilung im i-ten Versuch mit B_i abgekürzt, die binomialverteilte Zufallsvariable hingegen mit dem gewohnten X. Zwischen beiden Zufallsvariablen besteht folgender Zusammenhang:

$$X = \sum_{i=1}^{n} B_i \,.$$

Nach den Rechenregeln für den **Erwartungswert** gilt

$$E(X) = E\left(\sum_{i=1}^{n} B_i\right) = \sum_{i=1}^{n} E(B_i) = \sum_{i=1}^{n} \pi = n\pi$$

und für die **Varianz**:

$$\text{Var}(X) = \text{Var}\left(\sum_{i=1}^{n} B_i\right) = \sum_{i=1}^{n} \text{Var}(B_i) = \sum_{i=1}^{n} \pi(1-\pi) = n\pi(1-\pi).$$

Das Vorziehen des Varianzoperators Var(.) in das Summenzeichen ist nur möglich, weil nach der Voraussetzung der Binomialverteilung die einzelnen Bernoulli-Vorgänge unabhängig voneinander sind.

Ein klassisches Beispiel für die **Anwendung der Binomialverteilung** ist die Frage, wie wahrscheinlich bei n-fachem Würfelwurf eine bestimmte Zahl x-mal vorkommt. In den Wirtschaftswissenschaften hingegen wird die Verteilung oft dazu benutzt, die Wahrscheinlichkeit eines Zählergebnisses zu ermitteln.

Beispiel 8.5 Ein Würfel wird fünf Mal geworfen. Dann ist die Wahrscheinlichkeit x-mal eine Sechs zu Würfeln durch die Binomialverteilung mit BV(5, 1/6) gegeben. Die Wahrscheinlichkeit, genau dreimal eine Sechs zu Würfeln, beträgt

$$P(X=3) = \binom{10}{3} \cdot \left(\frac{1}{6}\right)^3 \cdot \left(\frac{5}{6}\right)^7 = \frac{10!}{7! \cdot 3!} \cdot \left(\frac{1}{6}\right)^3 \cdot \left(\frac{5}{6}\right)^7 = \frac{8 \cdot 9 \cdot 10}{2 \cdot 3} \cdot \left(\frac{1}{6}\right)^3 \cdot \left(\frac{5}{6}\right)^7$$

$$= 120 \cdot \left(\frac{1}{6}\right)^3 \cdot \left(\frac{5}{6}\right)^7 = 0{,}155.$$

8.1 Spezielle diskrete Verteilungen

Beispiel 8.6 Ein Versandhändler weiß, dass 10% der ausgelieferten Kleidungsstücke wieder zurückgegeben werden. Heute wurden 8 Herrenhemden bestellt. Die Wahrscheinlichkeitsfunktion der Zahl der Retouren kann tabellarisch dargestellt werden. Tabelle 8.1 enthält in der zweiten Spalte die Wahrscheinlichkeiten für eine bestimmte Zahl von Retouren. So beträgt die Wahrscheinlichkeit bei den 8 Herrenhemden für genau 3 Retouren 3,31%. In der dritten Spalte stehen die Werte der Verteilungsfunktion. Beispielsweise beträgt die Wahrscheinlichkeit, bis zu 3 Retouren zu erhalten, 99,5%

Tabelle 8.1 Wahrscheinlichkeits- und Verteilungsfunktion für BV(5, 0,1)

X	P(X = x)	F(X = x)
0	0,4305	0,4305
1	0,3826	0,8131
2	0,1488	0,9619
3	0,0331	0,9950
4	0,0046	0,9996
5	0,0004	1,0000
6	0,0000	1,0000
7	0,0000	1,0000
8	0,0000	1,0000

Der Erwartungswert hat den Wert E(X) = 8·0,10 = 0,8. Wenn also unendlich viele Auslieferungen von 8 Herrenhemden versendet würden, erwartete man im Schnitt 0,8 Retouren pro Auslieferung. Die Varianz ergibt sich mit Var(X) = 8·0,10·0,90 = 0,72 bzw. die Standardabweichung mit $\sqrt{\text{Var}(X)} = 0{,}84$. Das heißt, im Schnitt kann die Zahl der Retouren zwischen 9 und 1,6 schwanken.

Die Binomialverteilung ist eingipflig. Die konkrete Form der Verteilung hängt von der Größe der Parameter π und n ab. Abb. 8.2 zeigt die Form der Wahrscheinlichkeitsfunktion beispielhaft für n = 10 und verschiedene Werte für π. Man sieht, dass die Verteilung für $\pi = 0{,}5$ symmetrisch ist, für $\pi < 0{,}5$ dagegen rechtsschief und für $\pi > 0{,}5$ linksschief. Die Schiefe nimmt zu, je weiter sich π vom Wert 0,5 entfernt. Auffällig ist außerdem, dass die Verteilungen für $\pi = 0{,}1$ und $\pi = 0.9$ bzw. für $\pi = 0{,}25$ und $\pi = 0{,}75$ jeweils einander spiegeln. Das lässt sich dadurch erklären, dass $1 - \pi$ die Misserfolgswahrscheinlichkeit darstellt. Wenn man nun Misserfolg und Erfolg jeweils umgekehrt definiert, also die Werte 0 und 1 gerade vertauscht, muss die Wahrscheinlichkeit nach der ursprünglichen Erfolgsdefinition x-mal Erfolg zu haben, der Wahrscheinlichkeit entsprechen, nach der neuen Definition (n – x)-mal Erfolg zu haben.

Beispiel 8.7   Die Wahrscheinlichkeit einer Retoure beträgt 10%. Wie groß ist die Wahrscheinlichkeit, dass von 8 ausgelieferten Herrenhemden 6 Stück nicht zurückgegeben werden? Im Vergleich zu Beispiel 8.6 wird hier die Nichtrückgabe als Erfolg definiert, die Erfolgswahrscheinlichkeit ist damit 90%. Aus der Binomialverteilung ergibt sich P(X = 6) = 14,88%. 6 Nichtrückgaben entsprechen aber 2 Retouren. Daher kann die Frage auch mit dem in Tabelle 8.1 angegebenen Wert für X = 2 beantwortet werden.

Abb. 8.2   Wahrscheinlichkeitsfunktion der Binomialverteilung für verschiedene Parameter und n = 10

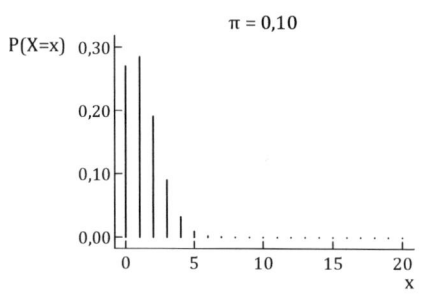
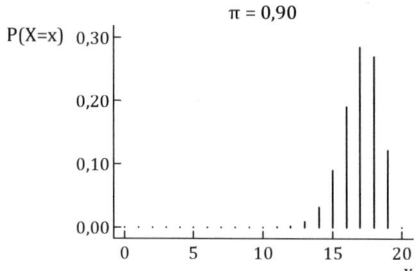
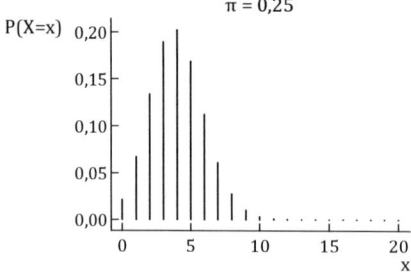
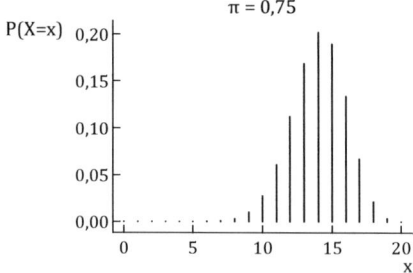
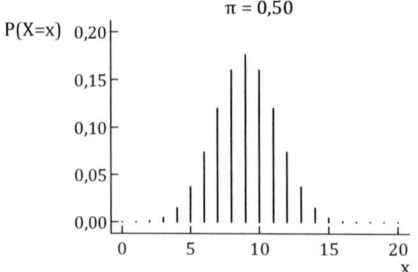

8.1 Spezielle diskrete Verteilungen

Die zu Abb. 8.2 getroffenen Aussagen lassen sich für andere Werte von n verallgemeinern. Wenn n allerdings sehr große Werte annimmt, nimmt die Schiefe der Verteilung ab. In Abb. 8.3 werden Binomialverteilungen für n = 100 und n = 1000 dargestellt.

Abb. 8.3 Wahrscheinlichkeitsfunktion der Binomialverteilung für große Werte von n

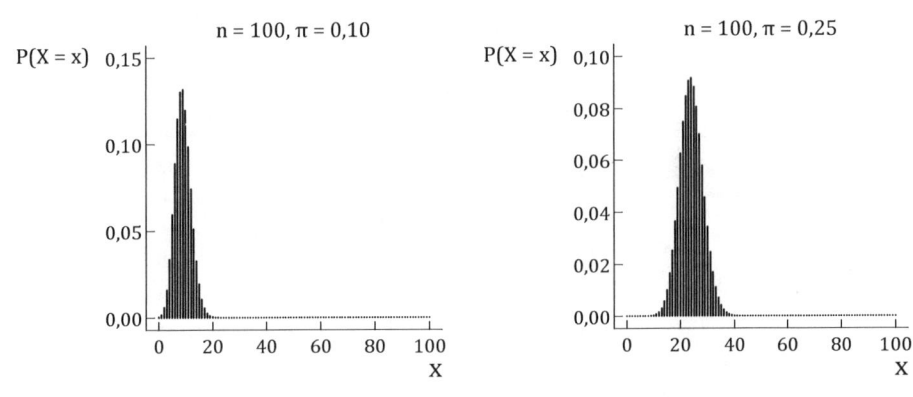

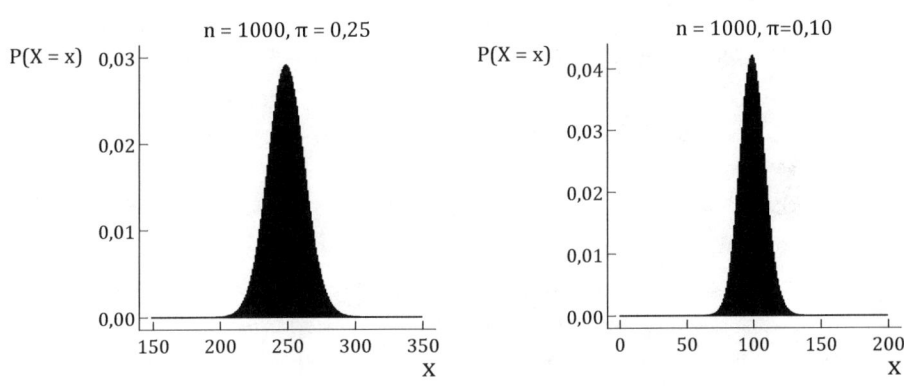

Wie bereits erwähnt, hat die Binomialverteilung ein weites Einsatzfeld, weil Wahrscheinlichkeiten von Zählergebnissen ermittelt werden können. Die Anwendung wird aber dadurch eingeschränkt, dass die **Bernoulli-Beobachtungen unabhängig** voneinander sein müssen. Dies entspricht der Anforderung, dass die zugrunde liegende Bernoulli-Wahrscheinlichkeit π bei jeder Wiederholung konstant ist. Wenn sich die Bernoulli-Wahrscheinlichkeiten (zum Beispiel in Abhängigkeit vom vorherigen Ausgang) verändern, kann die Binomialverteilung nicht verwendet werden. Der wohl wichtigste Fall, bei dem gegen die Annahme der Unabhängigkeit verstoßen wird, ist ein Zählergebnis aus einer Stichprobe, die – im Weltbild des Urnenmodells – **ohne Zurücklegen** gezogen wird.

Beispiel 8.8 Ein Mitarbeiter der Personalabteilung führt Personalakten von 20 Angestellten. Nur 60% dieser Akten werden fehlerfrei geführt. Die Revisionsabteilung kontrolliert eine Stichprobe von 5 Akten. Wie groß ist die Wahrscheinlichkeit, dass sie nur höchstens eine fehlerhafte Akte entdeckt?

Wenn die Revisionsabteilung die erste Akte zufällig auswählt („zieht"), beträgt die Wahrscheinlichkeit, eine fehlerhafte Akte zu ziehen, 40%. Beim nächsten Zug steht eine Akte weniger zur Verfügung, weil die bereits ausgewählte Akte nicht noch einmal zur Auswahl steht. Man spricht vom „Ziehen ohne Zurücklegen". Die Folge ist, dass die Wahrscheinlichkeit, im 2. Zug eine fehlerhafte Akte zu ziehen, nicht mehr 40% beträgt, sondern – falls im 1. Zug eine fehlerhafte Akte gezogen wurde 7/19 = 36,84% oder – falls im 1. Zug keine fehlerhafte Akte gezogen wurde 8/19 = 42,11%. Unabhängig davon, welche Akte gezogen wurde, verändert sich die Bernoulli-Wahrscheinlichkeit nach jedem Zug. Damit wird die Annahme der Binomialverteilung, dass die einzelnen Wiederholungen unabhängig voneinander sind, verstoßen. Würde die Revisionsabteilung jede einmal gezogene Akte wieder zurücklegen, so bliebe die Wahrscheinlichkeit bei allen Zügen konstant bei 40%. Beim **Ziehen mit Zurücklegen** kann die Binomialverteilung also angewendet werden, weil dann die einzelnen Bernoulli-Vorgänge unabhängig voneinander sind.

Leider werden in der Realität Stichproben praktisch immer ohne Zurücklegen gezogen, so dass die Anwendungsmöglichkeit der Binomialverteilung zur Berechnung der Wahrscheinlichkeit bestimmter Stichprobenergebnisse auf den ersten Blick stark begrenzt erscheint. In den Wirtschafts- und Sozialwissenschaften werden allerdings in der Regel Stichproben (n) aus sehr großen Grundgesamtheiten (N) gezogen, etwa bei Meinungsumfragen oder bei Qualitätskontrollen von Massenprodukten. Man kann also annehmen, dass die Stichprobe im Verhältnis zur Grundgesamtheit klein ist. In diesem Fall ändern sich die Erfolgswahrscheinlichkeiten von Zug zu Zug kaum und obwohl ohne Zurücklegen gezogen wird kann die **Binomialverteilung approximativ** benutzt werden. Die **Approximation** führt erfahrungsgemäß zu relativ geringen Fehlern, wenn **n/N < 0,05**.

8.1 Spezielle diskrete Verteilungen

Beispiel 8.9 In der Personalabteilung eines Großkonzerns mit 20.000 Mitarbeitern werden nur 60% der Akten korrekt geführt. Die Revisionsabteilung kontrolliert eine Stichprobe von 5 Akten. Wie groß ist die Wahrscheinlichkeit, dass sie nur höchstens eine fehlerhafte Akte entdeckt?

In der Grundgesamtheit sind 8000 fehlerhafte Akten. Beim ersten Zug ist die Wahrscheinlichkeit, eine fehlerhafte Akte zu ziehen („Erfolgswahrscheinlichkeit") 40%. Beim 2. Zug ergibt sich eine Erfolgswahrscheinlichkeit von 7999/19999 = 39,997%, falls im 1. Zug eine fehlerhafte Akte gezogen wird, andernfalls ist sie 8000/19999 = 40,002%. Die Erfolgswahrscheinlichkeit hat sich praktisch nicht verändert. Daher kann die Fragestellung zumindest approximativ mit der Binomialverteilung mit $\pi = 0{,}4$ beantwortet werden. Es ergibt sich $P(X < 2) = P(X = 0) + P(X = 1)$ = 7,78% + 25,92% = 33,70%.

Möchte man den Effekt der sich verändernden Wahrscheinlichkeiten beim Ziehen ohne Zurücklegen berücksichtigen oder ist n/N deutlich größer als 0,05, kann man mit der hypergeometrischen Verteilung arbeiten.

8.1.4 Die hypergeometrische Verteilung

Bei der hypergeometrischen Verteilung bezeichnet die Zufallsvariable X die Zahl der Erfolge in einer Stichprobe **ohne Zurücklegen**. Um die entsprechenden Wahrscheinlichkeiten berechnen zu können, benötigt man die Parameter Stichprobengröße (n), Größe der Grundgesamtheit (N) und Zahl der Erfolgsmerkmale in der Grundgesamtheit (S). Mit diesen drei Parametern lautet die **Wahrscheinlichkeitsfunktion** der hypergeometrischen Verteilung:

$$f_{Hy}(x, N, S, n) = P(X = x) = \begin{cases} \dfrac{\binom{S}{x}\binom{N-S}{n-x}}{\binom{N}{n}} & \text{für } x = 1, 2 \ldots, n \\ 0 & \text{sonst} \end{cases} \tag{8.8}$$

mit

$$E(X) = n\pi \tag{8.9}$$

$$Var(X) = n\pi(1-\pi)\frac{N-n}{N-1}. \tag{8.10}$$

Dabei bezeichnet $\pi = S/N$.

Beispiel 8.10 Im Beispiel 8.8 ist N = 20, S = 8 und n = 5. Die Wahrscheinlichkeit, keine fehlerhafte Akte zu ziehen, beträgt deshalb

$$P(X = 0) = \frac{\binom{S}{x}\binom{N-S}{n-x}}{\binom{N}{n}} = \frac{\binom{8}{0}\binom{12}{5}}{\binom{20}{5}} = \frac{792}{15.504} = 0{,}051.$$

Auf die gleiche Weise berechnen sich die anderen Werte der Wahrscheinlichkeitsfunktion (vgl. Tabelle 8.2).

Tabelle 8.2 Wahrscheinlichkeitsfunktion der hypergeometrischen Verteilung aus Beispiel 8.8

X	P(X)
0	0,0511
1	0,2554
2	0,3973
3	0,2384
4	0,0542
5	0,0036

Die Wahrscheinlichkeit, höchstens eine fehlerhafte Akte zu ziehen, beträgt P(X = 0) + P(X = 1) = 30,65%. Der Erwartungswert ist

$$E(X) = n\pi = 5\frac{8}{20} = 2,$$

für die Varianz gilt:

$$Var(X) = n\pi(1-\pi)\frac{N-n}{N-1} = 5\frac{8}{20}\left(1-\frac{8}{20}\right)\frac{20-5}{20-1} = 2 \cdot 0{,}6 \cdot \frac{15}{19} = 0{,}9474.$$

Daraus erhält man die Standardabweichung von $\sqrt{0{,}9474} = 0{,}9733$. Bei wiederholter Ziehung erwartet man im Schnitt zwei fehlerhafte Akten mit einer durchschnittlichen Abweichung von ca. eins.

Die **Formel** für die hypergeometrische Verteilung lässt sich aus dem klassischen Wahrscheinlichkeitsansatz „günstige Fälle geteilt durch mögliche Fälle" begründen. Der Nenner von (8.8) bezeichnet die möglichen Fälle, also die Zahl der unterschiedlichen Stichproben, die sich ergeben können, wenn aus der Grundgesamtheit im Umfang N eine Stichprobe von n Elementen ohne Zurücklegen gezogen wird. Der Zähler bildet die günstigen Fälle ab. Günstige Fälle sind solche, die x Erfolge zählen. Die Zahl der Möglichkeiten sind zum einen die unterschiedliche Zahl der Möglichkeiten x Elemente aus der Teilgesamtheit S auszuwählen (Binomialkoeffizient S über x) und zum anderen (n – x) Nicht-Erfolgsmerkmale aus der Teilgesamtheit der Nichterfolge (N – S) zusammenzustellen (Binomialkoeffizient N – S über n – x).

8.1 Spezielle diskrete Verteilungen

Warum bezeichnet der Binomialkoeffizient die Zahl der Möglichkeiten, Stichproben ohne Zurücklegen zusammenzustellen? Wie wir in Abschnitt 8.1.3 gesehen haben, gibt es N! Möglichkeiten, eine Anzahl von N Elementen der Grundgesamtheit anzuordnen. Wählt man aus N Elementen n Elemente aus, so stehen (N − n) Elemente nicht mehr zur Auswahl zur Verfügung, so dass die Gesamtzahl der N! Möglichkeiten um (N − n)! Möglichkeiten gekürzt werden muss. N!/(N − n)! gibt damit die Zahl der Möglichkeiten n Elemente aus N auszuwählen wieder, wenn die Reihenfolge der n Elemente beachtet wird. Bei einer Stichprobenauswahl spielt die Reihenfolge der Auswahl aber keine Rolle, so dass sich die Zahl der Möglichkeiten weiter reduziert und zwar um n!, also die Zahl der möglichen Anordnungen von n Elementen. Die Zahl der Möglichkeiten, die sich daraus ergibt, entspricht dem Binomialkoeffizienten.

Der Erwartungswert der hypergeometrischen Verteilung hat dieselbe Formel wie bei der Binomialverteilung. Die Formel für die Varianz hingegen enthält zusätzlich den Faktor (N − n)/(N − 1). Dieser Faktor verkleinert die Varianz im Vergleich zur Binomialverteilung, weil berücksichtigt wird, dass nach jedem Zug weniger unterschiedliche Möglichkeiten existieren. Wird eine kleine Stichprobe aus einer sehr großen Grundgesamtheit gezogen, wird der Korrekturfaktor praktisch eins, und es kann die Varianzformel für die Binomialverteilung benutzt werden. Allerdings stellt sich in dieser Situation die Frage, ob nicht von vornherein die hypergeometrische Verteilung durch die Binomialverteilung approximiert werden soll.

8.1.5 Die Poissonverteilung

In Abschnitt 8.1.3 haben wir gesehen, dass unabhängige Wiederholungen von Bernoulli-Vorgängen durch eine binomialverteilte Zufallsvariable dargestellt werden kann. Eine Zufallsvariable ist **poissonverteilt**, wenn außerdem die Zahl der Wiederholungen gegen unendlich geht und gleichzeitig die Erfolgswahrscheinlichkeit gegen null geht, also $n \to \infty$ und $\pi \to 0$. Die Poissonverteilung ist daher eine aus der Binomialverteilung hergeleitete Verteilung und kann als deren Spezialfall angesehen werden. Aufgrund der geringen Erfolgswahrscheinlichkeit nennt man die Poissonverteilung auch Verteilung der **seltenen Ereignisse**.

Hauptsächlich gibt es zwei Situationen, in denen die Poissonverteilung angewendet wird: Zum einen kann sie für große n und kleine π als **Approximation der Binomialverteilung** dienen, denn wie wir sehen werden, ist die Bestimmung von Wahrscheinlichkeiten einfacher als mit der Formel der Binomialverteilung. In diesem Fall hätte man also die Auswahl zwischen der genaueren, aber aufwendiger zu berechnenden Binomialverteilung und der ungenaueren, aber leichter umzusetzenden Poissonverteilung. Die wichtigere

Anwendung ist aber in einer Situation gegeben, in der man die Binomialverteilung nicht verwenden kann, weil **n und π unbekannt** sind, man aber weiß, dass n sehr groß und π sehr klein ist und man außerdem das Produkt aus n und π kennt. Dieses Produkt, das wir mit λ bezeichnen, entspricht dem Erwartungswert der Binomialverteilung λ = nπ.

Beispiel 8.11 Soll an einer stark befahrenen Kreuzung die Wahrscheinlichkeit für eine bestimmte Zahl von Verkehrsunfällen innerhalb eines Monats bestimmt werden, so ist die Zahl der möglichen Unfälle kaum beobachtbar – sie entspräche der Zahl der möglichen Begegnungen zwischen zwei Verkehrsteilnehmern. Ebenso wenig lässt sich die „Erfolgswahrscheinlichkeit" ermitteln, hier also die Wahrscheinlichkeit, dass es bei einer Begegnung zwischen zwei Verkehrsteilnehmern zu einem Unfall kommt. Es ist lediglich zu vermuten, dass n sehr groß ist, während gleichzeitig π verschwindend gering ist. Das Produkt aus n und π entspräche der erwarteten absoluten Zahl der Unfälle während eines Monats und über diese Zahl lassen sich aus vergangenen Beobachtungen Aussagen treffen.

Mit diesem Beispiel im Hinterkopf wird deutlich, dass die Poissonverteilung auch zur Modellierung von Kreditausfällen, Produktionsausfällen oder Krankheitsfällen benutzt wird. In allen diesen Fällen handelt es sich um seltene Ereignisse, bei denen weder π noch n bekannt sind, für die aber die durchschnittliche Zahl der „Erfolge" in einem Zeitintervall beobachtet wird und damit λ festgelegt werden kann. Dies gilt auch für Warteschlangen, bei denen die Poissonverteilung ebenfalls eine wichtige Rolle spielt. Warteschlangen sind Situationen, in denen die erwartete Zahl der Ankünfte in einem Zeitintervall konstant sind und die Ankünfte voneinander unabhängig sind, z. B. Ankünfte von Kunden an einer Kasse, Schiffen in einem Hafen oder eingehende Anrufe in einem Call-Center.

Die **Wahrscheinlichkeitsfunktion** der Poissonverteilung lautet:

$$f_{Po}(x, \lambda) = P(X = x) = \begin{cases} \dfrac{\lambda^x}{x!} e^{-\lambda} & \text{für } x = 1, 2 \dots \\ 0 & \text{sonst} \end{cases}$$

(8.11)

Hier bezeichnet e die Eulersche Zahl, e ≈ 2,71828. Sie ergibt sich aus der Grenzbetrachtung

$$\lim_{n \to \infty} \left(1 + \frac{1}{n}\right)^n = e$$

und findet hauptsächlich in zeitkontinuierlichen Wachstumsmodellen (zum Beispiel in der Zinsrechnung) ihre Anwendung. Außerdem ist der **Erwartungswert** und die **Varianz**:

8.1 Spezielle diskrete Verteilungen

$$E(X) = \lambda \quad (8.12)$$

$$Var(X) = \lambda \quad (8.13)$$

Die Poissonverteilung hat also nur einen Parameter, λ, der gleichzeitig Erwartungswert und Varianz ist. Man schreibt $X \sim Po(\lambda)$.

Beispiel 8.12 Im Durchschnitt werden während der achtstündigen Öffnungszeit eines Tourismusbüros drei Anrufe erwartet. Wie groß ist die Wahrscheinlichkeit, dass das Telefon an einem bestimmten Tag mehr als vier Mal klingelt? Sie lässt sich aus der Poissonverteilung $X \sim Po(3)$ mit

$$P(X > 4) = 1 - P(X=0) - P(X=1) - P(X=2) - P(X=3) - P(X=4)$$

bestimmen. Für $P(X = 4)$ ergibt sich

$$P(X = 4) = \frac{\lambda^x}{x!} e^{-\lambda} = \frac{3^4}{4!} e^{-3} = 0{,}1680.$$

Weitere Werte der Wahrscheinlichkeitsfunktion, die nach dem gleichen Prinzip berechnet wurden, sind in Tabelle 8.3 aufgeführt.

Tabelle 8.3 Wahrscheinlichkeitsfunktion der Poissonverteilung

X	P(X)
0	0,0498
1	0,1494
2	0,2240
3	0,2240
4	0,1680
5	0,1008
6	0,0504
7	0,0216
8	0,0081
9	0,0027
10	0,0008
11	0,0002
12	0,0001

Die Wahrscheinlichkeit für mehr als 4 Anrufe ist demnach $P(X > 4) = 18{,}47\%$. Im Beispiel wird deutlich, dass weder die Zahl der potentiellen Anrufe (also das n der Binomialverteilung), noch die Erfolgswahrscheinlichkeit π, also die Wahrscheinlichkeit, dass ein potentieller Anrufer tatsächlich anruft, ermittelt werden können. Die Anwendung der Binomialverteilung wäre daher nicht möglich gewesen. Nimmt man aber an, dass die erwartete Zahl der Anrufe λ zeitkonstant ist, kann dieser Parameter aus den beobachteten Anrufen in der Vergangenheit ermittelt werden, so dass die Poissonverteilung benutzt werden kann.

Beispiel 8.13 In diesem Beispiel können sowohl die Binomial- als auch die Poissonverteilung benutzt werden: Eine Versicherung weiß, dass 0,5% der gemeldeten Schäden in der Haftpflichtversicherung fingiert sind. Wie groß ist die Wahrscheinlichkeit, dass unter den 10.000 gemeldeten Schäden genau 60 solcher Betrugsfälle zu finden sind? Die Poissonverteilung mit $\lambda = 50$ kommt zum Ergebnis, dass P(X = 4900) = 2,01049%. Demgegenüber ergibt sich mit X ~ BV(10000, 0,005) = 2,00643%. Die Approximation der Binomialverteilung durch die Poissonverteilung führt also hier zu einem Fehler von 0,00405 Prozentpunkten.

Die **Berechnungsformel** für die **Poissonverteilung** ergibt sich aus der Grenzwertbetrachtung der Formel für die Binomialverteilung mit $n \to \infty$ und $\pi \to 0$ bei konstantem $\lambda = n\pi$. Dazu ersetzt man in (8.5) die Erfolgswahrscheinlichkeit π durch λ/n und führt die Grenzbetrachtung für $n \to \infty$ durch. Das Ersetzen führt zu:

$$\binom{n}{x}\left(\frac{\lambda}{n}\right)^x \left(1 - \frac{\lambda}{n}\right)^{n-x}.$$

Um den Grenzwert bilden zu können, formt man diesen Ausdruck folgendermaßen um:

$$\binom{n}{x}\left(\frac{\lambda}{n}\right)^x \left(1 - \frac{\lambda}{n}\right)^{n-x} = \frac{n!}{x!(n-x)!} \frac{\lambda^x}{n^x} \left(1 - \frac{\lambda}{n}\right)^n \left(1 - \frac{\lambda}{n}\right)^{-x} = \frac{n!}{n^x(n-x)!} \frac{\lambda^x}{x!} \left(1 + \frac{-\lambda}{n}\right)^n \left(1 - \frac{\lambda}{n}\right)^{-x}.$$

Die Grenzbetrachtung kann nun für die einzelnen Faktoren getrennt vorgenommen werden. Recht einfach zu sehen ist, dass gilt

$$\lim_{n \to \infty} \frac{\lambda^x}{x!} = \frac{\lambda^x}{x!}$$

und

$$\lim_{n \to \infty} \left(1 + \frac{-\lambda}{n}\right)^n = e^{-\lambda}$$

und

$$\lim_{n \to \infty} \left(1 - \frac{\lambda}{n}\right)^{-x} = 1.$$

Weiterhin kann gezeigt werden, dass

$$\lim_{n \to \infty} \frac{n!}{n^x(n-x)!} = 1.$$

8.2 Spezielle stetige Verteilungen

Aus der Multiplikation dieser vier Ergebnisse erhält man die Formel für die Poissonverteilung (8.11). Die Varianz der Poissonverteilung ergibt sich ebenfalls aus dem Einsetzen von π durch λ/n in die Varianzformel der Binomialverteilung und anschließender Grenzwertbetrachtung:

$$\text{Var}(X) = \lim_{n\to\infty} n\frac{\lambda}{n}\left(1 - \frac{\lambda}{n}\right) = \lim_{n\to\infty} \lambda\left(1 - \frac{\lambda}{n}\right) = \lambda \lim_{n\to\infty} \left(1 - \frac{\lambda}{n}\right) = \lambda.$$

8.2 Spezielle stetige Verteilungen

8.2.1 Die Rechteckverteilung

Die Rechteckverteilung ist die stetige Entsprechung der Gleichverteilung diskreter Zufallsvariablen. Gilt bei gleichverteilten Zufallsvariablen, dass jede mögliche Realisation eine konstante Wahrscheinlichkeit hat, so ist hier die Wahrscheinlichkeitsdichte in einem Intervall konstant. Damit ergibt sich folgende **Dichtefunktion**:

$$\boxed{f_R(x) = \begin{cases} \dfrac{1}{b-a} & \text{für } a \leq x \leq b \\ 0 & \text{sonst} \end{cases}} \tag{8.14}$$

mit

$$E(X) = \frac{a+b}{2} \tag{8.15}$$

$$\text{Var}(X) = \frac{(b-a)^2}{12} \tag{8.16}$$

Die Formel für die Dichte ergibt sich aus einer einfachen geometrischen Überlegung: Wenn eine Zufallsvariable nur innerhalb des Intervalls [a, b] Realisationen mit positiver Wahrscheinlichkeit annimmt und diese Wahrscheinlichkeit konstant ist, dann muss die Fläche unter der Dichtekurve die Form eines Rechtecks haben, wie in Abb. 8.4. Wie bei jeder Dichtefunktion, hat außerdem der Flächeninhalt den Wert eins. Bei einem Rechteck bedeutet diese Forderung, dass die Breite (b – a) multipliziert mit der Höhe, den Wert 1 ergeben. Die Höhe und damit die Dichtefunktion, muss daher den Wert 1/(b – a) annehmen. Da die Dichte symmetrisch ist, entspricht der Erwartungswert dem Median und muss sich genau in der Mitte zwischen a und b befinden.

Abb. 8.4 Dichtefunktion der Rechteckverteilung

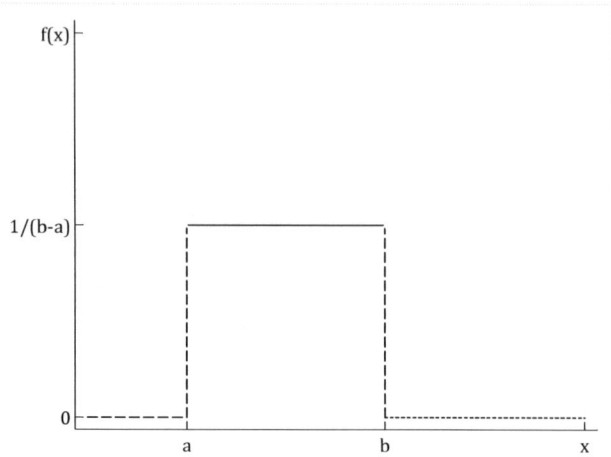

Formal ergibt sich der **Erwartungswert** aus der Definitionsformel (7.17):

$$E(X) = \int_{-\infty}^{\infty} f(x)dx = \int_a^b \frac{1}{b-a} x \, dx$$

$$= \frac{1}{b-a}\left[\frac{x^2}{2}\right]_a^b = \frac{1}{b-a}\frac{1}{2}(b^2 - a^2) = \frac{1}{2}\frac{1}{b-a}(b-a)(b+a) = \frac{b+a}{2}.$$

Für die **Varianz** gilt entsprechend:

$$\text{Var}(X) = \int_{-\infty}^{\infty} f(x)(x - E(X))^2 dx = \int_a^b \frac{1}{b-a}\left(x - \frac{b+a}{2}\right)^2 dx = \frac{1}{b-a}\left[\frac{1}{3}\left(x - \frac{b+a}{2}\right)^3\right]_a^b$$

$$= \frac{1}{3(b-a)}\left(\left(b - \frac{b+a}{2}\right)^3 - \left(a - \frac{b+a}{2}\right)^3\right) = \frac{1}{3(b-a)}\left(\left(\frac{b-a}{2}\right)^3 - \left(\frac{a-b}{2}\right)^3\right)$$

$$= \frac{1}{3(b-a)}\left(\left(\frac{b-a}{2}\right)^3 + \left(\frac{b-a}{2}\right)^3\right) = \frac{2}{3(b-a)}\frac{(b-a)^3}{8} = \frac{(b-a)^2}{12}.$$

Sollen aus der Dichtefunktion Wahrscheinlichkeiten berechnet werden, müssen die jeweiligen Flächen unter der Kurve bestimmt werden. Im Falle der Rechteckverteilung ist das durch die einfache geometrische Betrachtung möglich, dass die Fläche eines Rechtecks sich aus dem Produkt von Höhe und Breite ergibt.

8.2 Spezielle stetige Verteilungen

Beispiel 8.14 Beispiel 7.13 aus dem vorherigen Kapitel ergab eine Rechteckverteilung. Hier ein weiteres Beispiel: Die Rotphase einer Ampel dauert 90 Sekunden. Ein Radfahrer, der an der Ampel ankommt und nicht weiß, wie lange die Ampel bereits auf Rot steht, möchte die Wahrscheinlichkeit bestimmen, dass er (i) weniger als 10 Sekunden (ii) mehr als 60 Sekunden bzw. (iii) zwischen 20 und 30 Sekunden warten muss.

Bezeichnen wir die Wartezeit mit der Zufallsvariablen X, so lassen sich die Fragen umformulieren: (i) $P(X < 10)$, (ii) $P(X > 60)$ und (iii) $P(20 < X \leq 30)$. Diese Wahrscheinlichkeiten sind die Flächen unter der Dichtefunktion:

$$f_R(x) = \begin{cases} \dfrac{1}{90} & \text{für } 0 \leq x \leq 90 \\ 0 & \text{sonst.} \end{cases}$$

Aufgrund der Rechteckform können die Flächen geometrisch bestimmt werden:

$$P(X < 10) = 10 \cdot 1/90 = 1/9 = 0{,}1111,$$

$$P(X > 60) = (90 - 60) \cdot 1/90 = 1/3 = 0{,}3333,$$

$$P(20 < X \leq 30) = (30 - 20) \cdot 1/90 = 1/9 = 0{,}1111.$$

Die Wartezeit beträgt also mit einer Wahrscheinlichkeit von ca. 11% weniger als 10 Sekunden oder zwischen 20 und 30 Sekunden und mit einer Wahrscheinlichkeit von ca. 33% mehr als 60 Sekunden.

Alternativ können Wahrscheinlichkeiten stetiger Zufallsvariablen aus der Verteilungsfunktion abgelesen werden. Für die Gleichverteilung ist die **Verteilungsfunktion** für $a \leq X \leq b$:

$$F_R(x) = \int_{-\infty}^{x} f_R(t)\,dt = \int_{a}^{x} \frac{1}{a-b}\,dt = \left[\frac{t}{a-b}\right]_a^x = \frac{x}{a-b} - \frac{a}{a-b} = \frac{x-a}{a-b}.$$

Für alle möglichen Werte von X ist die Verteilungsfunktion:

$$F_R(x) = \begin{cases} 0 & \text{für } x < a \\ \dfrac{x-a}{b-a} & \text{für } a \leq x \leq b \\ 1 & \text{für } x > b. \end{cases}$$

Abb. 8.5 illustriert, dass die Verteilungsfunktion im Intervall [a, b] linear steigt.

Abb. 8.5 Verteilungsfunktion der Rechteckverteilung

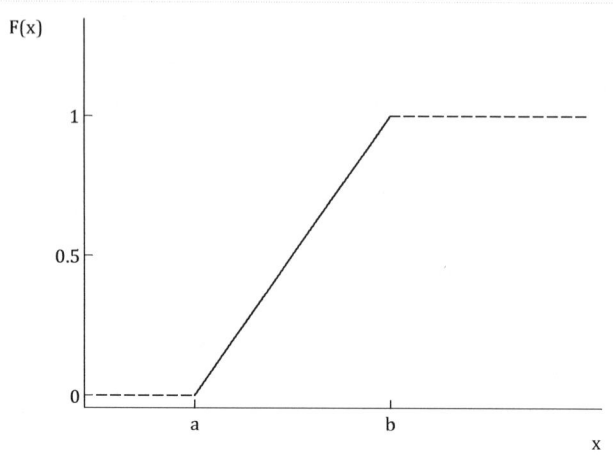

Beispiel 8.15 Die Wahrscheinlichkeiten aus Beispiel 7.14 sollen aus der Verteilungsfunktion ermittelt werden. Diese lautet hier

$$F_R(x) = \begin{cases} 0 & \text{für } x < 0 \\ \dfrac{x}{90} & \text{für } a \leq x \leq 90 \\ 1 & \text{für } x > 90 \end{cases}$$

Die Wahrscheinlichkeiten erhält man durch Einsetzen in die Verteilungsfunktion, also

$$P(X < 10) = F_R(10) = 1/9 = 0{,}1111,$$

$$P(X > 60) = 1 - F_R(60) = 1 - 1/60 = 1/33 = 0{,}3333,$$

$$P(20 < X \leq 30) = F_R(30) - F_R(20) = 30/90 - 20/90 = 1/9 = 0{,}1111,$$

was erwartungsgemäß den Ergebnissen in Beispiel 8.14 entspricht.

8.2.2 Die Exponentialverteilung

Bei der Exponentialverteilung misst die Zufallsvariable X die **Zeit bis zum Eintreffen eines Ereignisses**. Dabei wird vorausgesetzt, dass die Wahrscheinlichkeit für das Eintreffen des Ereignisses in jedem Zeitpunkt gleich hoch ist. Das bedeutet, dass es für die Wahrscheinlichkeitsberechnung unerheblich ist, ob und wann das Ereignis das letzte Mal aufgetreten ist.

8.2 Spezielle stetige Verteilungen

Aufgrund dieser letzten Annahme nennt man die Exponentialverteilung auch **Verteilung ohne Gedächtnis**.

Die **Dichtefunktion** der Exponentialfunktion lautet

$$f_{Ex}(x) = \begin{cases} \lambda e^{-\lambda x} & \text{für } x \geq 0, \lambda > 0 \\ 0 & \text{sonst} \end{cases} \qquad (8.17)$$

mit **Erwartungswert** und **Varianz**

$$E(X) = \frac{1}{\lambda} \qquad (8.18)$$

$$Var(X) = \frac{1}{\lambda^2} \qquad (8.19)$$

Dabei stellt e wieder die Eulersche Zahl dar. Die **Verteilungsfunktion** der Exponentialverteilung lässt sich durch Bilden der Stammfunktion von (8.17) ermitteln:

$$F_{Ex}(x) = \int_{-\infty}^{x} f_{Ex}(t)dt = \int_{a}^{x} \lambda e^{-\lambda t}dt = \left[-e^{-\lambda t}\right]_0^x = -e^{-\lambda x} + 1 \qquad (8.20)$$

Für alle möglichen Werte von x ist die Verteilungsfunktion demnach:

$$F_{Ex}(x) = \begin{cases} 0 & \text{für } x < 0 \\ 1 - e^{-\lambda x} & \text{für } x \geq 0. \end{cases}$$

Die Exponentialverteilung hat mit λ lediglich einen Parameter. Die Bezeichnung entspricht nicht nur zufällig dem Parameter der Poissonverteilung: In beiden Verteilungen ist λ die erwartete Zahl der Ereignisse in einem gegebenen Zeitintervall. Der Erwartungswert der Exponentialverteilung ist der Kehrwert aus λ, misst damit also die erwartete Zeit bis zum Eintreffen eines Ereignisses. Der Paramater λ lässt daher eine enge **Verbindung der Exponentialverteilung und der Poissonverteilung** erkennen.

Tatsächlich kann man die Verteilungsfunktion der Exponentialverteilung aus der Poissonverteilung erklären: Es sei K eine poissonverteilte Zufallsvariable, die die Anzahl der Ereignisse in einem Zeitintervall angibt. Dann gilt nach der Formel für die Poissonverteilung:

$$P(K = k) = \frac{\lambda^k}{k!} e^{-\lambda}.$$

Der Erwartungswert λ gibt die erwartete Zahl der Ereignisse in dem Zeitintervall an. Möchte man das Zeitintervall um einen Faktor x verändern, so müsste k durch xk und λ durch $x\lambda$ ersetzt werden:

$$P(xK = xk) = \frac{(x\lambda)^{xk}}{(xk)!} e^{-(x\lambda)}.$$

Misst K beispielsweise die Zahl der Ereignisse pro Stunde, so wäre die Wahrscheinlichkeit, dass 2 Ereignisse pro Stunde vorkommen, genauso hoch, wie die Wahrscheinlichkeit, dass 6 Ereignisse in 3 Stunden vorkommen. Für die Wahrscheinlichkeit, dass in x Einheiten des Zeitintervalls kein Ereignis auftritt, ergibt sich damit

$$P(xK = 0) = \frac{(x\lambda)^0}{(0)!} e^{-(x\lambda)} = e^{-x\lambda}.$$

Die Wahrscheinlichkeit, dass es in x Zeiteinheiten zu mindestens einem Ereignis kommt, ist die Komplementärwahrscheinlichkeit zu diesem Wert, also

$$P(xK > 0) = 1 - e^{-x\lambda}.$$

Dieser Ausdruck entspricht der Verteilungsfunktion der Exponentialverteilung nach (8.21).

Beispiel 8.16 Im PC-Pool einer Hochschule stürzt ein bestimmter PC im Durchschnitt alle 2 Stunden ab und muss neu gestartet werden. Es soll angenommen werden, dass die Wahrscheinlichkeit des Abstürzens in jedem Moment gleich ist. Unter dieser Annahme ist die Zeit X bis zum nächsten Absturz exponentialverteilt mit $\lambda = 0{,}5$. Die Wahrscheinlichkeit, dass man mindestens eine Stunde ununterbrochen an diesem PC arbeiten kann, ist

$$P(X > 1) = 1 - P(X < 1) = F_{Ex}(1) = 1 - (1 - e^{-0{,}5}) = e^{-0{,}5} = 0{,}6065.$$

Abb. 8.6 gibt die Dichtefunktion und die Verteilungsfunktion der Exponentialverteilung für verschiedene Werte von λ an. Da die Zeit keine negativen Werte annehmen kann, ist die Dichtefunktion nur im positiven Bereich größer als null. Sie fällt streng monoton und nähert sich asymptotisch der Abszisse.

In unserem Beispiel wäre die Wahrscheinlichkeit, dass der PC mindestens 10 Stunden ununterbrochen läuft, die Fläche unter der Dichtefunktion für $X > 10$, also ca. 0,00067. Für noch höhere Werte von X ergeben sich noch kleinere Wahrscheinlichkeiten, die Wahrscheinlichkeit wird aber nie genau null. Trotz des streng monotonen Anstiegs ist die Gesamtfläche unter der Dichtefunktion eins.

8.2 Spezielle stetige Verteilungen

Abb. 8.6 Dichte- und Verteilungsfunktion der Exponentialverteilung bei verschiedenem λ

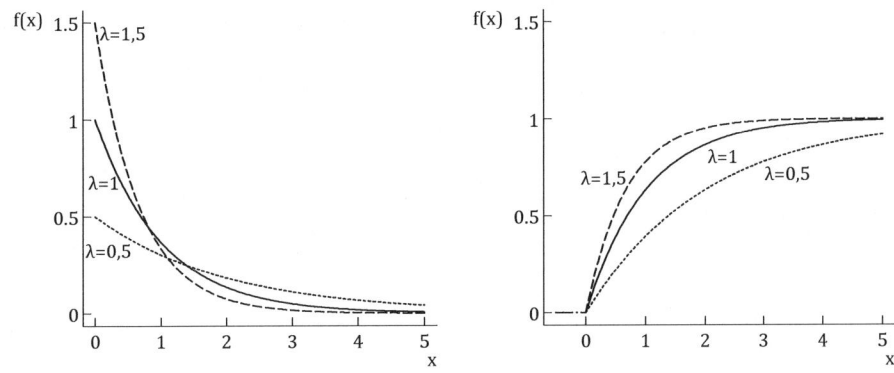

Beispiel 8.17 Um den Zusammenhang zwischen Poisson- und Exponentialverteilung aufzuzeigen, wird Beispiel 8.12 des Tourismusbüros aufgegriffen. Dort erwartet man im Durchschnitt während der achtstündigen Öffnungszeit drei Anrufe. Eine Frage der Exponentialverteilung wäre beispielsweise, wie groß die Wahrscheinlichkeit ist, dass der erste Anruf erst nach 5 Stunden eingeht. Da nach der Zeit in Stunden gefragt wird, ist es sinnvoll, den Erwartungswert von der Zeiteinheit „8 Stunden" auf stündliche Basis umzurechnen. Der Erwartungswert gemessen in Stunden ist λ=3/8. Die gefragte Wahrscheinlichkeit ist demnach

$$P(X > 5) = 1 - P(X < 5) = F_{Ex}(5) = 1 - (1 - e^{-\frac{3}{8} \cdot 5}) = e^{-1{,}875} = 0{,}1534.$$

Eine wesentliche Eigenschaft der Exponentialverteilung ist, dass die Wahrscheinlichkeit für das Eintreffen in jedem Augenblick konstant ist (Verteilung ohne Gedächtnis). Das bedeutet, dass die bisherige Wartezeit keinen Einfluss auf die Eintrittswahrscheinlichkeit hat. Am Beispiel des defekten PC hieße das beispielsweise, dass es unerheblich ist, ob der PC lange läuft oder vor kurzem abgestürzt ist: Die Wahrscheinlichkeit, dass er innerhalb der nächsten x Minuten abstürzt, ist stets dieselbe. Diese Annahme dürfte in vielen Fällen nicht erfüllt sein. Beispielsweise führt ein Ausfall eines Gerätes in der Regel zu einer Reparatur und Wartung, was zur Folge hat, dass die Ausfallwahrscheinlichkeit kurz nach der Wartung kleiner ist als lange danach. In diesem Fall kann nicht mit der Exponentialverteilung gearbeitet werden.

Es kann allgemein gezeigt werden, dass die bisherige Wartezeit bei der Exponentialverteilung keinen Einfluss hat: Wenn die Zufallsvariable X die Zeit bis zum ersten Eintreffen eines

Ereignisses angibt, dann ist die Wahrscheinlichkeit, dass das Ereignis nach h Zeiteinheiten auftritt, nachdem schon k Zeiteinheiten kein Ereignis aufgetreten ist, die folgende bedingte Wahrscheinlichkeit (vgl. Kapitel 7.5.3):

$$P(h|K=0) = \frac{P(k < X < k+h)}{P(X > k)}.$$

Folgen diese Wahrscheinlichkeiten der Exponentialverteilung, so ergibt sich:

$$\frac{P(k < X < k+h)}{P(X > k)} = \frac{F_{Ex}(k+h) - F_{Ex}(k)}{1 - F_{Ex}(k)} = \frac{\left(1 - e^{-(k+h)\lambda}\right) - \left(1 - e^{-k\lambda}\right)}{1 - (1 - e^{-k\lambda})}$$

$$= \frac{e^{-k\lambda} - e^{-(k+h)\lambda}}{e^{-k\lambda}} = 1 - e^{-\lambda h} = P(X < h).$$

Das Ergebnis besagt, dass die Wahrscheinlichkeit, dass das Ereignis innerhalb von h Zeiteinheiten eintritt, gleich hoch ist, wie die Wahrscheinlichkeit, dass das Ereignis innerhalb der nächsten h Zeiteinheiten eintritt, nachdem man schon k Zeiteinheiten gewartet hat. Die Verteilung hat also „kein Gedächtnis".

8.2.3 Die Normalverteilung

Die Normalverteilung wird heute im Wesentlichen mit dem Namen Carl Friedrich Gauß (1777–1855) in Verbindung gebracht und heißt daher auch Gaußsche Verteilung. Allerdings hat bereits 1733 Abraham de Moivre (1667–1754) die Normalverteilung als Grenzverteilung anderer Verteilungen erkannt, und Pierre-Simon Laplace (1749–1827) hat sie unabhängig von de Moivre 1774 hergeleitet. Die Normalverteilung hat eine ganz enorme Bedeutung in der induktiven Statistik. Auf die Gründe für diese Bedeutung wird zwar am Ende des Kapitels hingewiesen, sie erschließen sich jedoch erst vollständig, in den Kapiteln zur Stichprobentheorie und den Schätzverfahren.

Die **Dichtefunktion** für eine normalverteilte Zufallsvariable X mit E(X) = µ und Var(X) = σ² lautet

$$f_N(x) = \frac{1}{\sigma\sqrt{2\pi}} e^{-\frac{(x-\mu)^2}{2\sigma^2}} \tag{8.21}$$

8.2 Spezielle stetige Verteilungen

Dabei sind die Konstanten π und e jeweils die Kreiszahl und die Eulersche Zahl. Die Dichtefunktion ist für alle Werte von X definiert. Die **Parameter** der Verteilung sind μ und σ, daher schreibt man auch $X \sim N(\mu, \sigma)$.

Zunächst wird erkennbar, dass das Integral aus (8.21) mit dem mathematischen Instrumentarium, das man bei Wirtschaftswissenschaftlern im Allgemeinen voraussetzt, nicht gebildet werden kann, so dass Wahrscheinlichkeiten nicht ohne weiteres ermittelbar sind. Man benutzt zur Bestimmung von Wahrscheinlichkeiten die **Verteilungsfunktion** der Normalverteilung

$$F_N(x) = \frac{1}{\sigma\sqrt{2\pi}} \int_{-\infty}^{x} e^{-\frac{(t-\mu)^2}{2\sigma^2}} dt \tag{8.22}$$

Bevor das genaue Verfahren erläutert wird, soll die Form der Normalverteilung kurz beschrieben werden. Die erste Ableitung der Dichte nach x lautet:

$$f'_N(x) = -\frac{(x-\mu)}{\sigma^2} \frac{1}{\sigma\sqrt{2\pi}} e^{-\frac{(x-\mu)^2}{2\sigma^2}}.$$

Die einzige Nullstelle dieser Ableitung liegt bei μ. Da die zweite Ableitung

$$f''_N(x) = -\frac{1}{\sigma\sqrt{2\pi}} e^{-\frac{(x-\mu)^2}{2\sigma^2}} + \left(\frac{x-\mu}{\sigma^2}\right)^2 \frac{1}{\sigma\sqrt{2\pi}} e^{-\frac{(x-\mu)^2}{2\sigma^2}}$$

an der Stelle $x = \mu$

$$f''_N(x = \mu) = -\frac{1}{\sigma\sqrt{2\pi}}$$

lautet, und damit negativ ist, liegt bei $x = \mu$ ein Maximum vor. Die Dichtefunktion ist also eingipflig, wobei das Maximum beim Erwartungswert liegt. Anhand der ersten Ableitung erkennt man außerdem, dass für beliebige reelle Zahlen d gilt

$$f'_N(\mu - d) = -f'_N(\mu + d),$$

d. h. die Funktion ist symmetrisch um den Erwartungswert. Damit entspricht der Median dem Erwartungswert.

Wie jede Dichte nimmt f_N keine negativen Werte an, sie wird aber auch niemals null. Auch bei sehr großen Abständen vom Erwartungswert ergeben sich stets positive Werte. Allerdings nähert sich die Kurve mit steigendem Abstand vom Erwartungswert asymptotisch der Abszisse, denn es gilt

$$\lim_{x \to \infty} f_N(x) = \lim_{x \to -\infty} f_N(x) = 0.$$

Die Wendepunkte ergeben sich durch Nullsetzen der zweiten Ableitung,

$$f_N''(x) = 0$$

$$\Leftrightarrow \frac{1}{\sigma\sqrt{2\pi}} e^{-\frac{(x-\mu)^2}{2\sigma^2}} = \left(\frac{x-\mu}{\sigma^2}\right)^2 \frac{1}{\sigma\sqrt{2\pi}} e^{-\frac{(x-\mu)^2}{2\sigma^2}}$$

$$\Leftrightarrow \left(\frac{x-\mu}{\sigma^2}\right)^2 = 1$$

$$\Leftrightarrow |x-\mu| = \sigma^2,$$

d. h. sie liegen bei $x = \mu + \sigma$ und $x = \mu - \sigma$. Eine weitere Eigenschaft der Normalverteilung ist, dass das relative, standardisierte Wölbungsmaß nach Fisher (vgl. Abschnitt 2.2.3.2) den Wert null annimmt.

Zusammenfassend kann die Kurve also als eingipflig und symmetrisch beschrieben werden, deren Wendepunkte jeweils eine Standardabweichung vom Maximum entfernt sind. Bei größeren Abständen vom Mittelwert nähert sich die Kurve auf beiden Seiten asymptotisch der x-Achse. Aufgrund der Symmetrie sind die Schiefemaße 0. Aufgrund ihres Verlaufs wird die Kurve auch als Glockenkurve oder **Gaußsche Glockenkurve** bezeichnet. Das wird an der linken Graphik von Abb. 8.7 deutlich. Dargestellt ist der Verlauf der Dichtefunktion für $\mu = 0$ und $\sigma = 1$, rechts daneben die entsprechende Verteilungsfunktion.

8.2 Spezielle stetige Verteilungen

Abb. 8.7   Dichte- und Verteilungsfunktion der Normalverteilung für μ = 0 und σ = 1

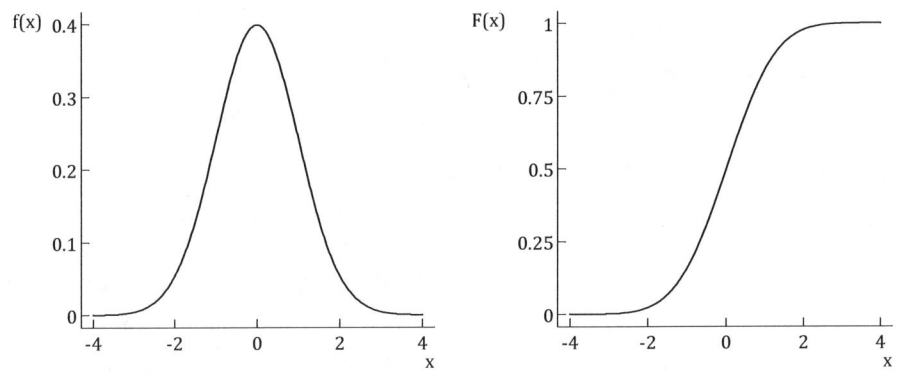

Eine Veränderung von μ führt zu einer Verschiebung der Kurve auf der x-Achse, wie Abb. 8.8 zeigt. Ebenfalls erkennbar ist, dass durch eine Veränderung von σ die Kurve gestaucht bzw. gestreckt wird. Da der gesamte Flächeninhalt stets den Wert 1 ergeben muss, ändert sich damit auch die Höhe des Maximums.

Abb. 8.8   Dichtefunktion der Normalverteilung mit verschiedenen Parametern

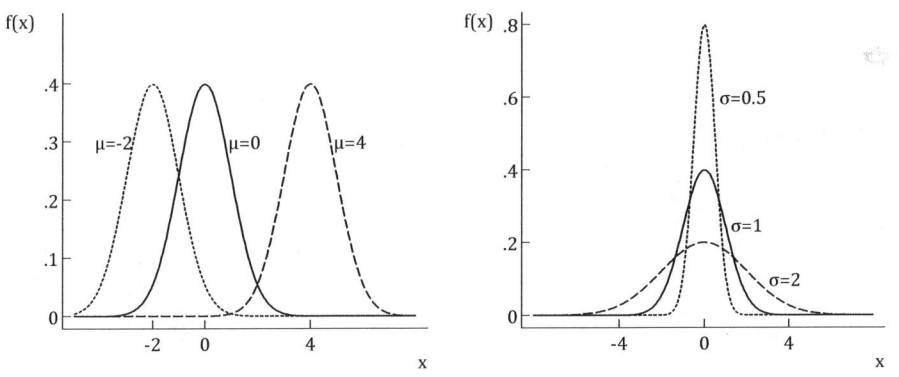

Ein weiteres wichtiges Merkmal, auf das wir in den folgenden Kapiteln noch zurückgreifen werden, ist die sogenannte **Reproduktionseigenschaft** der Normalverteilung. Diese besagt zum einen, dass normalverteilte Zufallsvariablen nach Multiplikation mit reellen Zahlen (außer Null) und / oder Addition mit reellen Zahlen ebenfalls normalverteilt sind. Zum anderen besagt sie, dass auch Summen mehrerer normalverteilter Zufallsvariablen ebenfalls normalverteilt sind. Zusammengefasst bedeutet das, dass die Transformation

$$Z = aX + bY + c$$

aus den normalverteilten Zufallsvariablen X und Y ebenfalls normalverteilt ist. Dabei sind a, b und c reelle Zahlen und mindestens a oder b sind ungleich null.

Nun soll erläutert werden, wie Wahrscheinlichkeiten normalverteilter Zufallsvariablen ermittelt werden. Wie eingangs erwähnt, lässt sich f_N nicht mit Standardmethoden integrieren, was die Ermittlung von Wahrscheinlichkeiten zunächst erschwert. Zur Bestimmung von Wahrscheinlichkeiten benutzt man daher in der Regel Wahrscheinlichkeitstafeln die die Werte der Verteilungsfunktion für verschiedene Quantile angeben. Allerdings gibt es unendlich viele denkbare Kombinationen von μ und σ, die man unmöglich alle tabellieren kann. Dies ist aber auch gar nicht notwendig, denn man kann durch die **Standardisierung** jede beliebige Zufallsvariable X in eine Zufallsvariable mit dem Erwartungswert null und der Varianz eins umwandeln. Die Standardisierung, die in (2.55) für Merkmale eingeführt wurde, ist für Zufallsvariablen:

$$\boxed{Z = \frac{X - \mu}{\sigma}} \qquad (8.23)$$

Man kann zeigen, dass stets gilt E(Z) = 0 und Var(Z) = 1.

Die Wirkung des Standardisierens kann mit den Rechenregeln für Erwartungswert und Varianz einfach gezeigt werden. Wenn X mit E(X) = μ und Var(X) = σ^2, dann gilt:

$$E(Z) = E\left(\frac{X-\mu}{\sigma}\right) = E\left(\frac{X}{\sigma} - \frac{\mu}{\sigma}\right) = \frac{E(X)}{\sigma} - \frac{\mu}{\sigma} = \frac{\mu}{\sigma} - \frac{\mu}{\sigma} = 0,$$

$$\text{Var}(Z) = \text{Var}\left(\frac{X-\mu}{\sigma}\right) = \text{Var}\left(\frac{X}{\sigma} - \frac{\mu}{\sigma}\right) = \text{Var}\left(\frac{X}{\sigma}\right) = \frac{\text{Var}(X)}{\sigma^2} = \frac{\sigma^2}{\sigma^2} = 1.$$

Eine Normalverteilung mit μ = 0 und $\sigma^2 = 1$ bezeichnet man als **Standard-Normalverteilung**, für eine standardnormalverteilte Zufallsvariable schreiben wir Z, also Z ~ N(0, 1). Die oben erwähnte Wahrscheinlichkeitstafel ist in **Tabelle 14.1** im **Anhang** wiedergegeben. Sie enthält für Quantile der Standardnormalverteilung die Werte der Verteilungsfunktion. Möchte man Wahrscheinlichkeiten für Werte normalverteilter Zufallsvariablen X (also X ~ N(μ, σ)) ermitteln, so standardisiert man die Werte zunächst mit (8.23) und liest anschließend die standardisierten Werte in der Tabelle ab. Bevor die Technik des

8.2 Spezielle stetige Verteilungen

Standardisierens an einem Beispiel illustriert wird, soll kurz der Aufbau von Tabelle 14.1 erläutert werden.

An den Rändern der Tabelle stehen die Quantile der standardnormalverteilten Zufallsvariable Z, also $z_{[\alpha]}$. Dabei geben die Zeilen jeweils die ersten Ziffern und die Spalte die weitere Nachkommastelle an. In den Zellen der Tabelle stehen die Werte der Verteilungsfunktion von Z, die wir im Folgenden mit F_{St} bezeichnen, um sie von der Verteilungsfunktion F_N für allgemein normalverteilte Zufallsvariablen X zu unterscheiden. Die Tabelle enthält also die Werte der in Abb. 8.8 dargestellten Verteilungsfunktion.

Beispiel 8.18 Beispielsweise lässt sich für Z < 1,13 eine Wahrscheinlichkeit von

$$P(Z < 1{,}13) = F_{St}(1{,}13) = 0{,}8708.$$

ablesen. Andere Beispiele sind

$$P(Z > 0{,}41) = 1 - F_{St}(0{,}41) = 1 - 0{,}6591 = 0{,}3409$$

oder

$$P(-1{,}2 < Z < 0{,}54) = F_{St}(0{,}54) - F_{St}(-1{,}2) = 0{,}7054 - 0{,}1151 = 0{,}5903.$$

Es werden nur Werte zwischen −3,9 und 3,9 aufgeführt, weil bereits jenseits dieser Werte die Fläche unter der Dichtefunktion praktisch (also auf 4 Nachkommastellen gerundet) null beträgt, z. B. sind $P(Z < -5) = 2{,}87 \cdot 10^{-7} \approx 0$ und $P(Z < 7) = 1 - 1{,}28 \cdot 10^{-12} \approx 1$.

Unstandardisierte normalverteilte Zufallsvariablen X müssen zunächst standardisiert werden. Anschließend können die Wahrscheinlichkeiten aus Tabelle 14.1 abgelesen werden.

Beispiel 8.19 Für $X \sim N(1, 2)$ ist $P(X < -2)$ gesucht. Durch Standardisieren erhält man

$$Z = \frac{X - \mu}{\sigma} = \frac{-2 - 1}{2} = -1{,}5\,.$$

Die Wahrscheinlichkeit $P(X < -2)$ entspricht also der Wahrscheinlichkeit $P(Z < -1{,}5)$. Es ergibt sich

$$P(X < -2) = F_N(-2) = F_{St}\left(\frac{-2 - 1}{2}\right) = F_{St}(-1{,}5) = 0{,}0668.$$

Für $X \sim N(1, 2)$ sei $P(X > -1{,}2)$ gesucht, dann erhält man

$$P(X > -1{,}2) = 1 - F_N(-1{,}2) = 1 - F_{St}\left(\frac{-1{,}2-1}{2}\right) = 1 - F_{St}(-1{,}1) = 0{,}8643.$$

Beispiel 8.20 Mit diesem Beispiel wird eine Anwendungsmöglichkeit der Normalverteilung gezeigt. (Online-) Versandhandelsunternehmen haben in der Regel bis auf Namen, Adresse und Kontoverbindung keine persönlichen Informationen über ihre Kunden. Soll nun eine bestimmte Altersgruppe in einer Werbeaktion gezielt angesprochen werden, so wird das Alter häufig aus dem Vornamen geschätzt. Oft wird dabei unterstellt, dass die Wahrscheinlichkeitsverteilung einer zufällig ausgewählten Person mit einem bestimmten Vornamen annähernd normalverteilt ist. Dass diese Annahme nicht für alle Vornamen realistisch ist, soll uns hier nicht weiter beschäftigen. Für normalverteilte Zufallsvariablen können Wahrscheinlichkeiten ermittelt werden, sobald Erwartungswert und Varianz bekannt sind. Derartige Werte werden von Marktforschungsinstituten aus Schätzungen des Durchschnittsalters und der Standardabweichung des Alters für die häufigsten Vornamen angeboten. Kürzt man also die Zufallsvariable „Alter einer zufällig ausgewählten Person mit dem Namen Dietrich" mit D ab, die Zufallsvariable „Alter einer zufällig ausgewählten Person mit dem Namen Kevin" mit K und die Zufallsvariable „Alter einer zufällig ausgewählten Person mit dem Namen Maria" mit M, und nimmt an, dass $D \sim N(65, 10)$, $K \sim N(22, 7)$, $M \sim N(35, 20)$, so ist die Wahrscheinlichkeit, dass die Personen zur Zielgruppe der 30–40-jährigen zählen:

$$P(30 < D < 40) = F_N(40) - F_N(30) = F_{St}\left(\frac{40-65}{10}\right) - F_{St}\left(\frac{30-65}{10}\right)$$
$$= F_{St}(-2{,}5) - F_{St}(-3{,}5) = 0{,}0062 - 0{,}0002 = 0{,}006,$$

$$P(30 < K < 40) = F_N(40) - F_N(30) = F_{St}\left(\frac{40-22}{7}\right) - F_{St}\left(\frac{30-22}{7}\right)$$
$$= F_{St}(-2{,}57) - F_{St}(1{,}14) = 0{,}9949 - 0{,}8736 = 0{,}122,$$

$$P(30 < M < 40) = F_N(40) - F_N(30) = F_{St}\left(\frac{40-35}{20}\right) - F_{St}\left(\frac{30-35}{20}\right)$$
$$= F_{St}(0{,}25) - F_{St}(-0{,}25) = 0{,}5987 - 0{,}4013 = 0{,}1947.$$

Die Wahrscheinlichkeit, dass eine Person mit dem Namen Maria zur Altersgruppe der dreißig- bis vierzigjährigen gehört, ist mit 19,47% am höchsten. Eine Person mit dem Namen Kevin gehört mit 12,2%iger Wahrscheinlichkeit zur Zielgruppe, während für Dietrich die Wahrscheinlichkeit bei nur 0,6% liegt. Die Ursachen für die unterschiedlichen Wahrscheinlichkeiten können an den Parametern der Normalverteilung abgelesen werden. Erwartungswert und Varianz geben nämlich die unterschiedliche Beliebtheit der Vornamen über die Zeit an: Die Zufallsvariable D hat einen vergleichsweise hohen Erwartungswert bei mittlerer Streuung. Darin spiegelt

8.2 Spezielle stetige Verteilungen

sich wider, dass Dietrich zwar ein geläufiger, aber aus der Mode gekommener Name ist. Demgegenüber ist die Streuung des Namens Kevin kleiner, bei niedrigerem Erwartungswert: Der Name ist also weniger geläufig, aber moderner. Die hohe Standardabweichung der Zufallsvariable M hingegen zeigt, dass Maria ein Name ist, der über die Jahre hinweg wenig Moden unterworfen ist.

Die **Bedeutung der Normalverteilung** erklärt sich aus drei Gründen: Zum einen kann in bestimmten **Situationen** angenommen werden, dass Zufallsvariablen normalverteilt sind. Beispiele kommen aus den Bereichen der Produktion, etwa wenn maschinell bestimmte Abmessungen, Volumina oder Gewichte erreicht werden sollen, diese Sollwerte aber aufgrund zufälliger Umwelteinflüsse (z. B. Temperaturen) oder Abweichungen in der Materialbeschaffenheit bzw. der Produktionstoleranzen der Maschine hervorgerufen werden. In vielen Anwendungen zeigen logarithmische Aktienrenditen eine der Normalverteilung sehr ähnliche Verteilung. Allgemein gilt, dass eine Normalverteilung angenommen wird, wenn die Annahme einer symmetrischen Verteilung gerechtfertigt erscheint und die Zufallsvariable von einer Vielzahl voneinander unabhängiger und in ihrer Größenordnung ähnlicher Einflüsse gesteuert wird.

Darüber hinaus ist die Normalverteilung als **Grenzfall vieler anderer Verteilungen** wichtig. Damit ist gemeint, dass sich unter bestimmten Umständen eine Reihe anderer Verteilungen gut durch die Normalverteilung approximieren lässt. Beispielsweise haben wir für die Binomialverteilung in Abb. 8.3 gesehen, dass die Schiefe bei n = 100 oder n = 1000 Wiederholungen nicht mehr erkennbar ist. An dieser Abbildung erkennt man außerdem die für die für die Normalverteilung **typische Glockenform**. Dieser Eindruck bestätigt sich auch rechnerisch, ohne dass dies hier nachgewiesen werden soll: In der Grenzbetrachtung für $n \to \infty$ konvergiert die Binomialverteilung zur Normalverteilung. Der Zusammenhang ist auch als **Satz von de Moivre** bekannt. Das Theorem sagt also aus, dass für eine Zufallsvariable X mit $X \sim B(n, \pi)$ für $n \to \infty$ die Verteilung $X \sim N(n\pi, \sqrt{n\pi(1-\pi)})$ gilt. Für endliche Werte von n findet die Approximation umso schneller statt, je näher π bei dem Wert von 50% liegt. Eine Faustregel, die angibt, ab welchen Werten mit einer guten Approximation zu rechnen ist, muss also auch π berücksichtigen. Eine weit verbreitete Faustregel besagt, dass die Approximation ab Werten von

$$n\pi(1-\pi) \geq 9 \qquad (8.24)$$

zu brauchbaren Ergebnissen führt.

Beispiel 8.21 Aus der Vergangenheit weiß ein Unternehmen, dass 5% der Kunden auf eine elektronische Werbesendung mit einer Bestellung reagieren. Das Unternehmen plant den Versand einer neu erstellten Werbesendung an 1000 Kunden. Die Fixkosten für die Erstellung der Werbesendung sind gedeckt, wenn mindestens 40 Kunden reagieren. Die Wahrscheinlichkeit, dass die Fixkosten nicht gedeckt sind, beträgt nach der Binomialverteilung:

$$P(X \leq 39) = P(X = 0) + P(X = 1) + \cdots + P(X = 39) = 0{,}0598.$$

Das Ergebnis ist nur mit vergleichsweise hohem Rechenaufwand zu erhalten, weil die Formel für die Binomialverteilung 40 Mal angewendet werden muss. Die Varianz der Binomialverteilung ist $n\pi(1-\pi) = 47{,}5$. Da dieser Wert deutlich über dem von der Faustregel vorgegebenen Wert von 9 liegt, dürfte die Verwendung der Normalverteilung nur zu einem geringen Fehler führen:

$$P(X \leq 39) \approx F_N(39) = F_{St}\left(\frac{39 - 1000 \cdot 0{,}005}{\sqrt{1000 \cdot 0{,}05 \cdot 0{,}95}}\right) = F_{St}(-1{,}60) = 0{,}0548.$$

Die Abweichung beträgt nur 0,005. Mit Stetigkeitskorrekturen (vgl. Bleymüller et al. (2008), Kap. 11) lassen sich die Approximationen weiter verbessern.

Weitere Verteilungen, die durch die Normalverteilung approximiert werden können, sind die im nächsten Abschnitt dargestellte χ^2-Verteilung und die in Abschnitt 8.2.5 dargestellte t-Verteilung.

Der dritte und bei weitem wichtigste Grund für die Bedeutung der Normalverteilung ist der **zentrale Grenzwertsatz**. Dieser besagt, dass eine Summe unabhängiger und identisch verteilter Zufallsvariablen sich der Verteilung der Normalverteilung nähert, sofern die Anzahl der zu summierenden Zufallsvariablen steigt. Es ist bemerkenswert, dass die Verteilung der Zufallsvariablen, die in die Summe einfließt, unerheblich ist. Die Zufallsvariablen selbst brauchen also nicht normalverteilt zu sein, die Verteilung kann auch völlig unbekannt sein. Gefordert ist lediglich, dass die Verteilungen identisch sind, die Zufallsvariablen unabhängig sind und eine hinreichend große Anzahl von Zufallsvariablen summiert wird.

In Kapitel 9 werden wir sehen, dass eine bestimmte Art der Ziehung von Stichproben dazu führt, dass man alle einzelnen Stichprobenziehungen als Realisationen identisch verteilter, unabhängiger Zufallsvariablen auffassen kann. Dann ist in großen Stichproben die Summe der Stichprobenergebnisse normalverteilt, auch wenn das Untersuchungsmerkmal in der Grundgesamtheit nicht normalverteilt oder in der Verteilung unbekannt ist. Damit ist gleichzeitig das arithmetische Mittel der Stichproben-

8.2 Spezielle stetige Verteilungen

ergebnisse normalverteilt, denn es handelt sich um eine (durch den Stichprobenumfang geteilte) Summe von Stichprobenergebnissen. Mit dieser Kenntnis lassen sich Wahrscheinlichkeitsaussagen über den Stichprobenfehler treffen. Untersucht man beispielsweise das Alter von Studenten, die an deutschen Hochschulen eingeschrieben sind und liegt dafür eine Stichprobe im Umfang n vor, so lässt sich jedes zufällig gezogene Alter als Zufallsvariable X_i, i = 1, ..., n darstellen. In Kapitel 9.4 werden wir sehen, dass in zufällig gezogenen Stichproben mit Zurücklegen alle einzelnen Ziehungen Realisationen unabhängig und identisch verteilter Zufallsvariablen X_i darstellen. Die Verteilung der einzelnen Ziehung entspricht derjenigen der Grundgesamtheit, also der Altersverteilung aller Studenten an deutschen Hochschulen. Diese Verteilung dürfte unbekannt sein. Der zentrale Grenzwertsatz besagt nun, dass die Summe des Alters in der Stichprobe $\sum_{i=1}^{n} X_i$ und wegen der Reproduktionseigenschaft auch das arithmetische Mittel $\bar{X} = \frac{1}{n}\sum_{i=1}^{n} X_i$ für große Werte von n asymptotisch normalverteilt sind. Damit lassen sich Wahrscheinlichkeitsaussagen über $\bar{X}$ und – wie wir sehen werden – auch über den Stichprobenfehler (vgl. Kapitel 9.1) treffen.

In Abb. 8.9 wird der zentrale Grenzwertsatz mit einer simulierten Stichprobenziehung veranschaulicht. Die drei Histogramme in der ersten Zeile zeigen jeweils die Verteilung einer Grundgesamtheit unterschiedlicher Form: Die linke Verteilung ist annähernd gleichförmig, die mittlere Grundgesamtheit ist ausgeprägt linksschief und die rechte Verteilung ist wannenförmig. Keine dieser Verteilungen zeigt Ähnlichkeiten zur Normalverteilung. Aus diesen Grundgesamtheiten wurden nacheinander jeweils 20.000 Stichproben mit Zurücklegen gezogen und in jeder Stichprobe der Mittelwert berechnet. Die Verteilung der berechneten Mittelwerte zeigen die Histogramme in der 2. bis 4. Zeile jeweils für unterschiedliche Stichprobengrößen. Schon bei einem Stichprobenumfang von n = 2 ist für alle Verteilungen eine deutliche Tendenz zur Mitte erkennbar, die mit n = 5 noch ausgeprägter wird. Bei n = 30 nimmt die Verteilung die glockenähnliche Form der Normalverteilung an. Bei der mittleren Verteilung ist allerdings noch eine leichte Schiefe zu erkennen. Offensichtlich hängt die Annäherungsgeschwindigkeit mit steigendem n von der Form der Verteilung der Grundgesamtheit ab.

Der zentrale Grenzwertsatz liefert auch die Erklärung dafür, dass viele beobachtete Größen normalverteilt sind. Bei näherer Betrachtung der oben genannten Fälle (Produktion, Aktienrenditen) handelt es sich dabei um Größen, die von einer Vielzahl unabhängiger zufälliger Einflüsse bestimmt wird.

Abb. 8.9 Veranschaulichung des zentralen Grenzwertsatzes

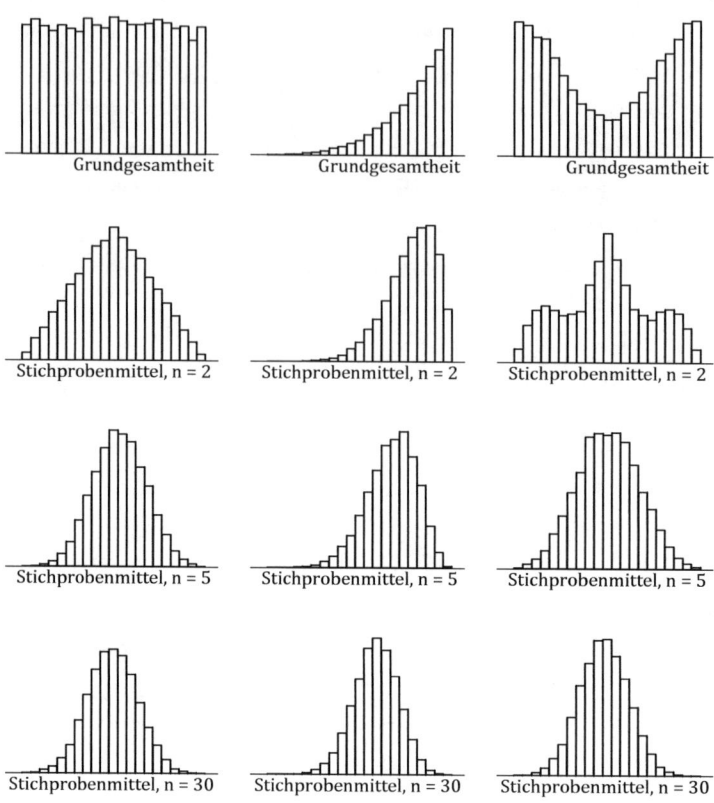

8.2.4 Die Chi-Quadrat-Verteilung

Summiert man eine Anzahl von quadrierten und unabhängigen, standardnormalverteilten Zufallsvariablen Z_i (i = 1, ..., df), so erhält man eine Chi-Quadrat-verteilte Zufallsvariable χ^2_{df}:

$$\chi^2_{df} = Z_1^2 + Z_2^2 + \cdots + Z_{df}^2 \tag{8.25}$$

Den Parameter df nennt man **Zahl der Freiheitsgrade („degrees of freedom")**. Dies ist die Anzahl der unabhängigen Zufallsvariablen Z_i, die in die Berechnung der Chi-Quadrat-verteilten Zufallsvariable einfließen. Da eine Chi-Quadrat-verteilte Zufallsvariable aus der Summe unabhängiger, gleichverteilter Zufallsvariablen entsteht, ist die Summe verschiede-

8.2 Spezielle stetige Verteilungen

ner unabhängiger Chi-Quadrat-verteilter Zufallsvariablen ebenfalls Chi-Quadrat-verteilt. Es gilt:

$$\chi^2_{m+n} = \chi^2_m + \chi^2_n.$$

Die Dichtefunktion braucht hier nicht gezeigt zu werden, da wir sie auch im Folgenden nicht benötigen. Sie ist beispielsweise in Hartung et al. (2009), S. 152 angegeben.

Für **Erwartungswert** und **Varianz** gilt

$$E(\chi^2_{df}) = df \tag{8.26}$$

$$Var(\chi^2_{df}) = 2df \tag{8.27}$$

Den Erwartungswert erhält man aus

$$E(\chi^2_{df}) = E(Z_1^2 + Z_2^2 + \cdots + Z_{df}^2) = df E(Z_i^2) = df,$$

weil $E(Z_i^2) = 1$. Dieser Wert für $E(Z_i^2)$ ergibt sich, wenn man die Parameter $E(Z_i) = 0$ und $Var(Z_i) = 1$ der standardnormalverteilten Zufallsvariable in die allgemeine Varianzformel $Var(Z_i) = E(Z_i^2) - E^2(Z_i)$ einsetzt.

Es stellt sich die Frage, aus welchem Grund Interesse besteht, Wahrscheinlichkeiten für Summen quadrierter standardnormalverteilter Zufallsvariablen zu bestimmen. In der Tat dient die Chi-Quadrat-Verteilung in erster Linie nicht dazu, Wahrscheinlichkeiten für unmittelbar beobachtbare Zufallsvariablen zu bestimmen, sondern erhält ihre Bedeutung aus der Anwendung in der Schätztheorie. Dieser Anwendungsbezug wird erst in Abschnitt 10.3.2 deutlich.

Im vorhergehenden Abschnitt wurde bereits erwähnt, dass unter bestimmten Annahmen das Stichprobenmittel als normalverteilte Zufallsvariable dargestellt werden kann. Wenn dies der Fall ist, so lässt sich mit Hilfe der Chi-Quadrat-Verteilung eine Wahrscheinlichkeitsverteilung der Stichprobenvarianz finden, siehe Kapitel 10.3.2.

Abb. 8.10 zeigt die Dichtefunktion der Chi-Quadratverteilung für verschiedene Freiheitsgrade. Die Form ist rechtsschief, wobei die Rechtsschiefe aber mit steigender Zahl der Freiheitsgrade abnimmt. Auf der rechten Seite nähert sich die Dichte asymptotisch der x-Achse. Außerdem ist in Abb. 8.10 erkennbar, dass die Form der Verteilung bei df = 20 der

Gauß'schen Glockenkurve ähnelt. Tatsächlich lässt sich die Chi-Quadrat-Verteilung ab ca. df ≥ 30 durch die Normalverteilung N(df, 2df) approximieren.

Abb. 8.10 Dichtefunktion der Chi-Quadrat-Verteilung für verschiedene Freiheitsgrade (df)

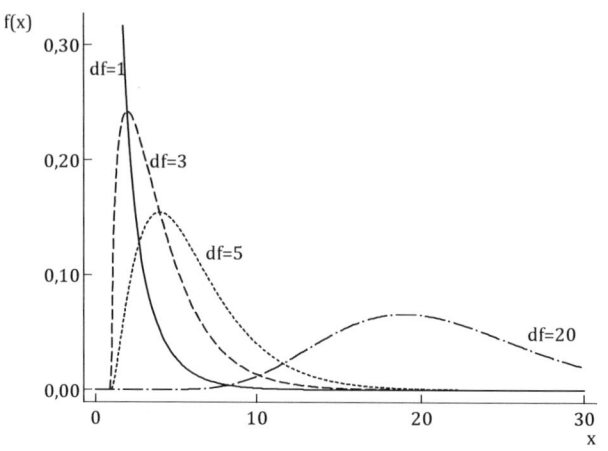

Um Wahrscheinlichkeiten Chi-Quadrat-verteilter Zufallsvariablen zu ermitteln, ist die Verteilungsfunktion für verschiedene Freiheitsgrade tabelliert (vgl. **Tabelle 14.3** im **Anhang**). Anders als bei der Normalverteilung sind in den Zellen der Tabelle die Quantile angegeben, während die Wahrscheinlichkeiten am oberen Rand angegeben sind. Dass diese Darstellung zweckmäßig ist, lässt sich erst bei den tatsächlichen Anwendungen der Chi-Quadrat-Verteilungen. z. B. im Abschnitt 13.2 nachvollziehen.

Beispiel 8.22 Das 99%-Quantil einer χ_4^2-verteilten Zufallsvariable ist 13,277. Das bedeutet $P(\chi_4^2 < 13{,}77) = 0{,}99$. Aufgrund der Schiefe kann aus diesem Wert nicht auf das 1%-Quantil geschlossen werden. Laut Tabelle ist dieses Quantil – ebenfalls bei 4 Freiheitsgraden – 0,297, also $(P(\chi_4^2 < 0{,}297) = 0{,}01$.

8.2.5 Die t-Verteilung

Wenn Z eine standardnormalverteilte Zufallsvariable und χ^2_{df} eine davon unabhängige Chi-Quadrat-verteilte Zufallsvariable mit df Freiheitsgraden ist, so erhält man mit

$$\boxed{T_{df} = \frac{Z}{\sqrt{\frac{1}{df}\chi^2_{df}}}} \qquad (8.28)$$

eine **t-verteilte Zufallsvariable** mit df Freiheitsgraden (zur Dichtefunktion vgl. Hartung et al. (2009), S. 154). Die Zahl der Freiheitsgrade entspricht wieder der Zahl der unabhängigen Zufallsvariablen Z_i^2, die die Chi-Quadrat-verteilte Zufallsvariable im Nenner bilden und die zusätzlich unabhängig von Z im Zähler sind. Die Verteilung nennt man auch **Student-Verteilung**, weil sie von William Sealy Gosset (1876–1937) unter dem Pseudonym Student publiziert wurde.

Für **Erwartungswert** und **Varianz** ergeben sich

$$E(T_{df}) = 0 \text{ für } df \geq 2 \quad \text{und} \quad Var(T_{df}) = \frac{df}{df-2} \text{ für } df \geq 3.$$

Ähnlich wie die Chi-Quadrat-Verteilung wird die t-Verteilung für ganz bestimmte statistische Schätz- und Testverfahren eingesetzt. Eine Illustration der Anwendung kann erst an diesen Stellen (z. B. in den Abschnitten 10.3.2, 11.2, 12.3.2) gezeigt werden.

Eine Illustration der Dichtefunktion der t-Verteilung für verschiedene Freiheitsgrade findet sich in Abb. 8.11. Die Verteilung ähnelt der Standardnormalverteilung, die zum Vergleich mit gestrichelten Linien wiedergegeben ist. An der Graphik für df = 4 erkennt man, dass die t-Verteilung leptokurtisch ist. Allerdings nimmt der Unterschied mit steigenden Freiheitsgraden ab. Schon bei df = 30, ganz deutlich aber bei df = 200, liegen beide Kurven praktisch übereinander. Für df→∞ nähert sich die t-Verteilung also der Standardnormaverteilung. In Anwendungen wird die Standardnormalverteilung anstelle der t-Verteilung oft ab df ≥ 30 benutzt.

Die Werte der t-Verteilung sind in Tabelle 14.2 im Anhang tabelliert und zwar nach dem Schema der Chi-Quadrat-Verteilung: Die Tabellenwerte selbst sind die in den Zeilen nach den Freiheitsgraden und in den Spalten nach den Wahrscheinlichkeiten angeordneten

Quantile. Die Quantile in der letzten Zeile („∞") entsprechen den Werten der Standardnormalverteilung. Das Quantil mit der Wahrscheinlichkeit α und df Freiheitsgraden schreibt man für t-verteilte Zufallsvariablen $t_{[\alpha,\,df]}$.

Beispiel 8.23 Das 80%-Quantil der t-Verteilung ist 0,920 bei df = 5 Freiheitsgraden und 0,866 bei 15 Freiheitsgraden. Dies bedeutet, dass $P(T_5 < 0{,}92) = 0{,}8$ und $P(T_{15} < 0{,}866) = 0{,}8$ bzw. $t_{[0{,}8,\,5]} = 0{,}92$ und $t_{[0{,}8,\,15]} = 0{,}866$. Außerdem entsprechen die Quantile der letzten Zeile derjenigen der Standardnormalverteilung. Der Wert 0,196 bei $P(T_\infty < 0{,}196) = 0{,}975$ findet sich an den Rändern der Standardnormalverteilung bei der Wahrscheinlichkeit 97,5% wieder, also $F_{St}(1{,}96) = 0{,}975$.

Abb. 8.11 Dichte der t-Verteilung bei verschiedenen Freiheitsgraden im Vergleich zur Normalverteilung

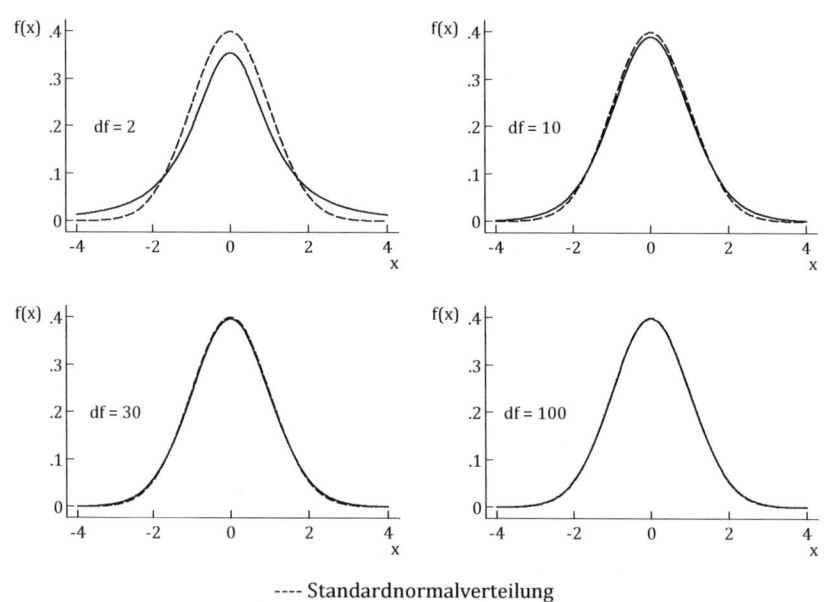

---- Standardnormalverteilung

8.2.6 Die F-Verteilung

Eine **F-verteilte** oder Fisher-verteilte **Zufallsvariable** entsteht, wenn zwei voneinander unabhängige chiquadrat-verteilte Zufallsvariablen zueinander in Beziehung gesetzt werden. Ist $\chi^2_{df_1}$ eine Chi-Quadrat-verteilte Zufallsvariable mit df_1 Freiheitsgraden und $\chi^2_{df_2}$ eine Chi-Quadrat-verteilte Zufallsvariable mit df_2 Freiheitsgraden, so ist der Quotient

$$\boxed{F_{df_1,df_2} = \frac{\frac{1}{df_1}\chi^2_{df_1}}{\frac{1}{df_2}\chi^2_{df_2}}} \tag{8.29}$$

F-verteilt mit df_1 und df_2 Freiheitsgraden. **Erwartungswert** und **Varianz** ergeben sich aus

$$E(F_{df_1,df_2}) = \frac{df_2}{df_2 - 2} \text{ für } df_2 > 2$$

und

$$Var(F_{df_1,df_2}) = \frac{2df_2^2(df_1 + df_2 - 2)}{df_1(df_2 - 2)^2(df_2 - 4)} \text{ für } n > 4.$$

Beide Parameter konvergieren für eine steigende Anzahl von Freiheitsgraden. Es ist leicht erkennbar, dass

$$\lim_{df_2 \to \infty} E(F_{df_1,df_2}) = \lim_{df_2 \to \infty} \frac{df_2}{df_2 - 2} = 1 \text{ und } \lim_{df_2 \to \infty} Var(F_{df_1,df_2}) = \lim_{df_2 \to \infty} \frac{2df_2^2(df_1 + df_2 - 2)}{df_1(df_2 - 2)^2(df_2 - 4)} = 0.$$

Es wurde bei der Behandlung der Chi-Quadrat-Verteilung erwähnt, dass sich Stichprobenvarianzen mit ihrer Hilfe der Chi-Quadrat-Verteilung untersuchen lassen. Das Anwendungsgebiet der F-Verteilung ist hingegen ein Vergleich zweier unabhängiger Stichprobenvarianzen. Auch hierauf wird erst in späteren Abschnitten näher eingegangen (z. B. Abschnitt 12.4.2, 13.3.2 oder 13.4).

Die Form der F-Verteilung ist rechtsschief. Abb. 8.12 zeigt, dass der Grad der Schiefe von der Zahl der Freiheitsgrade abhängt.

Abb. 8.12 Dichte der F-Verteilung bei verschiedenen Freiheitsgraden

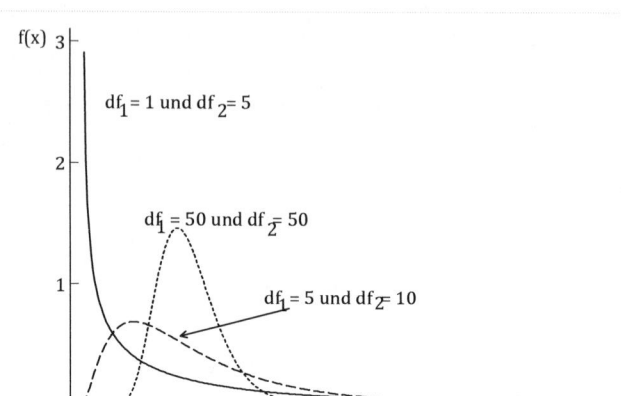

Da die Verteilungsfunktion der F-Verteilung von den beiden Parametern m und n bestimmt wird, ist die Tabellierung aufwendiger als bei den anderen bereits betrachteten Verteilungen. Man erstellt meist separate Tabellen für einzelne Wahrscheinlichkeiten. Im **Anhang** sind zwei **Tabellen**, jeweils für die Wahrscheinlichkeiten von 5% (Tabelle 14.4) bzw. 1% (Tabelle 14.5) gegeben. Wieder stehen in den Tabellen die Quantile der F-Verteilung. Die Spalten stellen unterschiedliche Zähler-, die Zeilen unterschiedliche Nennerfreiheitsgrade dar.

Beispiel 8.24 Aus der 1%-Tabelle lässt sich entnehmen, dass $P(F_{10,25} < 3{,}13 = 0{,}01)$. Aus der 1%-Tabelle erhält man beispielsweise $P(F_{3,4} < 9{,}28) = 0{,}05$.

Aus der Definition der F-Verteilung in (8.29) kann man außerdem erkennen, dass für die Wahrscheinlichkeit α gilt:

$$F_{df_1, df_2}[\alpha] = \frac{1}{F_{df_2, df_1}[1-\alpha]}.$$

Vertauscht man also Zähler und Nenner einer F-verteilten Größe, so erhält man das Quantil der Komplementärwahrscheinlichkeit (Reziprokeigenschaft der F-Verteilung).

8.3 Zusammenfassung

- **Spezielle Verteilungen** sind Ansätze, mit denen Wahrscheinlichkeiten in bestimmten Situationen ermittelt werden können.

- Die **gleichförmige Verteilung** wird verwendet, wenn bei einer diskreten Zufallsvariable die Wahrscheinlichkeiten für das Auftreten der möglichen Realisationen konstant sind. Die Entsprechung für stetige Zufallsvariable stellt die **Rechteckverteilung** dar. Bei dieser Verteilung ist die Dichtefunktion für alle möglichen Realisationen konstant.

- Eine diskrete Zufallsvariable mit zwei Ausprägungen ist **bernoulliverteilt**. Man bezeichnet die Realisation, deren Auftreten man analysieren möchte, als Erfolg und ordnet ihr den Zahlenwert eins zu. Die andere Realisation wird mit dem Wert null belegt, und man nennt sie Misserfolg. Wird eine bernoulliverteilte Zufallsvariable wiederholt realisiert und ist man an der Wahrscheinlichkeit der Zahl der Erfolge interessiert, so lässt sich die **Binomialverteilung** verwenden, sofern sich die Wahrscheinlichkeiten der Bernoulliverteilung mit den Wiederholungen nicht verändert. Dies ist etwa der Fall, wenn man eine Zufallsauswahl mit Zurücklegen betrachtet. Betrachtet man hingegen ohne Zurücklegen, muss die **hypergeometrische Verteilung** verwendet werden. Ist in diesem Fall der Stichprobenumfang n im Vergleich zur Grundgesamtheit N klein, kann man anstelle der hypergeometrischen Verteilung allerdings auch approximativ die Binomialverteilung verwenden. Eine häufig benutzte **Faustregel** für diese Möglichkeit ist $n/N \leq 0{,}05$.

- Die **Poissonverteilung** gibt wie die Binomialverteilung Wahrscheinlichkeiten für die Zahl der Erfolge an, sofern die bernoulliverteilten Ereignisse unabhängig voneinander sind. Sie unterscheidet sich von der Binomialverteilung aber dadurch, dass die Erfolgswahrscheinlichkeit gegen null geht und die Zahl der Wiederholungen gegen unendlich. In Anwendungen spielt sie daher als Verteilung seltener Ereignisse eine große Rolle, besonders wenn weder die Erfolgswahrscheinlichkeit noch die Zahl der Wiederholungen bekannt sind, wohl aber das Produkt dieser Größen, nämlich die durchschnittliche Zahl der Erfolge, die sich in einem gegebenen Zeitintervall beobachten lässt.

- Ist man hingegen an der Zeit bis zum Eintreffen eines Ereignisses interessiert, so kann man die **Exponentialverteilung** verwenden. Die Voraussetzung für die Anwendung dieser stetigen Verteilung ist allerdings, dass die Höhe der Wahrscheinlichkeit unabhängig davon ist, wann das letzte Ereignis eingetroffen ist. Man spricht daher auch von Verteilung ohne Gedächtnis.

- Die **Normalverteilung** lässt sich anwenden, wenn Vergangenheitserfahrungen dafür sprechen, dass eine Zufallsvariable normalverteilt ist. Dies ist häufig der Fall, wenn man von einer symmetrischen Verteilung ausgehen kann und die Größe von einer Vielzahl unabhängiger Einzelfaktoren abhängt, die alle ungefähr gleiches Gewicht haben (z. B. im Aktienresearch oder in Produktionsprozessen). Darüber hinaus ist die Normalverteilung eine Grenzverteilung verschiedener anderer Verteilungen, z. B. der Binomialverteilung. Nach einer Faustregel lässt sich die Binomialverteilung durch die Normalverteilung approximieren, wenn $n\pi(1 - \pi) \geq 9$. Ein drittes Anwendungsfeld für die Normalverteilung ergibt sich aus dem **zentralen Grenzwertsatz**. Demnach sind Summen vieler identisch verteilter, unabhängiger Zufallsvariablen approximativ normalverteilt. In Abschnitt 10.3.2 werden wir sehen, dass dies beispielsweise für das arithmetische Mittel aus einer großen Zufallsstichprobe zutrifft. Wahrscheinlichkeiten für standardnormalverteilte Zufallsvariablen lassen sich aus tabellierten Verteilungsfunktionen ermitteln. Andere normalverteilte Zufallsvariablen müssen dazu zunächst standardisiert werden.

- Die **Chi-Quadrat-Verteilung**, **t-Verteilung** und **F-Verteilung** basieren auf der Normalverteilung. Sie werden an späterer Stelle benutzt, um Konfidenzintervalle und statistische Hypothesentests zu formulieren.

9 Stichprobentheorie

Eine Stichprobe ist ein Teil der Grundgesamtheit. Wenn nicht alle für eine Fragestellung relevanten Merkmalsträger erhoben werden, stellt sich die Frage, inwieweit sich die Aussagen für die Grundgesamtheit verallgemeinern lassen. Mit anderen Worten, es muss ein Schluss von der Stichprobe auf die Grundgesamtheit vorgenommen werden. Das Teilgebiet der Statistik, das sich damit befasst, nennt sich **Schließende (induktive) Statistik** und den statistischen Schluss bezeichnet man auch als **Schätzung**. In der induktiven Statistik werden ganz bestimmte Stichproben vorausgesetzt, ohne die Schätzungen nicht möglich sind. In diesem Kapitel wird diese Voraussetzung erklärt. Die Schätzmethoden selbst werden erst in Kapitel 10 behandelt.

9.1 Der Stichprobenfehler

Eine Stichprobe lässt sich als eine Menge von n Merkmalsträgern beschreiben, die aus der Grundgesamtheit des Umfangs N ausgewählt wird. Man bezeichnet eine Stichprobe auch als **Teilgesamtheit**, um zu unterstreichen, dass es sich um einen Teil der Grundgesamtheit handelt. Hält man sich vor Augen, dass die Grundgesamtheit als die Gesamtheit der statistischen Einheiten definiert ist, die für eine Untersuchung von Interesse ist, erscheint die nur unvollständige Erhebung natürlich problematisch, denn das eigentlich „richtige" Ergebnis bleibt damit unbekannt. Der Grund dafür ist, dass man üblicherweise aus einer Stichprobe ein anderes Ergebnis erhält als aus der Grundgesamtheit. Diese Abweichung zwischen dem Stichprobenergebnis und dem eigentlich richtigen, aber unbekannten Ergebnis der Grundgesamtheit heißt **Stichprobenfehler** oder **(Zufallsfehler)**.

Es ist das Ziel der induktiven Statistik, trotz des Stichprobenfehlers wissenschaftliche Aussagen über die Grundgesamtheit zu treffen. Das ist nicht ohne Weiteres möglich, denn der Stichprobenfehler selbst lässt sich ja nicht berechnen. Die Methoden der induktiven Statistik treffen aber mit Hilfe der Wahrscheinlichkeitsrechnung Aussagen über den Stichprobenfehler.

9.2 Gründe für Stichproben

Zunächst stellt sich die Frage, aus welchen Gründen man auf die Erhebung der Grundgesamtheit verzichtet und damit bewusst den Stichprobenfehler in Kauf nimmt.

Vor allem werden Stichproben aus **Zeit- und Kostengründen** gezogen. Besonders bei einer sehr großen und regional weit gestreuten Grundgesamtheit kann die Erhebung aller Merkmalsträger teuer und langwierig sein. Soll beispielsweise die durchschnittliche wöchentliche Arbeitszeit der Studenten an deutschen Hochschulen ermittelt werden, so müssten zunächst alle deutschen Hochschulen identifiziert werden, anschließend müssten die dort eingeschriebenen Studenten kontaktiert und befragt werden. Von datenschutzrechtlichen Fragen einmal abgesehen, wäre diese Art der Erhebung allein aufgrund der großen Zahl der Studenten und deren Verteilung über ganz Deutschland teuer und zeitintensiv. Zeit- und Kostengründe führen dazu, dass z. B. in der Markt- und Meinungsforschung praktisch immer mit Stichproben gearbeitet wird.

In einigen Situationen lässt sich die **Messgenauigkeit** durch Stichprobenerhebungen verbessern. Dies ist zum Beispiel dann gegeben, wenn die Erhebung sachlich aufwendig ist und daher ein Zielkonflikt zwischen der Genauigkeit der Messung und dem Umfang der zu erhebenden Merkmalsträger entsteht. Ungenaue Messungen können dann in Vollerhebungen zu dem oben angesprochenen **systematischen Fehler** führen. In Teilerhebungen sind aufwendigere Messungen wirtschaftlich eher vertretbar, so dass systematische Fehler vermieden oder zumindest reduziert werden können.

In einigen Fällen ist es gar nicht möglich, die Grundgesamtheit zu erheben, etwa wenn sie nicht erfasst werden kann oder der Merkmalsträger bei der Untersuchung zerstört wird. **Erfassungsprobleme** gibt es, wenn nicht ohne Weiteres erkennbar ist, ob ein Merkmalsträger zur Grundgesamtheit gehört. Die Erhebung aller Studenten mit einem Intelligenzquotienten von mehr als 110 würde zum Beispiel daran scheitern, dass der überwiegende Teil der Studenten den eigenen Intelligenzquotienten nicht kennt. Zu einer **Zerstörung des Untersuchungsgegenstandes** kommt es typischerweise in der Qualitätskontrolle von Produkten, beispielsweise zur Überprüfung, ob Lebensmittel mit Schadstoffen belastet sind.

Schließlich sollen aus **Zeitreihenanalysen** häufig Schlüsse gezogen werden, die nicht nur für den untersuchten Zeitraum gelten, sondern auch für andere Zeiträume. Dies können zum einen Prognosen sein, zum anderen aber auch Erkenntnisse über Ursache- und Wirkungszusammenhänge. Beispielsweise werden die zeitlichen Verläufe der Klimadaten und des Kohlendioxidausstoßes aus der Vergangenheit benutzt, um die Stärke des Zusammenhangs zu schätzen, was wiederum Prognosen für die Zukunft erlauben soll.

Die Gründe für Stichprobenziehungen und die genannten Beispiele machen deutlich, wie wichtig Stichproben bei wirtschafts- und sozialwissenschaftlichen empirischen Fragen sind.

9.3 Zufallsauswahl als Voraussetzung

Nicht alle Stichproben erlauben Aussagen über die Grundgesamtheit. Man bezeichnet Stichproben, die dazu geeignet sind, als **repräsentativ**. Mit dieser Eigenschaft ist gemeint, dass eine Stichprobe ein zwar verkleinertes, aber sonst getreues Abbild der Grundgesamtheit darstellt. Repräsentative Stichproben erhält man, wenn man die Elemente der Grundgesamtheit zufällig und unabhängig voneinander erhebt. Nach der Erhebungsart heißen solche Stichproben **Zufallsstichproben**. Grob gesagt, versagen die Rückschluss- bzw. Schätzmethoden, sofern keine Zufallsstichprobe vorliegt.

Der Grund dafür liegt darin, dass die Schätzmethoden mit der Wahrscheinlichkeitsrechnung arbeiten. Bei der Zufallsauswahl spielen subjektive Einflüsse keine Rolle, sondern der Zufall allein entscheidet, ob ein Merkmalsträger ausgewählt wird oder nicht. In dieser Situation kann die Wahrscheinlichkeit bestimmt werden, mit der ein Merkmalsträger ausgewählt wird, und damit ist die Wahrscheinlichkeitsrechnung für Schätzungen einsetzbar. Eine theoretisch exaktere Erklärung für die Notwendigkeit, in der induktiven Statistik Zufallsstichproben zu benutzen, werden wir in Kapitel 10 kennenlernen.

Bei der **reinen (echten, einfachen) Zufallsauswahl** hat jedes Element der Grundgesamtheit die gleiche Chance ausgewählt zu werden. Beispiel einer solchen Auswahl ist die Lotterieziehung oder die Ziehung nummerierter Merkmalsträger mit einem Zufallszahlengenerator. In praktischen Anwendungen ist es allerdings in der Regel schwierig, das Zufallsprinzip umzusetzen.

Bei der Umsetzung des reinen Zufallsprinzips müssen alle Elemente der Grundgesamtheit mit Nummern $i = 1, \ldots, N$ versehen werden. Anschließend generiert ein Zufallszahlengenerator n Zufallszahlen, und es werden die Elemente mit den generierten Nummern erhoben. Dabei gibt es zwei praktische Schwierigkeiten: Zum einen muss eine Liste aller Merkmalsträger existieren und zum anderen müssen alle ausgewählten Merkmalsträger auch erreicht werden. Sollen beispielsweise an deutschen Hochschulen eingeschriebene Studenten ausgewählt werden, so wird eine Liste benötigt, die alle diese Studenten mit Name und Adressen aufführt. Sind persönliche Gespräche geplant, so müssen alle ausgewählten Studenten, unabhängig von ihrer regionalen Streuung aufgesucht und befragt werden. Häufig scheitert daher die Umsetzung des reinen Zufallsprinzips in der Praxis.

Neben der reinen Zufallsauswahl führen auch die Schichten- und die Klumpenauswahl zu Zufallsstichproben. Bei der **Schichtenauswahl** werden die Elemente der Grundgesamtheit zunächst in sich gegenseitig ausschließende und sich zur Grundgesamtheit ergänzende Teilgesamtheiten gegliedert. Aus diesen – in sich möglichst homogenen und untereinander heterogenen – Teilmengen wird danach je eine Zufallsstichprobe gezogen. Bei heterogenen Grundgesamtheiten kann die Schichtung gegenüber der reinen Zufallsauswahl zu einem beträchtlichen Genauigkeitsgewinn führen.

Zur **Klumpenauswahl** führt folgende Überlegung: Aus Organisations- und Kostengesichtspunkten kann es sinnvoll sein, die Grundgesamtheit nicht wie bei der Schichtenauswahl in in sich homogene, sondern in möglichst heterogene Teilgesamtheiten zu zerlegen. Statt räumlich weitverstreute statistische Einheiten auszuwählen, werden nahe beieinander liegende Elemente jeweils zu Klumpen zusammengefasst. Jeder Klumpen sollte möglichst ein verkleinertes Abbild der Grundgesamtheit darstellen, was bei Anwendungen meist nicht erreicht wird und einen gewissen Genauigkeitsverlust bewirkt. Nach der Klumpenbildung erfolgt die zufällige Auswahl mehrerer Klumpen. In den dann ausgewählten Klumpen wird anschließend – je nach Klumpengröße – eine Totalerhebung oder wiederum eine Zufallsauswahl vorgenommen. Die Bevölkerung einer Stadt kann z. B. aufgrund einer Klumpenauswahl untersucht werden, indem aus zufällig ausgewählten Stadtteilen [Klumpen] einzelne Straßenzüge ebenfalls zufällig ausgewählt werden und danach in den ausgewählten Straßenzügen eine Totalerhebung erfolgt. Bestehen die Klumpen – wie im Beispiel – aus geographisch abgegrenzten Gebieten, so spricht man von einer **Flächenstichprobe**.

Das Zufallsprinzip ist immer dann verletzt, wenn subjektive Elemente bei der Auswahl eine Rolle spielen. Eine solche Auswahl nennt man **bewusste Auswahl**. Es liegt auf der Hand, dass bei einer bewussten Auswahl die Auswahlwahrscheinlichkeit für einen bestimmten Merkmalsträger nicht mehr angegeben werden kann. Damit ist die Wahrscheinlichkeitsrechnung dann für die Schätzmethoden auch nicht mehr einsetzbar. Eine Auswahl ist bereits dann subjektiv, wenn die mit der Erhebung betraute Person an irgendeiner Stelle im Auswahlprozesses Entscheidungen nach eigenem Ermessen trifft.

Beispiel 9.1 Viele Studenten arbeiten neben dem Studium, um sich das Studium zu finanzieren. Soll mit Hilfe einer Befragung herausgefunden werden, wie die durchschnittliche Arbeitszeit eines an einer deutschen Hochschule eingeschriebenen Studenten ist, so könnte der Interviewer an verschiedenen Hochschulen Studenten auf dem Campus ansprechen. Dabei handelt es sich um eine bewusste Auswahl, weil der Interviewer sowohl die Hochschulen als auch die Studenten nach seinem Ermessen auswählt. Auch wenn Studenten an stark frequentierten Orten, wie Mensen oder mitten auf dem Campus angesprochen werden, kommen subjektive Elemente ins Spiel. Zum einen kann der Interviewer selbst entscheiden, wen er anspricht und zum anderen werden durch Wahl von Ort und Zeit von vornherein bestimmte Studenten ausgeschlossen (nicht jeder Student besucht regelmäßig die Mensa).

9.3 Zufallsauswahl als Voraussetzung

Bekannte Verfahren der bewussten Auswahl sind das **Quotenverfahren** und das **Abschneideverfahren**. Im sogenannten **Quotenverfahren**, das vor allem die Markt- und Meinungsforschung verwendet, wird versucht, das subjektive Element möglichst gering zu halten. Hierbei werden dem Interviewer Vorgaben („Quoten") zur Zusammensetzung der Stichprobe gemacht. Diese Vorgaben sollen dazu führen, dass bestimmte Charakteristika der Grundgesamtheit im selben Anteil auch in der Stichprobe abgebildet werden, damit diese repräsentativ wird. Solche Charakteristika könnten das Geschlecht, das Alter oder in unserem Beispiel die Fachbereiche und Studiensemester sein. Ist etwa bekannt, dass 12% der Studenten in der Grundgesamtheit im Hauptfach Wirtschaftswissenschaften studieren, so wird dem Interviewer vorgegeben, dass dieser Anteil auch in der Stichprobe eingehalten wird. In der Auffüllung der Quoten ist der Interviewer allerdings frei. Aus diesem Grund zählt das Quotenverfahren, den Ansätzen zur Objektivierung zum Trotz, zu den bewussten Auswahlverfahren. Dem in der amtlichen Statistik häufig anzutreffenden **Abschneideverfahren** liegt eine Auswahl nach dem Konzentrationsprinzip zugrunde. Hierbei werden nur die großen statistischen Einheiten in die Auswahl einbezogen. Kleine Einheiten, denen bzgl. der betrachteten Merkmalsausprägungen nur ein geringes Gewicht zukommt, werden „abgeschnitten". So werden z. B. bei den Monatserhebungen im Produzierenden Gewerbe für Unternehmen und Betriebe solche mit weniger als 20 Beschäftigten nicht erfasst. Es mag dann sein, dass auf 20% der erfassten Unternehmen 80% des Umsatzes entfällt. Die meist zahlreichen kleineren Betriebe bleiben ausgespart, weil sie vergleichsweise wenig Information zu den Gesamtwerten beitragen, und diese Angaben nur mit hohen zusätzlichen Kosten beschaffbar wären.

Besonders einfach lässt sich die Wahrscheinlichkeit für die Auswahl eines Stichprobenelements angeben, wenn ein Merkmalsträger nachdem er gezogen wurde, wieder erneut zur Auswahl steht, also beim **„Ziehen mit Zurücklegen"**. Diesem Begriff entspricht die Vorstellung einer Urne, aus der zufällig Kugeln gezogen werden und nach jedem Zug wieder in die Urne zurückgelegt werden. Beim Ziehen mit Zurücklegen in der reinen Zufallsauswahl hat jedes Element der Grundgesamtheit die gleiche Wahrscheinlichkeit n/N, ausgewählt zu werden. In Anwendungen ist zweifelsohne das **„Ziehen ohne Zurücklegen"** verbreiteter, denn man möchte in der Regel ausschließen, dass ein Merkmalsträger zwei- oder mehrmals erhoben wird. Beide Arten des Ziehens sind schon im Zusammenhang mit der Binomialverteilung in Abschnitt 8.1.3 und der hypergeometrischen Verteilung in Abschnitt 8.1.4 unterschieden worden. Wir haben gesehen, dass sich beim „Ziehen ohne Zurücklegen" die Wahrscheinlichkeit für die Auswahl eines bestimmten Merkmalsträgers nach jedem Zug ändert und dadurch die Berechnungen komplizierter werden. Allerdings haben wir auch gesehen, dass in der Realität die Stichprobe im Verhältnis zur Grundgesamtheit meist sehr klein ist, was dazu führt, dass die Änderung der Wahrscheinlichkeit nach jedem Zug vernachlässigbar ist. Wir können daher ohne allzu große Einschränkung im Folgenden annehmen, dass die

Stichprobe entweder mit Zurücklegen gezogen wird oder dass sie ohne Zurücklegen aus einer unendlich großen Grundgesamtheit gezogen wird.

9.4 Stichprobenelemente als Zufallsvariablen

Wenn die Stichprobe im Umfang n als (einfache) Zufallsstichprobe gezogen wird, lässt sich jede einzelne Ziehung i (mit i = 1, ..., n) als Zufallsvorgang verstehen. Die Ausprägung des Merkmals, das durch die Stichprobe erhoben wird, ist vor der einzelnen Ziehung unbekannt und kann – da zufällig gezogen wird – als Zufallsvariable X_i aufgefasst werden. Nach der Ziehung ist die Ausprägung bekannt, d. h. man erhält die Realisation x_i.

Die Zufallsvariable X_1 stellt also die (unbekannte) Ausprägung des erhobenen Merkmals aus der ersten Ziehung vor der Ziehung dar, x_1 ist die (bekannte) Realisation nach der ersten Ziehung. Die Wahrscheinlichkeitsverteilung von X_1 entspricht selbstverständlich der Häufigkeitsverteilung des Merkmals in der Grundgesamtheit, die allerdings unbekannt ist. Wenn die Zufallsstichprobe mit Zurücklegen oder aus einer unendlichen großen Stichprobe gezogen wird, sind auch alle weiteren Ziehungen $X_2, X_3, ..., X_n$ verteilt wie die Grundgesamtheit. Zwar ist die Häufigkeitsverteilung des Merkmals in der Grundgesamtheit unbekannt, entscheidend ist aber, dass die einzelnen Ziehungen diese Verteilung als Wahrscheinlichkeitsverteilung „erben" und – ebenso entscheidend – dass sie deswegen alle derselben Verteilung folgen. Da nach dem Zufallsprinzip ausgewählt wird, sind die Ziehungen außerdem voneinander unabhängig. Die Stichprobenziehungen sind daher n **identisch verteilte, unabhängige Zufallsvariablen** $X_1, X_2, ... X_n$.

Wenn alle X_i identisch verteilt sind, haben sie natürlich auch dieselben Parameter und diese Parameter entsprechen denen der Grundgesamtheit, da sie ja die gesamte Verteilung der Grundgesamtheit „erben". Gilt für die Grundgesamtheit ein Durchschnitt von µ und eine Varianz von σ^2, so lauten die Parameter der Stichprobenziehungen

$$E(X_1) = E(X_2) = \cdots E(X_n) = \mu,$$

$$Var(X_1) = Var(X_2) = \cdots Var(X_n) = \sigma^2.$$

Die Vorstellung, dass eine Stichprobe sich als eine Folge identisch verteilter und unabhängiger Zufallsvariablen darstellen lässt, ist zunächst meist gewöhnungsbedürftig, weil an dieser Stelle noch nicht klar wird, aus welchem Grund man diese Darstellung benötigt. Sie ist aber für die theoretische Fundierung der Schätzmethoden in den nächsten Abschnitten fundamental. Wir werden an den entsprechenden Stellen daher auf diesen Abschnitt verweisen.

9.5 Zusammenfassung

- **Stichproben** werden aus **Zeit- und Kostengründen**, zur Erhöhung der Messgenauigkeit, bei Erfassungsproblemen, in Zeitreihenanalysen gezogen oder wenn der Untersuchungsgegenstand durch die Erhebung zerstört wird.

- Wenn aufgrund einer Stichprobe eine Aussage über die Grundgesamtheit gemacht wird, kommt es zu einem Fehler, dem sogenannten **Stichprobenfehler**.

- Die induktive Statistik liefert Ansätze, mit denen trotz des Stichprobenfehlers brauchbare Aussagen über die Grundgesamtheit getroffen werden können. Diese Ansätze bedienen sich der Wahrscheinlichkeitsrechnung und setzen voraus, dass eine **Zufallsstichprobe** gezogen wird, etwa in Form einer reinen Zufallsstichprobe, einer Schichten- oder Klumpenauswahl. Wird eine reine Zufallsstichprobe mit Zurücklegen oder aus einer unendlichen großen Stichprobe gezogen, so lassen sich die einzelnen Ziehungen als **identisch verteilte, unabhängige Zufallsvariablen** auffassen.

10 Schätzmethodik

Schätzergebnisse können auf unterschiedliche Weise präsentiert werden. Dabei haben sich besonders zwei Formen durchgesetzt: Bei der **Punktschätzung** wird ein Wert als Schätzer festgelegt. Dieser Wert weicht zwar vermutlich vom wahren Wert der Grundgesamtheit ab, ist aber unter wahrscheinlichkeitstheoretischen Aspekten der bestmögliche Einzelwert, den man aus der Stichprobe ermitteln kann. Bei der **Intervallschätzung** erhält man nicht einen einzelnen Wert, sondern ein Intervall. Das ist ein Wertebereich, der mit einer vom Anwender vorgegebenen Wahrscheinlichkeit den wahren Wert der Grundgesamtheit tatsächlich enthält. Zwar kann auch hier der Stichprobenfehler nicht berechnet werden, es wird aber eine Fehlerwahrscheinlichkeit vorgegeben. In diesem Kapitel werden beide Methoden erklärt. Zuvor wird im nächsten Abschnitt erläutert, auf welchen Gegenstand sich Schätzungen im Allgemeinen beziehen können. In den anschließenden Abschnitten werden Punkt- und Intervallschätzer zur Schätzung von Durchschnitt und Anteil dargestellt.

10.1 Gegenstand der Schätzung

Im Allgemeinen sollen statistische Analysen Aussagen zur Verteilung der Grundgesamtheit bzw. deren Parameter treffen. In einer Totalerhebung werden dazu die Methoden aus der deskriptiven Statistik benutzt, das heißt die Grundgesamtheit wird beispielsweise durch die Häufigkeitsverteilung oder durch Kennzahlen, wie Mittelwerte und Streuungsmaße, beschrieben. Wenn eine Stichprobe statt der Grundgesamtheit erhoben wird, ändert sich daran nichts. Gegenstand der Schätzung sind daher alle statistischen Konzepte der deskriptiven Statistik. Dazu zählen im Wesentlichen die (ein- oder mehrdimensionalen) Häufigkeitsverteilungen mit den statistischen Maßzahlen. Da es sich hier um eine Einführung handelt, werden wir den Gegenstand der Schätzung aber etwas enger fassen und nur statistische Maßzahlen darunter fassen. Solche Maßzahlen nennt man in der schließenden Statistik auch **Parameter der Grundgesamtheit**, um zu unterstreichen, dass es sich dabei um feste, unveränderliche (allerdings unbekannte) Werte handelt, im Gegensatz zu Stichprobenwerten, die sich ja je nach Auswahl der Teilgesamtheit unterscheiden können. Parameter der Grundgesamtheit sind unbekannt und werden es auch im Verlauf der Analyse bleiben, weil die Grundgesamtheit ja nicht erhoben wird. Als allgemeine Abkürzung für einen Parameter der Grundgesamtheit wird der griechische Buchstabe θ gewählt. θ steht damit beispielsweise für die Kennzahlen der eindimensionalen (Mittelwerte, Streuungsmaße, Formparameter oder Konzentrationsmaße) oder zweidimensionalen Häufigkeitsverteilung (Korrelations-, Assoziationsmaße oder Regressionskoeffizienten). Damit ist eine **Schätzung** definiert als

Aussage über einen Parameter der Grundgesamtheit θ, die mit Hilfe einer Stichprobe getroffen wird. Zur Erklärung der Schätzmethoden werden wir uns in diesem Kapitel zunächst auf die drei unter Anwendungsaspekten wichtigsten Parameter konzentrieren, nämlich den Durchschnitt, die Varianz und den Anteil.

Wie aus dem Platzhalter θ bereits ersichtlich, kürzt man in der induktiven Statistik (unbekannte) Parameter der Grundgesamtheit in der Regel mit griechischen Buchstaben ab. Das arithmetische Mittel der Grundgesamtheit heißt der üblichen Schreibweise folgend μ, der Anteil der Grundgesamtheit π und die Varianz der Grundgesamtheit σ^2. Anders als in der deskriptiven Statistik werden arithmetisches Mittel und Varianz der Grundgesamtheit in der induktiven Statistik **nicht** mit $\overline{X}$ und S^2 bezeichnet.

10.2 Punktschätzung

Eine **Punktschätzung** ist ein **Wert**, der aus der Stichprobe ermittelt wird und der den Parameter der Grundgesamtheit beschreiben soll. Im allgemeinen Sprachgebrauch werden Schätzung und Punktschätzung oft gleichgesetzt, obwohl die Schätzung in strengem Sinne der Oberbegriff für Punktschätzung und Intervallschätzung ist. Der Begriff Punktschätzung macht deutlich, dass das Ergebnis aus genau einem Zahlenwert besteht und nicht, wie bei der Intervallschätzung aus einem Intervall.

Wie kommt man nun zu dem Wert, den die Punktschätzung darstellt? Dazu wird ein sogenannter Schätzer verwendet. Ein **Schätzer** (auch Schätzfunktion oder Stichprobenfunktion) ist die Berechnungsformel, mit dem die Punktschätzung bestimmt wird. Es ist naheliegend, dass diese Formel die Beobachtungen aus der Stichprobe enthalten wird. Daher ist ein Schätzer, wir bezeichnen ihn allgemein mit $\hat{\theta}$, definiert als eine **Funktion aus den Stichprobenelementen**:

$$\hat{\theta} = g(X_1, X_2, \ldots X_n) \tag{10.1}$$

An dieser Formulierung sollte beachtet werden, dass die Stichprobenelemente als Zufallsvariablen, also in Großschreibweise, einfließen. Man betrachtet den Schätzer also vor der konkreten Stichprobenziehung und damit unabhängig von ihr. Das hat zur Folge, dass ein **Schätzer** immer selber auch eine **Zufallsvariable** ist.

10.2 Punktschätzung 419

Nachdem eine Stichprobe gezogen wurde, kann der Schätzer angewendet werden, indem man die konkreten Stichprobenwerte in (10.1) einsetzt. Als Ergebnis erhält man die **Punktschätzung**, die sich also eine **Realisation** der Zufallsvariablen (10.1) verstehen lässt.

Beispiel 10.1 Um das Durchschnittseinkommen in einer Grundgesamtheit aufgrund einer Stichprobe n zu ermitteln, hieße ein möglicher Schätzer beispielsweise

$$\hat{\mu} = g(X_1, X_2, \ldots X_n) = \frac{1}{n}\sum_{i=1}^{n} X_i \qquad (10.2)$$

Nachdem die Stichprobe gezogen wurde, ergibt sich die Punktschätzung mit dem konkreten Wert

$$g(x_1, x_2, \ldots x_n) = \frac{1}{n}\sum_{i=1}^{n} x_i \qquad (10.3)$$

Schätzer und Schätzung unterscheiden sich also hauptsächlich durch die Sichtweise: Während der Schätzer die (theoretische) Formel zu Ermittlung einer Schätzung darstellt, ist die Schätzung das Ergebnis aus der Anwendung dieser Formel auf eine konkrete Stichprobe, also der jeweilige Zahlenwert. Einerseits ist der Schätzer eine Zufallsvariable, also von vornherein unbekannt und zufallsabhängig, andererseits ist die Schätzung die Realisation einer Zufallsvariablen und damit bekannt. Der Zufallscharakter der Schätzung wird mit der Überlegung deutlich, dass eine Wiederholung eine Schätzung mit einer anderen Stichprobe vermutlich zu einem anderen Ergebnis führen würde.

Die Definition nach (10.1) gibt keinen Anhaltspunkt, wie eine Schätzfunktion konkret ausgestaltet sein soll und nach welchen Kriterien sie hergeleitet wird. Es gibt verschiedene Methoden zur Herleitung von Schätzern, die teilweise zu unterschiedlichen Ergebnissen führen. Ein Schätzer wird daher – gewissermaßen in einer zweiten Stufe nach seiner Herleitung – auf seine Qualität hin untersucht. Die Qualität eines Schätzers bezieht sich auf verschiedene wünschenswerte Eigenschaften, wie durchschnittliche Fehlerfreiheit („Erwartungstreue") oder Genauigkeit („Effizienz"). Die Herleitungsmethoden und wünschenswerten Eigenschaften werden in den folgenden beiden Abschnitten erläutert.

Beispiel 10.2 Die Definition (10.1) des Schätzers ist sehr allgemein, da sie jede Funktion der Stichprobenelemente umfasst. Nach dieser Definition wären beispielsweise auch die Funktionen

$$\hat{\mu} = g(X_1, X_2, \ldots, X_n) = X_1 \qquad (10.4)$$

oder

$$\hat{\mu} = g(X_1, X_2, \ldots, X_n) = \frac{n-1}{n^2} \sum_{i=1}^{n} X_i \qquad (10.5)$$

Schätzer für den Mittelwert der Grundgesamtheit µ. Zwar würde niemand ernsthaft auf den Gedanken kommen, den Durchschnitt mit dem ersten Beobachtungswert der Stichprobe x_1 zu schätzen oder mit der mit $(n-1)/n^2$ multiplizierten Summe der Beobachtungswerte, aber diese Beispiele sollen die Beliebigkeit verdeutlichen, die ein Punktschätzer unter der Definition von (10.1) hat. Vielmehr würde man intuitiv den Schätzer unter (10.2) wählen. In den folgenden beiden Abschnitten wird die Frage beantwortet, wie man einen Schätzer wie (10.3) theoretisch herleiten kann und weswegen dieser Schätzer besser als die Schätzer unter (10.4) und (10.5) sind.

10.2.1 Schätzmethoden

Das Auffinden von Schätzern lässt sich auf vier verschiedene methodische Ansätze zurückführen: das Analogieprinzip, die Momentenmethode, die Maximum-Likelihood-Methode und die Kleinst-Quadrat-Methode.

Nach dem **Analogieprinzip** werden Schätzer ermittelt, indem die Formeln der deskriptiven Statistik einfach auf die Stichprobe übertragen werden. Für die Parameter µ, σ^2 und π ergeben sich damit folgende Schätzer (der Index A steht für das Analogieprinzip):

$$\hat{\mu}_A = \frac{1}{n} \sum_{i=1}^{n} X_i \qquad (10.6)$$

$$\hat{\sigma}_A^2 = \frac{1}{n} \sum_{i=1}^{n} (X_i - \overline{X})^2 \qquad (10.7)$$

$$\hat{\pi}_A = \frac{1}{n} \sum_{i=1}^{n} B_i \qquad (10.8)$$

Dabei ist B_i wie in Abschnitt 8.1.3 eine bernoulliverteilte Zufallsvariable.

Das Analogieprinzip kann mit dem sogenannten **Hauptsatz der Statistik** theoretisch fundiert werden. Der Hauptsatz der Statistik besagt, dass sich die Verteilung des Merkmals x in der Stichprobe bei

10.2 Punktschätzung

steigendem Stichprobenumfang n immer mehr der Verteilung der Grundgesamtheit nähert, sofern die Stichprobenelemente identisch verteilte, unabhängige Zufallsvariablen sind. Formal lässt sich schreiben:

Wenn $X_1, X_2, X_3, \ldots X_n$ identisch verteilte unabhängige Zufallsvariablen mit der Verteilungsfunktion $P(X_i \leq x) = F(x)$ sind, dann gilt an jeder Stelle x: $P\left(\lim_{n \to \infty} F_n(x) = F(x)\right) = 1$. Dabei bezeichnet $F_n(x)$ die empirische Verteilungsfunktion der X_i.

Überträgt man also für die Schätzung die Formeln, die für die Parameter der Grundgesamtheit gelten, so wendet man diese Formeln auf eine Verteilung an, die bei steigendem Stichprobenumfang immer mehr der Verteilung der Grundgesamtheit ähnelt. Demnach dürfte der Stichprobenfehler bei steigendem Stichprobenumfang tendenziell kleiner werden.

In der **Momentenmethode** werden Schätzer ermittelt, indem die gesuchten Parameter zunächst als Funktion der Momente der Grundgesamtheit dargestellt werden und anschließend diese Momente durch die Stichprobenmomente ersetzt werden. In Abschnitt 2.2.3.1 wurde das gewöhnliche Moment mit $m_r = \frac{1}{N}\sum_{i=1}^{N} x_i^r$ bezeichnet. Den Durchschnitt der Grundgesamtheit kann man leicht als Funktion des ersten Moments darstellen, denn er entspricht gerade der Formel für das 1. Moment:

$$\mu = m_1 = \frac{1}{N}\sum_{i=1}^{N} x_i \, .$$

Ersetzt man das erste Moment in durch das Stichprobenmoment, so erhält man den Schätzer (M steht für Momentenmethode):

$$\hat{\mu}_M = \frac{1}{n}\sum_{i=1}^{n} X_i \, .$$

Man erhält also genau denselben Schätzer wie nach dem Analogieprinzip.

Die Varianz der Grundgesamtheit lässt sich als Funktion des ersten und zweiten gewöhnlichen Moments darstellen (Abschnitt 2.2.3.1). Es gilt:

$$\sigma^2 = \frac{1}{N}\sum_{i=1}^{N}(x_i - \bar{x})^2 = \frac{1}{N}\sum_{i=1}^{N} x_i^2 - \bar{x}^2 = m_2 - m_1^2 \, .$$

Auch hier gewinnt man den Schätzer, indem man die Momente durch die Stichprobenwerte ersetzt

$$\hat{\sigma}_M^2 = \frac{1}{n}\sum_{i=1}^{n} X_i^2 - \overline{X}^2 = \frac{1}{n}\sum_{i=1}^{n}(X_i - \overline{X})^2,$$

und es ergibt sich derselbe Schätzer wie nach dem Analogieprinzip.

Bei der **Maximum-Likelihood-Methode** (ML-Methode) wird der gesuchte Parameter θ so geschätzt, dass er die Wahrscheinlichkeit maximiert, dass sich die beobachteten Stichprobenwerte ergeben. Um diese Methode anwenden zu können, wird also eine Wahrscheinlichkeits- bzw. Dichtefunktion für die Beobachtungen benötigt, in denen der gesuchte Parameter vorkommt. Diese Funktion nennt man Likelihoodfunktion, hier $L(\theta, X_1, X_2, ..., X_n)$. Anschließend muss diese Funktion für θ maximiert werden. Mit der Annahme unabhängiger und identisch verteilter Zufallsvariablen $X_1, X_2, ..., X_n$ lässt sich die Likelihoodfunktion folgendermaßen schreiben:

$$L(\theta, X_1, X_2, ... X_n) = f(\theta, X_1) \cdot f(\theta, X_2) \cdot ... \cdot f(\theta, X_n) \tag{10.9}$$

Dabei ist f(.) die Dichte- oder Wahrscheinlichkeitsfunktion für die Beobachtung X_i. Die Likelihoodfunktion ist also die gemeinsame Wahrscheinlichkeit dafür, dass die Stichprobenelemente $X_1, X_2, ..., X_n$ die Beobachtungswerte annehmen. Nach den Regeln der Wahrscheinlichkeitsrechnung, kann man bei Unabhängigkeit die gemeinsame Wahrscheinlichkeit aus der Multiplikation der Einzelwahrscheinlichkeiten errechnen, vgl. Abschnitt 7.5.2. Die ML-Methode beruht also auf der Annahme aus Abschnitt 9.4, dass sich Stichprobenziehungen als unabhängig, identisch verteilte Zufallsvariablen darstellen lassen.

Die Hauptschwierigkeit für die Umsetzung der Maximum-Likelihood-Methode liegt darin, dass f(.) und damit also die Verteilung des Merkmals in der Grundgesamtheit bekannt sein muss. Eine andere Schwierigkeit liegt darin, dass es rechnerisch aufwendig sein kann, das Maximum von L(.) zu finden. In der Regel macht man sich zunutze, dass das Maximum von L(.) an derselben Stelle zu finden ist, wie das Maximum des natürlichen Logarithmus lnL(.). Denn damit vereinfacht sich die Likelihoodfunktion zu

$$\ln L(\theta, X_1, X_2, ... X_n) = \ln f(\theta, X_1) + \ln f(\theta, X_2) + \cdots + \ln f(\theta, X_n) \tag{10.10}$$

Beispiel 10.3 Sollen beispielsweise die Parameter μ und σ einer normalverteilten Zufallsvariable mit der Maximum-Likelihood-Methode bestimmt werden, wird die Dichtefunktion

10.2 Punktschätzung

ausgewählt, die für die gegebenen Beobachtungen am wahrscheinlichsten sind. Abb. 10.1 zeigt verschiedene Dichtefunktionen. Die Beobachtungen könnten aus allen drei Normalverteilungen stammen, mit der größten Wahrscheinlichkeit gehören sie aber zu der Verteilung, deren Dichte mit durchgezogener Linie gezeichnet ist. Die Maximum-Llikelihoodschätzer sind die Parameter μ und σ dieser Dichtefunktion.

Abb. 10.1 Illustration der ML-Methode

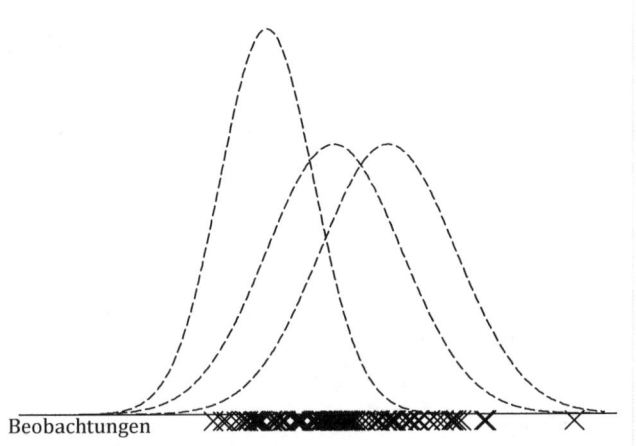

Die **Kleinst-Quadrat-Methode** (KQ-Methode) wurde schon zur Ermittlung der Koeffizienten einer Regressionsgleichung in Abschnitt 3.3 dargestellt und wird noch einmal in Kapitel 11 aufgegriffen. In der Verallgemeinerung besteht die Methode darin, die Abweichungsquadratsumme zwischen Beobachtungen und geschätztem Parameter zu minimieren.

Analogieprinzip, Momentenmethode, ML-Methode und KQ-Methode wurden hier nur in ihren Grundzügen erläutert, die angeführten Beispiele führen auch nicht zu überraschenden Ergebnissen. Diese vier Grundprinzipien kommen aber auch bei der Herleitung weitaus komplexerer Schätzer zur Anwendung und führen dann nicht immer zu den gleichen Ergebnissen.

10.2.2 Wünschenswerte Eigenschaften von Schätzern

Die wünschenswerten Eigenschaften von Schätzern beruhen auf der theoretischen Vorstellung, dass sich Punktschätzungen unendlich oft wiederholen lassen, wenn man die Stichprobenziehung wiederholt. Selbstverständlich wird in Anwendungen nur eine einzige Stichprobe gezogen und der Schätzer nur einmal realisiert. Die Vorstellung der Wiederholbarkeit der Schätzung ist aber wichtig, weil die Eigenschaften der Schätzer mit Konzepten der Wahrscheinlichkeitsrechnung formuliert werden.

Einen Schätzer, der bei unendlicher Wiederholung im Durchschnitt ein richtiges Ergebnis erzielt, nennt man **erwartungstreu**. Formal ist Erwartungstreue gegeben, wenn der Erwartungswert des Schätzers dem wahren Parameter der Grundgesamtheit entspricht, also wenn

$$\boxed{E(\hat{\theta}) = \theta}$$

Untersuchen lässt sich die Erwartungstreue von Schätzern mit Hilfe der Rechenregeln für den Erwartungswert. Ergibt sich eine Abweichung zwischen dem Erwartungswert und dem Parameter der Grundgesamtheit, so spricht man von einem verzerrten Schätzer, die Abweichung selbst heißt **Verzerrung**. Verschwindet die Verzerrung für $n \to \infty$, so ist der Schätzer **asymptotisch erwartungstreu**.

Beispiel 10.4 Die Erwartungstreue der Schätzer $\hat{\mu} = X_1$ und $\hat{\mu} = \frac{n-1}{n^2} \sum_{i=1}^{n} X_i$ aus Beispiel 10.2 wird untersucht. Im ersten Fall ergibt sich

$$E(\hat{\mu}) = E(X_1).$$

Aus Abschnitt 9.4 wissen wir, dass X_1 denselben Erwartungswert wie die Grundgesamtheit hat, also $E(X_1) = \mu$. Damit ist dieser Schätzer also erwartungstreu. Für den zweiten Fall gilt

$$E(\hat{\mu}) = E\left(\frac{n-1}{n^2} \sum_{i=1}^{n} X_i\right) = \frac{n-1}{n^2} \sum_{i=1}^{n} E(X_i).$$

Die Umformung hinter dem zweiten Gleichheitszeichen ergibt sich aus den Rechenregeln für Erwartungswerte. Da wir aus Abschnitt 9.4 außerdem wissen, dass alle X_i den Erwartungswert der Grundgesamtheit haben, gilt also $E(X_i) = \mu$, so dass

10.2 Punktschätzung

$$E(\hat{\mu}) = \frac{n-1}{n^2} \sum_{i=1}^{n} \mu = \frac{n-1}{n^2} n\mu = \frac{n-1}{n} \mu.$$

Da das Ergebnis nicht μ entspricht, ist der Schätzer verzerrt. Die Höhe der Verzerrung beträgt

$$\mu - E(\hat{\mu}) = \mu - \frac{n-1}{n} \mu = \mu \left(1 - \frac{n-1}{n}\right) = \frac{1}{n} \mu.$$

Es ist leicht erkennbar, dass die Verzerrung für $n \to \infty$ verschwindet. Der Schätzer ist also zumindest asymptotisch erwartungstreu.

Erwartungstreue fragt, ob der Schätzer im Durchschnitt richtig liegt, gibt aber keine Auskunft über die Genauigkeit. Die Genauigkeit eines Schätzers wird mit der Untersuchung der **Effizienz** bestimmt. Dazu wird die Varianz des Schätzers, also seine durchschnittliche quadrierte Abweichung vom Erwartungswert ausgerechnet. Meist beschränkt man sich bei Effizienzuntersuchungen auf erwartungstreue Schätzer, denn die Genauigkeit eines Schätzers ist in der Regel uninteressant, wenn man weiß, dass der Schätzer verzerrt ist. Sind also zwei Schätzer erwartungstreu, so ist derjenige Schätzer relativ effizienter, dessen Varianz kleiner ist. Als (absolut) effizient bezeichnet man den Schätzer, der unter allen erwartungstreuen Schätzern die geringste Varianz hat.

Beispiel 10.5 Wir haben gesehen, dass der Schätzer $\hat{\mu} = X_1$ aus Beispiel 10.2 erwartungstreu ist. Seine Genauigkeit lässt sich mit Hilfe der Varianz bestimmen, also

$$\text{Var}(\hat{\mu}) = \text{Var}(X_1).$$

Aus Abschnitt 9.4 ist bekannt, dass die Varianz einer Stichprobenziehung der Varianz der Grundgesamtheit entspricht, also für alle i $\text{Var}(X_i) = \sigma^2$ lautet. Daher ist

$$\text{Var}(\hat{\mu}) = \text{Var}(X_1) = \sigma^2.$$

Ob dieser Schätzer effizienter als ein anderer ist, kann sich nur aus einem Vergleich mit einem anderen erwartungstreuen Schätzer ergeben. Da der zweite Schätzer aus Beispiel 10.2 verzerrt ist, ist ein Vergleich mit diesem Schätzer nicht sinnvoll. In Abschnitt 10.2.3 werden wir sehen, dass $\hat{\mu} = X_1$ gegenüber einem anderen Schätzer nicht effizient ist.

Mit **Konsistenz** ist die Eigenschaft eines Schätzers gemeint, dass die Wahrscheinlichkeit eines in seiner Höhe vorgegebenen, noch so kleinen Stichprobenfehlers ε mit steigendem Stichprobenumfang sinkt. Formal heißt es

$$\boxed{P(|\hat{\theta}_n - \theta| > \varepsilon) = 0 \text{ für } n \to \infty \text{ und } \varepsilon > 0}.$$

Grob gesagt, rücken konsistente Schätzer tendenziell näher an den Parameter der Grundgesamtheit heran, während sich inkonsistente Schätzungen mit steigendem n nicht verbessern. Konsistenz ist daher eine Mindesteigenschaft, die man von Schätzern fordert, d. h. sofern Schätzer verzerrt oder ineffizient sind, wird zumindest Konsistenz gefordert. Ineffiziente Schätzer gelten als völlig unbrauchbar. Andererseits sind (zumindest asymptotisch) erwartungstreue Schätzer immer konsistent, sofern $\lim_{n\to\infty}(\text{Var}(\hat{\theta}_n)) = 0$. Die Entscheidung, ob ein Schätzer konsistent ist, kann also ebenfalls mit Erwartungswert und Varianz getroffen werden.

Beispiel 10.6 Der Schätzer $\hat{\mu} = \frac{n-1}{n^2}\sum_{i=1}^{n} X_i$ ist asymptotisch erwartungstreu. Seine Varianz beträgt

$$\text{Var}(\hat{\mu}) = \text{Var}\left(\frac{n-1}{n^2}\sum_{i=1}^{n} X_i\right) = \frac{(n-1)^2}{n^4}\sum_{i=1}^{n}\text{Var}(X_i)$$

Die letzte Umformung ergibt sich mit den Rechenregeln für Varianzen unabhängiger Zufallsvariablen. Die Annahme der Unabhängigkeit ist erfüllt, da nach Abschnitt 9.4 die Stichprobenelemente unabhängig identisch verteilte Zufallsvariablen sind. Aus demselben Grund gilt $\text{Var}(X_i) = \sigma^2$ für alle i. Damit ist

$$\text{Var}(\hat{\mu}) = \frac{(n-1)^2}{n^4}\sum_{i=1}^{n}\sigma^2 = \frac{(n-1)^2}{n^4}n\sigma^2 = \frac{(n-1)^2}{n^3}\sigma^2.$$

Der Grenzwert dieses Ausdrucks für $n \to \infty$ wird null. Daher ist der Schätzer konsistent.

Alle wünschenswerten Eigenschaften lassen sich nur untersuchen, wenn die Schätzer als Zufallsvariablen angesehen werden. Diese Vorstellung beruht wiederum auf der Annahme, dass die Stichprobenelemente zufällig gezogen werden. Bei Verstößen gegen das Zufallsprinzip lassen sich die Punktschätzungen zwar technisch umsetzen, die Eigenschaften der Schätzer können aber nicht mehr untersucht werden.

10.2.3 Punktschätzung des Mittelwerts μ

Aus dem Analogieprinzip und aus der Momentenmethode ergaben sich als Schätzer für den Durchschnitt der Grundgesamtheit das arithmetische Mittel aus den Stichprobenwerten. Wir bezeichnen diesen Schätzer in der Zukunft auch mit $\overline{X}$, also

10.2 Punktschätzung

$$\boxed{\hat{\mu} = \overline{X} = \frac{1}{n}\sum_{i=1}^{n} X_i} \qquad (10.11)$$

(10.11) ist der üblicherweise benutzte Punktschätzer für µ, denn er ist **erwartungstreu und effizient**. Das Schätzergebnis, also die **Realisation** von (10.11) schreibt man mit den entsprechenden lateinischen Kleinbuchstaben, also

$$\boxed{\overline{x} = \frac{1}{n}\sum_{i=1}^{n} x_i}$$

Erwartungstreue ist gegeben, wenn der Erwartungswert von (10.11) dem Durchschnitt der Grundgesamtheit entspricht, wenn also $E(\overline{X}) = \mu$. Um dies nachzuweisen bildet man

$$E(\overline{X}) = E\left(\frac{1}{n}\sum_{i=1}^{n} X_i\right) = \frac{1}{n} E\left(\sum_{i=1}^{n} X_i\right).$$

Da nach Abschnitt 9.4 alle Stichprobenziehungen X_i identisch verteilte Zufallsvariablen mit dem Erwartungswert der Grundgesamtheit sind, gilt für alle i der Erwartungswert $E(X_i) = \mu$, und es ergibt sich

$$E(\overline{X}) = \frac{1}{n}\sum_{i=1}^{n} E(X_i) = \frac{1}{n}\sum_{i=1}^{n} \mu = \frac{1}{n} n\mu = \mu.$$

Um die **Effizienz** zu untersuchen, muss die Varianz von (10.11) bestimmt werden, also

$$Var(\overline{X}) = Var\left(\frac{1}{n}\sum_{i=1}^{n} X_i\right) = \frac{1}{n^2} Var\left(\sum_{i=1}^{n} X_i\right).$$

Da die Ziehungen X_i unabhängig sind, kann der Varianzoperator in das Summenzeichen geholt werden. Weil außerdem alle Zufallsvariablen X_i identisch verteilt sind mit der Varianz der Grundgesamtheit σ^2, gilt:

$$Var(\overline{X}) = \frac{1}{n^2} Var\left(\sum_{i=1}^{n} X_i\right) = \frac{1}{n^2}\sum_{i=1}^{n} Var(X_i) = \frac{1}{n^2}\sum_{i=1}^{n} \sigma^2 = \frac{1}{n^2} n\sigma^2 = \frac{\sigma^2}{n}$$

Die **Varianz des Mittelwertschätzers** wird auch mit $\sigma_{\overline{x}}^2$ bezeichnet und lässt sich aus der Varianz der Grundgesamtheit bestimmen:

$$\boxed{\operatorname{Var}(\overline{X}) = \frac{\sigma^2}{n} = \sigma_{\overline{x}}^2} \qquad (10.12)$$

Demnach lautet die **Standardabweichung des Mittelwertschätzers**

$$\boxed{\sigma_{\overline{x}} = \frac{\sigma}{\sqrt{n}}} \qquad (10.13)$$

Aus (10.12) ist erkennbar, dass $\sigma_{\overline{x}}^2$ sich mit steigendem Stichprobenumfang immer weiter dem Wert null nähert, also $\lim_{n \to \infty}(\operatorname{Var}(\overline{X})) = 0$. $\overline{X}$ ist damit **konsistent**. Inhaltlich bedeutet das, dass die Ungenauigkeit des Schätzers im Durchschnitt mit steigendem Stichprobenumfang abnimmt. Die Tatsache, dass der Stichprobenfehler des Mittelwertschätzers bei einer Vergrößerung der Stichprobe im Schnitt immer kleiner wird, wird auch als (schwaches) **Gesetz der Großen Zahlen** bezeichnet.

Beispiel 10.7 Vergleicht man die Varianz dieses Schätzers mit der des ebenfalls erwartungstreuen Schätzers $\hat{\mu} = X_1$, die in Beispiel 10.5 mit $\operatorname{Var}(\hat{\mu}) = \operatorname{Var}(X_1) = \sigma^2$ bestimmt wurde, so erkennt man, dass (10.12) relativ effizienter ist, zumindest, wenn $n \geq 1$.

10.2.4 Punktschätzung des Anteilswerts π

Nach dem Analogieprinzip ergibt sich ein Punktschätzer für den Anteil, der dem Stichprobenanteil entspricht. Wir nennen diesen Schätzer daher auch P, also

$$\boxed{\hat{\pi} = P = \frac{1}{n}\sum_{i=1}^{n} B_i} \qquad (10.14)$$

P ist ein **erwartungstreuer** und **effizienter** Schätzer und wird daher üblicherweise als Punktschätzer benutzt. Eine Realisation, also eine konkrete Schätzung, kürzt man üblicherweise mit p ab.

Erwartungstreue erhält man wieder aus der Erwartungswertbildung:

$$E(\hat{\pi}) = E\left(\frac{1}{n}\sum_{i=1}^{n} B_i\right) = \frac{1}{n}\sum_{i=1}^{n} E(B_i).$$

Der Erwartungswert einer bernoulliverteilten Zufallsvariable lautet π, vgl. (8.3). Daher gilt

10.2 Punktschätzung

$$E(\hat{\pi}) = \frac{1}{n}\sum_{i=1}^{n} \pi = \frac{1}{n} n\pi = \pi.$$

Die **Varianz des Anteilsschätzers**, die wir auch mit σ_P^2 bezeichnen, ergibt sich folgendermaßen:

$$\boxed{\mathrm{Var}(P) = \sigma_P^2 = \frac{\pi(1-\pi)}{n}} \qquad (10.15)$$

Bildet man die Varianz von P, so erhält man

$$\mathrm{Var}(P) = \sigma_P^2 = \mathrm{Var}\left(\frac{1}{n}\sum_{i=1}^{n} B_i\right) = \frac{1}{n^2}\sum_{i=1}^{n} \mathrm{Var}(B_i).$$

Die letzte Umformung ist möglich, weil die einzelnen bernoulliverteilten Zufallsvariablen unabhängig voneinander sind. Die Varianz einer bernoulliverteilten Zufallsvariablen lautet $\pi(1-\pi)$, daher ergibt sich

$$\sigma_P^2 = \frac{1}{n^2}\sum_{i=1}^{n} \pi(1-\pi) = \frac{1}{n^2} n\pi(1-\pi) = \frac{\pi(1-\pi)}{n}.$$

Auch hier sieht man an der Formel für die Varianz, dass die Schätzung mit steigendem Stichprobenumfang im Durchschnitt genauer wird, also $\lim_{n\to\infty}(\mathrm{Var}(P)) = 0$. Der Schätzer ist damit konsistent.

10.2.5 Punktschätzung der Varianz σ^2

Nach dem Analogieprinzip und der Momentenmethode ergibt sich als Punktschätzer für die Varianz der Grundgesamtheit die Formel für die empirische Varianz, angewendet auf die Stichprobe. Wir bezeichnen diesen Schätzer von nun an mit $\tilde{S}^2$, also

$$\boxed{\hat{\sigma}^2 = \tilde{S}^2 = \frac{1}{n}\sum_{i=1}^{n}(X_i - \overline{X})^2} \qquad (10.16)$$

Es lässt sich zeigen, dass $\tilde{S}^2$ verzerrt ist. Daher wird (10.16) üblicherweise nicht als Punktschätzer verwendet.

Der Nachweis, dass $\tilde{S}^2$ verzerrt ist, ist etwas aufwendig, soll hier aber trotzdem erbracht werden, weil er gleichzeitig zu einem erwartungstreuen Schätzer führt. Bildet man den Erwartungswert und multipliziert aus, so erhält man

$$E(\tilde{S}^2) = E\left(\frac{1}{n}\sum_{i=1}^{n}(X_i - \overline{X})^2\right) = \frac{1}{n}\sum_{i=1}^{n}E(X_i^2) - \frac{2}{n}\sum_{i=1}^{n}E(\overline{X} \cdot X_i) + \frac{1}{n}\sum_{i=1}^{n}E(\overline{X}).$$

Da alle X_i identisch verteilt sind, wird jeweils über Konstante summiert, und es ergibt sich:

$$E(\tilde{S}^2) = \frac{1}{n}nE(X^2) - \frac{2}{n}n\overline{X}E(X_i) + \frac{1}{n}nE(\overline{X}^2)$$

$$= E(X^2) - 2\overline{X}E(X_i) + E(\overline{X}^2) = E(X^2) - E(\overline{X}^2),$$

also

$$E(\tilde{S}^2) = E(X^2) - E(\overline{X}^2) \tag{10.17}$$

Für den Erwartungswert des quadrierten Mittelwertes gilt:

$$E(\overline{X}^2) = \frac{1}{n^2}E\left(\frac{1}{n}\sum_{i=1}^{n}X_i\right)^2 = \frac{1}{n^2}E[(X_1 + X_2 + \cdots + X_n)(X_1 + X_2 + \cdots + X_n)].$$

Wegen der Unabhängigkeit von X_i und X_j für $i \neq j$ entspricht der Erwartungswert der Produkte dem Produkt der Erwartungswerte, also $E(X_i \cdot X_j) = E(X_i) \cdot E(X_j)$. Da alle X_i identisch verteilt sind mit $E(X_i) = \mu$, gilt außerdem $E(X_i) \cdot E(X_j) = \mu^2$, und man erhält

$$E(\overline{X}^2) = \frac{1}{n^2}E[(X_1 + X_2 + \cdots + X_n)(X_1 + X_2 + \cdots + X_n)]$$

$$= \frac{1}{n^2}[nE(X_i^2) + n(n-1)\mu^2] = \frac{1}{n}E(X_i^2) + \frac{n-1}{n}\mu^2.$$

Eingesetzt in (10.17) ergibt sich

$$E(\tilde{S}^2) = E\left(\frac{1}{n}\sum_{i=1}^{n}(X_i - \overline{X})^2\right) = E(X_i^2) - \frac{1}{n}E(X_i^2) - \frac{n-1}{n}\mu^2 = \frac{n-1}{n}(E(X_i^2) - \mu^2).$$

Im letzten Ausdruck steht in der Klammer nichts anderes als die Varianz der Grundgesamtheit. Man erhält also folgenden Erwartungswert des Schätzers:

$$E(\tilde{S}^2) = \frac{n-1}{n}\sigma^2 \tag{10.18}$$

Bei Erwartungstreue müsste $E(\tilde{S}^2)$ genau σ^2 betragen. Da dies nicht der Fall ist, ist der Schätzer verzerrt.

10.2 Punktschätzung

Die Höhe der Verzerrung von $\tilde{S}^2$ lässt sich aus (10.18) leicht bestimmen:

$$E(\tilde{S}^2) - \sigma^2 = \frac{n-1}{n}\sigma^2 - \sigma^2 = -\frac{1}{n}\sigma^2.$$

Das negative Vorzeichen zeigt, dass der Schätzer $\tilde{S}^2$ die Varianz im Durchschnitt unterschätzt. Allerdings nimmt die Verzerrung mit steigendem Stichprobenumfang ab, denn

$$\lim_{n\to\infty}\left(-\frac{1}{n}\sigma^2\right) = 0.$$

Damit ist der Schätzer $\tilde{S}^2$ zumindest asymptotisch erwartungstreu.

Um einen **erwartungstreuen Schätzer der Varianz** zu erhalten, kann man $\tilde{S}^2$ mit dem Korrekturfaktor $n/(n-1)$ multiplizieren, denn dann gilt nach (10.18)

$$E\left(\frac{n}{n-1}\tilde{S}^2\right) = \frac{n}{n-1}\frac{n-1}{n}\sigma^2 = \sigma^2.$$

Der mit diesem Korrekturfaktor versehene Punktschätzer ist

$$\hat{\sigma}^2 = \frac{n}{n-1}\tilde{S}^2 = \frac{1}{n-1}\sum_{i=1}^{n}(X_i - \overline{X})^2.$$

Wir bezeichnen diesen **erwartungstreuen** Punktschätzer mit S^2, d. h.

$$\boxed{\hat{\sigma}^2 = S^2 = \frac{1}{n-1}\sum_{i=1}^{n}(X_i - \overline{X})^2} \qquad (10.19)$$

Die Schätzung selbst stellt eine Realisation der Zufallsvariablen aus (10.19) dar, d. h. sie wird kleingeschrieben:

$$\boxed{s^2 = \frac{1}{n-1}\sum_{i=1}^{n}(x_i - \overline{x})^2} \qquad (10.20)$$

Der Nenner in (10.19) entspricht der **Zahl der Freiheitsgrade**, die für die Ermittlung der Summe der quadratischen Abweichungen zur Verfügung steht. Im Allgemeinen bezeichnet die Zahl der Freiheitsgrade die Menge der voneinander unabhängigen und in diesem Sinne frei wählbaren Information, die für die Berechnung eines Schätzers zur Verfügung steht. Für die Berechnung des Erwartungswertschätzers aus einer Zufallsstichprobe stehen n voneinander unabhängige Beobachtungen zur Verfügung, daher beträgt die Zahl der Freiheitsgrade hier n. Schätzt man hingegen die quadratische Abweichung vom arithmetischen Mittel, so muss dazu bereits der Wert des arithmetischen Mittels vorgegeben sein. Dadurch geht ein Freiheitsgrad verloren. Erhält man beispielsweise in einer Stichprobe von n = 5 ein arithmetisches Mittel von 3, so sind in der Quadratsumme $(X_1 - 3)^2 + (X_2 - 3)^2 + (X_3 - 3)^2 + (X_4 - 3)^2 + (X_5 - 3)^2$ nur 4 Elemente frei wählbar, das 5. Element ist durch die Vorgabe des arithmetischen Mittels dann eindeutig bestimmt. Im Allgemeinen sind Varianzschätzer nur erwartungstreu, wenn man die Quadratsumme durch die Zahl der Freiheitsgrade teilt. So ist beispielsweise der Schätzer $\hat{\sigma}^2 = 1/n \sum_{i=1}^{n}(X_i - \mu)^2$ erwartungstreu, denn wenn μ bekannt ist und nicht geschätzt werden muss, geht kein Freiheitsgrad verloren. Allerdings ist dieser Schätzer nicht praktikabel, da μ in der Regel eben nicht bekannt ist. Eine etwas vereinfachende Erklärung für den Nenner n – 1 in (10.19) ist, dass die damit einhergehende Vergrößerung der Varianz gegenüber $\tilde{S}^2$ eine Korrektur dafür darstellt, dass in der Formel nicht die Abweichungen von μ, sondern von dessen Schätzer $\bar{X}$ betrachtet werden.

Der Schätzer (10.19) ist außerdem effizient. Die Varianz der Varianz wird im Weiteren aber nicht benötigt und daher auch nicht berechnet.

10.2.6 Zusammenfassung und Notation

Da die Notation für Anfänger verwirrend sein kann, sollen zum Schluss dieses Kapitels die im weiteren Verlauf benutzten Schätzer noch einmal im Zusammenhang dargestellt werden. **Tabelle 10.1** führt die **erwartungstreuen Punktschätzer** für **Mittelwert**, **Varianz** und **Anteil** der Grundgesamtheit mit den allen dazugehörigen Bezeichnungen auf.

In der **ersten Spalte** dieser Tabelle stehen die Parameter der Grundgesamtheit, also die Größen, die geschätzt werden sollen. Sie werden mit griechischen Buchstaben abgekürzt. Anders als in der deskriptiven Statistik sind sie nicht berechenbar, weil die Grundgesamtheit unbekannt ist. Dies deutet auch die Schreibweise mit dem Erwartungswertoperator E(.) und dem Varianzoperator Var(.) an.

In der **zweiten Spalte** sind die erwartungstreuen Schätzer aufgeführt. Um zu erkennen, welcher Parameter geschätzt wird, kann man den Schätzer schreiben, indem man den Parameter mit einem Dach versieht. Die (alternative) Abkürzung mit lateinischen Großbuchstaben verdeutlicht stattdessen die Berechnungsweise des Schätzers, da sie sich an die Symbolik der deskriptiven Statistik anlehnt. Die Großbuchstaben lassen erkennen, dass es sich bei Schätzern stets um Zufallsvariablen handelt. In der Notation der deskriptiven Statistik gibt es keinen Bedeutungsunterschied zwischen den Größen in der ersten und in der zweiten Spalte (z. B. bedeuteten μ und $\overline{X}$ dasselbe) weil die Grundgesamtheit vorliegt.

In der **dritten Spalte** ist die Varianz des jeweiligen Schätzers angegeben. Mit dieser Größe (die selbst keine Zufallsvariable ist), kann man Aussagen über die Genauigkeit des Schätzers treffen. Die Erwartungswerte der Schätzer müssen nicht aufgeführt werden: Da es sich ja um erwartungstreue Schätzer handelt, entsprechen sie der ersten Spalte.

In der **vierten** und letzten **Spalte** der Tabelle steht die Schätzung. Da es sich dabei um die Realisation der in der zweiten Spalte angegebenen Zufallsvariable handelt, wird hierfür die lateinische Bezeichnung des Schätzers in Kleinbuchstaben verwendet.

Tabelle 10.1 Erwartungstreue Punktschätzer im Überblick

Parameter der Grundgesamtheit θ	Erwartungstreuer Schätzer $\hat{\theta}$ mit $E(\hat{\theta}) = \theta$	Varianz des Schätzers $Var(\hat{\theta})$	Schätzung
$E(X) = \mu$	$\hat{\mu} = \overline{X} = \dfrac{1}{n}\sum_{i=1}^{n} X_i$	$Var(\overline{X}) = \sigma_{\overline{x}}^2 = \dfrac{\sigma^2}{n}$	$\overline{x}$
$Var(X) = \sigma^2$	$\hat{\sigma}^2 = S^2 = \dfrac{1}{n-1}\sum_{i=1}^{n}(X_i - \overline{X})^2$	hier nicht behandelt	s^2
$E(B_i) = \pi$	$\hat{\pi} = P = \dfrac{1}{n}\sum_{i=1}^{n} B_i$	$Var(P) = \sigma_P^2 = \dfrac{\pi(1-\pi)}{n}$	p

10.3 Intervallschätzung

10.3.1 Prinzip der Intervallschätzung

Die Punktschätzung liefert einen einzelnen Wert als Ergebnis, der, sofern ein erwartungstreuer und effizienter Schätzer verwendet wurde, zwar den bestmöglichen Schätzer für θ darstellt, vermutlich aber doch vom gesuchten Wert der Grundgesamtheit abweicht. Das erkennt man besonders deutlich daran, dass die bisher betrachteten Punktschätzer ja alle stetige Zufallsvariablen sind und damit deren Wahrscheinlichkeit, einen Einzelwert anzunehmen, null betragen muss. Der stetige Charakter ergibt sich aus der Berechnung, z. B. der Durchschnittsbildung bei der Punktschätzung des Erwartungswerts. So gilt auch $P(\hat{\theta} = \theta) = 0$, d. h. die Wahrscheinlichkeit, dass der Punktschätzer den gesuchten Wert der Grundgesamtheit genau bestimmt, beträgt null. Die Größenordnung der Abweichung bleibt außerdem völlig unbekannt. Ergibt beispielsweise die Punktschätzung der durchschnittlichen wöchentlichen beruflichen Arbeitszeit von Studenten einen Wert von $\hat{\mu} = \overline{X} = 11{,}34$, so lässt sich zwar kein besserer Einzelwert angeben, es gibt aber sicher eine Abweichung vom Parameter μ der Grundgesamtheit, deren Höhe nicht bekannt ist.

Diesem Nachteil begegnet die **Intervallschätzung**, indem das Schätzergebnis mit einer Wahrscheinlichkeitsaussage verbunden wird. Dazu muss in Kauf genommen werden, dass die Schätzung, dann keinen Einzelwert mehr erzielt, sondern einen Wertebereich und damit ungenauer ist als die Punktschätzung – denn bei stetigen Zufallsvariablen ist es nur sinnvoll, nach Wahrscheinlichkeiten von Bereichen zu fragen. Die gebräuchlichste Form der Intervallschätzung besteht in der Angabe eines **Konfidenzintervalls**. Dabei wird eine (hohe) Wahrscheinlichkeit vorgegeben und ein dazu gehöriger Wertebereich bestimmt. Die vorgegebene Wahrscheinlichkeit heißt **Konfidenzniveau** oder **Konfidenz** und wird üblicherweise mit großen Werten, wie zum Beispiel 90%, 95% oder 99% festgelegt. Der Wertebereich besteht aus einer **Unter- und einer Obergrenze** und ist das Schätzergebnis.

Die allgemeine Formulierung des Konfidenzintervalls lautet:

$$P\bigl(\hat{\theta}_{[\alpha/2]} < \theta < \hat{\theta}_{[1-\alpha/2]}\bigr) = 1 - \alpha \qquad (10.21)$$

$\hat{\theta}_{[\alpha/2]}$ ist die Intervallunter- und $\hat{\theta}_{[1-\alpha/2]}$ die Intervallobergrenze. Diese Grenzen stellen **Quantile** aus der Verteilung des Punktschätzers dar, die so gewählt werden, dass sich die Fehlerwahrscheinlichkeit α gleichmäßig auf die Ränder der Dichtefunktion aufteilt: Unterhalb der Untergrenze und oberhalb der Obergrenze liegt also jeweils eine Wahrscheinlichkeit von $\alpha/2$. Da die Zufallsvariable stetig ist, ist es unerheblich, ob zur Festlegung des Intervalls die Grenzen eingeschlossen sind oder nicht. Man kann also alternativ schreiben:

$$P\bigl(\hat{\theta}_{[\alpha/2]} \le \theta \le \hat{\theta}_{[1-\alpha/2]}\bigr) = 1 - \alpha \, .$$

Die Intervallschätzung liefert ein Intervall, das den wahren Parameter θ mit einer Wahrscheinlichkeit von $1 - \alpha$ enthält. Bei der **Interpretation** ist Vorsicht geboten, denn die Schreibweise in (10.21) suggeriert folgende Aussage: Die Wahrscheinlichkeit, dass θ zwischen der Ober- und Untergrenze liegt, beträgt $1 - \alpha$. Diese Interpretation ist falsch, da θ gar keine Zufallsvariable ist, sondern ein fester (aber unbekannter) Wert, für den die Wahrscheinlichkeit, dass andere Werte angenommen werden, also stets null ist. Die Zufallsvariablen sind hier die Intervallgrenzen, und auf diese Werte bezieht sich auch die Wahrscheinlichkeitsaussage. Um die Interpretation zu verdeutlichen, kann man sich vorstellen, dass bei einem Konfidenzniveau von 95% und unendlich vielen Stichproben in 95 von 100 Fällen die

10.3 Intervallschätzung

berechneten Konfidenzintervalle θ enthalten sind und in 5 Fällen nicht. α ist also die Fehlerwahrscheinlichkeit, d. h. die Wahrscheinlichkeit, dass das Intervall den gesuchten Parameter der Grundgesamtheit nicht enthält.

Um das Prinzip zu illustrieren, nehmen wir vorerst an, ein Punktschätzer $\hat{\theta}$ sei normalverteilt mit der in Abb. 10.2 dargestellten Dichte. Außerdem soll der Punktschätzer erwartungstreu sein, so dass das Maximum der Glockenkurve bei θ liegt. Unterstellen wir (unrealistischerweise), dass hintereinander fünf verschiedene Stichproben gezogen werden und auf dieser Basis die fünf unter der Dichte abgebildeten Konfidenzintervalle geschätzt werden.

Abb. 10.2 Intervallschätzung bei normalverteilter Punktschätzung und $\alpha = 5\%$

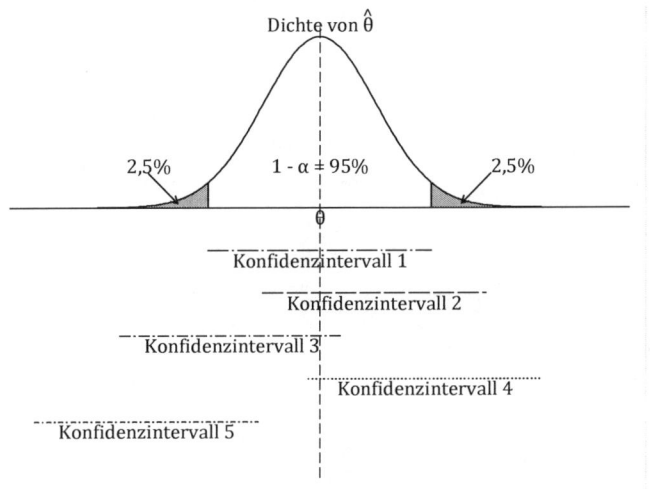

Wie man sieht, enthalten die ersten vier abgebildeten Intervalle den Parameter θ, das fünfte Intervall hingegen nicht. Das Intervall wird so bestimmt, dass bei unendlichen vielen Schätzungen nur 5% den gesuchten Parameter nicht enthalten. Gleichfalls macht Abb. 10.2 deutlich, dass eine Erhöhung des Konfidenzniveaus die Intervallgrenzen auseinanderrückt: Das Schätzergebnis wird wahrscheinlicher, aber ungenauer. Diese **Konkurrenzbeziehung** zwischen **Genauigkeit und Konfidenz** gilt generell für alle Intervallschätzungen. Für erwartungstreue und effiziente Punktschätzungen gilt außerdem, dass eine Erhöhung des Stichprobenumfangs bei gegebenem Konfidenzniveau zu einer genaueren Schätzung führt.

Am Beispiel der Normalverteilung kann man sich die Konkurrenzbeziehung zwischen Genauigkeit und Konfidenz klarmachen, wenn man sich zwei Extremsituationen vor Augen führt: Fordert man eine maximale Genauigkeit, so würde man beide Intervallgrenzen so nahe zusammenführen, dass man nur einen einzigen Wert erhielte: Unter- und Obergrenze entsprächen sich. Die Wahrscheinlichkeit, dass θ innerhalb dieses Intervalls liegt, wäre dann allerdings null, da die Normalverteilung eine Dichtefunktion ist. Fordert man andererseits eine maximale Konfidenz, so ergäben sich die Intervallgrenzen von $-\infty$ und $+\infty$, da die Dichte der Normalverteilung die Achsen niemals berührt.

Bei der Herleitung konkreter Konfidenzintervalle stellt sich zunächst das Problem, dass die Wahrscheinlichkeitsverteilung des Punktschätzers bekannt sein muss. Aus dieser Verteilung müssen dann Formeln für die Intervallgrenzen $\hat{\theta}_{[\alpha/2]}$ und $\hat{\theta}_{[1-\alpha/2]}$ ermittelt werden. In den folgenden beiden Abschnitten werden Konfidenzintervalle für den Mittelwert und den Anteil hergeleitet und mit Beispielen angewendet.

10.3.2 Das Konfidenzintervall für den Mittelwert μ

Soll das Konfidenzintervall für den Durchschnitt der Grundgesamtheit μ bestimmt werden, geht man zunächst vom (erwartungstreuen) Punktschätzer $\overline{X} = 1/n \sum_{i=1}^{n} X_i$ aus (vgl. Tabelle 10.1). Überträgt man die allgemeine Form des Konfidenzintervalls auf den Mittelwert, so erhält man

$$P(\overline{X}_{[\alpha/2]} \leq \mu \leq \overline{X}_{[1-\alpha/2]}) = 1 - \alpha$$

denn die Intervallgrenzen sind die Quantile der Dichtefunktion von $\overline{X}$. In den folgenden Abschnitten wird zunächst die Dichtefunktion von $\overline{X}$ bestimmt und darauf basierend, anschließend eine Formel für die Quantile $\overline{X}_{[\alpha/2]}$ und $\overline{X}_{[1-\alpha/2]}$ hergeleitet.

10.3.2.1 Die Verteilung des Stichprobenmittels

Um zu einer Aussage über die Wahrscheinlichkeitsverteilung von $\overline{X}$ zu kommen, benutzen wir zunächst die in Kapitel 8.2.3 beschriebene **Reproduktionseigenschaft** der Normalverteilung. Diese besagt, dass eine Summe normalverteilter Zufallsvariablen ebenfalls normalverteilt ist. Auch die Multiplikation mit reellen Zahlen ändert daran nichts. Der Ausdruck $\hat{\mu} = \overline{X} = 1/n \sum_{i=1}^{n} X_i$ wäre also normalverteilt, sofern alle $X_1, X_2, ..., X_n$ ebenfalls normalverteilt wären. Nun wissen wir aus 9.4, dass in Zufallsstichproben mit Zurücklegen jede einzelne Ziehung dieselbe Verteilung hat und diese Verteilung auch der Verteilung der Grundgesamtheit entspricht. Man braucht also nur anzunehmen, dass das Merkmal in der **Grund-**

10.3 Intervallschätzung

gesamtheit normalverteilt ist, denn dann ist aufgrund der Reproduktionseigenschaft $\overline{X}$ ebenfalls **normalverteilt**.

In Kapitel 8.2.3 wurden einige Situationen genannt, in denen Merkmale typischerweise normalverteilt sind, z. B. in Produktionsprozessen. Diese Beispiele zeigen jedoch, dass die Annahme recht speziell ist. Bei vielen Schätzproblemen kennt man in der Regel die Verteilung des Merkmals in der Grundgesamtheit nicht oder kann sogar davon ausgehen, dass sie schief und damit sicher nicht der normalverteilt ist.

Beispiel 10.8 Soll die durchschnittliche wöchentliche berufliche Arbeitszeit von Studenten geschätzt werden, so wäre die Verteilung in der Grundgesamtheit vermutlich keine Glockenkurve. Denn zum einen dürfte es eine Vielzahl von Studenten geben, die überhaupt nicht jobben. Andererseits jobben vermutlich sehr wenige Studenten sehr viel, also über 40 Stunden. Die Verteilung ist daher vermutlich nicht eingipflig oder zumindest nicht symmetrisch. Mithilfe der Reproduktionseigenschaft lässt sich daher kein Konfidenzintervall für den Durchschnitt herleiten.

Lässt sich die Reproduktionseigenschaft nicht anwenden, so hilft der **zentrale Grenzwertsatz** bei der Herleitung des Konfidenzintervalls. Gemäß zentralem Grenzwertsatz sind Summen unabhängiger und identisch verteilter Zufallsvariablen annähernd normalverteilt, sofern die Zahl der Zufallsvariablen groß genug ist. Unterstellt man eine Zufallsstichprobe mit Zurücklegen, so erhält man eine Summe von n identisch verteilten Zufallsvariablen, die normalverteilt ist. Nach der Reproduktionseigenschaft ist dann ebenfalls $\overline{X}$ normalverteilt, da es lediglich die durch n dividierte Summe darstellt. Demnach ist $\overline{X}$ in großen Stichproben stets (annähernd) normalverteilt. In praktischen **Anwendungen** kann man bereits bei Stichproben **ab n = 30 annähernd die Normalverteilung für $\overline{X}$** unterstellen.

Dieser Zusammenhang unterstreicht die enorme Bedeutung der Normalverteilung. Er erlaubt Wahrscheinlichkeitsaussagen über $\overline{X}$, auch wenn die Wahrscheinlichkeitsverteilung von X vollkommen unbekannt oder offensichtlich nicht normal ist. Zur Ermittlung eines Konfidenzintervalls für die durchschnittliche wöchentliche Arbeitszeit von Studenten muss also lediglich eine hinreichend große Stichprobe gezogen werden.

Für die Herleitung des Konfidenzintervalls nehmen wir also an, dass das Stichprobenmittel normalverteilt ist, entweder weil X selbst normalverteilt oder weil die Stichprobe hinreichend groß ist. Da aus Tabelle 10.1 auch die Formeln der Parameter der Normalverteilung bekannt sind, gilt

$$\boxed{\bar{X} \sim N(\mu, \sigma_{\bar{x}}) \text{ mit } \sigma_{\bar{x}} = \frac{\sigma}{\sqrt{n}}}$$

und nach Standardisierung ließen sich Wahrscheinlichkeiten für Wertebereiche von $\bar{X}$ angeben. Dazu muss lediglich die allgemeine Formel für die Standardisierung (8.23) folgendermaßen angepasst werden

$$\boxed{Z = \frac{\bar{X} - \mu}{\sigma_{\bar{x}}} = \frac{\bar{X} - \mu}{\sigma} \sqrt{n}} \tag{10.22}$$

Z ist standardnormalvereilt, d. h. **Wahrscheinlichkeiten** können aus **Tabelle 14.1** im Anhang abgelesen werden. Beim Konfidenzintervall ist aber nicht die Wahrscheinlichkeit gesucht, sondern es sollen die **zu einer vorgegebenen Wahrscheinlichkeit gehörigen Quantile** bestimmt werden.

10.3.2.2 Quantile des normalverteilten Stichprobenmittels

Überträgt man die **Standardisierungsformel** (10.22) auf **Quantile**, so erhält man

$$z_{[\alpha]} = \frac{\bar{x}_{[\alpha]} - \mu}{\sigma} \sqrt{n}.$$

Dabei ist $z_{[\alpha]}$ das α-Quantil der Standardnormalverteilung und $\bar{x}_{[\alpha]}$ das entsprechende Quantil der Verteilung des Stichprobenmittels. $z_{[\alpha]}$ kann aus **Tabelle 14.1** im Anhang ermittelt werden, indem man zur Wahrscheinlichkeit α in der Tabelle den Wert am Rand abliest. Durch Umformung erhält man eine Formel zur Bestimmung von $\bar{x}_{[\alpha]}$:

$$\bar{x}_{[\alpha]} = \mu + \frac{\sigma}{\sqrt{n}} z_{[\alpha]} \tag{10.23}$$

Beispiel 10.9 Ein Winzer füllt Sekt in 0,75-Liter-Flaschen. Angenommen, die Abfüllmenge sei eine normalverteilte Zufallsvariable mit $\mu = 0{,}75 l$ und $\sigma = 0{,}01 l$. Dann lässt sich mit (10.23) beispielsweise beantworten, wie hoch bei einem Kauf von $n = 4$ Flaschen die durchschnittliche Abfüllmenge mit einer Wahrscheinlichkeit von 99% maximal ist.

Das Quantil der standardisierten Zufallsvariable lässt sich aus Tabelle 14.1 näherungsweise mit $z_{[0,99]} \approx Z_{[0,9901]} = 2{,}33$ ablesen. Einsetzen in (10.23) führt zu

10.3 Intervallschätzung

$$\bar{x}_{[\alpha]} = 0{,}75 + \frac{0{,}01}{\sqrt{4}} 2{,}33 = 0{,}7617.$$

Die durchschnittliche Abfüllmenge ist also mit einer Wahrscheinlichkeit von 99% nicht höher als ca. 0,76 Liter.

Die Grenzen eines Konfidenzintervalls sind die speziellen Quantile $\bar{x}_{[\alpha/2]}$ und $\bar{x}_{[1-\alpha/2]}$. Entsprechende Formeln erhält man durch Einsetzen der Wahrscheinlichkeiten in (10.23):

$$\bar{x}_{[\alpha/2]} = \mu + \frac{\sigma}{\sqrt{n}} z_{[\alpha/2]} \qquad (10.24)$$

und

$$\bar{x}_{[1-\alpha/2]} = \mu + \frac{\sigma}{\sqrt{n}} z_{[1-\alpha/2]} \qquad (10.25)$$

Da die Normalverteilung symmetrisch um null ist, gilt $z_{[1-\alpha/2]} = -z_{[\alpha/2]}$ und die Untergrenze lässt sich alternativ angeben mit

$$\bar{x}_{[\alpha/2]} = \mu - \frac{\sigma}{\sqrt{n}} z_{[1-\alpha/2]} \qquad (10.26)$$

Bei aufmerksamer Betrachtung wird man feststellen, dass die Quantile in (10.25) und (10.26) kleingeschrieben sind. Tatsächlich handelt sich nicht um Zufallsvariablen, da in den Formeln auf der rechten Seite auch keine Zufallsvariablen auftauchen. (10.25) und (10.26) können auch nicht zur Intervallschätzung benutzt werden, da die Formeln ja den gesuchten Parameter μ enthalten. Ersetzt man diesen Parameter durch den Punktschätzer $\bar{X}$, erhält man die Grenzen des Konfidenzintervalls mit

$$\bar{X}_{[\alpha/2]} = \bar{X} - \frac{\sigma}{\sqrt{n}} z_{[1-\alpha/2]} \qquad (10.27)$$

und

$$\bar{X}_{[1-\alpha/2]} = \bar{X} + \frac{\sigma}{\sqrt{n}} z_{[1-\alpha/2]} \qquad (10.28)$$

Das Konfidenzintervall lautet damit

$$P\left(\overline{X} - z_{[1-\alpha/2]}\frac{\sigma}{\sqrt{n}} \leq \mu \leq \overline{X} + z_{[1-\alpha/2]}\frac{\sigma}{\sqrt{n}}\right) = 1 - \alpha \tag{10.29}$$

Mit (10.29) können aus einer Punktschätzung bei gegebenem Konfidenzniveau Intervallgrenzen berechnet werden, sofern das Untersuchungsmerkmal normalverteilt oder die Stichprobe genügend groß ist. Allerdings wird zur Berechnung der Grenzen auch der Wert von σ, also die Standardabweichung der Grundgesamtheit, benötigt. Diese Größe ist natürlich in der Regel nicht bekannt. Daher ist (10.29) für praktische Anwendungen meist ungeeignet.

10.3.2.3 Das Konfidenzintervall bei unbekannter Standardabweichung der Grundgesamtheit

Die unbekannte Standardabweichung σ in (10.29) kann aus den Stichprobenbeobachtungen mit dem erwartungstreuen Punktschätzer (Wurzel aus (10.19))

$$S = \sqrt{\frac{1}{n-1}\sum_{i=1}^{n}(X_i - \overline{X})^2}$$

geschätzt werden, der sich aus Tabelle 10.1 ergibt. Man kann allerdings in (10.29) nicht einfach σ durch S ersetzen. Der Grund dafür ist zunächst nicht offensichtlich: Der bei der Herleitung des Konfidenzintervalls benutzte Zusammenhang aus (10.22) folgt nicht mehr der Standardnormalverteilung, wenn im Nenner σ durch S ersetzt wird, sondern der t-Verteilung. Genauer gesagt, ergibt sich mit

$$\boxed{T_{n-1} = \frac{\overline{X} - \mu}{S_{\overline{X}}} = \frac{\overline{X} - \mu}{S}\sqrt{n}} \tag{10.30}$$

eine **t-verteilte** Zufallsvariable mit df = n – 1 Freiheitsgraden. Vereinfacht kann man sich vorstellen, dass mit S eine zusätzliche Zufallsvariable anstelle eines (festen) Parameters tritt und damit die Normalverteilungseigenschaft verloren geht.

Aus Abschnitt 8.2.5 wissen wir, dass eine t-verteilte Zufallsvariable mit n – 1 Freiheitsgraden folgendermaßen definiert ist:

10.3 Intervallschätzung

$$T_{n-1} = \frac{Z}{\sqrt{\frac{1}{n-1}\chi^2_{n-1}}} \quad (10.31)$$

Man kann zeigen, dass sich diese Form in (10.30) überführen lässt. Betrachten wir zunächst die Chi-Quadrat-Verteilung mit df = n. Sie ergibt sich aus der Summe von n quadrierten standardnormalverteilten Zufallsvariablen, also aus

$$\chi^2_n = \sum Z^2 = \sum \frac{(X_i - \mu)^2}{\sigma^2}.$$

Ersetzt man den Erwartungswert durch das in einer Stichprobe geschätzte arithmetische Mittel, ergibt sich – hier ohne Nachweis – ebenfalls eine Chi-Quadrat-verteilte Zufallsvariable allerdings mit n – 1 Freiheitsgraden:

$$\chi^2_{n-1} = \sum \frac{(X_i - \overline{X})^2}{\sigma^2}.$$

Hieraus lässt sich eine Verteilung für die Stichprobenvarianz ermitteln, nachdem man die Formel für die Stichprobenvarianz folgendermaßen transformiert:

$$S^2 = \frac{1}{n-1}\sum_{i=1}^{n}(X_i - \overline{X})^2$$

$$\Leftrightarrow (n-1)S^2 = \sum_{i=1}^{n}(X_i - \overline{X})^2$$

$$\Leftrightarrow (n-1)\frac{S^2}{\sigma^2} = \sum_{i=1}^{n}\frac{(X_i - \overline{X})^2}{\sigma^2}$$

$$\Leftrightarrow (n-1)\frac{S^2}{\sigma^2} = \chi^2_{n-1}.$$

Man erhält damit eine Chi-Quadrat-verteilte Zufallsvariable, die die Formel für die Stichprobenvarianz beinhaltet, und in (10.31) eingesetzt werden kann:

$$T_{n-1} = \frac{Z}{\sqrt{\frac{S^2}{\sigma^2}}}.$$

Für die standardnormalverteilte Zufallsvariable im Zähler lässt sich $Z = (\overline{X} - \mu)\sqrt{n}/\sigma$ einsetzen:

$$T_{n-1} = \frac{\frac{\overline{X} - \mu}{\sigma}\sqrt{n}}{\sqrt{\frac{S^2}{\sigma^2}}}.$$

Kürzen dieses Ausdrucks um σ führt zu (10.30).

Zu beachten ist, dass (10.30) nur dann t-verteilt ist, wenn $\overline{X}$ normalverteilt ist, also der zentrale Grenzwertsatz gilt oder das Merkmal x selbst normalverteilt ist. Dieselben Herleitungsschritte wie oben führen dann zu folgendem Konfidenzintervall für μ

$$P\left(\overline{X} - t_{[1-\alpha/2,\ n-1]}\frac{S}{\sqrt{n}} \leq \mu \leq \overline{X} + t_{[1-\alpha/2,\ n-1]}\frac{S}{\sqrt{n}}\right) = 1 - \alpha \qquad (10.32)$$

Zur Anwendung dieser Formel in konkreten Stichproben werden die Schätzer $\overline{X}$ und S durch die konkreten Realisationen in der Stichprobe $\bar{x}$ und s ersetzt. Die Berechnungsformel für das **Konfidenzintervall für μ** lautet also

$$\boxed{P\left(\bar{x} - t_{[1-\alpha/2,\ n-1]}\frac{s}{\sqrt{n}} \leq \mu \leq \bar{x} + t_{[1-\alpha/2,\ n-1]}\frac{s}{\sqrt{n}}\right) = 1 - \alpha} \qquad (10.33)$$

Zur Schätzung dieses Intervalls benötigt man in großen Stichproben, also ca. ab $n \geq 30$, keine Annahme. In kleinen Stichproben kann (10.32) nur benutzt werden, wenn das untersuchte Merkmal X normalverteilt ist. Zusätzlich kann in großen Stichproben die t-Verteilung durch die Standardnormalverteilung approximiert werden, so dass die alternative Formel für das **Konfidenzintervall für μ in großen Stichproben** lautet

$$\boxed{P\left(\bar{x} - z_{[1-\alpha/2]}\frac{s}{\sqrt{n}} \leq \mu \leq \bar{x} + z_{[1-\alpha/2]}\frac{s}{\sqrt{n}}\right) = 1 - \alpha} \qquad (10.34)$$

Beispiel 10.10 Geschätzt werden soll die durchschnittliche tägliche Arbeitszeit von Bankangestellten. Angenommen, in einer Zufallsstichprobe von n = 375 Angestellten ergaben sich die Punktschätzungen $\bar{x} = 7{,}45$ und $s = 1{,}38$ Stunden.

Soll ein Konfidenzintervall bestimmt werden, so muss zunächst geprüft werden, ob die Verteilungsannahmen erfüllt sind. Die Verteilung der Arbeitszeit in der Grundgesamtheit ist unbekannt. Vermutlich dürfte es Häufungen bei den tariflich festgelegten Arbeitszeiten einer Teilzeit- und einer Vollzeitstelle geben und geringe Häufigkeiten bei vergleichsweise hohen Arbeitszeiten. Das ergäbe eine rechtsschiefe oder sogar zweigipflige Verteilung, von einer normalverteilten Arbeitszeit in der Grundgesamtheit kann nicht ausgegangen werden. Trotzdem ist das Stichprobenmittel $\overline{X}$ aufgrund des zentralen Grenzwertsatzes annähernd normalverteilt, da die Stichprobe mit n = 375 groß genug ist. Aufgrund der Stichprobengröße gilt außerdem, dass die Quantile der t-Verteilung ungefähr denjenigen der Normalverteilung entsprechen. Daher kann mit dem Konfidenzintervall nach (10.34) gearbeitet werden.

10.3 Intervallschätzung

Für das Konfidenzniveau von 90% kann das Quantil $z_{[1-\alpha/2]} = z_{[0{,}95]}$ nicht genau abgelesen werden. Man könnte daher mit $z_{[0{,}95]} \approx 1{,}64$, $z_{[0{,}95]} \approx 1{,}65$ oder dem mittleren Wert aus beiden, $z_{[0{,}95]} \approx 1{,}645$, arbeiten. Mit dem letztgenannten Wert ergibt sich:

$$P\left(\bar{x} - z_{[1-\alpha/2]}\frac{s}{\sqrt{n}} \leq \mu \leq \bar{x} + z_{[1-\alpha/2]}\frac{s}{\sqrt{n}}\right) = 1 - \alpha$$

$$\Leftrightarrow P\left(7{,}45 - 1{,}645\frac{1{,}38}{\sqrt{375}} \leq \mu \leq 7{,}45 + 1{,}645\frac{1{,}38}{\sqrt{375}}\right) = 90\%$$

$$\Leftrightarrow P(7{,}33 \leq \mu \leq 7{,}58) = 90\%.$$

Bei einem Konfidenzniveau von 90% liegt die geschätzte durchschnittliche Arbeitszeit also zwischen 7,33 Stunden und 7,58 Stunden.

Erhöht man das Konfidenzniveau auf 99%, so ist mit den Quantilen $z_{[1-\alpha/2]} = z_{[0{,}995]} \approx 2{,}58$ oder $z_{[0{,}995]} \approx 2{,}575$ zu arbeiten. Wieder für den letztgenannten Wert erhält man

$$P\left(7{,}45 - 2{,}575\frac{1{,}38}{\sqrt{375}} \leq \mu \leq 7{,}45 + 2{,}575\frac{1{,}38}{\sqrt{375}}\right) = 99\%$$

$$\Leftrightarrow P(7{,}27 \leq \mu \leq 7{,}63) = 99\%.$$

Dieses Intervall ist breiter als das vorherige. Die Schätzung ist damit ungenauer, allerdings aufgrund des höheren Konfidenzniveaus verlässlicher. Dieser konkurrierende Zusammenhang zwischen den Zielen Verlässlichkeit und Genauigkeit gilt bei Intervallschätzungen immer.

Beispiel 10.11 Ein Marktforschungsunternehmen untersucht die durchschnittlichen monatlichen Ausgaben der 20jährigen für mobile Telefonie. Eine Zufallsstichprobe im Umfang von n = 3 ergab folgende Werte (Angaben in €):

i	x_i
1	26
2	41
3	23

Der Stichprobenumfang ist zu klein, um mit dem zentralen Grenzwertsatz $\bar{X}$ als approximativ normalverteilt anzunehmen. Ein Konfidenzintervall lässt sich nur berechnen, wenn angenommen wird, dass das Merkmal X normalverteilt ist, denn dann ist aufgrund der Reproduktionseigenschaft der Normalverteilung auch $\bar{X}$ normalverteilt.

Im Folgenden sei dies unterstellt. Aufgrund der kleinen Stichprobe kommt ein Ersatz der t-Verteilung durch die Normalverteilung nicht in Frage, und es muss

$$P\left(\bar{x} - t_{[1-\alpha/2,\ n-1]}\frac{s}{\sqrt{n}} \leq \mu \leq \bar{x} + t_{[1-\alpha/2,\ n-1]}\frac{s}{\sqrt{n}}\right) = 1 - \alpha$$

benutzt werden. Zunächst werden aus der Stichprobe die Punktschätzer $\bar{x}$ und s ermittelt. Mit (10.6) und (10.19) erhält man

$$\bar{x} = \frac{1}{3}\sum_{i=1}^{3} x_i = \frac{1}{3}(26 + 41 + 23) = 30$$

und

$$s = \sqrt{\frac{1}{3-1}\sum_{i=1}^{3}(X_i - 30)^2} = \sqrt{\frac{1}{2}(16 + 121 + 49)} = \sqrt{93} = 9{,}64.$$

Soll ein 95%-Intervall geschätzt werden, so kann aus der Tabelle der t-Verteilung das Quantil $t_{[1-\alpha/2,\ n-1]} = t_{[0{,}975,\ 2]} = 4{,}303$ abgelesen werden. Damit ergibt sich das Intervall

$$P\left(30 - 4{,}303\frac{9{,}64}{\sqrt{3}} \leq \mu \leq 30 + 4{,}303\frac{9{,}64}{\sqrt{3}}\right) = 95\%$$

$$\Leftrightarrow P(6{,}04 \leq \mu \leq 53{,}96) = 95\%.$$

Die durchschnittlichen Ausgaben liegen also in einem 95%-Intervall zwischen ca. 6 € und 54 €.

Diese Schätzung ist vermutlich zu ungenau, um Maßnahmen daran zu knüpfen. Die Ungenauigkeit ist hier hauptsächlich auf den sehr geringen Stichprobenumfang zurückzuführen. Eine Erhöhung des Stichprobenumfangs hätte hier zwei nützliche Folgen: Zum einen wird die Standardabweichung des Mittelwertschätzers, $S_{\bar{x}} = S/\sqrt{n}$ kleiner (der Mittelwertschätzer wird also genauer) zum anderen kann ab $n \geq 30$ die hier nicht fundierte Annahme normalverteilter monatlicher Ausgaben aufgegeben werden und der t-Wert wird kleiner.

Zusammenfassend können folgende Zusammenhänge festgestellt werden: Die Intervallschätzung macht mit dem Konfidenzniveau eine Aussage über die Wahrscheinlichkeit, mit der das Intervall den wahren Parameter enthält. Die Genauigkeit der Intervallschätzung wird durch die Breite des Intervalls bestimmt. Ceteris paribus ergibt sich bei einer höheren Wahrscheinlichkeit eine geringere Genauigkeit. Bei gegebenem Konfidenzniveau wird die

10.3 Intervallschätzung

Schätzung genauer, wenn der Stichprobenumfang steigt. Daneben beeinflusst die Streuung des Merkmals in der Grundgesamtheit die Breite des Intervalls: Eine starke Streuung von X, gemessen durch S, führt ceteris paribus zu vergleichsweise ungenauen Schätzungen.

10.3.3 Konfidenzintervall für den Anteilswert π

Um für den Anteil π der Grundgesamtheit die Formel für das Konfidenzintervall herzuleiten, wird ähnlich vorgegangen wie eben. Zunächst wird die **Wahrscheinlichkeitsverteilung** des Punktschätzers ermittelt. Dazu wird der in Tabelle 10.1 aufgeführte Punktschätzer $\hat{\pi} = P = \sum_{i=1}^{n} B_i/n$ verwendet. In dieser Formel stellen B_i unabhängige, bernoulliverteilte Zufallsvariablen dar. Damit ist die Verteilung der in Berechnung von P einfließenden Zufallsvariablen bereits bekannt: Wenn B_i bernoulliverteilt sind, so ist die Summe aus B_i binomialverteilt, da ja die Zufallsziehungen unabhängig sind. Die Binomialverteilung wiederum kann nach dem Satz von de Moivre durch die Normalverteilung approximiert werden, wir hatten in Kapitel 8.2.3 als Approximationsbedingung mit der Faustregel $n\pi(1 - \pi) \geq 9$ gearbeitet. Wir werden in diesem Abschnitt mit dieser Approximation arbeiten, das heißt, das hier vorgestellte Konfidenzintervall gilt unter der Annahme, dass die Bedingung $n\pi(1 - \pi) \geq 9$ erfüllt ist und die Normalverteilung benutzt werden kann.

Wenn $\sum_{i=1}^{n} B_i$ normalverteilt ist, ist auch unser Schätzer $\hat{\pi} = P = 1/n \sum_{i=1}^{n} B_i$ normalverteilt, denn gemäß der Reproduktionseigenschaft ist eine durch die Konstante n dividierte normalverteilte Zufallsvariable ebenfalls normalverteilt. Die Argumentationsweise und Schritte zur Herleitung des Konfidenzintervalls für den Mittelwert können also analog auf das Konfidenzintervall für den Anteil übertragen werden.

Da P den Erwartungswert $E(P) = \pi$ und die Varianz $Var(P) = \sigma_P^2 = \pi(1 - \pi)/n$ hat (vgl. Tabelle 10.1), ist die Formel für das Standardisieren hier

$$\boxed{Z = \frac{P - \pi}{\sigma_P} = \frac{P - \pi}{\sqrt{\frac{\pi(1 - \pi)}{n}}}}$$

Die Varianz $\sigma_P^2 = \pi(1 - \pi)/n$ muss mit

$$S_P^2 = \frac{P(1 - P)}{n}$$

geschätzt werden. Trotz geschätzter Varianz ist der Ausdruck

$$Z = \frac{P - \pi}{S_p} = \frac{P - \pi}{\sqrt{\frac{P(1-P)}{n}}}$$

annähernd standardnormalverteilt, da ja mit der Einschränkung $n\pi(1 - \pi) \geq 9$ von vornherein nur große Stichproben betrachtet werden. Nach den wie in Abschnitt 10.3.2 dargestellten Umformungen ergibt sich für das Konfidenzintervall

$$P\left(P - z_{[1-\alpha/2]}\sqrt{\frac{P(1-P)}{n}} \leq \pi \leq P + z_{[1-\alpha/2]}\sqrt{\frac{P(1-P)}{n}}\right) = 1 - \alpha \qquad (10.35)$$

das in konkreten Stichproben mit

$$\boxed{P\left(p - z_{[1-\alpha/2]}\sqrt{\frac{p(1-p)}{n}} \leq \pi \leq p + z_{[1-\alpha/2]}\sqrt{\frac{p(1-p)}{n}}\right) = 1 - \alpha} \qquad (10.36)$$

berechnet werden kann.

Ein Vergleich von (10.35) mit (10.34) zeigt die Ähnlichkeit der Strukturen: Das Intervall ist symmetrisch um den Punktschätzer. Die Differenz zwischen Punktschätzer und Intervallgrenze ist das Produkt aus dem Quantil der Standardnormalverteilung und der geschätzten Standardabweichung der Punktschätzung. Zu beachten ist, dass dieses Intervall nur für $n\pi(1 - \pi) \geq 9$ gilt. Da π unbekannt ist, muss diese Bedingung in Anwendungen mit dem Punktschätzer überprüft werden, also mit $np(1 - p)$.

Beispiel 10.12 Für Markenhersteller ist der Bekanntheitsgrad der Marke eine wichtige Kenngröße. Angenommen in einer Zufallsstichprobe aus 250 Personen der Zielgruppe kannten 78 Personen eine bestimmte Marke. Dann ist die Punktschätzung für die Markenbekanntheit

$$p = \frac{78}{250} = 0{,}312.$$

Weil $np(1 - p) = 250 \cdot 0{,}312(1 - 0{,}312) > 9$ kann (10.36) zur Berechnung des Konfidenzintervalls benutzt werden. Das 95%-Konfidenzintervall ist

$$P\left(0{,}312 - 1{,}96\sqrt{\frac{0{,}312(1-0{,}312)}{250}} \leq \pi \leq 0{,}312 - 1{,}96\sqrt{\frac{0{,}312(1-0{,}312)}{250}}\right) = 95\%$$

$\Leftrightarrow P(0{,}285 \leq \pi \leq 0{,}329) = 95\%$.

Bei einem Konfidenzniveau von 95% liegt der Bekanntheitsgrad der Marke zwischen 28,5% und 31,2%.

Die Zusammenhänge, die für das Konfidenzintervall über μ beschrieben wurden, gelten auch hier: Senkt man das Konfidenzniveau, so wird die Schätzung ceteris paribus genauer. Erhöht man den Stichprobenumfang, so wird das Konfidenzintervall bei gleichem Konfidenzniveau genauer.

10.4 Zusammenfassung

- Mit **Schätzung** bezeichnen wir eine Aussage über einen Parameter der Grundgesamtheit, die mit Hilfe einer Stichprobe getroffen wird. Eine solche Aussage ist im Allgemeinen nicht fehlerfrei möglich, daher müssen Verfahren verwendet werden, die trotz dieses Stichprobenfehlers brauchbare Aussagen liefern. Dies leisten die Schätzverfahren der induktiven Statistik, indem sie Zufallsstichproben voraussetzen und die Wahrscheinlichkeitsrechnung zur Hilfe nehmen.

- Die **Punktschätzung** ist ein einziger aus den Stichprobendaten berechneter Wert. Die zur Berechnung benutzte Formel nennt man **Schätzer**. Es gibt verschiedene Möglichkeiten, Schätzer zu ermitteln, wie das Analogieprinzip, die Momentenmethode, die Kleinst-Quadrat-Methode und die Maximum-Likelihood-Methode. Nicht alle Schätzer haben die gleichen Qualitäten.

- Die Qualität eines Schätzers lässt sich durch die auf der Wahrscheinlichkeitsrechnung beruhenden Konzepte **Erwartungstreue**, **Effizienz** und **Konsistenz** beschreiben. Während Konsistenz eine Minimalanforderung ist, entspricht ein Schätzer, der erwartungstreu und effizient ist, den höchsten Qualitätsmaßstäben.

- Die **Intervallschätzung** liefert einen Wertebereich. Beim Konfidenzintervall gibt man eine Wahrscheinlichkeit vor und schätzt mit dieser Wahrscheinlichkeit einen Wertebereich, in dem der gesuchte Parameter liegt. In konkreten Anwendungen muss dazu die gesamte Wahrscheinlichkeitsverteilung des Schätzers bekannt sein.

- Für das **Stichprobenmittel** lassen sich folgende Aussagen treffen: In großen Zufallsstichproben (Faustregel n ≥ 30) ist es aufgrund des zentralen Grenzwertsatzes immer annähernd normalverteilt. In kleinen Zufallsstichproben ist die Verteilung im Allgemeinen unbekannt. Lediglich wenn das Merkmal, aus dem der Mittelwert berechnet wurde, normalverteilt ist, ist auch das Stichprobenmittel normalverteilt.

- Für den **Stichprobenanteil** ergibt sich die Verteilung aus der Binomialverteilung, die sich in großen Stichproben (Faustregel np(1 − p) ≥ 9) durch die Normalverteilung approximieren lässt. In beiden Fällen lassen sich aus den Quantilen der Normalverteilung relativ einfache Formeln für die Konfidenzintervalle herleiten.

11 Hypothesentests

Neben der Schätzung gehört der **statistische Hypothesentest** (**Hypothesentest, Signifikanztest, Test**) zu den grundlegenden Verfahren der induktiven Statistik. Er dient dazu, Aussagen oder Behauptungen über die Grundgesamtheit mit Hilfe von Stichprobendaten zu überprüfen. Eine derartige Überprüfung ist nicht ohne Weiteres möglich, da Stichprobe und Grundgesamtheit voneinander abweichen (Stichprobenfehler) und daher angesichts eines konkreten Stichprobenergebnisses nicht klar ist, ob auf eine Ablehnung der Aussage geschlossen werden kann oder lediglich ein Stichprobenfehler vorliegt. Der Hypothesentest liefert genau hierzu eine Aussage. Wie bei der Intervallschätzung wird dazu eine Fehlerwahrscheinlichkeit vorgegeben.

Wenn die Aussage einen Parameter der Grundgesamtheit betrifft und eine Annahme zur Verteilung der Stichprobe getroffen wird, spricht man von einem **parametrischen Test**. Ist eine dieser Gegebenheiten nicht erfüllt, so handelt es sich um einen **nichtparametrischen Test**. Nach der Zahl der einbezogenen Stichproben unterscheidet man außerdem **Einstichproben-, Zweistichproben** und **Mehrstichprobentests**. Während Einstichprobentests auf einen konkreten Wert testen, erlauben Zwei- und Mehrstichprobentests den Vergleich zwischen zwei bzw. mehreren Gruppen, aus denen die Stichproben stammen.

Das Testverfahren besteht aus verschiedenen Schritten, die im folgenden Abschnitt 11.1 zunächst theoretisch erläutert werden. Im Anschluss daran wird das Vorgehen anhand von zwei parametrischen Einstichprobentests illustriert: Wie beim Konfidenzintervall beschränken wir uns auf Tests über die Parameter μ (Abschnitt 11.2) und π (Abschnitt 11.3). Schließlich werden in 11.4 und 11.6 weitere theoretische Aspekte ergänzt.

Zahlreiche andere spezielle Hypothesentests in den folgenden Kapiteln 12 und 13 werden das Bild von der Bedeutung in der Anwendung ergänzen. Darunter finden sich neben weiteren Einstichproben- und parametrischen Tests auch nichtparametrische Tests (z. B. Chi-Quadrat-Unabhängigkeitstest in 13.2), Zweistichprobentests (z.B. auf Mittelwertvergleich in 13.3) und Mehrstichprobentests (z. B. Varianzanalyse in 13.4).

11.1 Das Grundprinzip und der Ablauf

Der statistische Test beruht auf der Annahme der Gültigkeit einer bestimmten Hypothese über die Grundgesamtheit, die man **Nullhypothese** nennt, abgekürzt H_0. Am Ende des Tests wird entschieden, ob die Nullhypothese verworfen wird oder nicht. Da die Grundgesamtheit unbekannt ist, muss diese Entscheidung aufgrund einer Stichprobe getroffen werden. Grob gesprochen, wird die Nullhypothese verworfen, sobald das Stichprobenergebnis angesichts der Nullhypothese extrem unwahrscheinlich ist. Dabei gibt der Anwender einen Wert für diese (kleine) Wahrscheinlichkeit α vor und bestimmt auf dieser Basis eine Grenze („**kritischer Wert**"), deren Über- oder Unterschreiten in der Stichprobe zu einer Ablehnung der Nullhypothese führt. Da es bei einer Ablehnung zwar unwahrscheinlich, aber möglich ist, dass H_0 trotzdem gilt, nennt man die vorgegebene Wahrscheinlichkeit α auch **Irrtumswahrscheinlichkeit**, eine andere Bezeichnung lautet **Signifikanzniveau**.

Das Testverfahren lässt sich gut in 6 Schritten darstellen:

1 Hypothesenformulierung
2 Vorgabe einer Teststatistik / Prüfgröße
3 Vorgabe einer Irrtumswahrscheinlichkeit (Signifikanzniveau)
4 Formulierung einer Entscheidungsregel
5 Stichprobenerhebung und Rechnung
6 Entscheidung

Im **ersten Schritt** werden die Hypothesen formuliert. Der Test wird unter der Annahme eines bestimmten Wertes für den unbekannten Parameter der Grundgesamtheit konstruiert und diese Annahme wird in der Nullhypothese formuliert. Formal muss die **Nullhypothese** daher immer ein **Gleichheitszeichen** enthalten:

$$H_0: \theta = \theta_0 \ .$$

Dabei ist θ_0 eine reelle Zahl und zwar der Wert, der in der Nullhypothese für den unbekannten Parameter θ ausgedrückt wird, d. h. der angenommene Wert θ_0 soll dem wahren aber unbekannten Wert θ entsprechen.

Neben der Nullhypothese wird eine **Alternativhypothese** formuliert, die wir mit H_1 abkürzen und zwar so, dass sich beide Alternativen gegenseitig ausschließen, d. h. so dass es keinen Bereich gibt, in dem beide Hypothesen gleichzeitig gelten. Das bedeutet, dass die Alternativhypothese kein Gleichheitszeichen enthalten darf. Oft wird in einem Test untersucht, ob der Parameter der Grundgesamtheit von einem bestimmten Wert θ_0 abweicht. Die Hypothesen lauten dann

$$H_0: \theta = \theta_0$$

11.1 Das Grundprinzip und der Ablauf

$$H_1: \theta \neq \theta_0,$$

und man spricht hier von einem **zweiseitigen Test**. Möchte man stattdessen lediglich entscheiden, ob der Wert der Nullhypothese überschritten wird, so wird ein **rechtsseitiger Test** durchgeführt:

$$H_0: \theta \leq \theta_0$$
$$H_1: \theta > \theta_0.$$

Im **linksseitigen Test** ist man ausschließlich an einer Unterschreitung des Wertes der Nullhypothese interessiert und man schreibt:

$$H_0: \theta \geq \theta_0$$
$$H_1: \theta < \theta_0.$$

Links- und rechtsseitige Tests werden auch **einseitige Tests** genannt. Man kann im einseitigen Test die Nullhypothese auch mit $H_0: \theta = \theta_0$ angeben, also auf das Ungleichheitszeichen verzichten, denn allein mit der Alternativhypothese ist die Art des Tests festgelegt.

Die Hypothesenformulierung steht an erster Stelle des Testverfahrens, denn sie wird allein von der (theoretischen) Fragestellung des Anwenders bestimmt, vor allem wird sie nicht von der zur Beantwortung dieser Frage erhobenen Stichprobe beeinflusst. Im Einzelnen beinhaltet die Formulierungen eine ganze Reihe von Entscheidungen:

- Mit welchem Parameter θ kann die Fragestellung beantwortet werden?
- Über welchen Zahlenwert θ_0 lautet die Hypothese?
- Ist eine Abweichung in beide Richtungen gleichzeitig (zweiseitiger Test) oder jeweils nur ein Unter- bzw. Überschreiten (einseitiger Test) interessant?
- Wenn einseitig, sollte links- oder rechtsseitig getestet werden?

Gerade die letzte Frage bereitet Anfängern oft Schwierigkeiten. Eine eindeutige Zuordnung ergibt sich, wenn man beachtet, dass das Gleichheitszeichen in der Nullhypothese erscheinen muss und sich die Wertebereiche in den Hypothesen nicht überschneiden dürfen.

Beispiel 11.1 Angenommen, es soll mit einer Stichprobe getestet werden, ob die von einer Maschine abgefüllten Kartoffelchips im Durchschnitt tatsächlich 175 g wiegen, wie auf der Packung angegeben. Die Nullhypothese lautet dann

$$H_0: \mu = 175,$$

da sie das Gleichheitszeichen enthält. Die Formulierung der Alternative ist von der konkreten Fragestellung abhängig. Ist beispielsweise eine Verbraucherschutzorganisation lediglich daran interessiert festzustellen, ob weniger als die angegebene Menge abgefüllt ist, so wäre ein linksseitiger Test durchzuführen:

$$H_0: \mu = 175 \text{ oder } H_0: \mu \geq 175$$
$$H_1: \mu < 175.$$

Möchte hingegen die Qualitätskontrolle des Unternehmens herausfinden, ob das Sollgewicht weder unter- noch überschritten wird, so wäre ein zweiseitiger Test durchzuführen:

$$H_0: \mu = 175$$
$$H_1: \mu \neq 175.$$

Stellt man in einer Zufallsstichprobe im Umfang n = 200 ein Durchschnittsgewicht von $\bar{x} = 173{,}6$ fest, so müsste die Qualitätskontrolle trotzdem einen zweiseitigen Test durchführen, obwohl keine Überschreitung angezeigt ist. Der Grund ist, dass die Hypothesen unabhängig vom Stichprobenergebnis festzulegen sind.

Im **zweiten Schritt** wird eine **Teststatistik** (oder auch **Prüfgröße**) angegeben. Die Teststatistik ist das Bindeglied zwischen der Stichprobe und einer speziellen Wahrscheinlichkeitsverteilung.

Im Beispiel 11.1 wird eine Hypothese über den Durchschnitt der Grundgesamtheit getestet. In der Stichprobe kann der Durchschnitt erwartungstreu und effizient mit $\bar{X}$ geschätzt werden. Die Teststatistik oder Prüfgröße ist eine Formel, mit der eine Verbindung zwischen diesem in der Stichprobe geschätzten Wert und einer bekannten Verteilung hergestellt wird. Von Ausdruck (10.30) aus Abschnitt 10.3.2 wissen wir, dass bei einem Stichprobenumfang von n = 200 das Stichprobenmittel $\bar{x}$ aufgrund des zentralen Grenzwertsatzes näherungsweise normalverteilt ist und damit der Ausdruck

$$T_{n-1} = \frac{\bar{X} - \mu}{\hat{\sigma}_{\bar{x}}} = \frac{\bar{X} - \mu}{\hat{\sigma}} \sqrt{n} \qquad (11.1)$$

t-verteilt ist mit df = n − 1 Freiheitsgraden. Da (11.1) das Stichprobenergebnis mit einer speziellen Wahrscheinlichkeitsverteilung verbindet, kann dieser Ausdruck als Teststatistik benutzt werden. In (11.1) erscheint allerdings noch der unbekannte Parameter μ. Für diesen Parameter wird der Wert

11.1 Das Grundprinzip und der Ablauf

der Nullhypothese eingesetzt, denn der Test wird unter der Annahme durchgeführt, dass die Nullhypothese zunächst einmal gilt. Es heißt dann

$$T_{n-1} = \frac{\bar{X} - \mu_0}{\hat{\sigma}_{\bar{x}}} = \frac{\bar{X} - \mu_0}{\hat{\sigma}} \sqrt{n},$$

wobei μ_0 den Wert aus der Nullhypothese meint, also 175.

Im **dritten Schritt** wird eine **Irrtumswahrscheinlichkeit (Signifikanzniveau)**, zumeist abgekürzt mit α, vorgegeben. Genauer gesagt, handelt es sich dabei um die Wahrscheinlichkeit, die Nullhypothese fälschlicherweise abzulehnen. Um zu verstehen, warum eine Irrtumswahrscheinlichkeit benötigt wird, ist es hilfreich, sich zu vergegenwärtigen, dass eine Entscheidung über die Grundgesamtheit, die mit einer Stichprobe getroffen wird, immer fehlerbehaftet sein kann. Da die Größe des Fehlers unbekannt ist, stellt sich die Frage, wie aufgrund einer Stichprobe überhaupt eine sinnvolle Entscheidung zu treffen ist. Im statistischen Test geschieht das, indem die Höhe der Wahrscheinlichkeit der fälschlichen Ablehnung der Nullhypothese vorgegeben wird. Dies ist möglich, weil aufgrund der Teststatistik eine Verbindung zwischen Stichprobenergebnis und einer bekannten Wahrscheinlichkeitsverteilung hergestellt wurde. Es liegt auf der Hand, dass man für die Irrtumswahrscheinlichkeit kleine Werte vorgibt. Welche Konsequenzen sich aus der Festlegung von α ergeben, wird erst in Abschnitt 11.4 ausführlicher behandelt. An dieser Stelle halten wir zunächst fest, dass man üblicherweise Werte zwischen $\alpha = 1\%$ und $\alpha = 10\%$ auswählt.

Im Beispiel 11.1 haben wir festgestellt, dass das Stichprobenmittel normalverteilt und die Teststatistik t-verteilt ist. Wenn die Verbraucherorganisation einen linksseitigen Test durchführt, also mit Hilfe einer Stichprobe testen möchte, ob der Sollwert unterschritten wird, so besagt diese Verteilungsannahme, dass die Teststatistik Werte zwischen $-\infty$ bis ∞ annehmen könnte, denn die Dichte der t-Verteilung nähert sich asymptotisch der Abszisse, ohne sie jemals zu berühren. Mit anderen Worten, auch wenn die Nullhypothese zuträfe, könnte das Stichprobenmittel jeden möglichen Wert annehmen. Bei vollkommener Sicherheit ist es also nicht möglich, eine Entscheidung über die Gültigkeit der Nullhypothese zu treffen. Im statistischen Test wird vollständige Sicherheit durch ein hohes Maß an Sicherheit ersetzt, das sich in einer kleiner Irrtumswahrscheinlichkeit widerspiegelt. Wählt man beispielsweise $\alpha = 5\%$, so können mit Hilfe der Dichtefunktion der Teststatistik die 5% unwahrscheinlichsten Werte ermittelt werden, die unter Gültigkeit der Nullhypothese noch möglich wären. Zählt das Stichprobenergebnis zu diesen unwahrscheinlichsten Werten, so würde man die Nullhypothese ablehnen. Es ist dann zwar möglich, aber eben sehr unwahrscheinlich, dass dieser Wert bei Gültigkeit der Nullhypothese zustande kommt.

Im **vierten Schritt** wird eine Entscheidungsregel formuliert. Dazu werden kritische Werte ermittelt, deren Über- bzw. Unterschreiten zu einer Ablehnung der Nullhypothese führen: Im linksseitigen Test wird die Nullhypothese abgelehnt, wenn der kritische Wert unterschritten wird, im rechtsseitigen Test hingegen, wenn der kritische Wert überschritten wird. Im zweiseitigen Test werden zwei kritische Werte ermittelt, und die Nullhypothese wird abgelehnt, wenn der höhere kritische Wert über- oder der niedrigere kritische Wert unterschritten wird.

Die kritischen Werte stammen aus der Wahrscheinlichkeitsverteilung der im zweiten Schritt angegebenen Teststatistik, genauer gesagt, es sind die Quantile dieser Verteilung. Welches Quantil den kritischen Wert bildet, ist durch α vorgegeben: Im linksseitigen Test ist der kritische Wert das α-Quantil, im rechtsseitigen Test ist es das $(1-\alpha)$-Quantil und im zweiseitigen Test sind es das $\alpha/2$- bzw. das $(1-\alpha/2)$-Quantil. In Abb. 11.1 wird dieses Prinzip für den linksseitigen Test veranschaulicht, wenn man annimmt, dass die Dichtefunktion der Teststatistik eine Glockenform hat.

Abb. 11.1   Entscheidungsregel im linksseitigen Test

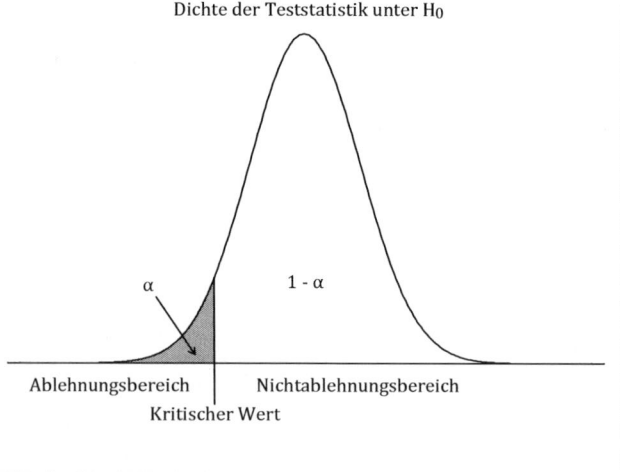

Der kritische Wert teilt den Wertebereich der Teststatistik in zwei Bereiche: Der Ablehnungsbereich, in dem H_0 verworfen wird, liegt links vom kritischen Wert, der Nichtablehnungsbereich liegt rechts vom kritischen Wert. Die **Entscheidungsregel** im **linksseitigen** Test lautet daher:

„Lehne H_0 ab, wenn der berechnete Wert der Teststatistik **kleiner** als der kritische Wert ist."

11.1 Das Grundprinzip und der Ablauf 455

Dies ist unmittelbar plausibel, weil im linksseitigen Test starke Abweichungen nach unten eher zu einer Ablehnung der Nullhypothese führen. Bei der Festlegung, welche Werte aufgrund des Signifikanzniveaus als unwahrscheinlich gelten, interessieren hier nur die unteren extremen Werte der Teststatistik. Daher entspricht der kritische Wert beim linksseitigen Test gerade dem α-Quantil.

Im rechtsseitigen Test stellt sich der Sachverhalt genau umgekehrt dar: Hier kann lediglich ein Überschreiten des aus der Stichprobe berechneten Wertes der Teststatistik zu einer Ablehnung der Nullhypothese führen. Demnach sind die oberen extremen Werte aus der Teststatistik als unwahrscheinlich einzustufen, und der Ablehnungsbereich liegt rechts vom kritischen Wert (siehe Abb. 11.2).

Abb. 11.2 Entscheidungsregel im rechtsseitigen Test

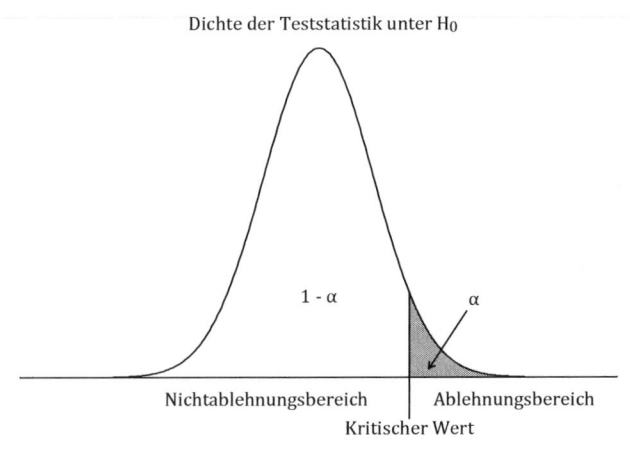

Die **Entscheidungsregel** im **rechtsseitigen** Test lautet also:

„Lehne H_0 ab, wenn der berechnete Wert der Teststatistik **größer** als der kritische Wert ist."

Der kritische Wert ist, wie oben bereits erwähnt, das $(1 - \alpha)$-Quantil der Verteilung der Teststatistik.

Im zweiseitigen Test hingegen interessieren Abweichungen vom Wert der Nullhypothese in beide Richtungen. Daher bilden sowohl die extremen oberen also auch die extremen unteren Werte der Teststatistik den Ablehnungsbereich. Das Signifikanzniveau wird dazu gleichmäßig auf beide Enden der Dichtefunktion aufgeteilt (siehe Abb. 11.3), so dass der untere kritische Wert das $\alpha/2$-Quantil ist und der obere kritische Wert das $(1-\alpha/2)$-Quantil.

Abb. 11.3   Entscheidungsregel im zweiseitigen Test

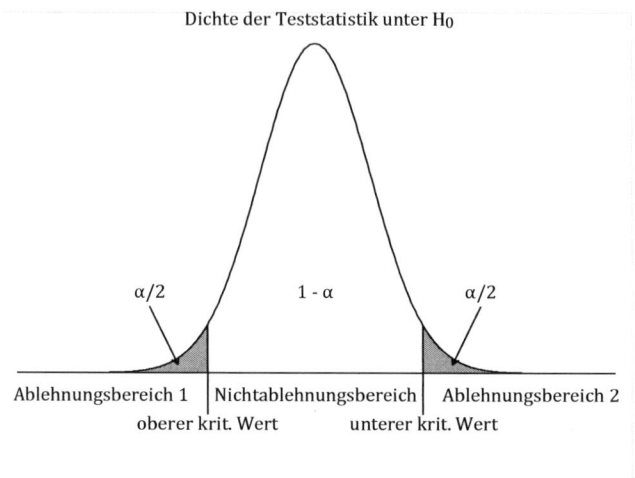

Die **Entscheidungsregel** im **zweiseitigen** Test lautet also:

> „Lehne H_0 ab, wenn der berechnete Wert der Teststatistik den oberen kritischen Wert **überschreitet** oder den unteren kritischen Wert **unterschreitet**".

Im **5. Schritt** wird das Stichprobenergebnis in die Formel der Teststatistik eingesetzt und daraus der berechnete Wert der Teststatistik bestimmt. Dieses Ergebnis wird im **6. Schritt** dem kritischen Wert gegenübergestellt, so dass gemäß Entscheidungsregel eine Entscheidung getroffen werden kann. Fällt der berechnete Wert in den Ablehnungsbereich, so wird H_0 abgelehnt. Das bedeutet im linksseitigen Test, dass die Punktschätzung signifikant kleiner als θ_0 ist, im rechtsseitigen Test, dass sie signifikant größer als dieser Wert ist und im zweiseitigen Test, dass sie sich signifikant von θ_0 unterscheidet. Mit **Signifikanz** ist gemeint, dass der Punktschätzer systematisch, also nicht nur rein zufällig, aufgrund des Stichprobenfehlers den Wert θ_0 unterschreitet. Fällt der berechnete Wert der Teststatistik hingegen in den Nichtablehnungsbereich, so sind die untersuchten Abweichungen der Schätzung vom Wert θ_0 insignifikant, d. h. sie können als reine Zufallsabweichungen, die durch den Stichprobenfehler hervorgerufen werden, gewertet werden.

Eine Nichtablehnung der Nullhypothese stellt keinen Nachweis dafür dar, dass die Nullhypothese tatsächlich gilt, deswegen wird auch der Ausdruck vermieden, die Nullhypothese werde akzeptiert. Ein statistischer Test kann nur die Alternativhypothese akzeptieren, also nur den Nachweis erbringen, dass die Nullhypothese bei gegebener Irrtumswahrscheinlichkeit und dem vorliegenden Stichprobenbefund nicht stimmt. Der Grund liegt darin, dass der Test – wie oben erwähnt wurde – unter der Prämisse durchgeführt wird, dass die Nullhypothese gilt. Mit dieser Prämisse lässt sich nämlich die Teststatistik berechnen, indem der Wert der Nullhypothese θ_0 eingesetzt wird. Die Prämisse ist also für die Konstruktion des Tests notwendig, kann deswegen aber selbst nicht Gegenstand des Tests sein. Man sagt, der Test kann die Nullhypothese nicht verifizieren, sondern nur falsifizieren.

11.2 Test auf Mittelwert μ

Wenn eine Hypothese über den Wert eines Durchschnitts der Grundgesamtheit geprüft werden soll, kommt der Test auf μ zum Einsatz. Je nach Fragestellung kann der Test ein- oder zweiseitig formuliert werden. Konkret heißen die Hypothesen im zweiseitigen Test

$$H_0: \mu = \mu_o$$
$$H_1: \mu \neq \mu_o,$$

im linksseitigen Test

$$H_0: \mu = \mu_o \text{ oder } H_0: \mu \geq \mu_o$$
$$H_1: \mu < \mu_o$$

und im rechtsseitigen Test

$$H_0: \mu = \mu_o \text{ oder } H_0: \mu \leq \mu_o$$
$$H_1: \mu > \mu_o.$$

Als Teststatistik muss ein Bindeglied zwischen dem Punktschätzer für den Durchschnitt $\bar{X}$ und einer speziellen Verteilung gefunden werden. Dazu kann auf die Erkenntnisse aus Kapitel 10.3.2 zurückgegriffen werden. Aus (10.30) ist bekannt, dass

$$(\bar{X} - \mu)/S_{\bar{X}} = (\bar{X} - \mu)\sqrt{n}/S$$

t-verteilt ist mit df = n − 1 Freiheitsgraden, wenn entweder das zugrundeliegende Merkmal normalverteilt ist oder die Stichprobe so groß ist, dass der zentrale Grenzwertsatz zum Einsatz kommt (ca. ab n ≥ 30). Zusätzlich wissen wir, dass die t-Verteilung ab ca. n ≥ 30 durch die Normalverteilung ersetzt werden kann. Setzt man in (10.30) den Wert aus der Nullhypothese ein, so erhält man als **Teststatistik für kleine Stichproben**

$$\boxed{T_{n-1} = \frac{\overline{X} - \mu_0}{S_{\overline{X}}} = \frac{\overline{X} - \mu_0}{S}\sqrt{n}} \qquad (11.2)$$

Dieser Ausdruck ist t-verteilt, sofern das Merkmal X in der Grundgesamtheit normalverteilt ist.

Für **große Stichproben** ist der folgende Ausdruck ohne weitere Annahmen t-verteilt bzw. annähernd normalverteilt:

$$\boxed{Z \approx T_{n-1} = \frac{\overline{X} - \mu_0}{S_{\overline{X}}} = \frac{\overline{X} - \mu_0}{S}\sqrt{n}} \qquad (11.3)$$

Beispiel 11.2 In Beispiel 11.1 wurde die Frage aufgeworfen, ob die von einer Maschine abgefüllten Packungen Kartoffelchips im Durchschnitt tatsächlich 175 g wiegen. Eine Verbraucherschutzorganisation möchte anhand einer Zufallsstichprobe im Umfang von n = 200 untersuchen, ob dieser Wert unterschritten wird. Die Hypothesen wurden oben schon mit $H_0: \mu \geq 175$ und $H_1: \mu < 175$ angegeben.

Als Teststatistik nehmen wir die Formel für große Stichproben, da der Stichprobenumfang deutlich größer als 30 ist:

$$Z = \frac{\overline{X} - \mu_0}{S}\sqrt{n}.$$

Das Signifikanzniveau wird mit dem Standardwert α = 5% festgelegt. Dann lautet die Entscheidungsregel: „Lehne H_0 ab, wenn der berechnete Wert der Teststatistik kleiner als −1,645 ist". Der Wert 1,645 ist das 5%-Quantil der Normalverteilung, also der Wert, der in der Normalverteilungstabelle (vgl. Tabelle 14.1 im Anhang) bei der Wahrscheinlichkeit von 5% an den Rändern steht. (Das 5%-Quantil lässt sich aus der Tabelle nicht genau ablesen, vgl. Beispiel 10.10.)

Angenommen, die Stichprobenerhebung ergab die Punktschätzungen $\overline{x} = 173,5$ für den Mittelwert und s = 5,5 für die Standardabweichung. Diese Werte können in der

11.2 Test auf Mittelwert µ

Teststatistik für die Schätzer $\bar{X}$ und S eingesetzt werden. Damit lautet der berechnete Wert der Teststatistik:

$$z = \frac{173{,}5 - 175}{5{,}5} \sqrt{200} = -3{,}86.$$

Auch der berechnete Wert der Teststatistik z wird mit einem Kleinbuchstaben geschrieben, da es sich um eine Stichprobenrealisation handelt. Der Wert fällt hier in den Ablehnungsbereich, daher wird die Nullhypothese verworfen. Das bedeutet, dass der Stichprobenwert signifikant kleiner als das Sollgewicht von 175 g ist.

Im Zusammenhang mit dem letzten Satz sei noch einmal auf die Bedeutung des Begriffs Signifikanz hingewiesen. Lässt man das Adjektiv signifikant in der Interpretation weg, so ergibt sich eine Selbstverständlichkeit, da der Stichprobendurchschnitt ja offensichtlich kleiner als 175 g ist. Die Eigenschaft signifikant macht deutlich, dass die Abweichung nicht nur auf einen Zufallseffekt zurückzuführen ist, die sich aus der Stichprobenauswahl der Tüten ergab, sondern tatsächlich auf einen systematischen Einfluss zurückzuführen ist.

Beispiel 11.3 Ein neues Arzneimittel soll den Blutdruck im Durchschnitt um mehr als 20 Punkte senken. Die Wirksamkeit des Medikaments wird mit einer Zufallsstichprobe von n = 9 getestet. Die Stichprobe ergab: $\bar{x} = 21{,}5$ und $s = 1{,}8$. Ferner soll angenommen werden, dass der Blutdruck normalverteilt ist.

Die Formulierung der Hypothesen muss berücksichtigen, dass das Medikament nur dann wirksam ist, wenn die Blutsenkung den Durchschnitt von 20 überschreitet. Die Fragestellung kann nur beantwortet werden, wenn ein rechtsseitiger Test durchgeführt wird, also

$$H_0: \mu \leq 20$$
$$H_1: \mu > 20,$$

denn in einem linksseitigen Test würde die Nullhypothese $H_0: \mu \geq 20$ den Fall der Wirksamkeit des Medikaments ($\mu > 20$) mit dem Fall der Unwirksamkeit ($\mu = 20$) vermischen.

Die Teststatistik lautet

$$T_{n-1} = \frac{\bar{X} - \mu_0}{S} \sqrt{n},$$

da X als normalverteilt angenommen wurde und der Stichprobenumfang keine Approximation der t-Verteilung durch die Normalverteilung zulässt. Wird das Signifikanzniveau mit $\alpha = 1\%$ festgelegt, so lautet die Entscheidungsregel: „Lehne H_0 ab, wenn der berechnete Wert der Teststatistik größer als 2,896 ist." Der kritische Wert kann aus der t-Tabelle (Tabelle 14.2 im Anhang) bei 8 Freiheitsgraden und einer Wahrscheinlichkeit von 99% abgelesen werden.

Setzt man das Stichprobenergebnis in die Teststatistik ein, so ergibt sich die berechnete Teststatistik t mit

$$t = \frac{21{,}5 - 20}{1{,}8}\sqrt{9} = 2{,}5.$$

Damit fällt der berechnete Wert der Teststatistik in den Nichtablehnungsbereich. Die Nullhypothese kann also nicht abgelehnt werden. Das bedeutet, dass die durchschnittliche Blutsenkung in der Stichprobe nicht signifikant größer als 20 ist und damit die behauptete Wirksamkeit des Medikaments nicht nachgewiesen werden kann.

Erhöht man das Signifikanzniveau von $\alpha = 1\%$ auf $\alpha = 5\%$, so ergibt sich laut t-Tabelle ein kritischer Wert von 1,86. Damit fiele der berechnete Wert der Teststatistik in den Ablehnungsbereich, und man würde zu der umgekehrten Entscheidung gelangen, das Medikament sei wirksam. Der Festlegung des Signifikanzniveaus kommt also mitunter entscheidende Bedeutung zu und wird daher später noch genauer diskutiert werden (Abschnitt 11.4).

Beispiel 11.4 Bei Bewerbungsgesprächen werden den potentiellen Vertriebsmitarbeitern eines Unternehmens durchschnittliche monatliche Provisionen von 600 € in Aussicht gestellt. In einer Zufallsstichprobe von n = 100 wurde ein Durchschnitt von 585 € bei einer (erwartungstreu geschätzten) Standardabweichung von 80 € festgestellt. Es soll mit $\alpha = 10\%$ getestet werden, ob sich die Behauptung des Unternehmens widerlegen lässt.

Aus der Fragestellung geht nicht hervor, ob lediglich eine Unter- bzw. Überschreitung untersucht werden soll. Das Stichprobenmittel ist mit $\bar{x} = 585$ zwar geringer als der Wert der Nullhypothese ($\mu_0 = 600$), die Stichprobe darf die Hypothesenformulierung aber nicht beeinflussen. Daher ist von einem zweiseitigen Test auszugehen und die Hypothesen lauten:

$$H_0 : \mu = 600$$

$$H_1: \mu \neq 600.$$

Auch hier ist der Stichprobenumfang groß genug, um mit der Teststatistik

$$Z = \frac{\overline{X} - \mu_0}{S} \sqrt{n}$$

zu arbeiten und kritische Werte der Normalverteilung zu benutzen. Da dieser Tests zweiseitig ist, werden als kritische Werte das $\alpha/2$-Quantil und das $(1 - \alpha/2)$-Quantil gesucht, bei $\alpha = 10\%$ also das 5%-Quantil und das 95%-Quantil. Man kann sich zunutze machen, dass die Normalverteilung symmetrisch ist und nur einen Wert in der Tabelle nachschlagen. Den anderen Wert erhält man, indem man das Vorzeichen des nachgeschlagenen Wertes ändert. (Diese Verfahrensweise funktioniert auch bei der t-Verteilung, nicht aber, wenn die Teststatistik einer asymmetrischen Verteilung (Chi-Quadrat oder der F-Verteilung) folgt.) Die Entscheidungsregel lautet hier: „Lehne H_0 ab, wenn der berechnete Wert der Teststatistik kleiner als $-1{,}645$ oder größer als $1{,}645$ ist". Als berechneten Wert der Teststatistik erhält man

$$z = \frac{585 - 600}{80} \sqrt{100} = -1{,}88.$$

Demnach wird die Nullhypothese abgelehnt. Die Durchschnittsprovision in der Stichprobe hat sich signifikant verändert.

11.3 Test auf Anteilswert π

Der Test auf π testet Hypothesen über den Anteil in einer Grundgesamtheit. Allgemein lauten diese Hypothesen im zweiseitigen Test

$$H_0: \pi = \pi_o$$
$$H_1: \pi \neq \pi_o,$$

im linksseitigen Test

$$H_0: \pi = \pi_o \text{ oder } H_0: \pi \geq \pi_o$$
$$H_1: \pi < \pi_o$$

und im rechtsseitigen Test

$$H_0: \pi = \pi_o \text{ oder } H_0: \pi \leq \pi_o$$
$$H_1: \pi > \pi_o.$$

Dabei bezeichnet π_o den Zahlenwert, über den getestet wird.

Eine Teststatistik lässt sich auffinden, indem auf die Erkenntnisse aus Abschnitt 10.3.3 zurückgegriffen wird. Dort haben wir festgestellt, dass $Z = (P - \pi)/S_p$ annähernd standardnormalverteilt ist, wenn $n\pi(1-\pi) \geq 9$. Der Ausdruck für die geschätzte Standardabweichung lautet $S_p = \sqrt{P(1-P)/n}$. Eine Teststatistik erhält man, indem man in diesem Ausdruck den Wert aus der Nullhypothese π_o einsetzt, da ein statistischer Test stets die Annahme trifft, die Nullhypothese sei zutreffend. Dies betrifft zum einen den Ausdruck π im Zähler von Z, zum anderen aber auch die Varianz: Bei Zutreffen der Nullhypothese ist die Varianz bekannt und muss nicht geschätzt werden. Die Teststatistik für den Test auf π lautet damit

$$\boxed{Z = \frac{P - \pi_o}{\sigma_p} = \frac{P - \pi_o}{\sqrt{\frac{\pi_o(1 - \pi_o)}{n}}}} \qquad (11.4)$$

Der Ausdruck ist annähernd normalverteilt, sofern $n\pi_o(1 - \pi_o) \geq 9$.

Beispiel 11.5 Die Qualität der Aktienkursprognose einer Analyseabteilung soll untersucht werden. Zur Vereinfachung wird nur geprüft, ob eine in der Vergangenheit vorausgesagte Kurssteigerung tatsächlich eingetreten ist, unabhängig von ihrer Höhe. In 150 zufällig ausgewählten Zeitpunkten erwiesen sich nach diesem Kriterium 81 Prognosen als zutreffend. Kann bei einer Irrtumswahrscheinlichkeit von $\alpha = 10\%$ angenommen werden, dass die Abteilung bessere Prognosen liefert, als eine reine Zufallsprognose?

Eine reine Zufallsprognose führt zu einem erwarteten Erfolgsanteil von 50%. Die Analyseabteilung ist also nur erfolgreich, wenn die Trefferquote ihrer Prognosen höher als 50% ist. Daher ist ein rechtsseitiger Test mit den Hypothesen

$$H_0: \pi \leq 0,5$$
$$H_1: \pi > 0,5.$$

durchzuführen. Die Teststatistik

$$Z = \frac{P - \pi_o}{\sqrt{\frac{\pi_o(1 - \pi_o)}{n}}}$$

11.4 Der P-Wert

ist annähernd standardnormalverteilt, weil $n\pi_0(1-\pi_0) = 150 \cdot 0{,}5 \cdot 0{,}5 = 37{,}5$ den Wert 9 aus der Faustregel übersteigt. Um den kritischen Wert zu ermitteln wird die Standardnormalverteilungstabelle (Tabelle 14.1 im Anhang) herangezogen. Das 10%-Quantil ist dort nicht aufgeführt, daher wird näherungsweise das 10,03%-Quantil verwendet. Dabei ergibt sich ein kritischer Wert von 1,28. Die Entscheidungsregel ist damit: „Lehne H_0 ab, wenn der berechnete Wert der Prüfgröße größer als 1,28 ist." Aus der Stichprobe errechnet sich der Anteil p = 81/150 = 0,54. Zur Berechnung der Teststatistik werden wieder Kleinbuchstaben verwendet, da es sich um eine Stichprobenrealisation handelt: Für den Schätzer P in der Teststatistik wird der Schätzwert p eingesetzt und es ergibt sich z. Konkret erhalten wir

$$z = \frac{0{,}54 - 0{,}5}{\sqrt{\frac{0{,}5(1-0{,}5)}{150}}} = 0{,}98.$$

Der Wert fällt in den Nichtablehnungsbereich, d. h. die Nullhypothese kann also nicht verworfen werden. Damit ist die Trefferquote der Prognosen in der Stichprobe nicht signifikant größer als 50%, so dass die Qualität der Prognosen der Analyseabteilung nicht gesichert ist.

11.4 Der P-Wert

In den vorhergehenden Abschnitten wurde das Prinzip des statistischen Tests erklärt und anhand zweier spezieller Tests angewendet. Noch offen geblieben ist dabei, nach welchem Kriterium das Signifikanzniveau α festgelegt werden soll. Halten wir zunächst einmal fest, was bereits über α gesagt wurde: Der Wert stellt die Irrtumswahrscheinlichkeit dar, genauer gesagt, die Wahrscheinlichkeit, die Nullhypothese fälschlicherweise abzulehnen. Diese Wahrscheinlichkeit wird vom Benutzer selbst ausgewählt, also vorgegeben. Da es sich um eine Irrtumswahrscheinlichkeit handelt, werden üblicherweise kleine Werte für α gewählt. Anhaltspunkte sind dadurch gegeben, dass es einen Wertebereich gibt, der sich als wissenschaftliche Konvention erwiesen hat. Demnach sollten die Irrtumswahrscheinlichkeiten in einem Intervall zwischen 1% und 10% liegen. In manchen Anwendungen werden auch noch kleinere Signifikanzniveaus vorgegeben (0,1% oder 0,5%), Werte von mehr als 10% finden sich aber selten.

In Beispiel 11.3 haben wir gesehen, dass das Testergebnis unterschiedlich ausfallen kann, je nachdem welche Irrtumswahrscheinlichkeit man vorgibt. Eine einfache Strategie könnte daher darin bestehen, parallel mehrere Tests für verschiedene Werte von α aus dem Intervall [1%; 10%] durchzuführen und anschließend zu prüfen, ob sich die Entscheidung verändert. Stellt man beispielsweise fest, dass die Testentscheidung bei $\alpha_1 = 1\%$ und bei $\alpha_2 = 10\%$ dieselbe ist, so kann man festhalten, dass der Test bei jedem üblichen Signifikanzniveau zur selben Entscheidung kommt.

Diese Strategie soll anhand der Beispiele aus den Abschnitten 11.2 und 11.3 illustriert werden. Im Beispiel 11.2 wurde in einer großen Stichprobe linksseitig auf den Durchschnittswert 175 getestet. Für $\alpha_1 = 1\%$ erhält man einen kritischen Wert von $-2{,}33$, für $\alpha_2 = 10\%$ hingegen $-1{,}28$. Der berechnete Wert der Prüfgröße betrug $-3{,}6$. Da dieser Wert kleiner ist als beide kritischen Werte, wird die Nullhypothese bei jedem üblichen Signifikanzniveau abgelehnt.

In Beispiel 11.3 wurde bereits festgestellt, dass eine Erhöhung des Signifikanzniveaus von 1% auf 5% die ursprüngliche Nichtablehnung in eine Ablehnung der Nullhypothese geändert hat. Bei $\alpha = 10\%$ erhielte man einen noch kleineren kritischen Wert von 1,397, so dass auch hier die Nullhypothese abgelehnt würde.

Im zweiseitigen Test auf den Durchschnitt von 600 aus Beispiel 11.4 wurde die Nullhypothese bei $\alpha = 10\%$ abgelehnt, da der berechnete Wert der Prüfgröße ($-1{,}88$) kleiner als der untere kritische Wert von $-1{,}645$ war. Bei $\alpha = 1\%$ wäre der untere kritische Wert ca. $-2{,}575$, und man würde die Nullhypothese nicht ablehnen. Ebenfalls nicht ablehnen würde man bei einem 1%-Niveau, da der dazugehörige kritische Wert $-1{,}96$ beträgt.

Beispiel 11.5 endete mit der Entscheidung, dass die Nullhypothese einer Trefferquote von 50% bei einer Irrtumswahrscheinlichkeit von 10% nicht abgelehnt werden kann: Der berechnete Wert der Prüfgröße war 0,98, während der kritische Wert dieses rechtsseitigen Tests bei 1,28 lag. Bei höheren Werten von α ergäbe sich ein noch höherer kritischer Wert. Die Nichtablehnung wird also auch bei allen anderen üblichen Signifikanzniveaus bestätigt.

Eine darauf aufbauende Strategie besteht darin, die Grenzwahrscheinlichkeit zu berechnen, bei deren Überschreitung sich ein Entscheidungswechsel ergibt. Diese Wahrscheinlichkeit heißt **P-Wert** oder **Überschreitungswahrscheinlichkeit**, häufig wird auch im Deutschen der englische Ausdruck **p-value** benutzt. Der P-Wert ist definiert als die Irrtumswahrscheinlichkeit, die man vorgeben müsste, wenn man die Nullhypothese gerade noch akzeptieren möchte. Wenn man den P-Wert ermittelt, kann man mit einer einfachen **Entscheidungsregel** arbeiten: Die Nullhypothese wird abgelehnt, sofern der P-Wert kleiner als die vorgegebene Irrtumswahrscheinlichkeit α ist. Dies wird in Abb. 11.4 anhand eines linksseitigen Tests illustriert: Ignoriert man zunächst den P-Wert und trifft die Entscheidung nach dem bisherigen Verfahren, so stellt man fest, dass der berechnete Wert der Teststatistik rechts vom kritischen Wert, also im Nichtablehnungsbereich liegt. Eine Erhöhung von α hätte aber

11.4 Der P-Wert

zur Folge, dass der kritische Wert auf dem Zahlenstrahl weiter nach rechts wanderte und der berechnete Wert der Teststatistik in den Ablehnungsbereich fiele. Der P-Wert ist die Fläche, die sich ergibt, wenn man α genau auf den Wert erhöht, bei dem sich kritischer Wert und berechneter Wert der Prüfgröße einander entsprechen. Dies wäre beim linksseitigen Test die Fläche links vom berechneten Wert der Prüfgröße. Vergleicht man nach der bisherigen Entscheidungsregel die Werte auf dem Zahlenstrahl (also den kritischen Wert und den berechneten Wert der Prüfgröße) miteinander, so vergleicht die Entscheidungsregel mit dem P-Wert die dazugehörigen Flächen (also den P-Wert und α). An der Graphik erkennt man, dass beide Verfahren äquivalent zueinander sind.

Abb. 11.4   P-Wert im linksseitigen Test

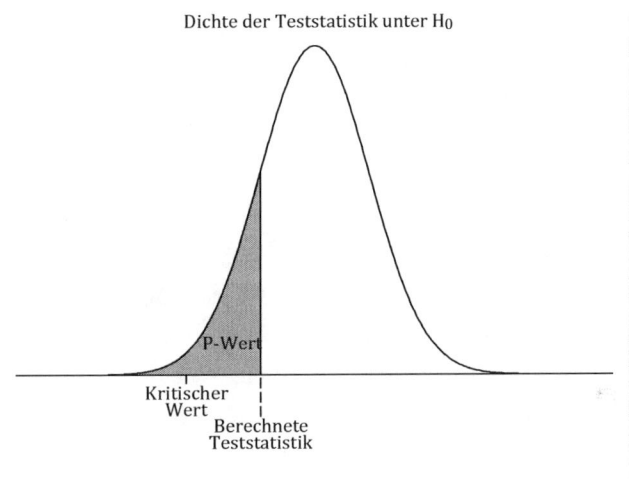

Der Hauptvorteil dieser Entscheidungsregel besteht darin, dass sie unverändert für jeden Test herangezogen werden kann, also unabhängig von der Hypothesenformulierung und der Verteilung der Teststatistik ist. Ein weiterer Vorteil ist, dass die Wirkung der Veränderung des Signifikanzniveaus α sehr leicht untersucht werden kann.

Allerdings muss bei der **Berechnung des P-Wertes** zwischen ein- und zweiseitigem Test unterschieden werden. Wie wir gesehen haben, ist der P-Wert im linksseitigen Test die Fläche links vom berechneten Wert der Prüfgröße. Im rechtsseitigen Test entspricht er stattdessen der Fläche rechts vom berechneten Wert der Prüfgröße. Im zweiseitigen Test werden zunächst beide Flächen rechts und links vom berechneten Wert der Prüfgröße ermittelt. Der P-Wert ist dann das Doppelte der kleineren dieser beiden Flächen.

Die Berechnung eines P-Wertes anhand der im Anhang wiedergegebenen Tabellen ist nur mit der Normalverteilung sinnvoll, da die t-Tabelle zu wenige Wahrscheinlichkeiten auflistet.

Im Beispiel 11.2 ist der P-Wert die Wahrscheinlichkeit $P(z < -3{,}6)$. Aus der Standardnormalverteilungstabelle ergibt sich dazu der Wert $F_{St}(-3{,}6) = 0{,}0002$. Dieser P-Wert ist kleiner als jede übliche Irrtumswahrscheinlichkeit. Daher wird die Nullhypothese bei jeder üblichen Irrtumswahrscheinlichkeit abgelehnt.

Im zweiseitigen Test aus Beispiel 11.4 ist der P-Wert $2 \cdot F_{St}(-1{,}88) = 0{,}06$. Daher würde man bis zu einem Signifikanzniveau von 6% die Nullhypothese nicht ablehnen, bei höheren Niveaus jedoch ablehnen.

Für Beispiel 11.5 schließlich errechnet sich der P-Wert aus $1 - F_{St}(0{,}98) = 1 - 0{,}8365 = 0.1635$. Der P-Wert übersteigt alle üblichen Signifikanzniveaus. Daher würde man die Nullhypothese stets nicht ablehnen.

Bei nicht normalverteilten Teststatistiken ist man darauf angewiesen, dass der P-Wert von der jeweilig eingesetzten Software ausgewiesen wird. Da praktisch alle verfügbaren Statistik-Pakete standardmäßig P-Werte ausweisen und das Arbeiten mit P-Werten dann einfacher ist als der Vergleich der berechneten Teststatistik mit kritischen Werten, arbeiten viele Anwender ausschließlich mit der P-Wert basierten Entscheidungsregel.

Wendet man die Entscheidungsregel auf den Standardbereich von Irrtumswahrscheinlichkeiten zwischen 1% und 10% an, so ergeben sich die folgenden Möglichkeiten:

Tabelle 11.1 Berechnete P-Werte und Entscheidungen

Berechneter P-Wert	Entscheidung
< 1%	Ablehnung der Nullhypothese
1% ≤ P-Wert < 10%	Entscheidung abhängig vom konkreten α
≥ 10%	Nichtablehnung der Nullhypothese

An dieser Stelle sei darauf hingewiesen, dass die Grenzen lediglich in der Praxis allgemein akzeptierte Standards darstellen, also nicht wissenschaftlich begründet sind. Anwender arbeiten oft auch mit einer Untergrenze, die kleiner als 1% ist.

11.5 Fehlerarten

Bislang offen geblieben ist die Frage, nach welchem theoretischen Kriterium das Signifikanzniveau α festzulegen ist. Zunächst erscheint es naheliegend, α möglichst klein zu wählen, da es sich ja um eine Irrtumswahrscheinlichkeit handelt. Dass diese Strategie allerdings ungeeignet ist, kann man sich mit einer einfachen Überlegung klarmachen: Eine Minimierung von α würde bei einer normal- oder t-verteilten Prüfgröße dazu führen, dass sich die kritischen Werte im Unendlichen befänden, da diese Dichtefunktionen sich ja asymptotisch der x-Achse nähern, ohne sie zu berühren. Bei unendlich großen (oder kleinen) kritischen Werten kann man die Nullhypothese aber niemals ablehnen, auch wenn sie falsch ist.

Diese Überlegung verdeutlicht außerdem, dass mit dem Signifikanzniveau nur eine mögliche Fehlerart gesteuert wird, nämlich der Fehler, die Nullhypothese fälschlicherweise abzulehnen. Wir nennen diesen Fehler im Folgenden α-**Fehler** oder **Fehler 1. Art**. Darüber hinaus gibt es noch eine weitere Fehlerart, die darin besteht, eine in Wahrheit unzutreffende Nullhypothese fälschlicherweise nicht abzulehnen. Der Fehler wird **Fehler 2. Art** genannt oder auch β-**Fehler**, weil die Wahrscheinlichkeit für diesen Fehler üblicherweise mit β abgekürzt wird. Eine Übersicht findet sich in Tabelle 11.2.

Tabelle 11.2 Fehlerarten und Wahrscheinlichkeiten

	H_0 wird nicht abgelehnt	H_0 wird abgelehnt
H_0 trifft zu	richtige Entscheidung	Fehler 1. Art (α)
H_1 trifft zu	Fehler 2. Art (β)	richtige Entscheidung

Die Fehlerwahrscheinlichkeit β tauchte bislang im Testablauf nicht auf. Das liegt einerseits daran, dass sie nicht wie α festgelegt werden muss, sondern sich automatisch mit der Festlegung von α ergibt und andererseits daran, dass sie sich nur berechnen lässt, wenn ein Wert für H_1 angenommen wird, also in einem konkreten Test unbekannt bleibt. Zur Berechnung von β müsste man nämlich den genauen Wert der (wahren) Alternativhypothese kennen. Auch wenn die Höhe von β nicht bekannt ist, wissen wir zumindest eines: Sinkt α, so steigt β und umgekehrt. Um diesen negativen Zusammenhang zwischen beiden Fehlerwahrscheinlichkeiten zu illustrieren, nehmen wir (unrealistischerweise) an, der Wert der Alternativhypothese sei bekannt. Mit diesem Wert kann man dann die genaue Lage der Dichtefunktion der Teststatistik bei Gültigkeit von H_1 ermitteln. In einem rechtsseitigen Test beispielsweise läge diese Dichte rechts von der Dichte der Teststatistik unter H_0, wie in Abb. 11.5 angegeben.

Abb. 11.5   α und β in einem rechtsseitigen Test

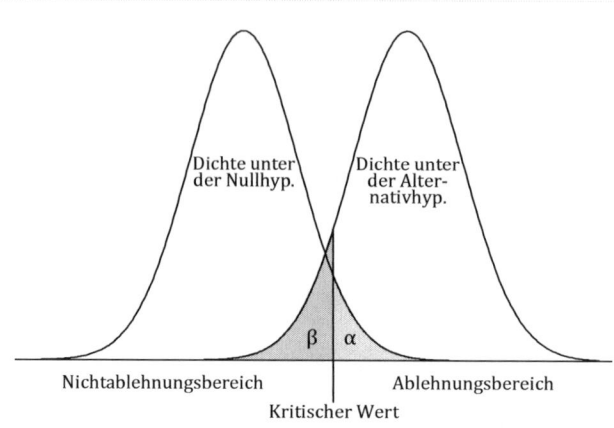

Ignorieren wir die rechte Kurve zunächst einmal und bestimmen den kritischen Wert wie üblich aus der Festlegung von α unter der Dichte, die unter der Nullhypothese gilt, also unter der linken Kurve in Abb. 11.5. Damit werden gleichzeitig Ablehnungs- und Nichtablehnungsbereich definiert. Der Fehler 2. Art tritt ein, wenn die Prüfgröße in den Nichtablehnungsbereich fällt, obwohl in Wirklichkeit die Alternativhypothese, also die rechte Kurve gilt. Die dazugehörige Wahrscheinlichkeit β entspricht damit der Fläche unter der rechten Kurve links vom kritischen Wert. Man erkennt an der Abbildung zum einen, dass β mit α eindeutig festgelegt wird, zum anderen aber auch, dass es einen negativen Zusammenhang zwischen beiden Wahrscheinlichkeiten gibt: Verringert man α, so verschiebt sich der kritische Wert nach rechts und β wird automatisch größer. Umgekehrt führt eine Erhöhung von α zu einer Verringerung von β, weil sich der kritische Wert nach links verschiebt. Mit entsprechenden Graphiken für links- und zweiseitige Tests könnte man sich leicht klarmachen, dass dieser negative Zusammenhang zwischen α und β allgemein für jeden Test gilt. Auch wenn man in einem konkreten Test die Wahrscheinlichkeit β nicht kennt, weil man ja die genaue Lage der Kurve unter der Alternativhypothese auch nicht kennt, weiß man zumindest, welche Art von Veränderung auf β sich ergibt, wenn man α verändert.

Fehler 1. Art und Fehler 2. Art haben meist negative Konsequenzen, die man aus betriebswirtschaftlicher Sicht mit Kosten bewerten sollte. Darauf aufbauend könnte man ein **theoretisches Kriterium zur Festlegung des Signifikanzniveaus** formulieren: α müsste so gewählt werden, dass die erwarteten Kosten beider Fehlentscheidungen minimiert werden. Zur Berechnung des Erwartungswerts der Kosten benötigt man neben α allerdings auch β.

11.5 Fehlerarten

Der Ansatz lässt sich also meist gar nicht umsetzen, weil die Höhe von β ja nicht bekannt ist. Außerdem ist die Kostenbewertung der Fehlentscheidungen oft mit großen Schwierigkeiten verbunden. Entweder sind diese Kosten völlig unbekannt oder sie lassen sich nur sehr ungenau angeben. Aus diesen Gründen arbeitet man in statistischen Tests in der Regel nicht mit theoretisch begründeten Signifikanzniveaus. Man behilft sich stattdessen damit, dass man mit den oben erwähnten, allgemein akzeptierten Standardwerten von $1\% \leq \alpha \leq 10\%$ arbeitet und gleichzeitig versucht, eine zumindest grobe Aussage über Kosten der beiden Fehlentscheidungen zu treffen. Konkret bedeutet das, dass die Entscheidungen zunächst gemäß Tabelle 11.1 getroffen werden. Demnach spielt die genaue Höhe von α lediglich dann eine Rolle, wenn der P-Wert zwischen 1% und 10% liegt. Nur in diesem Fall werden zur genauen Festlegung von α zusätzlich die Kosten der Fehlentscheidungen in grober Abschätzung berücksichtigt.

In Beispiel 11.2 untersucht eine Verbraucherorganisation, ob systematisch zu wenig Kartoffelchips in eine Packung gefüllt werden. Der Fehler 1. Art bedeutet in diesem Test, dass der Packungsinhalt in Wirklichkeit dem Sollgewicht entspricht, die Verbraucherorganisation aber fälschlicherweise eine Unterschreitung feststellt. Denkbare Konsequenz wäre, dass das Unternehmen grundlos zu einer Verbesserung des Abfüllvorgangs aufgefordert wird. Für den Verbraucher entstehen daraus zunächst keine Kosten. Der Fehler 2. Art hingegen wäre gegeben, wenn tatsächlich eine zu geringe Menge abgefüllt würde, dies aber beim Test nicht auffällt. Hier hätte der Verbraucher die Kosten der Differenz der Abfüllmenge zu tragen. Da die Verbraucherorganisation die Interessen der Käufer vertritt, würde sie im Zweifel α etwas höher wählen. Die oben getroffene Testentscheidung (Ablehnung von H_0) bleibt davon allerdings unberührt, da der P-Wert deutlich unter 1% liegt.

Im Test von Beispiel 11.3 bedeutet der Fehler 2. Art, dass das Medikament zu Unrecht als unwirksam eingestuft wird. Das Unternehmen würde bei einer Nichtablehnung der Nullhypothese das Medikament vermutlich nicht auf den Markt bringen, sondern es weiterentwickeln. Demnach bestünden die Kosten des Fehlers 2. Art hier hauptsächlich aus Produktentwicklungskosten. Der Fehler 1. Art bedeutet hingegen, dass das Medikament zu Unrecht als wirksam eingestuft wird. Dies hätte zur Folge, dass ein unwirksames Medikament in den Markt eingeführt wird. Die Kosten dieser Fehlerart bestehen hauptsächlich aus den Folgen aus einem Reputationsverlust, der dann entsteht, wenn die Unwirksamkeit nach der Markteinführung öffentlich bekannt wird. Da der Reputationsverlust nur schwer bewertet werden kann, muss man annehmen, dass er deutlich höher ist, als die Produktentwicklungskosten aus dem Fehler 2. Art. Man sollte also im Zweifel α etwas niedriger wählen, also der Nichtablehnung bei $\alpha = 1\%$ folgen.

Im Test über den Erfolg der Aktienkursprognosen aus Beispiel 11.5 hat ein Fehler 1. Art die Folge, dass man die im Grunde untauglichen Prognosen weiterverwendet. Nach dem Fehler 2. Art hingegen würde man Maßnahmen ergreifen, um die Prognosequalität zu verbessern. Vermutlich übersteigen die Kosten des Fehlers 1. Art diejenigen des Fehlers 2. Art, so dass α im Rahmen der Standardwerte etwas niedriger gewählt werden sollte. Die oben getroffene Testentscheidung bleibt von dieser Überlegung allerdings unberührt, da der P-Wert größer als 10% ist.

11.6 Testmacht

Im vorherigen Abschnitt haben wir gesehen, dass mit Festlegung des Signifikanzniveaus α auch die Fehlerwahrscheinlichkeit β bestimmt wird und dass diese Fehlerwahrscheinlichkeit mit steigendem α sinkt. Vergleicht man nun zwei verschiedene Testverfahren mit denselben Hypothesen, wäre der Test vorzuziehen, der bei einem gegebenen Niveau von α die kleinere Fehlerwahrscheinlichkeit β aufweist. Mit dieser Überlegung erhält man ein Kriterium, mit dem man die **Güte**, d. h. die statistische Qualität eines Tests beurteilen kann.

Zur Illustration sind in Abb. 11.6 zwei Testverfahren dargestellt. Beide Tests sind rechtsseitige Tests auf μ, deren Teststatistik nach (11.3) $Z = (\bar{X} - \mu_0)\sqrt{n}/S$ lautet. Für beide Tests werden große Stichproben angenommen, im unteren Bild ist die Stichprobe aber größer als im oberen. Dies hat zur Folge, dass die Varianz der Teststatistik im unteren Bild kleiner ist, die Kurven also enger um den Erwartungswert streuen als im oberen Bild. Nun wird in beiden Tests dieselbe Höhe von α festgelegt. Man erkennt, dass sich im unteren Test ein deutlich geringerer Wert für β ergibt. Der untere Test ist daher trennschärfer, d. h. er kann besser zwischen H_0 und H_1 diskriminieren, weil der Überschneidungsbereich beider Kurven geringer ist.

11.6 Testmacht

Abb. 11.6 Zwei (rechtsseitige) Testverfahren mit unterschiedlichem Stichprobenumfang

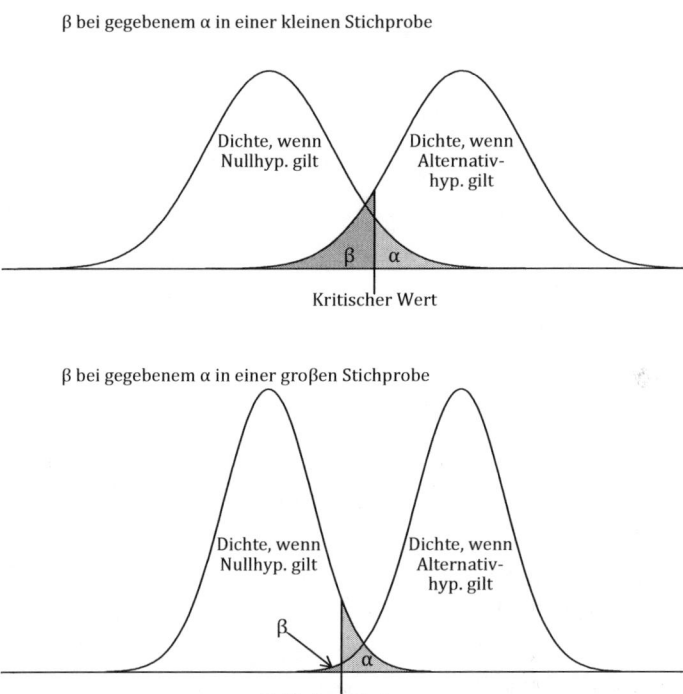

Die **Macht** (oder **Power**) eines Tests ist definiert als $1 - \beta$, also als die Wahrscheinlichkeit eine wahre Alternativhypothese als solche zu erkennen. Da die Lage des wahren Parameters θ nicht bekannt ist, lässt sich die Macht eines Tests im Allgemeinen nicht bestimmen. Stattdessen behilft man sich, indem man ein Machtprofil aufgezeichnet, also bei gegebenem α für verschiedene mögliche Werte von θ die Macht $1 - \beta$ ausrechnet. Ein solches Machtprofil heißt **Powerkurve**.

Abb. 11.7   Powerkurven idealer Tests

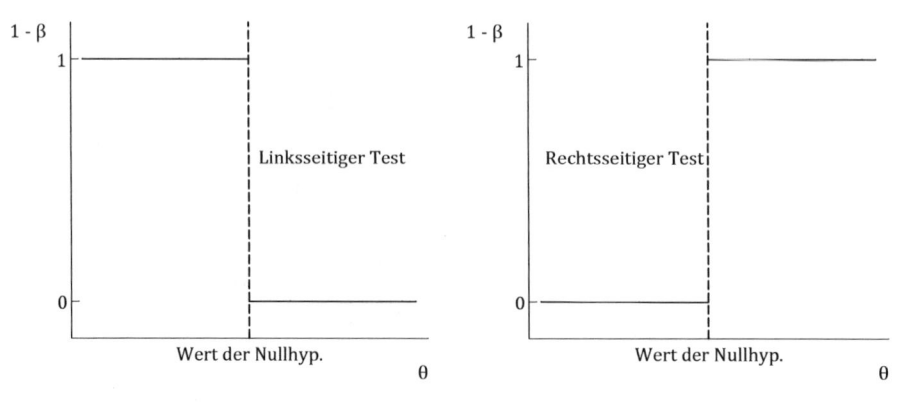

In Abb. 11.7 sind die Powerkurven von Tests mit idealer Trennschärfe dargestellt. Liegt beispielsweise im rechtsseitigen Test der wahre Parameter über dem Wert der Nullhypothese, so wird die Nullhypothese mit vollkommener Sicherheit als falsch erkannt. Da statistische Tests stets fehlerbehaftet sind, weichen tatsächliche Powerkurven von dieser Idealform ab. Möchte man die Qualität eines Tests einschätzen, prüft man, wie ähnlich die konkrete Powerkurve dem Idealbild ist.

Die Powerkurve, die sich aus dem Test von Beispiel 11.3 ergibt, ist in Abb. 11.8 mit der durchgezogenen Linie gezeichnet. Daneben sieht man den eckigen Verlauf der Powerkurve des idealen Tests. Würde man den Stichprobenumfang auf n = 100 erhöhen, so erhielte man die gestrichelte Powerkurve, die deutlich näher an der Idealkurve liegt. Man sieht auch daran, dass der Test mit dem höheren Stichprobenumfang wesentlich trennschärfer ist.

Abb. 11.8 Powerkurve für den Test in Beispiel 11.3 für n = 9 und n = 100, α = 5%

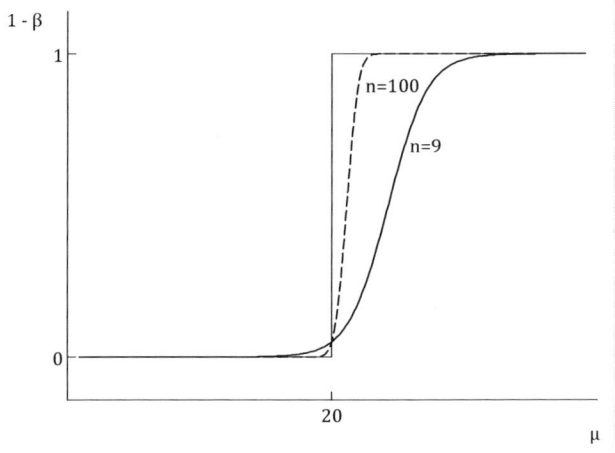

11.7 Zusammenfassung

- Wenn Aussagen anhand von Stichproben auf ihre Richtigkeit hin überprüft werden, hängt die Entscheidung nicht nur vom Stichprobenergebnis ab, sondern auch von der Toleranz, die man dem Stichprobenfehler einräumt. Im **Hypothesentest** legt der Anwender diese Toleranz nicht nach der eigenen subjektiven Einschätzung fest, sondern nach einem objektiven, nachvollziehbaren Verfahren. Deswegen ist der Hypothesentest ein wissenschaftliches Standardverfahren zur empirischen Überprüfung von Aussagen über eine Grundgesamtheit anhand von Stichprobendaten.

- Das Testverfahren besteht aus einer **Abfolge verschiedener Schritte**. Zunächst wird die Aussage, deren Richtigkeit man überprüfen möchte, in einer Null- und einer Alternativhypothese formuliert. Die Nullhypothese enthält ein Gleichheitszeichen, und man unterstellt im weiteren Verlauf zunächst einmal, dass diese Hypothese gilt. Durch diese Formulierung lässt sich nämlich bei Kenntnis der Prüfgröße die genaue Lage der Dichtefunktion ermitteln, die unter der Nullhypothese gilt und daraus für eine bestimmte Fehlerwahrscheinlichkeit α ein kritischer Wert angeben, der wiederum in eine Entscheidungsregel mündet. Die Entscheidung, die sich nach Berechnung der Prüfgröße aus den Stichprobenbeobachtungen ergibt, kann eine Ablehnung der Nullhypothese, nicht aber eine Akzeptanz der Nullhypothese sein, denn durch die Unterstellung, dass die Nullhypothese gilt, kann der Test die Nullhypothese selbst nicht nachweisen, sondern lediglich falsifizieren.

- Der grundsätzliche Ablauf ist bei allen Tests der gleiche. Konkrete Tests unterscheiden sich lediglich in der **Formulierung der Hypothesen** und in der **Prüfgröße**, beispielsweise danach, welcher Art die Aussagen sind, die überprüft werden. Soll beispielsweise eine Aussage über einen **Durchschnitt** getroffen werden, so lauten die Hypothesen über den Parameter μ, und es lässt sich in großen Stichproben eine normalverteilte Prüfgröße und in kleinen Stichproben eine t-verteilte Prüfgröße angeben. Letztere gilt allerdings nur, wenn die Grundgesamtheit normalverteilt ist. Neben diesem Test wurde bislang noch der Test auf den **Anteil** π behandelt, weitere konkrete Tests werden noch später folgen.

- Ein leicht alternatives Vorgehen besteht darin, keine kritischen Werte zu berechnen, sondern aus dem Wert der Prüfgröße die Fehlerwahrscheinlichkeit zu ermitteln, die man vorgeben müsste, um die Nullhypothese gerade noch zu akzeptieren (**P-Wert**). Anschließend überprüft man, ob diese Wahrscheinlichkeit höher als das Signifikanzniveau ist.

- Die Wahrscheinlichkeit mit der die Nullhypothese fälschlicherweise nicht abgelehnt wird (β), ist in konkreten Anwendungen unbekannt. Man weiß aber, dass sie steigt, wenn man das Signifikanzniveau α senkt und sonst alle Bedingungen, wie z. B. die Stichprobengröße, gleich bleiben. Daraus ergibt sich ein Kriterium, mit dem die **Güte eines Tests** eingeschätzt werden kann: Vergleicht man zwei unterschiedliche Tests, so hat ein Test, der bei gleichem Signifikanzniveau ein geringeren Wert für β aufweist, die höhere **Macht**.

12 Regressionsanalyse

Bei der Regressionsanalyse werden beobachtete Merkmalswerte an mathematische Funktionen angepasst. Dieses Thema wurde bereits in Kapitel 3.3 eingeführt. Dort diente die Analyse der Beschreibung der Grundgesamtheit, also eines gegebenen Datensatzes, während in diesem Kapitel ihre Anwendung in Stichproben betrachtet wird. Der Schluss von der Stichprobe auf die Grundgesamtheit bedeutet bei der Regressionsanalyse eine Verallgemeinerung einer im Datensatz festgestellten funktionalen Beziehung. Daraus ergeben sich viele interessante Anwendungen: In den Wirtschaftswissenschaften dienen Funktionen nämlich meist dazu, **Ursache-Wirkungsbeziehungen** zwischen ökonomischen Größen darzustellen, als Beispiele seien Investitionsfunktionen, Preis-Absatzfunktionen oder Gewinnfunktionen genannt. Diese Beziehungen sollen allgemein gelten, also das Verhalten zwischen den betreffenden Größen unter vergleichbaren Bedingungen beschreiben, und nicht bloß auf eine konkrete Situation, die durch einen bestimmten Datensatz abgebildet ist, beschränkt sein. Diese Verallgemeinerung leistet in der Regressionsanalyse der statistische Schluss. Man erhält damit ein Instrument, mit dem man wirtschaftstheoretische Funktionen anhand von Daten messen und überprüfen kann. Die Regressionsanalyse bildet daher das Grundmodell der **Ökonometrie**, eine Disziplin, die aus einer Kombination aus ökonomischer Theorie, Daten und statistischen Methoden entstanden ist. Mit Hilfe der Ökonometrie lassen sich unter anderem Modelle der Wirtschaftstheorie mit beobachteten Daten quantifizieren.

In diesem Kapitel wird die bereits in 3.3 eingeführte Regressionsanalyse zu einem Instrument erweitert, mit dem sich theoretische Ursache- Wirkungsbeziehungen quantifizieren lassen. Dazu wird im folgenden Abschnitt erst einmal die wesentliche Annahme vorgestellt, die notwendig ist, um von der reinen Beschreibung eines konkreten Datensatzes zu einem Modell, dem sogenannten **Regressionsmodell**, zu kommen. Anschließend werden in Abschnitt 12.2 weitere Annahmen erwähnt, die das Grundmodell, das sogenannte **klassische Regressionsmodell** trifft, auf das wir uns in diesem Kapitel ausschließlich beziehen. Die Schätzung des einfachen Regressionsmodells ist Thema von Abschnitt 12.3. Tatsächlich werden die allermeisten ökonomischen Größen aber von mehr als einem Faktor bestimmt, so dass sehr häufig die **multiple Regression** oder **Mehrfachregression** verwendet wird. Diese Erweiterung wird in Abschnitt 12.4 behandelt. Die **Annahmen**, denen das klassische Regressionsmodell unterliegt, werden abschließend in Abschnitt 12.5 gemeinsam diskutiert. Mit diesem Kapitel wird daher eine **Einführung in die Ökonometrie** gegeben.

12.1 Das Regressionsmodell

Regressionsanalysen dienen der Quantifizierung funktionaler Abhängigkeiten mit Beobachtungsdaten. Stammen die Daten aus einer Zufallsstichprobe, lässt sich die Funktionsbeziehung als eine Beziehung zwischen Zufallsvariablen darstellen. In der Einfachregression wird zunächst ganz allgemein eine Beziehung zwischen dem Regressor X und dem (zufälligen) Regressanden Y hergestellt. Die lineare Einfachregression nimmt folgende Form an:

$$Y = \beta_0 + \beta_1 X + \varepsilon \qquad (12.1)$$

Verallgemeinert man diesen Ausdruck, indem man alle möglichen Funktionen f(.) zulässt, so erhält man die allgemeine einfache Regressionsgleichung

$$\boxed{Y = f(X) + \varepsilon}$$

Die Gleichung enthält das Residuum ε, weil Beobachtungswerte von X und Y nicht genau auf der von f(.) gebildeten Kurve liegen. ε misst also die Abweichung der Beobachtung vom Funktionswert f(X). Da X und Y Zufallsvariablen sind, ist diese Abweichung ebenfalls zufällig, und das Residuum ist auch eine Zufallsvariable. Inhaltlich lässt sich das Residuum als die Größe zu verstehen, die alle nicht durch die Funktion f(X) erklärten Einflussfaktoren auf Y enthält. Dabei handelt sich um

- **systematische Faktoren** (also solche, die vorhersehbar sind),
- **unsystematische Faktoren** (zufällige und unvorhersehbare Faktoren) oder
- Messfehler.

Systematische Faktoren können, sofern sie bekannt und messbar bzw. operationalisierbar sind, in das Modell mit aufgenommen werden. Neben den Regressor treten dann weitere Regressoren und man erhält die Mehrfachregression:

$$\boxed{Y = f(X_1, X_2, \ldots, X_m) + \varepsilon}$$

Das Residuum enthält auch hier systematische Faktoren (die nicht ins Modell aufgenommen wurden) unsystematische Faktoren und Messfehler. Da diese Größen nicht explizit beobachtet werden können, nennt man das Residuum auch **latente Variable**.

12.1 Das Regressionsmodell

Beispiel 12.1 In Beispiel 3.12 wurde eine lineare Einfachregression mit der Verkaufsfläche als Regressor und dem Umsatz als Regressand ermittelt. Dazu wurden alle 10 Filialen eines Unternehmens betrachtet. Es ergab sich, dass der Umsatz bei jeder weiteren Einheit Verkaufsfläche (1000 qm) im Durchschnitt um rund 4 Mio. € höher war. Möchte man den Zusammenhang zwischen Verkaufsfläche und Umsatz verallgemeinern, indem man etwa die Auswirkung der Verkaufsfläche auf den Umsatz für alle Unternehmen des Lebensmitteleinzelhandels betrachtet, so müsste man aus diesen Unternehmen eine Stichprobe erheben. Die Zufallsvariable X stünde dann für die Verkaufsfläche einer zufällig erhobenen Filiale und die Zufallsvariable Y für den jeweiligen Umsatz. Andere systematische Faktoren, die zur Erklärung des Umsatzes eine Rolle spielen, wären zum Beispiel die Werbeausgaben (X_2), die Sortimentsvielfalt (X_3), die personelle Ausstattung (X_4) oder das Preisniveau (X_5). Diese Faktoren könnte man in einer multiplen Regression neben der Verkaufsfläche (X_1) einbeziehen. Im linearen Fall erhielte man die Gleichung:

$$Y = \beta_0 + \beta_1 X_1 + \beta_2 X_2 + \beta_3 X_3 + \beta_4 X_4 + \beta_5 X_5 + \varepsilon.$$

Weitere Faktoren, die den Umsatz bestimmen, aber nicht in das Modell einbezogen wurden, fließen in das Residuum ein. Diese Faktoren können unsystematisch sein, wie zum Beispiel der Umsatzrückgang in einer Filiale aufgrund einer Renovierung nach einem Wasserschaden oder der Umsatzanstieg aufgrund einer einmaligen Großveranstaltung in der Nähe. Auch systematische, nicht in das Modell einbezogene Faktoren bestimmen ε, wie zum Beispiel die Qualität der Lage der Filiale.

Trifft man die Annahme, dass sich im Durchschnitt für jeden vorgegebenen Wert von X die Residuen gerade gegeneinander aufheben, also dass der Durchschnitt von Y genau auf der Kurve f(X) liegt, so erhält man das **Regressionsmodell**. Der Durchschnitt einer Zufallsvariable wird mit dem Erwartungswert bestimmt. Aus der Wahrscheinlichkeitsrechnung wissen wir außerdem, dass die Vorgabe von Werten einer Zufallsvariable durch eine Bedingung ausgedrückt wird. Das Regressionsmodell der Einfachregression ist also der bedingte Erwartungswert

$$\boxed{E(Y|X = x) = f(X = x)} \qquad (12.2)$$

Enthält die Funktion mehrere Regressoren, also müssen gleichzeitig für jeden einzelnen Regressor jeweils Werte vorgegeben werden. Das multiple Regressionsmodell lautet daher

$$E(Y|X_1 = x_1, X_1 = x_2, \ldots, X_m = x_m) = f(X_1 = x_1, X_1 = x_2, \ldots, X_m = x_m).$$

Beispiel 12.2 Das lineare multiple Regressionsmodell zur Analyse des Umsatzes im Lebensmitteleinzelhandel mit den in Beispiel 12.1 genannten Einflussfaktoren lautet

$$E(Y|X_1 = x_1, X_1 = x_2, \ldots, X_k = x_k) = \beta_0 + \beta_1 x_1 + \beta_2 x_2 + \beta_3 x_3 + \beta_4 x_4 + \beta_5 x_5.$$

Das bedeutet, dass der Durchschnittsumsatz für eine Wertekombination von Regressoren – also für alle Supermärkte mit demselben Profil – genau durch eine lineare Funktion beschrieben werden kann. Die Restwerte für alle Supermärkte mit demselben Profil heben sich im Durchschnitt vollständig auf.

Das Regressionsmodell fordert, dass der Regressor im Durchschnitt genau auf der Kurve liegt. Das ist gleichbedeutend mit der Annahme, dass sich die Residuen für jeden betrachteten Wert des Regressors im Durchschnitt gerade gegenseitig aufheben und hat zur Folge, dass der auf den Regressor bzw. die Regressoren bedingte Erwartungswert der Restkomponente genau null ergibt. In der Einfachregression gilt also

$$\boxed{E(\varepsilon|X = x) = 0} \tag{12.3}$$

und in der Mehrfachregression

$$\boxed{E(\varepsilon|X_1 = x_1, X_1 = x_2, \ldots, X_m = x_m) = 0} \tag{12.4}$$

Die Formeln (12.3) und (12.4) bilden die **zentrale Annahme des Regressionsmodells**. Da auf diese und auf die weiteren noch einzuführenden Annahmen laufend Bezug genommen wird, werden wir sie im Folgenden **Annahme 1** nennen.

Beispiel 12.3 Zur Illustration der inhaltlichen Bedeutung von Annahme 1 betrachten wir die lineare Einfachregression der Umsätze Y (in Mio. €) in Abhängigkeit von der Verkaufsfläche X (in Tsd. qm, vgl. Beispiel 12.1). Angenommen, es sei bekannt, dass die Werte der Regressionskoeffizienten $\beta_0 = 1{,}4$ und $\beta_1 = 4$ sind, dann erhält man folgende Regressionsbeziehung:

$$Y = 1{,}4 + 4X + \varepsilon.$$

Erhebt man jeweils für die Verkaufsfläche von X = 500 qm alle möglichen Umsätze Y|X = 500, so besagt Annahme 1, dass

$$E(Y|X = 500) = 1{,}4 + 4 \cdot 0{,}5 = 3{,}4,$$

12.2 Das klassische Regressionsmodell 479

also, dass der Durchschnitt aus all diesen Umsätzen genau dem durch die Funktion vorgegeben Wert bei X = 500 entsprechen soll, nämlich 3,4. Auch bei Vorgabe aller anderen Umsätze soll die Durchschnittsbetrachtung dazu führen, dass der Umsatz genau auf der Regressionsgeraden liegt.

In einer Mehrfachregression, in der man neben der Verkaufsfläche (X_1) auch noch Werbeausgaben (X_2), Sortimentsvielfalt (X_3), personelle Ausstattung (X_4) und Preisniveau (X_5) berücksichtigt, werden nach Annahme 1 für alle Regressoren gleichzeitig Werte vorgegeben. Ein solches Wertetupel stellt einen ganz bestimmten Filialtypen dar, der sich durch gleiche Verkaufsfläche, gleiche Werbeausgaben, gleiche Sortimentsvielfalt, gleiche Personalausstattung und gleiches Preisniveau auszeichnet. Annahme 1 bedeutet hier also, dass sich die Restwerte für alle Filialen gleichen Typs im Durchschnitt gegeneinander aufheben.

Annahme 1 beruht auf der Idee, dass für die Regressoren Werte vorgegeben werden. Dadurch verlieren die **Regressoren** ihren Zufallscharakter, d. h. sie können als **deterministisch** bzw. exogen angenommen werden. Die Annahme wird daher auch als **Exogenitätsannahme** bezeichnet. In der Praxis der Stichprobenerhebung geht man natürlich nicht so vor, dass man in einer ersten Stufe Werte von X vorgibt und anschließend in einer zweiten Stufe für diese festen Werte unterschiedliche Werte von Y erhebt. Stattdessen wählt man einen Merkmalsträger zufällig aus, und damit ergeben sich die Ausprägungen von X und Y gleichzeitig. Die Regressoren sind also weiterhin Zufallsvariablen. Exogenität der Regressoren bedeutet aber, dass sie außerhalb des Regressionsmodells festgelegt werden, also in keiner Form in ihrem Wert durch das Modell bestimmt werden. Unter Annahme 1 gilt daher, dass die Regressoren, auch wenn sie Zufallsvariablen sind, im Regressionsmodell wie deterministische Größen behandelt werden können. Wie man die Gültigkeit von Annahme 1 untersuchen kann, soll erst später, in Abschnitt 12.5.1, behandelt werden. Bis dahin werden wir ab jetzt annehmen, die Exogenitätsannahme sei erfüllt.

12.2 Das klassische Regressionsmodell

Die Exogenitätsannahme (Annahme 1) im vorherigen Abschnitt muss in jedem (Eingleichungs-)Regressionsmodell erfüllt sein. Zur Schätzung dieses Modells anhand von Stichproben sind weitere Annahmen notwendig, die aber nicht einheitlich sein müssen, sondern sich an der konkreten Datenlage oder Fragestellung ausrichten könnten. Je nach Art der Annahmen unterscheidet man eine Vielzahl unterschiedlicher Regressionsmodelle, die dann allerdings zum Teil auch recht speziell sind. Trotzdem gibt es ein Grundmodell, auf das alle diese Modelle Bezug nehmen. Dieses Grundmodell nennt sich **klassisches Regressionsmodell**, und es ist gemeint, wenn man ohne näheren Zusatz von einem Regressionsmodell spricht. Die Besonderheit des klassischen Regressionsmodells liegt darin, dass die getroffenen Annahmen zu relativ einfachen Schätzern, Konfidenzintervallen und Hypothesentests führen. Es ist das bei Weitem wichtigste Modell, gerade auch für das Verständnis aller anderen Modelle, denn diese werden meistens als dessen Weiterentwicklung erklärt. Wir werden uns im Folgenden allein auf dieses Modell beschränken.

Das klassische Regressionsmodell geht von einer **linearen Abhängigkeit** zwischen Regressor und Regressanden aus (**Annahme 2**). Diese Annahme führt im Falle der Einfachregression zu folgender Regressionsgleichung:

$$Y_i = \beta_0 + \beta_1 X_i + \varepsilon_i$$

Im Unterschied zu (12.1) wird hier ein Index i für die einzelne Beobachtung (i = 1, ..., n) eingeführt. Dies ist notwendig, weil später, in den Schätzformeln, einzelne Beobachtungswerte eingesetzt werden müssen. Verallgemeinert zur Mehrfachregression lautet die Regressionsgleichung mit Annahme 2

$$Y_i = \beta_0 + \beta_1 X_{1i} + \beta_2 X_{2i} + \cdots + \beta_1 X_{mi} + \varepsilon_i \,.$$

Die weiteren Annahmen des klassischen Regressionsmodells betreffen zum einen die Residuen und zum anderen das Verhältnis der Regressoren untereinander.

Die Residuen sollen im klassischen Regressionsmodell **unabhängig und identisch normalverteilt** sein. In dieser Forderung stecken verschiedene einzelne Annahmen. Eine identische Verteilung hat unter anderem zur Folge, dass die Varianzen aller Restwerte der einzelnen Beobachtungen gleich sein sollen. Diese Annahme nennt sich **Homoskedastie** (auch Homoskedastizität, im Folgenden **Annahme 3**) und lässt sich formal schreiben mit

$$\mathrm{Var}(\varepsilon_i) = \sigma_\epsilon^2 \text{ für alle i.}$$

Dabei bezeichnet σ_ϵ^2 die für alle Residuen konstante Varianz. Abweichungen von dieser Annahme bezeichnet man als Heteroskedastie oder Heteroskedastizität. **Unabhängigkeit der Residuen (Annahme 4)** bedeutet, dass die Höhe des Residuums bei einer Beobachtung i keinerlei Einfluss auf das Residuum der Beobachtung j hat (und umgekehrt). Insbesondere gilt in diesem Fall

12.2 Das klassische Regressionsmodell

$$\text{Cov}(\varepsilon_i, \varepsilon_j) = 0 \text{ für } i \neq j,$$

denn die Kovarianz misst die Stärke des linearen Zusammenhangs zwischen zwei Zufallsvariablen. Einen linearen Zusammenhang zwischen zwei Residuen bezeichnet man als **Autokorrelation**. Die **Normalverteilungsannahme**, in unserer Zählung **Annahme 5**, lautet in Kurzschreibweise

$$\varepsilon_i \sim N(0, \sigma_\varepsilon^2),$$

da entsprechend (12.3) der Erwartungswert von ε null und Annahme 3 ihre Varianz σ_ε^2 ist. Die letzte im klassischen Regressionsmodell zu treffende Annahme betrifft die Beziehung der Regressoren untereinander und ist daher nur in der multiplen Regression relevant. Gefordert wird, dass zwischen den Regressoren X_{1i}, X_{2i}, ..., X_{mi} keine linearen Abhängigkeiten bestehen dürfen. Man spricht bei linearen Abhängigkeiten von perfekter Multikollinearität. Die Annahme fordert daher **keine perfekte Multikollinearität (Annahme 6)**. Im Allgemeinen lassen sich lineare Abhängigkeiten nach dem Rangkriterium feststellen. Dazu fasst man jeden einzelnen Regressor mit seinen Beobachtungen als Vektor auf und bildet aus diesen Vektoren die Matrix der Regressoren **X** (eine genaue Definition von **X** wird in Abschnitt 12.4.1 gegeben). Wenn rg(**X**), also der Rang dieser Matrix, nicht maximal ist, liegt perfekte Multikollinearität vor.

Die Annahmen 2 bis 6 machen also das klassische Regressionsmodell aus. Zur Übersicht werden alle Annahmen in Tabelle 12.1 zusammengefasst.

Tabelle 12.1 Annahmen im klassischen Regressionsmodell

Nr.	verbale Beschreibung	formale Beschreibung
1	Exogenität der Regressoren	$E(\varepsilon \mid X = x) = 0$
2	Linearität	$Y_i = \beta_0 + \beta_1 X_{1i} + \cdots + \beta_m X_{mi} + \varepsilon_i$
3	Homoskedastie	$\text{Var}(\varepsilon_i) = \sigma_\varepsilon^2$ für alle i
4	Unabhängigkeit der Residuen	$\text{Cov}(\varepsilon_i, \varepsilon_j) = 0$ für $i \neq j$
5	Residuen sind normalverteilt	$\varepsilon_i \sim N(0, \sigma_\varepsilon^2)$
6	Keine perfekte Multikollinearität	rg(**X**) ist maximal

Sinn und Zweck von Annahme 3 bis 6 können an dieser Stelle noch nicht deutlich werden. Wie bereits erwähnt wurde, trifft man diese Annahmen, um relativ einfache Punktschätzer, Konfidenzintervalle und Hypothesentests für das Regressionsmodell herzuleiten. Ihr Zweck wird daher in den folgenden Abschnitten bei den einzelnen Herleitungen deutlich. Auf die inhaltliche Bedeutung wird erst danach, in Abschnitt 12.5 eingegangen.

12.3 Einfachregression in Stichproben

Mit Annahme 1 und 2 lautet das Regressionsmodell der Einfachregression

$$Y_i = \beta_0 + \beta_1 X_i + \varepsilon_i \,.$$

Da unterstellt wird, dass eine Stichprobe vorliegt, sind die Regressionskoeffizienten β_0 und β_1 unbekannte Parameter, die geschätzt werden müssen. Die zur Schätzung verwendeten Punktschätzer bezeichnet man mit $\hat{\beta}_0$ und $\hat{\beta}_1$, deren Realisationen (also die Schätzergebnisse) mit b_0 und b_1. Damit erhält man die Gleichung für die **Stichprobenregression**:

$$\boxed{y_i = \hat{\beta}_0 + \hat{\beta}_1 x_i + e_i} \tag{12.5}$$

bzw.

$$\boxed{y_i = b_0 + b_1 x_i + e_i} \tag{12.6}$$

In den Gleichungen steht e_i für das beobachtbare Residuum, das sich von ε_i unterscheidet, weil anstelle der wahren Regressionsgerade nur die geschätzte Regressionsgerade bekannt ist. Das beobachtbare Residuum ist also der Abstand (Restwert) zwischen einem beobachteten Wert y_i und dem entsprechenden Wert auf der geschätzten Geraden, der mit $\hat{y}_i$ bezeichnet werden soll. Formal ausgedrückt, lautet diese Funktion dann:

$$\boxed{\hat{y}_i = b_0 + b_1 x_i} \tag{12.7}$$

oder

$$\boxed{e_i = y_i - \hat{y}_i} \tag{12.8}$$

Mit Hilfe der nun eingeführten Notation lassen sich Schätzer für die Regressionskoeffizienten ermitteln und beurteilen.

12.3.1 Punktschätzer für die Regressionskoeffizienten

In Kapitel 3.3 wurde die Kleinst-Quadrat-Methode zur Bestimmung der Regressionskoeffizienten verwendet. Diese Methode kann zur Ermittlung von Punktschätzern verwendet werden. Da es zwischen (12.5) und der in Kapitel 3.3 benutzten Zielfunktion nur den Unterschied gibt, dass anstelle der Grundgesamtheit im Umfang N eine Stichprobe im Umfang n vorliegt, erhält man durch einfaches Austauschen von N durch n in den Ausdrücken (3.37), (3.38) bzw. (3.39) und (3.40) die **Kleinst-Quadrat-Schätzer der Regressionskoeffizienten**:

$$\boxed{\hat{\beta}_0 = \frac{\sum_{i=1}^{n} Y_i \sum_{i=1}^{n} X_i^2 - \sum_{i=1}^{n} X_i \sum_{i=1}^{n} X_i}{n \sum_{i=1}^{n} X_i^2 - (\sum_{i=1}^{n} X_i)^2} = \overline{Y} - \hat{\beta}_1 \overline{X}} \qquad (12.9)$$

$$\boxed{\hat{\beta}_1 = \frac{n \sum_{i=1}^{n} X_i Y_i - \sum_{i=1}^{n} X_i \sum_{i=1}^{n} Y_i}{n \sum_{i=1}^{n} X_i^2 - (\sum_{i=1}^{n} X_i)^2} = \frac{\sum_{i=1}^{n}(X_i - \overline{X})(Y_i - \overline{Y})}{\sum_{i=1}^{n}(X_i - \overline{X})^2}} \qquad (12.10)$$

Es lässt sich zeigen, dass diese Kleinst-Quadrat-Schätzer **erwartungstreu** sind.

Zum Nachweis der **Erwartungstreue** von b_1 wird zunächst die Regressionsbeziehung $Y_i = \beta_0 + \beta_1 X_i + \varepsilon_i$ in die Formel für den Kleinst-Quadrat-Schätzer (12.10) eingesetzt. Da durch Annahme 1 der Regressor als deterministisch angenommen werden darf, wird er im Folgenden kleingeschrieben. Man erhält:

$$\hat{\beta}_1 = \frac{n \sum_{i=1}^{n} x_i (\beta_0 + \beta_1 x_i + \varepsilon_i) - \sum_{i=1}^{n} x_i \sum_{i=1}^{n} (\beta_0 + \beta_1 x_i + \varepsilon_i)}{n \sum_{i=1}^{n} x_i^2 - (\sum_{i=1}^{n} x_i)^2}.$$

Dieser Ausdruck wird nun ausgeklammert und umgeformt:

$$\hat{\beta}_1 = \frac{n\beta_0 \sum_{i=1}^{n} x_i + n\beta_1 \sum_{i=1}^{n} x_i^2 + n \sum_{i=1}^{n} x_i \varepsilon_i - n\beta_0 \sum_{i=1}^{n} x_i - \beta_1 (\sum_{i=1}^{n} x_i)^2 - \sum_{i=1}^{n} x_i \sum_{i=1}^{n} \varepsilon_i}{n \sum_{i=1}^{n} x_i^2 - (\sum_{i=1}^{n} x_i)^2}$$

$$= \frac{n\beta_1 \sum_{i=1}^{n} x_i^2 + n \sum_{i=1}^{n} x_i \varepsilon_i - \beta_1 (\sum_{i=1}^{n} x_i)^2 - \sum_{i=1}^{n} x_i \sum_{i=1}^{n} \varepsilon_i}{n \sum_{i=1}^{n} x_i^2 - (\sum_{i=1}^{n} x_i)^2}.$$

Daraus ergibt sich

$$\hat{\beta}_1 = \beta_1 + \frac{n \sum_{i=1}^{n} x_i \varepsilon_i - \sum_{i=1}^{n} x_i \sum_{i=1}^{n} \varepsilon_i}{n \sum_{i=1}^{n} x_i^2 - (\sum_{i=1}^{n} x_i)^2} \qquad (12.11)$$

Bildet man den Erwartungswert dieses Ausdrucks, so erhält man

$$E(\hat{\beta}_1) = E\left(\beta_1 + \frac{n\sum_{i=1}^n x_i\varepsilon_i - \sum_{i=1}^n x_i \sum_{i=1}^n \varepsilon_i}{n\sum_{i=1}^n x_i^2 - (\sum_{i=1}^n x_i)^2}\right) = E(\beta_1) + E\left(\frac{n\sum_{i=1}^n \varepsilon_i - \sum_{i=1}^n x_i \sum_{i=1}^n \varepsilon_i}{n\sum_{i=1}^n x_i^2 - (\sum_{i=1}^n x_i)^2}\right).$$

Da β_1 (als Parameter der Grundgesamtheit) und x_i keine Zufallsvariablen sind, gilt für diesen Erwartungswert

$$E(\hat{\beta}_1) = \beta_1 + \frac{n\sum_{i=1}^n x_i E(\varepsilon_i) - \sum_{i=1}^n x_i \sum_{i=1}^n E(\varepsilon_i)}{n\sum_{i=1}^n x_i^2 - (\sum_{i=1}^n x_i)^2}.$$

Annahme 1 hat zur Folge, dass $E(\varepsilon_i|X) = 0$. Folglich muss auch $E(\varepsilon_i) = 0$ sein, so dass sich die Gleichung zu $E(\hat{\beta}_1) = \beta_1$ vereinfacht.

Für das Absolutglied lässt sich $E(\hat{\beta}_0) = E(\bar{Y} - b_1\bar{X})$ untersuchen. Auch hier wird der Regressor als deterministisch betrachtet. Da $\hat{\beta}_1$ erwartungstreu ist, gilt

$$E(\hat{\beta}_0) = E(\bar{Y} - \hat{\beta}_1\bar{X}) = E(\bar{Y}) - \beta_1\bar{X}.$$

Annahme 1 besagt, dass $E(\bar{Y}|\bar{X}) = \beta_0 + \beta_1\bar{X}$. Wenn X deterministisch ist, entspricht dieser bedingte Erwartungswert dem unbedingten Erwartungswert $E(\bar{Y})$, also $E(\bar{Y}) = \beta_0 + \beta_1\bar{X}$. Setzt man diesen Ausdruck oben ein, erhält man $E(\hat{\beta}_0) = \beta_0$.

Um Formeln für die Varianz der Kleinst-Quadrat-Schätzer herzuleiten, verwendet man Annahme 3 und 4. Zum einen unterstellt man **Homoskedastie**, also dass für alle i die Varianz der Residuen mit σ_ε^2 konstant ist. Des Weiteren nimmt man an, dass die **Residuen unabhängig** voneinander sind. Unter diesen Annahmen gelten für die **Varianzen der Kleinst-Quadrat-Schätzer** die folgenden Beziehungen:

$$\boxed{\boxed{\mathrm{Var}(\hat{\beta}_1) = \sigma_{b_1}^2 = \frac{\sigma_\varepsilon^2}{\sum_{i=1}^n (x_i - \bar{x})^2}}} \qquad (12.12)$$

bzw. $$\boxed{\boxed{\mathrm{Var}(\hat{\beta}_0) = \sigma_{b_0}^2 = \frac{\sigma_\varepsilon^2 \sum_{i=1}^n x_i^2}{n\sum_{i=1}^n (x_i - \bar{x})^2}}} \qquad (12.13)$$

Der Nachweis soll hier nur für $\mathrm{Var}(\hat{\beta}_1)$ geführt werden. Geht man von (12.11) aus und bildet die Varianz, so erhält man

$$\mathrm{Var}(\hat{\beta}_1) = \mathrm{Var}\left(\beta_1 + \frac{n\sum_{i=1}^n x_i\varepsilon_i - \sum_{i=1}^n x_i \sum_{i=1}^n \varepsilon_i}{n\sum_{i=1}^n x_i^2 - (\sum_{i=1}^n x_i)^2}\right).$$

Nach den Rechenregeln für die Varianz gilt

$$\mathrm{Var}(\hat{\beta}_1) = \frac{\mathrm{Var}(n\sum_{i=1}^n x_i\varepsilon_i - \sum_{i=1}^n x_i \sum_{i=1}^n \varepsilon_i)}{(n\sum_{i=1}^n x_i^2 - (\sum_{i=1}^n x_i)^2)^2}.$$

12.3 Einfachregression in Stichproben

Da die Residuen als unabhängig angenommen werden, lassen sich die Varianzen der beiden Summenterme getrennt betrachten:

$$\text{Var}(\hat{\beta}_1) = \frac{n^2 \sum_{i=1}^n x_i^2 \text{Var}(\varepsilon_i) - (\sum_{i=1}^n x_i)^2 \sum_{i=1}^n \text{Var}(\varepsilon_i)}{(n \sum_{i=1}^n x_i^2 - (\sum_{i=1}^n x_i)^2)^2}.$$

Unter der Annahme der Homoskedastie ist $\text{Var}(\varepsilon_i) = \sigma_\varepsilon^2$. Man erhält

$$\text{Var}(\hat{\beta}_1) = \frac{n^2 \sigma_\varepsilon^2 \sum_{i=1}^n x_i^2 - n\sigma_\varepsilon^2 (\sum_{i=1}^n x_i)^2}{(n \sum_{i=1}^n x_i^2 - (\sum_{i=1}^n x_i)^2)^2} = \frac{n\sigma_\varepsilon^2}{n \sum_{i=1}^n x_i^2 - (\sum_{i=1}^n x_i)^2}.$$

Kürzen des Bruchs durch n^2 führt zu (12.12).

Es lässt sich zeigen, dass die Kleinst-Quadrat-Schätzer unter allen linearen Schätzern die kleinste Varianz besitzen, sofern die bisher getroffenen Annahmen gelten. Mit anderen Worten ist der Kleinst-Quadrat-Schätzer unter den linearen und erwartungstreuen Schätzern **effizient**. Man fasst die statistischen Eigenschaften der Kleinst-Quadrat-Schätzer auch mit der Abkürzung **BLUE** zusammen. Dabei steht B für „best" (effizient), L für linear, U für „unbiased" (erwartungstreu) und E für „estimator".

Die Feststellung, dass die Kleinst-Quadrat-Schätzer unter den Annahmen 1 bis 4 BLUE sind, nennt man **Gauß-Markov-Theorem** (Nachweis z. B. bei Baltagi (2011), S. 55f.). Das Theorem betrachtet nur lineare Schätzer. Damit ist gemeint, dass der Schätzer linear in Y_i ist. Wie an (12.9) und (12.10) erkennbar, trifft dies auf den Kleinst-Quadrat-Schätzer zu. Die Aussage des Theorems ist, dass sich unter den linearen, unverzerrten Schätzern kein Schätzer finden lässt, der eine kleinere Varianz als der Kleinst-Quadrat-Schätzer hat. Daher bildet das Gauß-Markov-Theorem die theoretische Begründung dafür, das klassische Regressionsmodell mit dem Kleinst-Quadrat-Schätzer zu schätzen.

Die Varianzen bzw. Standardabweichungen der Schätzer geben Auskunft über die Genauigkeit der Schätzung. Besonderes Interesse verdient dabei die Varianz von b_1, weil das Absolutglied β_0 in der Regel inhaltlich nicht interpretiert wird. Die **Varianz von $\hat{\beta}_1$** bezeichnen wir als $\hat{\sigma}_{b_1}^2$. Sie lässt sich aus der Stichprobe mit folgender Formel **schätzen**.

$$\boxed{\hat{\sigma}_{b_1}^2 = \frac{\sum_{i=1}^n e_i^2}{(n-2) \sum_{i=1}^n (x_i - \bar{x})^2}} \quad (12.14)$$

Dieser Varianzschätzer ist unverzerrt (vgl. Wooldrige (2009), S. 56ff.) Der ebenfalls erwartungstreue und effiziente Schätzer für die Standardabweichung lautet

$$\widehat{\sigma}_{b_1} = \sqrt{\widehat{\sigma}^2_{b_1}}.$$

Die Schätzergebnisse selbst werden wie üblich mit lateinischen Kleinbuchstaben benannt, also $s^2_{b_1}$ für die **Varianz** und s_{b_1} für die **Standardabweichung**.

Beispiel 12.4 Angenommen die in Tabelle 3.15 gezeigten Verkaufsflächen und Umsätze seien Ergebnisse einer Zufallsauswahl von Einzelhandelsunternehmen einer bestimmten Branche. Die Kleinst-Quadrat-Schätzer der Regressionskoeffizienten lassen sich auf dieselbe Weise ermitteln, wie in der deskriptiven Statistik. Nach den Rechnungen aus Beispiel 3.12 ergibt sich b_1 = 4,053 und b_0 = 1,425. Beide benutzten Schätzer sind BLUE, also unverzerrt und unter den linearen Schätzern effizient, sofern die Annahmen 1 bis 4 zutreffen. Das geschätzte Regressionsmodell lautet

$$\widehat{y}_i = 1{,}425 + 4{,}053 x_i.$$

Das Absolutglied b_0 wird meist nicht interpretiert. Der Koeffizient b_1 besagt, dass bei einem Anstieg der Verkaufsfläche um eine Einheit (1000 qm) eine Umsatzerhöhung von 4,053 Mio. € erwartet werden kann. Diese Interpretation soll für alle Einzelhandelsunternehmen der Branche gelten und nicht nur für den konkreten Datensatz – dies allerdings wiederum nur, sofern alle bisher getroffenen Annahmen erfüllt sind.

Der geschätzte, erwartete Umsatz bei einer Verkaufsfläche von z. B. 1500 qm wäre

$$\widehat{y}_i = 1{,}425 + 4{,}053 \cdot 1{,}5 = 7{,}503.$$

Dieser Wert ist ein Schätzer für den bedingten Erwartungswert $E(Y|X=1{,}5)$. Tatsächlich befindet sich eine Filiale mit einer Verkaufsfläche von 1500 qm in der Stichprobe. Der in dieser Filiale beobachtete Umsatz ist 7,3 Mio. €, es ergibt sich also ein Residuum von $e_i = y_i - \widehat{y}$ = 7,3 – 7,503 = –0,203.

Zur Schätzung der Varianz des Regressionskoeffizienten $\widehat{\beta}_1$ müssen alle Residuen bestimmt werden. Die zur Berechnung benötigten Einzelergebnisse von (12.14) finden sich in Tabelle 12.2.

12.3 Einfachregression in Stichproben

Tabelle 12.2 Arbeitstabelle zur Schätzung der Varianz von $\hat{\beta}_1$

Filiale i	Verkaufsfläche x_i	Jahresumsatz y_i	$1{,}425 + 4{,}053 x_i$ $= \hat{y}_i$	$y_i - \hat{y}$ $= e_i$	$(y_i - \hat{y})^2$ $= e_i^2$	$(x_i - \bar{x})^2$
(1)	(2)	(3)	(4)	(5)	(6)	(7)
1	0,5	3,0	3,45	−0,45	0,2025	0,2916
2	0,9	5,1	5,07	0,03	0,0009	0,0196
3	1,1	5,5	5,88	−0,38	0,1444	0,0036
4	1,5	7,3	7,50	−0,20	0,0400	0,2116
5	1,2	6,2	6,29	−0,09	0,0081	0,0256
6	1,4	7,0	7,10	−0,10	0,0100	0,1296
7	1,6	8,1	7,91	0,19	0,0361	0,3136
8	0,8	4,9	4,67	0,23	0,0529	0,0576
9	1,0	6,1	5,48	0,62	0,3844	0,0016
10	0,4	3,2	3,05	0,15	0,0225	0,4096
$\sum_{i=1}^{n}$	10,4	56,4			0,9018	1,4640

Damit ist die Standardabweichung von $\hat{\beta}_1$

$$s_{b_1} = \sqrt{\frac{\sum_{i=1}^{n} e_i^2}{(n-2) \sum_{i=1}^{n} (x_i - \bar{x})^2}} = \sqrt{\frac{0{,}9224}{8 \cdot 1{,}464}} = 0{,}277.$$

Diese Standardabweichung wird hauptsächlich dazu benötigt, um Hypothesentests und Konfidenzintervalle zu konstruieren.

12.3.2 Hypothesentest und Konfidenzintervall

Wie alle Punktschätzer sind auch die Kleinst-Quadrat-Schätzer mit Unsicherheit behaftet, die sich nicht direkt am Schätzergebnis beurteilen lässt. Einen Anhaltspunkt kann zwar die geschätzte Standardabweichung des Regressionskoeffizienten liefern. Kennt man aber die Verteilung des Kleinst-Quadrat-Schätzer, so lassen sich mit Hypothesentests und Konfidenzintervallen auch Aussagen über den Stichprobenfehler machen.

Dazu trifft das klassische Regressionsmodell die Annahme, dass die **Residuen normalverteilt** sind (**Annahme 5**). Annahme 1 und Annahme 3 liefern Aussagen über den Erwartungswert und die Varianz der Residuen, so dass man zusammenfassend schreiben kann

$$\boxed{\varepsilon_i \sim N(0, \sigma_\varepsilon)}.$$

Mit dieser Annahme ist auch die **Verteilung des Kleinst-Quadrat-Schätzer** genau bestimmt. Für den Regressionskoeffizienten $\hat{\beta}_1$ gilt:

$$\boxed{\hat{\beta}_1 \sim N(\beta_1, \sigma_{b_1})}.$$

Der Erwartungswert $E(\hat{\beta}_1) = \beta_1$ ergibt sich aus der Erwartungstreue des Kleinst-Quadrat-Schätzer, und die Standardabweichung σ_{b_1} erhält man aus (12.12). Dass $\hat{\beta}_1$ außerdem normalverteilt ist, kann mit der Reproduktionseigenschaft der Normalverteilung gezeigt werden: Zunächst einmal kann man feststellen, dass Y_i normalverteilt ist, weil es über die Regressionsgleichung $Y_i = \beta_0 + \beta_1 X_i + \varepsilon_i$ linear vom (normalverteilten) Residuum ε_i abhängt. Außerdem haben wir im Zusammenhang mit dem Gauß-Markov-Theorem gesehen, dass die Kleinst-Quadrat-Schätzer linear in Y_i sind. Daher muss unter der Normalverteilungsannahme der Residuen auch der Kleinst-Quadrat-Schätzer normalverteilt sein.

Zur Konstruktion von Tests und Konfidenzintervallen benötigt man die Standardnormalverteilung, d. h. der Schätzer $\hat{\beta}_1$ muss standardisiert werden. Dies gelingt, wie üblich, indem man seine Differenz zum Erwartungswert auf die Standardabweichung bezieht. Die standardisierte Zufallsvariable Z, die daraus resultiert lautet

$$Z = \frac{\hat{\beta}_1 - \beta_1}{\sigma_{b_1}} \qquad (12.15)$$

Bevor dieser Ausdruck zur Konstruktion von Konfidenzintervallen und Prüfgrößen benutzt werden kann, muss außerdem berücksichtigt werden, dass die Standardabweichung des Regressionskoeffizienten unbekannt ist und daher geschätzt werden muss. Ein Austausch von σ_{b_1} durch den Schätzer (12.14) führt dazu, dass im Nenner von (12.15) eine Zufallsvariable erscheint. Der Ausdruck ist daher nicht länger normalverteilt, sondern t-verteilt mit df = n – 2 Freiheitsgraden.

$$T_{n-2} = \frac{\hat{\beta}_1 - \beta_1}{\hat{\sigma}_{b_1}} \qquad (12.16)$$

Der Nachweis für die t-Verteilung kann ähnlich geführt werden, wie bei der Verteilung des arithmetischen Mittels in Abschnitt 10.3.2.3. Die Zahl der Freiheitsgrade entspricht hier n – 2, weil zur Berechnung der Standardabweichung zwei Größen geschätzt werden müssen, nämlich die beiden Regressionskoeffizienten b_0 und b_1.

12.3 Einfachregression in Stichproben

Das **Konfidenzintervall für β_1** kann nun mit denselben Überlegungen hergeleitet werden, wie das Konfidenzintervall für den Erwartungswert μ (vgl. Abschnitt 10.3.2). Man erhält

$$P\big(\hat{\beta}_1 - t_{[1-\alpha/2,\ n-2]}\hat{\sigma}_{b_1} \leq \beta_1 \leq \hat{\beta}_1 + t_{[1-\alpha/2,\ n-2]}\hat{\sigma}_{b_1}\big) = 1 - \alpha$$

Bei der Berechnung des Konfidenzintervalls in konkreten Stichproben ersetzt man die Schätzer durch die Stichprobenrealisationen:

$$\boxed{P\big(b_1 - t_{[1-\alpha/2,\ n-2]}s_{b_1} \leq \beta_1 \leq b_1 + t_{[1-\alpha/2,\ n-2]}s_{b_1}\big) = 1 - \alpha} \qquad (12.17)$$

Beispiel 12.5 Nimmt man an, dass die Residuen der Regression aus Beispiel 12.4 normalverteilt sind, so lässt sich ein Konfidenzintervall für den Regressionskoeffizienten bestimmen. Bei einem Konfidenzniveau von 95% erhält man aus der Tabelle der t-Verteilung bei n − 2 = 8 Freiheitsgraden den Wert $t_{[0,975,\ 8]} = 2{,}306$. Alle anderen für die Berechnung benötigten Größen wurden bereits bestimmt. Das Konfidenzintervall lautet

$$P\big(b_1 - t_{[1-\alpha/2,\ n-2]}s_{b_1} \leq \beta_1 \leq b_1 + t_{[1-\alpha/2,\ n-2]}s_{b_1}\big) = 1 - \alpha$$

$\Leftrightarrow \quad P(4{,}053 - 2{,}306 \cdot 0{,}277 \leq \beta_1 \leq 4{,}053 + 2{,}306 \cdot 0{,}277) = 95\%$

$\Leftrightarrow \quad P(3{,}414 \leq \beta_1 \leq 4{,}692) = 95\%.$

Das geschätzte Intervall, das den Umsatzkoeffizienten mit 95%-iger Wahrscheinlichkeit enthält, ist knapp 1,3 Mio. € breit. Die Aussage, um wie viel der Umsatz bei einer um eine Einheit höheren Verkaufsfläche steigt, kann also bei gegebenem Konfidenzniveau mit einer Genauigkeit von 1,3 Mio. € getroffen werden.

Der Ausdruck (12.16) kann gleichzeitig als Prüfgröße für einen **Hypothesentest über β_1 (t-Test)** benutzt werden. Der Wert gegen den getestet wird, kann durch eine konkrete inhaltliche Frage vorgegeben werden. Liegt eine solche Vorgabe nicht vor, testet man standardmäßig, ob der Regressor überhaupt einen Einfluss auf den Regressanden zeigt. Ist dies nicht der Fall, ist die Regressionsgerade eine Parallele zur Abszisse und der Steigungsparameter nimmt den Wert null an. Die Nullhypothese für diesen Test lautet daher $H_0: \beta_1 = 0$. Da in der Teststatistik der Wert der Nullhypothese eingesetzt wird, ergibt sich als Teststatistik:

$$\boxed{T_{n-2} = \frac{\hat{\beta}_1}{\hat{\sigma}_{b_1}}} \qquad (12.18)$$

Zur Berechnung der Teststatistik verwendet man die Stichprobenrealisationen also

$$t = \frac{b_1}{s_{b_1}} \quad (12.19)$$

Je nach konkreter Fragestellung kann links-, rechts- oder zweiseitig getestet werden. Unabhängig davon ist bei einer Nichtablehnung der Nullhypothese nicht gesichert, dass der Regressor den Regressanden überhaupt beeinflusst. Man sagt in diesem Fall der Regressionskoeffizient ist **insignifikant**. Bei einer Ablehnung der Nullhypothese ist der Einfluss des Regressors bei gegebener Irrtumswahrscheinlichkeit gesichert, der Regressionskoeffizient wird dann als **signifikant** bezeichnet.

Beispiel 12.6 Erwartet man bei der Vergrößerung der Verkaufsfläche eine Umsatzsteigerung (vgl. Beispiel 12.4), so lauten die Hypothesen H_0: $\beta_1 = 0$ und H_0: $\beta_1 > 0$. Bei einer Irrtumswahrscheinlichkeit von $\alpha = 1\%$ erhält man aus der t-Tabelle bei n = 8 Freiheitsgraden den kritischen Wert von 2,896, d. h. man würde die Nullhypothese ablehnen, wenn der berechnete Wert der Prüfgröße 2,896 übersteigt. Der berechnete Wert der Prüfgröße ist

$$t = \frac{b_1}{s_{b_1}} = \frac{4{,}053}{0{,}277} = 14{,}63.$$

Dieser Wert ist deutlich höher als der kritische Wert, so dass die Nullhypothese abgelehnt wird. Der Koeffizient für die Verkaufsfläche ist signifikant größer als null oder – verkürzt ausgedrückt – die Verkaufsfläche ist signifikant positiv. Das bedeutet, dass der positive Einfluss der Verkaufsfläche auf den Umsatz als gesichert gelten darf, auch wenn nur eine Stichprobe und nicht die Grundgesamtheit erhoben wurde.

Der t-Test auf $\beta_1 = 0$ ist von überragender Bedeutung für die Interpretation der Regressionsergebnisse in Stichproben. Statistik-Software-Programme geben standardmäßig den berechneten Wert der Prüfgröße („t-Wert") und den dazugehörigen P-Wert für den zweiseitigen Test aus. Fehlt dieser Test, sind die Ergebnisse der Regression nur sehr eingeschränkt brauchbar, da die funktionale Abhängigkeit – auf die es hier ankommt – nur angenommen werden kann, wenn die Signifikanz des Regressionskoeffizienten gesichert ist.

Die letzte Aussage lässt sich mit anhand von folgender Überlegung verstehen: Selbst wenn kein Einfluss vorliegt, also $\beta_1 = 0$, ist es in Stichproben äußerst unwahrscheinlich, dass sich für b_1 gerade der Wert null ergibt. Wenn in Wirklichkeit $\beta_1 = 0$ gilt, kann b_1 zwar Werte anzeigen, die in der Nähe von null liegen, die Größenordnung von b_1 wird aber auch von den Maßeinheiten der einbezogenen Vari-

12.3 Einfachregression in Stichproben

ablen bestimmt und lässt daher keine Rückschlüsse über die Signifikanz zu. Würde man etwa in Beispiel 12.4 die Fläche nicht in 1000 qm, sondern in Einheiten von einem Quadratmeter messen, so erhielte man den Regressionskoeffizienten b_1 = 0,004053, d. h. einen tausendfach kleineren Wert. Obwohl der Koeffizient viel kleiner ist als vorher, hat sich durch diese Transformation am Einfluss der Verkaufsfläche nichts geändert: Die Standardabweichung des Regressionskoeffizienten wäre allerdings ebenfalls um denselben Faktor kleiner, d. h. sie betrüge 0,000277 und im Ergebnis ergibt sich der ursprüngliche t-Wert von 14,63. Die absolute Höhe des Koeffizienten ist also kein Maß für die Stärke des Einflusses, sondern muss mit der Standardabweichung in Beziehung gesetzt werden.

Beispiel 12.7 In einer Zufallsstichprobe von n = 180 Gebrauchtwagen eines Typs wurden neben dem Angebotspreis (in Tsd. €) als Regressand die Merkmale Alter (in Monaten), Kilometerstand (in Tsd. km), Hubraum (in cm^3), Leistung (in PS) und Verbrauch (in l/100km) als Regressoren erhoben. Die Schätzergebnisse der Einfachregressionen sind in Tabelle 12.3 aufgeführt (berechnet mit dem Statistikprogramm Stata).

Tabelle 12.3 Einfachregressionen, Abhängige Variable: Angebotspreis

	Alter	Km-Stand	Hubraum	Leistung	Verbrauch
b_0	8,4723	10,8357	10,0270	4,6564	10,8547
b_1	−0,0204	−0,0405	−0,0021	0,0308	−0,6352
s_{b_1}	0,0061	0,0028	0,0011	0,0112	0,3035
t	−3,35	−14,26	−1,89	2,76	−2,09
P-Wert	0,001	0,000	0,060	0,006	0,038
KI (95%)	[−0,0324; −0,0084]	[−0,0460; −0,0349]	[−0,0044; 0,0001]	[0,0088; 0,0528]	[−1,2348; −0,0357]
R^2	0,0594	0,5331	0,0200	0,0410	0,0282
n	180	180	178	180	153

Der t-Wert und der P-Wert beziehen sich auf den Test H_0: β_1 = 0. KI (95%) ist das 95%-Konfidenzintervall für β_1

Die in der letzten Zeile angegebene Zahl der Beobachtungen zeigt, dass die Merkmale Hubraum und Verbrauch nicht für die gesamte Stichprobe erhoben werden konnten. An den P-Werten sieht man, dass bei einer Fehlerwahrscheinlichkeit von 10% im zweiseitigen Test alle Koeffizienten signifikant sind. Senkt man das Signifikanzniveau auf unter 6%, so ist der Hubraum insignifikant, bei einer weiteren Absenkung auf unter 3,8% zusätzlich auch der Verbrauch.

Die Tabelle weist außerdem mit R^2 den **Determinationskoeffizienten** aus, der bereits in Abschnitt 3.3.1.2 als Maß für die Anpassungsgüte eingeführt wurde. Wie man an der Höhe erkennt, zeigt die Regression mit dem Km-Stand unter allen anderen Regressionen die beste Anpassung: In dieser Regression können 53,31% der Variation des Preises abgeleitet werden. Die nächstbeste Anpassungsgüte liefert das Alter mit einem R^2 von nur 5,94%. Die Vorzeichen der Koeffizienten erscheinen mit Ausnahme des Hubraums plausibel: So sind ältere Wagen im Schnitt billiger: Mit jedem zusätzlichen Jahr sinkt der Angebotspreis durchschnittlich um 20,4 €. Auch eine Erhöhung des Km-Stands und des Verbrauchs senken erwartungsgemäß den Angebotspreis. Hingegen steigt der Angebotspreis mit jedem zusätzlichen PS im Schnitt um 30,8 €. Für den Hubraum hätte man ebenfalls ein positives Vorzeichen erwartet, allerdings gibt es hier Zweifel, ob der Koeffizient überhaupt signifikant von null verschieden ist. Die hier gemachten Interpretationen unterstellen, dass die Annahmen 1 bis 5 gelten. Aus dem Vergleich dieser Einzelregressionen erscheint es naheliegend, dass die Güte der Anpassung erhöht werden könnte, wenn man in einem multivariaten Modell mehrere Einflussfaktoren gleichzeitig berücksichtigt.

12.4 Multiple Regression in Stichproben

In wirtschaftswissenschaftlichen Anwendungen spielt die Einfachregression im Vergleich zur multiplen Regression eine nur sehr untergeordnete Rolle, denn die meisten volks- oder betriebswirtschaftlichen Größen dürften von mehr als nur einem Faktor verursacht werden. So wird z. B. die Nachfragemenge nach einem Produkt sowohl vom Produktpreis als auch vom Einkommen der Konsumenten abhängen. Oder wenn wir auf Beispiel 12.7 zurückgreifen, wird der Angebotspreis von Gebrauchtwagen vermutlich gleichzeitig vom Alter, Kilometerstand, Hubraum, Leistung und Verbrauch bestimmt. Eine genaue Erklärung, warum in diesem Fall auf die multiple Regression zurückgegriffen werden muss, kann erst in Abschnitt 12.5.1 gegeben werden. Dort werden wir sehen, dass das Weglassen systematischer Einflussfaktoren zu einer Verletzung von Annahme 1 führen kann, die ja die Grundannahme des Regressionsmodells darstellt. Vereinfacht ausgedrückt sind die Schätzergebnisse unbrauchbar, wenn Annahme 1 nicht erfüllt ist.

Trotzdem war die Darstellung der Einfachregression sinnvoll, denn die meisten Ergebnisse, die wir in Abschnitt 12.2 erarbeitet haben, lassen sich nach einfachen Anpassungen auf das multiple Modell übertragen, wären aber für das multiple Modell allein nur mit fortgeschrittener Matrizenrechnung zu zeigen gewesen.

12.4.1 Regressionskoeffizienten: Schätzung und Interpretation

Mit der Linearitätsannahme des klassischen Regressionsmodells stellt sich die multiple Regressionsgleichung mit m Regressoren folgendermaßen dar:

$$Y_i = \beta_0 + \beta_1 X_{1i} + \beta_2 X_{2i} + \cdots + \beta_m X_{mi} + \varepsilon_i \,.$$

Die Schätzgleichung lautet analog zu (12.5) und (12.6)

$$\boxed{y_i = \hat{\beta}_0 + \hat{\beta}_1 x_{1i} + \hat{\beta}_2 x_{2i} + \cdots + \hat{\beta}_m x_{mi} + e_i} \qquad (12.20)$$

bzw.

$$\boxed{y_i = b_0 + b_1 x_{2i} + b_2 x_{2i} + \cdots + b_m x_{mi} + e_i} \qquad (12.21)$$

Ein Wert auf der Regressionsfunktion ist

$$\boxed{\hat{y}_i = b_0 + b_1 x_{1i} + b_2 x_{2i} + \cdots + b_m x_{mi}} \qquad (12.22)$$

Da die Funktion m Dimensionen hat, kann man nicht mehr von einer Geraden sprechen, und eine graphische Darstellung ist nicht ohne weiteres möglich.

Kleinst-Quadrat-Schätzer für die Regressionskoeffizienten könnten theoretisch auf gleichem Wege gewonnen wie für die Einfachregression. Allerdings sind bei **m Regressoren** insgesamt **m+1 Koeffizienten** zu schätzen. Dabei wäre nach dem prinzipiellen Vorgehen in Abschnitt 3.3 ein Gleichungssystem mit m+1 vielen nichtlinearen Gleichungen zu lösen. Eine geeignetere Lösungstechnik ergibt sich, wenn man die Regressionsfunktion aus (12.20) in Matrixform überführt. Dazu schreibt man (12.20) zunächst einmal für jede Beobachtung i = 1, ..., n auf. Man erhält ein System aus n verschiedenen linearen Gleichungen

$$y_1 = \hat{\beta}_0 + \hat{\beta}_1 x_{11} + \hat{\beta}_2 x_{21} + \cdots + \hat{\beta}_m x_{m1} + e_1$$

$$y_2 = \hat{\beta}_0 + \hat{\beta}_1 x_{12} + \hat{\beta}_2 x_{22} + \cdots + \hat{\beta}_m x_{m2} + e_2$$

$$\vdots$$

$$y_n = \hat{\beta}_0 + \hat{\beta}_1 x_{1n} + \hat{\beta}_2 x_{2n} + \cdots + \hat{\beta}_m x_{mn} + e_n \,.$$

Lineare Gleichungssysteme lassen sich unmittelbar mit Matrizen darstellen. Man definiert folgende Matrizen

$$\mathbf{y} = \begin{pmatrix} y_1 \\ y_2 \\ \vdots \\ y_n \end{pmatrix}, \quad \widehat{\boldsymbol{\beta}} = \begin{pmatrix} \hat{\beta}_0 \\ \hat{\beta}_1 \\ \vdots \\ \hat{\beta}_m \end{pmatrix}, \quad \mathbf{e} = \begin{pmatrix} e_1 \\ e_2 \\ \vdots \\ e_n \end{pmatrix}, \quad \mathbf{X} = \begin{pmatrix} 1 & x_{11} & x_{21} & \cdots & x_{m1} \\ 1 & x_{12} & x_{22} & \cdots & x_{m2} \\ \vdots & & & & \vdots \\ 1 & x_{1n} & x_{2n} & \cdots & x_{mn} \end{pmatrix}.$$

Dabei entspricht **X** der Datenmatrix aus Abschnitt 4.1.1, wobei in der 1. Spalte die **Eins** als **Scheinvariable** für das Absolutglied hinzutritt. Das Gleichungssystem lautet

$$\begin{pmatrix} y_1 \\ y_2 \\ \vdots \\ y_n \end{pmatrix} = \begin{pmatrix} 1 & x_{11} & x_{21} & \cdots & x_{m1} \\ 1 & x_{12} & x_{22} & \cdots & x_{m2} \\ \vdots & & & & \vdots \\ 1 & x_{1n} & x_{2n} & \cdots & x_{mn} \end{pmatrix} \begin{pmatrix} \hat{\beta}_0 \\ \hat{\beta}_1 \\ \vdots \\ \hat{\beta}_m \end{pmatrix} + \begin{pmatrix} e_1 \\ e_2 \\ \vdots \\ e_n \end{pmatrix}$$

oder kürzer

$$\boxed{\mathbf{y} = \mathbf{X}\widehat{\boldsymbol{\beta}} + \mathbf{e}} \tag{12.23}$$

Zur Ermittlung der Kleinst-Quadrat-Schätzer ist es hilfreich, sich vorab die folgenden Rechenregeln zu vergegenwärtigen.

- Für das Matrixprodukt gilt $(\mathbf{AB})' = \mathbf{B}'\mathbf{A}'$.

- Wenn **a** und **x** Spaltenvektoren derselben Dimension sind, ist die partielle Ableitung der Funktion $f(\mathbf{x}) = \mathbf{a}'\mathbf{x}$ nach **x**: $\partial f(x)/\partial x = \mathbf{a}'$.

- Wenn **A** eine symmetrische Matrix ist, ist die partielle Ableitung der Funktion $g(\mathbf{x}) = \mathbf{x}'\mathbf{A}\mathbf{x}$ nach **x**: $\partial g(x)/\partial x = 2\mathbf{x}'\mathbf{a}$.

Nach der Kleinst-Quadrat-Methode wird die Summe der quadrierten Residuen minimiert. Bezeichnen wir diese Summe mit A, so gilt

$$A = e_1^2 + e_2^2 + \cdots + e_n^2 = \begin{pmatrix} e_1 & e_2 & \cdots & e_n \end{pmatrix} \begin{pmatrix} e_1 \\ e_2 \\ \vdots \\ e_n \end{pmatrix} = \mathbf{e}'\mathbf{e}.$$

In diesen Ausdruck wird die nach **e** aufgelöste Regressionsgleichung (12.23) eingesetzt

$$A = (\mathbf{y} - \mathbf{X}\widehat{\boldsymbol{\beta}})'(\mathbf{y} - \mathbf{X}\widehat{\boldsymbol{\beta}}).$$

12.4 Multiple Regression in Stichproben

Nach den Regeln der Matrizenrechnung lässt sich A folgendermaßen ausmultiplizieren:

$$A = (\mathbf{y}' - \widehat{\boldsymbol{\beta}}'\mathbf{X}')(\mathbf{y} - \mathbf{X}\widehat{\boldsymbol{\beta}})$$

$$= \mathbf{y}'\mathbf{y} - \mathbf{y}'\mathbf{X}\widehat{\boldsymbol{\beta}} - \widehat{\boldsymbol{\beta}}'\mathbf{X}'\mathbf{y} + \widehat{\boldsymbol{\beta}}'\mathbf{X}'\mathbf{X}\widehat{\boldsymbol{\beta}}$$

$$= \mathbf{y}'\mathbf{y} - 2\mathbf{y}'\mathbf{X}\widehat{\boldsymbol{\beta}} + \widehat{\boldsymbol{\beta}}'\mathbf{X}'\mathbf{X}\widehat{\boldsymbol{\beta}}.$$

Da $\mathbf{y}'\mathbf{X}$ ein Zeilenvektor und $\mathbf{X}'\mathbf{X}$ symmetrisch ist, ergibt die Ableitung von A nach dem Koeffizientenvektor $\widehat{\boldsymbol{\beta}}$

$$\frac{\delta A}{\delta \widehat{\boldsymbol{\beta}}} = -2\mathbf{y}'\mathbf{X} + 2\widehat{\boldsymbol{\beta}}'\mathbf{X}'\mathbf{X}.$$

Zur Auffindung des Minimums wird dieser Ausdruck gleich null gesetzt und nach dem Koeffizientenvektor $\widehat{\boldsymbol{\beta}}$ aufgelöst:

$$-2\mathbf{y}'\mathbf{X} + 2\widehat{\boldsymbol{\beta}}'\mathbf{X}'\mathbf{X} = 0$$

$$\Leftrightarrow \widehat{\boldsymbol{\beta}}'\mathbf{X}'\mathbf{X} = \mathbf{y}'\mathbf{X}$$

$$\Leftrightarrow \mathbf{X}'\mathbf{X}\widehat{\boldsymbol{\beta}} = \mathbf{X}'\mathbf{y}$$

$$\Leftrightarrow (\mathbf{X}'\mathbf{X})^{-1}(\mathbf{X}'\mathbf{X})\widehat{\boldsymbol{\beta}} = (\mathbf{X}'\mathbf{X})^{-1}\mathbf{X}'\mathbf{y}$$

$$\Leftrightarrow \widehat{\boldsymbol{\beta}} = (\mathbf{X}'\mathbf{X})^{-1}\mathbf{X}'\mathbf{y}.$$

Nach der hinreichenden Bedingung für Extremwerte, die hier nicht untersucht werden soll, ergibt sich für diese Lösung ein Minimum. Damit ist der Kleinst-Quadrat-Schätzer

$$\boxed{\widehat{\boldsymbol{\beta}} = (\mathbf{X}'\mathbf{X})^{-1}\mathbf{X}'\mathbf{y}} \qquad (12.24)$$

Aus (12.24) erhält man Schätzergebnisse, wenn man in X und y die konkreten Stichprobenbeobachtungen einsetzt. Der Vektor der Schätzergebnisse, also die Realisation von $\widehat{\boldsymbol{\beta}}$, wird mit **b** bezeichnet,

$$\mathbf{b} = \begin{pmatrix} b_0 \\ b_1 \\ \vdots \\ b_m \end{pmatrix}.$$

Die Matrixschreibweise hat den Nachteil, dass Schätzformeln für die einzelnen Elemente von **b**, also die einzelnen Regressionskoeffizienten nicht mehr direkt erkennbar sind. Vorteilhaft ist aber, dass diese Formel für Modelle mit unterschiedlicher Größe benutzt werden kann, so dass nicht für jede unterschiedliche Zahl von Regressoren eine eigene Schätzformel hergeleitet werden muss. Ohnehin erzeugt man die Schätzungen im multiplen Regressionsmodell mit Statistiksoftware. Der Kleinst-Quadrat-Schätzer in Matrixschreibweise lässt sich aber auch leicht mit jedem beliebigen Tabellenkalkulationsprogramm umsetzen.

Um den Kleinst-Quadrat-Schätzer bilden zu können, muss nach Formel (12.24) die Matrix **X'X** invertiert werden. Die Invertierbarkeit dieser Matrix ist aber nur gegeben, wenn der Rang von **X** maximal ist, was wiederum nur dann der Fall ist, wenn keine lineare Abhängigkeit zwischen den Regressoren bestehen. Aus diesem Grund muss in der multiplen Regression **perfekte Multikollinearität** ausgeschlossen werden (**Annahme 6**).

Gelten neben den Annahmen 1, 2 und 6 zusätzlich auch noch die Annahmen 3 (Homoskedastie) und 4 (Unabhängigkeit der Residuen), so begründet auch in der multiplen Regression das Gauß-Markov-Theorem, die **BLUE-Eigenschaften** der Kleinst-Quadrat-Schätzer. Unter diesen Annahmen ist ein erwartungstreuer **Schätzer für die Varianz der geschätzten Regressionskoeffizienten** durch die Elemente auf der Hauptdiagonalen der folgenden Matrix gegeben (vgl. Wooldridge (2009), S. 803ff):

$$\widehat{\mathrm{Var}}(\mathbf{b}) = \widehat{\sigma}_\mathbf{b}^2 = \mathbf{e}'\mathbf{e}(\mathbf{X}'\mathbf{X})^{-1}/(n-m-1) \qquad (12.25)$$

Die Realisation von $\widehat{\sigma}_\mathbf{b}^2$ wird nach den Notationsregeln mit $s_\mathbf{b}^2$ abgekürzt und enthält auf der Hauptdiagonalen die geschätzetn Varianzen der einzelnen Regressionskoeffizienten, also $s_{b_0}^2, s_{b_1}^2, \ldots, s_{b_m}^2$.

Beispiel 12.8 Das Beispiel 12.4 soll erweitert werden, indem neben der Verkaufsfläche (X_{1i}) auch die Werbeausgaben (X_{2i}, in Mio. €) der Filiale i berücksichtigt werden. Tabelle 12.4 stellt die Ergebnisse der Sichprobenerhebung dar.

12.4 Multiple Regression in Stichproben

Tabelle 12.4 Umsatz (y_i), die Verkaufsfläche (x_{1i}) und Werbeausgaben (x_{2i}) von 10 zufällig ausgewählten Filialen

Filiale i	Jahresumsatz y_i	Verkaufsfläche x_{1i}	Werbeausgaben x_{2i}
(1)	(2)	(3)	(4)
1	3,0	0,5	10,0
2	5,1	0,9	12,0
3	5,5	1,1	12,5
4	7,3	1,5	15,1
5	6,2	1,2	14,0
6	7,0	1,4	14,5
7	8,1	1,6	16,2
8	4,9	0,8	11,5
9	6,1	1,0	13,5
10	3,2	0,4	10,3

Um die Gleichung $\hat{y}_i = b_0 + b_1 x_{1i} + b_2 x_{2i}$ zu schätzen, definiert man folgende Matrizen:

$$\mathbf{y} = \begin{pmatrix} 3,0 \\ 5,1 \\ 5,5 \\ 7,3 \\ 6,2 \\ 7,0 \\ 8,1 \\ 4,9 \\ 6,1 \\ 3,2 \end{pmatrix} \quad \mathbf{X} = \begin{pmatrix} 1 & 0,5 & 10,0 \\ 1 & 0,9 & 12,0 \\ 1 & 1,1 & 12,5 \\ 1 & 1,5 & 15,1 \\ 1 & 1,2 & 14,0 \\ 1 & 1,4 & 14,5 \\ 1 & 1,6 & 16,2 \\ 1 & 0,8 & 11,5 \\ 1 & 1,0 & 13,5 \\ 1 & 0,4 & 10,3 \end{pmatrix} \quad \mathbf{b} = \begin{pmatrix} b_0 \\ b_1 \\ b_2 \end{pmatrix}.$$

Für die Inverse von $\mathbf{X}'\mathbf{X}$ ergibt sich:

$$(\mathbf{X}'\mathbf{X})^{-1} = \begin{pmatrix} 31,90 & 19,20 & -3,98 \\ 19,02 & 13,21 & -2,53 \\ -3,98 & -2,53 & 0,51 \end{pmatrix}.$$

Damit kann der Kleinst-Quadrat-Schätzer durch einfache Matrixmultiplikation berechnet werden:

$$\mathbf{b} = \begin{pmatrix} 31,90 & 19,20 & -3,98 \\ 19,02 & 13,21 & -2,53 \\ -3,98 & -2,53 & 0,51 \end{pmatrix} \begin{pmatrix} 1 & 1 & \cdots & 1 & 1 \\ 0,5 & 0,9 & \cdots & 1,0 & 0,4 \\ 10,0 & 12,0 & \cdots & 13,5 & 10,3 \end{pmatrix} \begin{pmatrix} 3,0 \\ 5,1 \\ 5,5 \\ 7,3 \\ 6,2 \\ 7,0 \\ 8,1 \\ 4,9 \\ 6,1 \\ 3,2 \end{pmatrix}$$

$$= \begin{pmatrix} -2{,}58 \\ 1{,}51 \\ 0{,}51 \end{pmatrix}.$$

Die Regressionsgleichung lautet also $\hat{y}_i = -2{,}58 + 1{,}51 x_{1i} + 0{,}51 x_{2i}$.

Um die Varianz der geschätzten Regressionskoeffizienten zu bestimmen, wird zunächst der Vektor der Restwerte berechnet, indem man die Beobachtungen in die Regressionsgleichung einsetzt:

$$\mathbf{e} = \mathbf{y} - \mathbf{Xb} = \mathbf{y} = \begin{pmatrix} 3{,}0 \\ 5{,}1 \\ 5{,}5 \\ 7{,}3 \\ 6{,}2 \\ 7{,}0 \\ 8{,}1 \\ 4{,}9 \\ 6{,}1 \\ 3{,}2 \end{pmatrix} - \begin{pmatrix} 1 & 0{,}5 & 10{,}0 \\ 1 & 0{,}9 & 12{,}0 \\ 1 & 1{,}1 & 12{,}5 \\ 1 & 1{,}5 & 15{,}1 \\ 1 & 1{,}2 & 14{,}0 \\ 1 & 1{,}4 & 14{,}5 \\ 1 & 1{,}6 & 16{,}2 \\ 1 & 0{,}8 & 11{,}5 \\ 1 & 1{,}0 & 13{,}5 \\ 1 & 0{,}4 & 10{,}3 \end{pmatrix} \begin{pmatrix} -2{,}58 \\ 1{,}51 \\ 0{,}51 \end{pmatrix} = \begin{pmatrix} -0{,}31 \\ 0{,}16 \\ 0{,}01 \\ -0{,}13 \\ -0{,}22 \\ 0{,}03 \\ -0{,}05 \\ 0{,}37 \\ 0{,}24 \\ -0{,}11 \end{pmatrix}.$$

Die Quadratsumme der Restwerte ist $\mathbf{e}'\mathbf{e} = (-0{,}31)^2 + 0{,}16^2 + \cdots + (-0{,}11)^2 = 0{,}3964$. Einsetzen in Formel (12.25) ergibt

$$\mathbf{s}_{\mathbf{b}}^2 = \frac{0{,}3964}{7 \begin{pmatrix} 31{,}90 & 19{,}20 & -3{,}98 \\ 19{,}02 & 13{,}21 & -2{,}53 \\ -3{,}98 & -2{,}53 & 0{,}51 \end{pmatrix}} = \begin{pmatrix} 1{,}81 & 1{,}08 & -0{,}23 \\ 1{,}08 & 0{,}75 & -0{,}14 \\ -0{,}23 & -0{,}14 & 0{,}03 \end{pmatrix}.$$

Die Wuzeln der Hauptdiagonale dieser Matrix sind die geschätzten Standardabweichungen der Regressionskoeffizienten, also $s_{b_0} = 1{,}34$, $s_{b_1} = 0{,}86$ und $s_{b_2} = 0{,}17$. Alle Berechnungen lassen sich leicht mit einem Tabellenkalkulationsprogramm nachvollziehen.

Auch in der linearen multiplen Regression gibt ein Regressionskoeffizient an, wie sich die Erhöhung des jeweiligen Regressors auf die abhängige Variable auswirkt. Dabei müssen allerdings alle anderen Variablen konstant gehalten werden, denn nur so lässt sich die Auswirkung eines Faktors separat messen. Man nennt eine solche Auswirkung **partiellen Effekt**, das Konstanthalten aller anderen Faktoren wird als **Kontrollieren** oder **ceteris paribus (cp)-Bedingung** bezeichnet und die Regressionskoeffizienten (ohne β_0) als **partielle Regressionskoeffizienten**.

12.4 Multiple Regression in Stichproben

Beispiel 12.9 Die Bedeutung der partiellen Effekte lässt sich am Beispiel des Datensatzes zu den Gebrauchtwagen erklären. In Beispiel 12.7 wurde der Angebotspreis in Einfachregressionen durch verschiedene einzelne Faktoren erklärt. Da die Gültigkeit aller Annahmen unterstellt wurde, war eine der Schlussfolgerungen, dass der Angebotspreis pro Jahr seit der Erstzulassung um 20,40 € sinkt. Gleichzeitig zeigte sich aber auch, dass ein höherer Kilometerstand zu einem durchschnittlichen Rückgang des Angebotspreises führt und zwar um 40,05 € pro gefahrene 1000 km. Nun kann man aber vermuten, dass der Kilometerstand und das Alter positiv korrelieren, weil ältere Autos tendenziell einen höheren Kilometerstand haben. Mit dieser Überlegung kann der gemessene Wertverlust von 20,40 € nicht allein auf das Alter zurückgeführt werden. Aus einem Vergleich von jüngeren Wagen mit tendenziell niedrigerem Kilometerstand mit älteren Wagen mit tendenziell höherem Kilometerstand lässt sich der Effekt des Alters nicht separat bestimmen. Um den partiellen Effekt des Alters zu erhalten, muss man Wagen unterschiedlichen Alters mit konstantem Kilometerstand vergleichen bzw. für den Kilometerstand kontrollieren. Diesen Vergleich unternimmt das multiple Regressionsmodell. Eine gemeinsame Schätzung beider Koeffizienten ergibt:

$$\hat{y}_i = 10{,}74 - 0{,}0019 x_{1i} - 0{,}0400 x_{2i}.$$

Im Vergleich zur Einfachregression ist der Koeffizient des Alters (x_{1i}) deutlich gesunken, während der Effekt des Kilometerstands nur leicht zurückgegangen ist. Vergleicht man unterschiedliche Wagen mit demselben Kilometerstand, so ist ein um ein Jahr älteres Auto im Schnitt um 1,90 € günstiger. Vergleicht man hingegen Wagen mit demselben Alter, so ist ein Wagen, mit höherem Kilometerstand günstiger und zwar im Durchschnitt um 40 € pro 1000 gefahrene Kilometer. Eine Schlussfolgerung daraus ist, dass besonders der Alterseffekt in der Einfachregression deutlich übertrieben wird. Tatsächlich werden wir in Abschnitt 12.5.1 sehen, dass der Grund für diese Überschätzung eine Verletzung von Annahme 1 ist, was im Allgemeinen zu einer Verzerrung der Kleinst-Quadrat-Schätzer führt.

Auch die anderen Faktoren, wie Hubraum und Leistung und Verbrauch, weisen vermutlich untereinander eine Korrelation auf, so dass alle in Tabelle 12.3 gemessenen Effekte verzerrt sein dürften. Daher ist es sinnvoll, auch diese Faktoren in die Regression mit einzubeziehen. Die Schätzung ergibt dann:

$$\hat{y}_i = 19{,}07 - 0{,}0022 x_{1i} - 0{,}03910 x_{2i} - 0{,}00585 x_{3i} + 0{,}12268 x_{4i} - 1{,}6207 x_{5i}.$$

Stellt man einen Vergleich zwischen zwei Wagen an, die für Alter, Hubraum, Motorleistung und Verbrauch gleiche Werte aufweisen, von denen einer aber 1000 km weniger gefahren wurde, so ist dieser Wagen im Schnitt um 39,10 € günstiger. Wie die Ergebnisse zeigen, entsprechen die Vorzeichen der partiellen Effekte mit Ausnahme des Hubraums den Erwartungen. Allerdings sollten die Koeffizienten nicht interpretiert werden, bevor ihre Signifikanz bestätigt wurde.

Wie in der Einfachregression sollten für die Koeffizienten **Signifikanztests (t-Tests)** durchgeführt werden, das heißt, es sollte die Hypothese getestet werden, ob die einzelnen Regressionskoeffizienten signifikant von null verschieden sind. Dazu wird erneut die Annahme normalverteilter Residuen (Annahme 5) getroffen. Bezeichnet der Index j eine der Modellvariablen (j = 1, ..., m), so lautet die Nullhypothese H_0: $\beta_j = 0$. Mit derselben Begründung wie in Abschnitt 12.3.2 ist $\hat{\beta}_j / \hat{\sigma}_{b_j}$ t-verteilt mit df = n − m − 1 Freiheitsgraden. Die Prüfgröße lautet also

$$T_{j,n-m-1} = \frac{\hat{\beta}_j}{\hat{\sigma}_{b_j}} \qquad (12.26)$$

Beispiel 12.10 In der Regression des Umsatzes auf die Verkaufsfläche und die Werbeausgaben beträgt die Zahl der Freiheitsgrade df = n − m − 1 = 7. Für einen einseitigen Test mit einem Signifikanzniveau von 5% ist der kritische Wert laut t-Tabelle 1,895. Die Nullhypothese, dass jeweils einer der beiden Regressionskoeffizienten nicht signifikant von null verschieden ist, wird demnach abgelehnt, wenn der berechnete Wert der Prüfgröße größer als 1,895 ist. Aus Beispiel 12.8 lassen sich berechnen

$$t_1 = \frac{b_1}{s_{b_1}} = \frac{1{,}51}{0{,}86} = 1{,}76 \text{ und } t_2 = \frac{b_2}{s_{b_2}} = \frac{0{,}51}{0{,}17} = 3.$$

Damit ist bei dem gegebenen Signifikanzniveau die Verkaufsfläche insignifikant, während die Werbeausgaben signifikant sind. Bei einem zweiseitigen Test und einem Signifikanzniveau von 1% erhielte man kritische Wert von +/−3,499 und würde beide Variablen als insignifikant einstufen.

12.4.2 Gesamtbeurteilung: R^2 und F-Test

Um die Güte der Anpassung eines multiplen Regressionsmodells an die beobachteten Daten zu beurteilen, wird der aus der Einfachregression bekannte Determinationskoeffizient R^2 verwendet. Wie bereits aus (3.52) und (3.54) bekannt ist, lauten die Berechnungsformeln (nach Anpassung an die Notation für die Regression in Stichproben)

$$R^2 = \frac{\sum_{i=1}^{n}(\hat{y}_i - \bar{y})^2}{\sum_{i=1}^{n}(y_i - \bar{y})^2} = 1 - \frac{\sum_{i=1}^{n} e_i^2}{\sum_{i=1}^{n}(y_i - \bar{y})^2} \tag{12.27}$$

Der Determinationskoeffizient gibt darüber Auskunft, zu welchem Anteil die quadratische Variation der Variable Y linear durch die Regression formal erklärt wird, also im Falle der multiplen Regression durch die Gesamtheit der Regressoren. Niedrige Werte von R^2 bedeuten daher, dass die Regression die beobachteten Werte nur schlecht repräsentiert, während große Werte für eine hohe Anpassungsgüte des Modells sprechen.

In der multiplen Regression zeigt der Determinationskoeffizient allerdings eine Schwäche: Er neigt dazu, die Anpassungsgüte großer Modelle zu überschätzen und eignet sich daher schlecht für Vergleiche verschieden großer Modelle. Da die Kleinst-Quadrat-Methode die Residuenquadrate minimiert, kann die Summe der quadrierten Residuen nach Hinzufügen eines weiteren Regressors nie kleiner werden. Daher wird R^2 mit wachsender Zahl von Regressoren steigen oder höchstens gleichbleiben, aber nicht sinken. Das Hinzufügen einer völlig irrelevanten Variable kann den Determinationskoeffizient also auch erhöhen, in diesem Fall wäre die Erhöhung allerdings rein zufallsbedingt und ist nicht als Vergrößerung des Erklärungsgehalts zu werten. Möchte man den Erklärungsgehalt verschieden großer Modelle vergleichen, muss der Determinationskoeffizienten korrigiert werden, indem man größere Modelle „bestraft". Dies gelingt, indem man Zähler und Nenner von (12.27) jeweils durch die Zahl der Freiheitsgrade dividiert. Man erhält so den **adjustierten (korrigierten) Determinationskoeffizient** $\bar{R}^2$:

$$\bar{R}^2 = 1 - \frac{\sum_{i=1}^{n} e_i^2 / (n - m - 1)}{\sum_{i=1}^{n}(y_i - \bar{y})^2 / (n - 1)} \tag{12.28}$$

Die Bedeutung der Zahl der Freiheitsgrade wurde im Zusammenhang mit der Punktschätzung der Varianz in Abschnitt 10.2.5 erklärt. Demnach entspricht die Zahl der Freiheitsgrade der Zahl der unabhängigen Beobachtungen, die zur Berechnung eines Schätzers zur Verfügung stehen. Zur Berechnung der Quadratsumme $\sum_{i=1}^{n}(y_i - \bar{y})^2$ stehen nur noch n – 1 frei wählbare Parameter zur Verfügung, weil mit der Festlegung von $\bar{y}$ bereits ein Freiheitsgrad aufgebraucht wird. Für den Zähler in (12.27) gilt Entsprechendes: In die Berechnung von e_i fließen die Regressionskoeffizienten b_0, b_1, ... b_m ein, denn $e_i = y_i - b_0 - b_1 x_{2i} - b_2 x_{2i} - \cdots - b_m x_{mi}$. Aus Abschnitt 3.3 wissen wir, dass die Kleinst-Quadrat-Methode die Koeffizienten so gewählt werden, dass $\sum_{i=1}^{n} e_i = 0$. Daher sind für die Quadratsumme der Residuen nur n − m − 1 Parameter frei wählbar.

Durch die Transformation in (12.28) wird berücksichtigt, dass bei der Aufnahme zusätzlicher Variablen mehr Freiheitsgrade verbraucht werden. Das korrigierte R^2 ist daher für **Vergleiche verschieden großer Modelle** geeignet. Allerdings kann der Koeffizient nach der Korrektur auch negative Werte annehmen.

Beispiel 12.11 Zur Erklärung der Umsätze wurde in Beispiel 12.4 eine Einfachregression mit der Verkaufsfläche geschätzt und anschließend in Beispiel 12.8 eine multiple Regression mit der Verkaufsfläche und den Werbeausgaben. Hier sollen beide Modelle anhand der Determinationskoeffizienten verglichen werden. Aus den bisherigen Berechnungen sind folgende in Tabelle 12.5 aufgeführten Werte bereits bekannt:

Tabelle 12.5 Arbeitstabelle zur Berechnung der Determinationskoeffizienten

	Einfachregression	Multiple Regression
$\sum_{i=1}^{n}(y_i - \hat{y}_i)^2 = \sum_{i=1}^{n} e_i^2$	0,9224	0,3964
$(n - m - 1)$	8	7
$\sum_{i=1}^{n}(y_i - \bar{y})^2$	24,9640	24,9640
$(n - 1)$	9	9

Um die Determinationskoeffizienten zu berechnen, können diese Werte direkt in die Formeln (12.27) und (12.28) eingesetzt werden. Zum Vergleich werden die Ergebnisse in Tabelle 12.6 gegenübergestellt.

12.4 Multiple Regression in Stichproben

Tabelle 12.6 Gegenüberstellung der Determinationskoeffizienten

	Einfachregression	Multiple Regression
$R^2 = 1 - \dfrac{\sum_{i=1}^{n} e_i^2}{\sum_{i=1}^{n}(y_i - \bar{y})^2}$	0,963	0,984
$\bar{R}^2 = 1 - \dfrac{\sum_{i=1}^{n} e_i^2 / (n - m - 1)}{\sum_{i=1}^{n}(y_i - \bar{y})^2 / (n - 1)}$	0,958	0,980

In der Einfachregression können 96,3% der quadratischen Variation durch die Regression angepasst werden, in der multiplen Regression sind es 98,4%. Der höhere Wert könnte allein dadurch zustande gekommen sein, dass die multiple Regression eine Variable mehr enthält. Für diese Hypothese spräche, dass wir die Verkaufsfläche im multiplen Modell als insignifikant eingestuft haben (siehe Beispiel 12.10). Ein Vergleich des adjustierten Bestimmtheitsmaßes bestätigt diese Hypothese aber nicht: Das multiple Modell weist den größeren Wert auf und besitzt damit eine höhere Anpassungsgüte als die Einfachregression.

Ein weiteres Kriterium zur Gesamtbeurteilung ist der **F-Test**. Mit diesem Test möchte man herausfinden, ob das Modell als Ganzes einen Beitrag zur Erklärung des Regressanden liefert. Die Hypothesen dieses Tests lauten:

$H_0: \beta_1 = \beta_2 = \cdots = \beta_m = 0$,
$H_1: \beta_j \neq 0$ für mindestens ein j (j=1,...,m).

Unter der Nullhypothese hat die Regression überhaupt keinen Erklärungswert, denn für jeden Regressor ist der Koeffizient null. Laut Alternativhypothese hat zumindest ein Regressor einen signifikanten Einfluss auf den Regressanden, ohne dass näher spezifiziert wird, um wie viele und welche Regressionskoeffizienten es sich dabei handelt.

Wenn in einer Regression mit der Grundgesamtheit alle Regressionskoeffizienten null wären, so wäre auch der Determinationskoeffizient null. Die Nullhypothese des F-Tests ist also äquivalent zur Aussage, dass der „wahre" Determinationskoeffizient in der Grundgesamtheit den Wert null aufweist. Dieser Test ist notwendig, weil der Stichproben-Determinationskoeffizient als rein deskriptives Maßes aufgrund des Stichprobenfehlers vermutlich immer größer als null sein wird, so dass man mit diesem Wert allein nicht entscheiden kann, ob das jeweilige Modell einen Erklärungswert liefert oder nicht.

Eine Prüfgröße für den F-Test ergibt sich aus einem Vergleich der erklärten quadratischen Variation mit der unerklärten quadratischen Variation. Dieser Quotient ist nämlich F-verteilt, wenn man jeweils im Zähler und Nenner die Zahl der Freiheitsgrade berücksichtigt (und wenn die Annahmen 1 bis 5 erfüllt sind). Die Prüfgröße des F-Tests lautet:

$$F_{m,n-m-1} = \frac{\sum_{i=1}^{n}(\hat{Y}_i - \bar{Y})^2 / m}{\sum_{i=1}^{n}(Y_i - \hat{Y}_i)^2 / (n - m - 1)}$$
(12.29)

Die Zählerfreiheitsgrade sind $df_1 = m$, weil zur Bestimmung der erklärten Variation lediglich die Regressionskoeffizienten $b_0, b_1, ..., b_m$ frei gewählt werden können. Von diesen $m + 1$ Freiheitsgraden geht ein Freiheitsgrad für die Festlegung von $\bar{y}$ verloren. Die Nennerfreiheitsgrade wurden bereits im Zusammenhang mit Formel (12.28) ermittelt.

Je größer die Prüfgröße wird, desto höher ist die Anpassungsgüte des Modells, verglichen mit der unerklärten Restkomponente. Der Test ist daher immer rechtsseitig.

Beispiel 12.12 Im Modell, das den Umsatz mit Hilfe der Verkaufsfläche und der Werbeausgaben erklärt, wurde die Verkaufsfläche als insignifikant eingestuft (Beispiel 12.10). Die Werbeausgaben wären in einem zweiseitigen Test mit einem Signifikanzniveau von 1% ebenfalls nicht signifikant. Daher soll mit einem F-Test die Hypothese überprüft werden, ob die Regression überhaupt einen Erklärungswert besitzt. Die Nullhypothese lautet hier $H_0: \beta_1 = \beta_2 = 0$. Bei einem Stichprobenumfang von $n = 10$ und $m = 2$ Regressionen, ergeben sich $m = 2$ Zählerfreiheitsgrade und $n - m - 1 = 7$ Nennerfreiheitsgrade, und man erhält aus der F-Tabelle (Tabelle 14.4, Tabelle 14.5) die kritischen Werte von 4,74 (bei $\alpha = 5\%$) und 9,55 bei ($\alpha = 1\%$). Da der Test rechtsseitig ist, wird die Nullhypothese abgelehnt, wenn der berechnete F-Wert den kritischen Wert überschreitet. Zur Berechnung des Nenners der Prüfgröße ist aus den vorherigen Berechnungen bereits bekannt, dass $\sum_{i=1}^{n}(y_i - \hat{y}_i)^2 = \sum_{i=1}^{n} e_i^2 = 0{,}3964$ (siehe Tabelle 12.5). Die Zählergröße $\sum_{i=1}^{n}(\hat{y}_i - \bar{y})^2$ kann direkt aus den Daten berechnet werden, oder aus der Identität

$$\sum_{i=1}^{n}(y_i - \bar{y})^2 = \sum_{i=1}^{n}(\hat{y}_i - \bar{y})^2 + \sum_{i=1}^{n}(y_i - \hat{y}_i)^2$$

(siehe (3.49)). Wir verwenden letzteres Verfahren, weil die Summe $\sum_{i=1}^{n}(y_i - \bar{y})^2$ bereits in Tabelle 12.5 ausgewiesen ist. Es ergibt sich

$$\sum_{i=1}^{n}(\hat{y}_i - \bar{y})^2 = 24{,}964 - 0{,}3964 = 24{,}5476.$$

Damit ist der berechnete Wert der Prüfgröße

$$f = \frac{24{,}5676/2}{0{,}3964/7} = 216{,}9.$$

Dieser Wert ist deutlich größer als die kritischen Werte. Somit kann die Nullhypothese, dass die Anpassungsgüte der Regression null beträgt, abgelehnt werden. Die Zweifel an der Aussagekraft, die sich aufgrund der teilweise insignifikanten Koeffizienten ergaben, bestätigt der F-Test nicht.

12.4.3 Beispiel zur Interpretation einer Regressionsschätzung

Das klassische Regressionsmodell ist in den Wirtschafts- und Sozialwissenschaften sehr verbreitet und deswegen in praktisch jeder Statistik-Software implementiert. Die Nutzung der Software lässt die bisher behandelten rechentechnischen und theoretisch-statistischen Aspekte in den Hintergrund treten, der Anwender steht statt dessen vor der Herausforderung, die Vielzahl der Schätzergebnisse angemessen zu deuten. Da dabei schnell der Überblick verloren geht, soll hier anhand eines Beispiels die typische Vorgehensweise bei der Interpretation einer Regressionsschätzung gezeigt werden. Dabei werden die in Softwareprogrammen gängigsten Abkürzungen benutzt, die allerdings nicht einheitlich sind.

Im Allgemeinen umfasst die Interpretation einer Regressionsschätzung drei Teile:

- **Beurteilung des Gesamtmodells (Güte der Anpassung)**: Dazu werden der Determinationskoeffizient und der F-Test herangezogen. Zusätzlich verwendet man bei Vergleichen verschiedener Modelle den korrigierten Determinationskoeffizienten. Softwareprogramme kürzen den Determinationskoeffizienten üblicherweise mit „R^2" oder „R-squared" ab, bzw. „R-squared adjusted", wenn der korrigierte Determinationskoeffizient gemeint ist. Zum F-Test werden die Prüfgröße („F"), die Freiheitsgrade („degrees of freedom", „df") und der P-Wert berichtet. Daneben werden in der Regel auch die für die Berechnung benötigten Summen der quadratischen Variation und deren Freiheitsgrade angegeben, wobei i.d.R. folgende Bezeichnungen verwendet werden:

$$SSE = \sum_{i=1}^{n}(\hat{y}_i - \bar{y})^2 \text{ (Explained Sum of Squares)}$$

$$SSR = \sum_{i=1}^{n}(y_i - \hat{y}_i)^2 \text{ (Residual Sum of Squares)}$$

$$\text{SST} = \sum_{i=1}^{n}(y_i - \bar{y})^2 \quad \text{(Total Sum of Squares)}$$

- **Beurteilung der Regressionskoeffizienten**: Dazu gehört der Test auf die Signifikanz der Regressionskoeffizienten (t-Test), sowie eine Einschätzung des Vorzeichens bzw. der Größe der signifikanten Koeffizienten. Neben den Kleinst-Quadrat-Schätzern $b_0, b_1, .. b_m$ („b" oder „beta") werden die dazugehörigen Standardabweichungen $s_{b_0}, s_{b_1}, ... , s_{b_m}$ („standard error" oder „s") angegeben. Zum Test auf $\beta_j = 0$ („t-Test") weisen Programme üblicherweise die Prüfgröße („t") und den P-Wert („p" oder „p-value") aus.

- **Beurteilung der Gültigkeit der Annahmen**: Die Software-Programme gehen standardmäßig zunächst vom klassischen Regressionsmodell aus, d. h. es wird unterstellt, dass die Annahmen 1 bis 6 erfüllt sind. Da die Aussagen zu den Regressionskoeffizienten und zur Güte der Anpassung aber nur gelten, wenn diese Annahmen tatsächlich auch erfüllt sind, gehört eine Untersuchung der Annahmen ebenfalls zur Ergebnisinterpretation. Die Beurteilung der Gültigkeit der Annahmen wird aber nicht hier, sondern im folgenden Abschnitt 12.5 behandelt.

Im hier verwendeten Beispiel soll der Angebotspreis von Gebrauchtwagen gleichzeitig durch Alter, Km-Stand, Hubraum, Motorleistung und Verbrauch erklärt werden – die Ergebnisse der entsprechenden Einfachregressionen wurden bereits in Beispiel 12.7 behandelt. Die Schätzergebnisse der multiplen Regression sind in Tabelle 12.7 gezeigt. Die Gestaltung dieser Tabelle orientiert sich an der typischen Darstellung von Statistik-Softwareprogrammen.

Der obere Teil der Tabelle bezieht sich auf die **Beurteilung des Gesamtmodells**. Insgesamt standen zur Schätzung n = 153 **Beobachtungen** zur Verfügung. Gegenüber dem gesamten Stichprobenumfang von 180 gingen 27 Beobachtungen aufgrund fehlender Werte verloren. Die Prüfgröße des **F-Tests** beträgt 94,71. Dieser Wert kann anhand des linken oberen Teils von Tabelle 12.7 nachvollzogen werden, denn er ergibt sich als Quotient aus 270,01 und 2,851. Diese Werte wiederum stellen die quadratischen Variationen bezogen auf ihre Freiheitsgrade dar, also 270,01 = 1350,051/5 bzw. 2,851 = 419,098/147. Dabei entsprechen die Zählerfreiheitsgrade der Zahl der Variablen (m = 5) und die Nennerfreiheitsgrade dem Wert df_2 = n – m – 1 = 153 – 6 = 147. Der P-Wert des F-Tests beträgt 0,000 und besagt damit, dass die Nullhypothese bei jedem üblichen Signifikanzniveau abgelehnt wird. Daher hat die Regression eine signifikant von null verschiedene Anpassung und mindestens eine der einbezogenen Koeffizienten ist signifikant.

12.4 Multiple Regression in Stichproben

Tabelle 12.7 Regression des Angebotspreises auf Alter, Km-Stand, Hubraum, Motorleistung und Verbrauch

	SS	df	SS/df		n	153
				F(5, 147)		94,71
Explained	1350,051	5	270,010	p-value (F)		0,000
Residual	419,098	147	2,851	R-squared		0,7631
Total	1769,149	152	11,639	Adj R-squared		0,7551

Regressor	b	std.err.	t	p-value
_cons	19,070	1,348	14,150	0,000
Alter	−0,002	0,004	−0,510	0,610
Km-Stand	−0,039	0,003	−14,380	0,000
Hubraum	−0,006	0,001	−4,600	0,000
Motorleistung	0,123	0,014	8,840	0,000
Verbrauch	−1,621	0,183	−8,850	0,000

Der **Determinationskoeffizient** beträgt 76,31%. Dieser Wert ist der Quotient aus den mit SSE und SST bezeichneten quadratischen Variationen, also 1350,051/1769,149. Rund 76% der gesamten quadratischen Variation in den Angebotspreisen kann also durch die Regression erklärt werden. Der **adjustierte Determinationskoeffizient** braucht hier nicht interpretiert zu werden, da das Modell nicht mit einem anderen verglichen wird.

Die **Regressionskoeffizienten** sind im unteren Teil der Tabelle unter der Spalte b aufgelistet. Dabei bezeichnet „_cons" das Absolutglied b_0. Die Regressionsgleichung lautet:

$$\widehat{\text{Angebotspreis}}_i = 19{,}07 - 0{,}002 \text{Alter}_i - 0{,}039 \text{Km-Stand}_i$$
$$- 0{,}006 \text{Hubraum}_i + 0{,}123 \text{Motorleistung}_i - 1{,}621 \text{Verbrauch}_i .$$

Die Standardabweichungen der Koeffizienten finden sich in der Spalte „std.err". Dividiert man die Koeffizienten durch diese Standardabweichungen, so erhält man die berechnete Prüfgröße des t-Tests in der mit t überschriebenen Spalte. Die letzte Spalte („p-value") enthält die aus diesen Prüfgrößen resultierenden P-Werte bei zweiseitiger Alternativhypothese. Die P-Werte zeigen, dass das Alter insignifikant ist, alle anderen Koeffizienten aber bei den üblichen Signifikanzniveaus signifikant sind. Zur Interpretation der Koeffizienten wird hier nur ein Beispiel angeführt: Jede weitere Pferdestärke (PS) Motorleistung führt zu einem Preisanstieg von durchschnittlich 123 € bei sonst gleichen Bedingungen, also gleichem Alter, Km-Stand, Hubraum und Verbrauch.

Wie bereits erwähnt, gelten die hier gemachten Rückschlüsse aus den Schätzergebnissen nur, wenn die Annahmen 1 bis 6 erfüllt sind. Die im folgenden Abschnitt dargestellte Untersuchung der Gültigkeit dieser Annahmen ist daher ein weiterer integraler Bestandteil der Interpretation der Ergebnisse.

12.5 Annahmen im klassischen Regressionsmodell

Die sechs Annahmen, die zur Schätzung des klassischen Regressionsmodells getroffen werden, wurden bereits in den Abschnitten 12.1 und 12.2 genannt und in Tabelle 12.1 zusammengestellt. Dabei haben wir festgestellt, dass Annahme 1 für jedes Regressionsmodell gilt, während die Annahmen 2 bis 6 das klassische Regressionsmodell ausmachen. In diesem Kapitel sollen die Annahmen inhaltlich erklärt werden. Außerdem wird darauf eingegangen, wie man erkennen kann, ob die einzelne Annahme erfüllt ist und welche negativen Folgen sich ergeben, wenn sie verletzt ist. Die Gegenmaßnahmen, die bei Annahmeverletzungen zu ergreifen sind, werden in Ökonometrielehrbüchern behandelt. Hierzu sei exemplarisch auf Baltagi (2011), Hill et al. (2008) und Wooldridge (2009) verwiesen.

12.5.1 Exogenität der Regressoren (Annahme 1)

In Abschnitt 12.1 wurde argumentiert, dass die Exogenitätsannahme zur Folge hat, dass die Regressoren als deterministische Größen behandelt werden können, obwohl sie zufällig erhoben werden. Diese Annahme wurde unter anderem zum Nachweis der Erwartungstreue der Kleinst-Quadrat-Schätzer und zur Berechnung derer Varianzen benötigt. Folglich führt eine Verletzung dieser Annahme zu einer **Verzerrung der Koeffizienten- und Varianzschätzer** nach der Kleinst-Quadrat-Schätzung. Außerdem zeigt sich, dass eine Erhöhung des Stichprobenumfangs dieser Verzerrung nicht entgegenwirkt, also dass die Schätzer **inkonsistent** sind (vgl. Wooldridge (2009), S. 170ff.).

Ohne Annahme 1 ist damit die gesamte Regressionsschätzung unbrauchbar. Doch wie lässt sich diese Annahme überprüfen? Um diese Frage zu beantworten, ist es zweckmäßig, wenn man Annahme 1 umformuliert: Die Bedingung (12.3) $E(\varepsilon|X = x) = 0$ ist nämlich immer erfüllt, wenn die Regression ein Absolutglied β_0 enthält und wenn die **Residuen und Regressoren unabhängig** voneinander sind. Entscheidend ist hier die zweite Bedingung, da ein Absolutglied ja stets ohne weitere Probleme hinzugefügt werden kann. Es reicht also aus,

12.5 Annahmen im klassischen Regressionsmodell

Annahme 1 zu überprüfen, indem man die Unabhängigkeit von Residuen und Regressoren untersucht.

Dieser Zusammenhang ergibt sich daraus, dass bei Unabhängigkeit der Residuen und Regressoren die bedingten Erwartungswerte konstant, aber nicht unbedingt null sind: Sie entsprechen dann dem unbedingten Erwartungswert, d. h. es gilt $E(\varepsilon_i|X = x_i) = E(\varepsilon_i) = u$. Ist Annahme 1 erfüllt, so ist der bedingte Erwartungswert im Regressionsmodell ohne Absolutglied $E(Y|X) = \beta_1 X + u$. Dies entspricht dem Regressionsmodell mit dem Absolutglied $\beta_0 = u$. Nimmt man das Absolutglied auf, so ergibt sich stets $E(\varepsilon_i) = 0$.

Eine Überprüfung anhand der beobachteten Residuen ist allerdings nicht möglich, da der Kleinst-Quadrat-Schätzer die Residuen so bestimmt, dass sie statistisch unabhängig von den Regressoren sind: In Abschnitt 3.3 haben wir gesehen, dass die Beziehung $\sum_{i=0}^{n} x_i e_i = 0$ zu den Eigenschaften der Kleinst-Quadrat-Methode zählt. Annahme 1 muss daher aufgrund theoretischer Überlegungen untersucht werden. Dabei sollte man besonders zwei Situationen überprüfen, in denen es zu einer Abhängigkeit zwischen Regressoren und Residuen kommt:

- Ein systematischer Faktor, der mit anderen Regressoren korreliert, wurde aus der Regression weggelassen (**„Omitted-Variable-Bias"**).

- Es existiert eine Rückwirkung eines Regressanden auf den Regressor, die Ursache-Wirkungsbeziehung ist also nicht unilateral (**„Simultaneous-Equation-Bias"**).

Der **„Omitted-Variable-Bias"** entsteht durch Weglassen eines systematischen Faktors Z, der mit dem Regressor X in Zusammenhang steht. Der Zusammenhang zwischen X und Z führt dazu, dass sich X systematisch ändert, wenn sich Z ändert. Wenn Z nicht in die Regression aufgenommen wird, fließt es in das Residuum ε. Dadurch ändert sich das Residuum ebenfalls systematisch, sobald Z sich ändert. Eine Änderung von Z führt also dazu, dass sich ε und X systematisch gleichzeitig verändern, also nicht unabhängig voneinander sind.

Der **„Simultaneous-Equation-Bias"** entsteht, wenn nicht nur X den Regressor Y verändert, sondern gleichzeitig auch der Regressor Y Einfluss auf X nimmt. Aus der Regressionsgleichung $Y = f(X) + \varepsilon$ ergibt sich ein Zusammenhang zwischen dem Regressor Y und dem Residuum. Wenn nun Y außerdem X beeinflusst, entsteht zwangsläufig auch ein Zusammenhang zwischen X und ε.

Schon bei der Formulierung der Regressionsgleichung (Spezifikation) muss man also darauf achten, dass alle wesentlichen Faktoren im Modell berücksichtigt sind. Es muss sichergestellt sein, dass nicht beobachtbare oder aus sonstigen Gründen weggelassene Faktoren nicht mit anderen Modellfaktoren korrelieren. Diese Bedingung liefert übrigens auch die Erklärung dafür, dass Einfachregressionen oft ungeeignet sind. Darüber hinaus muss man darauf achten, dass keiner der Regressoren vom Regressanden beeinflusst wird.

Beispiel 12.13 Anhand der Einfachregression zur Erklärung der Umsätze wurde ein signifikant positiver Beitrag der Verkaufsfläche festgestellt (siehe Beispiel 12.6). Vermutlich liegt aber ein Omitted-Variable-Bias vor, denn andere systematische Faktoren, die mit der Verkaufsfläche korrelieren, wurden ausgelassen. Beispielsweise dürften die Sortimentsvielfalt und die personelle Ausstattung den Umsatz beeinflussen und gleichzeitig beide von der Verkaufsfläche abhängen. Bei der multiplen Regression, in der zusätzlich die Werbeausgaben aufgenommen wurden (Beispiel 12.8), könnte gleichzeitig ein Simultaneous-Equation-Bias vorliegen, weil die Umsatzentwicklung oft Rückwirkung auf das Werbebudget hat, allerdings mit zeitlicher Verzögerung. In beiden Regressionen ist vermutlich Annahme 1 verletzt.

Beispiel 12.14 Auch bei den Einfachregressionen zu den Gebrauchtwagenpreisen dürfte es zu einem Omitted-Variable-Bias kommen, so dass die Schätzungen aus Tabelle 12.7 verzerrt sind. Größen wie Alter und Km-Stand oder Motorleistung und Verbrauch hängen zusammen und müssen daher gemeinsam in die Regression aufgenommen werden, wie in Abschnitt 12.4.3 geschehen. Die dort berechnete Regressionsfunktion wird zur besseren Übersicht hier noch einmal wiedergegeben:

$$\widehat{\text{Angebotspreis}}_i = 19{,}07 - 0{,}002\text{Alter}_i - 0{,}039\text{Km-Stand}_i$$

$$-0{,}006\text{Hubraum}_i + 0{,}123\text{Motorleistung}_i - 1{,}621\text{Verbrauch}_i \,.$$

Ein Simultaneous-Equation-Bias kann ausgeschlossen werden, da der Angebotspreis eines Gebrauchtwagens nicht seine technischen Kennzeichen (Hubraum, Motorleistung, Verbrauch) oder vergangenheitsbezogene Nutzung (Alter, Km-Stand) beeinflussen kann. Annahme 1 dürfte daher erfüllt sein, sofern nicht weitere wichtige Faktoren, die mit den Regressoren korrelieren, fehlen.

Manchmal gibt es Beziehungen, bei denen es nicht klar ist, welches die Ursache und welches die Wirkung ist. Für derartige Beziehungen sind Regressionsmodelle prinzipiell ungeeignet.

Beispiel 12.15 Bezeichnen X und Y die Kurse zweier unterschiedlicher Bankaktien, die an einer Börse gehandelt werden. Die Formulierung eines Regressionsmodells zur Erklärung des einen Kurses durch den anderen ist nicht möglich, da sich vermutlich beide Kurse gegenseitig beeinflussen (Simultaneous-Equation-Bias) bzw. von dritten Faktoren gemeinsam beeinflusst werden (Omitted-Variable-Bias). Geeignet wäre in diesem Fall eine Korrelationsanalyse.

Den Simultaneous-Equation-Bias kann man vermeiden, indem man ein **Mehrgleichungssystem** simultan schätzt. Entsprechende Methoden finden sich u. a. in Hill et al. (2008), Kapitel 11, oder Wooldridge (2009), Kapitel 16.

12.5.2 Linearität (Annahme 2)

Die Linearitätsannahme unterstellt, dass der Regressand in einer annähernd linearen Abhängigkeit zum Regressor steht, so dass zur Anpassung eine lineare Funktion gewählt werden kann. Durch diese Annahme ergibt sich eine besonders einfache Interpretation der Regressionskoeffizienten: Ein Koeffizient gibt dann unabhängig von der Höhe des Regressors die Auswirkung um eine konstante Einheit auf den Regressanden an. Bei nichtlinearen Beziehungen hängt die Auswirkung einer Variation des Regressors von seinem Ausgangsniveau ab. Passt man in einer solchen Situation trotzdem ein lineares Modell an, ergeben sich **Fehlinterpretationen**.

Dies soll mit Abb. 12.1 verdeutlicht werden. In der Abbildung erkennt man einen starken parabelförmigen Zusammenhang zwischen den Wertepaaren X und Y. Steigt X ausgehend vom unteren Wertebereich, stellt man einen tendenziell stärkeren Rückgang von Y fest. Im oberen Wertebereich ist der Einfluss von X auf Y hingegen positiv, d. h. eine Steigerung von X führt in der Tendenz zu einem deutlichen Anstieg von Y. Unter der Linearitätsannahme ergäbe sich die in Abb. 12.1 eingetragene Gerade. Der Zusammenhang, der sich aus dieser Gerade ergibt, ist schwach positiv, was der tatsächlich beobachteten Beziehung zwischen den Variablen nicht gerecht wird.

Abb. 12.1 Verletzung der Linearitätsannahme

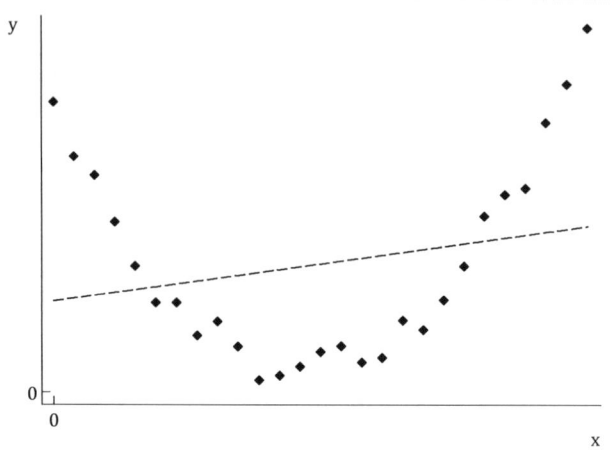

Aus Abb. 12.1 lässt sich eine weitere negative Konsequenz erkennen, die aus einer ungeeigneten Funktionsform entstehen kann: Die Residuen, die sich aus der Abweichung der tatsächlichen Beobachtungen von der Gerade ergeben, haben je nach Höhe des Regressors eine offensichtlich unterschiedliche Schwankung. Damit ist die Annahme gleicher Varianzen der Residuen (Annahme 3) verletzt. Außerdem folgen im mittleren Wertebereich von X negative Residuen regelmäßig auf negative Residuen. In den anderen Wertebereichen von X werden positive Residuen regelmäßig von positiven Residuen gefolgt. Die Residuen sind also offensichtlich nicht unabhängig, wie von Annahme 4 gefordert. Da außerdem die erwartete Höhe der Residuen von der Größe des Regressors abhängt, ist auch Annahme 1 nicht erfüllt. Allgemein gilt, dass die Wahl einer ungeeigneten Funktionsform **weitere Annahmeverletzungen** zur Folge haben kann.

Für den Anwender stellt sich die Frage, in welcher Situation Linearität unterstellt werden kann. Die Antwort wurde bereits in Kapitel 3.3.3 gegeben: Die Linearitätsannahme ist in der Regel geeignet, wenn es keine theoretischen Vorgaben für einen nichtlinearen Zusammenhang gibt und wenn das Streudiagramm zwischen Regressor und Regressanden keine Hinweise auf einen nichtlinearen Verlauf gibt. Für viele sozialwissenschaftliche Größen ist die Linearitätsannahme zumindest in bestimmten Wertebereichen eine bewährte Annahme, auch wenn sie über den gesamten Wertebereich aus theoretischen Gründen ungeeignet erscheint.

Beispiel 12.16 Untersucht man die Auswirkung des vergangenen Gewinns auf die Eigenkapitalquote von Kapitalgesellschaften, so ist der Zusammenhang im gesamten Wertebereich sicher nicht linear, weil die Eigenkapitalquote theoretisch auf Werte zwischen 0% und 100% beschränkt ist. Tatsächlich liegen die Eigenkapitalquoten typischerweise weit von diesen Rändern entfernt, und die Linearitätsannahme ist im Bereich der beobachteten Eigenkapitalquoten vermutlich trotzdem geeignet.

In Abschnitt 3.3.3 wurden nichtlineare Zusammenhänge diskutiert, die sich linearisieren lassen. Gibt es diese Möglichkeit nicht, müssen andere Schätzmethoden, wie zum Beispiel die nichtlineare Kleinst-Quadrat-Methode, gewählt werden. Weitere Erklärungen finden sich z.B. in Stock, Watson (2010), Kapitel 8.

12.5.3 Homoskedastie der Residuen (Annahme 3)

Die Annahme konstanter Varianzen der Residuen wurde benötigt, um den in (12.14) (bzw. (12.25)) gegebenen Varianzschätzer der Regressionskoeffizienten zu ermitteln. Dieser Schätzer wiederum ist die Grundlage für das Konfidenzintervall und den Test auf die Signifikanz der Regressionskoeffzienten. Sind die Residuen in Wirklichkeit heteroskedastisch, also nicht varianzkonstant, so ist dieser **Varianzschätzer verzerrt**. Die Folge daraus wiederum ist, dass sich die Schätzergebnisse nicht mehr mithilfe von Tests und Konfidenzintervallen beurteilen lassen. Außerdem wird Annahme 3 für die Gültigkeit des Gauß-Markov-Theorems benötigt, auf dem ja die Aussagen zur Effizienz der Kleinst-Quadrat-Methode beruhen. Bei Heteroskedastie ist der **Kleinst-Quadrat-Schätzer** daher auch unter den linearen Schätzern **ineffizient** ist. Lediglich die Erwartungstreue der Koeffizientenschätzer bleibt erhalten.

Beispiel 12.17 Heteroskedastie lässt sich besonders anschaulich anhand einer mikroökonomischen Konsumfunktion erklären. Angenommen, die jährlichen Ausgaben für Urlaubsreisen C_i eines Haushalts i sollen in Abhängigkeit vom Einkommen (verfügbares Jahreseinkommen) untersucht werden. Vermutlich werden steigende Einkommen tendenziell zu höheren Urlaubsausgaben führen, daher kann mit einem positiven Regressionskoeffizienten gerechnet werden. Gleichzeitig haben Haushalte bei steigendem Einkommen aber auch einen höheren Entscheidungsspielraum und damit einhergehend werden die Urlaubsausgaben mit steigendem Einkommen auch stärker schwanken. Dieser Zusammenhang ist in Abb. 12.2 gezeigt. Heteroskedastie bedeutet, dass die Restwerte bei unterschiedlich hohem Regressor nicht die gleiche Streuung haben. Hier nimmt die Varianz der Residuen mit steigendem Einkommen zu.

Abb. 12.2 Beispiel für Heteroskedastie

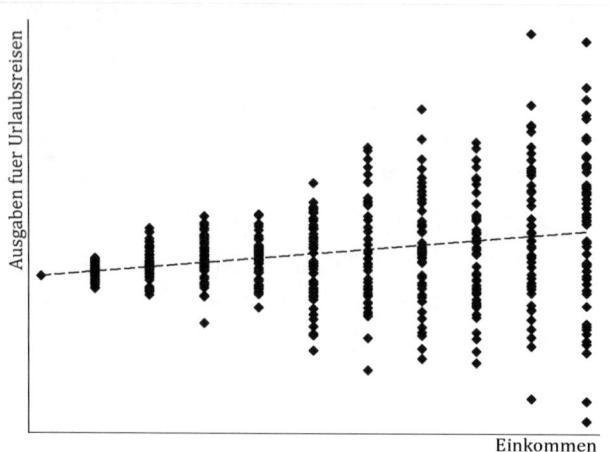

In der Regel ist es nicht so einfach wie in Beispiel 12.17, theoretische Ursachen für Heteroskedastie von vornherein zu finden. Daher sollten nach der Schätzung die Restwerte der Regression berechnet werden und in einem Streudiagramm den einzelnen Regressoren gegenübergestellt werden. Bewegen sich die Restwerte in einem annähernd gleich breiten Korridor, wie in Abb. 12.3 links, ist das ein Hinweis auf Homoskedastie. Ändert sich die Breite des Korridors jedoch, so liegt vermutlich Heteroskedastie vor, wie im rechten Schaubild von Abb. 12.3.

Abb. 12.3 Erkennen von Heteroskedastie

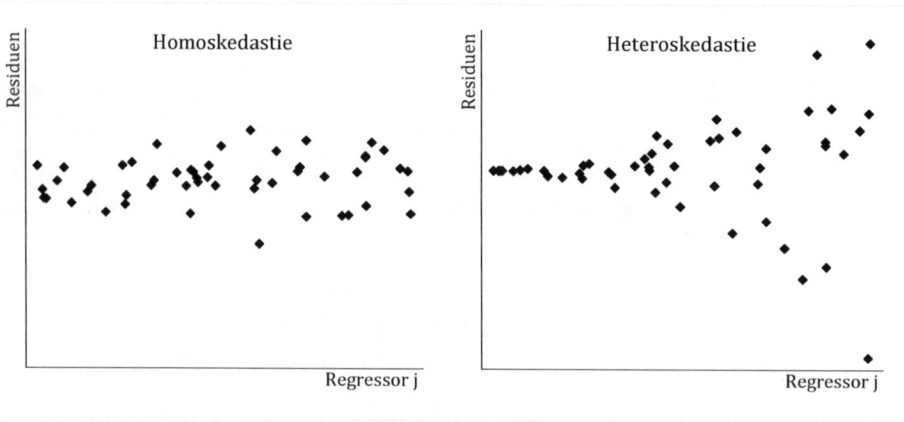

Es gibt verschiedene statistische Tests zum Erkennen von Heteroskedastie. Zu einer Darstellung dieser Tests und weiterer Möglichkeit zum Umgang mit Heteroskedastie sei auf die bereits erwähnten Bücher von Baltagi (2011), Hill et al. (2008) und Wooldridge (2009) verwiesen.

12.5.4 Unkorreliertheit der Residuen (Annahme 4)

Annahme 3 und 4 wurden in der bisherigen Diskussion immer gemeinsam getroffen. Daher hat eine Verletzung von Annahme 4 genau dieselben Folgen wie Heteroskedastie: Die Kleinst-Quadrat-Methode liefert zwar erwartungstreue, aber **ineffiziente Koeffizientenschätzer**. Vor allem aber sind die **Schätzungen der Standardabweichungen** der Koeffizienten **verzerrt**, so dass die Berechnung von Konfidenzintervallen und Signifikanztests nicht sinnvoll ist.

Bei Unabhängigkeit der Residuen gibt es keine Anhaltspunkte, nach denen man den Wert eines Residuums prognostizieren kann. Diese Anschauung hilft bei der Überprüfung von Annahme 4, denn sobald man ein Residuum aus einer bestimmten Beobachtung besser vorhersagen kann, wenn man das Residuum einer bestimmten anderen Beobachtung kennt, kann man davon ausgehen, dass diese Annahme verletzt ist. Ein Beispiel dafür ist mit Abb. 12.1 gegeben, denn hier folgen die meisten positiven Residuen anderen positiven Residuen und die meisten negativen Residuen folgen negativen Residuen. Weiß man in dieser Situation beispielsweise, dass ein Residuum positiv ist, so hilft dies bei der Prognose des benachbarten Residuums: Es wird vermutlich ebenfalls positiv sein.

Bei zufällig erhobenen Querschnittsdaten kann in der Regel von vornherein davon ausgegangen werden, dass Annahme 4 erfüllt ist, zumindest sofern die Exogenitäts- und Linearitätsannahme gilt. Da die Beobachtungen Y_i ja voneinander unabhängige Zufallsvariablen sind, gibt es keinen Grund anzunehmen, dass deren Restwerte in irgendeiner Beziehung zueinander stehen. Anders verhält es sich bei Zeitreihen- oder Paneldaten. Da hier zeitlich aufeinander folgende Beobachtungen erhoben wurden, entsteht eine Struktur, die sich in den Restwerten niederschlagen kann. Bei Zeitreihen- und Paneldaten muss man daher davon ausgehen, dass Annahme 4 verletzt ist.

Wurden die in Beispiel 12.7 erwähnten Gebrauchtwagen zu einem bestimmten Zeitpunkt zufällig ausgewählt, so kann Unabhängigkeit der Residuen unterstellt werden: Die Kenntnis des Preises eines bestimmten Gebrauchswagens lässt keinerlei neue Rückschlüsse auf den Preis eines anderen Wagens zu. Daher sind auch die Restwerte unabhängig.

Bei Zeitreihendaten gibt es hingegen typischerweise einen zeitlichen Zusammenhang zwischen den Beobachtungen. Analysiert man beispielsweise die Kursentwicklung einer Aktie im Zeitablauf, so hängt das Kursniveau einer Periode vom Kursniveau der Vorperiode ab. Ein Regressionsmodell zur Erklärung des Kursverlaufs wird in der Regel das Kursniveau in einigen Folgeperioden unterschätzen und in anderen Phasen überschätzen. Das bedeutet, dass sich auch hier eine systemtische Folge von Residuen mit gleichbleibendem Vorzeichen ergibt: Das Residuum einer Periode hängt dann von den Residuen der Vorperiode(n) ab. Man nennt diese Form der Abhängigkeit **Autokorrelation**.

Bei Paneldaten erhebt man einen gleichbleibenden Querschnitt in regelmäßigen zeitlichen Abständen. Neben der oben erwähnten Autokorrelation, hängen die Residuen ein und derselben Querschnittseinheit vermutlich zusammen. Man nennt diesen Effekt **unbeobachtete Heterogenität** oder **Individualeffekt**.

Um die Abhängigkeiten der Residuen in diesen Datenerhebungsformen zu erkennen bzw. zu berücksichtigen, haben sich die Zeitreihenökonometrie und die Paneldatenökonometrie als Teildisziplinen der Ökonometrie etabliert, siehe Wooldrige (2009) für eine Einführung in diese Themen. Autokorrelation bei Querschnittsdaten wird durch die dortigen Überlegungen aber nicht berücksichtigt.

12.5.5 Normalverteilung der Restwerte (Annahme 5)

Die Annahme normalverteilter Restwerte wird getroffen, um Aussagen über die Verteilung der Kleinst-Quadrat-Schätzer machen zu können. Die Kenntnis dieser Verteilung wird wiederum zur Herleitung des Konfidenzintervalls und Tests auf den Regressionskoeffizienten – aber nicht zur Ableitung der Koeffizienten selbst – benötigt. Außerdem ist die Normalverteilungsannahme die verteilungstheoretische Grundlage des F-Tests.

Allerdings lässt sich mit Hilfe des zentralen Grenzwertsatzes zeigen, dass die Teststatistiken (12.26) und (12.29) auch ohne die Normalverteilungsannahme asymptotisch den jeweiligen Verteilungen folgen (für die Einfachregression gibt Wooldrige (2009), S. 182f., einen Nachweis). Mit anderen Worten können die Tests in großen Stichproben verwendet werden, auch wenn die Residuen nicht normalverteilt sind. Abweichungen von der Normalverteilungsannahme müssen folglich vor allem in kleinen Stichproben untersucht werden. Dazu kann man zum einen das Histogramm der Restwerte betrachten und entscheiden, ob die Form ungefähr der Normalverteilung entspricht. Zum anderen gibt es verschiedene statistische Tests (z. B. Jarque-Bera-Test, Kolmogorov-Smirnow-Test oder Chi-Quadrat-Test, vgl. z. B. Stock, Watson (2010) oder Hartung et. al. (2009), die aber ebenfalls große Stichproben erfordern und sich damit in diesem Zusammenhang nicht anbieten, denn in großen Stichproben ist die Verletzung der Normalverteilungsannahme unproblematisch.

12.5.6 Keine Multikollinearität (Annahme 6)

Bei perfekter Multikollinearität sind die Regressoren nicht linear unabhängig. Dies ist immer dann der Fall, wenn sich mindestens ein Regressor als Linearkombination der anderen Regressoren darstellen lässt, beispielsweise als deren gewichtete Summe. Als Folge ist der Rang der Matrix $X'X$ nicht maximal, und die in (12.24) für die Kleinst-Quadrat-Schätzer benötigte Inverse existiert nicht. Perfekte Multikollinearität erkennt man also unmittelbar daran, dass der Kleinst-Quadrat-Schätzer nicht berechnet werden kann. Inhaltlich bedeutet das, dass zumindest einer der Regressoren formal gesehen redundant ist, weil dessen gesamter Erklärungswert schon durch andere Regressoren abgebildet wird. Er sollte daher aus der Regression entfernt werden, wodurch sich allerdings Auswirkungen auf die Interpretationen der anderen Regressionskoeffizienten ergeben können. Perfekte Multikollinearität kann also leicht erkannt und ohne größere Probleme beseitigt werden.

Bei perfekter Multikollinearität beträgt der Korrelationskoeffizient zwischen einer Linearkombination von Regressoren und einem anderen Regressor eins. Wenn der Korrelationskoeffizient knapp unter eins liegt, spricht von **imperfekter (versteckter) Multikollinearität** oder einfach **Multikollinearität**. Bei imperfekter Multikollinearität liegt ein starker (linearer) Zusammenhang zwischen einzelnen Regressoren oder deren Linearkombinationen vor, ohne dass Annahme 6 verletzt ist. Der Kleinst-Quadrat-Schätzer lässt sich in diesem Fall zwar berechnen, trotzdem kann das Schätzergebnis, wie wir sehen werden, unbrauchbar werden. Aus diesem Grund sollte man imperfekte Multikollinearität im Zuge der Überprüfung der Annahmen ebenfalls untersuchen, obwohl es keine Annahme im engeren Sinne ist, da alle wünschenswerten Eigenschaften der Kleinst-Quadrat-Methode erhalten bleiben.

Imperfekte Multikollinearität ist ein **Datenproblem**, es ließe sich daher prinzipiell durch eine Erhöhung der Stichprobe beheben. Das Datenproblem entsteht durch den sehr hohen Zusammenhang der Regressoren, der es schwierig macht, partielle Effekte mit gewünschter Genauigkeit aus den Daten bestimmen zu können. Partielle Effekte lassen sich nämlich in einer Stichprobe mit gegebener Größe umso genauer bestimmen, desto mehr Variation die Daten enthalten. Bei Multikollinearität enthalten die Daten durch ihren starken Zusammenhang nicht genügend Information, um bei der gegebenen Stichprobe zu genauen Aussagen zu kommen.

Angenommen eine Regression enthält zwei Variablen, die sich sehr ähnlich sind. Versucht man beispielsweise die Konsumausgaben einzelner erwerbstätiger Personen durch deren Bruttoeinkommen und Nettoeinkommen gleichzeitig zu erklären, so dürften diese beiden Regressoren eine Korrelation nahe dem Wert eins haben. Bekanntermaßen ist der Regressionskoeffizient des Bruttoeinkommens der partielle Effekt dieser Einkommensart auf den Konsum, d. h. er misst die Auswirkung, die eine Veränderung des Bruttoeinkommens auf den Konsum hat, wenn das Nettoeinkommen konstant bleibt. Wenn sich Brutto- und Nettoeinkommen nur in Ausnahmefällen nicht gemeinsam gleichermaßen verändern, lässt sich ein solcher Effekt nur mit gewünschter Genauigkeit bestimmen, wenn der Datensatz so groß ist, dass er genügend dieser Ausnahmefälle enthält. In einem Datensatz normaler Größe werden sich die partiellen Effekte nicht genau schätzen lassen, was sich in hohen Standardabweichungen der Regressionskoeffizienten niederschlagen wird. Die Regressionskoeffizienten werden dann unter Umständen beide insignifikant sein, obwohl die Gesamtregression eine hohe Anpassungsgüte zeigt.

Multikollinearität führt dazu, dass die betreffenden Regressionskoeffizienten nicht genau geschätzt werden können und daher nach dem t-Test **insignifikant** erscheinen. Die Gesamtbeurteilung des Modells zeigt aber unter Umständen trotzdem eine gute und signifikante Anpassung an, d. h. einen **hohen Determinationskoeffizienten** und eine **Ablehnung der Nullhypothese des F-Tests**. Anhand dieses Widerspruchs lässt sich Multikollinearität oft erkennen. Einen anderen Hinweis auf Multikollinearität erhält man, wenn die Schätzung **nicht robust** ist. Dies ist der Fall, wenn man einzelne Variablen oder Daten aus der Regression ausschließt und anschließend beobachtet, dass sich die Koeffizienten und deren Signifikanz stark (und unter Umständen völlig unplausibel) verändern.

Um zu entscheiden, ob ein Multikollinearitätsproblem vorliegt, sollte man also bei jeder Regressionsschätzung auch die Robustheit der Ergebnisse untersuchen, etwa indem man einzelne Regressoren und Teilstichproben weglässt und die Änderungen beobachtet. Darüber hinaus geben die **paarweisen Korrelationen** zwischen den Regressoren Hinweise darauf, welche Regressoren stark untereinander in Beziehung stehen. Da Multikollinearität aber auf einer linearen Kombination aus mehr als zwei Variablen beruhen kann, wird außerdem vorgeschlagen, **Hilfsregressionen** allein **unter den erklärenden Variablen** durchzuführen und den betreffenden Determinationskoeffizienten zu betrachten. Je höher dieser Determinationskoeffizient ist, desto stärker ist das Ausmaß an Multikollinearität. Meist transformiert man diesen Determinationskoeffizienten in den sogenannten Varianz-Inflationsfaktor. Bezeichnet man den Determinationskoeffizienten aus der Hilfsregression des Regressors X_j auf alle anderen Regressoren mit R_j^2, dann ist der **Varianz-Inflationsfaktor (VIF)**:

12.5 Annahmen im klassischen Regressionsmodell

$$\boxed{VIF_j = \frac{1}{1-R_j^2}}.$$

Bei einer starken linearen Abhängigkeit des Regressors X_j von den anderen Regressoren, wird R_j^2 nahe eins liegen und der VIF einen hohen Wert annehmen. In vielen Anwendungen spricht man von Multikollinearität, sobald $VIF_j \geq 10$. Dabei handelt es sich aber um eine theoretisch nicht begründbare Faustregel.

Beispiel 12.18 Der VIF soll für die in Abschnitt 12.4.3 dargestellte multiple Regression berechnet werden. Tabelle 12.8 stellt die Ergebnisse der Determinationskoeffizienten der Hilfsregressionen und die daraus berechneten VIF dar. Der VIF, der beispielsweise für das Alter ausgewiesen wird, beruht auf folgender Hilfsregression:

$$\widehat{Alter}_i = b_0 + b_1 Kilometerstand_i + b_2 Hubraum_i + b_3 Motorleistung_i + b_4 Verbrauch_i.$$

Die anderen Hilfsregressionen werden entsprechend für alle anderen Regressoren gebildet.

Tabelle 12.8 Berechnung des Varianzinflationsfaktors

Regressand X_j	R_j^2	VIF_j
Alter	0,56	1,77
Km-Stand	0,64	1,56
Hubraum	0,23	4,26
Motorleistung	0,22	4,45
Verbrauch	0,69	1,45

Die Variablen Alter und Km-Stand, für die eine hohe Korrelation vermutet wurde, zeigen niedrige VIF. Die Insignifikanz des Alters in der Regressionsschätzung aus Abschnitt 12.4.3 kann daher wohl nicht auf Multikollinearität zurückgeführt werden. Auch in allen anderen Fällen ist der VIF deutlich unter 10, so dass nicht von einem Multikollinearitätsproblem ausgegangen werden muss.

Trotz der hier besprochenen Kriterien ist es in der Praxis oft schwierig, Multikollinearität zu erkennen. Das liegt hauptsächlich an der Unschärfe des Kriteriums der hohen Korrelation. Diese Problematik darf aber nicht dazu verleiten, jede Korrelation zwischen den Regressoren als potentielles Problem einstufen, denn gerade die Bestimmung partieller Effekte bei korrelierten Daten ist eine der Stärken der multiplen Regression. Auch zum Thema Multikollinearität sei auf die in diesem Kapitel erwähnte, weiterführende Literatur verwiesen (z. B. Stock, Watson (2010), Kapitel 6.7, Hill et al (2008), Kapitel 6.7).

12.6 Zusammenfassung

- Regressionsanalysen quantifizieren funktionale Abhängigkeiten, die im wirtschafts- und sozialwissenschaftlichen Bereich oft vorkommen. Dazu passt man Beobachtungswerte an **Funktionen** an. Im Regressionsmodell unterstellt man, dass die Beobachtungswerte aus Stichproben stammen und trifft außerdem die Annahme, dass **Regressoren und Residuen unabhängig** voneinander sind. Diese Annahme erlaubt die Herleitung von Schätzmethoden für die Regressionskoeffizienten und damit eine Verallgemeinerung der durch die Regression festgestellten Abhängigkeiten. Dadurch wird dieser Ansatz zum grundlegenden Modell der **Ökonometrie**.

- Das Ausgangsmodell der Regressionsanalyse ist das **klassische Regressionsmodell**. Dieses Modell arbeitet mit verschiedenen weiteren Annahmen und nimmt dadurch eine vergleichsweise einfache Struktur an. Abweichungen von diesen Annahmen führen zu anderen Regressionsmodellen, die allerdings nicht hier, sondern in weiterführender ökonometrischer Literatur behandelt werden – vgl. z. B. Baltagi (2011), Hill et al. (2008), Stock/Watson (2010) oder Wooldridge (2009).

- Ein Koeffizient im multiplen linearen Modell misst den **partiellen Effekt** einer Veränderung des Regressors auf den Regressanden. Schätzwerte für die Koeffizienten liefert die Kleinst-Quadrat-Methode. Die Schätzer werden im multiplen Regressionsmodell zweckmäßigerweise in Matrizenschreibweise angegeben. Im klassischen Regressionsmodell sind die Kleinst-Quadrat-Schätzer **BLUE**, und es lassen sich Konfidenzintervalle und Hypothesentests für einzelne Regressionskoeffizienten durchführen.

- Bei der **Interpretation der Schätzergebnisse** sollten Aussagen zu den einzelnen Regressionskoeffizienten, Aussagen zur Beurteilung der Gesamtschätzung und Aussagen über die Gültigkeit der Annahmen getroffen werden.

13 Qualitative Einflussfaktoren

Im vorherigen Kapitel haben wir gesehen, wie man den Einfluss eines oder mehrerer Merkmale auf ein anderes Merkmal quantifizieren kann. Dabei wurden aber ausschließlich quantitative Merkmale betrachtet. Oftmals sind aber auch **qualitative**, also nominal oder ordinal skalierte Merkmale zur Erklärung eines untersuchten Merkmals von Bedeutung. Beispielsweise werden Preisunterschiede zwischen Produkten auch von der Marke bestimmt oder Gehaltsunterschiede zwischen Mitarbeitern von der Art des akademischen oder beruflichen Abschlusses. In diesem Kapitel werden Verfahren vorgestellt, mit denen der Einfluss qualitativer Merkmale auf andere Größen untersucht werden kann. Die Auswahl dieser Verfahren und die Gliederung in diesem Kapitel orientiert sich an der Form des Datenmaterials:

- Zur Untersuchung **zweier qualitativer Merkmale** mit jeweils nur **zwei Ausprägungen** dient der **Test auf Anteilswertvergleich** (Abschnitt 13.1).

- Liegen **zwei qualitative Merkmale** mit **zwei oder mehr Kategorien** vor, kann der **Chi-Quadrat-Unabhängigkeitstest** (Abschnitt 13.2) eingesetzt werden. Dieser Test untersucht, ob ein Zusammenhang zwischen zwei Merkmalen besteht oder ob sie unabhängig voneinander sind.

- Zur Analyse des Einflusses eines qualitativen Merkmals mit **zwei Kategorien** auf ein quantitatives Merkmal wird in Abschnitt 13.3 der **Zweistichprobentest auf Mittelwertvergleich** vorgestellt.

- In Abschnitt 13.4 wird mit der **einfachen Varianzanalyse** ein Verfahren vorgestellt, mit dem der Einfluss eines qualitativen Merkmals mit **zwei oder mehr Kategorien** auf ein quantitatives Merkmal untersucht werden kann.

- Wenn schließlich der **partielle** Einfluss eines qualitativen Merkmal (mit zwei oder mehreren Kategorien) auf ein quantitatives Merkmal betrachtet werden soll, also zusätzlich zum qualitativen Merkmal noch weitere Erklärungsfaktoren treten, lässt sich die **Regressionsanalyse mit Dummy-Variablen** (Abschnitt 13.5) anwenden.

Nicht behandelt werden an dieser Stelle multivariate Modelle zur Erklärung qualitativer Merkmale. Hierzu kann beispielsweise die in Kapitel 4.2 dargestellte Diskriminanzanalyse eingesetzt werden.

13.1 Test auf Anteilswertvergleich

Der Test auf Anteilswertvergleich wird verwendet, wenn in zwei unterschiedlichen Gruppen Anteile vergleichen werden sollen, die aus unabhängigen Zufallsstichproben geschätzt wurden. Bei einem Vergleich geschätzter Anteile stellt sich nämlich das Problem, dass man schon allein aufgrund des Stichprobenfehlers immer mit Abweichungen zu rechnen hat, auch wenn in der Grundgesamtheit die Anteile in beiden Gruppen gleich wären. Bezeichnen wir die Anteile in der Grundgesamtheit mit π_1 und π_2, wobei die Indizes 1 und 2 für die Gruppe stehen, so unterstellt die **Nullhypothese** gleiche Anteile in beiden Gruppen:

$$H_0: \pi_1 = \pi_2.$$

Die Alternativhypothese kann je nach konkreter Fragestellung rechts-, links- oder zweiseitig sein. Die Abkürzungen für den Stichprobenumfang und -anteil in der jeweiligen Teilstichprobe lauten n_1 bzw. n_2 und p_1 bzw. p_2. Die Zuteilung der Laufindizes zu den beiden Stichproben ist willkürlich.

Die Anteile π_1 und π_2 lassen sich als bedingte Wahrscheinlichkeiten auffassen, wobei sowohl die als Bedingung vorgegebene Zufallsvariable als auch die untersuchte Zufallsvariable nur zwei mögliche Realisationen haben. Daher dient dieser Test dazu, die Abhängigkeit zweier qualitativer Zufallsvariablen mit jeweils zwei Kategorien zu untersuchen.

Beispiel 13.1 Es soll untersucht werden, ob die Einschaltquote für eine Fernsehsendung in Singlehaushalten (Index 1) höher ist als in Familienhaushalten (Index 2). Die Hypothesen lauten:

$$H_0: \pi_1 = \pi_2,$$
$$H_1: \pi_1 > \pi_2.$$

In beiden Gruppen werden separate und unabhängige Zufallsstichproben erhoben: In der Teilstichprobe von 100 Singlehaushalten wurde die Sendung 54 Mal gesehen, in der Teilstichprobe von 200 Familienhaushalten gab es 96 Zuschauer. Daraus erhält man die Anteilsschätzungen

$$p_1 = \frac{54}{100} = 0{,}54 \text{ und } p_2 = \frac{96}{200} = 0{,}48.$$

Allein aus einem Vergleich der Punktschätzer kann die Eingangsfrage nicht beantwortet werden, da die Anteile sich allein aufgrund zufälliger Effekte unterscheiden können. Darum sollte getestet werden, ob der Anteil in Gruppe 1 signifikant höher ist

13.1 Test auf Anteilswertvergleich

als in Gruppe 2. Der Test untersucht also, ob der Familienstand in den Ausprägungen „Single" und „Familie" Einfluss auf das Merkmal Zuschauer mit den Ausprägungen „ja" oder „nein" hat. Danach sind π_1 und π_2 die auf den Familienstand bedingten Wahrscheinlichkeiten, dass ein zufällig ausgewählter Haushalt die Sendung gesehen hat.

Um eine Prüfgröße für den Test zu erhalten, transformiert man die Nullhypothese in

$$H_0: \pi_1 - \pi_2 = 0$$

und erhält damit eine sehr ähnliche Form wie im einfachen Test auf Anteilswert aus Abschnitt 11.3. Die Prüfgröße kann damit analog zu (11.4) aufgebaut werden:

$$Z = \frac{(P_1 - P_2) - (\pi_1 - \pi_2)}{S_{p_1 - p_1}}.$$

Dabei bezeichnet $S_{p_1-p_1}$ die geschätzte Standardabweichung des Anteilsunterschieds. Die Prüfgröße entspricht auch hier einer Standardisierung, die sich allerdings auf die Anteilsdifferenz bezieht: Vom geschätzten Anteilsunterschied wird der erwartete Anteilsunterschied subtrahiert wird und anschließend durch die entsprechende Standardabweichung der Anteilsdifferenz geteilt. Da der erwartete Anteilsunterschied $\pi_1 - \pi_2$ gemäß der Nullhypothese null ist, kann man die **Prüfgröße** auch einfacher angeben:

$$\boxed{Z = \frac{P_1 - P_2}{S_{p_1 - p_1}}} \qquad (13.1)$$

Die Prüfgröße wird berechnet, indem die Schätzer, durch die jeweiligen Realisationen in der Stichprobe ersetzt werden, also aus

$$z = \frac{p_1 - p_2}{s_{p_1 - p_1}}$$

Aus Abschnitt 10.3.3 ist bekannt, dass der geschätzte Anteil in großen Stichproben approximativ normalverteilt ist. Sind P_1 und P_2 approximativ normalverteilt, so ist gilt das aufgrund der Reproduktionseigenschaft der Normalverteilung auch für deren Differenz. Die Prüfgröße (13.1) ist daher in **großen Stichproben** approximativ standardnormalverteilt.

Wenn die **Stichproben** außerdem **unabhängig** sind, lässt sich für die Standardabweichung im Nenner der Prüfgröße folgender Schätzer angeben:

$$S_{p_1-p_1} = \sqrt{\frac{(1-P_c)P_c}{n_1+n_2}} \qquad (13.2)$$

mit

$$P_c = \frac{P_1 n_1 + P_2 n_2}{n_1+n_2} \qquad (13.3)$$

Die Formel für die Standardabweichung erhält man aus den Rechenregeln für die Varianz, denn bei Unabhängigkeit gilt: $\text{Var}(P_1 - P_2) = \text{Var}(P_1) + \text{Var}(P_2)$. Setzt man die Formeln für die Varianz des Anteilsschätzers Tabelle 10.1 ein, ergibt sich

$$\text{Var}(P_1 - P_2) = \frac{\pi_1(1-\pi_1)}{n_1} + \frac{\pi_2(1-\pi_2)}{n_2}.$$

Unter der Gültigkeit der Nullhypothese entsprechen sich die Anteile und wir ersetzen: $\pi = \pi_1 = \pi_2$,

$$\text{Var}(P_1 - P_2) = \frac{\pi(1-\pi)}{n_1+n_2}.$$

Um diese Varianz zu schätzen, muss der Anteil der Grundgesamtheit π geschätzt werden. Der effiziente Schätzer für diesen Anteil wird mit P_c bezeichnet (der Index c steht für *combined*) und ist das mit den Stichprobenumfängen gewichtete arithmetisches Mittel aus den Anteilen in den Teilstichproben, siehe (13.3).

Der hier vorgestellte Test auf Anteilswertvergleich gilt also für große und unabhängige Stichproben. Die Forderung großer Stichproben bezieht sich dabei auf beide Teilstichproben. **Unabhängige („unverbundene")** Stichproben liegen vor, wenn die Zufallsziehungen nicht voneinander abhängen. Es gibt einen speziellen anderen Test für den Fall, dass Abhängigkeiten dadurch entstehen, dass die Beobachtungswerte Paare bilden (**verbundene** oder **abhängige** Stichproben), der später in Abschnitt 13.3.3 noch vorgestellt wird.

Beispiel 13.2 Die in Beispiel 13.1 erwähnten Stichproben zum Vergleich der Einschaltquoten in Singlehaushalten und in Familienhaushalten sind unverbunden, denn die Auswahl der Singlehaushalte hängt nicht von den ausgewählten Familienhaushalten ab und umgekehrt. Ob die Stichproben ausreichend groß sind, lässt sich mit der Faustregel

$n\pi(1-\pi) \geq 9$ überprüfen. Da es sich hier jetzt um Stichprobenrealisationen handelt, wird im Folgenden mit Kleinbuchstaben gearbeitet. Unter der Nullhypothese ergäbe sich der gemeinsame Anteil (13.3)

$$p_c = \frac{p_1 n_1 + p_2 n_2}{n_1 + n_2} = \frac{54 + 96}{300} = 0{,}5.$$

Mit diesem Wert kann man die Gültigkeit der Faustregel überprüfen. In Stichprobe 1 erhält man 100·0,5·0,5 = 25 und in der 2. Stichprobe 200·0,5·0,5 =50. Es ist also davon auszugehen, dass die Approximation durch die Normalverteilung brauchbare Ergebnisse liefert. Damit kann der in diesem Abschnitt beschriebene Test verwendet werden. Bei einer Irrtumswahrscheinlichkeit von 5% würde man die Nullhypothese ablehnen, wenn der berechnete Wert der Prüfgröße den aus der Normalverteilungstabelle abgelesenen kritischen Wert von 1,645 übersteigt. Um die Prüfgröße zu berechnen, wird zunächst die Standardabweichung (13.2) geschätzt:

$$s_{p_1 - p_1} = \sqrt{\frac{(1 - p_c)p_c}{n_1 + n_2}} = \sqrt{\frac{0{,}5 \cdot 0{,}5}{300}} = 0{,}0289.$$

Damit erhält man den berechneten Wert der Prüfgröße (13.1)

$$z = \frac{p_1 - p_2}{\hat{\sigma}_{p_1 - p_1}} = \frac{0{,}54 - 0{,}48}{0{,}0289} = 2{,}076.$$

Die Nullhypothese kann abgelehnt werden, d. h. bei einem Signifikanzniveau von 5% haben Singlehaushalte eine signifikant höhere Einschaltquote als Familienhaushalte. Bei einem Signifikanzniveau von 1% ergäbe sich allerdings ein kritischer Wert von 2,33 und man käme zur gegenteiligen Entscheidung. Für ein klareres Ergebnis, müsste man die Stichproben vergrößern.

13.2 Chi-Quadrat-Unabhängigkeitstest

Mit dem Chi-Quadrat-Unabhängigkeitstest kann beurteilt werden, ob **zwei qualitative Merkmale**, von denen mindestens eines nominal skaliert ist, unabhängig voneinander sind. Da auch ordinale oder metrische Merkmalen stets auf eine nominale Skala transformiert werden können, lässt sich dieser Test allgemein zur Untersuchung zweier Merkmale jeglichen Skalenniveaus durchführen – bei ordinalen oder metrischen Merkmalen allerdings unter Inkaufnahme eines Informationsverlusts durch die Transformation. Die einzige Anwendungsvoraussetzung, die an den Chi-Quadrat-Unabhängigkeitstest gestellt wird, besteht darin, dass der Stichprobenumfang ausreichend groß sein muss. Dieses Kriterium wird später noch konkreter beschrieben.

Der Chi-Quadrat-Unabhängigkeitstest geht von der Darstellung der gemeinsamen **Stichprobenhäufigkeiten** (Zellenhäufigkeiten) $\hat{f}_{ij}$ in einer **zweidimensionalen Häufigkeitstabelle** (Assoziationstabelle bzw. Kontingenztabelle) aus. Wie in Kapitel 3.1 steht i = 1, ..., r für eine Kategorie des Zeilenmerkmals und j = 1, ..., c für eine Kategorie des Spaltenmerkmals, und die Zeilensummen $f_{.j}$ bzw. die Spaltensummen $f_{i.}$ bilden die Randverteilungen. In Kapitel 3.1 haben wir außerdem gesehen, dass zwei Merkmale in der Grundgesamtheit **statistisch unabhängig** sind, wenn sich alle beobachteten gemeinsamen Häufigkeiten aus den Werten der beiden Randverteilungen ergeben, wenn also für alle i und j gilt

$$f_{ij} = \frac{f_{i.}f_{.j}}{N},$$

und die quadratische Kontingenz χ^2 den Wert null annimmt. Möchte man die **statistische Unabhängigkeit** zweier Merkmale anhand einer **Stichprobe** untersuchen, steht man vor dem Problem, dass die quadratische Kontingenz, die in der Stichprobe berechnet wird, auch bei Unabhängigkeit in der Grundgesamtheit selten den Wert null annehmen wird, denn bei einem Vergleich der Stichprobenhäufigkeiten $\hat{f}_{ij}$ mit den entsprechenden Werten aus der Randverteilung $\hat{f}_{i.}\hat{f}_{.j}/n$ kommt es durch den Stichprobenfehler vermutlich immer zu Abweichungen. Tendenziell werden die Abweichungen aber größer sein, wenn die Merkmale abhängig sind. Genau hier setzt der Chi-Quadrat-Unabhängigkeitstest an: Er untersucht, ob die Gesamtheit dieser beobachteten Abweichungen – gemessen mit der quadratischen Kontingenz (vgl. Abschnitt 3.2.1.1) – signifikant größer als null ist. Nach dem Analogieprinzip ist der Punktschätzer für die **quadratische Kontingenz in Stichproben**

$$\boxed{\boxed{C^2 = \sum_{i=1}^{r} \sum_{j=1}^{c} \frac{\left(\hat{f}_{ij} - \frac{\hat{f}_{i.}\hat{f}_{.j}}{n}\right)^2}{\frac{\hat{f}_{i.}\hat{f}_{.j}}{n}}}} \quad (13.4)$$

Da die Nullhypothese stets das Gleichheitszeichen enthält, testet man auf die **Nullhypothese** der Unabhängigkeit, denn in diesem Fall ist die quadratische Kontingenz null. Unter der Alternativhypothese wird die quadratische Kontingenz positiv, der Test ist also stets **rechtsseitig**. Meist formuliert man die Hypothesen verbal:

13.2 Chi-Quadrat-Unabhängigkeitstest

H_0: Die beiden Merkmale sind statistisch unabhängig,
H_1: Die beiden Merkmale sind nicht statistisch unabhängig.

Beispiel 13.3 In einer Stichprobe von n = 981 Angestellten in einer Branche wird untersucht, ob der höchste erworbene außerschulische Abschluss und das Geschlecht statistisch unabhängig voneinander sind. Tabelle 13.1 zeigt die in der Stichprobe festgestellten absoluten gemeinsamen Häufigkeiten $\hat{f}_{ij}$ und die Randverteilungen $\hat{f}_{.j}$ und $\hat{f}_{i.}$.

Tabelle 13.1 Geschätzte gemeinsame Häufigkeiten und Randverteilungen

Merkmal A: Abschluss		Merkmal B: Geschlecht männlich (b_1)	weiblich (b_2)	$\hat{f}_{i.}$
Doktor	(a_1)	34	15	49
Master	(a_2)	149	75	224
Bachelor	(a_3)	154	97	251
Berufsausbildung	(a_4)	266	123	389
ohne	(a_5)	49	19	68
	$\hat{f}_{.j}$	652	329	981

Zunächst werden die Werte berechnet, die sich bei Unabhängigkeit ergäben, also $\hat{f}_{i.}\hat{f}_{.j}/n$, vergleiche Tabelle 13.2.

Es zeigen sich zahlreiche Abweichungen zwischen den einzelnen Zellenhäufigkeiten. Beispielsweise wurden in der Stichprobe 34 männliche Angestellte mit Doktorgrad gezählt, während bei Unabhängigkeit nur rund 33 erwartet werden können. Allerdings ist dies nicht überraschend, da schon allein aufgrund der Zufallsauswahl mit Abweichungen zu rechnen ist. Andererseits sind die Abweichungen hier teilweise recht klein: Die größte absolute Abweichung beträgt nur 12,8 bei dem Abschluss Bachelor. Es stellt sich daher die Frage, ob die Abweichungen zusammengenommen signifikant größer als null sind.

Tabelle 13.2 Geschätzte gemeinsame Häufigkeiten bei Unabhängigkeit

Merkmal A: Abschluss		Merkmal B: Geschlecht männlich (b_1)	weiblich (b_2)	$\hat{f}_{i.}$
Doktor	(a_1)	32,6	16,4	49
Master	(a_2)	148,9	75,1	224
Bachelor	(a_3)	166,8	84,2	251
Berufsausbildung	(a_4)	258,5	130,5	389
ohne	(a_5)	45,2	22,8	68
	$\hat{f}_{.j}$	652	329	981

Die quadratische Kontingenz in der Stichprobe berechnet sich aus

$$c^2 = \sum_{i=1}^{r}\sum_{j=1}^{c} \frac{\left(\hat{f}_{ij} - \frac{\hat{f}_{i.}\hat{f}_{.j}}{n}\right)^2}{\frac{\hat{f}_{i.}\hat{f}_{.j}}{n}} = \frac{(34-32,6)^2}{32,6} + \frac{(15-16,4)^2}{16,4} + \cdots + \frac{(19-22,8)^2}{22,8}$$

$$= 4{,}7239.$$

Das Ergebnis stellt die Punktschätzung für die unbekannte quadratischen Kontingenz der Grundgesamtheit, χ^2, dar. Im Chi-Quadrat-Unabhängigkeitstest wird untersucht, ob dieser Punktschätzer signifikant größer als null ist oder nur eine Zufallsabweichung von dem sich bei Unabhängigkeit ergebenden Wert null ist. Die Hypothesen lauten hier: H_0: Abschluss und Geschlecht sind statistisch unabhängig und H_1: Abschluss und Geschlecht sind nicht statistisch unabhängig.

Es lässt sich zeigen, dass die quadratische Kontingenz in Stichproben annähernd der Chi-Quadrat-Verteilung mit df = $(r-1)(c-1)$ Freiheitsgraden folgt, sofern die Stichprobe groß genug ist, dass also

$$C^2 = \sum_{i=1}^{r}\sum_{j=1}^{c} \frac{\left(\hat{f}_{ij} - \frac{\hat{f}_{i.}\hat{f}_{.j}}{n}\right)^2}{\frac{\hat{f}_{i.}\hat{f}_{.j}}{n}} \sim \chi^2_{(r-1)(c-1)}.$$

Ein Nachweis für eine Vierfeldertafel findet sich bei Bortz (2005), S. 158. Damit kann man die quadratische Kontingenz direkt als Prüfgröße verwenden. Kritische Werte lassen sich aus der Chi-Quadrat-Tabelle im Anhang (Tabelle 14.3) ermitteln. Da der Test hier stets

13.2 Chi-Quadrat-Unabhängigkeitstest

rechtsseitig ist, müssen die oberen Quantile der Tabelle verwendet werden. Bei einem Signifikanzniveau von α ist also das $(1 - \alpha)$-Quantil der kritische Wert.

Beispiel 13.4 Werden die im vorherigen Beispiel angegebenen Nullhypothesen getestet, so ergeben sich aufgrund der Tabellengröße df = $(r - 1)(c - 1) = (5 - 1)(2 - 1) = 4$ Freiheitsgrade. Damit kann aus Tabelle 14.3 bei $\alpha = 5\%$ der kritische Wert von 14,86 abgelesen werden und bei $\alpha = 1\%$ der kritische Wert von 13,277. Die Nullhypothese wird also abgelehnt, sofern der berechnete Wert der Prüfgröße 14,86 (bzw. 13,277) überschreitet. Der berechnete Wert der Prüfgröße ist die ebenfalls im vorherigen Beispiel geschätzte quadratische Kontingenz, $c^2 = 4,724$. Da dieser Wert kleiner als die kritischen Werte ist, wird die Nullhypothese nicht abgelehnt. Die quadratische Kontingenz ist somit nicht signifikant größer als null und die Stichprobe liefert keinen Hinweis darauf, dass der Bildungsabschluss bei Angestellten in der untersuchten Branche vom Geschlecht abhängt.

Da sich die Verteilung der Prüfgröße nur bei steigendem Stichprobenumfang der Chi-Quadrat-Verteilung nähert, sollte der Test in kleinen Stichproben nicht verwendet werden. Konkret fordert man, dass die einzelnen Zellen der zweidimensionalen Häufigkeitstabelle bei Unabhängigkeit eine Mindestbesetzungsstärke aufweisen. In der Praxis wird oft mit der Faustregel gearbeitet, dass **in mehr als 80%** aller Zellen der zweidimensionalen Häufigkeitstabelle die unter Unabhängigkeit **erwarteten Häufigkeiten mindestens fünf** sind und $n \geq 60$. Eventuell lässt sich diese Bedingung erst durch eine Zusammenfassung von Kategorien erfüllen, was allerdings den Nachteil mit sich bringt, dass Informationen über mögliche Unterschiede zwischen den zusammengefassten Kategorien verloren gehen. Alternativ kann **bei einem kleinen Stichprobenumfang** der P-Wert des Tests direkt aus der Binomialverteilung berechnet werden (sogenannter exakter Test nach Fisher, siehe Bortz (2005), S. 158.

Beispiel 13.5 In Tabelle 13.2 sind alle Werte größer als 5 und $n \geq 60$. Der Chi-Quadrat-Unabhängigkeitstest kann daher durchgeführt werden. Fasst man die in Tabelle 3.10 vorliegenden Daten als Zufallsstichprobe auf, so ließe sich der Test hingegen nicht durchführen. Zwar ist $n \geq 60$, aber in 2 von insgesamt 8 Feldern, also in 25% der Fälle, sind die Werte kleiner als 5 („Nicht zahlungsfähig" und „OHG" bzw. „nicht zahlungsfähig" und „Einzelunternehmer"). Wenn man „OHG" und „KG" zusammenfasst, wären in rund 83% aller Fälle die Werte größer als 5 und die Faustregel wäre erfüllt. Mögliche Bonitätsunterschiede zwischen OHG und KG werden dadurch aber herausgerechnet.

13.3 Zweistichprobentest auf Mittelwertvergleich

Zweistichprobentests auf Mittelwertvergleich sind dazu geeignet, Zusammenhänge zwischen einem **qualitativen Merkmal mit zwei Kategorien** und einem **quantitativen Merkmal** zu untersuchen, die sich in unterschiedlichen Durchschnitten niederschlagen. Dazu werden die arithmetischen Mittel des quantitativen Merkmals in beiden Kategorien miteinander verglichen. Da die Mittelwerte aus Stichproben stammen, ist ein einfacher Vergleich aber nicht ausreichend, denn aufgrund von Zufallsschwankungen ist damit zu rechnen, dass sich die beobachteten Mittelwerte auch dann unterscheiden würden, wenn sie in der Grundgesamtheit gleich wären. Daher muss zusätzlich getestet werden, ob der festgestellte Unterschied in den Stichprobenmitteln signifikant von null verschieden ist. Dies leistet der Test auf Mittelwertvergleich, den man – wie den Test auf Anteilswertvergleich – zu den **Zweistichprobentests** zählt, weil sich die beiden Kategorien des qualitativen Merkmals auch als Abgrenzung für zwei verschiedene Stichproben verstehen lassen.

Beispiel 13.6 Ein Wochenendpendler zwischen Berlin und Frankfurt am Main hat die Alternative zwischen den Verkehrsmitteln Bahn und Flugzeug. Angenommen, er möchte das Verkehrsmittel mit der durchschnittlich geringsten Reisedauer zwischen seinem Arbeitsplatz und seiner Wohnung wählen. In diesem Fall wäre das qualitative Merkmal das Verkehrsmittel mit den Kategorien Flugzeug (Kategorie 1) und Bahn (Kategorie 2) und das quantitative Merkmal die Reisedauer. Für den Zweistichprobentest auf Mittelwertvergleich könnte eine Stichprobe im Umfang von n_1 Reisen mit dem Flugzeug und n_2 Reisen mit der Bahn erhoben werden. In beiden Stichproben wird anschließend jeweils die durchschnittliche Reisedauer $\bar{x}_1$ und $\bar{x}_2$ ermittelt und miteinander verglichen. Da die Mittelwerte Schätzergebnisse sind, kann es auch bei tatsächlich gleicher Reisedauer zu Abweichungen in den Mittelwerten kommen. Der Zweistichprobentest auf Mittelwertvergleich untersucht, ob diese Abweichungen signifikant von null verschieden sind.

Die **Nullhypothese** besagt, dass die Erwartungswerte des quantitativen Merkmals in den Kategorien 1 und 2, also μ_1 und μ_2, gleich sind:

$$H_0: \mu_1 = \mu_2 \,.$$

Die Alternativhypothese kann abhängig vom Untersuchungsziel zweiseitig oder einseitig sein. Um eine **Prüfgröße** zu erhalten, schreibt man die Nullhypothese folgendermaßen:

13.3 Zweistichprobentest auf Mittelwertvergleich

$$H_0: \mu_1 - \mu_2 = 0.$$

Man erkennt, dass man den Test auf Mittelwertvergleich auch als Test darüber auffassen kann, ob die Mittelwertdifferenz null ist. Dies hat den Vorteil, dass man die Prüfgröße analog zum einfachen Test auf Mittelwert (Abschnitt 11.2) aufbauen kann. Durch Standardisierung der Mittelwertdifferenz erhält man eine t-verteilte Zufallsvariable mit df – später noch festzulegenden – Freiheitsgraden:

$$T_{df} = \frac{(\overline{X}_1 - \overline{X}_2) - (\mu_1 - \mu_2)}{S_{\overline{x}_1 - \overline{x}_2}}.$$

Im Nenner erscheint der Schätzer $S_{\overline{x}_1 - \overline{x}_1} = \hat{\sigma}_{\overline{x}_1 - \overline{x}_1}$ für die Standardabweichung des Mittelwertunterschieds $\sigma_{\overline{x}_1 - \overline{x}_1}$.

Die t-Verteilung ergibt sich aus folgender Überlegung: Ist das quantitative Merkmal normalverteilt, so ist aufgrund der Reproduktionseigenschaft auch der Mittelwertunterschied normalverteilt. Ist die Verteilung des quantitativen Merkmals hingegen unbekannt, so kann aufgrund des zentralen Grenzwertsatzes in großen Stichproben von der Normalverteilung der Einzelmittelwerte $\overline{X}_1$ und $\overline{X}_2$ ausgegangen werden, und der Mittelwertunterschied ist dann wiederum durch die Reproduktionseigenschaft normalverteilt. Die Division durch die geschätzte Standardabweichung führt mit ähnlicher Begründung wie in Abschnitt 10.3.2 zur t-Verteilung.

Setzt man den Wert der Nullhypothese in diese Zufallsvariable ein, so erhält man die **Prüfgröße** des Tests auf Mittelwertvergleich:

$$\boxed{T_{df} = \frac{(\overline{X}_1 - \overline{X}_2)}{S_{\overline{x}_1 - \overline{x}_2}}} \tag{13.5}$$

Wie üblich wird die berechnete Prüfgröße in einer konkreten Stichproben mit den entsprechenden Kleinbuchstaben angegeben:

$$t = \frac{(\overline{x}_1 - \overline{x}_2)}{s_{\overline{x}_1 - \overline{x}_2}}.$$

Bei der Schätzung der Standardabweichung unterscheidet man **drei Fälle** aus denen sich unterschiedliche Testvarianten ergeben. Diese drei Fälle werden in den folgenden Abschnitten separat behandelt.

13.3.1 Unabhängige Stichproben und keine weiteren Annahmen

Liegen **unabhängige Stichproben** vor und trifft man keine weitere Annahme, so erhält man den Schätzer

$$\boxed{\boxed{S_{\bar{x}_1-\bar{x}_2} = \sqrt{\frac{S_1^2}{n_1} + \frac{S_2^2}{n_2}}}} \tag{13.6}$$

der im Nenner der Teststatistik (13.5) eingesetzt wird. Die Größen S_1^2 und S_2^2 sind die erwartungstreuen Schätzer der Stichprobenvarianzen in den Teilgesamtheiten, also

$$S_1^2 = \hat{\sigma}_1^2 = \frac{1}{n_1 - 1} \sum_{i=1}^{n_1} (X_{1i} - \bar{X}_1)^2 \tag{13.7}$$

und

$$S_2^2 = \hat{\sigma}_2^2 = \frac{1}{n_2 - 1} \sum_{i=2}^{n_2} (X_{2i} - \bar{X}_2)^2 \tag{13.8}$$

wobei X_{1i} einen Beobachtungswert aus der Teilgesamtheit 1 und X_{2i} einen Beobachtungswert aus der Teilgesamtheit 2 bezeichnet. Ausdruck (13.6) zeigt, dass die geschätzte Varianz sich aus einer Linearkombination aus zwei Varianzen ergibt. Die Verteilung einer solchen Varianz lässt sich nur asymptotisch, also in großen Stichproben ermitteln, wobei die Zahl der Freiheitsgrade approximativ bestimmt werden muss. Es lässt sich zeigen, dass (13.6) approximativ Chi-Quadrat-verteilt mit

$$df = \frac{\left(\frac{s_1^2}{n_1} + \frac{s_2^2}{n_2}\right)^2}{\frac{\left(\frac{s_1^2}{n_1}\right)^2}{n_1 - 1} + \frac{\left(\frac{s_2^2}{n_2}\right)^2}{n_2 - 1}} \tag{13.9}$$

Freiheitsgraden ist (weitere Einzelheiten zum diesem Approximationsproblem finden sich bei Bortz (2005), S. 141). Da die Chi-Quadrat-Verteilung für die Varianz nur asymptotisch gilt, ist auch die Prüfgröße in (13.5) nur asymptotisch t-verteilt. Daher lässt sich dieser Test nur in großen Stichproben anwenden, auch wenn das untersuchte Merkmal in der Grund-

13.3 Zweistichprobentest auf Mittelwertvergleich

gesamtheit normalverteilt ist. In kleinen Stichproben kann auf alternative Testverfahren zurückgegriffen werden, die allerdings eine geringere Testmacht (vgl. Abschnitt 11.6) haben werden, zum Beispiel auf den Wilcoxon-Rangsummentest (auch bezeichnet als Wilcoxon-Mann-Whitney-Test oder U-Test, zur Darstellung siehe Schlittgen (2010), S. 361ff. oder Bortz (2005), S. 153f.).

Die Formel für die Standardabweichung ergibt sich aus den Rechenregeln für die Varianzen. Bei Unabhängigkeit ist die Varianz einer Mittelwertdifferenz:

$$\sigma^2_{\bar{x}_1-\bar{x}_2} = \text{Var}(\bar{X}_1 - \bar{X}_2) = \text{Var}(\bar{X}_1) + \text{Var}(\bar{X}_2) = \frac{\text{Var}(X_1)}{n_1} + \frac{\text{Var}(X_2)}{n_2}.$$

Ersetzt man die Varianzen durch die erwartungstreuen Schätzer, so ergibt sich (13.6).

Beispiel 13.7 Der Wochenendpendler aus Beispiel 13.6 testet die Hypothese $H_0: \mu_1 = \mu_2$ gegen $H_1: \mu_1 \neq \mu_2$. Dabei bezeichnet μ_i die durchschnittliche Reisedauer in der Grundgesamtheit jeweils für das Verkehrsmittel Flugzeug (μ_1) und Bahn (μ_2). Die Stichproben sind unabhängig, d. h. es wird angenommen, dass die Reisedauer eines (zufällig ausgewählten) Flugs keine Auswirkung auf die Reisedauer einer zufällig ausgewählten Bahnfahrt hat. Wenn keine weiteren Annahmen getroffen werden, kann die Prüfgröße (13.5) mit (13.6) für die Standardabweichung benutzt werden, sofern die Stichproben groß genug sind. Es werden $n_1 = 75$ Flugreisen beobachtet mit $\bar{x}_1 = 245$ Minuten und $s_1 = 37$ Minuten. Für die Zugreisen gilt $n_2 = 50$, $\bar{x}_2 = 258$ Minuten und $s_2 = 17$ Minuten. Daraus lässt sich die Zahl der Freiheitsgrade nach (13.9) approximieren:

$$df = \frac{\left(\frac{s_1^2}{n_1} + \frac{s_2^2}{n_2}\right)^2}{\frac{\left(\frac{s_1^2}{n_1}\right)^2}{n_1-1} + \frac{\left(\frac{s_2^2}{n_2}\right)^2}{n_2-1}} = \frac{\left(\frac{1369}{75} + \frac{289}{50}\right)^2}{\frac{\left(\frac{1369}{75}\right)^2}{74} + \frac{\left(\frac{269}{50}\right)^2}{49}} = \frac{577{,}601}{4{,}502 + 0{,}682} = 111{,}4.$$

Es ergeben sich ca. 111 Freiheitsgrade, so dass anstelle der t-Tabelle auch die Standardnormalverteilung zur Ermittlung kritischer Werte oder P-Werte herangezogen werden kann. Hier soll die Entscheidung mit dem P-Wert getroffen werden. Dazu wird zunächst die Prüfgröße berechnet:

$$t = \frac{(\bar{x}_1 - \bar{x}_2)}{s_{\bar{x}_1-\bar{x}_2}} = \frac{(\bar{x}_1 - \bar{x}_2)}{\sqrt{\frac{s_1^2}{n_1} + \frac{s_2^2}{n_2}}} = \frac{245 - 258}{\sqrt{\frac{1369}{75} + \frac{289}{50}}} = -2{,}65.$$

Die zu diesem Quantil gehörende Wahrscheinlichkeit beträgt nach der Normalverteilungstabelle 0,004. Da es sich um einen zweiseitigen Test handelt, ist der P-Wert das Zweifache dieser Wahrscheinlichkeit, also 0,008. Der P-Wert ist damit kleiner als alle üblichen Signifikanzniveaus, so dass die Nullhypothese gleicher durchschnittlicher Reisedauern klar abgelehnt werden kann.

13.3.2 Unabhängige Stichproben und Varianzhomogenität

Nimmt man in **unabhängigen Stichproben** an, dass die Varianzen in den Kategorien 1 und 2 in der Grundgesamtheit gleich sind („**Varianzhomogenität**"), so erhält man den Schätzer

$$\boxed{\boxed{S_{\bar{x}_1-\bar{x}_2} = \sqrt{S_p^2 \left(\frac{1}{n_1} + \frac{1}{n_2}\right)}}} \quad (13.10)$$

mit

$$\boxed{\boxed{S_p^2 = \frac{(n_1 - 1)S_1^2 + (n_2 - 1)S_2^2}{n_1 + n_2 - 2}}} \quad (13.11)$$

Die Varianzen der Teilgesamtheiten können mit (13.7) und (13.8) geschätzt werden. In dieser Testvariante ist die Prüfgröße t-verteilt mit $df = n_1 + n_2 - 2$ Freiheitsgraden.

Den Ausdruck S_p^2 nennt man **gepoolte Varianz**. Mit „poolen" meint man hier, dass die Information aus beiden Stichproben zusammengenommen und daraus eine einheitliche Varianz geschätzt wird. Auf diese Weise fließt die Annahme der Varianzhomogenität in die Berechnung ein. Man kann zeigen, dass der Varianzschätzer (13.10) gegenüber (13.6) effizient ist, sofern die Varianzen in beiden Kategorien tatsächlich gleich sind. Daher ist bei Gültigkeit der Annahme gleicher Varianzen dieser Test mächtiger als der Test, der diese Information nicht ausnutzt.

Beispiel 13.8 Der Test aus Beispiel 13.7 soll wiederholt werden, wobei die Annahme getroffen wird, dass die Varianz der Reisedauer bei beiden Verkehrsmitteln gleich ist. Um die Prüfgröße zu berechnen, wird zunächst die gepoolte Varianz bestimmt:

$$s_p^2 = \frac{(n_1 - 1)s_1^2 + (n_2 - 1)s_2^2}{n_1 + n_2 - 2} = \frac{74 \cdot 1369 + 49 \cdot 289}{123} = 938{,}756.$$

13.3 Zweistichprobentest auf Mittelwertvergleich

Daraus erhält man den berechneten Wert der Prüfgröße:

$$t = \frac{(\bar{x}_1 - \bar{x}_2)}{s_{\bar{x}_1-\bar{x}_2}} = \frac{(\bar{x}_1 - \bar{x}_2)}{\sqrt{s_p^2\left(\frac{1}{n_1} + \frac{1}{n_2}\right)}} = \frac{245 - 258}{\sqrt{938{,}756\left(\frac{1}{75} + \frac{1}{50}\right)}} = \frac{-13}{5{,}594} = -2{,}32.$$

Die Prüfgröße ist t-verteilt mit df = $n_1 + n_2 - 2 = 123$ Freiheitsgraden. Aufgrund der hohen Zahl von Freiheitsgraden kann der P-Wert aus der Normalverteilungstabelle ermittelt werden. Bei dem Quantil von –2,32 ergibt sich eine Wahrscheinlichkeit von 0,0102 und damit ein P-Wert von 2·0,0102 = 0,0204. Folglich könnte bei einem Signifikanzniveau von α = 1% die Nullhypothese gleicher durchschnittlicher Reiserdauern nicht abgelehnt werden, wohl aber zum Beispiel bei α = 5%. Das Ergebnis weicht daher vom Test ohne Varianzhomogenitätsannahme dahingehend ab, dass sich unter Umständen andere Entscheidungen ergeben.

Die Annahme gleicher Varianzen ist sinnvoll, wenn der Mittelwerttest auf der Hypothese beruht, dass es auch keine sonstigen systematischen Unterschiede in der Verteilung zwischen den Teilstichproben gibt. Wenn man dieser Hypothese nicht folgen kann, bietet es sich an, die geschätzten Varianzen s_1^2 und s_2^2 zu vergleichen. Da sich aufgrund von Zufallsschwankungen auch bei Gleichheit der Varianzen σ_1^2 und σ_2^2 der Grundgesamtheit hier vermutlich Unterschiede zeigen, ist es notwendig, die Varianzen mit einem Hypothesentest zu vergleichen. Der **Varianzhomogenitätstest** mit der Nullhypothese $H_0: \sigma_1^2 = \sigma_2^2$ hat die folgende F-verteilte **Prüfgröße**:

$$\boxed{F_{n_1-1,n_2-1} = \frac{S_1^2}{S_2^2}} \qquad (13.12)$$

Da die F-Verteilung nicht symmetrisch ist, führt man diesen Test in der Regel **rechtsseitig** durch. Dabei wird von vornherein die Kategorie 1 so vergeben, dass bei der Berechnung der Prüfgröße im Zähler die größere Stichprobenvarianz erscheint, also $s_1^2 > s_2^2$.

Die Prüfgröße ergibt sich aus folgender Überlegung: In Abschnitt 10.3.2 haben wir gesehen, dass sowohl $(n_1 - 1)S_1^2/\sigma_1^2$ als auch $(n_2 - 1)S_2^2/\sigma_2^2$ der Chi-Quadrat-Verteilung mit jeweils $n_1 - 1$ und $n_2 - 1$ Freiheitsgraden folgen, sofern die Grundgesamtheit normalverteilt ist. Da der Quotient zweier durch ihre Freiheitsgrade dividierter Chi-Quadrat-verteilter Zufallsvariablen F-verteilt ist, gilt

$$\frac{\frac{S_1^2}{\sigma_1^2}}{\frac{S_2^2}{\sigma_2^2}} = F_{n_1-1, n_2-1}.$$

Unter der Nullhypothese gleicher Varianzen kann durch die Varianzen der Grundgesamtheit geteilt werden und man erhält (13.12).

Beispiel 13.9 Testet man die Hypothese, dass in Beispiel 13.7 und Beispiel 13.8 die Varianzen der Reisedauer in Flugzeug und Bahn gleich sind, so lautet die Nullhypothese $H_0: \sigma_1^2 = \sigma_2^2$. Die Prüfgröße hat $df_1 = n_1 - 1 = 74$ Zähler- und $df_2 = n_2 - 1 = 49$ Nennerfreiheitsgrade. Aus den F-Tabellen im Anhang (Tabelle 14.4 und Tabelle 14.5) findet man näherungsweise bei den Freiheitsgraden von 70 bzw. 50 die kritischen Werte 1,83 (für $\alpha = 1\%$) und 1,53 (für $\alpha = 5\%$). Die Nullhypothese wird abgelehnt, wenn der berechnete Wert der Prüfgröße diese Werte übersteigt. Die Berechnung der Prüfgröße ergibt:

$$f = \frac{s_1^2}{s_2^2} = \frac{1369}{289} = 4{,}74.$$

Dieser Wert ist deutlich größer als die kritischen Werte. Daher wird die Nullhypothese abgelehnt. Folglich kann nicht von gleichen Varianzen ausgegangen werden, und das Testergebnis aus Beispiel 13.8 ist gegenüber Beispiel 13.9 vorzuziehen, d. h. die durchschnittliche Reisedauer in den Stichproben unterscheidet sich bei allen üblichen Fehlerwahrscheinlichkeiten signifikant.

13.3.3 Abhängige Stichproben

Sind die betrachteten Stichproben voneinander **abhängig** („**verbunden**"), ist die Auswahl der Merkmalsträger in der zweiten Stichprobe bereits mit der ersten Stichprobe festgelegt. Dies ist der Fall, wenn die Beobachtungen aus beiden Stichproben Paare bilden, zum Beispiel, weil ein Merkmalsträger zweimal gemessen bzw. befragt wird, etwa einmal vor und einmal nach einer Maßnahme oder wenn zwei unterschiedliche, aber zusammengehörige Merkmalsträger, wie Ehepartner oder Geschwister, erhoben werden. Der Stichprobenumfang in beiden Teilgesamtheiten ist bei abhängigen Stichproben durch die Paarbildung immer gleich und wird zur Vereinfachung mit n abgekürzt, also $n_1 = n_2 = n$.

Für einen Mittelwertvergleich macht man sich die paarige Struktur der Beobachtungen zunutze, indem man die Beobachtungswerte durch die Differenz der Beobachtungen aus der ersten und der zweiten Teilstichprobe ersetzt. Enthält die Stichprobe n Paare, so entstehen dadurch n Differenzen, die wir mit D_i bezeichnen mit i = 1, …n. Aus diesen Differenzen wird für die Prüfgröße die **Standardabweichung** geschätzt, also

13.3 Zweistichprobentest auf Mittelwertvergleich

$$S_{\bar{x}_1 - \bar{x}_2} = \frac{S_d}{\sqrt{n}} = \sqrt{\frac{\frac{1}{n-1}\sum_{i=1}^{n}(D_i - \bar{D})^2}{n}} \qquad (13.13)$$

Die Größe $\bar{D}$ stellt den Schätzer für das arithmetische Mittel aus den Differenzen dar. Die Zahl der Freiheitsgrade beträgt hier df = n − 1. Da beide Stichproben denselben Umfang haben, gilt außerdem $\bar{X}_1 - \bar{X}_2 = \bar{D}$. Damit lässt sich die **Prüfgröße** auch folgendermaßen angeben:

$$T_{n-1} = \frac{\bar{D}}{S_d}\sqrt{n} \qquad (13.14)$$

Der Test entspricht damit einem Einstichprobentest aus Abschnitt 11.2 auf den Mittelwert von Null, wobei die Beobachtungswerte die Differenzen der Paare sind.

Beispiel 13.10 Eine Schulung soll Mitarbeiter dabei unterstützen, Fehler zu vermeiden. Um die Wirkungsweise der Schulung zu untersuchen, werden zufällig 5 Mitarbeiter ausgewählt und die Zahl der Fehler in einem bestimmten Zeitraum vor der Schulung (Teilstichprobe 1) und in einem Zeitraum derselben Länge nach der Schulung (Teilstichprobe 2) erhoben. Es wird angenommen, dass die Zahl der Fehler im gegebenen Zeitraum normalverteilt ist. Da die Schulung nur wirkungsvoll ist, wenn die Zahl der Fehler reduziert wird, ist ein rechtsseitiger Test durchzuführen, d. h. man testet $H_0: \mu_1 = \mu_2$ gegen $H_1: \mu_1 > \mu_2$. Es ergeben sich df = n − 1 = 4 Freiheitsgrade. Aus der Tabelle der t-Verteilung erhält man die kritischen Werte von 3,747 (bei $\alpha = 1\%$), 2,132 (bei $\alpha = 5\%$) und 1,533 (bei $\alpha = 10\%$), deren Überschreitung zu einer Ablehnung der Nullhypothese führt. Die in den Stichproben erhobenen Fehler sind in Tabelle 13.3 aufgeführt.

Tabelle 13.3 Fehler der Mitarbeiter vor und nach der Schulung

Mitarbeiter	Zahl der Fehler	
i	vor der Schulung	nach der Schulung
1	19	15
2	18	18
3	4	3
4	8	9
5	12	9

Aus den Beobachtungen werden die Differenzen, d_i gebildet, die – da es sich um Stichprobenrealisationen handelt – kleingeschrieben werden. Anschließend werden deren Mittelwert und die quadrierten Abweichungen vom Mittelwert berechnet. Diese Rechenschritte sind in Tabelle 13.4 dargestellt.

Tabelle 13.4 Arbeitstabelle zur Berechnung der Prüfgröße

Mitarbeiter	Zahl der Fehler			
i	vor der Schulung	nach der Schulung	d_i	$(d_i - \bar{d})^2$
1	19	15	4	6,76
2	18	18	0	1,96
3	4	3	1	0,16
4	8	9	−1	5,76
5	12	9	3	2,56
Summe			7	17,2

Die mittlere Abweichung der Fehler beträgt $\bar{d} = 7/5 = 1{,}4$ (da Stichprobenrealisationen vorliegen, werden jetzt Kleinbuchstaben benutzt). Damit ist die geschätzte Standardabweichung

$$s_d = \sqrt{\frac{1}{n-1} \sum_{i=1}^{n} (d_i - \bar{d})^2} = \sqrt{\frac{1}{4} \cdot 17{,}2} = 2{,}07$$

und für die Prüfgröße ergibt sich

$$t = \frac{\bar{d}}{s_d} \sqrt{n} = \frac{1{,}4}{2{,}07} \sqrt{5} = 1{,}51.$$

Dieser Wert ist kleiner als alle angegebenen kritischen Werte. Daher kann die Nullhypothese, dass sich die durchschnittliche Fehlerzahl nach der Schulung signifikant reduziert hat, nicht abgelehnt werden. Die Wirksamkeit der Schulung kann durch den Test nicht bestätigt werden.

Wie bereits erwähnt, ist die Prüfgröße (13.14) allgemein nur in großen Stichproben t-verteilt. In kleinen Stichproben gilt die t-Verteilung nur, wenn das Untersuchungsmerkmal normalverteilt ist. Wenn diese Annahme in einer kleinen Stichprobe nicht getroffen werden soll, kann auf den Wilcoxon-Vorzeichen-Rang-Test zurückgegriffen werden, vgl. Hartung et al. (2009), S. 243ff. Gilt hingegen die Normalverteilungsannahme, so hat der t-Test eine höhere Macht als der Wilcoxon-Vorzeichen-Rang-Test und ist daher vorzuziehen.

13.4 Einfache Varianzanalyse

Die Varianzanalyse (auch ANOVA für **An**alysis **o**f **Va**riance genannt) ist ein Test, mit dem zwei oder mehr **Mittelwertdifferenzen** auf ihre Signifikanz hin untersucht werden. Sie stellt damit eine Erweiterung der Untersuchung des vorherigen Abschnitts dar, die darin besteht, dass das qualitative Merkmal **mehr als zwei Kategorien** haben kann. Anders als der Name suggeriert, geht es bei der Varianzanalyse also um Hypothesen über Mittelwerte und nicht über Varianzen. Die Bezeichnung Varianzanalyse rührt daher, dass die Prüfgröße, wie wir noch sehen werden, ein Quotient aus zwei Varianzen ist. Von der **einfachen Varianzanalyse**, die wir hier betrachten, unterscheidet man außerdem noch die mehrfache Varianzanalyse, bei der gleichzeitig mehrere qualitative Merkmale untersucht werden. Ausführlichere Darstellungen der Varianzanalyse finden sich zum Beispiel bei Hartung et. al (2009), Kap. 11, oder Bortz (2005), Kap. 8, oder Schlittgen (2010), Kap. 17.

Wenn die Zahl der Kategorien des qualitativen Merkmals mit k abgekürzt wird, lautet die **Nullhypothese** der Varianzanalyse, dass die Erwartungswerte in allen k Kategorien gleich sind:

$$H_0: \mu_1 = \mu_2 = \cdots = \mu_k.$$

Die **Alternativhypothese** negiert die Aussage aus der Nullhypothese. Das heißt hier, dass nicht alle Erwartungswerte gleich sind. Die Alternativhypothese bedeutet also nicht, dass unbedingt alle Mittelwerte ungleich sein müssen, sondern lediglich, dass es bei einem paarweisen Vergleich der Mittelwerte zumindest einen Unterschied gibt. Formal lautet die Alternativhypothese

$$H_1: \mu_i \neq \mu_j \text{ für mindestens ein i, j = 1, ..., k.}$$

Eine Ablehnung der Nullhypothese lässt also keinen Rückschluss zu, wie viele und welche Mittelwerte sich signifikant unterscheiden, sondern führt lediglich zu der Erkenntnis, dass Unterschiede bestehen. Man interpretiert dies häufig dahingehend, dass das **qualitative Merkmal** einen **Einfluss auf das quantitative Merkmal** hat.

Zur Ermittlung der Prüfgröße trifft die Varianzanalyse folgende **Annahmen**:

- **Unabhängige Stichproben**: Die Kategorien des qualitativen Merkmals lassen sich als Abgrenzungskriterien für unterschiedliche Stichproben auffassen. Alle diese k

Stichproben sollen unabhängig sein, dass heißt, dass die Erhebung einer Beobachtung in einer Kategorie keinen Einfluss auf die Erhebung in einer anderen Kategorie hat.

- **Varianzhomogenität**: Die Varianzen des quantitativen Merkmals sollen in der Grundgesamtheit in allen k Stichproben bzw. Kategorien gleich sein.

- **Normalverteilung**: Das quantitative Merkmal soll in der Grundgesamtheit normalverteilt sein.

Im Zweistichprobenfall konnte eine Prüfgröße ermittelt werden, indem die Hypothese der Mittelwertgleichheit als Mittelwertdifferenz von null betrachtet wurde. Da diese Vorgehensweise bei mehr als zwei Mittelwerten nicht mehr möglich ist, muss die Prüfgröße hier auf einem grundlegend anderen Weg als in Abschnitt 13.3 ermittelt werden. Dazu zerlegt man die Gesamtstreuung des quantitativen Merkmals in eine Streuung zwischen den Kategorien und eine Streuung innerhalb der Kategorien. Gilt die Nullhypothese, so müssten diese durchschnittlichen Streuungen in der Grundgesamtheit genau gleich groß sein. Eine unzutreffende Nullhypothese kann man daran erkennen, dass in der Stichprobe die durchschnittliche Streuung zwischen den Kategorien signifikant größer ist als die durchschnittliche Streuung innerhalb der Gruppen.

Die Zerlegung gelingt, wenn man die Gesamtstreuung als Summe der quadratischen Abweichungen vom Mittelwert misst. Bezeichnen wir diese Summe mit SST („Sum of Squares Total"), so sind die Teilstreuungen zum einen die **Summe der quadrierten Abweichungen zwischen den Kategorien** (SSB für „Sum of Squares Between") und zum anderen die **Summe der quadrierten Abweichungen innerhalb der Kategorien** (SSW für „Sum of Squares Within"):

$$\boxed{SST = SSW + SSB}.$$

Die Größe SST berechnet sich aus

$$SST = \sum_{i=1}^{n}(X_i - \bar{X})^2.$$

Um die oben beschriebene Zerlegung von SST mit Formeln darstellen zu können, muss anhand der Notation erkennbar sein, aus welcher Kategorie eine Beobachtung stammt. Dazu arbeitet man mit zwei Indizes: Der Index j = 1, ..., k bezeichnet die Kategorie oder Teilstich-

13.4 Einfache Varianzanalyse

probe, der Index i = 1, ..., n_j, bezeichnet das Element aus der Teilstichprobe j. Damit ist die Beobachtung X_{ij} die i-te Beobachtung aus der Teilstichprobe j und SST lässt sich folgendermaßen schreiben:

$$\boxed{SST = \sum_{j=1}^{k} \sum_{i=1}^{n_j} (X_{ij} - \overline{X})^2}$$

mit

$$\overline{X} = \frac{1}{n} \sum_{j=1}^{k} \sum_{i=1}^{n_j} X_{ij} \,.$$

Dieser Ausdruck wird nun um die Mittelwerte pro Kategorie $\overline{X}_j$ erweitert:

$$SST = \sum_{j=1}^{k} \sum_{i=1}^{n_j} \left((X_{ij} - \overline{X}_j) + (\overline{X}_j - \overline{X}) \right)^2 \tag{13.15}$$

mit

$$\overline{X}_j = \frac{1}{n_j} \sum_{i=1}^{n_j} X_{ij} \tag{13.16}$$

Die Zerlegung der Streuung gelingt durch Ausklammern von (13.15):

$$\Leftrightarrow SST = \underbrace{\sum_{j=1}^{k} \sum_{i=1}^{n_j} (X_{ij} - \overline{X}_j)^2}_{SSW} + \underbrace{\sum_{j=1}^{k} n_j (\overline{X}_j - \overline{X})^2}_{SSB} \tag{13.17}$$

Diese Beziehung ergibt sich, weil nach dem Ausklammern von (13.15) der gemischte Term verschwindet:

$$2 \sum_{j=1}^{k} \sum_{i=1}^{n_j} (X_{ij} \overline{X}_j - \overline{X}_j \overline{X}_j - X_{ij} \overline{X} + \overline{X}_j \overline{X}) = 2 \sum_{j=1}^{k} \sum_{i=1}^{n_j} X_{ij} \overline{X}_j - 2 \sum_{j=1}^{k} \sum_{i=1}^{n_j} \overline{X}_j^2 - 2 \sum_{j=1}^{k} \sum_{i=1}^{n_j} X_{ij} \overline{X} + 2 \sum_{j=1}^{k} \sum_{i=1}^{n_j} \overline{X}_j \overline{X}$$

$$= 2 \sum_{j=1}^{k} \overline{X}_j \sum_{i=1}^{n_j} X_{ij} - 2 \sum_{j=1}^{k} n_j \overline{X}_j^2 - 2\overline{X} \sum_{j=1}^{k} \sum_{i=1}^{n_j} X_{ij} + 2\overline{X} \sum_{j=1}^{k} n_j \overline{X}_j \,.$$

Setzt man die Berechnungsformel (13.16) für die kategoriespezifischen Mittelwerte in den ersten und letzten Summanden ein, erhält man

$$2\sum_{j=1}^{k}\overline{X}_j n_j \overline{X}_j - 2\sum_{j=1}^{k} n_j \overline{X}_j^2 - 2\overline{X}\sum_{j=1}^{k}\sum_{i=1}^{n_j} X_{ij} + 2\overline{X}\sum_{j=1}^{k}\sum_{i=1}^{n_j} X_{ij} = 0.$$

Damit ist die Summe der Abweichungsquadrate innerhalb der Kategorie mit

$$\boxed{SSW = \sum_{j=1}^{k}\sum_{i=1}^{n_j}\left(X_{ij} - \overline{X}_j\right)^2} \tag{13.18}$$

und die Summe der Abweichungsquadrate zwischen den Kategorien mit

$$\boxed{SSB = \sum_{j=1}^{k} n_j \left(\overline{X}_j - \overline{X}\right)^2} \tag{13.19}$$

definiert.

Beispiel 13.11 Die Schätzformeln können zunächst am besten illustriert werden, wenn ein Beispiel mit unrealistisch kleinen Stichproben verwendet wird. Angenommen das Bruttojahreseinkommen (in Tsd. €) von Arbeitnehmern in einer Branche soll in k = 3 verschiedenen Ländern (j = 1 für Deutschland, j = 2 für Italien, j = 3 für Frankreich) miteinander verglichen werden. Dazu wurde eine Stichprobe von insgesamt n = 13 Arbeitnehmern erhoben, die sich folgendermaßen auf die einzelnen Länder verteilt: n_1 = 4 (Deutschland), n_2 = 3 (Italien) n_3 = 6 (Frankreich). Die Beobachtungen finden sich in den ersten beiden Spalten von Tabelle 13.5.

13.4 Einfache Varianzanalyse

Tabelle 13.5 Beobachtetes Einkommen und Berechnung von SST

Land	Einkommen	$(x_i - \bar{x})^2$
Deutschland	41	169
Deutschland	109	3025
Deutschland	62	64
Deutschland	37	289
Italien	32	484
Italien	50	16
Italien	41	169
Frankreich	47	49
Frankreich	44	100
Frankreich	66	144
Frankreich	59	25
Frankreich	25	841
Frankreich	89	1225
Summe	702	SST = 6600
$\bar{X}$	54	

In Tabelle 13.5 wird außerdem der Gesamtmittelwert $\bar{X} = 54$ ausgewiesen, sowie in der 3. Spalte die Summe der Abweichungsquadrate, SST = 6600. Um länderspezifische Mittelwerte zu berechnen, werden die Beobachtungen anschließend in einer zweidimensionalen Tabelle nach i und j angeordnet, siehe Tabelle 13.6.

Tabelle 13.6 Mittelwerte der einzelnen Länder

i	j = 1	j = 2	j = 3
1	41	32	47
2	109	50	44
3	62	41	66
4	37		59
5			25
6			89
$\bar{x}_j$	62,25	41	55

In der letzten Zeile sind die Durchschnittseinkommen für Deutschland mit 62,25 Tsd. €, für Italien mit 41 Tsd. € und für Frankreich mit 55 € angegeben. Die Fluktuation dieser Mittelwerte wird mit SSB gemessen, indem die quadratische Abweichungssumme vom Gesamtmittel $\bar{X} = 54$, jeweils gewichtet mit dem Stichprobenumfang gebildet wird:

$$SSB = \sum_{j=1}^{3} n_j (\bar{x}_j - \bar{x})^2 = 4(62{,}25 - 54)^2 + 3(41 - 54)^2 + 6(55 - 54)^2 = 785{,}25.$$

Um SSW zu berechnen, werden die Abweichungen der Beobachtungswerte von den jeweiligen Gruppenmittelwerten betrachtet, also

$$\text{SSW} = \sum_{j=1}^{k}\sum_{i=1}^{n_j}(x_{ij} - \bar{x}_j)^2 = (41 - 62{,}25)^2 + (109 - 62{,}25)^2 + (62 - 62{,}25)^2$$
$$+ (37 - 62{,}25)^2 + (32 - 41)^2 + (50 - 41)^2 + (41 - 41)^2 + (47 - 55)^2$$
$$+ (44 - 55)^2 + (66 - 55)^2 + (59 - 55)^2 + (25 - 55)^2 + (89 - 55)^2$$
$$= 5814{,}75.$$

Wie man leicht erkennen kann, ist die Gesamtstreuung SST die Summe aus SSB und SSW.

Wie oben erwähnt, dient die Zerlegung der Streuung einem Größenvergleich. Die Gesamtstreuungen SSB, SSW und SST sind aber Summen und daher nicht als Streuungsmaße vergleichbar. Direkt vergleichen lassen sich hingegen die durchschnittlichen Streuungen, also die Varianzen. Erwartungstreue Schätzer für Varianzen erhält man im Allgemeinen, indem man die Summe der quadratischen Abweichungen durch die Zahl der Freiheitsgrade dividiert. Wendet man diese Regel auf die Teilstreuungen an, so erhält man die Varianz zwischen den Kategorien (MSSB für „Mean Sum of Squares Between") und die Varianz innerhalb der Kategorien (MSSW für „Mean Sum of Squares Within") mit:

$$\boxed{\boxed{\text{MSSB} = \frac{\text{SSB}}{k-1}}} \quad \text{und} \quad \boxed{\boxed{\text{MSSW} = \frac{\text{SSW}}{n-k}}} \tag{13.20}$$

MSSB hat n − 1 Freiheitsgrade, da die Summe SSB insgesamt k Mittelwertdifferenzen enthält und davon ein Freiheitsgrad für die Bestimmung von $\bar{X}$ verloren geht. MSSW hat n − k Freiheitsgrade, weil die Summe SSB insgesamt n Mittelwertdifferenzen enthält und für jede der k Mittelwertschätzungen $\bar{X}_j$ ein Freiheitsgrad verloren geht. So wie die Summe aus SSB und SSW der gesamten Abweichungsquadratsumme SST entspricht, so ergibt sich auch die Zahl der Freiheitsgrade der Gesamtvarianz als Summe der Freiheitsgrade dieser Teile, also n − 1 = k − 1 + n − k.

MSSB und MSSW sind direkt miteinander vergleichbar: Wenn MSSB deutlich größer als MSSW ist, so sind die Mittelwertdifferenzen verglichen mit den Fluktuationen innerhalb der Klassen groß und die Nullhypothese sollte abgelehnt werden. Unter der Nullhypothese entsprechen sich MSSB und MSSW in der Grundgesamtheit. Diese Argumentation macht deutlich, dass die Varianzanalyse dem in Abschnitt 13.3.2 behandelten Test auf Varianzgleichheit entspricht. Die **Prüfgröße** ist daher

13.4 Einfache Varianzanalyse

$$F_{k-1,n-k} = \frac{MSSB}{MSSW} = \frac{\frac{SSB}{k-1}}{\frac{SSW}{n-k}} \quad (13.21)$$

F-verteilt mit $df_1 = k - 1$ Zähler- und $df_2 = n - k$ Nennerfreiheitsgraden. Die Nullhypothese wird nur abgelehnt, wenn MSSB signifikant größer als MSSW ist. Es handelt sich also stets um einen **rechtsseitigen Test**.

Beispiel 13.12 Zur in Beispiel 13.11 aufgeworfenen Frage lautet die Nullhypothese, dass die Durchschnittseinkommen μ_j in den Ländern Deutschland (j = 1), Italien (j = 2) und Frankreich (j = 3) gleich sind, während es unter der Alternativhypothese bei einem Paarvergleich der Länder zumindest einen Unterschied gibt, also nicht alle Durchschnittseinkommen gleich sind:

$H_0: \mu_1 = \mu_2 = \mu_3$,
$H_1: \mu_i \neq \mu_j$ für mindestens ein $i, j = 1, 2, 3$.

Mit n = 13 Beobachtungen und k = 3 verschiedenen Ländern ergibt sich die Prüfgröße

$$F_{2,10} = \frac{MSSB}{MSSW}.$$

Diese Prüfgröße ist F-verteilt mit $df_1 = 2$ Zähler- und $df_2 = 10$ Nennerfreiheitsgraden, sofern alle drei Annahmen der Varianzanalyse erfüllt sind. Die erste Annahme, unabhängige Stichproben, ist durch die Erhebungsart erfüllt, da verschiedene Personen aus den einzelnen Ländern zufällig ausgewählt wurden. Um den beiden anderen Annahmen gerecht zu werden, muss im Folgenden unterstellt werden, dass die Einkommen in den einzelnen Ländern die gleiche Varianz haben und normalverteilt sind. Aus der F-Tabelle ergeben sich dann die kritischen Werte 7,56 (bei $\alpha = 1\%$) und 4,10 (bei $\alpha = 5\%$), und man würde die Nullhypothese ablehnen, wenn der aus der Stichprobe berechnete F-Wert diese kritischen Werte überschreitet. Mit den Ergebnissen aus Beispiel 13.11 und den Freiheitsgraden $k - 1 = 2$ und $n - k = 10$ erhält man den berechneten F-Wert:

$$f = \frac{MSSB}{MSSW} = \frac{\frac{785,25}{2}}{\frac{5814,75}{10}} = \frac{392,625}{581,475} = 0,675.$$

Dieser Wert liegt bei beiden betrachteten Signifikanzniveaus deutlich unter dem kritischen Wert. Die Nullhypothese gleicher Durchschnittseinkommen kann daher nicht abgelehnt werden. Der Test ist aufgrund der sehr kleinen Stichprobe vermutlich nicht besonders mächtig, d. h. der Stichprobenumfang macht es hier generell schwierig, die Nullhypothese abzulehnen.

Beispiel 13.13 In einem weiteren Beispiel soll die Varianzanalyse mit einem größeren Datensatz illustriert werden, wobei zur Verkürzung der Darstellung nicht alle Rechenschritte gezeigt werden können, sondern zum Teil Zwischenergebnisse vorgegeben werden. Untersucht werden soll, ob die Bruttojahresgehälter in einer bestimmten Branche von der Ausbildung abhängen. Dazu wurde aus dieser Branche eine Zufallsstichprobe von n = 981 Angestellten mit Bruttojahresgehalt (in Tsd. €) und höchstem erworbenem außerschulischen Abschluss erhoben. Tabelle 13.7 enthält die durchschnittlichen Gehälter in den einzelnen Gruppen sowie die (erwartungstreu geschätzten) Standardabweichungen der Gehälter (s_j), die aus dieser Stichprobe berechnet wurden.

Tabelle 13.7 Mittelwerte und Standardabweichung der Gehälter (Angaben in Tsd. €)

Abschluss	j	$\bar{x}_j$	s_j	n_j
Doktor	1	80,690	29,687	49
Master	2	74,957	29,008	224
Bachelor	3	72,966	32,159	251
Berufsausbildung	4	70,038	29,524	389
ohne	5	55,775	30,768	68
Alle		71,453	30,558	981

Es lassen sich erhebliche Unterschiede in den Durchschnittseinkommen feststellen. Da es sich um Stichproben handelt, ist aber unklar, ob diese Unterschiede nicht auf Zufallsschwankungen beruhen. Um zu überprüfen, ob der Abschluss das Durchschnittsgehalt beeinflusst, werden die Hypothesen

$H_0: \mu_1 = \mu_2 = \mu_3 = \mu_4 = \mu_5$,
$H_1: \mu_i \neq \mu_j$ für mindestens ein $i, j = 1, 2, 3, 4, 5$

getestet. Unter der Annahme, dass die Varianzen der Gehälter pro Abschluss gleich sind und das Gehalt normalverteilt ist, ist die Prüfgröße

$$F_{4,976} = \frac{MSSB}{MSSW}$$

F-verteilt mit $df_1 = 4$ Zähler- und $df_2 = 976$ Nennerfreiheitsgraden. Aus der F-Tabelle erhält man den kritischen Wert von 2,38 bei $\alpha = 5\,\%$ (oder 3,34 bei $\alpha = 1\,\%$) – da 976 Freiheitsgrade in der Tabelle nicht enthalten sind, werden näherungsweise 1000

13.4 Einfache Varianzanalyse

Nennerfreiheitsgrade berücksichtigt. Die Berechnungen der Größen SSB und SSW, die hier nicht explizit nachvollzogen werden, ergeben SSB = 24.998 und SSW = 890.131. Daraus lässt sich die Prüfgröße berechnen

$$f = \frac{MSSB}{MSSW} = \frac{\frac{24998}{4}}{\frac{890131}{976}} = \frac{6250}{912} = 6{,}85.$$

Da dieser Wert größer als der kritische Wert ist, wird die Nullhypothese abgelehnt. Es gibt zumindest einen signifikanten Unterschied in den Durchschnittsgehältern. Mit anderen Worten spricht das Ergebnis dafür, dass der Abschluss das Gehalt beeinflusst. Wie viele und welche der in Tabelle 13.7 beobachteten Mittelwerte sich signifikant voneinander unterscheiden, lässt sich allerdings aufgrund der Varianzanalyse nicht beurteilen.

Es gibt zahlreiche Untersuchungen darüber, wie die Varianzanalyse reagiert, wenn eine der zugrunde liegenden **Annahmen verletzt** ist. Einen Überblick mit Ergebniszusammenfassung liefert Bortz (2005, S. 286f.) Demnach reagiert die Varianzanalyse empfindlich, wenn die Annahme **unabhängiger Stichproben** nicht erfüllt ist. Sie sollte dann nicht durchgeführt werden. Bei heterogenen Varianzen und Nicht-Normalverteilung hingegen reagiert die Varianzanalyse robust, zumindest wenn die Stichproben nicht klein ($n_j \geq 10$) und zwischen den Kategorien unterschiedlich groß sind. Ist nur die **Annahme der Normalverteilung** verletzt, reagiert die Varianzanalyse auch in kleinen Stichproben robust, sofern die Abweichungen von der Normalverteilung nicht zu groß sind. Besonders in kleinen Stichproben sollte daher überprüft werden, ob die Varianzhomogenitätsannahme gegeben sind. Zur **Untersuchung der Varianzhomogenität** bietet sich ein Test über die Hypothesen

$$H_0: \sigma_1^2 = \sigma_2^2 = \cdots = \sigma_k^2,$$
$$H_1: \sigma_i^2 \neq \sigma_j^2 \text{ für mindestens ein } i, j = 1, \ldots, k$$

an. Um diese Hypothesen zu testen, wurden verschiedene Prüfgrößen entwickelt. Im **Bartlett-Test** benutzt man die mit df = k − 1 Freiheitsgraden Chi-Quadrat-verteilte **Prüfgröße**

$$\chi_{k-1}^2 = \frac{(n-k)\ln(MSSW) - \sum_{j=1}^{k}(n_j - 1)\ln(S_i^2)}{1 + \frac{1}{3(k-1)}\left(\sum_{j=1}^{k}\left(\frac{1}{n_j - 1}\right) - \frac{1}{n-k}\right)}.$$

Hier sind S_i die erwartungstreuen Schätzer der Varianzen innerhalb der Gruppen, MSSW berechnet sich aus (13.20) und n ist der Gesamtstichprobenumfang, der sich aus der Summe der Teilstichproben n = n₁ + ... + n_j + ... + n_k ergibt. Die Nullhypothese wird abgelehnt, wenn die Prüfgröße den kritischen Wert überschreitet.

Wenn das quantitative Merkmal nicht normalverteilt ist, bietet sich der **Levene-Test** an. In diesem Test wird eine Varianzanalyse über die absolute Abweichung der Beobachtungen vom gruppenspezifischen arithmetischen Mittel, also über Y_{ij} aus

$$Y_{ij} = |X_{ij} - \overline{X}_j|$$

durchgeführt, (13.21) wird also auf Y_{ij} angewendet. Bei einer Ablehnung der Nullhypothese ist davon auszugehen, dass sich die Varianzen inhomogen sind. Weitere Einzelheiten zum Bartlett-Test und Levene-Test finden sich in Hartung et. al (2009), S. 617.

Beispiel 13.14 Die Annahme der Varianzhomogenität, die im Beispiel 13.13 getroffen wurde, soll überprüft werden. Die Überprüfung dient der Illustration des Bartlett- und Levene-Tests und wäre aufgrund der großen Stichprobe nicht unbedingt notwendig. Zunächst fällt auf, dass die in Tabelle 13.7 wiedergegebenen geschätzten, gruppenspezifischen Standardabweichungen sehr ähnlich sind. Letztlich kann aber allein aufgrund eines Vergleichs der Schätzungen nicht beurteilt werden, ob die Varianzen der Grundgesamtheit σ_j^2 in allen Kategorien gleich sind. Daher werden die Hypothesen

$$H_0: \sigma_1^2 = \sigma_2^2 = \sigma_3^2 = \sigma_4^2 = \sigma_5^2,$$
$$H_1: \sigma_i^2 \neq \sigma_j^2 \text{ für mindestens ein i, j} = 1, ..., 5.$$

getestet. Die Prüfgröße des **Bartlett-Test**s ist Chi-Quadrat-verteilt mit k − 1 = 4 Freiheitsgraden, d. h. die Nullhypothese wird abgelehnt, wenn die berechnete Prüfgröße den kritischen Wert von 9,488 (bei α = 5%) bzw. 13,277 (bei α = 1%) überschreitet. Um die in der Prüfgröße enthaltenen Summen zu berechnen, wird Tabelle 13.8 benutzt.

Tabelle 13.8 Arbeitstabelle zum Bartlett-Test

Abschluss	j	s_j	n_j	$(n_j - 1)\ln(s_j^2)$	$1/(n_j - 1)$
Doktor	1	29,687	49	325,5066	0,02083
Master	2	29,008	224	1501,9374	0,00448
Bachelor	3	32,159	251	1735,3427	0,00400
Berufsausbildung	4	29,524	389	2626,9178	0,00258
ohne	5	30,768	68	459,1496	0,01493
			Summe	6648,8541	0,04682

13.4 Einfache Varianzanalyse

Einsetzen in die Prüfgröße ergibt

$$\hat{\chi}^2 = \frac{(981 - 5)\ln(912{,}019) - 6648{,}8541}{1 + \frac{1}{12}\left(0{,}04682 - \frac{1}{981 - 5}\right)} = 3{,}219.$$

Die Nullhypothese gleicher Varianzen kann nicht abgelehnt werden, da der berechnete Wert der Prüfgröße kleiner ist, als die oben angegebenen kritischen Werte. Dieser Test liefert also keine Evidenz dafür, dass die Annahme der Varianzhomogenität verletzt ist.

Um den **Levene-Test** durchzuführen, wird die absolute Abweichung der Einkommen von den Durchschnittseinkommen des jeweiligen Abschlusses berechnet. Die hier nicht ausgeführten Berechnungen ergeben für diese Abweichungen MSSW = 300,83 und MSSB = 266,52. Damit erhält man die berechnete Prüfgröße

$$f = \frac{\text{MSSB}}{\text{MSSW}} = \frac{266{,}52}{300{,}83} = 0{,}89.$$

Die kritischen Werte bei 4 Zähler- und 976 Nennerfreiheitsgraden wurden bereits in Beispiel 13.13 ermittelt: 2,38 bei $\alpha = 5\%$ oder 3,34 bei $\alpha = 1\%$. Der berechnete Wert der Prüfgröße liegt deutlich unter diesen kritischen Werten, daher wird auch nach diesem Test die Nullhypothese der Varianzhomogenität nicht abgelehnt.

Wenn in einer kleinen Stichprobe die Varianzhomogenitätsannahme verletzt ist und die Stichprobenumfänge sich in den einzelnen Gruppen stark voneinander unterscheiden, sollte anstelle der Varianzanalyse der Kruskal-Wallis-Test durchgeführt werden, der z. B. in Hartung et al. (2009), S. 613f. dargestellt wird.

Eine **Ablehnung der Nullhypothese** führt im Falle der Varianzanalyse oft zu der Frage, welche Mittelwerte sich signifikant voneinander unterscheiden. Um diese Frage zu beantworten, könnte man alle möglichen Kategorien paarweise mit einem Zweistichprobentest auf Mittelwert vergleichen. Hierzu böte sich der in Abschnitt 13.3.2 dargestellte Test auf Mittelwertvergleich bei gleichen Varianzen an, da auch die Varianzanalyse auf der Annahme gleicher Varianzen beruht. Die Zahl der Zweistichprobentests hängt von der Zahl der Kategorien des qualitativen Merkmals ab: Bei k Kategorien müssten insgesamt k(k − 1)/2 verschiedene Zweistichprobentests durchgeführt werden. Das Verfahren, eine Vielzahl von Zweistichprobentests unabhängig von der Varianzanalyse durchzuführen, führt aber zu Widersprüchen bezüglich des Signifikanzniveaus. Der Widerspruch besteht darin, dass sich aus der Vorgabe der Signifikanzniveaus für alle Zweistichprobentests implizit ein Signifikanzniveau für die Hypothese ergibt, dass zwischen keinem der betrachteten Paare ein Unterschied besteht. Diese Hypothese ist aber gleichzeitig auch die Nullhypothese der ANOVA. Im Allgemeinen wird das sich implizite ergebende Signifikanzniveau deutlich höher sein, als dasjenige, das man in der ANOVA eigentlich vorgeben wollte, man spricht deswegen auch von **α-Fehlerkumulierung**.

Das Ausmaß der α-Fehlerkumulierung lässt sich auch berechnen: Angenommen in einem einzelnen Zweistichprobentests gelte ein Signifikanzniveau von α_i (i = 1, ..., k(k − 1)/2). Dann wäre $1 - \alpha_i$ die Wahrscheinlichkeit, dass die in Wirklichkeit zutreffende Nullhypothese tatsächlich als solche erkannt wird, dass also aus dem i-ten Paarvergleich richtigerweise geschlossen wird, dass kein Unterschied zwischen den Mittelwerten besteht. Da alle Zweistichprobentests unabhängig voneinander durchgeführt werden, ergibt sich die Wahrscheinlichkeit, in keinem Paarvergleich einen Unterschied zu erkennen, wenn tatsächlich auch kein Unterschied besteht, aus dem Produkt

$$(1 - \alpha_1)(1 - \alpha_2) \ldots (1 - \alpha_{k(k-1)/2}).$$

Die Gegenwahrscheinlichkeit aus diesem Produkt stellt die Wahrscheinlichkeit dar, zumindest einen Unterschied zu erkennen, wenn in Wirklichkeit kein Unterschied vorliegt. Dies entspricht inhaltlich dem Signifikanzniveau der Varianzanalyse, das hier mit α bezeichnet werden soll:

$$\alpha = 1 - (1 - \alpha_1)(1 - \alpha_2) \ldots (1 - \alpha_{k(k-1)/2}).$$

Wählte man beispielsweise bei einem Vergleich von k = 10 Kategorien für jeden einzelnen Zweistichprobentest ein Signifikanzniveau von 5%, so ergäbe sich daraus folgendes Signifikanzniveau für die Varianzanalyse:

$$\alpha = 1 - (1 - 0{,}05)^{10} = 0{,}4013.$$

Um einen Widerspruch zwischen dem Signifikanzniveau der Varianzanalyse und der Zweistichprobentests zu vermeiden, müsste man das Signifikanzniveau in der Varianzanalyse auf ein völlig ungeeignet hohes Niveau anheben.

Die α-Fehlerkumulierung wird vermieden, indem man die Signifikanzniveaus der Zweistichprobentests nicht unabhängig vorgibt, sondern aus dem Signifikanzniveau der Varianzanalyse herleitet. Das einfachste Verfahren, die **Bonferroni-Korrektur**, berechnet die einzelnen α-Fehler der Zweistichprobentests folgendermaßen:

13.4 Einfache Varianzanalyse

$$\boxed{\alpha_i = \frac{\alpha}{\frac{k(k-1)}{2}}}.$$

Beispiel 13.15 In Beispiel 13.13 wurde die Hypothese, dass bei allen Abschlüssen das gleiche Durchschnittseinkommen erzielt wird, abgelehnt. Möchte man im Anschluss untersuchen, welche Abschlüsse sich unterscheiden, müssen alle Abschlüsse paarweise mit Zweistichprobentests unter der Annahme gleicher Varianzen untersucht werden. Insgesamt kommt es dabei zu k(k − 1)/2 = 10 Vergleichen. Tabelle 13.9 enthält die berechneten t-Werte, die sich aus der Prüfgröße (13.5) mit (13.10) und (13.11) ergeben.

Tabelle 13.9 t-Werte der Zweistichprobentests auf Mittelwertvergleich

Abschluss	Doktor	Master	Bachelor	Berufsausbildung
Doktor				
Master	1,25			
Bachelor	1,56	0,71		
Berufsausbildung	2,38	2,00	1,18	
ohne	4,38	4,71	3,95	3,65

Um kritische Werte zu erhalten, kann mit der Standardnormalverteilung gearbeitet werden, da die einzelnen Teilstichproben groß genug sind (vgl. Tabelle 13.8). Bei einem Signifikanzniveau von 5% in der Varianzanalyse, ergibt sich für jeden einzelnen Zweistichprobentest nach der Bonferroni-Korrektur ein Signifikanzniveau von $\alpha_i = 0{,}5\%$. In der Normalverteilungstabelle findet man für die zweiseitige Alternative dazu die kritischen Werte +/− 2,81. Vergleicht man die berechneten Werte mit diesen kritischen Werten, stellt man fest, dass bei diesem Signifikanzniveau lediglich die Durchschnittseinkommen ohne Abschluss von den anderen Durchschnittseinkommen abweichen. Die Unterschiede zwischen den anderen Abschlüssen sind nicht signifikant.

13.5 Regressionsanalyse mit Dummy-Variablen

Bisher beschränkten sich die in diesem Kapitel dargestellten Methoden auf zwei Merkmale. Bereits bei der Diskussion der Regressionsanalyse haben wir aber gesehen, dass Monokausalitäten in den Wirtschafts- und Sozialwissenschaften eher selten sind. Bei der Einfachregression ergeben sich unter Umständen inkonsistente Schätzer und erhebliche Fehlinterpretationen für den Einfluss eines Merkmals auf ein anderes, wenn weitere wichtige Faktoren einfach ausgeblendet werden – wir erinnern an den in Abschnitt 12.5.1 angesprochenen „omitted variable bias". Diese Überlegung gilt natürlich auch, wenn qualitative Einflussfaktoren untersucht werden. Möchte man die Wirkung qualitativer Einflussfaktoren quantifizieren und gleichzeitig für andere Effekte kontrollieren, so ist der **partielle Effekt** des qualitativen Merkmals zu bestimmen. In diesem Abschnitt wird gezeigt, wie dies im Rahmen des multiplen Regressionsmodells möglich ist.

> **Beispiel 13.16** In Beispiel 13.13 wurde mit der Varianzanalyse untersucht, wie sich der höchste erworbene außerschulische Abschluss auf das Bruttojahresgehalt von in einer bestimmten Branche Beschäftigten auswirkt. Zweifellos spielen neben dem Abschluss weitere Faktoren zur Erklärung des Gehaltes eine Rolle, wie beispielsweise die Berufserfahrung, das Alter und das Geschlecht. Eine Regressionsanalyse erlaubt es, die Wirkung des Abschlusses auf das Einkommen zu untersuchen, wenn gleichzeitig für andere Faktoren kontrolliert wird. Beispielsweise wurde im einfachen Mittelwertvergleich aus Tabelle 13.7 festgestellt, dass der Einkommensunterschied zwischen einem Master- und einem Bachelorabsolventen knapp 2000 € beträgt. Geht man davon aus, dass es einen Alterseffekt gibt, dass also das Gehalt mit steigendem Lebensalter ebenfalls steigt, so könnte der gemessene Unterschied zwischen dem Gehalt von Bachelor- und Masterabsolventen teilweise darauf zurückgeführt werden, dass die Bachelorabsolventen in der Stichprobe jünger sind. Mit der Regressionsanalyse können die partiellen Effekte bestimmt werden, d. h. man kann ermitteln, wie der Gehaltsunterschied bei unterschiedlichen Abschlüssen ist, wenn die anderen Bedingungen, wie zum Beispiel Alter, Geschlecht und Ausbildungsdauer konstant gehalten werden.

Ein qualitatives Merkmal kann nicht direkt in eine Regressionsanalyse einbezogen werden, da zur Koeffizientenschätzung u.a. Summen, Produkte und Potenzen berechnet werden, was mit qualitativen Ausprägungen ja nicht möglich ist. Daher wandelt man das qualitative Merkmal zuvor in sogenannte Dummy-Variablen um. **Dummy-Variablen („Dummies")**, auch **Stellvertretervariablen** genannt, sind quantitative Merkmale, deren Werte Auskunft

13.5 Regressionsanalyse mit Dummy-Variablen

darüber geben, welche Ausprägung das qualitative Merkmal annimmt. Die Zuordnung von Dummy-Variablen zu den Ausprägungen des qualitativen Merkmals nennt man allgemein Kodierung. Die Kodierung von Dummies darf allerdings nicht beliebig Zahlen zuordnen – nur bestimmte Formen der Kodierung erlauben in der Regression sinnvolle Interpretationen. In den allermeisten Fällen wird die sogenannte **Dummykodierung** verwendet, bei der jede Ausprägung des qualitativen Merkmals eine eigene Dummy-Variable D_{a_j} erhält, die entweder den Wert 1 annimmt, sofern die Ausprägung j beobachtet wird und ansonsten den Wert null trägt. Bezeichnet man das qualitative Merkmal mit A und die insgesamt k verschiedenen Ausprägungen mit a_j, j = 1, ..., k, so ist die Dummykodierung

$$D_{a_j} = \begin{cases} 1 & \text{wenn } A = a_j \text{ für alle } j = 1, ..., k \\ 0 & \text{sonst.} \end{cases}$$

Beispiel 13.17 Die Variable höchster außerschulischer Abschluss mit den Ausprägungen a_1=„Doktor", a_2=„Master", a_3=„Bachelor", a_4=„Berufsausbildung" und a_5=„ohne" können in 5 Dummy-Variablen transformiert werden. Beispielsweise lautet die Dummy-Variable D_{a_2}:

$$D_{a_2} = \begin{cases} 1, & \text{wenn } A = \text{Master} \\ 0 & \text{sonst.} \end{cases}$$

In Tabelle 13.10 wird die Wertezuordnung für alle Dummy-Variablen gezeigt.

Tabelle 13.10 Transformation der Variable Abschluss in Dummy-Variablen

Abschluss	(a_j)	j	D_{a_1}	D_{a_2}	D_{a_3}	D_{a_4}	D_{a_5}
Doktor	(a_1)	1	1	0	0	0	0
Master	(a_2)	2	0	1	0	0	0
Bachelor	(a_3)	3	0	0	1	0	0
Berufsausbildung	(a_4)	4	0	0	0	1	0
ohne	(a_5)	5	0	0	0	0	1

Anstelle der qualitativen Variablen kann also ein Satz von Dummy-Variablen als Regressoren in einer Regressionsgleichung berücksichtigt werden. Allerdings sind die Dummy-Variablen linear abhängig. Beispielsweise gilt für die Dummy-Variable der Ausprägung k

$$D_{a_k} = 1 - \sum_{j=1}^{k-1} D_{a_j}.$$

Das bedeutet, dass sich der Wert der k-ten Dummy-Variable eindeutig aus den anderen Dummies ergibt, denn wenn alle anderen Variablen null sind, muss die k-te Dummy ja den

Wert eins annehmen. Wenn hingegen eine der anderen Variablen den Wert eins hat, muss die Dummy null sein. Dieser Zusammenhang gilt selbstverständlich auch für alle anderen Dummy-Variablen: Die Werte einer beliebigen Dummy-Variablen lassen sich eindeutig bestimmen, wenn man die Werte aller anderen Dummy-Variablen kennt. Wie wir wissen, führen aber lineare Abhängigkeiten unter den Regressoren zu **perfekter Multikollinearität**, was zur Folge hat, dass sich der Kleinst-Quadrat-Schätzer nicht berechnen lässt. Man nennt dieses Problem auch **Dummy-Variablenfalle**. Die Dummy-Variablenfalle lässt sich vermeiden, wenn man eine Dummy-Variable aus der Regression ausschließt, also nur k – 1 Dummy-Variablen als Regressoren berücksichtigt. Es entsteht dadurch kein Informationsverlust, da die Information der weggelassenen Dummy bereits in den anderen Variablen enthalten ist.

Die Kategorie, deren Dummy man weglässt, bezeichnet man als **Basiskategorie**. Welche Kategorie dafür gewählt wird, ist methodisch unerheblich, allerdings ergeben sich je nach Auswahl unterschiedliche **Interpretationen**. Denn der Regressionskoeffizient einer Dummy-Variablen misst den **Unterschied** der abhängigen Variablen in der betreffenden Kategorie **zur Basiskategorie**. Die Interpretation des Koeffizienten einer Dummy-Variablen soll mit dem folgenden Beispiel erläutert werden.

Beispiel 13.18 Um die Variable Ausbildung als erklärende Größe für das Gehalt (Bruttojahresgehalt in Tsd. €) zu berücksichtigen, wird die Kategorie a_5 („ohne") als Basiskategorie gewählt. Wird außerdem noch die Erfahrung (Berufserfahrung in Jahren) und das Alter des Angestellten berücksichtigt, so erhält man folgende Regressionsgleichung

$$\widehat{\text{Gehalt}}_i = \beta_0 + \beta_1 D_{a_1,i} + \beta_2 D_{a_2,i} + \beta_3 D_{a_3,i} + \beta_4 D_{a_4,i} + \beta_5 \text{Erfahrung}_i + \beta_6 \text{Alter}_i.$$

Der Koeffizient β_5 ist der Gehaltsunterschied, der zu erwarten ist, wenn zwei Arbeitnehmer im selben Alter und mit demselben Berufsabschluss sich um ein Jahr Berufserfahrung unterscheiden. Diese Interpretation bleibt für die Koeffizienten der Dummy-Variablen erhalten: Hier bedeutet die Variation um eine Einheit, dass man von der Basiskategorie, bei der die betrachtete Dummy den Wert null hat, auf die durch die Dummy repräsentierte Kategorie übergeht. Der Koeffizient β_4 gibt z. B. an, wie sich das Gehalt zwischen einem Arbeitnehmer ohne Abschluss und einem Arbeitnehmer mit Berufsausbildung erwartungsgemäß unterscheidet – dabei vergleicht man Arbeitnehmer mit gleichem Alter und gleicher Berufserfahrung.

Diese Interpretation soll noch einmal auf anderem Wege verdeutlicht werden: Setzt man die Werte in die Dummy-Variablen ein, lässt sich für jeden Wert ein eigenes Regressionsmodell schreiben: Für alle Arbeitnehmer ohne Berufsabschluss, also für

13.5 Regressionsanalyse mit Dummy-Variablen

die Basiskategorie nehmen die Dummy-Variablen in der Regressionsgleichung den Wert null an. Setzt man diese Werte in die Regressionsgleichung ein, so ergibt sich:

$$\widehat{Gehalt}_i = \beta_0 + \beta_5 \text{Erfahrung}_i + \beta_6 \text{Alter}_i.$$

Für einen Arbeitnehmer, dessen höchster Bildungsabschluss die Ausbildung ist, ist $D_{a_4,i} = 1$ und alle anderen Dummies sind null. Durch Einsetzen erhält man

$$\widehat{Gehalt}_i = \beta_0 + \beta_4 + \beta_5 \text{Erfahrung}_i + \beta_6 \text{Alter}_i.$$

Für einen Arbeitnehmer mit Bachelor-Titel gilt

$$\widehat{Gehalt}_i = \beta_0 + \beta_3 + \beta_5 \text{Erfahrung}_i + \beta_2 \text{Alter}_i.$$

Analog kann man auch für die anderen Abschlüsse jeweils eigene Gleichungen aufstellen. Alle Gleichungen unterscheiden sich nur durch das Absolutglied, das in der Höhe des Koeffizienten der betreffenden Dummy voneinander abweicht. Daher messen die Koeffizienten β_1, β_2, β_3 und β_4 den Gehaltsunterschied zur Basiskategorie, der von Berufserfahrung und Alter unabhängig ist, also allein auf den Abschluss zurückgeführt werden kann.

Das Regressionsmodell mit Dummy-Variablen kann mit der Kleinst-Quadrat-Methode geschätzt werden. Da die Dummy-Variable sich technisch in keiner Weise von einem gewöhnlichen Regressor unterscheidet, ergeben sich auch keine Unterschiede zu den Schätzmethoden, Hypothesentests und weiteren Aussagen aus Kapitel 12.

Beispiel 13.19 Die Ergebnisse der Kleinst-Quadrat-Schätzung des Regressionsmodells aus Beispiel 13.18 mit einer Zufallsstichprobe von 981 Beobachtungen sind in Tabelle 13.11 wiedergegeben.

Sind alle Annahmen des klassischen Regressionsmodells erfüllt, so lassen sich die Ergebnisse so interpretieren, dass jeder der betrachteten Berufs- oder Studienabschlüsse das Gehalt signifikant erhöht. Ein Bachelorabschluss, zum Beispiel führt zu einem erwarteten Anstieg des Bruttojahresgehalts von 17.090 € bei gleicher Berufserfahrung und Alter. Man erkennt außerdem, dass die Durchschnittsgehälter auch bei Kontrolle für Berufserfahrung und Alter mit der Wertigkeit des Abschlusses steigen. Allerdings kann aufgrund der Regression nicht entschieden werden, ob die Unterschiede zwischen allen einzelnen Abschlüssen signifikant sind.

Tabelle 13.11 Regressionsschätzung mit Dummy-Variablen

	SS	df	SS/df		
				n	981
				F(6, 974)	8,09
Explained	43445,9	6	7241,0	p-value (F)	0,000
Residual	871683,2	974	895,0	R-squared	0,0475
Total	915129,1	980	933,8	Adj R-squared	0,0416

Regressor	b	std.err.	t	p-value
_cons	41,96	5,79	7,25	0,000
$D_{a_1,i}$	24,79	5,61	4,42	0,000
$D_{a_2,i}$	18,86	4,15	4,55	0,000
$D_{a_3,i}$	17,09	4,09	4,17	0,000
$D_{a_4,i}$	13,82	3,94	3,51	0,000
Erfahrung	0,32	0,16	1,99	0,046
Alter	0,26	0,13	2,01	0,045

Insgesamt weist die Regression eine geringe Anpassungsgüte auf, da nur 4,75% der quadratischen Variation des Einkommens erklärt werden können. Das Ergebnis des F-Tests zeigt jedoch, dass die Schätzung insgesamt einen signifikanten Erklärungsbeitrag für das Einkommen liefert. Für relevante Anwendungsfälle wäre ein solches Ergebnis aufgrund der geringen Anpassung aber kaum brauchbar.

Durch die Transformation in mehrere Dummy-Variablen lässt sich anhand des t-Tests untersuchen, ob einzelne Kategorien sich signifikant von der Basiskategorie unterscheiden. In der Regel möchte man aber entscheiden, ob der **Gesamteffekt** der qualitativen Variable auf den Regressanden signifikant ist. Wenn alle oder mehrere der einzelnen Dummy-Variablen hochsignifikant sind, kann zwar meist auf einen signifikanten Gesamteffekt geschlossen werden, aber es ist von vornherein nicht bekannt, ob die Ergebnisse so klar ausfallen werden. Aus diesem Grund ist es sinnvoll, für den Gesamteffekt der Dummy-Variablen einen separaten Test durchzuführen. Dieser Test nennt sich **partieller F-Test**. Er untersucht die Nullhypothese, ob die Koeffizienten der Dummy-Variablen alle gemeinsam null sind. Zur Darstellung des Tests müssen zunächst Bezeichnungen eingeführt werden, mit denen man die Koeffizienten der Dummies von den Koeffizienten der anderen Variablen unterscheiden kann. Betrachtet man eine Regressionsgleichung mit k − 1 Dummy-Variablen eines qualitativen Merkmals mit k Kategorien und mit außerdem m − (k − 1) anderen Variablen, die wie üblich mit X_{ij} abgekürzt werden, so lautet das Modell

$$\hat{Y}_i = \beta_0 + \sum_{j=1}^{k-1} \beta_j D_{a_j,i} + \sum_{j=k}^{m} \beta_j X_{ij}.$$

13.5 Regressionsanalyse mit Dummy-Variablen

Damit lässt sich die Nullhypothese des partiellen F-Tests folgendermaßen formulieren:

$$H_0: \beta_1 = \beta_2 = \cdots = \beta_{k-1} = 0.$$

Die Alternativhypothese lautet hingegen:

$$H_1: \beta_j \neq 0 \text{ für mindestens ein } j \ (j = 1, \ldots k-1).$$

Aus diesen Hypothesen wird die Ähnlichkeit des partiellen F-Tests zum in Abschnitt 12.4.2 behandelten F-Test deutlich. Während der herkömmliche F-Test untersucht, ob gleichzeitig alle Koeffizienten des Modells insignifikant sind, testet der partielle F-Test dieselbe Hypothese über Teile des Modells.

Die Prüfgröße des partiellen F-Tests geht daher auch von der Prüfgröße des F-Tests (12.29) aus. Während man im herkömmlichen F-Test die durch das Modell erklärte Varianz auf die unerklärte Varianz bezieht, bezieht man im partiellen F-Test den **Zuwachs der erklärten Varianz** auf die unerklärte Varianz, der sich durch die Aufnahme der zusätzlichen Variablen ergibt. Diesen Zuwachs kann man bestimmen, indem man ein Modell mit den betreffenden Variablen (**unrestringiertes Modell**) und ein Modell ohne die betreffenden Variablen (**restringiertes Modell**, weil für die Dummy-Variablen Nullrestriktionen gelten) schätzt. Diese Modelle vergleicht man dann miteinander. Kürzt man die jeweiligen angepassten Werte mit $\hat{y}_i^{restr}$ (aus dem restringierten Modell) und $\hat{y}_i^{unrestr}$ (aus dem unrestringierten Modell), so ist der Zuwachs an „Erklärungswert" durch die Aufnahme der Dummies, gemessen in quadratischer Variation

$$\sum_{i=1}^{n}\left(\hat{y}_i^{unrestr} - \bar{y}\right)^2 - \sum_{i=1}^{n}\left(\hat{y}_i^{restr} - \bar{y}\right)^2.$$

Die Zahl der Freiheitsgrade dieses Ausdrucks entspricht der Zahl der Koeffizienten mit Nullrestriktionen im restringierten Modell, also $k - 1$. Damit erhält man die Prüfgröße

$$\boxed{F_{k-1,n-m-1} = \frac{\left(\sum_{i=1}^{n}\left(\hat{Y}_i^{unrestr} - \bar{Y}\right)^2 - \sum_{i=1}^{n}\left(\hat{Y}_i^{restr} - \bar{Y}\right)^2\right)/(k-1)}{\sum_{i=1}^{n}\left(Y_i - \hat{Y}_i^{unrestr}\right)^2/(n-m-1)}} \quad (13.22)$$

Beispiel 13.20 Zur Schätzung in Beispiel 13.19 soll zusätzlich die Hypothese

$$H_0: \beta_1 = \beta_2 = \beta_3 = \beta_4 = 0$$

gegen die Alternative, dass sich mindestens einer der in der Nullhypothese genannten Koeffizienten von null unterscheidet, getestet werden. Dazu wird ein restringiertes Modell geschätzt, das als Regressoren nur das Alter und die Berufserfahrung enthält. Die Ergebnisse finden sich in Tabelle 13.12.

Tabelle 13.12 Restringiertes Modell

	SS	df	SS/df		
				n	981
				F(6, 974)	10,18
Explained	18660,8	2	9330,4	p-value (F)	0,000
Residual	896468,3	978	916,6	R-squared	0,0204
Total	915129,1	980	933,8	Adj R-squared	0,0184

Regressor	b	std.err.	t	p-value
_cons	57,77	4,60	12,55	0,000
Erfahrung	0,34	0,16	2,11	0,035
Alter	0,24	0,13	1,87	0,062

Die Prüfgröße ist F-verteilt mit $df_1 = k - 1 = 4$ Zähler- und $df_2 = n - m - 1 = 974$ Nenner-Freiheitsgraden, so dass sich bei $\alpha = 1\%$ ein kritischer Wert von 3,34 ergibt und bei $\alpha = 5\%$ ein Wert von 2,38. Die Prüfgröße lässt sich folgendermaßen berechnen:

$$f = \frac{(\sum_{i=1}^{n}(\hat{y}_i^{unrestr} - \bar{y})^2 - \sum_{i=1}^{n}(\hat{y}_i^{restr} - \bar{y})^2)/4}{\sum_{i=1}^{n}(y_i - \hat{y}_i^{unrestr})^2/974} = \frac{(43445,9 - 18660,8)/4}{871683,2/974} = 6,92.$$

Dieser Wert übersteigt beide kritischen Werte, daher kann die Nullhypothese, dass der Abschluss keinen Einfluss auf das Gehalt hat, abgelehnt werden.

13.6 Zusammenfassung

- **Qualitative Merkmale** spielen in den Wirtschafts- und Sozialwissenschaften als mögliche Einflussfaktoren auf eine interessierende Variable eine große Rolle. Mit den in diesem Kapitel dargestellten Methoden lassen sich Zusammenhänge und Ursache-Wirkungsbeziehungen untersuchen, wenn ggf. neben quantitativen Merkmalen auch qualitative Merkmale einbezogen werden. Die konkrete Auswahl der Methode hängt – neben der Fragestellung – von der Zahl der Kategorien des qualitativen Merkmals und der Zahl und Skalierung der anderen Merkmale ab. In der Einführung zu Beginn dieses Kapitels wird die Vorgehensweise zur Methodenauswahl erklärt.

- Alle hier behandelten Methoden stellen einen statistischen Test über die **Nullhypothese** dar, dass die betrachteten Merkmale **unabhängig** voneinander sind: In der Varianzanalyse und in den Zweistichprobentests auf Anteil und auf Mittelwert testet man, ob sich die auf die Kategorien des qualitativen Merkmals bedingten Anteile bzw. Mittelwerte voneinander unterscheiden. Im Chi-Quadrat-Test wird getestet, ob die quadratische Kontingenz größer als null ist. In der Regressionsanalyse mit Dummy-Variablen wird mit dem partiellen F-Test untersucht, ob die Koeffizienten aller Dummy-Variablen zusammengenommen einen signifikanten Einfluss haben.

- Dabei gibt das vorliegende Kapitel nur einen Ausschnitt aus dem Methodenspektrum zur Analyse qualitativer Merkmale wieder. Es handelt sich bei den hier behandelten Verfahren aber um vergleichsweise mächtige, also trennscharfe Testverfahren und damit um sehr weit verbreitete Verfahren. Die hohe Testmacht wird allerdings grundsätzlich dadurch „erkauft", dass verschiedene Annahmen getroffen werden – etwa über die Art und Größe der Stichprobe, über die Verteilung der involvierten quantitativen Merkmale oder über deren Varianz. Bei einer Verletzung einzelner Annahmen muss möglicherweise auf weniger mächtige, alternative Tests zurückgegriffen werden, die an den entsprechenden Stellen mit weiterführenden Literaturangaben genannt werden. In großen Stichproben ist das aber oft gar nicht notwendig: Mit Ausnahme der Annahme unabhängiger Stichproben sind die hier vorgestellten Verfahren in großen Stichproben robust gegen Annahmeverletzungen.

14 Wahrscheinlichkeitstabellen

Tabelle 14.1 Standard-Normalverteilung (Werte der Verteilungsfunktion $F_{St}(z)$)

z	0	1	2	3	4	5	6	7	8	9
−3,	,0013	,0010	,0007	,0005	,0003	,0002	,0002	,0001	,0001	,0000
−2,9	,0019	,0018	,0017	,0017	,0016	,0016	,0015	,0015	,0014	,0014
−2,8	,0026	,0025	,0024	,0023	,0023	,0022	,0021	,0021	,0020	,0019
−2,7	,0035	,0034	,0033	,0032	,0031	,0030	,0029	,0028	,0027	,0026
−2,6	,0047	,0045	,0044	,0043	,0041	,0040	,0039	,0038	,0037	,0036
−2,5	,0062	,0060	,0059	,0057	,0055	,0054	,0052	,0051	,0049	,0048
−2,4	,0082	,0080	,0078	,0075	,0073	,0071	,0069	,0068	,0066	,0064
−2,3	,0107	,0104	,0102	,0099	,0096	,0094	,0091	,0089	,0087	,0084
−2,2	,0139	,0136	,0132	,0129	,0126	,0122	,0119	,0116	,0113	,0110
−2,1	,0179	,0174	,0170	,0166	,0162	,0158	,0154	,0150	,0146	,0143
−2,0	,0228	,0222	,0217	,0212	,0207	,0202	,0197	,0192	,0188	,0183
−1,9	,0287	,0281	,0274	,0268	,0262	,0256	,0250	,0244	,0238	,0233
−1,8	,0359	,0352	,0344	,0336	,0329	,0322	,0314	,0307	,0300	,0294
−1,7	,0446	,0436	,0427	,0418	,0409	,0401	,0392	,0384	,0375	,0367
−1,6	,0548	,0537	,0526	,0516	,0505	,0495	,0485	,0475	,0465	,0455
−1,5	,0668	,0655	,0643	,0630	,0618	,0606	,0594	,0582	,0570	,0559
−1,4	,0808	,0793	,0778	,0764	,0749	,0735	,0722	,0708	,0694	,0681
−1,3	,0968	,0951	,0934	,0918	,0901	,0885	,0869	,0853	,0838	,0823
−1,2	,1151	,1131	,1112	,1093	,1075	,1056	,1038	,1020	,1003	,0985
−1,1	,1357	,1335	,1314	,1292	,1271	,1251	,1230	,1210	,1190	,1170
−1,0	,1587	,1562	,1539	,1515	,1492	,1469	,1446	,1423	,1401	,1379
−,9	,1841	,1814	,1788	,1762	,1736	,1711	,1685	,1660	,1635	,1611
−,8	,2119	,2090	,2061	,2033	,2005	,1977	,1949	,1922	,1894	,1867
−,7	,2420	,2389	,2358	,2327	,2297	,2266	,2236	,2206	,2177	,2148
−,6	,2743	,2709	,2676	,2643	,2611	,2578	,2546	,2514	,2483	,2451
−,5	,3085	,3050	,3015	,2981	,2946	,2912	,2877	,2843	,2810	,2776
−,4	,3446	,3409	,3372	,3336	,3300	,3264	,3228	,3192	,3156	,3121
−,3	,3821	,3783	,3745	,3707	,3669	,3632	,3594	,3557	,3520	,3483
−,2	,4207	,4168	,4129	,4090	,4052	,4013	,3974	,3936	,3897	,3859
−,1	,4602	,4562	,4522	,4483	,4443	,4404	,4364	,4325	,4286	,4247
−,0	,5000	,4960	,4920	,4880	,4840	,4801	,4761	,4721	,4681	,4641

Fortsetzung Tabelle 14.1

z	0	1	2	3	4	5	6	7	8	9
,0	,5000	,5040	,5080	,5120	,5160	,5199	,5239	,5279	,5319	,5359
,1	,5398	,5438	,5478	,5517	,5557	,5596	,5636	,5675	,5714	,5753
,2	,5793	,5832	,5871	,5910	,5948	,5987	,6026	,6064	,6103	,6141
,3	,6179	,6217	,6255	,6293	,6331	,6368	,6406	,6443	,6480	,6517
,4	,6554	,6591	,6628	,6664	,6700	,6736	,6772	,6808	,6844	,6879
,5	,6915	,6950	,6985	,7019	,7054	,7088	,7123	,7157	,7190	,7224
,6	,7257	,7291	,7324	,7357	,7389	,7422	,7454	,7486	,7517	,7549
,7	,7580	,7611	,7642	,7673	,7703	,7734	,7764	,7794	,7823	,7852
,8	,7881	,7910	,7939	,7967	,7995	,8023	,8051	,8078	,8106	,8133
,9	,8159	,8186	,8212	,8238	,8264	,8289	,8315	,8340	,8365	,8389
1,0	,8413	,8438	,8461	,8485	,8508	,8531	,8554	,8577	,8599	,8621
1,1	,8643	,8665	,8686	,8708	,8729	,8749	,8770	,8790	,8810	,8830
1,2	,8849	,8869	,8888	,8907	,8925	,8944	,8962	,8980	,8997	,9015
1,3	,9032	,9049	,9066	,9082	,9099	,9115	,9131	,9147	,9162	,9177
1,4	,9192	,9207	,9222	,9236	,9251	,9265	,9278	,9292	,9306	,9319
1,5	,9332	,9345	,9357	,9370	,9382	,9394	,9406	,9418	,9430	,9441
1,6	,9452	,9463	,9474	,9484	,9495	,9505	,9515	,9525	,9535	,9545
1,7	,9554	,9594	,9573	,9582	,9591	,9599	,9608	,9616	,9625	,9633
1,8	,9641	,9648	,9656	,9664	,9671	,9678	,9686	,9693	,9700	,9706
1,9	,9713	,9719	,9726	,9732	,9738	,9744	,9750	,9756	,9762	,9767
2,0	,9772	,9778	,9783	,9788	,9793	,9798	,9803	,9808	,9812	,9817
2,1	,9821	,9826	,9830	,9834	,9838	,9842	,9846	,9850	,9854	,9857
2,2	,9861	,9864	,9868	,9871	,9874	,9878	,9881	,9884	,9887	,9890
2,3	,9893	,9896	,9898	,9901	,9904	,9906	,9909	,9911	,9913	,9916
2,4	,9918	,9920	,9922	,9925	,9927	,9929	,9931	,9932	,9934	,9936
2,5	,9938	,9940	,9941	,9943	,9945	,9946	,9948	,9949	,9951	,9952
2,6	,9953	,9955	,9956	,9957	,9959	,9960	,9961	,9962	,9963	,9964
2,7	,9965	,9966	,9967	,9968	,9969	,9970	,9971	,9972	,9973	,9974
2,8	,9974	,9975	,9976	,9977	,9977	,9978	,9979	,9979	,9980	,9981
2,9	,9981	,9982	,9982	,9983	,9984	,9984	,9985	,9985	,9986	,9986
3	,9987	,9990	,9993	,9995	,9997	,9998	,9998	,9999	,9999	1,0000

Tabelle 14.2 Quantile der t-Verteilung

df: Zahl der Freiheitsgrade

Die Verteilung ist symmetrisch, deswegen gilt $t_{1-\alpha} = -t_\alpha$.

df	\multicolumn{9}{c}{$1-\alpha$}								
	0,75	0,80	0,85	0,90	0,95	0,975	0,99	0,995	0,9995
1	1,000	1,376	1,963	3,078	6,314	12,706	31,821	63,657	636,619
2	,816	1,061	1,386	1,886	2,920	4,303	6,965	9,925	31,598
3	,765	,978	1,250	1,638	2,353	3,182	4,541	5,841	12,941
4	,741	,941	1,190	1,533	2,132	2,776	3,747	4,604	8,610
5	,727	,920	1,156	1,476	2,015	2,571	3,365	4,032	6,859
6	,718	,906	1,134	1,440	1,943	2,447	3,143	3,707	5,959
7	,711	,896	1,119	1,415	1,895	2,365	2,998	3,499	5,405
8	,706	,889	1,108	1,397	1,860	2,306	2,896	3,355	5,041
9	,703	,883	1,100	1,383	1,833	2,262	2,821	3,250	4,781
10	,700	,879	1,093	1,372	1,812	2,228	2,764	3,169	4,587
11	,697	,876	1,088	1,363	1,796	2,201	2,718	3,106	4,437
12	,695	,873	1,083	1,356	1,782	2,179	2,681	3,055	4,318
13	,694	,870	1,079	1,350	1,771	2,160	2,650	3,012	4,221
14	,692	,868	1,076	1,345	1,761	2,145	2,624	2,977	4,140
15	,691	,866	1,074	1,341	1,753	2,131	2,602	2,947	4,073
16	,690	,865	1,071	1,337	1,746	2,120	2,583	2,921	4,015
17	,689	,863	1,069	1,333	1,740	2,110	2,567	2,898	3,965
18	,688	,862	1,067	1,330	1,734	2,101	2,552	2,878	3,922
19	,688	,861	1,066	1,328	1,729	2,093	2,539	2,861	3,883
20	,687	,860	1,064	1,325	1,725	2,086	2,528	2,845	3,850
21	,686	,859	1,063	1,323	1,721	2,080	2,518	2,831	3,819
22	,686	,858	1,061	1,321	1,717	2,074	2,508	2,819	3,792
23	,685	,858	1,060	1,319	1,714	2,069	2,500	2,807	3,767
24	,685	,857	1,059	1,318	1,711	2,064	2,492	2,797	3,745
25	,684	,856	1,058	1,316	1,708	2,060	2,485	2,787	3,725
26	,684	,856	1,058	1,315	1,706	2,056	2,479	2,779	3,707
27	,684	,855	1,057	1,314	1,703	2,052	2,473	2,771	3,690
28	,683	,855	1,056	1,313	1,701	2,048	2,467	2,763	3,674
29	,683	,854	1,055	1,311	1,699	2,045	2,462	2,756	3,659
30	,683	,854	1,055	1,310	1,697	2,042	2,457	2,750	3,646
40	,681	,851	1,050	1,303	1,684	2,021	2,423	2,704	3,551
60	,679	,848	1,046	1,296	1,671	2,000	2,390	2,660	3,460
120	,677	,845	1,041	1,289	1,658	1,980	2,358	2,617	3,373
∞	,674	,842	1,036	1,282	1,645	1,960	2,326	2,576	3,291

Tabelle 14.3 Quantile der Chi-Quadrat-Verteilung

df: Zahl der Freiheitsgrade

df	\multicolumn{8}{c}{$1-\alpha$}
	0,0050	0,010	0,025	0,050	0,950	0,975	0,990	0,995
1	,000	,000	,001	,004	3,841	5,024	6,635	7,879
2	,010	,020	,051	,103	5,991	7,378	9,210	10,597
3	,072	,115	,216	,352	7,815	9,348	11,345	12,838
4	,207	,297	,484	,711	9,488	11,143	13,277	14,860
5	,412	,554	,831	1,145	11,070	12,832	15,086	16,750
6	,676	,872	1,237	1,635	12,592	14,449	16,812	18,548
7	,989	1,239	1,690	2,167	14,067	16,013	18,475	20,278
8	1,344	1,646	2,180	2,733	15,507	17,535	20,090	21,955
9	1,735	2,088	2,700	3,325	16,919	19,023	21,666	23,589
10	2,156	2,558	3,247	3,940	18,307	20,483	23,209	25,188
11	2,603	3,053	3,816	4,575	19,675	21,920	24,725	26,757
12	3,074	3,571	4,404	5,226	21,026	23,337	26,217	28,300
13	3,565	4,107	5,009	5,892	22,362	24,736	27,688	29,819
14	4,075	4,660	5,629	6,571	23,685	26,119	29,141	31,319
15	4,601	5,229	6,262	7,261	24,996	27,488	30,578	32,801
16	5,142	5,812	6,908	7,962	26,296	28,845	32,000	34,267
17	5,697	6,408	7,564	8,672	27,587	30,191	33,409	35,718
18	6,265	7,015	8,231	9,390	28,869	31,526	34,805	37,156
19	6,884	7,633	8,907	10,117	30,144	32,852	36,191	38,582
20	7,434	8,260	9,591	10,851	31,410	34,170	37,566	39,997
21	8,034	8,897	10,283	11,591	32,671	35,479	38,932	41,401
22	8,643	9,542	10,982	12,338	33,924	36,781	40,289	42,796
23	9,260	10,196	11,689	13,091	35,172	38,076	41,638	44,181
24	9,886	10,856	12,401	13,848	36,415	39,364	42,980	45,558
25	10,520	11,524	13,120	14,611	37,652	40,646	44,314	46,928
26	11,160	12,198	13,844	15,379	38,885	41,923	45,642	48,290
27	11,808	12,879	14,573	16,151	40,113	43,194	46,963	49,645
28	12,461	13,565	15,308	16,928	41,337	44,461	48,278	50,993
29	13,121	14,256	16,047	17,708	42,557	45,722	49,588	52,336
30	13,787	14,953	16,791	18,493	43,773	46,979	50,892	53,672

Tabelle 14.4 Quantile der F-Verteilung bei $\alpha = 5\%$

df_1: Zählerfreiheitsgrade (Freiheitsgrade der größeren Varianz), df_2: Nennerfreiheitsgrade

df_2 \ df_1	1	2	3	4	5	6	7	8	9	10
1	161,45	199,50	215,71	224,58	230,16	233,99	236,77	238,88	240,54	241,88
2	18,51	19,00	19,16	19,25	19,30	19,33	19,35	19,37	19,38	19,40
3	10,13	9,55	9,28	9,12	9,01	8,94	8,89	8,85	8,81	8,79
4	7,71	6,94	6,59	6,39	6,26	6,16	6,09	6,04	6,00	5,96
5	6,61	5,79	5,41	5,19	5,05	4,95	4,88	4,82	4,77	4,74
6	5,99	5,14	4,76	4,53	4,39	4,28	4,21	4,15	4,10	4,06
7	5,59	4,74	4,35	4,12	3,97	3,87	3,79	3,73	3,68	3,64
8	5,32	4,46	4,07	3,84	3,69	3,58	3,50	3,44	3,39	3,35
9	5,12	4,26	3,86	3,63	3,48	3,37	3,29	3,23	3,18	3,14
10	4,96	4,10	3,71	3,48	3,33	3,22	3,14	3,07	3,02	2,98
15	4,54	3,68	3,29	3,06	2,90	2,79	2,71	2,64	2,59	2,54
20	4,35	3,49	3,10	2,87	2,71	2,60	2,51	2,45	2,39	2,35
25	4,24	3,39	2,99	2,76	2,60	2,49	2,40	2,34	2,28	2,24
30	4,17	3,32	2,92	2,69	2,53	2,42	2,33	2,27	2,21	2,16
40	4,08	3,23	2,84	2,61	2,45	2,34	2,25	2,18	2,12	2,08
50	4,03	3,18	2,79	2,56	2,40	2,29	2,20	2,13	2,07	2,03
60	4,00	3,15	2,76	2,53	2,37	2,25	2,17	2,10	2,04	1,99
70	3,98	3,13	2,74	2,50	2,35	2,23	2,14	2,07	2,02	1,97
100	3,94	3,09	2,70	2,46	2,31	2,19	2,10	2,03	1,97	1,93
1000	3,85	3,00	2,61	2,38	2,22	2,11	2,02	1,95	1,89	1,84

Fortsetzung Tabelle 14.4

df_2 \ df_1	15	20	25	30	40	50	60	70	100	1000
1	245,95	248,01	249,26	250,10	251,14	251,77	252,20	252,50	253,04	254,19
2	19,43	19,45	19,46	19,46	19,47	19,48	19,48	19,48	19,49	19,49
3	8,70	8,66	8,63	8,62	8,59	8,58	8,57	8,57	8,55	8,53
4	5,86	5,80	5,77	5,75	5,72	5,70	5,69	5,68	5,66	5,63
5	4,62	4,56	4,52	4,50	4,46	4,44	4,43	4,42	4,41	4,37
6	3,94	3,87	3,83	3,81	3,77	3,75	3,74	3,73	3,71	3,67
7	3,51	3,44	3,40	3,38	3,34	3,32	3,30	3,29	3,27	3,23
8	3,22	3,15	3,11	3,08	3,04	3,02	3,01	2,99	2,97	2,93
9	3,01	2,94	2,89	2,86	2,83	2,80	2,79	2,78	2,76	2,71
10	2,85	2,77	2,73	2,70	2,66	2,64	2,62	2,61	2,59	2,54
15	2,40	2,33	2,28	2,25	2,20	2,18	2,16	2,15	2,12	2,07
20	2,20	2,12	2,07	2,04	1,99	1,97	1,95	1,93	1,91	1,85
25	2,09	2,01	1,96	1,92	1,87	1,84	1,82	1,81	1,78	1,72
30	2,01	1,93	1,88	1,84	1,79	1,76	1,74	1,72	1,70	1,63
40	1,92	1,84	1,78	1,74	1,69	1,66	1,64	1,62	1,59	1,52
50	1,87	1,78	1,73	1,69	1,63	1,60	1,58	1,56	1,52	1,45
60	1,84	1,75	1,69	1,65	1,59	1,56	1,53	1,52	1,48	1,40
70	1,81	1,72	1,66	1,62	1,57	1,53	1,50	1,49	1,45	1,36
100	1,77	1,68	1,62	1,57	1,52	1,48	1,45	1,43	1,39	1,30
1000	1,68	1,58	1,52	1,47	1,41	1,36	1,33	1,31	1,26	1,11

Tabelle 14.5 Quantile der F-Verteilung bei α = 1%

df_1: Zählerfreiheitsgrade (Freiheitsgrade der größeren Varianz), df_2: Nennerfreiheitsgrade

df_2 \ df_1	1	2	3	4	5	6	7	8	9	10
1	4052,20	4999,50	5403,40	5624,60	5763,60	5859,00	5928,40	5981,10	6022,50	6055,80
2	98,50	99,00	99,17	99,25	99,30	99,33	99,36	99,37	99,39	99,40
3	34,12	30,82	29,46	28,71	28,24	27,91	27,67	27,49	27,35	27,23
4	21,20	18,00	16,69	15,98	15,52	15,21	14,98	14,80	14,66	14,55
5	16,26	13,27	12,06	11,39	10,97	10,67	10,46	10,29	10,16	10,05
6	13,75	10,92	9,78	9,15	8,75	8,47	8,26	8,10	7,98	7,87
7	12,25	9,55	8,45	7,85	7,46	7,19	6,99	6,84	6,72	6,62
8	11,26	8,65	7,59	7,01	6,63	6,37	6,18	6,03	5,91	5,81
9	10,56	8,02	6,99	6,42	6,06	5,80	5,61	5,47	5,35	5,26
10	10,04	7,56	6,55	5,99	5,64	5,39	5,20	5,06	4,94	4,85
15	8,68	6,36	5,42	4,89	4,56	4,32	4,14	4,00	3,89	3,80
20	8,10	5,85	4,94	4,43	4,10	3,87	3,70	3,56	3,46	3,37
25	7,77	5,57	4,68	4,18	3,85	3,63	3,46	3,32	3,22	3,13
30	7,56	5,39	4,51	4,02	3,70	3,47	3,30	3,17	3,07	2,98
40	7,31	5,18	4,31	3,83	3,51	3,29	3,12	2,99	2,89	2,80
50	7,17	5,06	4,20	3,72	3,41	3,19	3,02	2,89	2,78	2,70
60	7,08	4,98	4,13	3,65	3,34	3,12	2,95	2,82	2,72	2,63
70	7,01	4,92	4,07	3,60	3,29	3,07	2,91	2,78	2,67	2,59
100	6,90	4,82	3,98	3,51	3,21	2,99	2,82	2,69	2,59	2,50
1000	6,66	4,63	3,80	3,34	3,04	2,82	2,66	2,53	2,43	2,34

14 Wahrscheinlichkeitstabellen

Fortsetzung Tabelle 14.5

df$_2$ \ df$_1$	15	20	25	30	40	50	60	70	100	1000
1	6157,30	6208,70	6239,80	6260,60	6286,80	6302,50	6313,00	6320,60	6334,10	6362,70
2	99,43	99,45	99,46	99,47	99,47	99,48	99,48	99,48	99,49	99,50
3	26,87	26,69	26,58	26,50	26,41	26,35	26,32	26,29	26,24	26,14
4	14,20	14,02	13,91	13,84	13,75	13,69	13,65	13,63	13,58	13,47
5	9,72	9,55	9,45	9,38	9,29	9,24	9,20	9,18	9,13	9,03
6	7,56	7,40	7,30	7,23	7,14	7,09	7,06	7,03	6,99	6,89
7	6,31	6,16	6,06	5,99	5,91	5,86	5,82	5,80	5,75	5,66
8	5,52	5,36	5,26	5,20	5,12	5,07	5,03	5,01	4,96	4,87
9	4,96	4,81	4,71	4,65	4,57	4,52	4,48	4,46	4,41	4,32
10	4,56	4,41	4,31	4,25	4,17	4,12	4,08	4,06	4,01	3,92
15	3,52	3,37	3,28	3,21	3,13	3,08	3,05	3,02	2,98	2,88
20	3,09	2,94	2,84	2,78	2,69	2,64	2,61	2,58	2,54	2,43
25	2,85	2,70	2,60	2,54	2,45	2,40	2,36	2,34	2,29	2,18
30	2,70	2,55	2,45	2,39	2,30	2,25	2,21	2,18	2,13	2,02
40	2,52	2,37	2,27	2,20	2,11	2,06	2,02	1,99	1,94	1,82
50	2,42	2,27	2,17	2,10	2,01	1,95	1,91	1,88	1,82	1,70
60	2,35	2,20	2,10	2,03	1,94	1,88	1,84	1,81	1,75	1,62
70	2,31	2,15	2,05	1,98	1,89	1,83	1,78	1,75	1,70	1,56
100	2,22	2,07	1,97	1,89	1,80	1,74	1,69	1,66	1,60	1,45
1000	2,06	1,90	1,79	1,72	1,61	1,54	1,50	1,46	1,38	1,16

Literaturverzeichnis

Baltagi, B. H. (2011), Econometrics, 5. Auflage, Berlin/Heidelberg (Springer)

Benninghaus, H. (2005), Deskriptive Statistik, 10. durchges. Aufl., Stuttgart (VS-Verlag)

Bleymüller, J., Gehlert, G., Gülicher, H. (2008), Statistik für Wirtschaftswissenschaftler, 15. Aufl., München (Vahlen)

Bortz, J. (2005), Statistik für Sozialwissenschaftler, 6. vollst. überarb. u. aktual. Aufl., Berlin usw. (Springer)

Ferschl, F. (1985), Deskriptive Statistik, 3. korr. Aufl., Würzburg/Wien (Physica)

Hartung, J., Elpelt, B., Klösener, K.H. (2009), Statistik, 15. unwesentl. veränd. Aufl., München/Wien (Oldenbourg)

Hill, R. C., Griffiths, W. E., Lim, A. L. (2008), Principles of econometrics, 3. Auflage, New York (John Wiley & Sons)

Schlittgen, R. (2010), Einführung in die Statistik: Analyse und Modellierung von Daten, 10. Auflage, München/Wien (Oldenbourg)

Stange, K. (1970), Angewandte Statistik, Erster Teil: Eindimensionale Probleme, Berlin/Heidelberg/New York (Springer)

Stock, J. H., Watson, M. W. (2010), Introduction to econometrics, 3. Auflage, Bonn (Addison/Wesley)

Wooldridge, J. M. (2009), Introductory econometrics: a modern approach, 4. Auflage, International student edition, Mason, Ohio (South-Western Cengage Learning)

Datenquellen wurden nicht in das Literaturverzeichnis aufgenommen.

Sachwortregister

A

Abschneideverfahren 413

Abweichung: mittlere, absolute 60, 62–64; mittlere, quadratische 65

Adäquationsproblem 3, 6

Aggregation 12

Ähnlichkeitsmatrix 203, 205, 213

Aktienindizes 307–310

Alpha-Fehler 467

Alpha-Fehlerkumulierung 550

Alternativhypothese 450

Analogieprinzip s. Schätzmethoden

Änderungsraten: absolute 14; relative 14

ANOVA s. Varianzanalyse

Anteilswert 18, s. Hypothesentest, Test auf Anteilswertvergleich, s. Hypothesentest, Test auf Anteil, s. Konfidenzintervall, Anteil, s. Punktschätzung, Anteil

Arbeitsproduktivität 292

Arithmethisches Mittel s. Punktschätzung, Mittelwert

Arithmetisches Mittel 46–52, s. Hypothesentest, Test auf Mittelwertvergleich, s. Hypothesentest, Test auf Mittelwert, s. Konfidenzintervall, Mittelwert

ASA-Verfahren 261

Assoziationstabelle 105, 526

Ausgabenindex 275

Austauschverhältnis, reales 305

Auswahl: bewußte 14, 412; zufällige 14, 411

Autokorrelation 516

B

Balkendiagramm 19, 20

Bartlett-Test 547

Basiskategorie 554

Basisperiode 277

Bayestheorem 351–354

Berliner Verfahren 260

Bernoulliverteilung 368–370

Bestandsmasse 7

Beta-Fehler 467

Bewegungsmasse 7

Beziehungszahlen 263

Bindungen 119

Binomialverteilung 370–377

Blockdiagramm 26

BLUE s. Gauß-Markov-Theorem

Bonferroni-Korrektur 550

Box-and-Whisker-Plot 85

Box-Cox-Transformation 224

Boxplot 85

C

Census II-Verfahren 252

Census-X-11-Verfahren 260

Census-X-12-ARIMA-Verfahren 260

Chi-Quadrat-Verteilung 400–402

Clusteranalyse 155, 201

Cluster-Verfahren: agglomerative 207; divisive 207

Complete linkage-Verfahren 210

Concentration ratio 88

Cost-averaging 58

D

Datenanalyse 3
Datenaufbereitung 3
Datengewinnung 3, 10–14
Datenmatrix 154, 157, 257, 494; standardisierte 157; zentrierte 157
DAX 307–10
Dendrogramm 208–15
Dependenzanalyse 154, 165
Determinationskoeffizient 140, 236, 501–503, 507; adjustierter 501, 505, 507
Dezile 44
Dichtefunktion 335–39; bedingte 362; gemeinsame 362; marginale 362
Dichtester Wert s. Modus
Diskriminanzanalyse 155; einfache 166; lineare 167; multiple 166
Diskriminanzfunktion 165; Bestimmung 167
Diskriminanzwert, kritischer 172
Disparität 87, 94–103
Dispersionsmaße s. Streuungsmaße
Distanz: euklidische 160, 204
Distanzmatrix 161, 204
Dummykodierung 553
Dummy-Variablen 256, 552, 554
Durchschnittsparameter 32, 46–59
Durchschnittswertindizes: für Exporte 304; für Importe 304

E

Effizienz 425
Eigenvektoren 164
Eigenwerte 164, 184, 197
Eigenwertkriterium 195
Einfachregression: in Stichproben 482–492

Einstichprobentest 449
Einzelrestfaktoren 194
Entropiemaß 93
Entscheidungsregel 454–456, 464
Ereignisraum 315
Erwartungstreue 424
Erwartungswert: Additionssatz 355, 359; Anteilsschätzer 428; bedingter 360; diskreter Zufallsvariablen 324–327; Mittelwertschätzer 427; Multiplikationssatz 356; Randerwartungswert 354; Rechenregeln 326; stetiger Zufallsvariablen 340–41; Varianzschätzer 430–31
Exogenitäsannahme 484
Exogenitätsannahme 479, 477–79, 508–511, 483, 492
Exponentialfunktion 150
Exponentialtrend 231, 239
Exponentialverteilung 386–390
Extrapolation 15
Exzess s. Wölbung

F

Faktorenanalyse 155
Faktorenladungen 190, 192, 199; rotierte 199
Faktorenwerte 190, 192
Faktorumkehrbarkeit 280
Fechnersche Lageregel 77
Fehler: systematische 13; systematischer 410
Fehler 1. Art 467–470
Fehler 2. Art 467–470
Fisher-Verteilung s. F-Verteilung
Flächenstichprobe 412
Formparameter 31, 76

Sachwortregister

Fortschreibung 8
Freiheitsgrade: Chi-Quadrat-Unabhängigkeitstest 528; Chi-Quadrat-Verteilung 400; Determinationskoeffizient 501; F-Test 504; F-Test, partieller 557; F-Verteilung 405; Test auf Mittelwertvergleich 532, 534, 537; t-Test, Einfachregression 488; t-Test, multiple Regression 500; t-Verteilung, Konfidenzintervall über den Erwartungswert 440; t-Verteilung, Test über den Erwartungswert 458; Varianz 431; Varianzanalyse 544
F-Test 503–5, 506; partieller 556–558
Furthest neighbour-Methode 210
Fusionsalgorithmen 202, 206; hierarchische 206; nichthierarchische (partitionierende) 206
F-Verteilung 405–406

G

Gauß-Markov-Theorem 485, 496, 513
Geometrisches Mittel 52–56
Gesamtindex 278
Gesetz der großen Zahlen 428
Gini-Index [-Koeffizient] 103
Glatte Komponente 222
Gleichverteilung 366–368
Gleitende Durchschnitte 226–230
Gliederungszahlen 263
Glockenkurve s. Normalverteilung, Form
Graphische Darstellung 17–31
Grundgesamtheit 7
Güte eines Tests s. Testmacht

H

Hälftespielraum 62
Häufigkeit: absolute 18; gemeinsame absolute 105; gemeinsame relative 106; marginale absolute 107; marginale relative 107; normierte relative 26; relative 18
Häufigkeitspolygon 26
Häufigkeitstabelle 19; Begriff 18
Häufigkeitsverteilungen: bedingte 108; Begriff 18, 25; eindimensionale 17; marginale 107; Typisierung 29
Häufigster Wert s. Modus
Hauptkomponenten 200; Bestimmung 180
Hauptsatz der Statistik 420
Herfindahl-Index 90
Hirschman-Index 90
Histogramm 26
Homoskedastie 480, 484, 496, 513–515
Homoskedastizität s. Homoskedastie
HVPI s. Verbraucherpreisindex, harmonisierter
Hypergeometrische Verteilung 377–379
Hypothesentest 449–474; Chi-Quadrat-Unabhängigkeitstest 525–529; F-Test s. F-Test; Grundprinzip 449–457; nichtparametrisch 449; parametrisch 449; Schritte 450; Test auf Anteil 461–463; Test auf Anteilswertvergleich 522–525; Test auf Mittelwert 457–461; Test auf Mittelwertvergleich 530–538; Test auf Regressionskoeffizienten 489; Varianzanalyse s. Varianzanalyse; Varianzhomogenitätstest 535

I

Indexkriterien 279
Indexzahlen 261–310; einfache 263
Indexzahlprobleme 276
Interdependenzanalyse 154
Interpolation: exponentielle 15; lineare 15
Intervallschätzung 434, s. auch Konfidenzintervall
Intervallskala 10
Irrtumswahrscheinlichkeit 453

K

Kalenderkomponente 222
Kardinalskala 10
Kaufkraft 299
Kaufkraftparitäten 300
Kerninflationsrate 298
Klassen 24–25, 201, 214, 24–25; Zahl der 25
Klassenbreiten: konstante 25; unterschiedliche 25
Klassenmitte 25
Klassifikation, Wirtschaftszweige 290
Klassifikationsmatrix 172
Kleinst-Quadrat-Methode 483, 494, s. KQ-Methode
Klumpenauswahl 14, 412
Kollektiv 7
Kombinatorik 371
Kommunalitäten 192, 194, 198
Komplementär 320
Komponentenmodell: additives 223; multiplikatives 223
Konfidenz s. Konfidenzniveau
Konfidenzintervall 433–439; allgemeine Formulierung 434; Anteil 445–447;
Mittelwert 436–445; Regressionskoeffizienten 487–489, 487–489
Konfidenzniveau 434
Konsistenz 425
Kontingenzkoeffizienten 118, 122
Kontingenzmaße 122
Kontingenztabelle 105, 343, 526
Konzentration: absolute 87, 88; relative 87, 94–103
Konzentrationskurve 89–90
Konzentrationsmaße 32, 86–103
Konzentrationsrate [-koeffizient: -verhältnis] 88–90
Korrelationsanalyse 113–131
Korrelationskoeffizient: empirischer, nach Bravais-Pearson 126; Zufallsvariablen 357
Korrelationsmatrix 158
Kovarianz: empirische 125; Zufallsvariablen 354–359, 363
KQ-Methode 234–242
Kreisdiagramm 19
Kritischer Wert 450
Kursindex 307
Kurtosis s. Wölbung

L

Ladungsmatrix 190
Lageparameter 32, 59
Längsschnittsdaten 12
Lebenshaltungskostenindex 294
Levene-Test 548
Linearkombinationen 163
Logarithmisches Mittel 53
Lorenzkurve 95–98

Sachwortregister

M

Macht, Test s. Testmacht
Massenfunktion s.
  Wahrscheinlichkeitsfunktion
Maßkorrelationskoeffizient 126–131
Matching-Koeffizient 202
Maximum-Likelihood-Methode:
  Schätzmethoden 420
Median 39; einer
  Wahrscheinlichkeitsverteilung 341
Mehrfachregression s.
  Regressionsanalyse
Mehrfeldertafel 105
Mehrstichprobentest 449
Mengenindex: nach Laspeyres 274; nach
  Paasche 274
Mengenindizes: für Exporte 304; für
  Importe 304
Merkmale: diskrete 8; häufbare 9;
  kardinal skaliert 10; klassifikatorische
  9; komparative 10; metrisch skaliert
  22; nominalskaliert 18; ordinalskaliert
  21; qualitative 9; quantitativ-diskrete
  22; quantitative 8; quantitativ-stetige
  24; quasi stetige 8; stetige 8
Merkmalsausprägung 8
Merkmalsträger 7
Messzahlen 263
Methode der Kleinsten Quadrate s. KQ-
  Methode
Minimum distance-Methode 207
Mittelwerte 32–58
Mittelwertpreisindex, ungewichteter 265
Modalwert s. Modus
Modus 32–39

Momente 79; absolute 80;
  dimensionslose 80; gewöhnliche 79,
  421; zentrale 79
Momentenmethode s. Schätzmethoden
Monatstypische Abweichung 245
MSSB 544, s. Varianzzerlegung
MSSW 544, s. Varianzzerlegung
Multikollinearität 517–519; imperfekte
  517; perfekte 481, 496, 517, 554
Multiple Regressionsanalyse s.
  Regressionsanalyse, multiple

N

Nearest neighbour-Methode 207
Nominalgrößen 16
Nominalskala 9
Normalgleichungen 136
Normalverteilung 390–400;
  Dichtefunktion 390; Form 391–93;
  Verteilungsfunktion 391
Nullhypothese 449, 450

O

Ökonometrie 475
Omitted-Variable-Bias 509, s.
  Exogenitätsannahme
Ordinalskala 10

P

Parameter 31, 417
Performanceindex 307
Perzentile 44
Phasendurchschnittsverfahren 245, 252
Phi-Koeffizient 115
Poissonverteilung 379–383, 387
Potenzfunktion 150
Powerkurve s. Testmacht

Preisindex: für die Lebenshaltung 294;
nach Drobisch 273; nach Fisher 273;
nach Laspeyres 268–270, 272; nach
Lowe 272; nach Marshall-Edgeworth
273; nach Paasche 271–272
Preisindizes 267–273
Preismessung, hedonische 297
Primärstatistiken 12
Produktionsindex Produzierendes
Gewerbe 289–292
Produktivitätsindizes 292–294
Produkt-Moment-Korrelationskoeffizient
s. Maßkorrelationskoeffizient
Proximitätsmaße s. Ähnlichkeitsmaße
Prüfgröße s. Teststatistik
Punktschätzung 418–433, 419; Anteil
428–429; Anteil, Verteilung 445;
Mittelwert 426–428; Mittelwert,
Verteilung 436, 440;
Regressionskoeffizienten,
Einfachregression 483–485;
Regressionskoeffizienten, multiple
Regression 493–500;
Regressionskoeffzient, Verteilung 488;
Varianz 429; Varianz, Verteilung 441
P-value s. P-Wert
P-Wert 463–466

Q

Quadratische Kontingenz 114, 526
Quantile 44; von
Wahrscheinlichkeitsverteilungen 341–342
Quartile 44
Quartilsabstand 60, 62
Querschnittsdaten 12
Quotenverfahren 413

R

Randdichte s. Dichtefunktion, marginale
Randhäufigkeiten 107
Randklassen, offene 25
Randverteilungen 107, 343, 526
Range s. Spannweite
Rangkorrelationskoeffizient: nach
Goodman-Kruskal 122–123; nach
Spearman 119–120
Rangskala 10
Ratio-Skala 10
Realgrößen 16
Realisation einer Zufallsvariablen 314
Rechteckverteilung 383–386
Regressionsanalyse 132–151, 475–520,
552–58; einfache 132, 482–492;
multiple 132, 154, 492–508;
nichtlineare 149
Regressionsgerade 133
Regressionskoeffizienten 133, 138;
partieller Effekt 498; Punktschätzung
s. Punktschätzung,
Regressionskoeffizienten
Regressionskurve: empirische 146
Regressionsmodell 476–79; Annahme s.
Exogenitätsannahme; klassisches 479–481; klassisches, Annahmen 479–81,
511–519
Regressionsparameter s.
Regressionskoeffizienten
Reisegeldparitäten 302
Repräsentativität 411
Reproduktionseigenschaft 393, 399, 436,
445, 488, 523, 531
Residuen s. Restkomponente
Restgröße s. Restkomponente

Restkomponente 476; Unabhängigkeit 480, 484, 512, 515–516
Rosenbluth-Index 92
Rotationstransformation: orthogonale 180, 182

S

Saisonbereinigung 245–252
Saison-Dummies 256
Saisonfigur: konstante 244, 245; variable 244
Saisonindexziffer 251
Saisonkoeffizient 245
Saisonkomponente 222, 245, 244–252; korrigierte 246
Saisonmessziffer 251
Saisonnormale 245
Saisonschätzung 252
Säulendiagramm 19, 20
Schätzer 418; Eigenschaften 424
Schätzfunktion s. Schätzer
Schätzmethoden 420–423
Schätzung 409
Scheinkorrelation 113
Schichtenauswahl 411–412
Schiefemaß: aus den Quartilen 79; nach Bowley 79; nach Charlier bzw. Fisher 81; nach Pearson 78; nach Yule 79
Schiefemaße 76
Schwerpunkt 137
Schwerpunktprinzip 9
Scree-Test 195, 198
Sekundärstatistiken 12
Sheppard-Korrektur 69
Signifikanz 456
Signifikanzniveau 463, 468, s. Irrtumswahrscheinlichkeit
Signifikanztest s. Hypothesentest

Simultaneous-Equation-Bias 509, s. Exogenitätsannahme
Single linkage-Verfahren 207
Skalenniveaus 9–10
Skalentypen 9
Spannweite 60
SSB s. Varianzzerlegung
SSE s. Varianzzerlegung
SSR s. Varianzzerlegung
SST s. Varianzzerlegung
SSW s. Varianzzerlegung
Stabdiagramm 19, 20, 23, 322
Standardabweichung: diskreter Zufallsvariablen s. Varianz diskreter Zufallsvariablen; empirische 60, 65; Minimumeigenschaft 70; stetiger Zufallsvariablen s. Varianz stetiger Zufallsvariablen
Standardisierung 73; Zufallsvariablen 394
Standardnormalverteilung 394
Statistik: amtliche 11; analytische 1; Begriff 1, 4; Daten 11; deskriptive 1; Fehler 6–7; Geschichte 2; induktive 1, 311, 409; nichtamtliche 11
Statistische Analyse, Phasen 2–4
Statistische Einheiten 7
Statistische Masse 7
Statistische Unabhängigkeit 111, 526
Steilheit s. Wölbung
Stichprobe 13, 409, 14; abhängig (verbunden) 536; unabhängig 524, 532, 534, 539, 547; unverbunden (unabhängig) 524; verbunden (abhängig) 524
Stichprobenfehler 409, 417, 421, 428, 456
Stichprobenfunktion s. Schätzer

Stichprobenraum s. Ereignisraum
stochastische Variable s. Zufallsvariable
Streuungsdiagramm 123
Streuungsmaße 31, 59; absolute 60; relative 60
Streuungsmatrix 158
Streuungszerlegungssatz 71
Student-Verteilung s. t-Verteilung
Sturges, Formel von 25
Stützbereiche 226
Subindexzahlen 278
Summenhäufigkeiten, relative 21, 22, 26
Summenkurve 26, 28
Summenpolygon 26, 28
Summenpreisindex, ungewogener 265
Symplex-Bilder 219

T

Teilerhebung 13
Teilgesamtheit s. Stichprobe
Teilindexzahlen 278
Terms of Trade 305–306
Test s. Hypothesentest
Testmacht 470–473
Teststatistik 452
Theorem von de Moivre 397, 445
Totalerhebung 13
Träger der Statistik 11
Transfomation, lineare 72
Transformation, lineare 137–138
Trend: linearer 231, 234, 257; logarithmischer 239; parabolischer 232; quadratischer 232
Trendfunktionen 230–234
Trendschätzung 252; globale 226; lokale 226
Trennfunktion 165

Treppenfunktion 23, 24, 28, 322
t-Verteilung 403–404

U

Überschreitungswahrscheinlichkeit s. P-Wert
Umbasierung 283, 296
Umkehrbarkeits-Kriterium 279
Unabhängigkeit: stochastische 346
Unsinnskorrelation 113
Urnenmodell 312

V

Value at Risk 342
Varianz: Additionssatz 358, 359; Anteilsschätzer 429; bedingte 360; diskreter Zufallsvariablen 327–331; empirische 65; empirische 60; gepoolte 534; Mittelwertschätzer 427; Randvarianz 354; Rechenregeln 330; stetiger Zufallsvariablen 340–341
Varianzanalyse 539–551
Varianzhomogenität 534, 540, 547
Varianzhomogenitätstest 535
Varianz-Inflations-Faktor 518
Varianz-Kovarianz-Matrix 158, 177
Varianzzerlegung: Regressionsanalyse 501, 503, 505–6; Varianzanalyse 540–544
Variationsbreite 60
Variationskoeffizient 60, 74
Variationsmaße s. Streuungsmaße
Varimax-Kriterium 196
Verarbeitendes Gewerbe 291
Verbrauchergeldparitäten 301
Verbraucherpreisindex 294–297
Verbraucherpreisindex, harmonisierter 298–299

Verhältniskala 10
Verhältniszahlen 263
Verlaufsdaten 12
Verteilungsfunktion: diskreter Zufallsvariablen 321–323; empirische 22, 26; stetiger Zufallsvariablen 332, 331–335
Verzerrung 424
Vierfeldertafel 115
VIF s. Varianz-Inflations-Faktor
Volatilität 330
Vollerhebung 13
Volumenindexzahlen 273
Volumenindizes: für Exporte 304; für Importe 304

W

Wachstumsfaktor 53
Wachstumsrate 14, 53
Wägungsschema 287
Wahrscheinlichkeit 314–317; bedingte 348; gemeinsame 343–346; marginale 343; totale 351–354
Wahrscheinlichkeitsbegriffe s. Wahrscheinlichkeit
Wahrscheinlichkeitsdichte s. Dichtefunktion
Wahrscheinlichkeitsfunktion 317–321; bedingte 348; gemeinsame 343
Wahrscheinlichkeitsverteilung 317–342, 316; spezielle 365–408, 365
Warenkorb 277–278, 297

Wölbung 76, 82; Normalverteilung 392; t-Verteilung 403
Wölbungsmaß: absolutes 83; aus den Momenten 83; nach Fisher, standardisiertes 83
Wölbungsmaße 82–84

Z

Zeitreihen: Begriff 217; Komponenten 221
Zeitreihenanalyse: multivariate 218; univariate 217; zeitbezogene 218
Zeitreihendaten 12
Zeitreihenpolygon 218–219
Zentraler Grenzwertsatz 398, 437, 442, 458, 531
Zentralwert s. Median
Zentrierung 137
Zerlegungsmodelle 223
Zirkularkriterium. 281
Zufallsauswahl 411–12; reine (echte, einfache) 411
Zufallsfehler s. Stichprobenfehler
Zufallskomponente s. Restkomponente
Zufallsstichprobe s. Zufallsauswahl
Zufallsvariable 312–314; zweidimensional 342
Zufallsvorgang 312–314
Zuordnungsmatrix 172
Zweistichprobentest 449, 530, 549
Zyklische Komponente 222

Made in the USA
Monee, IL
03 May 2026